编委会

主任：张维迎

编委：

（按姓氏笔画排序）

刘 力　　刘 学　　庄贵军　　张一弛
沈艺峰　　汪 涛　　武常岐　　陆正飞
周春生　　范秀成　　席酉民　　郑振龙
涂 平　　徐信忠　　梁钧平　　符国群
廖泉文

全美最新工商管理权威教材译丛

Excellence in Business Communication

卓越的商务沟通

第10版

〔美〕约翰·V. 希尔（John V. Thill） 著
考特兰·L. 博韦（Courtland L. Bovée）

张莉 李萍 等译

北京大学出版社
PEKING UNIVERSITY PRESS

著作权合同登记号　图字:01-2013-1742

图书在版编目(CIP)数据

卓越的商务沟通:第10版／(美)希尔,(美)博韦著;张莉等译.—北京:北京大学出版社,2014.9
(全美最新工商管理权威教材译丛)
ISBN 978-7-301-24752-5

Ⅰ.①卓…　Ⅱ.①希…②博…③张…　Ⅲ.商业管理—公共关系学—教材　Ⅳ.①F715

中国版本图书馆CIP数据核字(2014)第203706号

Authorized translation from the English language edition, entitled EXCELLENCE IN BUSINESS COMMUNICATION, 10E, 9780132719049 by THILL, JOHN V.; BOVEE, COURTLAND L., published by Pearson Education, Inc., Copyright © 2013 Bovée and Thill LLC.
All rights reserved. No part of this book may be reproduced or transmitted in any form or by any means, electronic or mechanical, including photocopying, recording or by any information storage retrieval system, without permission from Pearson Education, Inc.

本书原版书名为《卓越的商务沟通》(第10版),作者约翰·V.希尔,考特兰·L.博韦,书号9780132719049,由培生教育出版集团2013年出版。
版权所有,盗印必究。未经培生教育出版集团授权,不得任何形式、任何途径,生产、传播和复制本书的任何部分。

CHINESE SIMPLIFIED language edition published by PEARSON EDUCATION ASIA LTD., and PEKING UNIVERSITY PRESS Copyright © 2014.
本书简体中文版由北京大学出版社和培生教育亚洲有限公司2014年出版发行。

本书封面贴有Pearson Education(培生教育出版集团)防伪标签,无标签者不得销售。
版权所有,侵权必究。侵权举报电话:010-62782989　13701121933

书　　　名:	卓越的商务沟通(第10版)
著作责任者:	〔美〕约翰·V.希尔　考特兰·L.博韦　著　张莉　李萍　等译
责任编辑:	兰慧
标准书号:	ISBN 978-7-301-24752-5/F·4037
出版发行:	北京大学出版社
地　　　址:	北京市海淀区成府路205号　100871
网　　　址:	http://www.pup.cn
电子信箱:	em@pup.cn　　QQ:552063295
新浪微博:	@北京大学出版社　@北京大学出版社经管图书
电　　　话:	邮购部62752015　发行部62750672　编辑部62752926　出版部62754962
印　刷　者:	北京大学印刷厂
经　销　者:	新华书店
	850毫米×1168毫米　16开本　41.25印张　1014千字
	2014年9月第1版　2019年8月第2次印刷
定　　　价:	89.00元

未经许可,不得以任何方式复制或抄袭本书之部分或全部内容。
版权所有,侵权必究
举报电话:010-62752024　电子信箱:fd@pup.pku.edu.cn

译者序

2012年年末，当我再次接到北京大学出版社的翻译邀请时，已经是《卓越的商务沟通》的第10版了，回想起2007年年末回国时接触到第7版的情景，面对这本居排行榜前列的MBA经典教材，近百万字的篇幅让我有些畏难情绪，但很快我就爱上了这本书：突出的主题、实时的案例、丰富的素材……我被作者的精心设计所吸引，更为其严谨务实的态度所折服！我和同事、学生们经过一年半的付出，终于在2010年看到这本书第一次被译为中文版本！

过往岁月似乎就在眼前，面对第10版，我惊叹于教材更新的速度和质量，更被作者执着于教育、执着于奉献最优秀教材的精神所感动！这是一种科学的精神，这是一种求真务实的态度！

《卓越的商务沟通》是一本既强调教学又紧密结合实际应用的教材，可读性非常强，为学生提供了大量取材于商务情境的实例、多种多样的文档，尤其是在信息技术快速发展的今天，商务实践模型与新媒体技术的融合为学生展现了商务沟通的鲜活素材，从而能够提高学生处理商务沟通问题的能力。该书适合为大学本科生、研究生和MBA学生所开设的商务沟通、商务写作、商务演讲等课程。

《卓越的商务沟通》（第10版）主要讲述了以下内容：商务沟通的基础；商务信息计划、写作、完成的三步写作法；电子媒体类简短信息的写作；商务报告和口头演讲的计划、写作和完成过程；简历及求职信的写作；等等。该书植根于真实的商务沟通情境，以案例学习为载体，内容体系上全面涵盖了商务沟通最新的重要主题，以三步写作法贯穿全书，指导学生将其应用到广泛的商务写作中；结构安排上以更新的"工作进行时"开篇，以真实情境模拟展现职场沟通困境，结合每章学习目标帮助学生应用所学知识、提升沟通技能。

第10版的翻译和出版凝聚了很多人的心血，包括我的家人、同事、朋友和学生们，在此向他们表达真挚的谢意。本书由我和李萍负责主要的翻译及组织协调工作，我的同事王伊芹、刘宝巍、杨洋、程巧莲等老师组织并参与了相关章节的翻译工作，哈尔滨工业大学管理学院的博士、硕士研究生林与川、任晓菲、杜亚娜、步琼、安丽艳、陈英、刘轩、韩璐、于信锋、齐秀康等同学以及河海大学贾琼、香港理工大学侍水生、牡丹江师范学院陈艳虹进行了相关章节的初译工作，全书的校译、修改及最终统稿、定稿工作由我和李萍老师负责，陈龙、夏莹、祖晓谦等同学为本书的校对和修改做了大量的工作。同时，在本书的翻译过程中，我得到哈尔滨工业大学管理学院于渤教授、齐中英教授、田也壮教授的关心、帮助和指导，本书的翻译得到了北京大学出版社郝小楠编辑和兰慧编辑的热情支持，她们以外文翻译上的丰富经验为我们提供了有益而重要的帮助。

衷心感谢我的家人！谢谢我的公公对这本书翻译工作的持续关注，是无限的思念更是永恒的鼓舞！谢谢冯韵哲同学在本书翻译过程中投入的极大热情，寒假期间多少个日夜作为"同桌"的陪伴，为协助我精准翻译一个词而主动查阅了大量资料并且反复诵读，我想起来时心中是满满的爱！

  本书在翻译、校对和审核的过程中可能还会出现理解上的偏差和文法上的疏忽，希望读者在阅读中发现问题及时与我们进行沟通，通过共同探讨和持续改进，追求更好的质量。

译者联系方式

单位：哈尔滨工业大学管理学院

地址：哈尔滨市南岗区法院街 13 号 1222 信箱　150001

电话：0451-86402929　　传真：0451-86402929

电子信箱：zhanglihit@hit.edu.cn

张　莉

2014 年 8 月 8 日于哈尔滨工业大学管理学院

前 言

第 10 版的主要变化与改进

博韦(Bovée)和希尔(Thill)的教材在本领域内一直是严格和高质量修订方面的标杆,以此来确保教师和学生能够拥有最新、最全面和最现实可行的可用材料。下面的列表指出了第 10 版的主要变化和改进。

重要的内容添加与更新

除了大量的更新和通篇的合理化改写,下面的部分在结合新材料的基础上进行了全新的或大幅的修订:

- 理解沟通的重要性(第 1 章)
- 社交沟通模型(第 1 章)
- 承诺道德与合法的沟通(第 1 章;新幻灯片)
- 区分道德困境和道德丧失(第 1 章;简化与修订)
- 商务沟通 2.0:这儿是谁负责的?(第 1 章)
- 在团队中有效沟通(第 2 章;合作的新范畴)
- 跨文化沟通:这究竟是谁的皮肤?(第 2 章)
- 社交网络和虚拟社区(第 2 章;更新)
- 在线商务礼仪(第 2 章;更新)
- 开发文化胜任力(第 3 章)
- 跨文化沟通:我们和他们:工作中的代际冲突(第 3 章)
- 清晰地讲话和仔细倾听(第 3 章;更新适应策略)
- 商务沟通 2.0:用学习新语言的 Web 2.0 方法(第 3 章)
- 分析情况(第 4 章;修订)
- 道德沟通实践:多少信息才足够?(第 4 章)
- 通过叙事技巧来引起读者兴趣(第 4 章)
- 正面强调(第 5 章;修订委婉语)
- 跨文化沟通:以易于理解的处方标签保护患者(第 6 章)
- 商务沟通 2.0:带着你手中的整个互联网散步(第 7 章)
- 电子媒体的写作模式(第 7 章)

- 创建社交媒体内容(第7章;更新)
- 社交网络和社区参与网站(第7章)
  - 社交网络
    - 社交网络在商务沟通中的使用
    - 社交网络中的商务沟通策略
  - 用户生成内容网站
  - 社区问答网站
  - 社区参与网站
- 微博(第7章)
- 接下来明确阐述坏消息(第9章;修订使用条件)
- 以尊敬的语气结尾(第9章)
- 发送日常商务的负面信息(第9章)
- 拒绝建议和提案(第9章)
- 商务沟通2.0:我们遭受攻击!对社交媒体环境下的谣言和批评做出回应(第9章;大幅修订)
- 拒绝社交网络的推荐请求(第9章)
- 拒绝工作申请(第9章)
- 给出负面的绩效评价(第9章;大幅修订)
- 为社交媒体写促销信息(第10章;修订)
- 在线监测工具(第11章)
- 职业技能提升:制作有效的商务计划(第11章;修订)
- 数据可视化(第12章;更新)
- 地图和地理信息系统(第12章;更新)
- 图画、图表、信息图和照片(第12章;附加信息图)
- 演讲结束语(第14章,修订)
- 建立反向通道(第14章)
- 选择结构化或自定义幻灯片(第14章;扩展讨论)
- 设计有效的幻灯片(第14章)
  - 围绕主要视觉效果设计幻灯片(第14章)
  - 为幻灯片制作图形和表格(第14章)
- 商务沟通2.0:演讲社会化(第14章)
- 制作有效的分发材料(第14章;更新)
- 在当今的就业市场中找到合适的机会(第15章)
  - 写出你的故事
  - 学会像雇主一样思考
  - 把你的潜能转化为雇主的具体方案
  - 主动寻求机会
  - 建立你的人际网络
  - 避免犯错

- 撰写简历(第 15 章;根据最新的关键词建议修订)
- 制作简历(第 15 章;关于信息图简历的新内容及注意事项)
  打印一份可扫描的简历(第 15 章;附新内容并注意信息图表的应用)
  创建一份在线简历(第 15 章)
- 提交简历后继续跟进(第 16 章)
- 了解机构和面试官(第 16 章)

社交媒体的重大变革

第 10 版包括最新的社会沟通模型,它是对商务沟通的重新界定,是对公司与利益相关者之间关系的重塑。在本书中,从职业生涯的计划到演讲,社交媒体的概念和技巧一直被融合在一起。下面是一些例子:

- 本书中出现了一些社交媒体的问题、活动和案例,包括 Twitter、Facebook、LinkedIn 和过去几年里在商业世界经历风雨的其他媒体。
- 30 多个社交媒体商业应用的例子展示了各种各样的公司是如何利用这些工具的。
- 第 1 章主要展示了社会沟通模型。
- 第 7 章通过各种各样的公司利用一个新的两页的杂志型专题片,重点介绍了各类公司对于社交媒体的创新应用。
- 第 7 章,社交网站变成了一种简短信息媒体。
- 第 14 章,Twitter 反向通道使电子演示发生革命性的变化。
- 社交媒体工具在序言和两个就业沟通的章节(第 15 章和第 16 章)中被大量使用。

电子媒体的创作模式

对于电子媒体所能提供的所有帮助,社交媒体和其他创新模式对商务沟通者提出了新的要求。第 10 版共介绍了九种重要的电子媒体写作模式。

个人品牌

由于劳动力的不断变化和就业形势未来一段时间可能持续的不稳定性,对于你来说,掌控自己的职业生涯显得至关重要。首先重要的一步是你要清楚自己的个人品牌,这个话题现在被写进序言并出现在就业信息的章节中。

叙事技巧

一些最有效的商业信息,无论是广告、提案,还是个人品牌,都要依靠叙事技巧。本书提供了现成的建议和多个活动来培养你的"商务课堂"叙事技巧。

全面实施以目标为导向的学习

教科书中的章节内容是以学习目标来组织的,这种结构使得教师的教学计划、课程管理以及学生的阅读、学习和操作变得更加容易。

多媒体资源

用唯一的实时更新的媒体元素来扩展大家的学习经验,这些媒体元素会连接到几十个那些精选的录像、播客和补充章节内容的其他条目。

新的"工作进行时"沟通小插图和模拟

第 1 章:丰田的用户自传内容计划

第 6 章:著名网页设计师 Jefferson Rabb 的以用户为中心的设计原则

第 9 章:Clargify 的鉴于价格上涨的沟通错误

第 11 章:MyCityWay 的成功商务计划

第 13 章:Garage 科技投资公司的执行概要写作建议

第 14 章:喜剧片超级代理 Peter Principato 的有效演讲技巧

第 15 章:ATK 最前沿的员工逻辑分析方法

第 16 章:Zappos 自由奔放的方法招聘自由奔放的员工

新评论、问题分析和技能发展计划

学习目标检查中提供了许多新问题和活动,例如知识应用、技能实践等类别。

新的沟通案例

沟通案例能够给你机会,用你期望在将来的工作中用到的媒体技能去解决现实生活中的沟通挑战。第 10 版的 125 个案例中,40% 是新案例。

新图表和更多被注释的样本文件

第 10 版提供了一个商务沟通无敌文档的展示。下面是最精彩的部分:

- 近 70 个新图表提供了在商务沟通领域内最新趋势的例子。
- 近 80 种注释了的样本文档,从打印版到在网站、博客和社交网站上的报道,都会详细地向你展示如何运作成功的商业信息。
- 来自真实公司的 70 个展品专题片的例子,包括 Bigelow Tea、Burton Snowboards、Google、IBM、Microsoft Bing、Patagonia、Red Bull、Segway、Southwest Airlines,以及 Zappos。
- 100 多个沟通技巧的解释实例可以帮助学生掌握未来在工作中将要遇到的大量的工具和媒体格式。

剖析行业案例

这一新活动会邀请你用每一章节中所学到的原理去分析行业沟通中的案例。

用免费的多媒体内容扩展本教材的价值

《卓越的商务沟通》一书有一个独特的实时更新系统。该系统能够自动按周提供内容更新,包括交互式游戏和工具、播客、PowerPoint 演示文件、在线视频、PDF 文件和文章。你可以订阅更新的章节,这样你就可以只获取你要学习的章节所需材料。你可以通过 http://real-timeupdates.com/ebc10 访问(如图 1 所示)。

图 1 本书的实时更新系统

什么是提升你职业前景的唯一最重要步骤

无论你想从事什么职业,沟通能力都是一项必需的技能。在你刚参加工作时,你的雇主就希望你已经具有了该技能。本课程将介绍给你基本的商务沟通原则并教授你培养沟通技能的方法。你将会发现商务沟通不同于个人和社交沟通,你将看到今天的企业正在使用博客、社交网络、播客、虚拟现实、维客和其他技术。你将学习一个简单的三步写作过程,该过程可以用于在校期间和工作中的所有类型的写作和讲话项目。同时,你将获得对于商业伦理、礼仪、倾听、团队合作和非语言沟通有价值的见识。此外,你将学习对于多种沟通挑战的有效策略,你将在工作中面对这些挑战。其范围从常规的关于交易的信息到复杂的报告和网站。

不同的大学和学院对于商务沟通课程的预备课程可能有不同的设定,我们建议在选择本课程之前学习至少一门语言文法的课程。某些商科课程也会给你职场沟通挑战的观点。不管怎样,我们已经专门考虑到不预先假设任何有深度的工作经验,就算你只有有限的在职经验或商科课程学习经历,仍然可以成功地使用《卓越的商务沟通》一书。

本课程将如何帮助你

很少有书能像《卓越的商务沟通》一样提供"三合一"的价值。以下是这些收益:

- **在其他课堂上。** 本课程中学到的沟通技能对你在大学中的其他课程也有帮助。从简单的家庭任务、复杂的团队项目到课堂演讲,你将用较少的时间和精力做更有效的沟通。
- **找工作过程中。** 你可以减少找工作的压力并在竞争中脱颖而出。你在第 15 章和第 16 章会看到,找工作中的每项活动都依赖沟通。你沟通得越好,就越成功地接近有趣的和有价值的工作。
- **工作进行时。** 在你获得满意的工作后,你在本课程中投入的时间和能量将年复一年地持续释放收益。当你应对每个项目和每个新挑战时,公司有影响力的领导者——这些人决定你多快得到晋升以及你赚多少钱——将认真注意你的沟通能力。他们将观察你与同事、顾客以及商务合作伙伴之间的互动,注意你收集数据和信息并传达给其他人的能力。他们还将观察你适应不同受众和场合的能力,以及当你面对棘手场景时的商业伦理和礼仪。好消息是:在课堂里学到的每一种洞察力和每一项技能都会帮助你在工作中熠熠生辉。

怎样才能取得本课程的好成绩

尽管本课程探索了大范围的信息类型并试图覆盖相当多的领域,但实际上底层结构相对简单。你将学习几个基本概念,辨识一些可用的关键技能和遵从的步骤,然后练习、练习、再练习。无论你正写的博客是响应一个真实公司的案例还是给自己的简历打草稿,你都将一次又一次地练习相同的技能。在得到教师和同学的反馈并强化后,你的信心将增强,工作会变得更容易而且更有乐趣(如图 2 所示)。

图 2 博客写作

《卓越的商务沟通》使用当今的商务沟通案例,同时着重强调面向受众的写作基础。

下面提供了一些建议以完成每项任务,这些建议用于使用教材和利用其他有帮助的资源。

完成每项任务

本着练习和提高的精神,在本课程中你将获得一定数量的写作任务(也可能有演讲任务)。这些建议会帮助你事半功倍:

- **首先,不要恐慌!** 也许想到写报告和发表演讲就会让你脊背发凉,并不是只有你这样。当第一次学习商务沟通技能时,每个人都有这种感觉,甚至有经验的专业人士面对大项目时也会感觉精神紧张。记住这三点会对你有帮助:第一,每个项目都可以分解成一系列小的、可管理的任务。不要让大项目压倒你,它们不过是一系列小任务。第二,提醒自己,你有完成每个任务所需的技能,在你学习本书的过程中,每个任务都是仔细设计的,以匹配在那一点所需要的技能。第三,如果你感觉恐慌蔓延到全身,休息一下再重新思考。

- **每次关注一个任务**。写作者常犯的一个错误是,试图组织和表达自己想法的时候,为很多因素担心,如受众的反应、语法、拼写、格式、页面设计,等等。拒绝同时做多件事的诱惑,否则挫败感将猛增而效率下降。特别是,在打草稿时不要担心语法、拼写和文字的选择,首先集中精力组织你的想法,然后表达你的想法,最后展现你要阐述的信息。遵从三步写作法,就是每次关注一个任务的逻辑序列顺序。

- **给自己足够的时间**。就像每个学习中的项目,把事情堆到最后一分钟总是会产生不必要的压力。将写作和演讲项目分成小的阶段而不是试图一下子将所有事情完成,完成任务会变得轻松许多。而且,有时候被一个项目困住,最好的解决方法是先短时间走开让你的大脑休息一下。如果你能在计划中留下一些休息的时间,你的沮丧感会最小化,还会在完成作业上事半功倍。

- **在开始每个项目之前退一步评估它**。本课程的写作和演讲项目覆盖了大范围的沟通场景,修改你的方法以适应每个挑战很重要。要抵制一下子深入细节并没有计划地直接开始写作的诱惑。先仔细衡量一下任务,考虑可能采用的不同方法,并在开始写作之前仔细思考你的目标。没有什么比单单因为你不确定要说什么或题非所论结果困在半路上更令人沮丧的了。花一点时间做计划,写作中可以节省很多时间。
- **使用三步写作法**。三步写作法中基本的计划是第一步,你将在第4章学习它并在本课程的学习过程中使用。这个写作流程由专业人员开发并改善,这些专业人士有多年的写作经验,做过大量的项目,这些项目可能短到发布一篇博客,长到500页的课本。它很好用,好好利用它。
- **从案例和样板文档中学习**。本教材提供大量的真实案例,在两旁常常有注释解释优点和缺点(如图3所示),学习它们以及教师提供给你的其他案例。学习什么有用,什么没用,然后应用课程所学到你的写作中。

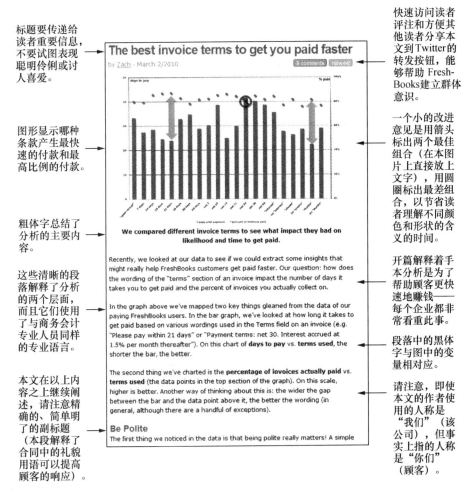

图3 样板文档

这是注释过的90个样板文档中的一个,指出了哪个是有效的(有时也指出哪个是无效的)。
资料来源:FreshBooks 已授权使用。

- **从经历中学习**。最后,从你的授课教师和其他同学的反馈意见中学习。不要把批评放在心上,教师和同学的评价对事不对人。将每一个反馈作为提高自己的一个机会。

使用本教材包

本书和附赠的在线资源向你介绍在商务沟通中的关键概念,同时帮助你提高基本技能。当你读到一个章节时,从"学习目标"开始。它们会帮助你辨识本章中最重要的概念并且给予你即将学习内容的一个大致预期。在"学习目标"之后,"工作进行时"描述了一个成功使用了本章所学技能的职业角色范例。

在你学习本章节的内容,比较不同样例文档的建议,包括书中概要案例和单独的样板文档之后,还要密切注意每个章节的实时更新元素。我们选择了这些视频、播客、演示文件和其他在线媒体以提供在书本外的有益和有趣的信息。

每章节学习完成之后,你将再次回到每章节开始的"工作进行时",假想你自己正在以商业专业人士的身份解决四个现实的沟通困境。接下来,"学习目标检查"将给你机会再次验证对于重要概念的掌握。每个章节包含一定量的问题和练习,帮助你评估你对材料的学习并能够应用到现实商业场景的程度。有几个章节带有可下载的媒体练习如播客,如果任课教师安排了这些练习,跟随本书中的讲解以找到正确的文件。

有几个章节带有如演示文件和播客之类的可下载媒介或博韦-希尔(Bovée-Thill)Wiki模拟器的使用等练习。如果任课教师安排了这些练习,跟随本书中的讲解以找到正确的文件。如果希望得到来自Facebook、Twitter或LinkedIn网站的帮助,我们已经在这些主题上建立了截屏,以提供有帮助的建议。

除了本书的16章,以下是一些特色内容,可以帮助你在课程和工作中取得成功:

- **序:用你的沟通技巧成就一番事业**。这一部分(就在前言后面)帮助你理解今天的动态工作场所,你为适应职场可以采纳的步骤,以及创建就业档案和建立个人品牌的重要性。
- **实时更新**。你可以使用这一独特新闻供应服务以确保在重要主题上的持续更新。另外,在每章的策略要点,你将被定向到实时更新网站获取特定主题的最新信息,可以访问 http://real-timeupdates.com/ebc10 注册。
- **商务沟通网页搜索**。利用我们独特的网页搜索技术,你可以快速地访问超过325个搜索引擎。该工具使用简单直观的界面以帮助你查到所需的精确内容,无论该内容是PowerPoint文件、Adobe Acrobat PDF文件、微软Word文档、Excel文件、视频还是播客。通过 http://businesscommunicationblog.com/websearch 访问它。
- **CourseSmart在线电子书**。CourseSmart为省钱的学生提供一个有趣的新选择。作为一个纸制书籍的替代品选择,你可以购买具有相同内容的电子版书籍,而且可以比纸制书籍价格获得更大的折扣。通过CourseSmart在线电子书,你可以搜索文档、在线记笔记、打印包含课程笔记的阅读作业,以及为重要的段落做标记以备以后复习。如需获得更多的获取CourseSmart在线电子书的信息或购买它,访问 www.coursesmart.com。

关于作者

考特兰·L.博韦（Courtland L. Bovée）和约翰·V.希尔（John V. Thill）作为主要的教材作者已经辛勤耕耘了二十几年，将数以百万学生引入商务和商务沟通的知识殿堂。他们的教材屡屡获奖，具有鲜明的适于教学的特点，书中选取了大量的案例研究、数百个真实商务生活中的实例，内容涉及写作、全面调研以及独有的纸版和电子版学习资源的整合。每一次再版都反映了作者对教材的不断完善和改进，特别是在吸收最新的商务实践模型和利用新技术方面。

博韦教授在圣地亚哥的格罗斯蒙特学院（Grossmont College）已有22年的从教经验，并多次荣获教学奖，被授予学院的"C. Allen Paul杰出讲座教授"称号。希尔先生是一位著名的沟通顾问，曾经为位列《财富》500强的跨国公司和新创企业工作过。之前曾任职于太平洋贝尔电话公司（Pacific Bell）及德士古公司（Texaco）。

马萨诸塞州州长最近发布的公告中，考特兰·L.博韦和约翰·V.希尔因为对教育界的长期贡献，以及对波士顿红袜队赞助的夏季青年棒球赛的承诺而获得嘉奖。

序

用你的沟通技巧成就一番事业

利用本课程来帮助你开启职业生涯

本课程将帮助你培养职业生涯中一直会用到的沟通技能——这些技能也会帮助你开启自己感兴趣又有高回报的职业生涯。这个简短的序言将帮助你理解当今的动态职场,你将能够采取措施去适应人才市场,理解创建就业档案的重要性,建立你的个人品牌。如果你正在考虑开始自己的职业生涯,那就花几分钟时间阅读下面的内容。

理解当今的动态职场

有一个事实不得不面对,那就是你将面临就业危机,不过至少有理由相信,从长远来看,危机复苏还是有希望的。首先,美国的经济将从大萧条中复苏,尽管离大多数雇主有足够的信心去显著增加雇佣人数还需要一定的时间。其次,生育高峰期带来的人口膨胀逐渐在减退,它将引起从企业高层到基层的连锁反应。再次,国内外的政治和商业领导们对年轻人的失业问题极其敏感,因为它既影响到了人们找工作,又使得经济失去活力。例如,在政府和慈善组织的努力下,一些项目在帮助那些刚出校门的毕业生能够迅速成长起来创办公司,而不是进入传统的就业市场当中去。①

当复苏结束,你可以指望一些其他的影响力,这些影响力也许能够影响你进入就业市场,以及你接下来的事业选择。②

- **不可预测性**。你的事业也许不会像你父辈那个年代的事业那么稳定。在今天的商业世界里,你的事业很可能受到下列因素的影响:全球化、合并与收购、股东需求所致的短期心态、道德剧变和对低成本的不懈追求。从好的方面想,新机遇、新公司,甚至是家庭手工业都可以在一夜之间

---

① Peter Coy, "The Youth Unemployment Bomb," *Bloomberg Businessweek*, 2 February 2011, www.businessweek.com
② Jeanne C. Meister and Karie Willyerd, "Leading Virtual Teams to Real Results," *Harvard Business Review* blogs, 30 June 2010, http://blogs.hbr.org; *The Small Business Economy*, 2009, U. S. Small Business Administration website, accessed 16 August 2010, www.sba.gov; Malik Singleton, "Same Markets, New Marketplaces," *Black Enterprise*, September 2004, 34; Edmund L. Andrews, "Where Do the Jobs Come From?" *New York Times*, 21 September 2004, E1, E11; Maureen Jenkins, "Yours for the Taking," *Boeing Frontiers Online*, June 2004, www.boeing.com; "Firm Predicts Top 10 Workforce/Workplace Trends for 2004," *Enterprise*, 8—14 December 2003, 1—2; Ricky W. Griffin and Michael W. Pustay, *International Business*, 6th ed. (Upper Saddle River, N.J.: Pearson Prentice Hall, 2010), 21.

出现,所以你的事业不会像过去一样可预测,它更多的是面临风险。

- **灵活性**。在全球经济的背景下,许多企业都更加灵活,很多员工——有时出于自己的选择,有时不是——可以创建属于自己的企业。电子沟通和社交媒体的创新将继续激励虚拟机构和虚拟团队的发展,这其中,独立的承包人和各种规模的企业经常在没有正式的就业安排的情况下,进行长期或短期的联手经营。
- **经济全球化**。跨国贸易已有上千年的历史,但国际贸易的数量成倍增长是过去30年才达到的。经济全球化是它所带来的一个极其有意义的结果,全世界国家的经济在不断地融合和相互依赖。正如跨国界不断竞争的企业一样,员工或个体承包者也要在全球范围内进行竞争。这种情况在某一阶段也许是具有破坏性和令人痛苦的,但与此同时它也会给我们带来机遇。
- **小企业的增加**。在一个国家,小企业所提供的就业机会差不多占私营机构的一半,在某些地区,它甚至可以创造2/3—3/4的新工作机会。因此,在某种程度上去小企业工作是个不错的选择。

所有这些影响力对你来说意味着什么?首先,掌控你的事业——让它在你的控制中。清楚自己的选择并做好计划,不要指望别人关注你的未来。其次,就像你在本书中学到的那样,了解你的受众是有效沟通的关键,因此了解老板如何看待人才市场对于你来说非常重要。

雇主如何看待当今的劳动市场

从雇主的角度来看,雇佣的过程通常是一个平衡的过程。保持稳定的员工队伍可以实实在在地改善业务绩效的各个方面,也有许多雇主认为他们需要保持灵活性,一旦经济条件发生变化,他们可以缩减或扩大工资名单。雇主们显然都想吸引最优秀的人才,但是最优秀的人才也是最贵和最容易受到竞争对手争抢的,所以总是要考虑一下财务收支的问题。

雇主也在经济的上下波动中不断挣扎。当失业率低的时候,优势转移到了员工那里,雇主们不得不相互竞争以吸引和留住最优秀的人才;当失业率高的时候,优势就转移到了雇主那里,他们可以尽情地挑挑拣拣并变得不那么热情了。换句话说,你需要注意经济形势,有时候可以强势一些,但有时候需要低调一些。

很多雇主通过雇用临时员工或逐个项目分别聘请自由职业者来满足人员需求。许多美国雇主现在更愿意将工作机会转移到国外更为廉价的劳动力市场上,并在全球范围内招聘员工来填补在美国的职位。这两种趋势激起了很大的争论,特别是在技术领域,因为美国公司从海外大量招聘高级工程师和科学家,同时又将一些中低端的工作机会转移到了印度、中国、俄罗斯、菲律宾和其他工资水平较低的国家。[③]

总之,企业把雇佣看做一个很复杂的商业决定,其中会有很多变数。因此,为了将你的潜能最大化,不管你追求的职业路径怎样,你都需要像雇主一样思考问题。

---

③ Vivian Yeo, "India Still Top Choice for Offshoring," *Business-Week*, 27 June 2008, www.businessweek.com; Jim Puzzanghera, "Coalition of High-Tech Firms to Urge Officials to Help Keep U.S. Competitive," *San Jose Mercury News*, 8 January 2004, www.ebsco-host.com

雇主需要什么样的应聘者

当今职场影响因素复杂,全球竞争压力残酷无情,雇主希望从应聘者身上得到什么?答案是:很多。像所有的"买家"一样,企业也希望物有所值。你离理想的应聘者的样子越近,成功的机会就越大。④

- **沟通技能**。首先列出这一项的原因并不是你正在阅读本书,当雇主被问起最看重员工哪些特质的时候,沟通能力总被排在第一位。良好的沟通技能对你今后的职业生涯会有很大帮助。
- **个人和团队技能**。在工作中你会有很多独立完成工作的机会,同时你会有更多与他人合作的机会。学会与他人一起工作,与大家一起成功。
- **不同文化和不同国家的意识和敏感度**。成功的雇主对不同的劳动力、市场和团体的反应都极其灵敏,他们对员工的挑选也同样如此。
- **数据收集、分析和决策技能**。雇主希望自己的员工知道如何辨识有用的信息,发现需要的数据并把这些数据变成有价值的资源,以及做出正确的决策。
- **时间和资源管理**。如果你在大学期间就具有同时应对多个问题的能力,那么你可以考虑在商界发展。你的计划项目和管理时间、资源的能力会使你在工作中脱颖而出。
- **灵活性和适应性**。如人们所说,世事无常。员工要灵活应变,适应业务的变换。这样一来,你的境遇比那些抗拒变化的员工要好得多,自己也会更快乐。
- **职业精神**。职业精神是一种品质,这种品质不仅要求员工完成任务的质量在最高水平,而且要有自信、自尊、做事有目的性。真正专业的人士具有以下品质:可信赖,有责任感,奋发向上,不断地训练自己的技能和增加自己的知识含量,懂得商务礼仪,信守承诺,在困难面前不退缩,有积极的人生观。

适应当今的劳动市场

适应职场是一个终身的过程,该过程在寻找你想要做的,和雇主(或客户,如果你是老板的话)愿意付钱让你做的事情之间的一个契合点。最重要的是知道你想要做什么,你必须提供什么,以及你怎样让自己更吸引雇主。

你想要做什么

经济需要和市场的变幻莫测当然会在很大程度上影响到你的职业;尽管如此,最好还是在开始找工作时先衡量一下自己的价值和兴趣。首先要确定你想做什么,然后看看自己是否能够找到一份既满足个人愿望又满足财务需求的职位。请考虑下列问题:

- **你想每天做什么?** 研究那些你感兴趣的职业,了解人们每天究竟在做什么。问一下你的朋

---

④ Courtland L. Bovée and John V. Thill, *Business in Action*, 5th ed. (Upper Saddle River, N.J.: Pearson Prentice Hall, 2010), 18—21; Randall S. Hansen and Katharine Hansen, "What Do Employers Really Want? Top Skills and Values Employers Seek from Job-Seekers," QuintCareers.com, accessed 17 August 2010, www.quintcareers.com

友、亲戚、校友以及社会关系网中的熟人，读一读对不同职业的人的采访，以得到他们对自己职业生涯的看法。

- **你想如何工作？** 考虑你希望自己在多大程度上独立工作？是否喜欢变化？更愿意与产品、机器、人、创意、数字还是上述几种的组合打交道？
- **如何使你的财务目标与其他优先考虑的事相符合？** 比方说，许多高薪工作往往都会有很多压力，会剥夺你与家人、朋友在一起的时间，你需要经常出差或居无定所。如果安逸、有趣或是其他因素对你来说很重要的话，你可能不得不牺牲一部分收入去得到它们。
- **你能树立一些总体的职业目标吗？** 比如，你想发展金融或制造业的职业专长吗？或者通过对高层管理人员的关注获取多领域的经验吗？
- **你最喜欢什么样的企业文化？** 你会喜欢一家有逐级汇报的严格等级制度的公司吗？或者更喜欢结构简单的公司？你喜欢团队合作还是独自工作？喜欢竞争性的环境吗？

你或许需要一段时间去弄明白工作中你真正想要做的事，或者你希望的工作方式。事实上，开始考虑这些事一点都不早。填写表1中的评价，可以帮助你更清楚地了解自己希望在职业生涯中追求的工作性质。

表1 职业自我评价表

你更倾向于哪些与工作相关的行动或状态？评价自己在下面每一题的偏好并利用结果来指导自己找工作。

行动或状态	完全同意	同意	不同意	无偏好
1. 我渴望独立工作。				
2. 我愿意尝试多样化的工作。				
3. 我想与他人共同工作。				
4. 我愿意从事技术工作。				
5. 我喜欢体力工作。				
6. 我喜欢脑力工作。				
7. 我想在一家大公司工作。				
8. 我想为一家非营利组织服务。				
9. 我愿意在一家小的家族企业工作。				
10. 我想在服务领域工作。				
11. 我想某一天自己创业或买入一家企业。				
12. 我喜欢有规律的、预料中的工作时间。				
13. 我想在一个大城市工作。				
14. 我想在一个小镇或郊区工作。				
15. 我想在另一个国家工作。				
16. 我想从事户外工作。				
17. 我想在一个有组织的环境里工作。				
18. 我想尽可能地规避风险。				
19. 我愿意享受自己的工作，即使这意味着赚的钱较少。				
20. 我渴望成为企业高层经理。				

你必须提供什么

知道你想要做什么是一回事,知道企业为什么付薪水给你完全是另一回事。你可能已经想好能为你的雇主提供什么了。如果不知道,你可以通过头脑风暴来确定自己的技能、兴趣和特征。首先快速写下10个自己最骄傲的成就,然后仔细考虑这些成就需要你具备哪些技能。例如,领导才能、演讲能力以及艺术天赋都可以帮助你协调一个成功的课堂计划。当你分析自己的成就时,就可以认清自己的技能模式。这些技能中的哪些对潜在的雇主是最有价值的?

接下来看看你的知识准备、工作经验以及课外活动。你的知识和经验让你能够胜任哪些工作?你从志愿者工作或是班级活动中学到了哪些可以让你在工作中受益的东西?你担任过什么职务?获得过何种奖励或奖学金?掌握了一门外语吗?你在非商务环境中培养的哪些技能能够在商务环境中使用?

对你个人的特征进行总结。你积极进取吗?是天生的领导者吗?或者你更愿意做个追随者?你外向吗?善于表达吗?容易相处吗?或者你宁愿独自工作?列出你认为自己最重要的4—5个特点,然后请你的亲戚或朋友给这些特点排序。

如果你现在很难判断自己的兴趣、特征或能力的话,咨询你所在大学的就业中心。很多大学都有各种测试来帮助你确定自己的兴趣、天赋和个性特点。这些测试无法显示你的"完美"工作是什么,但是可以帮助你将精力集中在适合你个性的工作类型上。

如何使你更有价值

找出了自己想从工作中得到什么和你能为雇主提供什么,你就可以采取积极的措施构建你的职业生涯了。首先,寻找一些志愿者项目、临时工作、自由职业者工作或者实习机会,以帮助你扩展自己的工作经验和技能。[5] 你可以在 Craigslist(www.craigslist.org)和许多其他网站上找到自由职业的项目。尽管这些工作中一些只是名义上给薪水,但确实能够为你提供一个展示技能的机会。或许你可以考虑把你的才能用于**众包**(crowdsourcing)项目,该项目里的企业和非营利组织会邀请大家对各种挑战献计献策。

这些机会帮助你获得宝贵的经验和相关的联系,同时也为你提供非常重要的证明人和就业档案中的经历,帮助你建立个人品牌。

其次,多了解你打算进入的行业领域,随时掌握行业内的最新动态。加入能够帮助你了解行业内最新趋势和事件的同学或朋友的社交网络。许多专业社团都有学生分会,或是为学生会员提供折扣。参加一些课程,寻求一些在全职工作期间很难获得的其他教育或生活经验。

要想获取更多的关于如何规划你的职业生涯的想法和建议,参看表2。

---

[5] Nancy M. Somerick, "Managing a Communication Internship Program," *Bulletin of the Association for Business Communication* 56, no. 3 (1993): 10—20.

表 2　职业规划资源

资源	网页地址
Career Rocketeer	www.careerrocketeer.com
The Creative Career	http://thecreativecareer.com
Brazen Careerist	www.brazencareerist.com
Daily Career Connection	http://dailycareerconnection.com
The Career Key	http://careerkey.blogspot.com
Rise Smart	www.risesmart.com/risemart/blog
Women's Leadrship Blog	http://blog.futurewomenleaders.net/blog
The Careet Doctor	www.careerdoctor.org/career-doctor-blog

建立就业档案

雇主需要你具备胜任工作的技能的证明,即使你没有相关的工作经验,至少可以用你在大学期间的成绩来证明这一点。简单地建立并维护就业档案,它是展示你的技能和知识所有项目的集合。你可以建立一个打印版的档案和一个电子档案,这些都会对你的职业有所帮助。打印的档案可以方便面试时随身携带,还可以收集那些不太容易在网上展示的成果,比如装帧漂亮的报告。

电子档案是对你的技能和经验的多媒体演示。[6] 可以把它看做一个承载你的个人简历、工作范例、推荐信、录制的相关视频或播客、写过的博客或文章,以及其他有关你和你的技能的信息的网站。如果你建立了一个以专业为重点的 lifestream(是一个你的创建内容、在线兴趣、社交媒体互动的即时集合),那么你就要考虑把它加到你的电子档案里,一定很有创意。举个例子,一名正在攻读气象学学位的学生在档案里加了一段自己播报的天气预报的视频短片。[7] 档案可以转制成 CD 或 DVD 以便寄送,更为常见的是,张贴在网上——不论是个人网站、学校的网站(如果允许添加学生网页)、特定的档案承载网址比如 Behance(www.behance.com),还是建立承载网站,比如可视化 CV(www.visualcv.com),它提供多媒体简历。从美国的大学中选择一个学生电子档案,登录 http://real-timeupdates.com/ebc10,点击"Student Assignments"再点击"Prologue"进入学生电子档案。

通过本课程的学习,密切关注标有"档案建立"的任务(从第 7 章开始)。这些条目无论是在你的沟通技能,还是在你理解和解决与商务有关的挑战方面,都将给你提供特别好的范例。通过把你在其他课程的范例与这些项目结合起来,你可以在准备开始面试的时候,创建出一份吸引人的档案。你的档案也是你写简历的重要资源,因为它可以提醒你,自己在过去几年里曾经做过的了不起的工作。此外,在你的整个职业生涯中,你都可以不断地改善和扩展你的档案。许多专业人士利用电子档案来推销自己,例如 Evan Eckard,一个网页设计、营销、品牌专家,他通过其在线档案

---

[6] Jeffrey R. Young, "'E-Portfolios' Could Give Students a New Sense of Their Accomplishments," *The Chronicle of Higher Education*, 8 March 2002, A31.

[7] Brian Carcione, e-portfolio, accessed 20 December 2006, http://eportfolio.psu.edu

展示了大量成功项目而提升了能力,可查看 www.evaneckard.com。

在准备档案的时候,要收集所有能够反映你的能力和才干的信息,不论是在学校、工作中还是其他领域。但是,在你展示任何在职期间的工作成就之前必须征得雇主的同意,展示任何客户购买的工作产品(你撰写的、设计的、规划的,等等)都需要征得客户的同意。许多商务文件都包括公司不想向外界受众透露的保密信息。

你在档案中添加的每个项目都要写个简短的介绍,以便其他人了解项目的意思和意义。包括以下这些项目:

- **背景**。你为什么承担了这项任务?它是学校项目、工作任务,还是你自己开创的项目?
- **项目目标**。如果相关的话,解释创建项目的目的。
- **合作者**。如果是同其他人一起合作,一定要在恰当的时机提到这一点并说明团队的情况。例如,你是团队的领导者,或者是与他人进行远距离合作的虚拟团队。
- **限制**。有时候项目最令人印象深刻的是时间或预算的限制。如果某个项目涉及这些限制,在提及的时候要注意,不要让它听起来像是在为低劣的质量找借口。例如,你只有一个星期来创建一个网站,你可以说"这个项目最吸引人的挑战就是它的截止日期;我仅有一个星期的时间去设计、创作、测试以及公布这些素材"。
- **结果**。如果项目的目标是可测量的,那么结果是什么?例如,如果你曾为慈善活动撰写捐赠邀请信,那么你最终募集了多少钱?
- **学习经验**。如果合适的话,描述你在项目过程中学到了什么。

事实上,档案本身就是一个沟通项目,要确保应用你在本课程中学到的所有有效的沟通方式和良好的设计。还要设想每个潜在的雇主都会看到你的电子档案网站(即使你没有告诉他们),因此你的档案中一定不要加入任何日后可能会给你带来麻烦的内容。同样,如果你在 Facebook、MySpace 或在其他网站上有什么难堪的事,立即把它删除。

开始时,首先与你所在学校的就业中心取得联系;现在许多大学为学生提供电子档案系统(一些学校规定必须提供电子档案,你可能已经建立了一个)。你也可以发现许多在线建议,搜索"电子档案""学生档案"或"专业档案"。

建立你的个人品牌

产品和企业都有自己的品牌,品牌代表着某些特性的集合。比如,Volvo 汽车强调的是安全,BMW 强调的是性能,而 Cadillac 强调的是奢华。同样的,当认识你的人想起你时,他们的脑海中对你的水准已经有了一组特定的评价。这些评价来自你的职业精神、各种各样的技能和你历年来所形成的品质。也许你还没意识到,就已经建立了自己的个人品牌(如图 1 所示)。

当你开始规划下一阶段的职业生涯时,你应该开始谨慎地管理你的个人品牌。品牌专家 Mohammed Al-Taee 把个人品牌简洁地定义为"界定和表达什么使你与众不同"[8]。

你可以从表 3 列出的资源中学习更多的关于个人品牌的信息,学习过程中,你有更多的机会

---

[8] Mohammed Al-Taee, "Personal Branding," Al-Taee blog, accessed 17 August 2010 http://altaeeblog.com

图 1　LinkedIn 上的个人品牌

Scott Anderson,一名计算机行业的市场经理,很好地利用 LinkedIn 介绍自己拥有专业经验,能够承担很多责任。

去计划和改善你的个人品牌。例如,第 7 章在社交媒体商务应用方面提供了一些提示,它对于个人品牌来说是非常关键的,第 15 章和第 16 章指导你如何写简历,如何建立自己网站以及如何面

试。作为开始,下面是一个成功的个人品牌策略的基本步骤⑨:

- **写出"你的故事"。** 简单地讲,就是你曾去过什么地方,你想去什么地方。每一个好故事都会给读者留下深刻的印象,他们会在不知不觉中被吸引,想知道接下去会发生什么。你接下来的故事是什么?
- **弄清你的职业主题。** Volvo、BMW 和 Cadillac 都能够让你了解到它们的安全、舒适和时尚——但是每一个品牌都会强调他们的某些品质超过了其他品牌,这些会在潜在买家的脑海中留下特定的印象。同样,如果你不想别人只是把你看做会计师、管理者或售货员,你就应该有自己的主题。你的主题是什么?优秀的战略家?精明实际的战术家?专业带头人?问题专家?有创造力的天才?精神领袖?
- **接触和联络。** 大一点的企业通过数百万的广告来推销他们的品牌。你可以免费推销你的品牌。秘密就是网络,在第 15 章你可以学到更多。你可以通过以下方式建立你的品牌:与具有相似意向的人联系,分享信息,展示知识和技能以及帮助别人成功。
- **兑现你的品牌承诺——每时每刻。** 当你推销你的品牌的时候,你会做出承诺——无论谁买了你的品牌都会从中获利。如果你没有兑现承诺,你所有的计划和沟通就毫无价值。相反,当你每次都能兑现承诺,你的才能和职业精神就会为你说话。

表 3　个人品牌资源

资源	网页地址
Personal Branding Blog	www.personalbrandingblog.com
Mohammed Al-Taee	http://altaeeblog.com
Brand Yourself	http://blog.brand-yourself.com
Krishna De	www.krshnade.com/blog
Cube Rules	http://cuberules.com
Jibber Jobber	www.jibberjobber.com/blog
The Engaging Brand	http://theengagingbrand.typepad.com
Brand-Yourself	http://blog.brand-yourself.com

祝愿你在本课程和未来的职业生涯中取得成功!

---

⑨ Pete Kistler, "Seth Godin's 7-Point Guide to Bootstrap Your Personal Brand," Personal Branding blog, 28 July 2010, www.personalbrandingblog; Kyle Lacy, "10 Ways to Building Your Personal Brand Story," Personal Branding blog, 5 August 2010, www.personalbrandingblog; A1-Taee, "Personal Branding"; Scot Herrick, "30 Career Management Tips—Marketing AND Delivery Support Our Personal Brand," Cube Rules blog, 8 September 2007, http://cuberules.com; Alina Tugend, "Putting Yourself Out There on a Shelf to Buy," *New York Times*, 27 March 2009, www.nytimes.com

目　录

第一部分　理解商务沟通的基础

第1章　通过有效的商务沟通获取成功 … 3
1.1　理解沟通的重要性 … 4
1.2　当今全球商务环境中的沟通 … 7
1.3　探索沟通的过程 … 12
1.4　利用技术提高商务沟通能力 … 18
1.5　承诺道德与合法的沟通 … 20
1.6　应用所学知识 … 26

第2章　掌握团队技能和人际沟通技能 … 33
2.1　在团队中有效沟通 … 34
2.2　在沟通努力中合作 … 38
2.3　让会议更高效 … 43
2.4　使用会议技术 … 46
2.5　提升倾听技能 … 47
2.6　提高非语言沟通技能 … 51
2.7　发展商务礼仪 … 54

第3章　多元化世界的沟通 … 68
3.1　理解在多元化世界沟通的机遇与挑战 … 69
3.2　开发文化胜任力 … 72
3.3　认识多元化世界的差异 … 74
3.4　适应其他商业文化 … 80
3.5　提高跨文化沟通技能 … 82

第二部分　应用三步写作法

第4章　商务信息的计划 … 101
4.1　理解三步写作法 … 102
4.2　分析情况 … 104
4.3　收集信息 … 106
4.4　选择正确的媒体 … 109
4.5　组织信息 … 114

第5章　商务信息的写作 … 133
5.1　适应受众：对受众需求保持敏感 … 134
5.2　适应受众：与受众建立牢固关系 … 139
5.3　适应受众：控制风格和语气 … 141
5.4　组织信息：选择有力的词汇 … 146
5.5　组织信息：构造有效的句子 … 150
5.6　组织信息：打造统一、连贯的段落 … 152
5.7　使用技术编写和塑造信息 … 155

第6章　商务信息的完成 … 167
6.1　修订信息：评价初稿 … 168
6.2　修订以提高可读性 … 171
6.3　编辑文件以使其清晰和简洁 … 173
6.4　信息的制作 … 181
6.5　信息的校对 … 188
6.6　信息的发布 … 188

第三部分　撰写简短信息

第7章　电子媒体类信息的撰写 … 203
7.1　商务沟通的电子媒体 … 204
7.2　社交网络和社区参与网站 … 210
7.3　电子邮件 … 216
7.4　即时信息和文本信息 … 220

7.5 博客和微博 …………………… 223
7.6 播客 …………………………… 231

第8章 日常信息和正面信息的写作 … 249
8.1 日常请求的策略 ……………… 250
8.2 日常请求的常见例子 ………… 252
8.3 日常信息和正面信息的策略 … 257
8.4 日常信息和正面信息的常见
例子 …………………………… 259

第9章 负面信息的写作 ……………… 285
9.1 负面信息的三步写作法 ……… 286
9.2 负面信息的直接法 …………… 289
9.3 负面信息的间接法 …………… 291
9.4 保持道德和礼仪的高标准 …… 294
9.5 发送日常商务的负面信息 …… 296
9.6 发送负面的组织信息 ………… 302
9.7 发送负面的雇佣信息 ………… 305

第10章 劝说性信息的写作 …………… 326
10.1 劝说性信息的三步写作法 …… 327
10.2 劝说性商务信息的展开 ……… 333
10.3 营销和销售信息的展开 ……… 340
10.4 为社交媒体写作促销信息 …… 346
10.5 维持高道德标准、服从法律和
尊崇礼仪 …………………… 348

第四部分　准备报告和口头演讲

第11章 报告和建议书的计划 ………… 367
11.1 报告和建议书的三步
写作法 ……………………… 368
11.2 利用可靠信息支持内容 ……… 375
11.3 进行二手资料调查 …………… 380
11.4 进行一手资料调查 …………… 385
11.5 告知性报告的计划 …………… 389
11.6 分析性报告的计划 …………… 393
11.7 建议书的计划 ………………… 396

第12章 报告和建议书的写作 ………… 410
12.1 报告和建议书的编写 ………… 411
12.2 为网站和维客写作 …………… 423
12.3 使用有效的视觉效果阐明
报告 …………………………… 425
12.4 制作和整合视觉效果 ………… 440

第13章 报告和建议书的完成 ………… 458
13.1 报告和建议书的修订 ………… 459
13.2 正式报告的制作 ……………… 460
13.3 正式建议书的制作 …………… 480
13.4 报告和建议书的校对 ………… 484
13.5 报告和建议书的发布 ………… 484

第14章 设计和发表口头、在线演讲 … 503
14.1 演讲的计划 …………………… 504
14.2 演讲的制作 …………………… 511
14.3 使用有效的幻灯片改进
演讲 …………………………… 514
14.4 演讲的完成 …………………… 522
14.5 发表演讲 ……………………… 527

第五部分　撰写雇佣信息和工作面试

第15章 建立职业生涯和写作简历 …… 543
15.1 在当今的就业市场中找到合适
的机会 ……………………… 544
15.2 简历的计划 …………………… 550
15.3 简历的写作 …………………… 555
15.4 简历的完成 …………………… 561

第16章 就业申请与面试 ……………… 580
16.1 提交简历 ……………………… 581
16.2 理解面试过程 ………………… 587
16.3 准备工作面试 ………………… 592
16.4 成功面试 ……………………… 601
16.5 面试后跟进 …………………… 606

参考答案 ………………………………… 621

第一部分 理解商务沟通的基础

第 1 章　通过有效的商务沟通获取成功
第 2 章　掌握团队技能和人际沟通技能
第 3 章　多元化世界的沟通

没有哪项技能像沟通一样在职业的多方面起作用。本部分将帮助你认识商务沟通的内容、沟通技能对职业生涯的重要性以及如何将生活和校园中的沟通经验适应于商务世界,提升在团队交流、礼仪、倾听和非语言沟通等关键领域的沟通技巧,探索多元职场中的优势和挑战,开发每一位沟通者在全球商务环境下成功所需要的技能。

第1章 通过有效的商务沟通获取成功

学习目标

学完本章后,你将能够:

1. 解释有效沟通对职业生涯和公司的重要性
2. 描述雇主期望的沟通技能,以及运用以受众为中心的方法了解组织沟通的本质
3. 描述沟通过程模型以及社交媒体改变商务沟通本质的方式
4. 列出有效使用沟通技术的四项一般准则
5. 定义道德规范,区分道德困境和道德丧失的差异,并列出道德沟通决策选择的六条准则

工作进行时

丰田的沟通

邀请客户帮助恢复品牌声誉

假设你要去市场上买辆新车,需要大量关于车型、配件、零售商等购车信息。碰巧有一位朋友刚买了车,能够从客户角度为你提供有价值的信息。

现在假设你有上百、上千或者上万刚买过车的朋友,想象一下你会从这些朋友中获得多少信息,你需要做的就是穿梭于Facebook、Epinions等社交网站。

只要客户可以联网,他们就会在线分享信息。快速发展的社交媒体把这些孤立的对话合并为一个全球性的活动,彻底改变了商务沟通的本质。全球有数百万公司将社交媒体作为补充甚至替代了传统的客户沟通模式,日本汽车制造商丰田就是其中的一个典范。

丰田在2010年油门踏板事件中召回了数百万辆汽车,并且在调查期间停售了8款车型,丰田为此进行了积极的沟通,虽然形势很严峻,但首席执行官Bob Zeinstra表示,忠实的丰田车主对此"流露出支持和关怀"。

为了利用这种友好,构建始终交付安全可靠机动车的形象,丰田在Facebook上发起了一项名为"汽车志"(Auto-Biography)的活动,邀请车主讲述他们的丰田故事。该活动在Facebook上设置了一项个性化应用,鼓励车主"展示你与丰田最难忘的时刻,从忠诚丰田车主的故事中汲取灵感"。

数以千计的丰田车主参与其中,分享了他们为丰田车起宠物的名字,与丰田车相伴工作生活的点点滴滴以及丰田车在他们家族代代相传等无数故事。很多车主列出了行驶里程,多的甚至超过了300 000公里,强有力地支持了丰田所传递的可靠品质。还有很多车主使用照片和视频等个性化方式讲述了他们的丰田故事。丰田突出了其中的一小部分,制作了一些生动或写实的视频,将他们放在"汽车志"页面的显著位置,并制作印刷品和电视广告进行宣传。

通过邀请满意的客户讲述他们的故事,通过用户生成内容(第7章有详细的介绍),这项活动修复了丰田在潜在购买者中的声誉,同时也是对新闻媒体中负面报道的回应。Zeinstra说Facebook的活动还提醒了丰田车主"为什么如此爱他们的车"。①

www.facebook.com/toyota

1.1 理解沟通的重要性

无论是像微笑这般简单还是像本章开篇介绍的丰田在Facebook活动中那样雄心勃勃,**沟通(communication)**是采用书面、口头、视觉效果和电子媒体等形式,传递发送者和接收者之间信息和意图的过程。沟通的本质是通过进行数据、信息、观点和灵感交换的沟通达到双赢。②

在本课程中,你将需要投入大量的时间和精力提高你的沟通技能。因此,询问这样的付出是否值得的问题是正常的。本章将列出多项对个人职业生涯和公司发展都至关重要的沟通技能。

1.1.1 沟通对职业生涯的重要性

提升沟通技能是职业发展中最为重要的步骤。你可能有世界上最伟大的想法,但如果你不能将它们清晰且有说服力地表述出来,它们对你的公司和你的职业生涯就没有帮助。像销售和客户支持之类的工作,沟通是首要考虑的能力。而在工程或者金融领域,你也经常需要与高管、客户和同事分享你的复杂想法,你与非同行之间的联系能力和你的专业技术能力一样重要。倘使你有创业的冲动,你会接触到大量受众,从投资者、银行家、政府管理者到员工、客户以及商业伙伴。

如果你处于领导和管理角色,沟通就变得更为重要。你在组织中的职位越高,花在与他人沟通上的时间就越多,使用技术技能的时间就越少。高层管理者几乎所有的时间都用于沟通,那些缺乏沟通能力的商务人士晋升到高层岗位的概率将会很小。

面对很多员工拙劣的沟通技能,雇主们表现得很无奈。尤其是那些刚参加工作的大学生,他们还没有学会怎样改进沟通方式以适应商业环境。如果你掌握了良好的听说读写技巧,以及在各种不同的商务状态下最适当的沟通方法,你就获得了一个可以贯穿整个职业生涯的核心竞

---

① Toyota Facebook page, accessed 22 December 2010, www.facebook.com/toyota; Lisa Lacy, "Toyota Pushes 'Auto-Biography' Facebook Campaign," ClickZ, 2 August 2010, www.clickz.com; Alan Ohnsman and Makiko Kitamura "Is Toyota's Reputation Finished?" *Bloomberg Businessweek*, 28 January 2010, www.businessweek.com

* 本教材的这种边码与每章开头的"学习目标"相对应,以下相同。——编者注

② Richard L. Daft, *Management*, 6th ed. (Cincinnati: Thomson South-Western, 2003), 580.

争优势。③

本课程教你如何有效地发送和接收信息,通过在实践过程里提供中肯的建设性批评等方式提升沟通技能。你将认识如何进行团队合作、有效倾听、掌握非语言沟通、参与高效的会议,学会如何进行跨文化沟通,学习有效商务信息的三步写作法,同时你会学习使用社交网络、博客、在线演示等多种媒体创建各类商务信息。掌握这些技能,将为开启你的职业生涯提供明显的竞争优势。

1.1.2 沟通对公司的重要性

沟通之所以重要,不仅因为惠及个人而且对公司也至关重要。有效的沟通可以从多方面帮助公司业务。它提供了④:

- 与市场中重要群体更为紧密的联系
- 影响交谈、感知和趋向的机会
- 更高的效率和更快地解决问题的能力
- 更佳的财务状况和更高的投资回报率
- 潜在问题的预警,包括增加的商务成本和关键的安全隐患
- 基于及时、可靠信息而做出的更为强大的决策
- 更加清晰和有说服力的营销信息
- 更高的员工投入,提高员工的满意度并降低离职率

1.1.3 有效商务沟通的特点

有效沟通增强了企业和所有**利益相关者(stakeholders)**的联系,在某种程度上企业活动所影响的群体有客户、员工、股东、供应商、邻居、社区、国家甚至整个世界。⑤ 相反,沟通失败的结果轻则浪费时间,重则引发悲剧。

为了使你的沟通尽可能有效,就要使其实用、有事实依据、简明、有明确愿景和有说服力。

- **提供实用信息**。给接收者有用的信息,无论是帮助他们执行想采取的行动,还是理解一项新的公司政策。
- **给予事实而不是模糊的印象**。使用条理清晰、令人信服、精确无误和有道德的具体语言、事实和信息。即使被要求给出看法,也要提出极有说服力的证据支持你的结论。
- **呈现简明有效的信息**。简明的信息显示你对他人时间的尊重,增加获得积极反馈的可

---

③ Julie Connelly, "Youthful Attitudes, Sobering Realities," *New York Times*, 28 October 2003, E1, E6; Nigel Andrews and Laura D'Andrea Tyson, "The Upwardly Global MBA," *Strategy + Business* 36:60—69; JimMcKay, "Communication Skills Found Lacking," *Pittsburgh Post-Gazette*, 28 February 2005, www.delawareonline.com.

④ Brian Solis, *Engage!* (Hoboken: John Wiley & Sons, 2010), 11—12; "Majority of Global Companies Face an Engagement Gap," Internal Comms Hub website, 23 October 2007, www.internalcommshub.com; Gary L. Neilson, Karla L. Martin, and Elizabeth Powers, "The Secrets to Successful Strategy Execution," *Harvard Business Review*, June 2008, 61—70; Nicholas Carr, "Lessons in Corporate Blogging," *Business-Week*, 18 July 2006, 9; Susan Meisinger, "To Keep Employees, Talk—and Listen—to Them!" *HR Magazine*, August 2006, 10.

⑤ Daft, *Management*, 147.

能性。

- **明确期望和责任**。起草消息是为了使特定读者产生特定反应。时机合适时,清晰地陈述你想从读者那里获得什么,以及你可以为他们做什么。
- **提供引人注目的、说服力强的意见和建议**。明白地向读者展示,如果他们按照你希望的方式,对你的信息做出回应,将得到怎样的益处。

牢记这五个重要特点并观察图 1.1 和图 1.2,第一眼看上去,这两封电子邮件的结构都很不错,但是图 1.2 明显更加有效,批注解释了原因。

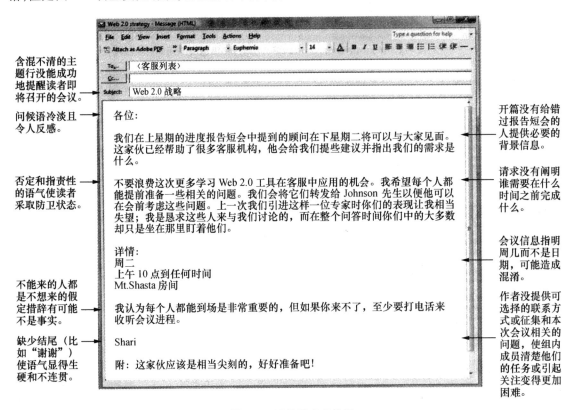

图 1.1 无效的商务沟通

乍一看,这封电子邮件似乎很合理地在尝试与一个项目团队中的成员进行沟通,但是,看看批注你就会发现这些信息存在诸多问题。

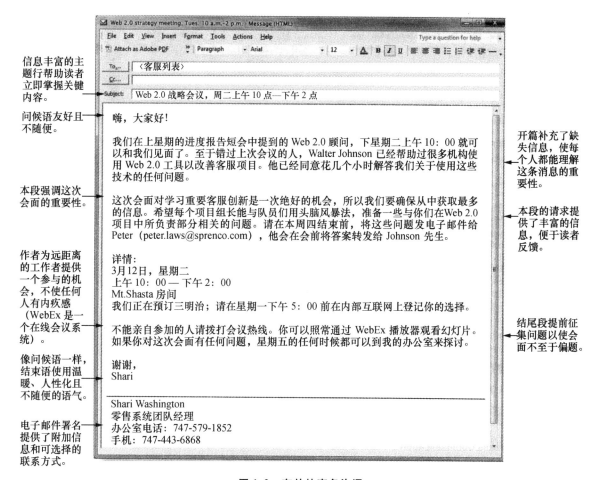

图 1.2　有效的商务沟通

　　这封在图 1.1 的邮件基础上改进的电子邮件更好地传达了关键信息,帮助团队成员更完善地为会议做好准备。

1.2　当今全球商务环境中的沟通

　　尽管你的生活中处处是沟通,然而如果你没有足够的工作经验,那么你仍旧需要做出一些调整以满足职场需求。本节在商务沟通的独特挑战、雇主期望的技能、组织环境中的沟通本质以及采取**以受众为中心的方法(audience-centered approach)**等方面提供了一个简要的说明。

1.2.1　理解商务沟通的独特挑战

　　商务沟通往往比你与家人、朋友、同学进行的社交沟通更为复杂,要求更高。本节从 5 个方面出发,阐明为什么商务沟通需要高水平的技能和关注。

商业全球化和员工差异性的加剧

当今商务活动中,跨国界开拓产品市场、与其他企业合作以及雇用工人和管理人员的情况越来越多,这就是广为人知的**全球化(globalization)**的结果。很多美国公司的销售量在很大程度上依赖出口量,有些甚至达到了 50% 或者更多,这些企业的经理和员工们需要与许多不同文化背景的客户沟通。此外,全世界有着成千上万的公司在努力争夺美国庞大的市场份额,所以,同来自另一个国家的公司开展业务,甚至就职于另一个国家的公司,这样的机会在你的职业生涯中可能随时存在。

商务活动越来越关注**员工差异性(workforce diversity)**——即所有在一起工作的人们之间的那些差异,包括年龄、性别、性取向、教育程度、文化背景、宗教、能力和生活经历等。像第 3 章里详细探讨的那样,成功的企业明白员工差异性能产生巨大的竞争优势,但也需要更为谨慎的沟通方式。

商务信息的价值提升

随着人才、客户和资源全球化竞争的持续增长,信息的重要性也在持续增长。事实上,几乎所有产业的企业都非常依赖知识工作者,即那些在组织各个层级专门从事获取、处理和沟通信息工作的员工。以下三个例子阐明了信息在当今经济生活中的价值。

- **竞争性了解**。公司对竞争对手及其计划了解得越多,就越能很好地调整自己的商务计划。
- **消费者需求**。企业需要分析和总结与消费者需求相关的信息,以便开发出更好的、满足消费者需求的产品和服务。
- **法规和方针**。当代企业必须了解和遵守覆盖雇佣、环境、税务和会计等领域的一系列政府法规和方针。

技术的普及

技术会影响当今商务沟通中的每个方面。你至少需要掌握一些基本技能以从这些工具中受益。如果你的专业技能赶不上你的同事,沟通的不平衡会让你处于劣势,并使得沟通过程变得复杂。通过本课程,你可以深入了解如何更有效地使用这些工具和系统。

组织结构和领导风格的演变

每个组织都有限定组织内部人和部门之间关系的特定结构,这些关系影响着整个组织沟通的性质和质量。大型组织在最低和最高位置之间有很多管理层,因而会遭遇信息经多层上下传递所造成的沟通失效和延迟。[6]

为克服这些问题,很多企业现在采用了扁平结构来减少层级的数量,推动开放和直接的沟通。然而,在这些正式的控制和沟通减少了的组织里,个别员工希望承担更多沟通的责任。

---

[6] Don Hellriegel, Susan E. Jackson, and John W. Slocum, Jr., *Management: A Competency-Based Approach* (Cincinnati: Thomson South-Western, 2002), 447.

特定的组织结构会产生独特的沟通挑战。比如在矩阵结构中,员工需要同时向项目经理和部门经理报告,协调工作负荷、计划进度等其他事项的需求增加了沟通压力。在网络结构(也称为虚拟组织)中,公司需要员工为一位或多位外部伙伴提供服务,比如设计实验室、制造业企业,或者销售和物流公司。

不论公司采用什么样的特定组织结构,你的沟通效果还要受到组织的**企业文化(corporate culture)**的影响,企业文化即赋予一个企业氛围和个性的价值观、传统和习惯的混合体。很多成功的企业鼓励员工培养开放的氛围,倡导坦率和诚实,帮助员工勇于承认他们的错误,能够提出与老板相左的意见,并分享负面的和不受欢迎的信息。

对团队合作的极大依赖

传统型和创新型的公司结构都极大地依赖团队合作,你很可能在整个职业生涯中频繁地发现自己处于一些团队中。在当今的商务活动中团队合作非常普遍,但并不总是很成功——团队未能达成目标的一个主要原因就是沟通不畅。第2章将介绍团队沟通的复杂动态性以及在团队中成为高效的沟通者所必需的技能。

1.2.2 理解雇主对你的期望

当今的雇主都期望你能胜任更广范围内的沟通工作。幸运的是,雇主们所期待的这种技能恰好就是能够帮助你在职场上不断前进的技能[⑦]:

- 完整且条理分明地组织信息和观点。
- 连贯且有说服力地表述信息和观点。
- 积极倾听他人的观点。
- 与有不同背景和经历的人有效沟通。
- 有效地运用通信技术。
- 遵循语法、拼写及其他方面的公认标准,打造高质量的写作和演讲。
- 以符合当代商务礼仪期望的有教养的方式沟通,即使面对冷漠或怀有敌意的受众。
- 即使选择不是十分明确,沟通也要符合道德规范。
- 理智地管理时间并且有效地使用资源。

在整个课程中你将有机会练习所有这些技巧——但不要浅尝辄止,成功的职业人士会继续在他们的整个职业生涯中磨炼沟通技能。

1.2.3 组织情境中的沟通

除了掌握合适的技能,你需要学会将这些技能应用于与你习惯的社会和校园环境大相径庭的商务环境之中。每个组织都有一个正式沟通网络,信息和观点可以在其中沿着企业的组织结构管

[⑦] "CEOs to Communicators:'Stick to Common Sense'," Internal Comms Hub website, 23 October 2007, www.internalcommshub.com; "A Writing Competency Model for Business," BizCom101.com, 14 December 2007, www.business-writing-courses.com; Sue Dewhurst and Liam FitzPatrick, "What Should Be the Competency of Your IC Team?" white paper, 2007, http://competentcommunicators.com

理路线(等级层次)流动(如图 1.3 所示)。在整个正式内部网络中,信息向三个方向流动。下行沟通从高层管理者流向员工,分享高层的决策并提供信息,帮助员工完成他们的工作;上行沟通从员工流向高层管理者,提供关于问题、形势、机会、抱怨和执行的准确、及时的报告——从而让管理层解决问题并做出英明的决策;平行沟通在部门间流动,帮助员工分享信息、协调任务以及解决复杂问题。⑧

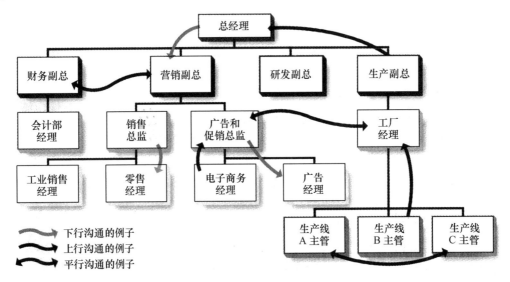

图 1.3　正式沟通网络

正式沟通网络代表组织中的工作岗位之间的关系,信息可以分为上行沟通(从员工流向高层管理者)、下行沟通(从高层管理者流向员工)和平行沟通(相同或相近层级员工之间的流动)。

每个组织都同样拥有一个非正式的沟通网络,比如小道消息和谣言场所,环绕于正式网络周围。有些非正式沟通来源于员工在工作和社交活动中的互动,还有些则是因为正式网络无法提供员工想要的信息而产生。事实上,由于正式沟通网络的固有局限性,刺激了社交媒体在商务环境中的增长。

1.2.4　采取以受众为中心的方法

以受众为中心的方法是理解和尊重受众,尽量使信息以一种对受众有意义的方式被理解(如图 1.4 所示)。这是一种采用**换位思考("you" attitude)**替代以"我"为中心的方法。尽可能多地了解接收者的偏好、教育背景、年龄、身份地位、风格及个人和职业情况。如果你遇到了陌生人并且无法更多了解他们,试着利用你的常识和想象力来设身处地地为他们着想。与他人的需求相关的这一能力是情商的一个重要组成部分,并且被普遍认为是成功的经理和领导者所具备的关键特征。⑨你对与你沟通的人了解得越多,就越容易抓住他们的需求——而反过来,也就越容易使他们

---

⑧ Philip C. Kolin, *Successful Writing at Work*, 6th ed. (Boston: Houghton Mifflin, 2001), 17—23.
⑨ Laura L. Myers and Mary L. Tucker, "Increasing Awareness of Emotional Intelligence in a Business Curriculum," *Business Communication Quarterly*, March 2005, 44—51.

倾听、理解你的信息并积极地做出反应。

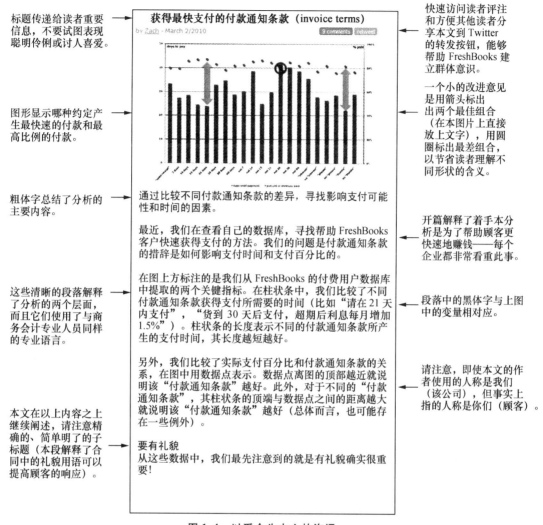

图 1.4 以受众为中心的沟通

这篇博客来自 FreshBooks 在线商务会计系统的开发者，致力于提醒受众要关注多个方面。每个公司都关心如何让客户快速支付的问题，因此 FreshBooks 分析了已有的客户数据，寻找哪种支付条款和付款通知信息能够获得最快的回应。这一点本身就是一种卓越的客户服务，以受众为中心的信息呈现方式使得这项服务变得更好。

资料来源：FreshBooks 已授权使用。

以受众为中心方法的核心要素是**礼仪（etiquette）**，即特定场合下预期的行为标准。在当今令人紧张、竞争激烈的世界里，礼仪的概念看上去似乎已经过时和不重要了。然而，你的行为方式将对公司的成功和你的职业生涯产生深刻的影响。当管理者雇用和提升你时，他们期望你的举止可以维护公司的声誉。你对这些预期了解得越多，你就有更好的机会避免犯下损害职业生涯的错误。在第 2 章中讨论的礼仪准则将会帮助你在多样化的商务情境中进行以受众为中心的沟通。

1.3 探索沟通的过程

根据这些年的个人经验,你一定知道,即使是意图良好的沟通结果也会失败。信息会丢失或被忽略。接收者会误解发送者的意图。事实上,即使是接收同样信息的两个人,对信息的理解也会大相径庭。

幸运的是,将沟通作为由几个清晰步骤组成的过程,可以提高将信息传递给目标受众并产生期望效果的可能性。本节将沟通过程划分为两个阶段:信息从发送者到接收者的基本沟通模型,在此基础上增加多元信息和参与者的社交沟通模型。

1.3.1 基本沟通模型

将沟通视为过程(如图1.5所示),你能识别和提高让你变得更为成功的必要技能。这个模型存在多种变形,但这8个步骤提供了一个可实践的观点。

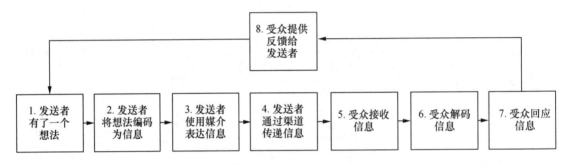

图 1.5 沟通过程模型

这8个步骤解释了观点是如何从发送者传递给接收者的。下面对于这一过程会做更详细的讲解,图1.7会提出如何在每一步骤提高你的技能的建议。本图不仅简化了复杂和精细的沟通过程,同时为理解沟通奠定了良好基础。

1. 发送者有了一个想法。 努力沟通最终是否有效始于此步。例如,如果你对过程变革有一个清晰的想法以帮助公司节约时间和成本,这就使得沟通过程有一个良好的开始。从另一方面而言,如果你只抱怨公司浪费时间和金钱,但你没有给出任何解决方案,你可能不会传递任何有价值的信息给受众。

2. 发送者将想法编码为信息。 你可以将信息作为想法的"载体",当有人将想法转为**信息(mesage)** 时,表明他正在**编码(encoding)**,也就是将想法表述为文字和图片。本课程的大多焦点就是开发必要的技能,以成功地将想法编码为有效的信息。

3. 发送者使用可传送的媒体表达信息。 发送者需要选择合适的**沟通媒体(communication medium)** 将信息展示给目标受众。第4章会介绍传递信息的媒体包括口头、书面、视觉和电子等形式。

4. 发送者通过渠道传递信息。 正如技术不断地增加出现了更多的媒体供大家选择,同时也不断出现了各种**沟通渠道(communication channels)** 用来传递信息。媒体和渠道之间的区别可能有点含糊,可以把媒体看做信息的载体,而渠道是用来传递信息的体系。渠道包括面对面交谈、互联网、另一家公司,以及其他能够传递信息的方法或系统。

5. 受众接收信息。如果渠道正常运转,信息能够到达目标受众。然而,到达目的地并不保证信息能够被注意到或是被正确理解。正如"受众如何接收信息"的解释,很多信息不是被忽略就是被误解为噪声。

6. 受众解码信息。当信息到达后,接收者需要从信息中提取想法,这一步称为**解码(decoding)**。"受众如何解码信息"将会深入解释这一复杂和精细的步骤。

7. 受众回应信息。通过精心打造你的信息,并表明受众做出回应的益处,受众做出你所期望的回应的机会就会大大增加。然而,"受众如何回应信息"指出,接收者是否会像发送者期望的那样回应,取决于接收者是否(a)记住了足够长的信息,(b)有回应的能力,(c)有回应的动机。

8. 受众提供反馈给发送者。除了对信息做出回应外(或是不回应),受众成员也可以给予**反馈(feedback)**来帮助发送者评价沟通有效性。反馈可以是语言的(使用书面或口头文字)、非语言的(使用手势、面部表情或其他信号)或者两者结合。正如原始信息一样,反馈需要接收者仔细解码。例如微笑就有多层含义。

下面几节将近距离了解沟通过程的两个重要方面:可能阻隔和扭曲信息的环境障碍,受众接收、解码和回应信息的步骤。

沟通环境中的障碍

在任何沟通环境中,信息都可能被各种各样的**沟通障碍(communication barriers)**所打断,这些沟通障碍包括干扰、竞争性信息、过滤以及渠道中断。

- **噪声和干扰**。外部干扰的范围很广,比如不舒适的会议室,密密麻麻的电脑屏幕上充斥着各种即时信息和到处弹出的提示信息。内部干扰是指那些妨碍受众集中精力接收信息的想法和情感。多重任务是一个常见的习惯,即尝试在同一时间内完成一种以上的任务,它最容易引发沟通干扰。另外,研究发现"慢性多重任务"(chronic multitasking)会减少效率,提高错误率。[10]

- **竞争性信息**。能够得到受众的完全注意会让你有点受宠若惊。大多数情况下,你必须与其他试图在同一时间内到达受众的信息相竞争,这说明了起草受众关注的信息的重要性。

- **过滤**。信息还会因为在发送者和接收者之间人为的或者技术的干预、过滤而被阻隔或扭曲。过滤可能是有意的(如根据发送者或内容自动将邮件信息归档),也可能是无意的(如一个过度的垃圾邮件过滤系统会将一些正常邮件也删除了)。正如在前面看到的,组织结构和文化也会阻碍关键信息的流动。有时候,你所用来传递信息的人或者公司也会为了满足自己的需求扭曲信息。

---

[10] Pete Cashmore, "10 Web Trends to Watch in 2010," CNN Tech, 3 December 2009, www.cnn.com

- **渠道中断**。有时候渠道会莫名其妙地中断,使得信息根本无法送达。你指望你的一个的同事将信息发给你的老板,而他可能忘记了;或者一个电脑服务器的崩溃阻止了你的博客的更新。

组织中的每个人都可以使障碍和干扰最小化。在任何情况下,一些微不足道的相互理解和有礼貌都是大有裨益的。比如,在步入会议室之前关掉手机,当办公室内的其他人正在努力工作时不要越过隔断同别人说话。对个人间的差异也要敏感,比如,有些人喜欢一边听着音乐一边工作,但是音乐可能使其他人感到心烦意乱,那就得戴上耳机。⑪

> **实时更新　观看视频**
>
> **你正在被噪声危害吗?**
>
> 知名专家 Julian Treasure 强调了噪声环境的危害性,并提供通过小心对待声音的方式提升工作和个人生活质量的途径。登录 http://real-timeupdates.com/ebc10 获取更多信息。

最后,采取措施远离干扰,不要让信息无时无刻地干扰你。抽出一部分时间专门处理信息,以帮助你充分利用剩余的时间。

分析受众的想法

当信息通过沟通渠道最终到达目标受众之后,它还会面对一系列全新的挑战。理解受众接收、解码、回应信息的过程将有助于你创建更有效的信息。

受众如何接收信息　受众接收到了信息应该出现三个阶段:接收者感觉到信息的存在,将它从众多等待引起注意的信息中挑选出来,并将其理解为真实的信息(而不是随机的、毫无意义的噪声)。⑫ 当你在一个商业区驱车驶过一条繁华的街道时,你就会认识到这一挑战的重要意义。你会逐个看到数以百计的信息:广告牌、海报、商店橱窗展示、汽车音响、行人招手或对着手机说话、汽车喇叭声、街道标志、交通灯,等等。然而,你只会感觉、挑选、理解这些信息中的一小部分而已。

当今的商务受众恰恰就像一个驾车行驶在繁华街道上的司机,被淹没在众多信息和噪声之中,最终错过或忽略了很多有意发给他的信息。通过本课程,你能够学到各种鉴别你应该注意的信息的技巧。一般而言,以下五个准则可以提高你成功的概率。

- **考虑受众期望**。使用受众期望的媒体和渠道传递信息。如果同事期望用邮件接收通知,不要在未通知的情况下突然转变开始使用博客发布通知。当然,违背受众期望会刺激受众的注意力,这也是为什么商家做广告时会做出一些稀奇古怪且有创造力的事情来引起你的注意。但是,对于大多数商务沟通,遵循受众期望才是传递信息最有效的方式。
- **确保使用上的便利**。如果你的信息难以查找、获取或者读懂,那么受众接收信息将变得十分困难。设计拙劣并且导航混乱的网站是这方面常见的"反面教材"。
- **强调亲切感**。使用受众熟悉的文字、图像和设计,比如,大多数访问公司网站的用户希望从"关于"或"关于我们"的网页里寻找公司信息。⑬
- **产生共鸣**。确保你传达给受众的信息能够清晰地强调"他们"的需求而不是"你"的需求。

---

⑪ Stephanie Armour, "Music Hath Charms for Some Workers—Others It Really Annoys," *USA Today*, 24 March 2006, B1—B2.
⑫ Paul Martin Lester, *Visual Communication*: *Images with Messages* (Belmont, Calif.: Thomson South-Western, 2006), 6—8.
⑬ Michael R. Solomon, *Consumer Behavior*: *Buying*, *Having*, *and Being*, 6th ed. (Upper Saddle River, N.J.: Pearson Prentice Hall, 2004), 65.

人们倾向于关注与他们所关心的问题相关的信息。

- **兼容性设计**。当今很多信息通过电子方式传递,需要确保技术与受众的兼容性。例如,如果你的网站需要访问者的浏览器可以播放视频,那么你将无法接触那些没有安装这一软件的受众。

受众如何解码信息 收到信息并不意味着什么,只有当接收者解码信息并赋予含义时才有用。遗憾的是,受众对信息含义的理解并不一定与你的理解一致,甚至那些精心设计、意图清晰的都可能会在这个阶段功亏一篑。因为通过解码确定含义是个高度个人化的过程,它会受到文化、个人经历、学习和思考方式、期望、恐惧甚至当时的心情所影响。然而,受众倾向于从信息中提取他们所期望的含义,尽管这可能与发送者的初衷相反。⑭ 事实上,与其说"提取"你的本意,还不如说受众根据信息再造了他们自己的含义。

文化、个人信仰和偏见也影响着受众提取信息中的含义。例如,人类大脑将输入的感觉组织成一幅反映我们个人对现实世界**感知(perception)** 的精神"地图"。如果某个细节并不完全适合这幅地图,人们往往更倾向于扭曲信息而不是重组这个布局,这一过程就是**选择性感知(selective perception)**。⑮ 举个例子,假如一个经理毫无保留地相信某个商务战略,那么他就很可能会歪曲或者忽略那些能说明这个战略行不通的证据。

语言的差异和习惯也会影响到接收信息的含义理解。如果你要求你的下属"尽快"把销售报告发给你,那么这个尽快意味着 10 秒钟、10 分钟还是 10 天?在信息中清楚地表明期望和澄清潜在的模糊可以减少诸如此类理解不确定的几率。总体而言,更多地与他人分享你的经验,你就可能更多地与人分享感知和信息的含义(如图 1.6 所示)。

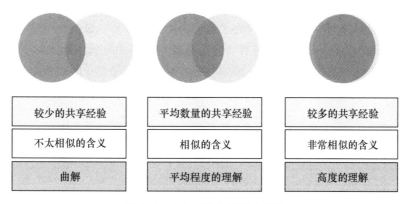

图 1.6 共享经验怎样影响理解

两个人或两群人之间共享越多的个人、职业和文化经验,受众越可能从中提取出发送者有意编码到信息中的含义。

个体思考方式是影响信息解码的另外一个重要因素。比如,高度重视客观分析和清晰逻辑的人,与重视情感和直觉的人(使用非理性方法得出结论的人)对信息解释具有差异。

---

⑭ Anne Field, "What You Say, What They Hear," *Harvard Management Communication Letter*, Winter 2005, 3—5.
⑮ Chuck Williams, *Management*, 2nd ed. (Cincinnati: Thomson South-Western, 2002), 690.

受众如何回应信息 你的信息已经传递、接收并且被正确解码。之后呢？满足以下三个条件，才会使受众以你所期望的方式回应：

首先，接收者需要记住足够长的信息。简言之，记忆要经过如下几个阶段：感觉记忆通过感官暂时性地捕捉收到的数据；然后，接收者所关注的任何信息都会转化成短期记忆。短期记忆中的信息如果不转换为长期记忆，就会很快消失。这种转换可以是主动的（如努力记住一个数据清单），也可以是被动的（如一条新信息与接收者已经存储在长期记忆中的某些事情相关）。最后，当接收者需要做出行动时，还要对信息进行检索。[16] 总体而言，人们容易记住和检索对他们个人或职业重要的信息。因此，用一种满足受众需求的方式沟通，可以提高你的信息被记住和检索的可能性。

其次，接收者有能力进行你期望的回应。显然，如果接收者不能完成你希望他们所要做的，他们不会按照你的计划进行回应。通过理解你的受众（在第4章的受众分析部分），你可以把产生不成功结果的可能性降到最低。

最后，接收者有动力进行回应。你会遇到这样的情况，你的受众有不回应那些并非必要回应的权利。比如，一家唱片公司可以同你的乐队签约，也可以不签约；老板对于你加薪的请求可以做出回应，也可以充耳不闻。通过本课程，你会学到一些能鼓励受众做出反应的技巧。

你现在已经拥有一些关于如何成功沟通的见解，仔细阅读另外一个沟通过程模型。图1.7识别出沟通过程中的关键挑战以及总结了一些可遵循的步骤，帮助你成为更加有效的沟通者。

1.3.2 社交沟通模型

图1.5的基本模型显示了一个简单的想法是怎样从发送者传递到接收者的。从更大意义上而言这也说明了传统的以出版或广播模式为主的商务沟通的本质。从外部而言，公司为大众发布了精心准备的信息，而大众往往缺乏回应信息的选择权，也无法由此创建他们自己的信息。客户和其他感兴趣的群体与他人沟通时缺乏相应的渠道，比如询问问题、分享信息以及提供支持等。从内部而言，沟通倾向于遵循"我们说，你们听"的模式，即上层经理发送指令给低一层的上司和员工。

然而，大量技术为商务沟通提供了新的方法。与传统的出版思想相比较，**社交沟通模型（social communication model）** 具有互动性和对话性。**社交媒体（social media）**，一种通过允许受众分享、修改、回应和创建内容将被动的受众转变为主动参与者的电子媒体，为客户和相关群体提供了更多的沟通选择。正如Web 2.0代表第二代互联网技术（比如社交网络、博客和其他你将在第7章读到的工具），**商务沟通2.0（Business Communication 2.0）** 是新一代商务沟通实用的标签。

从表面上看，商务沟通2.0仅仅是添加了一些新的媒体工具，然而，从图1.8可以看出，它带来的变化意义更加深远。在经典的商务沟通1.0方法中，信息是由指定的沟通者创作，在获取官方认可后，不加修改地通过特定渠道发送和传递给那些并未获得邀请或要求回应的受众。在2.0方法中，这些规则发生了引人注目的变化。客户和其他利益相关者参与其中，影响甚至经常控制

---

[16] Charles G. Morris and Albert A. Maisto, *Psychology: An Introduction*, 12th ed. (Upper Saddle River, N.J.: Pearson Prentice Hall, 2005), 226—239; Saundra K. Ciccarelli and Glenn E. Meyer, *Psychology* (Upper Saddle River, N.J.: Prentice Hall, 2006), 210—229; Mark H. Ashcraft, *Cognition*, 4th ed. (Upper Saddle River, N.J.: Prentice Hall, 2006), 44—54.

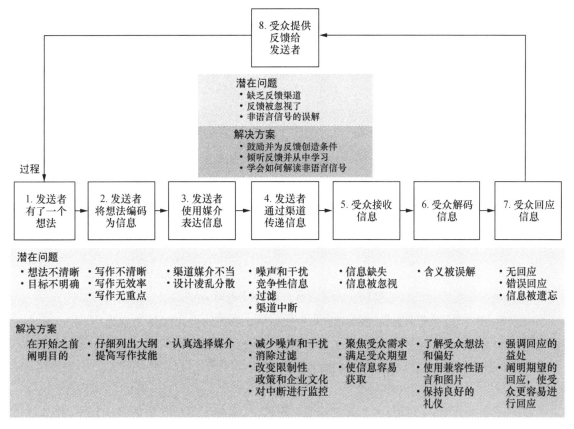

图 1.7 成为有效的商务沟通者

沟通过程表明信息从发送者到接收者的传递过程中可能发生缺失、失真和误解等多种情况。然而,你在每一步中都可以采取相应的行动来增加成功的可能性。

市场中的对话,他们彼此依赖获取产品信息、提供技术支持,甚至使用社交工具参与到团队购买中。[17]

对于内部和外部沟通,Web 2.0 工具提高了沟通速度、降低了沟通成本、增强了使用专业技术的能力以及提高了顾客满意度。[18] 当然,无论对倡导 2.0 思想有多大的热情,没有哪家公司可以像联谊会一样运营,让每个人都有发言和投票权。相反,一种混合的方法正在出现,其中有些沟通遵循传统的方法,有些则采用 2.0 方法。[19]

如果你是一个积极的 Web 2.0 技术使用者,你会与新的沟通环境契合得很好,并且有可能在起步阶段就比正在适应新工具和技术的专家拥有更多的经验。登录 http://real-timeupdates.com/EBC10,选择第 1 章,可以获取 Web 2.0 沟通的最新信息。

---

[17] Niall Harbison, "Seven Important Social Media Trends for the Next Year," TNW Social Media, 12 September 2010, http://thenextweb.com

[18] Jacques Bughin and Michael Chu, "The Rise of the Net-worked Enterprise: Web 2.0 Finds Its Payday," *McKinsey Quarterly*, December 2010, www.mckinseyquarterly.com

[19] IBM Corporation, "Capitalizing on Complexity: Insights from the Global Chief Executive Study," May 2010, www.ibm.com

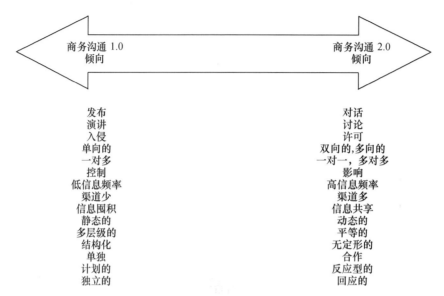

图1.8　商务沟通1.0与商务沟通2.0

商务沟通2.0与传统的沟通策略及实践在很多方面有明显的差异。

1.4　利用技术提高商务沟通能力

当代商务很大程度上依赖技术来改进沟通。事实上,在你生活中使用的多项技术,比如微博、视频游戏和虚拟世界也被运用于商务之中。你会发现在本书中讨论了大量的技术,并对如何使用传统和新兴工具提出了具体的建议。

任何一位使用电脑、智能手机等先进电子设备的人都知道技术的益处不是自发形成的。设计不良或者使用不当的技术甚至会妨碍沟通。为了更有效地沟通,应学会正确使用技术,谨防信息过载和信息成瘾,高效使用技术工具,时常摆脱电脑,去亲自与人沟通。

1.4.1　正确使用技术

也许最重要的一点是要记住技术仅仅是辅助完成特定任务的一个工具。技术是人与人之间沟通的一个辅助工具,而不是一个替代品。技术不能为你思考问题,也不能代替你进行沟通,如果你缺乏某些重要的技能,技术是不能为你弥补这些缺陷的。

尽管这个意见听起来很明显,但还是很容易被"哎呀"因素所缠住,特别是新技术。无论是多新奇或者有趣的技术,其价值就在于在正确的时间、把正确的信息传递给正确的人。

> **实时更新　阅读PDF**
>
> **减少信息过载的步骤**
>
> 每个人都需要减少工作环境中过多数据和信息造成的重负,本文档提供了大量有用的技巧。登录http://real-timeupdates.com/ebc10 获取更多信息。

1.4.2 提防信息过载

过度或错误使用沟通技术会导致**信息过载**(information overload),即人们接收到的信息超过了他们能够有效处理的信息。信息过载混淆了有用和无用信息,降低了效率,增加了员工工作和家庭的压力,甚至会引起健康和人际关系方面的问题。[20]

作为接收者,你在一定程度上可以掌控所接收信息的数量和类型。使用沟通系统中的过滤功能筛选出值得你去关注的高优先级信息。同时,不要关注太多的博客、粉丝、Facebook 等实时更新信息源,而是聚焦于与工作需要确实相关的信息。

> **实时更新　阅读文章**
>
> **社交媒体使用习惯会毁了你的职业生涯吗?**
>
> 遵循这些技巧以确保你的社交媒体使用习惯不会影响你的工作岗位和职业轨迹。登录 http://real-timeupdates.com/ebc10 获取更多信息。

作为发送者,你可以通过控制发送不必要的信息以减少信息过载。另外,当你发送非关键信息时,让人们知道他们可以区分优先顺序。尽管大多数沟通系统可以标出紧急信息,请确保真正需要的时候才使用这项功能。过度使用会使人烦恼、焦虑以及无作为。

1.4.3 高效使用技术工具

Facebook、Twitter、YouTube、IM 等技术陷入了"信息技术悖论",即信息技术浪费了它们所节省出来的时间。例如,出于对不恰当使用社交网站的担忧,很多公司已经禁止员工在上班时间登录这些网站。[21]

不恰当地使用网络不仅分散了员工对工作职责的注意力,而且会导致员工陷入因在公司内发布或传播不适当图片而产生的关于性骚扰的法律诉讼之中。[22] 社交媒体创造了管理方面一系列的挑战,例如员工博客和社交网页会出现泄露公司机密信息或破坏公司在市场中的声誉等风险。为了管理这些技术,最好的解决方案是制定清晰的政策要求所有员工遵守。[23]

除了恰当地使用这些工具,学会有效地使用会使你的效率变得大不相同。你不用成为所有方面的专家,但是你需要熟悉这些工具里可以运用到工作中的基本特点和功能。作为管理者,你还需要确认员工已经经过充分的培训,能够有效地使用这些工具。

1.4.4 深入沟通

假设你通过即时信息软件联系你的同事,询问她给一个重要客户做的销售演示效果如何,她的回复可能只是简单的"还好"。还好是什么意思?是很快就能拿到订单了吗?还是她这次销售不成功而不愿意谈论此事?如果你亲自去找她或者至少打个电话,也许她就会提供一些额外信息,或者你能够在困境中给她一些建议或支持。

---

[20] Tara Craig, "How to Avoid Information Overload," *Personnel Today*, 10 June 2008, 31; Jeff Davidson, "Fighting Information Overload," *Canadian Manager*, Spring 2005, 16 + .

[21] "The Top Ten Ways Workers Waste Time Online," 24/7 Wall St., 30 September 2010, http://247wallst.com

[22] Eric J. Sinrod, "Perspective: It's My Internet—I Can Do What I Want," News.com, 29 March 2006, www.news.com

[23] Eric J. Sinrod, "Time to Crack Down on Tech at Work?" News.com, 14 June 2006, www.news.com

即使是忠诚的使用者也知道技术的局限性。埃森哲咨询公司的高管 Jill Smart 经常利用公司先进的远程监控视频会议系统(在第 2 章中会讨论),但仍然会亲自拜访客户,尤其是其他国家和文化背景的客户。她说:"你需要亲临才能把事情处理好,一起用餐,以面对面的方式建立关系。"[24]

1.5 承诺道德与合法的沟通

道德规范(ethics)是一个社会规范其成员行为的准则。伦理行为当然是所有公司关心的问题,但是由于商务沟通也涉及一个公司的公众形象,因此会受到来自政策的制定者、立法者、投资者、消费者团体、环保团体、工会组织和其他会受到商务活动影响的人们尤为严格的监督或审查。**道德沟通(ethical communication)**要求所有的相关信息无论从哪个角度考察都是真实的,不得有欺骗的成分在里面。相反,不道德沟通包括通过多种方式曲解事实和控制受众。以下是一些不道德沟通的例子[25]:

- **剽窃**。剽窃是指将他人的文字或其他创造性产品作为自己的成果来展示。注意,当剽窃行为侵犯了**版权(copyright)**——一种保护创造性想法的法律形式的这种剽窃甚至是违法的。[26]
- **省略关键信息**。受众进行明智客观决策时的信息是十分关键的。
- **片面引用**。曲解或隐藏他人真实意图的信息是不道德的。
- **误传数字**。通过增加或者减少相关数字、夸大、篡改统计数据,或者故意遗漏而得出的统计数据是不道德的。
- **扭曲画面**。图像会被不道德地处理,比如使产品看起来比真实的体积要大,或者改动图片比例来夸大或隐藏差异。
- **不尊重隐私权和信息安全需求**。不尊重他人的隐私权或未能充分保护他人托付与你掌管的信息,也会被认为是不道德的,有时甚至是违法的。

社交媒体广泛被采用的同时,**透明度(transparency)**的问题受到了越来越多的关注。透明度指的是对开放性的感知,让那些用交谈的方式获取他们所需要信息的参与者能够精确处理接收的信息。透明度的一个关键方面是需要了解信息是由谁发送的。以 Netflix(美国一家在线影片租赁提供商——编者注)在多伦多筹划的促销事件为例,当它宣布视频流媒体业务进军加拿大时,室外新闻发布会看起来吸引了大量对 Netflix 提供的便利性服务十分好奇的人们。然而,人群中的大部分其实是群众演员,他们被要求"看上去十分激动,特别是当媒体采访询问他们关于 Netflix 在加拿大前景的时候"。公司在行为被曝光后进行了道歉。[27]

商务沟通透明度的一个主要问题是植入营销,试图将产品和服务在不知不觉中推销给消费者,而消费者根本不知道自己身处营销活动之中。一种常见的秘密营销手段,是付钱给顾客让他

---

[24] Steve Lohr, "As Travel Costs Rise, More Meetings Go Virtual," *New York Times*, 22 July 2008, www.nytimes.com

[25] Kolin, *Successful Writing at Work*, 24—30.

[26] Nancy K. Kubasek, Bartley A. Brennan, and M. Neil Browne, *The Legal Environment of Business*, 3rd ed. (Upper Saddle River, N. J.: Prentice Hall, 2003), 172.

[27] Michael Oliveira, "Netflix Apologizes for Using Actors to Meet Press at Canadian Launch," *Globe and Mail*, 22 September 2010, www.theglobeandmail.com

们推销产品给朋友们,并且不告知朋友这是一种广告形式。美国联邦商务委员会和口碑营销协会指出这些手段都具有误导性,因为他们没有给目标受众任何机会去对营销信息的说服力量产生本能的防御。[28]

除了道德考虑,愚弄大众也会破坏商务活动。拉萨尔大学(LaSalle University)沟通学教授 Michael Smith 指出:"公众的反击会持续、深远、具有破坏性地影响公司的声誉。"[29]

1.5.1 区分道德困境和道德丧失

有些道德问题容易辨识和解决,有些却不能。区分道德与否的问题是复杂商务情境下面临的挑战。**道德困境(ethical dilemma)** 意味着在一些不太清晰的选项中做出选择。也许两个彼此冲突的选项都是道德的和合法的,也许这些选项处于明显正确和明显错误之间的灰色地带。每家公司对公司内外具有利益冲突的群体负有责任。比如,员工希望有更高的工资和更多的津贴,而那些冒险投资于公司的投资者,希望通过降低成本以获取足够的收益来提高股价。双方都有正当的道德立场。

相反,**道德丧失(ethical lapse)** 是明显的违反道德规范的行为。比如,在佛罗里达州奥兰多市,房地产开发商售房时并未告知购房者所销售的区域曾经是美国军队的靶场,并且周围多个区域仍然埋藏着炸弹和弹药。[30] 销售商使用不道德沟通剥夺了购房者对关键信息的知情权。

对比图 1.9 和图 1.10 的信息可以发现,公司内部和外部在商务沟通上做出的努力,制造结果和维护决策正当性的压力,都可能使得不道德沟通深受某些公司的欢迎。

1.5.2 确保道德沟通

要保证商务沟通是道德的,必须具备三个条件:有道德的个人、有道德的公司领导和支持员工进行道德沟通的制度和组织结构。[31] 另外,这三个条件还要和谐有序地共同发挥作用才行。如果企业的员工看到高层管理者无视公司的规定而做出了违背道德规范的决定,那么他们会认为这些制度其实没有任何意义,最终也会效尤。

雇主们有义务制定规范道德行为的明确制度,包括商务沟通方面的规定。很多企业通过书面的**道德守则(code of ethics)** 来明确规范道德行为,帮助其职工辨别什么是可接受的。比如,Gap 公司(Gap、Banana Republic 品牌和 Old Navy 零售连锁店的所有者)出台了一个书面的商业行为准则,规定了利益冲突、产品整合、健康和安全、公司资产和信息保护以及员工的政治行为等方面的要求。[32] 准则通常是员工培训项目以及允许员工询问和汇报有疑惑的道德问题的一部分。为了确保其职工遵守现行的伦理规范,很多公司还实行道德审计来监督道德进程,指出需要改进的薄弱

---

[28] Word of Mouth Marketing Association, "WOM 101," http://womma.org; Nate Anderson, "FTC Says Stealth Marketing Unethical," *Ars Technica*, 13 December 2006, http://arstechnica.com; "Undercover Marketing Uncovered," CBSnews.com, 25 July 2004, www.cbsnews.com; Stephanie Dunnewind, "Teen Recruits Create Word-of-Mouth 'Buzz' to Hook Peers on Products," *Seattle Times*, 20 November 2004, www.seattletimes.com

[29] Linda Pophal, "Tweet Ethics: Trust and Transparency in a Web 2.0 World" *CW Bulletin*, September 2009, www.iabc.com

[30] Rich Phillips and John Zarrella, "Live Bombs Haunt Orlando Neighborhood," CNN.com, 1 July 2008, www.cnn.com

[31] Daft, *Management*, 155.

[32] Gap Inc., "Code of Business Conduct," updated 7 December 2009, www.gapinc.com

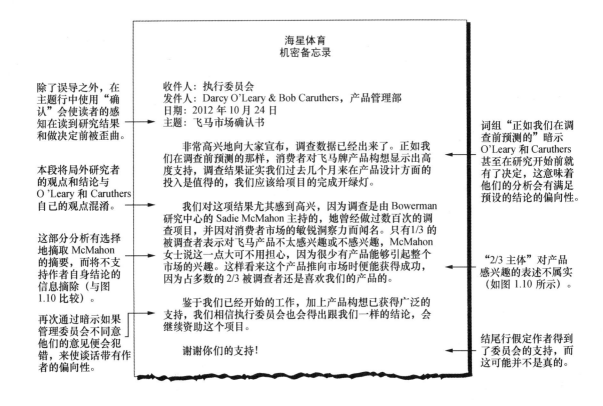

图 1.9　不道德沟通

这份备忘录的作者明确希望公司能继续为他们得意的项目提供资金,即使市场调查不支持这个结论。将这份备忘录与图 1.10 中的相比较,你会发现作者如何通过扭曲事实和忽略证据以营运积极正面的调查结果。

不管所在企业有没有建立正规的道德制度,员工们都有义务在遵守道德规范的原则上进行商务沟通。在没有明确法律和道德约束的情况下,试问自己下列问题,看你在商务沟通方面做到了多少㉝:

- 你是否客观而准确地分析自己面临的状况?
- 你希望通过一条消息达到怎样的目的?
- 这一消息会对接收者产生怎样的作用,或者会影响到谁?
- 这一消息能够将益处最大化、坏处最小化吗?
- 你的假设会随着时间而改变吗?换句话说,现在看起来符合道德规范的决定在将来会变得不道德吗?
- 你的决定让自己舒服和满意吗?如果明天这个决定被刊登在报纸上或者在网络上广泛流传,你会觉得尴尬吗?想出一个让你钦佩的人,并问自己如果他听说了你的决定会怎么想。

㉝　Based in part on Robert Kreitner, *Management*, 9th ed. (Boston: Houghton Mifflin, 2004), 163.

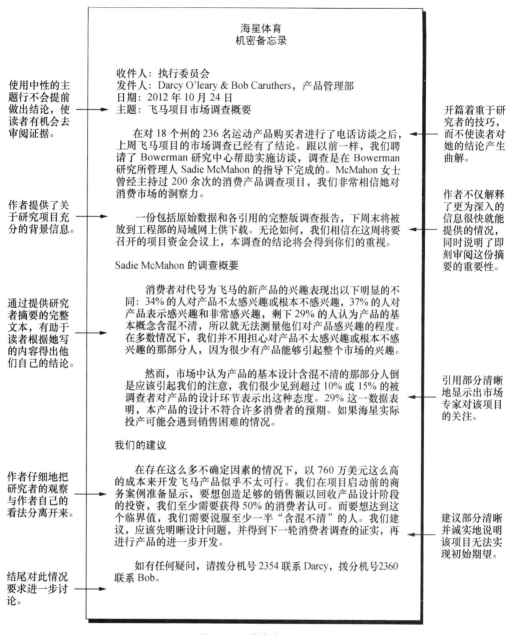

图 1.10 道德沟通

此版本的备忘录用更为诚实和道德的方式呈现证据。

商务沟通 2.0

这儿是谁负责的？

当公司从事比较广告时，普遍会对他们的产品、竞争对手、不实陈述和诽谤抱怨等方面进行详细比较。如此而言，发生在 Subway 和 Quizno 之间的法律诉讼也就不足为怪了。Subway 声明 Quiznos 对同一款三明治的尺寸和肉含量做了不公平和不准确的比较，并且没有说明更大的 Quiznos 三明治价钱其实也是 Subway 三明治的两倍。

用户生成内容，一种对商务沟通产生深远影响的 Web 2.0 应用，让此事件变得特殊。为了促销这款三明治，Quiznos 发起了一个比赛，邀请公众去创建他们自己的广告片。这项比赛鼓励人们倡导"含肉-不含肉"的主题，暗示 Quiznos 三明治比 Subway 三明治拥有更多的牛肉。超过 100 人在 Quiznos 的网站和 iFilm（大型媒体公司 Viacom 旗下的一个已歇业的视频剪辑网站）里上传视频。

Subway 的诉讼声称 Quiznos 的网站和 iFilm 里有些视频包含错误和贬低 Subway 三明治的内容。Subway 坚称 Quiznos 尤其鼓励参赛者将另外一款高价位的三明治与其进行比较，这样是免除不了其责任的。Quiznos 的律师回应指出公司从来没有创建这些视频，因此不应负责："我们只是帮助消费者能够以一种商业广告的形式来表达他们的感受。"

Quiznos 首先驳回了律师诉讼里关于用户生成内容的指控，声明 YouTube 和类似的服务对这些由公众上传到他们网站的内容具有豁免权。这遭到了法官拒绝，因为保护 YouTube 的法律（《通信规范法》）却并不意味着必须保护 Quiznos。Quinzos 随后申请简易判决避免进入审判程序。当这个请求再次遭到拒绝后，两家公司进行了庭外和解。

私下和解结束了两家三明治连锁店之间的争论，但用户生成内容活动的法律责任归属问题仍未平息。其中核心问题是公司可以多大程度上赞助用户生成内容。法庭认为在赞助此项活动并且按照特定的方式引导时，Quiznos 在创建视频中扮演了特定角色。然而，由于这个案例并未进入审判程序，关于这种角色是否完全受到《通信规范法》保护的问题仍未解决。在没有制定清晰的法律准则之前诸如丰田的"公司志"等活动需要谨慎执行，以避免产生相关的法律问题。

▶ **职业应用**

1. 如果不考虑法律问题，你认为 Quiznos 需要对用户生成视频中误导性的信息负责吗？
2. 大多数消费者缺乏创作专业的商业视频的技能，为什么像 Quiznos 这样的公司会邀请他们创作商业广告片呢？

资料来源：改编自 Joseph Lewczak，"Quiznos/Subway Settlement Poses Legal Threat to Future UGC Promos，" *Promo*，23 March 2010，www.promomagazine.com；United States District Court, District of Connecticut, "Memorandum of Decision Denying Defendants' Motion for Summary Judgment, *Doctor's Associates*，*Inc*．*v*．*Qip Holder LLC and lfilm Corp*．，" 19 February 2010；Louise Stroy，"Can a Sandwich Be Slandered？" *New York Times*，29 January 2008，www.nytimes.com；David Ardia，"Slandering Sandwiches and User Submitted Content，" Citizen Media Law Project website，29 January 2008，www.citmedialaw.org；"Doctor's Associates Inc. vs. QIP Holders LLC：Complaint for Injunctive Relief and Damages，" 27 October 2006，www.citmedialaw.org；"MTV to Run User Generated Ads，" *Marketing*，15 November 2006，3。

1.5.3 确保合法沟通

除了道德规范准则,商务沟通的以下几个方面受到各种各样法律法规的约束:

- **促销沟通**。营销专家需要了解多种约束广告真实性和准确性的法律。第10章会更详细地探讨这方面的内容。
- **合同**。合同是双方当事人之间具有法律约束力的承诺,其中一方当事人做出特定的报盘,而另一方当事人做出接受。从产品销售到财产租赁,从信用卡到贷款,直至专业服务协议,合同几乎是任何一种业务的基础。[34]
- **雇佣关系沟通**。各种地区的、州的、联邦的法律都会管辖雇主与潜在的或已有的员工之间的沟通。比如,工作说明书不能有意或无意地歧视女性、少数族裔或残障人士。[35]
- **知识产权**。知识产权包括专利、拥有版权的资料、商业机密,甚至包括互联网域名。[36] 博客使用者特别需要知识产权的保护,防止在未注明出处的情况下发布他人的工作成果。关于这个热点话题的准则,可以登录 www.eff.org/bloggers/legal,获取博客使用指南。

> **实时更新　阅读文章**
>
> **学习知识产权保护是如何促进可持续增长的**
>
> 国际知识产权保护协会(International Intellectual Property Institute)的使命是通过营造鼓励创新的经济和政治环境来促进持续增长。登录 http://real-timeupdates.com/ebc10 获取更多信息。

- **财务报告**。财务和会计专业人员,特别是那些就职于上市公司(向公众发售股票的公司)的人员,必须严格遵守有关公告的法律。例如,近年来有大量的公司由于对财务状况和收益预测做了误导性描述,而成为政府调查和股东诉讼的对象。
- **诽谤**。对另一方的负面评论会提高诽谤的可能性,从而可能损害对方的声誉和名望。[37](书面的污蔑中伤被称作文字诽谤;口头的污蔑中伤被称作口头诽谤),提出诽谤诉讼的人必须能够证明:(1)表述是错误的;(2)所用的语言对当事人的声誉造成了伤害;(3)表述已经公开发表了。
- **透明度要求**。全世界的政府都在采取措施确保消费者及其团队了解他们所接收的信息是由谁发送的,尤其是网络资源。欧盟归纳出大量不合法的在线营销手段,如"假博客"(flog,"fake blog"的缩写),即员工或付费机构作为独立的消费者为公司产品发布积极的故事。[38] 美国联邦商务委员会曾要求产品评论的博客必须说明其与所报道产品之间的关系,比如是否接收报酬或获赠免费产品。[39]

如果有任何与你准备发布的信息是否符合法律规定的问题,你需要征求公司法律部门的建

---

[34] Henry R. Cheeseman, *Contemporary Business and E-Commerce Law*, 4th ed. (Upper Saddle River, N.J.: Prentice Hall, 2003), 201.

[35] John Jude Moran, *Employment Law: New Challenges in the Business Environment*, 2nd ed. (Upper Saddle River, N.J.: Prentice Hall, 2002), 186—187; Kubasek et el., *The Legal Environment of Business*, 562.

[36] Cheeseman, *Contemporary Business and E-Commerce Law*, 325.

[37] Kubasek et al., *The Legal Environment of Business*, 306.

[38] Robert Plummer, "Will Fake Business Blogs Crash and Burn?" BBC News, 22 May 2008, http://news.bbc.co.uk.

[39] Tim Arango, "Soon, Bloggers Must Give Full Disclosure," *New York Times*, 5 October 2009, www.nytimes.com.

议。小心谨慎可以避免陷入法律难题,维护公司在市场中的声誉。

关于商务沟通中最新的道德和法律问题,访问 http://real-timeupdates.com/ebc10,点击第 1 章获取。

1.6 应用所学知识

在本章的开始部分,你在"工作进行时:丰田的沟通"中已经认识了 Bob Zeinstra,他也是你可以在本书中遇到的众多职场商务沟通专家之中的一位,他们都成功地解决了在工作中遇到的沟通难题。每一章的开始部分都会有这样一个反映现实公司真实情况的小故事,你可以在阅读时熟悉每章中提及的理念,并且思考他们如何将这些理念运用到故事中的个人和公司。

在每一章的最后,都有一个创新式的模拟练习,名为"工作进行时:解决沟通困境"。你可以假设自己是其中提及的公司职员,可能遇到很多工作中的麻烦。本书设计了一些沟通情境,每个情境都附有几种不同的处理方式,你可以以家庭作业、团队合作、课堂讨论或者其他方法来决定选择哪种方式。这些情境练习可以帮助你发现更多好的沟通意见,并将学到的知识应用到实践中去。

现在让我们来做第一个情境练习吧。处理问题之前,先想想你在本章中学到的知识以及自己在沟通方面的经验,然后你会惊讶于自己已经学会了多少商务沟通知识。

工作进行时

解决丰田的沟通困境

最近你加入了 Bob Zeinstra 的团队,他是丰田汽车销售的美国分公司的产品管理、广告和沟通策略部门高管。作为一位社交媒体专家,你在寻找帮助丰田与所有股东建立积极关系的机会。使用你在本章学到的知识应对以下挑战。

1. 丰田一直强调友善开放地与客户沟通,包括那些有不现实需求、希望受到特殊对待的客户。但是,你了解到公司的某些客户服务代表在与这些"特殊"客户沟通时表露出了个人情绪,几位客户也抱怨了这种粗鲁的对待。你对这种情形比较敏感,因为你知道在消费者能够广泛传播任何失望感受的社交媒体环境之中,客户服务是份艰难的工作。拥有不友好的客户服务的名声将会给公司带来毁灭性的打击,因此你需要即刻表达你的担忧。在与客户服务代表的邮件沟通中,下面哪句话是最好的开篇?

   a. "我们在为客户服务的过程中必须采用高效、及时的方式努力工作。"

   b. "不断增长的辱虐式客户沟通问题必须立即停止,毕竟没有客户,我们就没有利润;没有利润,你们将没有工作。"

   c. "积极的客户支持是我们最为重要的竞争优势,不过在管理过程中发现你们中的某些人正用辱虐客户的方式破坏公司的声誉。"

   d. "感谢你们的不断努力来帮助我们的客户;我知道有时候这会是一件极具挑战性的任务。"

2. 你所在的办公室文化具有严谨、专业、带有一些非正式的"气氛"等特征。像其他公司一样,员工的个性和风格与公司文化的契合度存在差异。比如,你所在组织中一位新来的会计部经理倾向于一种正式、疏远的沟通风格,会让一些老员工厌恶、感觉没有人情味儿。他们中的一部分人表达了对这位经理"不融入"的担忧,即使她工作做得很好。你应该如何回应呢?

   a. 告诉这些人停止抱怨;这位会计部经理工作表现非常好,这才是重点。

   b. 私底下与会计部经理沟通,解释融入公司文化的重要性,并给她四周时间改变她的风格。

   c. 私底下与会计部经理沟通,解释公司中非正式文化存在的原因以及对公司成功的重要性,暗示如果改变现有的作风可以让她的工作变得更加愉快。

   d. 允许会计部经理保持现有的沟通风格,毕竟那是她自己的风格,不该由公司来改变。

   3. 网上流传的一则谣言称丰田计划缩减北美市场部的规模,并将相应的工作转移到日本的总部。Zeinstra就处理这种情况征求你的意见。你会选择下面哪句话?

   a. 在网上造一条与传言相反的小道消息,那些担心下岗的员工会从获取谣言的渠道获取真实的信息。

   b. 立即安排会议,亲自出席表态,向每一位员工强调丰田公司在北美市场部从未有裁员计划。

   c. 在内部博客上发布消息,向所有员工表明他们的工作是安全的;员工和客户都习惯从该博客中获取信息,所以这是一种正确传播信息的方式。

   d. 忽视传言。就像所有谣言一样,它最终会消失。

   4. 正如大多数的消费者购买行为一样,汽车销售情况随经济形势和家庭收入的变化而变化。面对经济的低迷,丰田管理团队决定执行一项为期6个月幅度为10%的减薪计划,并在下一阶段根据公司的财政情况重新进行评估。然而有些高管认为减薪计划至少会持续一年甚至永远不变。当你知道这样的情况时,以下哪种沟通策略会是平衡公司和员工需求最好的方式?

   a. 告诉员工10%的减薪将会持续6个月,并不说明是否会持续更久或者永远不变。如果员工担心他们的薪酬会永久减少,他们将会从现在开始寻找其他工作,这将会大幅降低工作效率,使得财政情况变得更为糟糕。

   b. 告诉员工10%的减薪计划持续6个月,但也存在持续更长时间的可能性。

   c. 解释减薪计划有可能是永久的,虽然你没有十足把握;最好把最坏的可能性告知员工,如果情况比预期的好,员工将会得到超出预期的满意度。

   d. 告诉员工减薪会持续6个月,管理团队会评估以后的情况再决定减薪是否会延长。表明尽管你希望提供更可靠的信息,但这受到市场不确定性的限制。你现在能做的最好方式就是告诉员工所有你知道的和不知道的。

学习目标检查

通过阅读每个学习目标和完成相关练习来评估你对本章要点的掌握情况。填空题,写出空白处缺少的文字;单项选择题,在正确答案的字母上打勾。

目标 1.1：解释有效沟通对职业生涯和公司的重要性。

1. 以下哪条是对你在职业生涯中所扮演的沟通角色最为精确的描述？
   a. 想法最为重要，只要有创造性的想法和强烈的商业意识，你可以雇用员工处理沟通任务。
   b. 无论拥有什么技能、关系还是特长，薄弱的沟通能力将会限制你的前途。
   c. 在当今竞争激烈的商务环境中，绩效远比其他指标重要。
   d. 作为一种"软技能"，沟通在销售、人力资源等岗位比较重要，而在技术、财务和管理岗不重要。

2. 有效的商务信息是这样的：
   a. 富有娱乐性、说服性、直接性、判断性，不尖锐。
   b. 实用、客观、简练、清楚、富有说服力。
   c. 人性化、清楚、简短、易记、有挑战性。

3. 为什么商务信息必须明确指出哪位工作人员具体负责什么工作？
   a. 为了确保其他员工履行自己的职责。
   b. 在重要的任务没能按时完成的情况下，保证此信息的发送者免遭责难。
   c. 让每一个相关的工作人员都清楚自己的职责是什么，以免混乱。

4. 以下那些技能不是雇主期望你具备的：
   a. 与多元文化背景和经验的人有效沟通。
   b. 有效且高效地使用沟通技术。
   c. 明智地管理时间和高效地使用资源。
   d. 命令员工遵守秩序。

目标 1.2：描述雇主期望的沟通技能，以及运用以受众为中心的方法了解组织沟通的本质。

5. 以受众为中心的沟通：
   a. 开始之前就预设受众总是正确的。
   b. 从受众的信息需求出发，提升沟通的质量。
   c. 其实是浪费时间，因为它并不能达到信息发送者的目的。
   d. 会简化信息的规划和创造过程。

6. 注重商务礼仪：
   a. 会减少人与人之间可能会不利于沟通的失误的发生机会。
   b. 被很多公司认为是浪费时间，尤其在这个快节奏的市场。
   c. 目前在美国 50 个州都以法律规定的形式强制执行。
   d. 往往增加了商务沟通的成本。

目标 1.3：描述沟通过程模型以及社交媒体改变商务沟通本质的方式。

7. 对使用商务沟通 2.0 的沟通风格最为恰当的描述是：
   a. 对话式的。
   b. 多语言的。
   c. 技术的。
   d. 娱乐的。

8. 以下哪组特征最贴切地描述了沟通过程模型？
   a. 互动和对话式的。
   b. 技术和瞬时的。
   c. 电子和印刷的。
   d. 轻松和不受限制的。

9. 为了使受众成功接收信息，他们必须首先_____到信息的存在，将它从众多感知输入中_____出来，最后将其_____为信息。

10. 信息接收者若要进行发送者所期望的回应，需要：
    a. 记住信息。
    b. 有回应的能力。
    c. 有回应的动力。
    d. 以上所有。

目标 1.4：列出有效使用沟通技术的四项一般准则。

11. 技术的价值体现为传送正确的_____给

正确的_____在正确的时间。

12. 信息技术悖论体现为：
    a. 沟通工具有时浪费的时间比它们节省的还多。
    b. 计算机丢失了跟它们所保存一样多的信息。
    c. 人们不再需要创建信息。
    d. 技术没有以前昂贵。

13. 经常和同事或者客户进行当面的沟通：
    a. 被很多人认为是没有合理地安排时间，尤其是在电子通信技术发达的今天。
    b. 成功的管理者都不认可的方式。
    c. 至关重要，因为这可以帮你确认人与人之间的沟通没有受到技术的干扰。

目标1.5：定义道德规范，区分道德困境和道德丧失的差异并列出道德沟通决策选择的六条准则。

14. 道德沟通：
    a. 和合法沟通是一回事。
    b. 成本较高，因为要考虑诸多的规则。
    c. 只对销售产品给消费者的公司来说很重要，对其他类型的公司没多大意义。
    d. 包括所有相关信息，绝对正确且不能存在欺骗性。

15. 如果一个人面对两个都符合道德规范但内容相悖的选择，那么他面临的是道德_____；当他做出了一个违反道德要求的选择时，他就陷入了道德_____。

知识应用

参考学习目标，通过以下问题回顾本章内容。

1. 假如你是所在领域内公认的专家，你真的需要关注沟通技能吗？为什么需要或为什么不需要？［学习目标1］
2. 公司博客中读者评论的功能是如何反映以受众为中心的沟通的？［学习目标2］
3. 社交网络、维客以及其他Web 2.0技术正如何改变沟通实践？［学习目标3］
4. 公司是否有可能过度依赖沟通技术？请简短阐述。［学习目标4］
5. 由于你卓越的沟通技能，你的上司总是要求你为他写报告。当CEO赞扬他的逻辑和清晰的写作风格时，你偶然发现你上司回应的听起来好像这些报告是他自己写的。你上司的回应表现出哪种类型的道德选择？这种情形下你会怎么处理？简单解释你的解决方案和理由。［学习目标5］

技能实践

信息分析：分析沟通有效性 ［学习目标1］

阅读以下博客，然后，(1) 判断这些信息是有效还是无效的，并解释原因；(2) 根据本章的准则完成对这些报告的修改。

我发现你们当中很多人的考勤卡存在欺骗行为。如果你迟到了，就不应该在考勤卡上记录为8:00准时上班；如果你的午餐时间过久，就不应该在考勤卡上记录为1:00回到了公司。我无法忍受这样的欺骗，别无选择，只能建立监督系统。从下周一开始，你们需要用电子钥匙卡进出，所有进出的时间都会被记录。

任何上班迟到或者饭后没有按时回公司的

次数超过3次的人都要向我汇报。我不管你是因为打盹还是你们女孩子去逛街。总之，我不想被懒鬼或骗子所利用。

一颗老鼠屎坏了一锅汤简直太糟糕了。

➡ 练习

1. 写作：组成模式：总结[学习目标1]，第4章 给教师和同学写一段自我介绍，展示你的背景、兴趣、成就和目标。通过电子邮件、博客或者社交网络等你的教师能够接收的方式提交。

2. 媒体技能：微博[学习目标1]，第6章 写4则字数均小于140字的有效信息，即能够在Twitter发出的信息，说服其他大学生参加商务沟通课程。将第1则消息作为广告的"标题"，用大胆的承诺为每位有抱负的职业者传递本课程的价值。之后3则信息为第1则信息的承诺提供证据支持。[40]

3. 基本原则：分析沟通有效性[学习目标1] 从YouTube或其他在线资源中找出一个有效沟通的视频剪辑。题材不限但必须适合在班上讨论。把链接放到班级博客上并附上简短的总结，说明这是一个有效沟通例子的原因。

4. 计划：评估受众需求[学习目标2]，第3章 选择一份吸引你的工作，并且假设你经做好应聘这份工作的准备。自然，你想做一份以受众为中心的吸引眼球的简历，回答人事部经理最可能提的关键问题。识别三项对这份工作最为重要的个人或职业品质。用一两句话的简短陈述形容这些品质，采用以受众为中心的词汇说明你能为公司做出多大程度的贡献。通过邮件或班级博客提交你的陈述。

5. 沟通礼仪：敏感而老练的沟通[学习目标2] 潜在客户在制定购买决策前会频繁参观生产设施。由于你们需要经常接待高端客户，因此你的下属和你已经接受了大量礼仪方面的培训。然而，仍有一部分人未接受这样的培训，你担心他们有可能在不经意间做出了一些触犯潜在客户的行为。在电子邮件里，用两段话向总经理解释为什么所有接触客户的员工都需要接受基本的礼仪培训。

6. 合作：团队项目；计划；评估受众需求[学习目标2]，第2章，第4章 你的老板让你的工作小组研究并汇报公司育儿设施的情况。当然，你想了解除了老板之外谁还会读你的报告。跟两个团队成员一起工作，在开始研究之前列出4个到5个你想了解的关于公司情况和受众的事情。简单解释为什么你列出的条目是重要的。

7. 计划：构建一个有说服力的论据[学习目标3]，第10章 你是一家销售软件给非营利性组织、协助计划和管理筹集善款活动的公司的客户服务经理。这款强大的软件十分复杂，需要详细的用户手册，为此公司已经为客户提供了一本印刷版的手册。但客户仍然频繁给你的部门发送电子邮件，询问使用软件的问题和征求提高筹款效率的建议。你知道很多客户可以从答案和同伴的建议中获益，但是用每隔几年发一本印刷版的手册无法及时地搜集和发布这些信息。

你已经研究过维客，相信这是一种让顾客持续参与软件使用讨论的良好方式。你想将印刷手册的方式转变为维客方式，让每个用户都可以添加、编辑页面。比起花数千美元印刷那些难以扩充和更新的手册，维客是一个"活"文件，能够随着人们不断地询问和回答问题、提供建议而更新。这让管理团队中的其他人十分担心。有人认为"专家是我们，不是客

---

[40] The concept of a four-tweet summary is adapted from Cliff Atkinson, *The Backchannel* (Berkeley, Calif.: New Riders, 2010), 120—121.

户",有人问"如果任何客户都可以修改信息,那么我们如何确保信息的质量?"他们不否认客户会带来有价值的信息,但是他们不希望客户能够控制公司的重要文件。补充一些你需要的信息,给你的同事写一则简短的邮件,解释让客户参与基于维客的用户手册所产生的益处。

8. 计划:构建一个有说服力的证据[学习目标3],第10章 发博客已经成为员工与客户等公司外部组织重要的沟通方式。有时候,员工的博客不仅能够提供有用的信息,而且展示出正式和庄严的企业人性化的一面,这使得公司和客户深受其利。然而有些时候,员工会因为发布了一些雇主认为不合适的信息而遭到解雇。另外一个让人担心的特殊方面是公司和经理人的批评。员工是否可以被允许在公开场合例如博客中批评他们的雇主呢?写一封简短的邮件,反对公司禁止员工在博客发布批评性信息的政策。

9. 基本原则:分析沟通有效性[学习目标3] 使用8阶段沟通法分析最近你与员工、上司、班级同学、导师、朋友、家庭成员之间产生的不良沟通。你想分享什么样的想法?你是如何编码和传递信息的?接收者获得信息了吗?接收者正确解码信息了吗?你是如何知道的?根据你的分析,识别和解释这些例子中那些阻止你成功沟通的障碍。

10. 技术:使用沟通工具[学习目标4] 找一款你未曾用于创建内容的免费在线沟通服务,比如博客(比如Blogger)、微博(比如Twitter)、社区问答网站(比如Yahoo! Answers)、用户生成内容网站(比如Flickr)。尝试做一些基本的任务,比如创建一个账户、建立一个博客。这些任务简单吗?说明清晰吗?你能找到在线帮助吗?是否存在改善体验的信息?写一封简短的邮件概括你的结论并发给教师。

11. 沟通道德规范:区分道德困境和道德丧失[学习目标5] 你的老板知道你在公司里有很多朋友,于是她想从你这里了解一些涉及员工工作态度和其他有可能影响公司内部关系的信息。她最近让你汇报你所知道的违反公司规定的行为,从将办公物品带回家,到使用办公电话来打私人长途。在你答复之前,请你先列出你打算和她讨论的一些事情。

12. 沟通道德规范:区分道德困境和道德丧失[学习目标5] 判断以下表述道德与否并用少于一页的内容解释原因:

a. 对你在公司工艺车间中发现的可能危害环境的事情保持沉默

b. 向公司经理过度宣扬即时通信的益处;由于他们从未理解技术的益处,因此你认为唯一的方式就是说服他们做出正确选择

c. 告诉同事或亲密的朋友,他们需要格外重视工作职责,否则经理会解雇他们

d. 由于下一年需要资金,你建议部门在本会计年度结束之前将所有的预算购买部门不太需要的设备,以保持下一年度的预算

13. 沟通道德规范:提供道德型领导(ethical leadership)[学习目标5] 思科(Cisco),一家领先的互联网和企业网设备制造商,已经制定了需要员工遵守的道德规范准则。登录公司网站 www.cisco.com,找到行为准则。用一段简短的话形容三件你可能违反规定做的事情,然后列出至少三件思科认为违反道德的事项或者涉及道德困境的问题。

技能拓展

剖析行业案例

从一个权威的在线资源中找一个职业沟通的例子,可以发现商务沟通的多方面内容,从广告到新闻稿再到公司博客和网站。用本章中你感兴趣的内容来评价这个沟通努力,探究这个例子是否有效。比如说是否以受众为中心,是否符合道德规范?使用任课教师允许的媒体,引用这个例子和本章的内容写一个少于一页的简短分析。

在线提升职业技能

"博韦和希尔的商务沟通搜索"(http://businesscommunicationblog.com/websearch)是一个专为商务沟通研究而设计的研究工具。使用网页搜索功能查找在线视频、播客或幻灯片演示文稿,为解释重要商务沟通技能提供建议。给任课教师写一封简短的电子邮件,描述你搜索到的条目,总结你从中学到的职业技能。

改善语法、结构和表达

以下练习帮助你提高对语法、结构和表达的掌握和运用。看下面10句话,在每个括号中最佳的选项下画线。

1. She remembered placing that report on her (*bosses*, *boss's*) desk.

2. We mustn't follow their investment advice like a lot of (*sheep*, *sheeps*).

3. Jones founded the company back in the early (*1990's*, *1990s*).

4. Please send the (*Joneses*, *Jones'*) a dozen of the following: (*stopwatchs*, *stopwatches*), canteens, and headbands.

5. Our (*attorneys*, *attornies*) will talk to the group about incorporation.

6. Make sure that all (*copys*, *copies*) include the new addresses.

7. Ask Jennings to collect all (*employee's*, *employees'*) donations for the Red Cross drive.

8. Charlie now has two (*sons-in-law*, *son-in-laws*) to help him with his two online (*business's*, *businesses*).

9. Avoid using too many (*parentheses*, *parenthesises*) when writing your reports.

10. Follow President (*Nesses*, *Ness's*) rules about what constitutes a (*weeks*, *week's*) work.

第 2 章 掌握团队技能和人际沟通技能

学习目标

学完本章后,你将能够:

1. 列出团队合作的优缺点,描述高效团队的特征,指出群体动力的四个关键问题
2. 提供协同沟通指南,识别主要的协同技术,阐述如何给予建设性反馈
3. 列出确保团队会议有效的关键步骤
4. 识别加强或替代面对面会议的主要技术
5. 识别倾听的三种主要模式,描述倾听过程,解释选择性倾听的问题
6. 解释非语言沟通的重要性,识别非语言表达的六种类型
7. 解释商务礼仪的重要性,识别三种重要场合的礼仪要点

工作进行时

Rosen 律师事务所的沟通

使用维客削减成本并塑造团队精神

当沟通工具充分发挥作用的时候,不仅能促进沟通,更会改变沟通模式。位于北卡罗来纳州罗利市的 Rosen 律师事务所就是一个典型的例子。公司的创始人兼首席执行官 Lee Rosen,希望替换掉用来制作合同清单、预约日程表、文档存储等所有工作的那套昂贵、复杂、僵化的计算机系统。解决方案选择了维客技术,一项能够使世界上约 100 000 人共同维护和开发的维基百科(Wikipedia)。

维客不仅仅能够削减成本。除了处理公司大量的文件存储和正式沟通,维客引入的非正式社交元素能够提高团队凝聚力,很多员工都已经添加了个人主页以展示其个人信息,帮助彼此通过更亲切的方式了解同事。

在实施维客的过程中,Rosen 遇到了采用新沟通工具时都会面临的挑战:使人们放弃传统的做事方式并且拥护变革。要知道公司维客的价值取决于员工的贡献水平,倘若一部分人愿意转变,而其他人仍然坚持使用传统的方式,将会严重妨碍沟通。罗森采用了友谊赛的方式鼓励使用维

客:在三个月的竞赛期间内,员工每创建一个页面,都有机会获得公司保险箱一个可能的组合,里面有 1 000 美元的现金奖励。罗森还不时地将一些重要信息只在维客发布。

正如公司面临重大改变时会经常发生的一样,维客的推进过程确实引起了一些混乱。两个阵营的员工争论组织信息的最好方式,甚至陷入了一场"编辑战争",不愿意支持对方的决定。为了公司的团队合作和人际沟通的长期利益,最终他们相互妥协以达成一致。正如 Rosen 所说:"这迫使每个人去了解其他人的工作"。[1]

www.rosen.com

2.1 在团队中有效沟通

正如本章开篇介绍的,Rosen 律师事务所员工之间的团队互动表现出人际沟通中最为本质的元素。**合作(collaboration)**,即一起工作迎接复杂挑战,已经成为近一半美国员工的核心工作职责。[2] 无论你追寻什么样的职业轨迹,工作之中的很多活动都需要合作。由于合作的效率和质量依赖于专业的沟通技能,因此你的沟通技能将让你从这些互动活动中受益匪浅。

团队(team) 是由两个或两个以上拥有共同使命、并负责达成共同工作目标的人组成的集合。[3] **问题解决型团队(problem-solving teams)** 和 **专门工作组(task forces)** 是专为解决具体问题而设的,一旦目标达成即宣告解散。这样的团队经常是跨职能团队,把各个部门有不同专长和职责的人集中到一起。意见和兴趣的多样性会产生更好的决策,但是利益冲突会导致一种紧张的状态,凸显出对有效沟通的需要。**委员会(committees)** 是一种正式的团队,通常寿命较长,并能成为组织架构的永久性部分。委员会通常处理定期出现的任务,比如执行委员会每月开一次会,制定发展战略并评审结果。

2.1.1 团队的优缺点

成功的团队能提高生产效率、提高创造性、促进员工参与、保障工作安全。[4] 团队常常是**参与式管理(participative management)** 的核心,参与式管理的目的是让员工参与到公司的决策制定中。一个成功的团队能够有如下优点[5]:

- **增加信息和知识**。通过将许多个体经验集中到一起,团队在决策过程中能够获得更多信息。

---

[1] Evelyn Nussenbaum, "Boosting Teamwork with Wikis," *Fortune Small Business*, 12 February 2008, http://money.cnn.com; Doug Cornelius, "Wikis at the Rosen Law Firm," KM Space blog, 28 February 2008, http://kmspace.blogspot.com; Rosen Law Firm website, accessed 28 December 2010, www.rosen.com.

[2] James Manyika, Kara Sprague, and Lareina Yee, "Using Technology to Improve Workforce Collaboration," What Matters (McKinsey & Company), 27 October 2009, http://whatmatters.mckinseydigital.com.

[3] Courtland L. Bovée and John V. Thill, *Business in Action*, 5th ed. (Upper Saddle River, N.J.: Pearson Prentice Hall, 2011), 172.

[4] "Five Case Studies on Successful Teams," *HR Focus*, April 2002, 18 + .

[5] Stephen R. Robbins, *Essentials of Organizational Behavior*, 6th ed. (Upper Saddle River, N.J.: Prentice Hall, 2000), 98.

- **增加意见的多样性**。在共同目标的引导下,团队成员在决策过程中能带来各种观点。⑥
- **更易接受解决问题的方法**。参与决策的人更有可能支持决定并且鼓励其他人接受。
- **更高的绩效水平**。团队合作能让员工释放出有着共同目标和相互信任的新的创造力和能量。有效团队比高绩效的个体更擅长解决复杂问题。⑦

尽管团队合作有许多优点,但也存在着许多潜在的缺点。最糟糕的情况是,整个团队萎靡不振,简直是在浪费时间。团队需要认识并克服以下缺点:

- **群体思维**。像所有社会结构一样,商业团队会产生巨大的压力来按照既定的行为惯例行事。当这些巨大压力使得团队中的个体提出相反或者不被大家接受的意见时,就会出现**群体思维**(**groupthink**)。结果可能是团队做出的决定比成员单独做出的决定还要糟糕。
- **幕后动机**。有些团队成员可能有幕后的动机——那些个人的、与达成目标相反的动机,比如说想控制团队的欲望、削弱其他人在团队中的影响力,以及追求与团队使命相悖的商业目标等。
- **成本**。制定日程、安排会议和协调项目的各部分等工作都会吞噬大量的时间和财力。

2.1.2 高效团队的特征

最高效的团队具有清晰的目标和共同的目标感知,他们有强烈的信任感,开放和坦诚的沟通,努力达成共识来做出决策、创造性地思考,知道如何解决冲突。⑧ 拥有这些特征的团队能够集中他们的时间和精力到工作之中,免受破坏性冲突的扰乱。

相反,缺乏一项或多项这些特征的团队会深陷冲突的泥潭、把时间和资源用于追求不清晰的目标。缺乏信任和沟通不畅是团队合作失败的两个最常见的原因。缺乏信任可能来自团队成员怀疑彼此的动机和能力。⑨ 沟通障碍易发生于跨文化、跨国家、跨时区的团队工作之中。⑩

2.1.3 群体动力

在成员之间发生的互动和作用被称为**群体动力**(**group dynamics**)。有效的团队倾向于产生清晰的**规范**(**norms**)、成员共享和指导成员行为的非正式行为准则。群体动力被诸多因素影响:团队成员担任的角色,团队目前发展所处的阶段,团队解决冲突的成功与否,以及团队克服阻力的成功与否。

担任团队角色

团队成员可能担任不同的角色,总的来说分为三大类(如表 2.1 所示)。那些担任**自我导向角**

---

⑥ Max Landsberg and Madeline Pfau, "Developing Diversity: Lessons from Top Teams" *Strategy + Business*, Winter 2005, 10—12.

⑦ "Groups Best at Complex Problems," *Industrial Engineer*, June 2006, 14.

⑧ Nicola A. Nelson, "Leading Teams," *Defense AT&L*, July-August 2006, 26—29; Larry Cole and Michael Cole, "Why Is the Teamwork Buzz Word Not Working?" *Communication World*, February-March 1999, 29; Patricia Buhler, "Managing in the 90s: Creating Flexibility in Today's Workplace," *Supervision*, January 1997, 241; Allison W. Amason, Allen C. Hochwarter, Wayne A. Thompson, and Kenneth R. Harrison, "Conflict: An Important Dimension in Successful Management Teams," *Organizational Dynamics*, Autumn 1995, 201.

⑨ Geoffrey Colvin, "Why Dream Teams Fail," *Fortune*, 12 June 2006, 87—92.

⑩ Vijay Govindarajan and Anil K. Gupta, "Building an Effective Global Business Team," *MIT Sloan Management Review*, Summer 2001, 631.

色(self-oriented roles)的成员主要是以满足个人需求为动机,所以他们的生产力会比其他成员更低。一个由全明星组成的"梦之队"往往表现得不如人们所预期的那么好,因为这些高效个体可能会把团队的需求置于自己的需求之下。[11] 此外,那些具有高超技能和丰富经验的人也许会比较难相处,使得其他团队成员避免与其交流。[12] 而更有可能为团队目标做出贡献的是那些担任**团队维护角色**(team-maintenance roles)来帮助大家共同工作的成员,以及那些担任**任务推动角色**(task-facilitating roles)来帮助团队达成目标的成员。[13]

表 2.1　团队角色:有效的与无效的

无效的:自我导向角色	有效的:团队维护角色	有效的:任务推动角色
控制:通过展示优先权或者权威性来主导他人	**鼓励**:通过语言和非语言的支持、表扬和赞同来给其他成员鼓劲	**发起**:启动团队任务
撤出:通过保持沉默或是拒绝处理团队工作的某个特定部分以退出团队	**和谐化**:通过调解或者运用幽默化解紧张来协调团队成员之间的差异	**信息提供或寻找**:提供(或寻找)与团队面临问题相关的信息
吸引注意力:吸引他人的注意力并要求他人的认同	**妥协**:为了达到相互能接受的决定而主动在某一点上让步	**协调**:说明观点之间的关系,阐明问题,总结团队已完成的工作
转移注意力:把团队讨论集中在个人感兴趣的主题上而不是那些与任务有关的主题上		**程序设定**:提出决策制定程序从而使团队向着目标前进

允许团队演变

团队变得富有成效之前通常会经历许多阶段的演变(见图 2.1)。大量的模型描述了成为有效团队的演变过程。以下是一个常见模型,描述了一个问题解决导向团队的演变阶段[14]:

1. 定位。团队成员交往,建立他们的角色,并且开始定义他们的任务或目标。团队建设训练和活动能够帮助团队突破障碍并形成共同目标感知。[15] 对于地域分散的虚拟团队,签订"团队运作协议",规定在线会议、沟通过程和决策制定方式将有助于克服距离产生的劣势。[16]

2. 冲突。团队成员开始讨论他们的立场,并且在建立角色上变得更加自信。在这个阶段出现争议和不确定性是很正常的。

3. 头脑风暴。团队成员提出所有的想法并且充分讨论其中的优缺点。在这一阶段的最后,成员针对问题提出一个最终的解决方案。值得注意的是,尽管团队头脑风暴在当今公司中十分流

---

[11] Colvin, "Why Dream Teams Fail," 87—92.

[12] Tiziana Casciaro and Miguel Sousa Lobo, "Competent Jerks, Lovable Fools, and the Formation of Social Networks," *Harvard Business Review*, June 2005, 92—99.

[13] Stephen P. Robbins and David A. DeCenzo, *Fundamentals of Management*, 4th ed. (Upper Saddle River, N. J. : Prentice Hall, 2004), 266—267; Jerald Greenberg and Robert A. Baron, *Behavior in Organizations*, 8th ed. (Upper Saddle River, N. J. : Prentice Hall, 2003), 279—280.

[14] B. Aubrey Fisher, *Small Group Decision Making: Communication and the Group Process*, 2nd ed. (New York: McGraw-Hill, 1980), 145—149; Robbins and DeCenzo, *Fundamentals of Management*, 334—335; Richard L. Daft, *Management*, 6th ed. (Cincinnati: Thomson South-Western, 2003), 602—603.

[15] Michael Laff, "Effective Team Building: More Than Just Fun at Work," *Training + Development*, August 2006, 24—35.

[16] Claire Sookman, "Building Your Virtual Team," *Network World*, 21 June 2004, 91.

行,但它未必是产生新想法的最有效方式。有研究表明,让团队成员分别进行头脑风暴,然后再把他们的意见带到集体会议上讨论是更为有效的方式。⑰

4. 显现。 当团队发现所有成员都支持(即使有保留意见)某个解决方案时,共识就达成了。

5. 强化。 团队进一步解释和总结,达成一致的方案。成员接受任务将团队决策付诸实践,并安排对任务进度的跟踪。

图 2.1 团队发展阶段

团队一般经过多个阶段的发展以提高效率和达成目标。

资料来源:改编自 B. Aubrey Fisher, *Small Group Decision Making*: *Communication and the Group Process*, 2nd ed. (New York: McGraw-Hill, 1980), 145—149; Robbins and De Cenzo, *Fundamentals of Management*, 334—335; Richard L. Daft, *Management*, 6th ed. (Cincinnati: Thomson South-Western, 2003), 602—603。

你可能也会听到定义为形成、头脑风暴、规范化、执行和转移的过程;这是布鲁斯·塔克曼(Bruce Tuckman)在提出最早的团队发展模型之一时做出的界定。⑱ 这些阶段不仅是模型的一部分,也是团队发展的总体框架。有些团队在形成高效率之前会在几个阶段之间来回反复,而一些团队甚至可能当成员部分或者全部都处在冲突阶段时,就很快达成了高效的运作。⑲

解决冲突

在团队中,有多种原因会产生冲突:资源的竞争、不一致的目标和责任、不良的沟通、权力斗争,以及价值观、态度和性格上的本质差异。⑳ 尽管冲突听起来消极,但不一定是坏的。如果冲突迫使重要问题公开化,增加团队成员的参与,并且为问题的解决方案提供创造性想法,这个冲突就是建设性的。团队合作并不总是愉快和谐的,解决成员之间的冲突需要出色的领导艺术,而成员们对结果的高预期也有助于冲突的解决。就像团队工作专家 Andy Boyntom 和 Bill Fischer 说的那样:"能人团队追求的并不仅仅是一个和谐的结果。"㉑

> **实时更新　观看视频**
>
> **使用沟通技能解决冲突**
>
> 学习利用同理心谈判中的双赢策略解决冲突。登录 http://real-timeupdates.com/ebc10 获取更多信息。

相反,如果冲突导致某些重要的问题被忽视,削弱成员或者团队的士气,导致团队的两极分化或者解体,这个冲突就是破坏性的。㉒ 破坏性冲突会导致赢-输或

---

⑰ Jared Sandberg, "Brainstorming Works Best if People Scramble for Ideas on Their Own," *Wall Street Journal*, 13 June 2006, B1.

⑱ Mark K. Smith, "Bruce W. Tuckman—Forming, Storming, Norming, and Performing in Groups," Infed.org [accessed 5 July 2005] www.infed.org

⑲ Robbins and DeCenzo, *Fundarnentals of Management*, 258—259.

⑳ Daft, *Management*, 609—612.

㉑ Andy Boynton and Bill Fischer, *Virtuoso Teams*: *Lessons from Teams That Changed Their Worlds* (Harrow, UK: FT Prentice Hall, 2005), 10.

㉒ Thomas K. Capozzoli, "Conflict Resolution—A Key Ingredient in Successful Teams," *Supervision*, November 1999, 14—16.

者双输的结果,在这种情况下,一方或者双方输了,从而损害了整个团队。如果解决冲突的方法可以在某种程度上满足双方的要求和目标(双赢策略),那么这个方法可以使双方的损失都降到最低。要达到双赢的结果,每个人必须相信:(1) 找到一个双方都能接受的方案是可能的;(2) 合作比竞争对组织更有利;(3) 对方是可信任的;(4) 强势的一方并没有权力将自己的意愿强加给另一方。

以下七个措施能够帮助团队成员成功解决冲突:

- **主动性行为**。在小冲突变为大矛盾前解决它。
- **沟通**。让直接参与冲突的人参与解决冲突。
- **公开**。在解决主要问题前把感受都公开地说出来。
- **调查**。在寻找解决方法之前寻找产生问题的实际原因。
- **灵活**。在考虑其他解决方案前不要让任何一方过早地跳进一个既定的位置上。
- **公平**。坚持公平结果,不要让任何一方违背规矩而逃避公平的解决方案。
- **联合**。把反对者团结起来与"外来力量"斗争,而不是彼此争斗。

克服阻力

拒绝变革是影响团队进程的一种特殊冲突方式。有时候,这些阻力是不理智的,比如人们会无理由地拒绝任何变革,虽然有时候这种拒绝很符合逻辑。有的变革还要求人们放弃某种权利或者改变原来惯用的做事方式。当有人拒绝变革,你可以用冷静、理性的沟通方式劝说他们:

- **表示理解**。你可以说:"我能理解这种改变很困难,如果我是你,也可能会不情愿。"帮助对方放轻松并谈论他们的担忧,这样你就有机会让他们放心。[23]
- **让阻力暴露出来**。当人们不支持而又保持沉默时,你可能自己都说不清为什么就被拒绝了。你继续尝试说服是没用的。可以直接对抗阻力,但不要兴师问罪。你可以说:"你对这个想法似乎有所保留,是不是我的假设有问题?"这些问题会迫使人们面对并明确他们的阻力。[24]
- **公正地评价别人的拒绝**。倾听并注意对方表达的东西,包括用词和情绪。让这个人放开了讲,这样你就能明白阻力的根源。别人的反对意见可能让你需要讨论的观点更加合理,或者可能揭露你需要化解的问题。[25]

在对方能够接受之前保留你的观点。能否获得对方的认同在很大程度上取决于对方是否认同你的论点和论据,你不可能自说自话。要以受众为中心,你应该先专注于对方的情感诉求。

2.2 在沟通努力中合作

在你的职业生涯中,你应当期待在研究、写作、设计和演示设计等项目中进行合作的机会。当团队合作时,团队成员的集体力量和专业知识能够超越个体所能到达的水平。[26] 然而,团队信息合作需要一些特殊的努力。以下章节提供了大量有益的指南。

---

[23] Jesse S. Nirenberg, *Getting Through to People* (Paramus, N.J.: Prentice Hall, 1973), 134—142.
[24] Nirenberg, *Getting Through to People*, 134—142.
[25] Ibid.
[26] Jon Hanke, "Presenting as a Team," *Presentations*, January 1998, 74—82.

2.2.1 协同写作指南

在任何合作中,背景不同的团队成员可能会有不同的工作习惯或者关注点。技术专家也许强调准确性和科学标准,编辑可能更关心组织性和一致性,而经理可能更注重时间安排、成本和企业目标。另外,在写作风格、工作习惯和个性特点方面,团队成员也有差异。

要有效地合作,每个参与者都应表现得更灵活,愿意听取别人的意见,注重团队目标而不是个人的特权。[27] 成功的作者知道大多数想法都可以用不同的方式表达出来,所以他们避免"我的方式是最好的"这样的态度。下面一些指南将帮助你实现成功的合作[28]:

- **谨慎挑选合作者**。若有可能,挑选那些对一个项目来说经验、信息以及天赋都能相互弥补的人员组合。
- **在开始之前统一项目目标**。开始时不明白团队希望完成什么将不可避免地导致受挫和时间的浪费。
- **在项目启动之前给你的团队一些时间来融合**。对于那些还没有机会一起工作的人,确保他们在合作之前能够彼此熟悉。
- **明确个人责任**。由于成员将彼此依赖,一定要确保每个人的责任明确。
- **建立清晰的程序**。确保每个人都知道工作从头到尾是如何被管理的。
- **避免集体创作**。实际写作是发展团队信息过程中唯一无法集体参与的部分。对一小段文字比如标题、标语等元素的措辞进行头脑风暴,可以得到富有创造力的词汇选择。然而对于长期项目,你会发现采用先计划、研究和列出提纲,然后将写作任务分配到个人或将大项目分别交给多位写作者的方式更加有效。如果你必须把写作划分开来共同承担,尽量让一个人来做最后的统稿以保证风格一致。
- **确保工具和技术的到位以及与团队的兼容**。即使像软件版本不同这样的小细节都有可能拖延项目进度。
- **在过程中检查进度**。不要仅仅因为你没有听到什么坏消息,就假设一切都安然无恙。

2.2.2 协同写作技术

目前出现了各种协同工具能够帮助大家完成团队写作,包括文字处理系统,Adobe Acrobat 电子文档系统(PDF 文档)以及基于网络的文本系统(比如 Google Docs)的功能,能够进行集体审阅和编辑。更多的复杂解决方案比如基于网络的**内容管理系统(content management systems)**,能够组织和控制很多网站,特别是大型网站的内容。正如本章开篇 Rosen 律师事务所所讨论的,**维客**(Wiki,在夏威夷语中

> 使用博韦-希尔维客模拟工具尝试维客写作。登录 http://real-timeupdates.com/ebc10,选择"学生作业",点击任意维客练习。

---

[27] William P. Galle, Jr., Beverly H. Nelson, Donna W. Luse, and Maurice F. Villere, *Business Communication: A Technology-Based Approach* (Chicago: Irwin, 1996), 260.

[28] Mary Beth Debs, "Recent Research on Collaborative Writing in Industry," *Technical Communication*, November 1991, 476—484.

是"快速"的意思）是一个允许所有人登录添加或编辑材料的网站（如图2.2所示）。第4章提供了有效使用维客合作的指南。

图2.2　协同技术

协同技术，比如SAP的StreamWork系统能够帮助团队成员同步开展工作，使文件、决策、信息等关键的项目要素向所有成员开放。

资料来源：© Copyright 2011。SAP AG。版权所有。

维客的一个主要优点就是操作简单，创作内容时作者不需要任何技术基础，并且可以自由添加或修改内容。这种方法与其他高度受控的内容管理系统，比如公司的网站或业务流程（创建、编辑、查阅、审批内容的规则）具有巨大差异。㉙ 内容管理系统是维护公司门户网站内容一致性的重要工具，而维客则允许团队更快更灵活地协作。

企业维客系统拓展了维客的概念，将其运用于确保信息质量和可信度的商务应用之中，并且保证了维客的快速和灵活。比如，访问控制功能使得团队领导可以识别谁有权阅读和修改维客。变化监控功能可以在出现显著变化或添加内容时通知团队成员。后退功能则使得团队能够"让时间倒流"，去浏览网页之前所有的版本。㉚

群组软件是基于计算机系统的，能让人们互相沟通、分享文件、查看以往信息、同时写作文档以及连接社交网络的系统总称。这些系统能够帮助公司捕捉和共享多位专家的知识，获取更深的见解以应对艰难的挑战。㉛ **共享工作区（shared workspaces）**是一种在线"虚拟办公室"，它让团队中的每个人都能获得相同的资源和信息：数据库、日历、项目计划、相关的信息往来、参考资料、以及团队的文件（如图2.3所示）。常见的共享工作区有只对公司员工开放的内联网，也有只对公司员工和受邀请的外部团队开放的外联网。

㉙ Mark Choate, "What Makes an Enterprise Will?" CMS Watch website, 28 April 2006, www.cmswatch.com
㉚ Choate, "What Makes an Enterprise Wiki?" CMS website, 28 April 2006, www.cmswatch.com
㉛ Rob Koplowitz, "Building a Collaboration Strategy," *KM World*, November/December 2009, 14—15.

在接下来的几年里，关注那些能够为团队合作提供新方法的新兴技术。比如云计算，一个有些模糊的术语，形容互联网所具备的"即需即用"的软件能力，即能让分散在不同区域的团队快速且低成本地协同工作。㉜

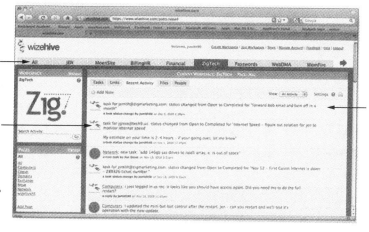

图 2.3　共享工作区

Zig Marketing 使用 WizeHive 平台为员工、商业伙伴和客户创建在线共享工作区。
资料来源：Used with permission of WizeHive-Zig Marketing。

2.2.3　社交网络和虚拟社区

第 1 章介绍了社交媒体和 Web 2.0 方法如何改变商务沟通模式。在这样的情境下，**社交网络技术（social networking technologies）** 通过消除地理和组织边界的方式重新定义了团队工作和团队沟通的内涵。除了开展和增强团队工作，社交网络还拥有大量商务方面的应用和益处。第 7 章的表 7.1 提供了更多这方面的信息。

社交网络技术的两个基本元素是档案（存储每一位网络成员的信息）和关系（成员查找和沟通的机制）。㉝如果你熟悉 Facebook，你就会了解社交网络的基本运作原理。数以千计的公司现在使用 Facebook，但是你也可能会遇到商用的网络，比如 LinkedIn（www.linkedin.com）、Ryze（www.ryze.com）、Spoke（www.spoke.com）、Xing（www.xing.com）。

> **实时更新　阅读 PDF**
>
> **职业者的社交网络**
>
> 查看一些专门为某些职业和产业人群设计的新奇的社交网络例子。登录 http://real-time-updates.com/ebc10 获取更多信息。

很多公司使用社交网络技术创建虚拟社区或实践社区，将公司中专业兴趣相似的员工、客户和供应商联结起来。社交网络为团队带来的巨大好处是识别出某个问题或项目最适合的人才，无

㉜ Eric Knorr and Galen Gruman,"What Cloud Computing Really Means,"*Info World*, accessed 11 June 2010, www.infoworld.com; Lamont Wood,"Cloud Computing Poised to Transform Communication,"LiveScience, 8 December 2009, www.livescience.com

㉝ Christopher Carfi and Leif Chastaine,"Social Networking for Businesses & Organizations," white paper, Cerado website, accessed 13 August 2008, www.cerado.com

论他们的地理位置在哪儿或在组织中的身份是什么。这些社区从很多方面来看就像是团队,而其主要差异体现在对组织知识的长期积累所担负的责任不同。比如制药公司 Pfizer 有大量固定的产品安全社区,为公司的研究者提供了许多关于药品安全问题的专业性建议。㉞

除了允许日常交流之外,社交网络还能够帮助公司维持员工的集体感。在线零售商 Zappos 将培养一个支持性工作环境作为公司的首要任务,为了培养全体员工的集体感,Zappos 使用社交网络工具跟踪员工关系并且鼓励员工主动建立联系。㉟

2.2.4 提出及回复建设性反馈

除了过程和工具之外,协同沟通还包括提出和接收写作努力的反馈。**建设性反馈(constructive feedback)**,有时也称建设性批评,关键是针对沟通的过程和结果,而不是针对人(如表 2.2 所示)。相比之下,**破坏性反馈(destructive feedback)** 往往在提出批评后并没有促进任何改善。㊱ 例如,"这个建议书乱七八糟,我没法再信任你了"就是破坏性反馈。你的目标是更加具有建设性:"如果你能够更清晰地说明创立过程以及解释为什么积极影响大过消极影响,那么你的建议书就更有效了。"在给予反馈的时候,要避免人身攻击,要清楚地给对方指出如何改善的指导性意见,而且,仔细思考使用哪种媒体进行反馈。例如你发现用书面方式传递详细信息更有效(比如在文字处理软件中使用修订标记和批注功能),但是讨论重大或者敏感问题时采用面对面或电话的方式更好。当用书面方式告知接收者会比较刺耳时,可以打电话以帮助你维持积极的工作关系(你可以从第 4 章学到更多关于不同媒体优缺点的内容)。

表 2.2 提出建设性反馈

怎样具有建设性	解释
再三思考你提出的改变	很多商务文档都必须说明想法和其他信息之间的关系,因此孤立、浅显的编辑弊多利少。
讨论改进而不是过失	说明它怎样改进才能更清晰,而不是只说"这样写太模糊"。
聚焦于可控制的行为	鉴于作者无法控制影响信息质量的每一个因素,聚焦于可以控制的那些方面。
具体化	诸如"我不明白"或者"写得清楚些"的评论没有告诉作者修改方向。
保持冷静的反馈	将评论聚焦于信息,而不是创造它的人。
确认理解	如果存有疑问,确认接收者理解了你的反馈。
仔细地测定你反馈的时间	及时的反应便于作者有充足的时间来完成你提议的修改。
强调你可能具有的任何局限性	如果你没有时间对文档彻底编辑,或者你并不是某方面的专家,告知作者以使他可以恰当地处理你的评论。

当你收到建设性反馈时,要抵制那种下意识地维护自己工作或是否认反馈正确性的冲动情绪。面对批评保持开放的态度不是件容易的事,尤其是当你对一个项目倾注了全部心血的时候,但是接受反馈是很好的学习和提高的机会。

㉞ Richard McDermott and Douglas Archibald, "Harnessing Your Staff's Informal Networks," *Harvard Business Review*, March 2010, 82—89.

㉟ Tony Hsieh, "Why I Sold Zappos," *Inc.*, 1 June 2010, www.inc.com

㊱ Chuck Williams, *Management*, 2nd ed. (Cincinnati: Thomson South-Western, 2002), 706—707.

2.3 让会议更高效

职场上的很多沟通发生在你参加的会议和网络会议中,因此在很大程度上,你为公司做出贡献的能力和为此而得到的认可,都取决于你的会议参与技能。一个好的会议能够帮助你解决问题、拓展思路并明确机会。通过体验社会交往,会议也是提升团队建设的良好方式。[37] 尽管会议可以卓有成效,然而计划和管理不当的会议会浪费时间。通过精心的准备、有效进行会议和聪明地使用会议技术,可以帮助你确保会议的有效性。

2.3.1 准备会议

准备会议的第一步是确认会议是否真正必要。会议可能要花费成百上千美元并会占用人们大量的工作时间。因此,如果其他形式的沟通(比如发布博客)能达到目的就无须举办会议。[38] 一旦确定要开,可以从以下四个方面着手准备:

- **明确目的**。大多数会议有两种类型:涉及信息分享以及行动协调的信息发布会议,涉及说服、分析和解决问题的决策会议,通常是劝说性沟通。不管你的目的是什么,一定要确保它是明确和具体的,并且要让每个与会者都清楚。
- **选择与会人员**。这里需要遵守简单的原则:邀请真正需要参加的人员,不邀请没有必要参加的人员。例如,对于制定决策的会议,只要邀请那些有助于会议达到目的有直接关系的人。
- **选择时间和设备**。在线会议是最好的有时甚至是唯一一种联结不同区域或者大量受众的方式。对于现场会议,要检查设备和座位安排。椅子是否合适,是否需要一张会议桌,还是有其他安排?另外,对像室内温度、灯光、通风、音效和点心饮料这样的小细节也要注意,这些看起来无关紧要的细节能成就也能毁掉一个会议。如果你能安排时间,晨会通常比午后会议更有成效,因为人们通常更清醒并且尚未开始当天的工作。
- **设定会议日程**。会议发言人需要明白受众期待的内容是什么;受众需要知道将要展示什么以便准备问题;每个人都需要知道会议将持续多久。另外,会议议程是引导会议进程的重要工具(如图 2.4 所示)。

2.3.2 构建和致力于有效的会议

参加会议的每个人都对会议成功负有责任。然而,如果你是一个会议的指定负责人,要承担更多的责任和义务。以下指南能够帮助负责人和参会者促成更有效的会议:

- **保证会议在正轨上运行**。一个好的会议负责人能引导群体提供最好的想法并解决不同意见之间的分歧,以确保会议能按计划执行并达成目标。
- **遵循既定的规则**。会议规模越大,越要以正式形式来保证秩序。正式的会议使用**议会程序**(**parliamentary procedure**),这是一种经过时间考验的计划和进行有效会议的方法。这种程序最

---

[37] Ron Ashkenas, "Why We Secretly Love Meetings," *Harvard Business Review* blogs, 5 October 2010, http://blogs.hbr.org
[38] Douglas Kimberly, "Ten Pitfalls of Pitiful Meetings," Payroll Manager's Report, January 2010, 1, 11; "Making the Most of Meetings," *Journal of Accountancy*, March 2009, 22.

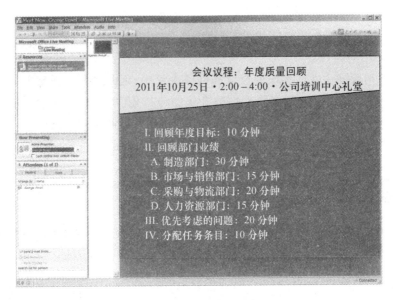

图 2.4　典型的会议议程

会议议程的格式多种多样,取决于会议的复杂程度和使用的展示技术。比如,对于在线会议,一个良好的方法就是在会议之前发送一个详细的计划日程,以便于发言者能够知道他们需要准备什么内容,然后建立一个简单的会议议程,引导会议进程。

有名的指导书是《罗伯特议事规则》(*Robert's Rules of Order*)(www.robertsrules.com)。

- **鼓励参与**。有时候,有些与会者太安静了而另一些又太健谈了。安静的与会者可能是害羞,可能是表示不同意或者抵触,也有可能是正在做一些无关的事情。通过询问他们对相关问题的看法让他们积极参与到会议中来。
- **积极参与**。如果你是一位与会者,寻找机会为会议的主题和与会者的顺利互动做出贡献。如果你想分享有用的东西就大声说出来,但切忌垄断话语权或纯粹为了表现自己而发言。
- **有效结尾**。在会议结束之际,确认会议达到了既定目标或已根据需要安排跟进工作。你可以总结一下会议讨论的大体结果或者要采取的行动。确保所有的与会者有机会并清楚那些容易引起误解的问题。

回顾有利于有效会议的任务,参见"要点检查:提高会议效率"。

对于正式会议,指定一个人做**会议记录(minutes)**是很好的做法,会议记录是对会议中呈现的重要信息和做出决定的总结。在小一些或者非正式的会议中,与会者通常在自己的议程单上各自作记录。不管是哪种情况,对于所做决定的清楚记录和跟进工作负责人都是非常重要的。如果你的公司没有特定的会议记录格式,就遵循图 2.5 所示的一般格式。

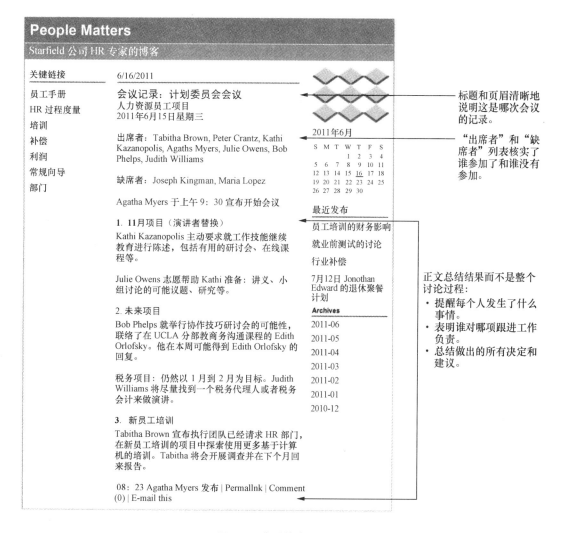

图 2.5 典型的会议记录

内联网和博客是发布会议记录的常用方法。确认你记录了所有关键信息比特定的会议记录格式更为重要,特别是会议过程中关于分配职责的内容。关键的信息包括出席者和缺席者名单、会议的开始和结束时间、会议中达成的决策、每人对应的任务以及推迟到下次会议的议题。除此之外,会议记录客观地总结了重要讨论内容,记录主要观点者的名字。提纲、子标题和列表有助于组织会议记录。附加文档(比如与会者提交的图表)也要记录和附到会议记录中。为了便于参考,现在很多公司都把会议记录发到内部网站上。

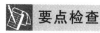 要点检查

提高会议效率

A. 认真准备
- 确保会议是必要的。
- 选定你的目标。

- 仔细选择与会者。
- 选择地点和时间。
- 确立和发布一个清晰的日程。

B. 有效指挥与充分参与
- 保证会议在正轨上运行。
- 遵循既定的规则。
- 鼓励参与。
- 积极参与。
- 有效结尾。

2.4 使用会议技术

日新月异的技术改善或替代了职场中的传统会议。使用远距离、虚拟互动替代面对面会议能够显著降低成本和资源使用,减少对员工的折腾,给予员工获取更多专业技能的途径。例如,思科系统采用与客户和商业伙伴在线沟通取代了面对面沟通,在最近的18个月里减少了1亿美元的差旅成本、数百万吨的碳足迹,并且提高了员工绩效和满意度。[39]

会议替代技术刺激了**虚拟团队(virtual teams)**的出现,使在不同地点工作的人通过**虚拟会议(virtual meetings)**进行电子互动。即时通信和电话会议只是虚拟会议最简单的形式。视频会议使得每位参与者能够看到和听到对方、展示产品和传递其他视觉信息。网真技术(如图2.6所示)使几千公里外的参与者看起来像在同一个房间开会。[40] 这些系统能够传递面部表情和手势等细微的非语言行为,因而也适合谈判、系统解决问题和其他复杂的讨论。[41]

最复杂的基于互联网的会议系统将最好的实时沟通、共享工作区和视频会议与其他工具(比如让团队成员实时合作的虚拟白板)结合起来。这些系统可用于小团队内部自发的讨论,也可用于制订周密的计划、顾客培训研讨会和新闻发布会等正式项目。[42]

技术为在线互动不断地创造令人欣喜的机会。例如,最新的虚拟工具之一是在线头脑风暴,在这种情况下,公司进行"点子竞赛"激发跨组织的成员产生新想法。活动可以是小团队会议也可以是大事件,比如IBM的巨型"创新大讨论",邀请了10万名来自160个国家的IBM员工、家庭成员和客户参与为期三天的在线头脑风暴活动。[43]

公司也开始尝试在虚拟会议中开展试验,在有办公室和会议室的仿真环境(如图2.7所示)和"第二人生"(www.secondlife.com)等虚拟世界进行沟通。在第二人生中,人们可以创建头像表示

---

[39] Manyika, Sprague, and Yee, "Using Technology to Improve Workforce Collaboration."
[40] Roger O. Crockett, "The 21st Century Meeting," *Businessweek*, 26 February 2007, 72—79.
[41] Steve Lohr, "As Travel Costs Rise, More Meetings Go Virtual," *New York Times*, 22 July 2008, www.nytimes.com
[42] "Unlock the Full Power of the Web Conferencing," CEOworld.biz, 20 November 2007, www.ceoworld.biz
[43] IBM Jam Events website, accessed 10 June 2010, www.collaborationjam.com; "Big Blue Brainstorm," Business-Week, 7 August 2006, www.businessweek.com

图 2.6 思科网真

芝加哥的会议室里有多少人？只有前面的两个人在这个房间；其他六人分别在亚特兰大和伦敦。虚拟会议技术，例如网真系统联结不同国家甚至全世界的人。

资料来源：Peter Wynn Thompson/The New York Times, Redux Pictures。

自己在进行的会议、培训活动、销售演示以及和偶然遇见的顾客会话中的身份（见第 16 章获取第二人生中的商务沟通例子）。

通过电话或在线的方式举办成功的会议需要会前细致的计划和更多的勤奋。由于虚拟会议比起面对面会议视觉接触和非语言沟通少，因此组织者需要确保每人都能参与并有机会做出贡献。在线会议中集中注意力需要付出更多的努力，参与者需要坚持，并拒绝做与会议无关的事情。[44]

关于最新的会议技术信息，访问 http://real-timeupdates.com/ebc10，点击第 2 章获取。

2.5 提升倾听技能

职业远景与你的倾听能力和意愿密切相关。有效的倾听能加强组织关系、提醒企业创新的机会，并且使组织能够管理好工作队伍和客户两方面持续增长的多样性。[45] 员工和经理都能有效倾听的企业总是保持有效的联系、紧跟时代并且没有麻烦。大约 80% 的高层管理者认为倾听是在职场中完成任务所需的最重要的技能。[46] 并且，如今的年轻员工高度期望自己的想法能够被听到，因此倾听对经理而言变得越发关键。[47] 事实上，美国很多领先的商学院在近些年开始课程改革，更加

---

[44] "17 Tips for More Productive Conference Calls," Accu-Conference, accessed 30 January 2008, www.accuconference.com

[45] Augusta M. Simon, "Effective Listening: Barriers to Listening in a Diverse Business Environment," *Bulletin of the Association for Business Communication* 54, no.3（September 1991）：73—74.

[46] Judi Brownell, *Listening*, 2nd ed.（Boston：Allyn & Bacon, 2002）, 9,10.

[47] Carmine Gallo, "Why Leadership Means Listening," *Business-Week*, 31 January 2007, www.businessweek.com

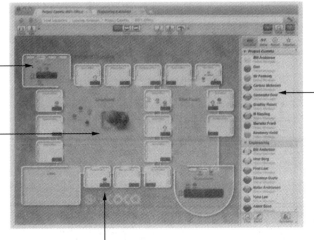

图 2.7 虚拟会议

虚拟会议技术提供了多种在线互动的方式。Sococo 的 Team Space 系统设计出生动的办公室建筑,允许用户点击进入办公室、会议室以及其他空间,以创建虚拟会议和展示、参与电话和即时通信会议以及分享文档。

资料来源:经思科许可使用。

重视倾听等"软技能"。[48]

2.5.1 认识倾听的类型

有效的倾听者会在不同的情形中采用不同的倾听方式。**内容倾听(content listening)** 的首要目的是理解和记忆说话者的信息。因为你在这时并不进行评价,所以你同不同意没有关系——只要理解就可以。试着忽略说话者的风格和任何表达上的缺陷,只要关注信息就可以了。[49]

批判性倾听(critical listening) 的目的是在各个层面上理解和评价说话者信息的含义:论证逻辑、论据力度、结论的正确性、信息的含义、说话者的目的和动机,以及任何重要或相关内容的缺失。如果你有疑问,提一些问题来探究说话者的观点和可信度。警惕可能歪曲信息呈现方式的偏见,并且仔细将观点和事实区分开。[50]

共情倾听(empathic listening) 的目的是理解说话者的感受、需要和偏好,这样你就能领会他的观点,无论你的看法是否相同。通过共情倾听,你能帮助一个人把影响其冷静、清醒地解决问题的情绪发泄出来。除非这个人特别要求,不要尝试给什么建议。同样,不要对说话者的感受作评价,也不要试着告诉别人他不应该有这种或者那种情绪。相反,让说话者知道你了解他的感受并且理

---

[48] Anne Fisher, "The Trouble with MBAs," *Fortune International*, 30 April 2007, 33—34.

[49] Dennis M. Kratz and Abby Robinson Kratz, *Effective Listening Skills* (New York: McGraw-Hill, 1995), 45—53; J. Michael Sproule, *Communication Today* (Glenview, Ill.: Scott Foresman, 1981), 69.

[50] Brownell, *Listening*, 230—231.

解那种情况。在你建立这种关系之后,你就可以帮助说话者开始寻找解决方法。㊶

无论在什么时候用什么方式,有效的倾听者都会进行**主动倾听(active listening)**,努力消除个人臆断和偏见,做到真正去倾听和理解他人的话。他们会通过提问来确认关键点并且用积极的身体语言鼓励发言者。㊷

2.5.2 理解倾听的过程

倾听是一个超出大多数人想象的复杂过程,因而很多人并不善于倾听。人们通常的倾听效率通常不高于25%,一次10分钟的谈话大概只有一半内容能被记住,而记住的这一半在48小时内又将有一半被忘掉。㊸ 而且,当被问到刚刚听过的内容时,人们很有可能将它与事实混淆。㊹

为什么一个看起来如此简单的行为会那么困难?原因就在于倾听实际上无论从哪个角度看都不是简单的过程。倾听的过程跟第1章提到的一般沟通过程模型一样,只不过实时地进行更增加了倾听的负担。有效的倾听需要你成功地完成以下五个步骤㊺:

- **接收**:首先从生理上听到和确认收到的信息做起。
- **解码**:给每个声音分配意义,这是根据自己的价值观、信仰、想法、期望、角色、需要和个人经验来进行。
- **记忆**:存储信息以供过后使用。
- **评价**:评价信息的质量。
- **回应**:根据情形和信息特征回应。

以上任何一个环节出了问题,都将直接影响到倾听的效果,甚至使整个倾听完全失败。作为信息的发送者和接收者,你可以通过认识及克服生理上和心理上的障碍来减少倾听的失误率,提高倾听的有效性。

2.5.3 克服有效倾听的障碍

好的倾听者会寻找方法来克服整个倾听过程中潜在的障碍(如表2.3所示)。有些因素你无法控制,例如会议室的音效和手机信号差。然而,你可以控制其他一些因素,比如不要打扰说话者和避免制造一些干扰让别人无法专心。并且,不要因为你没有说话就觉得你没有打扰说话者,像发短信、看表都会干扰,引起沟通障碍。

> **实时更新　观看幻灯片**
>
> **提升倾听技能的简单技巧**
>
> 这些内容会使你成为工作中或其他场合中的良好倾听者。登录http://real-timeupdates.com/ebc10获取更多信息。

㊶ Kratz and Kratz, *Effective Listening Skills*, 78—79; Sproule, *Communication Today*.

㊷ Bill Brooks, "The Power of Active Listening," *American Salesman*, June 2003, 12; "Active Listening," Study Guides and Strategies website, accessed 5 February 2005, www.studygs.net

㊸ Bob Lamons, "Good Listeners Are Better Communicators," *Marketing News*, 11 September 1995, 13 +; Phillip Morgan and H. Kent Baker, "Building a Professional Image: Improving Listening Behavior," *Supervisory Management*, November 1985, 35—36.

㊹ Clarke, "Do You Hear What I Hear?"; Dot Yandle, "Listening to Understand," *Pryor Report Management Newsletter Supplement* 15, no. 8 (August 1998): 13.

㊺ Brownell, *Listening*, 14; Kratz and Kratz, *Effective Listening Skills*, 8—9; Sherwyn P. Morreale and Courtland L. Bovée, *Excellence in Public Speaking* (Orlando, Fla.: Harcourt Brace, 1998), 72—76; Lyman K. Steil, Larry L. Barker, and Kittie W. Watson, *Effective Listening: Key to Your Success* (Reading, Mass.: Addison Wesley, 1983), 21—22.

选择性倾听(selective listening)是有效倾听的最常见障碍之一。如果你分神了,你可能什么都没听见,直到一个词或者短语再次引起你的注意。但是等到那时候,你就已经想不起来说话者实际说的是什么了;相反,你只记得说话者可能说的是什么。[56]

表 2.3　什么造就了有效倾听者

有效倾听者	无效倾听者
• 主动地听	• 被动地听
• 如果条件允许,仔细和完整地做笔记	• 不做笔记或者做没用的笔记
• 经常与说话者保持眼神沟通(一定程度上取决于文化习惯)	• 很少会有眼神沟通,或者有不恰当的眼神沟通
• 始终注意说话者和所说的内容	• 允许自己的大脑溜号,很容易分神,做着无关的事情
• 在脑海中解释关键点来保持关注层面以确保理解	• 不会解释
• 根据实际情况调整倾听风格	• 不管实际情况如何,都用一样的倾听风格
• 给说话者非语言信号(比如点头表示同意或者扬扬眉毛表示惊讶或怀疑)	• 不能给说话者非语言反馈
• 直到合适的时机再发问或者提出异议	• 每当不同意或者不明白的时候就打断
• 忽略风格差异而只关注说话者的信息	• 因风格差异而分心,很武断
• 区分主要观点和支持性细节	• 不能区别观点和论据
• 寻找学习机会	• 认为自己已经知道所有应该知道的重要东西了

资料来源:改编自 Madelyn Burley-Allen, Listening: The Forgotten Skill。

倾听者总是分神的一个原因是人们想得比说得快。大多数人每分钟说 120—150 个字。然而倾听者处理音频信息的能力是每分钟可达 500 字甚至更多。[57] 因此,当你在倾听时,你的大脑有很多的空闲时间,而如果不注意,它就会找到上千件别的事情来想。把注意力集中在说话者身上并且用多余的时间分析和解释你所听到的或者做一些相关的笔记。

克服这样的理解障碍非常困难,因为你甚至可能还没有意识到。正如第 1 章中所说的,选择性感知导致倾听者改造信息以适应他们的概念框架。倾听者在还没有完全听到说话者的信息时就打定主意,或者使用防御性倾听,通过屏蔽不符合他们信仰和观点的话语来维护自我。

即使有好的意愿,如果你和说话者没有足够多的共同语言或者经历,你仍然有可能误解收到的信息。当听一个母语或生活经验与你不同的人讲话时,试着解释这个人的想法。给说话者一个机会来确认你认为你听到的内容,纠正任何误解。

如果你听到的信息对接下来的使用很关键,写下来或者录下来,而不要依靠你的记忆。如果你需要记忆,你可以给默默地复述,把信息存储进短期记忆中,或把一长串条目拆分成许多短的部分。要把信息存储在长期记忆中,有四个技巧可以提供帮助:(1)将新信息与某些紧密相关的东西联系起来(比如你遇到那个新客户

> **实时更新　观看幻灯片**
>
> **你是良好的倾听者吗?**
>
> 我们当中大多数都相信自己是良好的倾听者。然而,商务和个人场合中持续的沟通障碍说明我们仍有待提升。登录 http://real-time-updates.com/ebc10 获取更多信息。

---

[56] Patrick J. Collins, *Say It with Power and Confidence* (Upper Saddle River, N.J.: Prentice Hall, 1997), 40—45.

[57] Morreale and Bovée, *Excellence in Public Speaking*, 296.

的那家餐馆);(2)将新信息按逻辑分类(比如按名字的字母顺序排序);(3)将文字和想法图像化;(4)创造记忆法,例如缩写或者韵律诗。

对于克服倾听障碍的步骤提醒,参见"要点检查:克服阻碍有效倾听的障碍"。

要点检查

克服阻碍有效倾听的障碍

- 无论何时都要降低生理接收障碍(尤其是提问或者表现出打断性的非语言行为来打扰说话者)。
- 通过将注意力集中在说话者身上并分析你所听到的内容来避免选择性倾听。
- 通过避免任何预断和防御性倾听保持开放的头脑。
- 不要依赖于你的记忆,而是写下或者录下重要信息。
- 通过重复信息或者分解成更短的句子来提升短期记忆。
- 通过使用联系、分类、视觉化和记忆法来改善长期记忆。

2.6 提高非语言沟通技能

非语言沟通(nonverbal communication)是人和人之间有意或者无意、不使用书面或者口头语言发送和接收信息的过程。非语言信号在沟通中扮演重要角色,当它与语言匹配时,能加强语言信息,反之则削弱语言信息,或者整个替代语言。例如,你告诉客户,项目进展得很顺利,然而你不自然的笑容和慌乱的眼神却暴露出完全不同的信息。

2.6.1 认识非语言沟通

特别注意职场中的非语言信号将提高成功沟通的能力。非语言沟通的范围和种类非常广泛,但你可以通过学习以下六种常见类型掌握基本知识:

- **面部表情**。面部是表达情绪的主要部位;它表明感觉的类型和程度。[58] 眼睛在显示注意力和兴趣、影响别人、调节沟通和建立主导上尤其有效。[59]
- **手势和姿势**。你的位置和动作可以自觉或者不自觉地表达特定的、总体的信息。许多姿势——例如挥手——有特定和明确的含义。另一些动作则不那么特定,只是表达一种更一般的信息。没精打采、身体前倾、坐立不安,以及精神抖擞地走路都是显示你自信还是紧张、友好还是敌对、坚定还是消极、有力还是无力的无意识信号。

---

[58] Dale G. Leathers, *Successful Nonverbal Communication: Principles and Applications* (New York: Macmillan, 1986), 19.

[59] Gerald H. Graham, Jeanne Unrue, and Paul Jennings, "The Impact of Nonverbal Communication in Organizations: A Survey of Perceptions," *Journal of Business Communication* 28, no.1 (Winter 1991): 45—62.

- **声音特征**。声音也能有意或无意地传达信息。说话者可以有意地控制语调、语速和重音传达特定信息。比如,"你在做什么"和"你在做什么",用不同的声调强化任意一个单词所表达出来的意境是完全不一样的。无意的声音特质传达的是幸福、惊奇、恐惧和其他情绪(例如,恐惧会提高说话者的语调和语速)。
- **个人外表**。人们根据他人的外表做出反应,有时是公平的,有时是不公平的。虽然一个人的体型和五官改变起来比较难,但是你可以控制修饰、衣着、配饰、穿孔、文身和发型。如果你期望给某些人留下一个好印象,不妨采用他们的风格。
- **接触**。接触是一种很重要的传达温暖、安慰、保证和控制的方式。接触的力量如此巨大,以至于在很多文化习俗里规定了谁在什么情况下可以接触谁。例如,美国人和英国人通常比法国或者哥斯达黎加人相互接触得少。然而,即使是在同一文化背景下,个人对接触的看法也非常不同。可能一个经理喜欢用拥抱来表达支持或者祝贺,但是他的下属也许会把拥抱看做一种主导权的显示或者是一种性暗示。[60] 接触是一个很复杂的话题。最好的建议:不确定的时候不要碰。
- **时间和空间**。像接触一样,时间和空间可以被用来宣示权威、暗示亲密以及传达其他非语言信息。例如,一些人试图通过让别人等待来显示自己的重要性或者对他人的漠视;另一些人通过守时来表达尊重。类似地,注意不要侵犯他人的私人空间,例如,讨论时保持距离可以显示出对他人的尊敬。谨记不同文化对时间和空间的预期各不相同。

2.6.2 有效使用非语言沟通

注意非语言信号将帮助你成为一个更好的说话者和倾听者。当你在说话时,多注意你可能传达的非语言信号。它们是否足够有效又不过于强势?设想这样一个情境,一个员工来找你谈加薪的事情。对于她来说这是一种很令她紧张的状况,所以不要说你对她说的内容很感兴趣,然后又不停地看你的电脑及手表。相反,如果已经知道你不能给她加薪,要诚实地表达你的情绪。不要因为自己的紧张情绪而过度表现,比如笑得太开或者握手时用力摇她的手。这两种非语言信号都会让她的期望值升高却不能得到满足。无论怎样,你的非语言信号要符合当时的情境需要。

再想想当你不说话时传达的非语言信号——你穿的衣服、坐姿、走姿。你是否像一个严肃的商务人士一样在说话,但是却穿得像置身于一个舞蹈协会或者联谊会(适宜的商务穿着将在下一节"发展商务礼仪"中讨论)?

当你在倾听时,一定要注意说话者的非语言信号。它们是加强还是削弱了语言?说话者是否有意用非语言信号来向你传达他无法在话语中表达的意思?仔细观察,但是不要认为你能"像读书一样读懂一个人"。非语言信号是有力的,但也不是灵丹妙药,特别是当你不了解一个人平常的行为模式的时候。[61] 与传统观点相悖的是,对方在讲话时和你没有目光接触并且遮住脸并不代表他在撒谎。即使在说真话,大多数人也不能一直与倾听者保持目光接触,而且有些人习惯讲话的

---

[60] Virginia P. Richmond and James C. McCroskey, *Nonverbal Behavior in Interpersonal Relations* (Boston: Allyn & Bacon, 2000), 153—157.

[61] Mary Ellen Slayter, "Pamela Meyer on the Science Behind 'Liespotting,'" SmartBlog on Workforce, 14 September 2010, http://smartblogs.com

时候摸自己的脸。㊵ 另外,行为还受到文化的影响(例如在有些文化中,持续的目光接触是不尊重的信号),也可能是压力情境下的应对方式。㊶

如果觉得什么事情不对劲,真诚而尊重地向说话者提出问题;这样可能让事情更清楚一些,也可能让你注意到你需要进一步弄明白的问题。关于非语言沟通的主要观点总结,参见"要点检查:提高非语言沟通技能"。

职业技能提升

传递正确的信号

你传达的非语言信号能加强或者削弱你的语言信息,所以要确保用好它们。在美国商业文化中,下面的信号对于建立和维持职业可信度十分关键:

- **目光表现**。保持直接但不是持续不断的目光接触。在回答一个问题之前不要向下看,而且要注意不要左顾右盼。不要为了更广的视线而越过对方看过去,并且不要太频繁地眨眼。
- **手势**。当使用手势来强调要点或者表达情绪的程度时,要让它自然、放松不做作。保持手和肘与身体的距离,并且避免手指着对方的脸、清嗓子、坐立不安和拉扯衣服。不要舔嘴唇、绞手、叩击手指头或者笑得太夸张。
- **姿势**。采取开放放松的姿势。走路要自信,要优雅而轻松。站直,双脚都在地上。坐在椅子上也要笔直,不要没精打采。保持头部水平,下巴微微上扬。在沟通时改变你的姿势,当你开始回答问题时,身体前倾,微笑。避免身体僵直或者别的传达紧张的信号。
- **声音**。用中等语速说话的同时,努力用谈话式的风格。在语调、语速和音量上进行适当变化。避免用单一的语气语调说话。听起来尽量不要单调、紧张或者鼻音很重。语速不要过快,并且避免频繁和过长的停顿。尽最大的努力避免说话时的"啊"或"嗯"、重复、打断或者中断句子、省略和结巴。

▶ **职业应用**

1. 当你问老板今年能否加薪时,如果老板在微笑但是却看着别的地方,你会得到怎样的信息?解释你对这些非语言信号的理解。
2. 你会雇用一个整个面试过程中盯着你的求职者吗?为什么会或者为什么不会?

㊵ Slayter, "Pamela Meyer on the Science Behind 'Liespotting.'"

㊶ Joe Navarro, "Body Language Myths," *Psychology Today*, 25 October 2009, www.psychologytoday.com; Richmond and McCroskey, *Nonverbal Behavior in Interpersonal Relations*, 2—3.

要点检查

提高非语言沟通技能

- 理解非语言信号在沟通中起到的重要作用,即通过加强、减弱或者替代语言来对语言进行补充。
- 注意面部表情(尤其是目光接触)透露一个说话者情绪的类型和强烈程度。
- 观察手势和姿势的暗示。
- 听出语言中暗示情绪的声音特征。
- 认识到倾听者受到说话者外表的影响。
- 小心身体接触;接触能传达正面的信息也可能被理解为主导权的宣示或者性暗示。
- 注意时间和空间的应用。

2.7 发展商务礼仪

通过对成功团队、高效会议、有效倾听和非语言沟通的讨论,你可能已经注意到他们的共同主线:所有的沟通活动依赖于参与者之间的相互尊重和关心。正如第1章所介绍的,礼仪是一项核心商务技能。没有人想要跟一个对同事粗鲁或者让公司蒙羞的人一起工作。在职场中粗鲁地对待别人会让士气涣散、生产效率低下。[64] 不良的礼仪会赶走客户、投资者等关键受众,并且会限制你的职业潜力。

本节强调了几个在工作场合、公众场所或网络中所需要注意的关键礼仪。一长列的礼仪准则难以被记住,但是你可以通过时刻意识到自己对他人的影响、尊重他人以及记住别人对你的印象会给你的职业生涯和公司产生长期影响等方式记住礼仪——确保在任何你去过的地方都给别人留下积极的印象。

2.7.1 工作场合的商务礼仪

工作场合的礼仪包括大量的行为、习惯以及不同方面的非语言沟通。尽管外表在工作场合不总是被认为是礼仪的元素,但它还是向经理、同事和客户释放出强烈的信号。注意你在工作场合的着装并且调整你的风格去适应,并且要注意,特定的工作、公司和行业对此有不同的要求。例如,金融行业比高科技行业着装要求更正式,而销售和执行职位比工程或制造职位的员工职位对正式着装的期望更高。仔细观察他人,当不确定时不要害怕开口寻求建议。如果你不确定,穿得朴素简单一些——因为使你赢得声誉的是你做的工作而不是穿的衣服。表2.4提供了一些经济实用的商务服饰搭配的一般指南。

---

[64] John Hollon, "No Tolerance for Jerks," *Workforce Management*, 12 February 2007, 34.

表 2.4 配备商务服饰

1. 平整完好 （从这个做起）	2. 端庄优雅 （在第一栏的基础上加上这些）	3. 简洁正式 （在第二栏的基础上加上这些）	4. 时尚流行 （在第三栏的基础上加上这些）
1. 选择剪裁得体的服饰；不用太贵，但必须合身，且适用于商务场合。 2. 保证纽扣、拉链和边沿的完好。 3. 选择一双舒适耐用、适用于办公场所、既不过于随意又不过于华丽的鞋子。保证鞋子清洁并保养良好。 4. 确保布料干净，仔细熨压，并且不容易起皱。 5. 选择适合你身高、体重、肤色和风格的颜色。好的服饰店的销售顾问会帮助你选择。	1. 选择合身（但不要紧身）的衣服——不要飘动或者抖动的布料，也不要过度装饰。 2. 选择柔和的色调和宜人的颜色或风格，比如深蓝色套装或者经典的黑色连衣裙。 3. 如果可能的话，为正式场合选择一些经典的珠宝（比如一串珍珠项链或者钻石袖扣）。 4. 穿能补充全套装扮的夹克衫并且让你的外表有正式感。避免穿两种以上色调的夹克衫——应该只有一种主色调。	1. 穿正式或显得正式的衬衫。 2. 选择有顶扣或领扣的衬衫，高领的女士衬衫，有法式袖口和袖扣的长袖。 3. 穿打褶的裤子或者长裙。	1. 补充能够反映最新风格的服饰。 2. 添加一些颜色大胆的服饰，但要有所节制，不要过于艳丽。 3. 用最新的珠宝和发型修饰你的外表，但需保证整体的商务感。

修饰跟着装一样重要。要特别注意清洁，并且避免使用有强烈气味的东西，比如香味浓烈的香皂、古龙水、洗发水和须后水（许多人很厌烦这些产品，有些人甚至会过敏）。经常洗头，保持手指和指甲干净，使用漱口水和除臭剂，并且定期理发或找设计师设计发型。[65]

如果你在办公室工作，你跟同事一起的时间不会少于跟家人和朋友在一起的时间。个人风度是保持工作环境和谐的关键因素。没人要求你每秒钟都要保持乐观的样子，但一个消极的人会让整个办公室士气低迷，这不仅仅是一个礼仪问题。这样会降低工作效率、减少商务机会进而引起严重的财务费用问题。[66] 公司中的每个人都有责任促成一个积极的、具有正能量的工作环境。

由于电话在商务沟通中的核心地位，打电话的技巧在大多数职业中都至关重要。电话没有面谈中丰富的视觉感，所以必须依靠你的态度和语音、语调来传达自信和专业性。表 2.5 总结了一些实用的、以自信和专业方式接打电话的技巧。

---

[65] Marilyn Pincus, *Everyday Business Etiquette* (Hauppauge, N.Y.: Barron's Educational Series, 1996), 136.

[66] Susan G. Hauser, "The Degeneration of Decorum," *Workforce Management*, January 2011, 16—18, 20—21.

表 2.5 提高电话技巧的小提示

总体技巧	打电话	接电话	使用语音邮件
• 经常使用语言回应,表示你在听("是的","我明白","对")。 • 稍微提高音量显示你的自信。 • 语调不要一成不变;改变语气语调让对方知道你很感兴趣。 • 当与不同母语的人交谈时语速要放慢。 • 全程都要把注意力集中在电话上;当你注意力不在上面时对方很容易就可以感觉出来。	• 在打电话之前准备好,这样就不会浪费对方的时间。 • 将你所在环境中的噪音尽可能地降到最小以避免干扰对方。 • 报上自己及公司的名字,简要介绍为什么打这个电话,并且确认一下打电话的时机是对的。 • 不要打太长时间,快速清晰,直奔主题。 • 以友好、积极的方式结束并且再次确认所有重要信息,如开会时间和日期。	• 及时接听,并且保持微笑,这样你听起来就会很友好、积极。 • 报上自己和公司的名字(有些公司对接电话有特别的规定)。 • 通过问"有什么我能帮你的吗?"来确认打电话人的需求。如果你知道,请用上来电者的名字。 • 如果你可以帮忙,及时有效地回答问题;如果你帮不上忙,告诉他们你可以为他们做什么。 • 如果你要把电话转给别人接听或者让对方等待,首先解释一下情况。 • 如果你要把电话转给别人接听,试着跟那个人确认他是否有空,并且说明是谁打来的。 • 如果你要为别人转达信息,一定要记录得完整而准确,包括来电者的名字、电话号码和所属公司。	• 当录制语音留言时,尽量简短专业。 • 如果可以的话,当你全天不能接听电话时,录制临时的问候,这样来电者就知道你全天都不能接听了。 • 经常检查你的语音邮件消息,并且在 24 小时内回复所有必要的电话。 • 留下简单、清楚的信息,包括你的名字、电话号码(不要假设对方有你的联系方式)、打电话原因和你能接回电的时间。 • 慢速地说明你的姓名和电话号码,这样对方就可以很容易地记录下来;如果对方不认识你的话,把这两个都重复一遍。 • 小心说话;大多数语音邮件系统都运用用户将消息转发给系统中的任何人。 • 在挂断之前重听一遍你的留言,确保清楚完整。

资料来源:Alf Nucifora,"Voice Mail Demands Good Etiquette from Both Sides," *Puget Sound Business Journal*,5—11 September 2003,24;Ruth Davidhizar and Ruth Shearer,"The Effective Voice Mail Message," *Hospital Material Management Quarterly*,45—49;"How to Get the Most Out of Voice Mail," *The CPA Journal*,February 2000,11;Jo Ind,"Hanging on the Telephone," *Birmingham Post*,28 July 1999,PS10;Larry Barker and Kittie Watson,*Listen Up* (New York:St. Martin's Press,2000),64—65;Lin Walker,*Telephone Techniques* (New York:Amacon,1998),46—47;Dorothy Neal,*Telephone Techniques*,2nd ed. (New York:Glencon McGraw-Hill,1998),31;Jeannie Davis,*Beyond "Hello"* (Aurora,Colo.:Now Hear This,Inc.,2000),2—3;"Ten Steps to Caller-Friendly Voice Mail," *Managing Office Technology*,January 1995,25;Rhonda Finniss,"Voice Mail:Tips for a Positive Impression," *Administrative Assistant's Update*,August 2001,5。

手机的使用在当今职场礼仪中容易引起争论。如果注意使用,手机可以提高效率,但当随意使用时会降低效率和士气。需要注意,由于对手机的态度存在差异,当你遇到限制办公室或会议室使用手机的规定时不用感到惊奇。美国有将近一半的公司有这样的政策。[67]

正如沟通的其他方面一样,你使用手机的习惯反映出你对身边人的尊重程度。使用令人反感的铃声、在办公室或公共场所大声地通话、在旁边有人时使用手机、工作期间打过多或没必要的私人电话、在未经允许的情况下使用手机拍照功能侵犯他人隐私、在卫生间等不合适的地方打电话、跟人交谈的时候发短信、开会或讨论期间手机没有调成静音——这些不尊重他人的行为会营造你

---

[67] "Use Proper Cell Phone Etiquette At Work," Kelly Services Website,accessed 11 June 2010,www.kellyservices.us

的负面形象。[63]

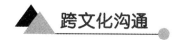

跨文化沟通

这究竟是谁的皮肤？

工作场合的代际差异很多，但很少会有文身、穿孔（除了耳朵打孔）、不常见的头发颜色等人身体艺术。根据 Pew 研究中心的调查数据，40 岁以下的人比 40 岁以上的人更倾向于使用人体艺术。例如，25—40 岁人群的文身比例是 41—64 岁人群的四倍。

这种深度的差异使得人体艺术成为职场中一个令人争议的问题，员工想表现自我，雇主则想保持标准的职业面貌。劳工权利律师 Danielle S. Urban 说，当加入宗教因素后这个问题变得更为复杂。

谁将赢得这场战役？工作场合会出现更多的人体艺术，还是管理层会制定一个符合职场规范的外表规范，抑或是强制要求员工遮盖这些人体艺术使之符合传统的要求？

目前为止，大多数公司对此的判断依赖于员工和经理的看法，而不是强制性的准则。很多人开始接受品位和行为范式的变化，认为人体艺术已经成为一种自我表现形式而不是代表叛逆的风格。但求职者仍然被建议慎重使用人体艺术，特别是脸部穿孔和大面积的文身。你所传递的非语言信号也许并不是跟招聘经理所接收到的信息保持一致。

▶ 职业应用

1. 比起那些不需要与客户直接交流的员工，公司需要对那些直面顾客的员工制定更严格的外表要求吗？为什么要或为什么不要？

2. 公司应该允许员工像他们的客户一样自由表达自我吗？例如，一位公司的客户有大量的文身，那么员工也可以这样吗？为什么可以或为什么不可以？

资料来源：Rita Pyrillis, "Body of Work," *Workforce Management*, November 2010, www.workforce.com; Danielle S. Urban, "What to Do About 'Body Art' at Work," *Workforce Management*, March 2010, www.workforce.com; "36%-Tattooed Gen Nexters," Pew Research Center [accessed 29 December 2010] http://pewresearch.org。

2.7.2 社交场合的商务礼仪

从商业午餐到行业会议，当你身处公共场合时都代表了你的公司，所以要确保你的外表和行为适当。当你认识新朋友时要了解他们文化中的习惯。例如在北美，两个人见面时要握手，而在日本互致尊敬的鞠躬比较适合。如果你应该握手，要意识到被动的"死鱼"握手会给人极端消极的

---

[63] J. J. McCorvey, "How to Create a Cell Phone Policy," *Inc.*, 10 February 2010, www.inc.com; "Use Proper Cell Phone Etiquette at Work."

印象。如果你没有身体缺陷,当与别人握手时一定要站着。

作自我介绍时,简要地介绍你在公司里的角色。当你介绍两个人认识时,清楚地说出他们的姓和名,然后试着提供一些信息(也许是一个共同的专业兴趣)来帮助这两个人轻松地开始谈话。⑩ 一般来说,应介绍级别低的人给级别高的人认识,不管性别如何。⑩

商务经常在餐桌上进行,而了解一些工作餐的礼仪能使你在这些场合更有成效。⑪ 从容易吃的食物开始。避免酒精饮料,如果需要喝酒,等到最后再喝。等主菜撤走后再拿出商务文件;餐桌上的商务部分通常不会在此之前开始。

> **实时更新　观看幻灯片**
>
> **不要让不恰当的礼仪影响职业生涯**
>
> 获取大量关于提升职业电话技能、用餐时留下积极印象以及不同场合下的穿着(包括购买商务服饰的技巧)等方面的建议。登录 http://real-timeupdates.com/ebc10 获取更多信息。

跟在办公室一样,当你在公共场合使用手机时,你传递了一个"你认为身边的人不如你的电话重要以及你并不尊重打电话人的隐私"的信息。⑫ 如果不是事关重大,或者不是老板和客户的紧急请求,那就等回到办公室再说吧。

最后,永远记住,工作餐是一种商务论坛,仅此而已。不要大谈特谈政治、宗教或者其他会引起激烈情绪的话题。不要抱怨工作,不要过多地询问个人问题,不要说粗话,开玩笑要小心——一个让某些人开心的小笑话却可能会冒犯到别的人。

2.7.3　在线商务礼仪

电子媒体看起来好像是不良商务礼仪的根源。学习在线职业行为的基本原则,以避免那些会损害公司和你的职业生涯的错误。无论何时你代表公司使用电子媒体,可以遵循以下的指南⑬:

- **避免个人攻击**。网络沟通的匿名和即时特性甚至会使冷静的人在博客、社交网络和其他媒体中攻击他人。
- **聚焦最初的主题**。如果你想改变电子邮件、论坛讨论或博客评论思路的主题,那么请发布新的信息。
- **不要将意见作为事实,要有证据支撑事实**。这一指南适用于所有的沟通,而网络看起来更容易怂恿人们将其信仰和意见作为无可争辩的真理。
- **遵循拼写、标点、大写基本的用法**。发送粗心的、填满缩写的信息会让人感觉你在跟你的高中同学发短信,这使你看起来很业余。
- **使用计算机病毒防护功能更并保持更新**。发送或上传含电脑病毒的文件是无礼的行为。
- **询问对方进行即时通信的时间是否合适**。不要假设那些在即时信息系统里显示在线的人

---

⑩ Casperson, *Power Etiquette*, 10—14; Ellyn Spragins, "Introducing Politeness," *Fortune Small Business*, November 2001, 30.
⑩ Tanya Mohn, "The Social Graces as a Business Tool," *New York Times*, 10 November 2002, sec. 3, 12.
⑪ Casperson, *Power Etiquette*, 44—46.
⑫ Casperson, Power Etiquette, 109—110.
⑬ "Are You Practicing Proper Social Networking Etiquette?" *Forbes*, 9 October 2009, www.forbes.com; Pete Babb, "The Ten Commandments of Blog and Wiki Etiquette," *Info-World*, 28 May 2007, www.infoworld.com; Judith Kallos, "Instant Messaging Etiquette," NetM@nners blog, www.netmanners.com; Michael S. Hyatt, "Email Etiquette 101," From Where I Sit blog, 1 July 2007, www.michaelhyatt.com.

随时想跟你聊天。
- **注意你的语言并控制情绪**。一时的鲁莽会一直影响你。
- **避免同时使用即时信息软件和其他工具进行多任务处理**。你认为同时做多件事情可以节约时间,然而当你在即时通信和其他任务之间切换时,可能会让其他人一直等待。
- **绝不假设会有隐私**。假设你所有输入的东西会被永久存储,进而会被转发给其他人,并且被你的老板和公司安全部门人员看到。
- **不要用因粗心而出错、令人费解以及不完整的信息浪费他人的时间**。这样做是十分失礼的。
- **尊重时间和虚拟空间的边界**。例如,除非事先经过讨论,否则不要在员工 Facebook 的个人主页上发布商业信息。另外,即使你发现有人午夜还在线,也不要假设他愿意昼夜不停地讨论工作的事情。

工作进行时

解决 Rosen 律师事务所的沟通困境

你最近加入了 Rosen 律师事务所,并且热爱同事之情和互帮互助的精神。当然,即使在最好的工作环境中,冲突和误解也会产生。研究以下情境并决定如何应对。

1. 你是 Rosen 维客的热心拥护者,但是有一位员工总是编辑你的页面,而且总是在你能看见的地方做一些没有价值的添加。她看起来不会这么频繁地编辑其他员工的页面,所以你开始怀疑她是否对你心存怀恨。你希望在不惊扰老板的情况下解决这种令人不爽的状况。你会如何处理?

   a. 对她的主页进行一些不必要的编辑,让她明白这种行为有多烦人。

   b. 接近她本人,然后询问她你的写作风格是否有些让她不清楚的地方等。这样可以用温和的方式开展对话。

   c. 在维客上发布一则消息,强调所有编辑必须有意义,多余的编辑浪费大家时间。

   d. 忽略她的行为,认为与她对抗无济于事。

2. 你被任命为一个律师助理团体的领导,它曾经因为组织严密、具有互帮互助精神而声名在外,然而你很快发现这个团队的发展出现了障碍。比如一些小问题,例如帮助他人解决计算机问题、外出同事的电话代接等在该组织中频繁地引起冲突。你应该采取什么样的措施让大家回到积极的轨道上?

   a. 不直接参与,只给大家一个团队治愈的任务。解释形成有效团队的必要步骤,然后让大家理解如何在实际中执行这些步骤。

   b. 你自己领导"团队修复"的项目,这样你能调解其中产生的所有冲突,直到团队能够自发地用积极的方式进行调解。

   c. 不尝试去干扰;消极行为可能由过去能力不足的管理者引起,然而现在你是领导,团队将会在你开明的引导下回到积极的轨道上。

   d. 你的职业声望存在风险,所以你没有时间去处理团队建设的细节。与团队座谈,要求团队成员立即停止消极、不职业的行为。

3. 跟律师助理团队几个星期之后,你发现团队会议经常沦为抱怨会议。工作人员会抱怨所有的事情,从难对付的客户到办公室的温度。有些抱怨听起来像正当的商务问题,因此需要额外的培训或者需要其他员工支持。其余的抱怨很肤浅以至于你怀疑这些是负面气氛的副产品。在会议过程中你会如何处理这些抱怨?

    a. 用诙谐的方式消除抱怨,之后员工将会变得平和并减少抱怨。

    b. 告诉员工在会议期间要克制抱怨;毕竟正在开重要的商务会议而不是聚会。

    c. 准备一块白板写下提出的每个问题。用一星期的时间整理出一个清单,在每次会议中增加一个解决问题的环节,让你和团队成员商讨会议中出现的每个问题,确定问题的范围及识别可能的解决方案。

    d. 一旦抱怨出现,立即停止会议并与抱怨者当面对质。让抱怨者证明他所提出的是真正的商务问题而不是个人抱怨。通过这样做,你不仅识别出了真正需要解决的问题,还能阻止员工继续在工作场合发牢骚。

4. 你接替了一位退休律师助理的位置来负责招聘。四位应聘者正在你办公室外面等候,在他们进来面试之前,你有一点时间可以观察他们(你可以通过玻璃看到他们,但听不到他们说话)。下列的描述中,哪位最符合要求,为什么?

    a. **应聘者 A**:这位穿着靓丽的女士在 Rosen 律师事务所等待面试。她的穿着现代且职业,表明她重视面试并且表现出对所处环境的尊重。然而,你发现她坐在椅子上等待的时候在用 iPod 听歌,并脱下鞋子把脚挡住。

    b. **应聘者 B**:尽管这位男士也打扮了,但是他看起来有些紧张,不像应聘者 A 表现得那样放松。他看起来正忙于手头的多个任务:检查几个数字设备上记录的笔记,整理从公文包里取出的一摞纸,重新按紧即时贴防止脱落。在你观察的几分钟,他不停地按着手机并至少接听了两次电话。

    c. **应聘者 C**:这位女士合上了正在看的笔记簿,去帮助应聘者 B 检查手机的问题(据你猜测,他应该是不知道如何把手机调成静音)。一番交流之后,他们握手并相互自我介绍,脸上洋溢着热情的笑容。然而,虽然天气很热,但这位女士身着休闲服装和凉鞋来律师事务所应聘还是显得过于随意。

    d. **应聘者 D**:这位身着剪裁得体的套装的男士比其他人看起来更加高贵和严肃,并且他知道如何正确着装——精致的领带结,笔挺的衬衫及翩翩的风度。他保持着自己的姿态,尽量不影响到其他几位应聘者。不过他的表情流露出对应聘者 B 不断摆弄手机发出噪音的不满。

学习目标检查

通过阅读每个学习目标和完成相关练习来评估你对本章要点的掌握情况。填空题,写出空白处缺少的文字;单项选择题,在正确答案的字母上打勾。

目标 2.1:列出团队合作的优缺点,描述高效团队的特征,指出群体动力的四个关键问题。

1. 团队有更高水平的表现是因为:

    a. 它们将多人的智力和精力结合在一起。

b. 在团队背景下动力和创造力非常活跃。
　　c. 它们涉及更多的投入和更多样的观点，这倾向于带来更好的决定。
　　d. 它们能做到以上的所有。
2. 下面哪项是在团队合作的潜在缺点？
　　a. 团队经常通过强迫人们遵守已有的想法和做法而扼杀创造性。
　　b. 团队因为管理保险所需额外的政府文件工作而增加了公司文书的工作量。
　　c. 团队成员从来不对他们的个人表现负责。
　　d. 群体内的社会压力会导致群体思维，这样人们就会接受一个坏主意或者较差的决定，即使他们并不真的赞同它。
3. 团队环境中的冲突可以是＿＿＿＿如果它促使重要问题明朗化，增加团队成员的参与，并且为问题的解决提供创造性想法。

目标2.2：提供协同沟通指南，识别主要的合作技术，阐述如何给予建设性反馈。

4. 下列哪项是一个团队写作工作报告的最好方式？
　　a. 每个成员都应该计划、研究和写作其个人版本，然后团队选择一个最好的报告。
　　b. 团队将任务划分、各个击破：一个人计划，一个人研究，一个人写作，等等。
　　c. 为了确保真正的团队合作，从计划到最终成品的每个任务都应以一个团队的形式来完成，最好是所有人在同一时间在一个房间里完成。
　　d. 以团队的形式列出研究和计划，但是将实际的写作任务分配给一个人，或者至少将各个独立部分分配给不同的个人写作，但最后由一个人将它们统一成一致的风格。
5. 在团队的某些人进行计划、研究或者写作之前，应该完成下列哪个步骤？
　　a. 团队应该就项目目标达成一致。
　　b. 团队应该就报告标题达成一致。
　　c. 为了避免兼容性问题，团队应该就使用哪个文字处理软件或者其他软件达成一致。
　　d. 团队应该离开工作环境，享受一些社交时间，从而在开始工作前建立起有效联系。
6. 以下哪个不是使用社交媒体给商务沟通带来的益处？
　　a. 由于社交媒体处于公众视线中，因此经理可以监督和控制信息。
　　b. 社交媒体消除了地理和组织界限。
　　c. 社交媒体给予客户一种方便表达他们意见和担心的问题的方式。
　　d. 社交媒体给"无个性"的公司人性化、健谈的一面。

目标2.3：列出确保团队会议有效的关键步骤。

7. 确保会议有效的三个关键步骤是什么？
　　a. 计划、计划、更多的计划。
　　b. 仔细准备、有效率地召开会议，聪明地使用会议技术。
　　c. 仔细准备、采用民主的方式召开会议，聪明地使用会议技术。
　　d. 仔细准备、聪明地使用会议技术，为每位参会者做一份深入的会议记录。
8.《罗伯特议事规则》是＿＿＿＿程序的指南。

目标2.4：识别加强或替代面对面会议的主要技术。

9. ＿＿＿＿团队能够让不同位置的员工一起工作和通过电子媒体交流。
10. ＿＿＿＿技术使那些处于数千公里之外的参与者看起来在同一个房间开会。

目标2.5：识别倾听的三种主要模式，描述倾听过程，解释选择性倾听的问题。

11. 接收信息后，倾听者通过给每个声音分配含义来＿＿＿＿他们听到的内容。
12. 如果你在进行一次重要的展示努力进行瞬

间目光接触时,注意到许多听众都在看别的地方,最有可能发生了什么情况?
   a. 这些听众不想通过直接目光接触来挑战你的权威。
   b. 你在与一群很害羞的人一起工作。
   c. 你演示的信息在某种程度上让听众觉得不舒服。
   d. 听众在花时间仔细思考你演示的信息。

13. 在一次大型、正式的会议上,如果你不同意发言者所说的某些内容,最好的回应是:
   a. 通过将双臂环抱在胸前和挑衅地看着发言者来显示你的不同意见。
   b. 用手机给房间里的其他人发短信,解释发言者为什么错了。
   c. 迅速反驳发言者,这样错误的信息就能马上被指出和改正。
   d. 静静地记录下你的反对意见,等到问答环节时举手提问。

目标2.6:解释非语言沟通的重要性,识别非语言表达的六种类型。

14. 非语言信号可以比语言更有影响力,因为:
   a. 身体语言难以控制,因此更难伪装,所以比起说话者的话语,倾听者更相信非语言信号。
   b. 非语言信号比语言沟通更快,而大多数人都没什么耐心。
   c. 身体语言省去了倾听者注意说话者说话内容的麻烦。

15. 下面关于非语言信号的说法哪项是正确的?
   a. 它们可以强化语言信息。
   b. 它们可以弱化语言信息。
   c. 它们可以替代语言信息。
   d. 以上所有。

目标2.7:解释商务礼仪的重要性,识别三种重要场合的礼仪要点。

16. 下列哪项是当今商务礼仪的最佳描述?
   a. 商务礼仪无法概括,因为每个公司都有自己的文化,你要随时改进。
   b. 在残酷的国际竞争和不断的财政压力之下,礼仪是当今企业实在无法负担的一种过时的奢侈品。
   c. 有职业道德的商业人士不需要直接为礼仪担心,因为道德行为会自动地带来好礼仪。
   d. 礼仪在形成和维持成功商业关系的过程中起着重要的作用。

17. 如果你在进入商务会场之前忘记关掉手机,然后在会议过程中接到一个电话,最适宜的做法是:
   a. 降低声音保护谈话内容的隐私。
   b. 接电话,然后很快地挂掉,将对会议的干扰降到最小。
   c. 离开会场找个安静的地方说话。
   d. 边接电话边继续参加会议,向所有人显示你是一个有效的多任务工作者。

18. 你的公司已经确立每天下午1点到3点为指定的"安静时间",在这段时间里办公室电话、即时信息和电子邮件都被关闭,这样人们就可以集中注意力于计划、研究、写作和其他集中的工作而不被打扰。然而,一些人还是会让手机保持开机状态而无视这个方针,说他们的家人和朋友需要随时可以找到他们。各种各样的铃声时不时地响起,办公室就跟以前一样嘈杂。最佳的做法是什么?
   a. 如果每个人都关掉手机,就同意把办公室的电话系统重新开启,但是所有打进来的电话都会由一个接线员接听,对日常电话进行登记并且当真的遇到紧急情况时向员工传递信息。
   b. 放弃安静时间;如今的工作场合里有这么多电子设备,你永远不能得到真正的安静和平和。

c. 通过没收安静时间响起的手机来处罚违规者。
d. 不告诉任何人,而悄悄地安装一个能阻止手机接入和拨出电话的信号干扰器。

a. 不明白或者不尊重公司的文化。
b. 是一个积极倡导工作权利的人。
c. 是一个有创造性和自主性的思考者,很有可能产生许多成功的商业想法。
d. 代表了新一代开放的工作者的前沿,将根据现代的标准重新定义工作场合。

19. 不断试探公司着装和修饰标准的底线,传达了一个强烈的信号表明你:

知识应用

参考学习目标,通过以下问题回顾本章内容。

1. 你正带领一家高绩效机动车制造商的一个跨部门设计审查团队,但是工作此时进展得不太顺利。设计工程师和营销战略制定者就性能和外观哪个重要展开了激烈的争论,财务部门认为两个部门都在新模型中添加了过多新特色,增加了成本。每个人都有理,使得团队陷入了冲突的泥潭。解释你会如何解决这个僵局。[学习目标1]

2. 你和公司另外一位经理就是否应该鼓励员工在 LinkedIn 或其他商务导向的社交媒体中创建账户的问题存在分歧。你认为这些社交媒体不仅能够帮助员工联系其他同行,还能帮助公司识别潜在客户和商业伙伴。而另外一位经理认为鼓励员工与业内人交往只会使得竞争者通过诱人的工作机会将他们挖走。写一则简短的邮件说明你的论点(整理一些你需要的有关公司和行业的信息)。[学习目标2]

3. 非语言沟通能怎样帮助你进行会议?它能怎样帮助你宣布会议开始、强调重要议题、表示赞同、表达保留意见、引导谈话的方向,以及请一位同事继续发表评论?[学习目标3],[学习目标6]

4. 考虑所学的非语言沟通知识,思考采用在线会议的时候,即只能在特定时间见到参与者视频图像而且只能见到头部的情况时,哪些方式会破坏会议进行?[学习目标6]

5. 为什么人们在线沟通比面对面沟通更容易产生粗鲁行为?[学习目标7]

技能实践

信息分析:计划会议[学习目标3]

一位项目负责人做了笔记,准备在季度预算会议上传递以下事项。准备一个正式的议程安排,将这些事项按照一定的逻辑顺序组织并重写,在必要的地方使措辞保持一致性。

- 预算委员会会议定于 2012 年 12 月 1 日上午 9:30,会议持续 1 小时。
- 我会引导会议秩序。
- 房地产部门主管报告:近观格林豪泰的成本超支。(10 分钟)
- 小组将会回顾和批准上次季度会议的会议记录。(5 分钟)

- 我会请财务主管汇报季度实际和预计的收入和费用情况。（15分钟）
- 我会发放总体的部门预算副本并宣布下一次预算会议的时间。
- 讨论：如何更好地预测和预防成本超支？（20分钟）
- 会议地点定于第三会议室，将会为启动WebEx系统联系远程员工。
- 在本季度中还有哪些预算方面的问题需要考虑？

➡ **练习**

1. **合作：团队项目[学习目标1]，[学习目标2]** 在教师指定的团队中，准备一个10分钟的演示，介绍商务沟通中使用社交媒体可能存在的缺陷。演示完成后，讨论团队使用以下准则会有多大程度提高有效性：（1）具有一个清晰的目标和共同目标感知；（2）开放和坦率的沟通；（3）达成一致的决策；（4）创造性的思考；（5）知道如何解决冲突。准备在课堂余下的时间讨论你的发现。

2. **合作：团队项目[学习目标1]** 以4—5位同学为单位组成一个团队，以角色扮演的形式模拟以下情境：由团队决定你大学里的哪个部门将会收到一百万美元的匿名捐赠。每位团队成员为不同的部门申请（由你们自行决定分别代表哪个部门），并且最后只有一位成员将会胜出。通过团队讨论，决定哪个部门将会收到捐赠，并陈述你的选择和评判，使得每一位成员支持这个决定。

3. **谈判和冲突解决：解决冲突；沟通道德规范：提供道德型领导[学习目标1]，第1章** 在团队会议中，一个成员在别人都还没有发表意见时不断地要求进行投票表决。作为负责人，你就这个问题私下问这个成员。他回答说他是在试图让团队向着目标前进，但是你担心他实际上是在试图占据主导权。你如何在不开除这个成员的前提下解决这个问题？

4. **合作：写作项目的合作；媒体技能：博客[学习目标1]** 在这个项目中，你将独立完成研究并把你的结果和其他团队成员的整合在一起。使用Twitter寻找主题为"工作场合安全"的信息。（登录http://search.twitter.com/advanced，使用Twitter的高级搜索，或使用"site：twitter.com"的命令，在常规搜索引擎中限定搜索的网站。）整理出至少五种适用于办公场合的一般安全技巧，并整合到团队任务中。最终从团队成员选出的安全技巧中再选出五项最佳技巧。采用团队合作的方式发布一则博客列出团队选出的五佳技巧。

5. **沟通礼仪：职场的礼仪，参与会议[学习目标3]，[学习目标7]** 在团队会议时，你的某些同事有打断别人、与发言者争论、把别人的想法据为己有、驳斥不同意的观点等习惯。你是团队中的新人，虽然不确定公司是否接受这些行为，但无论从个人还是职业角度，你都为此感到担忧。此时，你应该赞同和接受他们的行为，还是坚持你自己的沟通风格，尽管你有可能迷失于噪音之中？写一封两段文字的电子邮件或者发到班级博客上，分析两种方法的利弊。

6. **合作：参与会议[学习目标3]** 与一名同班同学一起，参加当地一个社区或者校园会议，在那里你可以观察集体讨论、选举或者其他集体活动。在会议中各自做笔记，然后一起解答下面的问题：

   a. 你对这次会议的评价是什么？在你的回答中，要考虑到（1）负责人清楚表达会议目标的能力；（2）负责人让每个人参与到有意义的讨论中的能力；（3）集体互动；（4）集体的倾听技巧。

   b. 集体成员如何做决定？他们是否投票？他们是否通过共识来做出决定？那些有不同意见的人是否有机会表达他们的意见？

c. 各个与会者倾听得怎样？你是怎么发现的？

d. 有没有与会者在会议中改变他们已经表明的意见或者投票？为什么有可能发生？

e. 你是否观察到了第1章中提到的沟通障碍？对它们进行说明。

f. 将你的会议记录与你同学的进行比较。你注意到哪些不同点？怎样解释这些不同？

7. 合作：引导会议 ［学习目标3］，第3章
你部门的每个员工每个月都要对他的项目进展进行一个简短的口头汇报。然而，你的部门最近雇用了一个有着严重演讲障碍的新员工，他说的大部分内容大家都听不懂。作为部门经理，你怎样解决这个问题？

8. 合作：使用协作技术 ［学习目标4］ 在教师指定的团队中，使用 Zoho（http://www.zoho.com；免费供个人使用），Google Docs（http://docs.google.com），或者其他类似的系统合作完成一系列工作，能够让非本地游客到达你们校园的特定位置，比如体育馆或宿舍。团队可以使用交通站点和运输方式，创造性地使用头脑风暴法，任意选择媒体，引导第一批访问者到达选定的位置。

9. 人际沟通：主动倾听 ［学习目标5］ 在接下来的几天，尽可能地记录你在课上、社交活动和工作中至少六种情形的倾听效果，参考表2.3 "有效倾听者的品质"，用总是、频繁、偶尔和从不四个等级评价你在这些积极的倾听习惯方面的表现。用不多于一页的报告总结你的分析并识别在倾听技能的哪些方面你还可以提高。

10. 人际沟通：共情倾听 ［学习目标5］
回忆过去一星期里你跟你的朋友、家庭或同事的对话。选择一次对方希望讨论的、困扰他的对话，比如工作上的糟糕处境、将要面对的可怕考试、跟教授发生的争议、健康问题、财务担忧等事情。回忆这些对话并思考你在共情倾听方面做得如何。例如，你有没有发现当他真正需要倾听的时候得到的却是你的批评？你有没有通过你的言语和行动让对方知道你关心他的困扰，虽然你实在没有办法帮到他？写一则简短的邮件给教师，分析你的倾听效果。
注意：在邮件中不要透露你的任何个人信息；你可以更改当事人的名字或情境以保护隐私。

11. 非语言沟通：分析非语言信号 ［学习目标6］ 选择你在公司或家里接收的一封商务信件和它的信封。分析它的外观。它们传递的非语言信息是什么？这些信息和信件的内容是否一致？如果不一致，那发送者应该如何保持非语言沟通和语言沟通的一致性？总结你的发现并将其发到班级博客或者发送电子邮件给教师。

12. 非语言沟通：分析非语言信号 ［学习目标6］ 描述当某人在谈话中出现下列肢体动作时有什么暗示。这些动作怎样影响你对其话语的理解？总结你的发现并将其发到班级博客或者发送电子邮件给教师。

a. 坐着的时候不停地摇晃身体
b. 绕着玩头发
c. 四肢伸开坐
d. 转动眼珠
e. 无力地握手

13. 商务礼仪：电话技巧 ［学习目标7］
临近周五傍晚，你发现设备管理部将要在周一一大早把你的东西——你的电脑、桌子以及所有的文件搬到另外一个办公室。然而，你已经安排周一下午在你原来的办公室里与一位重要客户开会，并且你需要在周一早上确定合同的一些细节。你在这时候不能被禁止进入你的办公室，并且你还因为老板在决定换办公室之前没有问过你而生气。虽然他现在已经离开办公室了，但是你知道他在周末会检查他的语音信箱，所以你决定给他留条信息，请求他

取消更换办公室的决定或者在家里尽快地联系你。使用表2.5列出的语音邮件指南设计你的信息（使用一个假号码作为你的联系号码并且整理一些语音留言中必要的细节）。根据教师的要求，提交书面的手稿或者真实的播客记录。

14. 沟通礼仪：职场的礼仪 [学习目标7]
作为国际会计师事务所的一个区域经理，你需要将职业礼仪列为高度优先事项，不仅显示出对客户的高度重视，而且通过展现你和你的员工意识到并且有能力满足几乎所有受众的期望的方式，增强了客户对公司的信心。今天早些时候，你带四位大学应届毕业生员工跟一位重要客户共进午餐。你已经为此准备了好几年，并且情况对大家而言都很乐观。然而，当天的午餐像一场灾难。一位新员工在午餐期间不停地用手机打电话，另外一位员工数次打断客户的话甚至发生了轻微的争执，第三位员工不停地开着讽刺政治的玩笑，使得在场的每个人都很不舒服，第四位员工打扮得像是要去捆干草或是去煤矿工作，而不是像去高档饭店参加商务聚餐。你已经向客户道歉，但是现在你需要教这些员工一些基本的商务礼仪。写一则简单的备忘录发给这些员工，解释礼仪对公司成功和个人职业生涯的重要性。

技能拓展

剖析行业案例

名人可以从成功的商务中学会如何管理职业生涯，同时也可以促进商务——特别是他们使用社交媒体建立在线社区。比如社交媒体专家 Dan Shawbel 列举了 Vin Diesel, Ashton Kutcher, Lady Gaga, Lenny Kravize 等名人使用 Facebook 来建立他们个人品牌的例子。[74] 列出三位在 Facebook 上拥有大量粉丝的名人（音乐人、演员、作家或运动员），分析他们如何运用社交网络。使用教师允许的媒体，写一则少于一页的简短分析，论述商务可以从这些名流中学会哪些积极或消极的经验。需要引用你所选择的 Facebook 页面中的具体元素，并且可以列出你认为这些名人在使用 Facebook 中所存在的错误。

在线提升职业技能

"博韦和希尔的商务沟通搜索"（http://businesscommunicationblog.com/websearch）是一个专为商务沟通研究而设计的研究工具。使用网页搜索功能查找在线视频、播客或幻灯片演示文稿，为提高商务情境中的倾听技能提供建议。给任课教师写一封简短的电子邮件，描述你搜索到的条目，总结你从中学到的职业技能。

改善语法、结构和表达

以下练习帮助你提高对语法、结构和表达的掌握和运用。看下面10句话，在每个括号中

---

[74] Dan Schawbel, "5 Lessons Celebrities Can Teach Us About Facebook Pages," Mashable, 15 May 2009, http://mashable.com

最佳的选项下画线。

1. The sales staff is preparing guidelines for (*their*, *its*) clients.

2. Few of the sales representatives turn in (*their*, *its*) reports on time.

3. The board of directors has chosen (*their*, *its*) officers.

4. Gomez and Archer have told (*his*, *their*) clients about the new program.

5. Each manager plans to expand (*his*, *their*, *his or her*) sphere of control next year.

6. Has everyone supplied (*his*, *their*, *his or her*) Social Security number?

7. After giving every employer (*his*, *their*, *a*) raise, George told (*them*, *they*, *all*) about the increased work load.

8. Bob and Tim have opposite ideas about how to achieve company goals. (*Who*, *Whom*) do you think will win the debate?

9. City Securities has just announced (*who*, *whom*) it will hire as CEO.

10. Either of the new products would readily find (*their*, *its*) niche in the marketplace.

第3章 多元化世界的沟通

学习目标

学完本章后,你将能够:

1. 讨论跨文化沟通的机遇与挑战
2. 定义文化并解释文化是怎样形成的,定义种族中心主义和刻板印象
3. 解释识别文化差异的重要性并列出文化差异的八种类别
4. 列出适用于任何商业文化的四项指南
5. 识别提高跨文化沟通技能的七个步骤

工作进行时

IBM 的沟通

拥有多元化构建竞争优势

"I"在 IBM 中代表"国际化"(international),但它也可以只是简单代表"跨文化"(intercultural)正如这个计算机巨头像承诺的那样长期拥护多元文化。Ron Glover 是 IBM 全球副总裁,他从多年的经验中知道在跨文化沟通中取得成功不是一个简单的任务,尤其是对一家拥有超过 35 万名员工、业务遍及全球 175 个国家的企业来说就更不容易了。

当你知道 IBM 的员工需要讲 165 种语言时,就会感到语言本身就是一种沟通障碍,但语言只是多文化沟通中的一个因素而已。不同的年龄、种族、性别、性取向、身体状况以及经济状况都会影响沟通的过程。Glover 强调说:"要想获得成功,我们必须要尊重不同国家和地域人们的价值差异。"他知道这些不同代表着机会与挑战,并且他的主要工作就是帮助管理者和员工以同一种工作方式一起工作,来使他们不同的文化转变成一种关键的业务实力。当他实现这一点时,员工的多样性从一种伦理转变成一种战略。他解释说,多元化是"IBM 更广泛经营战略的重要方面",为了强调这点,管理者只有证实他们正在实践 IBM 的多元化价值,才能获得更高的绩效等级。

通过长期雇用和与不同文化背景的员工打交道,IBM 积累了丰富的经验。也许最重要的就是意识到要成功地管理不同文化的员工以及在不同文化的市场中获得竞争优势,首先要承认这些不

同,而不是尽力回避或者假定其不会影响到人际沟通。Ron Glover 的建议是,即使你从未在美国以外经营业务,"但是在未来的经济领域中你得有效地参与到差异之中"①。

www.ibm.com

3.1 理解在多元化世界沟通的机遇与挑战

本章开篇介绍的 IBM 经验告诉我们,对一个懂得如何与多元化受众沟通的职场人士而言,机遇与挑战并存。虽然**多元化(diversity)**这个概念经常被片面地理解为不同的种族背景,但是它更广、更实用的定义是:多元化是"将我们每一个人区别开来的所有特点和经验"②。比如,美国默克制药公司在讨论员工多元化时,将其区分为 19 个独立的维度,其中包括种族、年龄、从军经历、家庭背景、婚姻状况和思维方式。③ 你在本章所学到的这些特征和经验对你的商务沟通方式具有深远的影响。

跨文化沟通(intercultural communication)是在不同文化背景的人群中,通过语言表达和非语言表达进行信息传递和接收的过程。每一个传递和接收的活动都受文化的影响,为了成功地交流,你需要掌握你所遇到的文化差异以及怎样克服这些差异的基本知识。你认识和克服文化差异的努力会开发出全球的商业机会,并且最大程度地发挥来自不同文化背景的员工的贡献。

3.1.1 在全球市场中的机遇

在你的职业生涯中偶尔有出国工作的机会,你会有所发现和收获。有了沟通和技术的传递,自然边界和国境边界不再是不可逾越的障碍。国内市场参与到全球竞争中来,所有类型的公司在国界外寻找新的发展机会。成千上万家美国公司的大部分收入依赖于出口。这些公司每年原材料和成品的出口额达数千亿美元,以及几十亿美元的个人和专业服务。如果你在其中的一家公司工作,那么你将很有可能拜访或联系很多形形色色的人,他们不讲英语,并且生活在与你所熟悉的文化完全不同的环境中(如图 3.1 所示)。在美国的前十位商品出口国中,只有两个国家(加拿大和英国)把英语作为官方语言,而且加拿大有英语和法语两种官方语言。④

---

① IBM website, accessed 4 January 2011, www.ibm.com; "No. 10 IBM Corp.: Why It's on the DiversityInc Top 50," DiversityInc.com, 13 March 2009, http://diversityinc.com; "IBM Innovation Embraces All Races, Cultures and Genders," Diversity Careers website, accessed 16 August 2008, www.diversitycareers.com; Regina Tosca and Rima Matsumoto, "Diversity and Inclusion: A Driving Force for Growth and Innovation at IBM," 2 February 2007, Hispanic Association on Corporate Responsibility website, www.hacr.org; "Executive Corner: Letter from IBM's Vice President, Global Workforce Diversity," IBM website, www.ibm.com; "IBM—Diversity as a Strategic Imperative," TWI website, accessed 6 July 2005, www.diversityatwork.com; Cliff Edwards, "The Rewards of Tolerance," *BusinessWeek*, 15 December 2003, www.businessweek.com; David A. Thomas, "IBM Finds Profit in Diversity," *HBS Working Knowledge*, 27 September 2004, http://hbswk.hbs.edu; "IBM Diversity Executive to Speak at the University of Virginia," *University of Virginia News*, 7 November 2003, www.virginia.edu

② Michael R. Carrell, Everett E. Mann, and Tracey Honeycutt Sigler, "Defining Workforce Diversity Programs and Practices in Organizations: A Longitudinal Study," *Labor Law Journal*, Spring 2006, 5—12.

③ "Dimensions of Diversity—Workforce," Merck website, accessed 4 January 2011, www.merck.com

④ "Top Ten Countries with Which the U.S. Trades," U.S. Census Bureau website, accessed 29 December 2010, www.census.gov

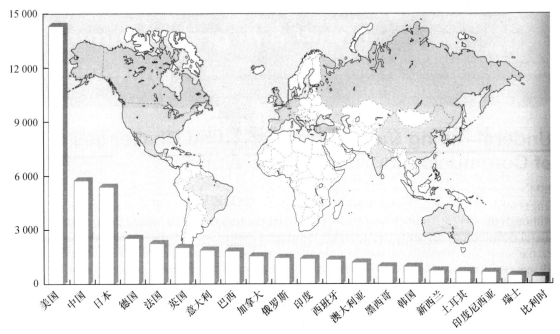

图 3.1　世界最大经济体

这个世界 20 大经济体的快照揭示了当今全球商业的现状。数据是以十亿美元为单位估计的 2010 年的国内生产总值。

资料来源：Economic data from International Monetary Fund website, accessed 4 January 2011, www.imf.org。

3.1.2　员工多元化的优势

即使你从未去过其他国家或者做过国际贸易，你也会与来自不同文化背景和有过不同生活经历的同事打过交道。在过去的几十年里，许多创新型公司已经改变了他们原来对待多元化的看法，将多元化是法律上要求的为所有人提供均等机会的观念，转变为将多元化看做是接触更多客户资源和更广泛人才库的战略机遇。⑤ 聪明的公司领导能够意识到多元化团队具有竞争优势，这样的团队能够提供更广泛的观点和想法，帮助公司了解和确认多元化的市场，使他们接触尽可能多的人才（如图 3.2 所示）。正如加拿大皇家银行总裁 Gord Nixon 所言："它具有很好的商业价值"⑥，IBM 的 Ron Glover 说，在长时间里，更加多元化团队比更加趋同化的团队（团队成员大都具有相似背景）更具有创新能力。⑦

多元化在所有公司已经是不争的事实。美国从一开始就是个移民国家，这种趋势仍在继续。绝大多数来自西欧和北欧的早期移民现在和来自亚洲、非洲、东欧以及其他国家的人们共处一地，甚至用来称呼非白人居民的"少数族裔"的字眼也已经变得越来越不合适：在其中两个州（加利福

---

⑤ Nancy R. Lockwood, "Workplace Diversity: Leveraging the Power of Difference for Competitive Advantage," *HR Magazine*, June 2005, Special Section 1—10.

⑥ Alan Kline, "The Business Case for Diversity," *USbanker*, May 2010, 10—11.

⑦ Podcast Interview with Ron Glover, IBM Website, accessed 17 August 2008, www.ibm.com

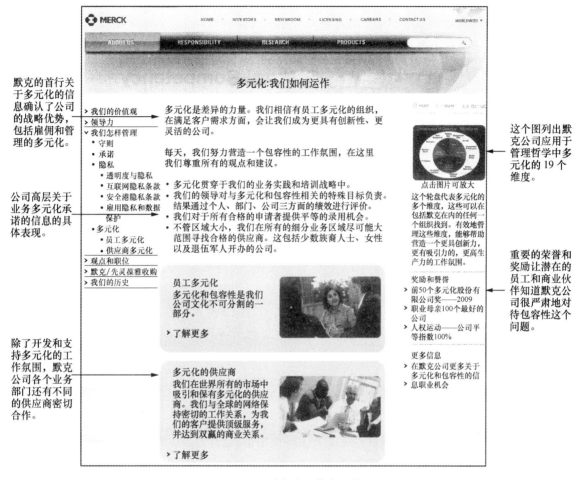

图 3.2 默克公司的多元化

像 IBM 一样,默克制药公司选择多元化的员工和供应商是机遇,也是战略需要。
资料来源:Courtesy of Merck, Global Communications, Reputation and Branding。

尼亚州和新墨西哥州)以及 1/10 的大城市中,高加索白人已经不再是多数人种了。[8] 这种情况不单单发生在美国,来自非洲、亚洲和中东的劳动力正源源不断地涌向欧洲寻求新的工作机会,而来自印度、菲律宾和东南亚的劳动力组成了中东地区主要的劳工基础。[9]

然而,你和你的同事不必因为员工多元化而成为移民大军中的一员。任何形式的差异,从年龄和性别的不同,到宗教和种族的不同,再到地理和军人经历的不同等都丰富了多元化的含义。对于全球的商务沟通来说,移民和员工多元化既创造了优势,同时也是一种挑战。

---

[8] "More Than 300 Counties Now 'Majority-Minority,'" press release, U. S. Census Bureau website, 9 August 2007, www.census.gov; Robert Kreitner, *Management*, 9th ed. (Boston:Houghton Mifflin, 2004), 84.

[9] Linda Beamer and Iris Varner, *Intercultural Communication in the Workplace*, 2nd ed. (New York:McGraw-Hill Irwin, 2001), xiii.

3.1.3 跨文化沟通的挑战

今天不断呈现的员工多元化包含更广泛的技能、传统、背景、经验、观点和工作态度等，所有这些都将影响到员工在职场中的沟通。管理者面临着如何与多元化员工沟通、激励、促进合作以及与他们和谐相处等多方面的挑战。而团队面临着在一起紧密工作的挑战，公司则面临着与商业伙伴和社区融为一体共处的挑战。

文化与沟通的相互作用无处不在，以至于把它们分开是不可能的。你所处的文化深深地影响你沟通的方式。话语的意思、手势的含义、时间和空间的重要性、人际关系的规则，以及沟通的其他许多方面都受文化所限。在很大程度上，你所处的文化影响到你的思维方式，进而影响到你作为一名发送者和一名接收者的交流方式。[10] 因此你可以看到，跨文化沟通远比单纯地让信息发送者和接收者在语言上配对要复杂得多。它还包含超越语言的信仰、价值观和情绪等内容。

员工多元化的因素会影响到沟通过程的每个阶段，从一个人认为自己所持观点的重要性，到分享的习惯和给予反馈的期望。特别是你用"你的文化"假设来编码你的信息，而你的受众根据"他们的文化"来解码你的信息。两种文化间的差异越大，误解的可能性就越大。[11]

通过本章的学习，你会看到不同文化间沟通方式和习惯差异的许多例子。这些例子意在说明跨文化沟通的重要主题，而不是给出在任何一种特定文化中沟通方式和习惯的完整归纳。有了对这些重要主题的理解，你才准备好了探索某种特定的文化。

3.2 开发文化胜任力

文化胜任力(cultural competency)是文化差异的增值，这种差异影响沟通的有效性，以及适应他人沟通风格以确保跨文化边界成功地传递和接收信息的能力。它是态度、知识和技能的结合体。[12]

好消息是你在文化方面已经是一位专家，至少在伴随你成长的文化方面。你知道你的社会是怎样运行的，人们会如何进行交流，一般的手势和面部表情代表的含义等。坏消息是正因为你在自己的文化范畴里是一位专家，你的交流方式大部分是机械的，也就是说，你很难停下来思考你所遵循的交流方式。成功进行跨文化沟通的关键步骤是，要更多思考影响你的沟通方式的这些规则和方法。

3.2.1 理解文化的概念

文化(culture)是一种关于标志、信仰、态度、价值、期望以及行为准则方面的可以共享的体系。

---

[10] Tracy Novinger, *Intercultural Communication, A Practical Guide* (Austin, Tex.: University of Texas Press, 2001), 15.

[11] Larry A. Samovar and Richard E. Porter, "Basic Principles of Intercultural Communication," in *Intercultural Communication: A Reader*, 6th ed., edited by Larry A. Samovar and Richard E. Porter (Belmont, Calif.: Wadsworth, 1991), 12.

[12] Arthur Chin, "Understanding Cultural Competency," *New Zealand Business*, December 2010/January 2011, 34—35; Sanjeeta R. Gupta, "Achieve Cultural Competency," *Training*, February 2009, 16—17; Diane Shannon, "Cultural Competency in Health Care Organizations: Why and How," *Physician Executive*, September—October 2010, 15—22.

文化背景影响到你对生活中重要事情的认识，在给定情况下定义对你来说适当的态度，并且建立你的行为准则。⑬

实际上，一个人可能同时属于多种文化，除了你与自己国家的所有人共同分享的文化，你还属于其他文化群体，比如民族群体、宗教群体，或者拥有自己特殊语言和习惯的专业群体。在长期大量的移民政策的影响下，美国已经成为各种各样文化的精神家园。多元化的其中一个表现就是，居住在这个国家的人们讲着170多种语言。⑭ 相反，日本则更加单一化，只有少数几个文化群体。⑮

隶属于同一种文化的人们关于怎样思考、行动以及沟通都有相似的假设，并且他们都以非常相近的方式来实现假设。不同文化的变化速度、复杂程度、对于外界的包容程度不同。这些不同影响到与其他文化的人沟通时的互相信任和开放程度。

人们从群体其他成员那里直接或者间接了解到文化。当你在一种文化中长大，你会知道你是谁，以及怎样在这种文化中表现最好。有时你会被明确告知什么样的行为是可接受的；有时你通过观察知道在一个特定团队中何种价值观是最好的。在这样的方式中，文化从一个人传向另一个人，从一代传向另一代。⑯

除了自发形成的文化外，文化还具有一致性；当从内部审视时，这些文化都是很有逻辑并相互统一的。一种文化中的特定准则对于该文化以外的人可能不具有意义，但是它对该文化内部的人有意义。这种一致性能够促使文化在内部更顺利地运行，尽管有时它也能在两种不同文化间创造分歧。

最后，文化还倾向于具有完整性，它能够为大多数成员提供关于生活中大部分重要问题的答案。这种完整的思想会压制对其他文化中生活的好奇心。不足为奇，这种完整性在与其他文化进行交流时会使其变得更复杂。⑰

3.2.2 克服种族中心主义和刻板印象

种族中心主义（ethnocentrism）是根据自己群体的标准、行为和习惯来评价其他群体的倾向。由于自己民族的文化带来的自然而然的影响，人们在比较其他文化时往往认为自己的文化高人一等。⑱ 一种最极端的反应就是**惧外者（xenophobia）**，即对陌生人和外国人的恐惧感。很显然，带有这种观点的职场人士往往难以成功地进行跨文化沟通。

扭曲其他文化和群体的观点也会导致**刻板印象（stereotyping）**，即不考虑个人的特点，就将一种特定文化或者社会群体成员的普遍特点归结在某个人身上。例如，认为一位老员工将接触不到青年市场，而一位年轻的员工不能成为一名鼓舞人的领导者，这些都是年龄群体刻板印象的例子。很多美国人都有对美国国内共同文化和其他国家文化的刻板印象观点。同样，这些国家的人们有时会显示对美国居民的刻板印象观点。

---

⑬ Beamer and Varner, *Intercultural Communication in the Workplace*, 3.
⑭ "Languages of United States," Ethnologue website, accessed 29 December 2010, www.ethnologue.com
⑮ Philip R. Harris and Robert T. Moran, *Managing Cultural Differences*, 3rd ed. (Houston: Gulf, 1991), 394—397, 429—430.
⑯ Lillian H. Chaney and Jeanette S. Martin, *Intercultural Business Communication*, 2nd ed. (Upper Saddle River, N.J.: Prentice Hall, 2000), 6.
⑰ Beamer and Varner, *Intercultural Communication in the Workplace*, 4.
⑱ Chaney and Martin, *Intercultural Business Communication*, 2nd ed., 9.

那些想要对其他人表示尊重和在商务中有效沟通的人,需要采取一种更积极的观点,以**文化多元**(cultural pluralism)的形式,根据自己的条件接受多种文化。当跨越文化界限时,如果你不只是简单地接受不同文化,而是让自己的沟通方式适应这种新文化,甚至将这种文化融入自己的文化中,那么你的沟通会更有效。[19] 几种简单的习惯能够帮助你:

- **避免假定**。不要假定别人与你的行为方式、使用的语言和标志甚至价值观和信仰都一样。比如,对比三种文化里最重要的 10 种价值观,美国人跟日本人以及阿拉伯人之间没有任何一点是一样的。[20]
- **避免评价**。当人们的行为与你不同时,不要认为他们的行为是错误的,他们的方式是无效的,或者他们的习惯低你一等。
- **承认差异**。不要忽视他人的文化与你自己的文化的差异性。

遗憾的是,甚至对那些有高度积极性的人来说,克服种族中心主义和刻板印象也不是一项简单的工作。另外,研究表明:人们拥有的信仰和偏见通常是下意识的——并且也许会与他们认为自己拥有的信仰发生冲突。(想知道你是否拥有一些隐性的信仰,访问网站 http://implicit.harvard.edu/implicit,并进行一些简单的在线测试。)[21]

3.3 认识多元化世界的差异

你可以通过认知和适应八种主要的文化差异开始,学会如何对待不同文化背景的人:语境、法律和道德规范、社会、非语言表达、年龄、性别、宗教和能力等。

3.3.1 语境差异

每个人都在特定的**文化语境**(cultural context)下进行沟通,同一文化背景下,两个人的身体暗示、环境刺激和隐性理解等都可以传递信息。然而,世界上各种文化中语境对沟通的作用差别很大。

在一种**高语境文化**(high-context culture)下,人们很少依赖于语言表达,而是更多依赖于非语言表达和环境背景来传递信息。例如,一名中国说话者期望接收者能够发现一则信息的本质并利用间接性和隐喻来提供一个意义网。[22] 这种间接的方式会让与来自低语境文化的人沟通时产生误解,因为他们更习惯于接受直接的答案。当然,在高语境文化中,日常的规则不是显而易见的,当每个人长大时,他们要学会怎样辨别各种语境线索(如身体姿势和声调)以及如何做出恰当回应。[23]

---

[19] Richard L. Daft, *Management*, 6th ed. (Cincinnati: Thomson South-Western, 2003), 455.

[20] Lillian H. Chaney and Jeanette S. Martin, *Intercultural Business Communication*, 4th ed. (Upper Saddle River, N.J.: Pearson Prentice Hall, 2007), 53.

[21] Project Implicit website, accessed 29 December 2010, http://implicit.harvard.edu/implicit

[22] Linda Beamer, "Teaching English Business Writing to Chinese-Speaking Business Students," *Bulletin of the Association for Business Communication* 57, no. 1 (1994): 12—18.

[23] Edward T. Hall, "Context and Meaning," in *Intercultural Communication*, 6th ed., edited by Larry A. Samovar and Richard E. Porter (Belmont, Calif.: Wadsworth, 1991), 46—55.

在高语境文化中,沟通的主要作用不是交换信息而是建立关系。[24]

在一种**低语境文化(low-context culture)**下,例如美国,人们更多依赖于语言交流方式,而较少依赖于环境和暗示来传递信息。在这种文化中,规则和期望通常被很清楚地表达出来,如"请等到我完成之后","欢迎浏览"。[25] 在低语境文化中,传递信息是沟通中主要的任务。[26]

语境差异在商务情况下很明显,如作决策、解决问题、谈判、组织等级制度中的相互影响,以及工作场所以外的社交活动。[27] 例如,在低语境文化中,商业人士把精力集中在他们面对的结果上,反映了强调逻辑和过程的文化(例如,"这对我们公司来说是好事吗?对我的前途呢?")。相反,高语境文化强调的是作决策的途径和方法。建立和维护关系与作决策所用的事实和信息一样重要。[28] 因此,谈判者与这种文化背景的公司打交道,应该把大部分精力花在与他们建立关系上,而不是推敲合同的细节问题。

高语境和低语境的区别很普遍,但很重要,是需要我们牢记的做事指南。在高语境文化中有效的沟通策略用在低语境文化中可能适得其反,反之亦然。

3.3.2　法律和道德规范差异

文化语境影响法律和道德行为,相应地也会影响沟通。例如,商业合同的意思会因文化的不同而不同。美国公司的管理者倾向于认为签订合同就意味着谈判的结束,所有细节也都已经敲定,但是处于亚洲文化中的合作者可能仅仅将签订合同看做同意与其做生意,下一步还需要对交易细节进行谈判。[29]

> 实时更新　阅读PDF
>
> **国际礼仪技巧**
>
> 这些快速礼仪技巧将为你在世界主要商业中心工作铺平道路。登录 http://real-timeupdates.com/ebc10 获取更多信息。

当做全球生意时,你会意识到不同文化之间的法律和道德标准是不同的。在不同文化间做出伦理选择看起来相当复杂,但是通过运用下列四种基本原则可以保证你的信息符合道德标准。[30]

- **积极寻找共同的基础**。为了达到最清晰的信息交流,双方必须灵活并避免死守一方的文化规则。
- **不要以评论的角度来传递和接收信息**。为了达到信息沟通顺畅,双方必须认识到文化与文化之间存在差别,并且要相互信任。
- **传递真实的信息**。为了确保信息的真实性,双方必须以事实真相为本,而不是凭个人兴趣来认定事实。双方必须完全意识到他们个人和文化的倾向。
- **对文化差异表示尊重**。为了保护双方的基本人权,每一方必须理解和承认另一方的需求并

---

[24] Daft, *Management*, 459.
[25] Charley H. Dodd, *Dynamics of Intercultural Communication*, 3rd ed. (Dubuque, Ia.: Brown, 1991), 69—70.
[26] Daft, *Management*, 459.
[27] Hannah Seligson, "For American Workers in China, a Culture Clash," *New York Times*, 23 December 2009, accessed 1 January 2011, www.nytimes.com.
[28] Beamer and Varner, *Intercultural Communication in the Workplace*, 230—233.
[29] Ed Marcum, "More U.S. Businesses Abandon Outsourcing Overseas," *Seattle Times*, 28 August 2010, www.seattletimes.com.
[30] Guo-Ming Chen and William J. Starosta, *Foundations of Intercultural Communication* (Boston: Allyn & Bacon, 1998), 288—289.

且通过真诚的交流维护彼此的尊严。

3.3.3 社会差异

社会行为的本质在各种文化中存在差异性,有时差异很大。一些规则是正式并且清晰的(餐桌礼仪是一个很好的例子),而一些规则是非正式的,需要时间学习(例如和同事站着讨论问题时彼此最合适的距离)。这两种规则影响了社会中大部分时间中的大部分人。除了已经讨论过的因素之外,社会规则在下列情况中也存在文化差异。

- **面对工作和成功的态度**。例如,美国人普遍认为通过个人努力而获得的物质享受是成功的标志,并认为努力工作的人比不努力工作的人要好。
- **角色和地位**。文化影响着人们扮演的角色,包括与什么样的人交流,他们交流的内容是什么,以什么样的方式进行。例如,在美国,人们通常尊称总经理为"罗伯特先生"或者"古特茨女士"。然而在中国,人们则根据头衔来称呼他们,例如"总裁"或者"经理"。[31]
- **礼貌的使用**。在一种文化中表示礼貌可能在另一种文化中表示粗鲁。例如,问你的同事"周末过得怎么样?"在美国这是一种很常见的问候方式,但一些把公事和私生活完全分开的文化中的人们,就会把这种问候看做一种侵犯。
- **时间概念**。低语境文化中的人认为时间是有效计划每日工作的一种方式,经常在每一个计划时间段中集中力量于一项任务,并且把时间看做有限资源。然而,在高语境文化中,管理者经常把时间看成是更有弹性的。最后期限不如建立一种商务关系更重要。[32]
- **未来取向**。成功的公司都倾向于有一个强大的未来取向,即未来的计划和投资,但是世界各国的民族文化在这点上有很大的不同。一些社会鼓励长期展望,即强调计划和投资,牺牲短期利益以获得未来更大的收益;另一些社会则着眼于现在,甚至认为未来是遥远的、无望的、不值得计划的。[33]
- **开放性和包容性**。无论是在国家层面的还是在更小的群体中,文化的开放性使他们接受来自其他文化的人,这些人不需要符合文化内的一般准则。而不愿意接纳其他人的情况下,范围从完全排除小的压力到符合大多数的期望。

3.3.4 非语言表达差异

正如在第 2 章所讨论的,非语言沟通能够成为信息交流的可靠表达方式。然而,这种情况仅适用于发送者和接收者对非语言信号赋予了相同的意义。例如,最简单的手势在不同的文化中意义就会有所改变。在巴西表示好运的手势与在哥伦比亚表示蔑视的手势是相同

> **实时更新　观看视频**
> **将文化放入环境中**
> 欣赏世界各地的图片之旅,让你了解更多跨文化背景的沟通。登录 http://real-timeup-dates.com/ebc10 获取更多信息。

---

[31] Robert O. Joy, "Cultural and Procedural Differences That Influence Business Strategies and Operations in the People's Republic of China," *SAM Advanced Management Journal*, Summer 1989, 29—33.
[32] Chaney and Martin, *Intercultural Business Communication*, 2nd ed., 122—123.
[33] Mansour Javidan, "Forward-Thinking Cultures," *Harvard Business Review*, July—August 2007, 20.

的。㉞ 不要假设你平时用的手势可以用到另一种文化中，可能会发生令人尴尬的错误。

当你有机会与另一种文化背景下的人们交流时，最好事先了解他们的文化，然后观察在下列领域里人们的行为方式：

- **问候**。人们握手、鞠躬还是轻吻（吻一边脸还是两面脸）来表示问候？人们只是在第一次见面相互介绍时握手，还是每次说"你好"或"再见"的时候都会握手？
- **个人距离**。当人们谈话时，比起你的习惯他们的距离较近还是较远？
- **触碰**。人们通过触摸对方手臂来强调要点吗？拍打对方后背来表示祝贺吗？或者他们在被触碰时总是皱眉？
- **面部表情**。人们摇头表示"不"、点头表示"是"吗？这是美国的习惯，但并不具有普遍性。
- **目光接触**。人们经常用目光交流还是避免目光交流？在美国，经常的目光接触表示诚实和坦诚，但在其他文化中可能会表示进攻性或者缺乏尊重。
- **姿势**。人们在办公室里或者公共场合中表现得懒散和休闲，还是总是坐姿端正、站立笔直？
- **正式**。一般而言，与你的文化相比更正式还是相反？

遵循他人成长的文化不仅是学习的好方式，也是对他人表达尊敬。

3.3.5 年龄差异

在美国文化中，年轻人经常与力量、活力、发展潜力和自由联系在一起，而老年人则时常会与精力衰退和跟不上时代相联系。然而，年纪较大的员工具有丰富的经验、多年建立的商业关系网、高水平的实战技巧——解决复杂和不确定的问题的能力。㉟

然而，在重视年龄和资历的文化中，年长能赢得尊重，并且意味着增长的权力和自由。例如，在亚洲的许多国家，年龄最大的员工掌握最有权力的工作，享有最令人瞩目的头衔，并拥有最大的自由度和决策力。如果一位年轻的员工与其中一位资深管理者的意见不统一，那么他们的讨论永远都不会公布于众，这种"保持脸面"和避免"当众出丑"的观念非常强烈。相反，如果资深员工在某件事情的处理上出现明显的错误，其他员工要找到一种不起眼的、私密的方式来表达他们的想法。㊱

除了人生不同阶段的文化价值观外，一个文化中的多代人也呈现出了另一种多元化。当今职场中会出现三代或四代人并肩工作的情况。由截然不同的世界事件、社会趋势、技术进步程度塑造的每一代人，经常会有不同的价值观、期望和沟通习惯也就不足为奇了。例如，Y 一代员工（参见"我们和他们：工作中的代际冲突"）更偏爱通过简短的电子信息交流，而婴儿潮一代人和 X 一代人有时会认为这些信息不连贯且缺少人情味。㊲

㉞ Novinger, *Intercultural Communication: A Practical Guide*, 54.
㉟ Peter Coy, "Old. Smart. Productive." *Business Week*, 27 June 2005, www.businessweek.com; Beamer and Varner, *Intercultural Communication in the Workplace*, 107—108.
㊱ Beamer and Varner, *Intercultural Communication in the Workplace*, 107—108.
㊲ Steff Gelston, "Gen Y, Gen X and the Baby Boomers: Work-place Generation Wars," *CIO*, 30 January 2008, www.cio.com

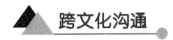

跨文化沟通

我们和他们：工作中的代际冲突

成人看世界的方式深深地受到他们成长过程中所经历的社会和技术趋势的影响，因此毫无疑问，正步入工作的一代人与已经工作的那一代人相比会有很多观点不同。丢弃那种"抗拒改变、认为自己已经选择了最好的做事方式"的倾向，这就是解决冲突的秘诀。然而，工作中的多代人之间有时会发现他们会为工作、资源、影响力和控制力竞争，这样就会产生紧张、不信任和沟通不畅的结果。

把人们按照出生的年代不同去划分充其量只是一种模糊科学，但是它有助于我们知道应用于各年龄组的一般性标签，并对他们一般的特点有所了解。这些标签是非官方的，而且对于一代人的开始和结束时间也没有达成共识，但是你会看到和听到对下面这些群体的引用（括号中显示的是大约的出生年份）：

- **无线电一代（The Radio Generation）**（1925—1945年）。这一代人毫无争议地会在传统退休年龄65岁退休，但是他们中许多人想要或者需要继续工作。
- **婴儿潮一代（Baby Boomers）**（1946—1964年）。这代人的大多数现在都居于中高层管理岗位，他们因二战后人口急速增加而得名。这一代人中年纪大一些的已经到了退休的年龄，但是他们中的许多人65岁以后还将继续工作，这就意味着年轻的一代还需要等更长的一段时间才会有管理岗位空出来。
- **X一代（Generation X）**（1965—1980年）。这个相对较小的"MTV的一代"担负着创新的责任，他们已经形成今天的沟通习惯，但是有时会感觉被夹在婴儿潮一代和正在进入劳动力市场的年轻的Y一代的中间。当X一代终于在2015年或者2020年有机会接管工作时，那将会是一个截然不同的商业环境，在那里虚拟组织和网络独立承包商将会取代从婴儿潮一代继承下来的多层次管理结构。
- **Y一代（Generation Y）**（1981—1995年）。也被称为千禧一代，职场中最年轻的一代以其创业能力和技术领悟力而闻名。便捷的社交网络和其他Web 2.0工具正在帮助这一代人改变商务沟通的方式，但是这也是一个令人担忧的问题，管理者担心信息泄露和员工的生产效率。
- **Z一代（Generation Z）**（1996年以后）。如果你是Y一代中的一员，你会听到你后面来自Z一代的脚步声，他们也被称作I一代，或者是网络一代。出生在万维网发明之后的第一代人将进入就业市场。

这些简短的概括很难公正评价每一代员工，但是它就每一代人的特点和存在的潜在沟通问题给了我们一些建议。和所有的文化冲突一样，成功的沟通是与对这些差异的认知和了解。

▶ **职业应用**

1. 你如何解决在婴儿潮一代的管理者和Y一代的员工间的冲突——前者担心社交网络中隐

私和生产效率方面的问题,后者则想要在工作中使用这些工具?

2. 想一下从无线电一代到网络一代的标签。对于商务沟通习惯的技术影响,你了解了什么?

资料来源:改编自 Anne Fisher,"When Gen X Runs the Show,"*Time*, 14 May 2009, www.time.com; Deloitte, "Generation Y: Powerhouse of the Global Economy," research report, 2009, www.deloitte.com; "Generation Y," Nightly Business Report website, 30 June 2010, www.pbs.org; Sherry Posnick-Goodwin, "Meet Generation Z,"*California Educator*, February 2010, www.cta.org; Emie Stark, "Lost in a Time Warp,"*People & Strategy*, Vol. 32 No. 4, 2009, 58—64; Nancy Sutton Bell and Marvin Narz, "Meeting the Challenges of Age Diversity in the Workplace,"*The CPA Journal*, February 2007, www.nysscpa.org; Steff Gelston, "Gen Y, Gen X and the Baby Boomers: Workplace Generation Wars," CIO, 30 January 2008, www.cio.com; Heather Havenstein, "Generation Y in the Workplace: Digital Natives' Tech Needs Are Changing Companies Forever," CIO, 17 September 2008, www.cio.com。

3.3.6 性别差异

工作中男性和女性的地位在各个文化中是不同的,这些不同会影响沟通效果。在一些文化中,男性掌握所有或者大部分的权力地位,而女性只能充当从属的角色。女性高层管理者在访问其他国家时,除非成功地解决了对她们知识、能力和耐心的挑战,否则都不会被认真对待。[38]

随着越来越多的女性进入职场并承担越来越多的责任,开明的公司领导正在检视过去的公司文化。[39] 由男性主导了很多年的公司可能不得不改变一些女性很难适应的沟通习惯——如经常使用体育暗语或者接受粗俗语言。

不论什么样的文化,证据表明男性和女性交流方式上都有些不同。从广义来讲,男性喜欢强调他们沟通的内容,而女性更喜欢重视关系的持续性。[40] 这种差异会因双方在交流中有不同的需要和期望而产生摩擦。当然,这种宽泛的概括并不适合每种情况和每个人,但记住它能够帮助男性和女性克服工作中交流的障碍。

3.3.7 宗教差异

宗教在很多文化中占有举足轻重的地位,众多文化差异也来源于此。[41] 为了努力让员工的生活更丰富多彩,很多公司专注于工作中的宗教信仰问题。作为人生中最具影响力的一个私人问题,宗教信仰在工作中确实可能导致潜在的争议。一方面,有些员工认为他们在工作中有权表达自己的信仰,不至于被迫在"进公司门之前先检查忠诚度"。另一方面,公司又希望那些公开表达不同宗教信仰的员工不至于在内部引起纷争,或者由于分心影响到他们的工作。

为了解决这些担忧,越来越多的公司,包括福特、英特尔、得州仪器以及美国航空,允许他们的员工组建以宗教信仰为基础的员工互助小组,这是他们处理多元化的策略之一。[42] 相反,像宝洁这

---

[38] Tonya Vinas, "A Place at the Table," *Industry Week*, 1 July 2003, 22.
[39] Daft, *Management*, 445.
[40] John Gray, *Mars and Venus in the Workplace* (New York: HarperCollins, 2002), 10, 25—27, 61—63.
[41] Chaney and Martin, *Intercultural Business Communication*, 4th ed., 62.
[42] Fara Warner, "Professionals Tap a Higher Power in the Workplace," *Workforce Management*, April 2011, 20—22, 24—25.

样一家尊重多元化政策的公司,却不允许他们的员工在公司里组织宗教活动。㊸

工作中的宗教问题是一个复杂而具有争议的问题,而且在逐年增多,这至少可以用显著增加的宗教歧视诉讼案件数量来衡量。㊹ 美国法律需要的是在一定程度上对个人信仰的包容,公司偶尔需要解决的情况是员工群体间信仰的对立,或者员工群体信仰与公司制度的对立。㊺ 随着越来越多的公司致力于建立包容性的工作环境,越来越多的员工试图将宗教信仰融入日常工作中,因此你可以期望在未来的几年里会有更多的公司讨论这个问题。

3.3.8 能力差异

同事和顾客的身体残疾对沟通效果的影响是多元化的另一个重要方面。在现代工作环境中需要操作电子设备,这对听觉、视觉、认知能力或体能不健全的人来说是一个很大的问题。就像其他多元化因素一样,成功始于对个体的尊重和对差异化的敏感程度。

雇主还可以投资于各种辅助技术,来帮助残障人士从事一些对于他们有难度或不可能完成的工作。这些技术包括帮助他们实现口头沟通、视觉沟通、与电脑及其他设备的互动以及在工作场所享有更多活动空间的仪器和系统。比如,网络设计师为了强调无障碍网页,就可以采取措施让视力有障碍的人更容易进入网站。辅助技术为数以千计的残障员工创造了追求更广阔职业道路的机会,同时也让雇主拥有更多可用的人才。美国经济的发展需要所有能够做出贡献的员工的努力,但由于几年后美国将要面临劳动力短缺的问题,因此辅助技术将是解决这一问题的重要部分。㊻

3.4 适应其他商业文化

不论你是想要与你办公室的另一代人还是与世界另一端的商业伙伴一起高效地工作,调整你的方法都是达到成功沟通所不可或缺的手段。本节提供了适应任何商业文化的一般性建议和来自其他文化的专业人士适应美国商业文化的具体建议。

3.4.1 适应任何商业文化的指南

在本章的"提高跨文化沟通技能"中你将会发现各种各样特定的技巧,但是这里提到的四个一般性指南能够帮助提高所有商务沟通者的文化胜任力。

- **意识到你自己的倾向**。成功的跨文化沟通需要的不仅仅是了解对方的文化,还需要理解你

㊸ "The DiversityInc Top 50 Companies for Diversity," DiversityInc, accessed 10 May 2011, www.diversityinc.com; Todd Henneman, "A New Approach to Faith at Work," *Workforce Management*, October 2004, 76—77.

㊹ Warner, "Professionals Tap a Higher Power in the Workplace"; Mark D. Downey, "Keeping the Faith," *HR Magazine*, January 2008, 85—88.

㊺ Vadim Liberman, "What Happens When an Employee's Freedom of Religion Crosses Paths with a Company's Interests?" *Conference Board Review*, September/October 2007, 42—48.

㊻ IBM Accessibility Center, accessed 24 August 2006, www-03.ibm.com/able; AssistiveTech. net, accessed 24 August 2006, www.assistivetech.net; Business Leadership Network website, accessed 24 August 2006, www.usbln.org; National Institute on Disability and Rehabilitation Research website, accessed 24 August 2006, www.ed.gov/about/offices/list/osers/nidrr; Rehabilitation Engineering & Assistive Technology Society of North America website, accessed 24 August 2006, www.resna.org.

自己的文化,以及你的沟通习惯形成的方式。[47] 例如,知道自己注重独立和个人成就,你就会在与你达成价值共识的群体里获得沟通的成功。

- **忽略"黄金法则"**。你可能听过这句话:"按照你希望被对待的方式对待别人。"黄金法则的问题是你希望被对待的方式未必是他人想要的,尤其是在跨文化边界的情况下。最好的方法是:用他们希望被对待的方式对待他们。

- **练习忍耐、灵活和尊重**。正如IBM的Ron Glover所说:"我们试图在最大限度上用尊重这种方式来管理我们的员工和我们的行为方式,它是任何一个给定的国家、组织或文化的原则核心。"[48]

- **练习耐心和保持幽默感**。即使最忠实且经验丰富的商务专业人士也会在跨文化沟通中犯错误,因此保持耐心对各方都至关重要。随着商业行为变得越来越国际化,甚至是拥有最传统文化的国家也正在学习如何更有耐心地与外界打交道并宽容地对待偶尔的文化失误。[49] 幽默感也是一笔有用的财富,它可以化解尴尬。当犯错误时,适当地表示歉意,并请对方告诉可接受的方式,然后照做。

3.4.2 适应美国商业文化的指南

如果你刚移民到美国,或者是在美国主流社会以外的文化中长大,那么你可以应用本章中的概念和技巧帮助你适应美国的商业文化。你需要记住这里的一些要点,以习惯这个国家的商务沟通方式[50]:

- **个人主义**。相比于那些注重群体和谐和群体成功的文化,美国文化一般期望个人能够通过自己的努力获得成功,并崇尚个人成功。尽管很多公司都强调团队合作,但是他们也期望个人竞争,甚至在很多情况下鼓励个人竞争。

- **平等**。尽管这个国家关于平等的历史记录并不总是好的,并且还会存在一些不平等,但是平等仍然是美国核心价值观。这个原则适用于种族、性别、社会背景和年龄。

- **隐私和个人空间**。虽然这似乎与流行的社交网络和其他个人媒体有些不同,但是美国人已经习惯了保有自己的隐私。这也适用于工作中的"个人空间"。比如,人们希望你进办公室前要敲门,在他们了解你之前避免问关于个人信仰和私人活动的问题。

- **时间和日程安排**。美国企业强调的是守时和高效地利用时间。比如,会议要在指定时间开始和结束。

- **宗教**。美国没有官方的宗教信仰。许多宗教都在这个国家盛行,人们也都尊重彼此的信仰。

> **实时更新　观看视频**
>
> **克服文化冲击**
>
> 这五部分有趣的视频系列分享了一位以色列记者在纽约研究生院受到文化冲击的经历,它为任何一位在新文化中生活的人提供了帮助和鼓励。登录 http://real-timeupdates.com/ebc10 获取更多信息。

---

[47] Daphne A. Jameson, "Reconceptualizing Cultural Identity and its Role in Intercultural Business Communication," *Journal of Business Communication*, July 2007, 199—235.

[48] Leslie Knudson, "Diversity on a Global Scale," *HR Management*, accessed 17 August 2008, www.hrmreport.com

[49] Craig S. Smith, "Beware of Green Hats in China and Other Cross-Cultural Faux Pas," *New York Times*, 30 April 2002, Cll.

[50] Sana Reynolds and Deborah Valentine, *Guide for Internationals: Culture, Communication, and ESL* (Upper Saddle River, N.J.: Pearson Prentice Hall, 2006), 3—11, 14—19, 25.

- **沟通风格**。沟通往往是直接的,更加关注于内容和过程,而不是关系或群体和谐。

当然,与所有关于文化的评论一样,这些只是一个概括。任何一个人口超过三亿的国家都会展现出许多种行为方式。然而,遵循这些指南将会帮助你在大部分的商务沟通情境中获得成功。

3.5 提高跨文化沟通技能

从一种文化到另一种文化的成功沟通需要多种技能(如图3.3所示)。你可以在整个职业生涯中提高你的跨文化沟通技能。从现在开始学习其他文化和语言、尊重沟通风格偏好、清晰地写作和讲话、仔细倾听、知道何时起用口译员和笔译员、帮助他人适应你的文化。

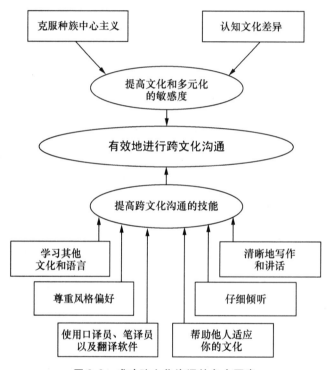

图 3.3 成功跨文化沟通的各个要素

在一个多元化的环境中,沟通一直不是一个简单的任务,但是你可以在职业生涯中不断提高你的敏感度并培养技能。

3.5.1 学习其他文化

使沟通习惯有效适应另一种文化,不仅需要关于那种文化的知识,还需要在必要的时候改变你个人习惯的能力和动机。[50] 好在你无须立刻了解整个世界,很多公司会选派专家前往特定国家和地区,使你有机会一次只聚焦于几种文化。一些公司也会为员工提供资源以帮助他们与其他文化互动。例如,在 IBM 全球员工多元化内联网上,员工只要点击 GoingGlobal 就能链接到特定的文

---

[50] P. Christopher Earley and Elaine Mosakowsi, "Cultural Intelligence," *Harvard Business Review*, October 2004, 139—146.

化习俗。㊾

即使是一小部分研究和实践也会帮助你处理好许多工作情况。另外,大多数人都会对真诚的努力和良好的意图报以积极的态度,并且如果你对学习他们的文化表示出兴趣,很多商业伙伴都会给予你帮助。也不要害怕问问题,人们会尊重你的关心和好奇。你将会逐渐积累一定量的知识,来帮助你在更复杂的情况下应对自如,高效地工作。

许多网站(如 www.kwintessential.co.uk)和书籍提供在其他国家旅行和工作的建议。当然也要经常收集另一种文化的报纸、杂志、音乐和电影。例如,即使你没有掌握语言,一部电影也会展示非语言形式的习俗。(然而,注意不要仅仅依赖于娱乐产品,如果其他国家的人们仅从全世界上映的搞笑和暴力电影中来获取对美国的印象,那么你可以想象他们会得到怎样的印象。)在另外一个国家开展业务,要了解下列关键的问题(如表3.1所示)。

> **实时更新　观看幻灯片**
>
> **适应其他商业文化的基本准则**
>
> 为在法国、德国、日本、墨西哥和俄罗斯开展业务学习更多的礼节技巧。登录 http://real-timeupdates.com/ebc10 获取更多信息。

表3.1　在其他文化中经商

行为	应该思考的细节
理解社会习俗	• 人们对陌生人反应如何?他们是友善的、敌意的、还是保守的? • 人们怎样相互问候?你应该鞠躬,点头还是握手? • 被邀请共进午餐、晚餐或者到家里做客,你应该如何表达感激之情?应该送礼物、鲜花还是写一封感谢信? • 某些短语、面部表情或者手势被认为粗鲁吗? • 你该如何招呼服务员?用给服务员付小费吗? • 什么时候拒绝邀请是粗鲁的行为?该怎样礼貌地拒绝? • 在这个社会背景下什么样的主题不应该或者应该被讨论?在商务环境下呢? • 社会习俗如何决定男女之间、年轻人和老年人之间的交流方式?
了解服装和食物的偏好	• 什么样的场合需要穿正装? • 表示哀悼、喜爱和高兴的分别都是什么颜色? • 对不同的性别来说什么样的服装样式是忌讳的? • 人们一天吃几次饭? • 吃饭时如何使用手和器皿? • 就餐时上座在哪儿?
评估政治模式	• 政治局面稳定程度如何? • 政治局面影响到国内外的商业贸易了吗? • 在社交和商务场合中谈论政治是否合适?

㊾ Wendy A. Conklin, "An Inside Look at Two Diversity Intranet Sites: IBM and Merck," *The Diversity Factor*, Summer 2005.

（续表）

行为	应该思考的细节
理解宗教和社会信仰	• 人们属于哪个宗教派别？ • 哪个地方、哪种目的、哪种行为以及哪个事件是神圣的？ • 宗教信仰会影响到男女之间或群体之间的沟通吗？ • 对少数宗教信仰容忍吗？ • 宗教假日是如何影响商业和政府活动的？ • 宗教要求或者禁止吃特殊的食物吗？在特定的时间呢？
了解经济和商业机构	• 这个社会是单一民族还是多民族？ • 他们讲什么语言？ • 他们的主要资源和产品是什么？ • 企业一般是大型企业、家族企业，还是政府控制的企业？ • 他们一般可接受的工作时间有多长？ • 人们是怎样看待约定的？ • 人们希望在开展业务前进行社交活动吗？
评价道德规范、价值观和法律的本质	• 用金钱或者礼物可以换取商业交易的安排吗？ • 人们更重视竞争还是合作？ • 人们面对工作的态度如何？面对金钱呢？ • 比起诚实，礼貌更重要吗？

3.5.2 学习其他语言

思考一下在全球的工作场所讲 165 种以上语言的 IBM 公司工作，什么是必要的。若不能用一种以上的语言沟通，在这样多元化的团队中怎么能完成工作呢？随着商业日益国际化，以及许多国家的日益多元化，对用多种语言进行交流的需求也越来越多。一种以上的语言沟通能力会使你成为一名更具竞争力的求职者，并打开一个更广阔的职业发展空间，详见"学习新语言的 Web 2.0 方法"。

即使另一个国家的同事或者客户讲你们国家的语言，学习他们语言中的常用语也是值得花时间和精力的。学习基本的语言不仅帮助你应付每天的商务和社交场合，也能证明你对你们贸易关系的重视。毕竟，他们可能花了很多年来学习你们的语言。

最后，不要假设来自两个国家的人会以同一种方式讲同一种语言。在加拿大魁北克等地区讲的法语与在法国讲的法语差别很大。同样，经常说美国与英国是由同一种语言分成的两个国家。例如，美国的英语"period"（句号）"elevator"以及"gasoline"在英国英语中表示为"full stop""lift"以及"petrol"。

 商务沟通 2.0

学习新语言的 Web 2.0 方法

选择一位经验丰富的老师，到另一个国家真正体验一下他们的生活，都是学习一种语言的好方法,但是如果这些方法都不适合你怎么办呢? 由于有了社交网络技术的发展和其他 Web 2.0 沟通工具,现在独立的语言学习者可以通过大量的在线资源进行学习。

Palabea(www.palabea.net)是 Web 2.0 学习法的一个很好的范例。这项服务有很多有益的特点,可以通过改变社交网络的定义以适应学习语言过程中的特殊需求。

- **与其他语言的学习者在线聊天**。不管你打算学习哪种语言,世界上总会有说这种语言的人正在试图学习你的语言。Palabea 给你们提供一个平台,通过文字、语音或者视频聊天的方式帮助彼此学习语言。
- **与你所在地区的母语者交流**。你可以通过 Palabea 联系到在你附近以你想要学的语言为母语的人。
- **用户生成内容**。Palabea 有不断增加的会员发布的播客、视频讲座、文档和其他学习工具。
- **虚拟课堂**。就像在线会议让公司同事在报告和其他文档方面进行实时协作一样,Palabea 的虚拟课堂也可以满足会员在线检查和纠正翻译以及其他项目的需要。

Palabea 只是众多帮助语言学习者学习的在线资源中的一个。例如,Free Language 网站(http://freelanguage.org)就提供了几十种语言免费资源的链接。

▶ 职业应用

1. 像 IBM 这样的跨国公司如何从 Palabea 和类似的网站提供的功能中获益?
2. 作为一名管理者,在派给员工重要海外任务之前,你愿意让他们使用像 Palabea 这样的免费服务吗? 为什么愿意或为什么不愿意?

资料来源:改编自 Palabea, accessed 30 October 2011, www.palabea.net; Free Language, accessed 30 October 2011, http://freelanguage.org。

3.5.3 尊重沟通风格偏好

沟通风格,包括直接程度、正式程度、媒体偏好以及在各种文化之间存在巨大差别的其他因素。知道沟通伙伴的期望是什么,可以帮助你适应他们的特别风格。一次次观察和学习是提高技能最好的方式,你可以通过对一种文化的了解来推断出一些一般特征。例如,美国员工普遍偏好开放和直接的沟通方式,他们认为其他的方式是令人沮丧和不可信的。在瑞典,直接也被视为一种效率的标志,但不同于美国的讨论方式,很少有激烈的争辩和当面的质问;意大利、德国以及法国的管理者在批评员工之前不会用表扬来让员工感到轻松——这么做好像要控制他们似的。然而,高语境文化背景下的管理者,如日本或者中国的管理者往往不会太直接。[53] 总的来说,在其他国家使用的商务信函的样式比美国商务人员使用的更正式一些(如图 3.4 所示)。

---

[53] Bob Nelson, "Motivating Workers Worldwide," *Global Workforce*, November 1998, 25—27.

图 3.4　高效的德语商务信函（翻译版）

在德国，商务信函以提及商务关系开头，以对收信人的客套结尾。这封信是一位供应商写给附近的零售商的，你能看出来语气比通常美国所使用的更正式些。

3.5.4　清晰地写作

清晰地写作一直很重要，但是当你给一位第一语言不是英语的人写信时就是至关重要的了。为了确保别人能看懂你的信息，请遵循以下这些建议[54]：

- **仔细地选择语言**。精确地使用词语，避免使用具有多重意思的词语，以防产生混淆。比如，

---

[54]　Mona Casady and Lynn Wasson, "Written Communication Skills of International Business Persons," *Bulletin of the Association for Business Communication* 57, no. 4 (1994): 36—40.

"right"就有几十种不同的含义和用法,因此要选择一个同义词来传达你想要传达的特定含义,例如 correct、appropriate、desirable、moral、authentic 或者 privilege。[55]

- **简明扼要**。使用简单的句子和小段落,将信息由长变短是为了方便读者捕获信息。
- **充分利用过渡**。利用过渡性词汇和短语,帮助读者跟随你的思路。使用短语将相关的要点连在一起,如另外和第一、第二、第三。
- **确保国际信函地址妥当**。找出在不同国家经常使用的不同地址内容和常用称谓的说明。
- **谨慎使用数字和日期**。在美国,12-05-11 表示 2011 年 12 月 5 日,但是在其他许多国家,它表示 2011 年 5 月 12 日。日本和中国通常以年开始,后面紧跟月日,因此,在日本表达 2011 年 12 月 5 日,写做 2011-12-05。相似地,1.000 在美国和英国意味着三位小数,但是在许多欧洲国家意味着 1 000。
- **避免使用俚语、习语以及行话**。每天在演讲与写作中都充斥着俚语和**习语**(idiomatic phrases),这些语句的意思超过了它们字面部分的总和。例如,美语中包括"Off the top of my head"(未经仔细想)、"More bang for the buck"(物超所值)等。当你使用这些短语时,你的听众可能不知道你在说些什么。
- **避免幽默和谈论大众文化**。笑话和谈论大众娱乐通常依赖于特定的文化信息,而你的受众可能对这些信息完全不了解。

尽管其中某些差异看似细微,但满足国际受众的期望说明了双方应相互了解和尊重对方的文化(如图 3.5 和图 3.6 所示)。

3.5.5 清晰地讲话和仔细倾听

语言的意义随着语气、语调、语速和音量的重点不同存在很大差别,这给那些试图解释单词本身的明确意思和一个信息的细微差别的人带来了挑战。英文单词"progress"可以是名词或动词,这取决于重音在哪一个音节上。在中文中,ma 字意思的变化取决于说话者的语调;它可以指"妈""麻"、"马"或"骂"。标准的阿拉伯语谈话对于以英语为母语的美国听众来说,听起来像兴奋或愤怒。[56]

记住,当跟母语与你不同的人交谈时,连日常会话都可能非常困难。例如,众所周知,美国人愿意将多个词串在一起编成一个令人困惑的伪词,如"你吃了吗"(Did you eat yet)变成"吃了?"(Jeetyet)。法语经常使用"liason"的概念,是有意将一个单词与另一个单词合并成的。如果没有大量的实践,刚开始讲法语的人也很难判别何时一个单词结束,下一个单词开始。

为了在不同文化间更有效地进行沟通,记得要:(1)讲话慢而清晰;(2)在显然有必要时再改变措辞(立即改变你说过的一些事情加重了听者的翻译负担);(3)寻找并要求反馈信息以确保你的信息被接受;(4)不要使句子或单词过分简化,这显示了与别人谈话的傲慢;(5)在交谈结束时,再核实一下确保你和听众均同意交谈和决定的内容。

---

[55] Lynn Gaertner-Johnston, "Found in Translation," Business Writing blog, 25 November 2005, accessed 18 August 2008, www.businesswritingblog.com

[56] Myron W. Lustig and Jolene Koester, *Intercultural Competence*, 4th ed. (Boston: Allyn & Bacon, 2003), 196.

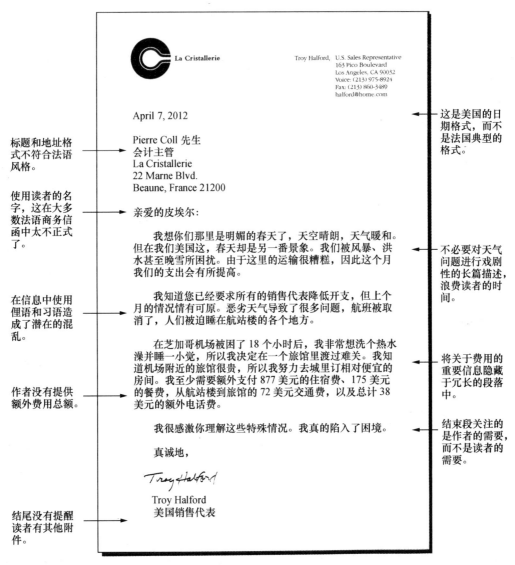

图 3.5 低效的跨文化信函

这封由美国销售代表写给法国管理者的信函显示出了一些跨文化错误,包括非正式的语气和美国俚语的使用。将这一版与图 3.6 改进版本比较一下。

作为一名听众,你需要多次实践来建立起语感。关键是首先直接接收你所听到的,不要对听到的内容和动机过早下结论。让其他人说完他们要说的话。如果你打断,可能会错过一些重要内容。这也表现出你对别人的不尊重。如果你未能理解别人的意见,请说话人再重复一遍。为寻求额外的帮助感到的一时尴尬,对于沟通失败的风险来说,都是微不足道的。

3.5.6 起用口译员、笔译员以及翻译软件

你可能会遇到需要使用口译员(作口头沟通)或者笔译员(作书面表达)的商务场合。口译员

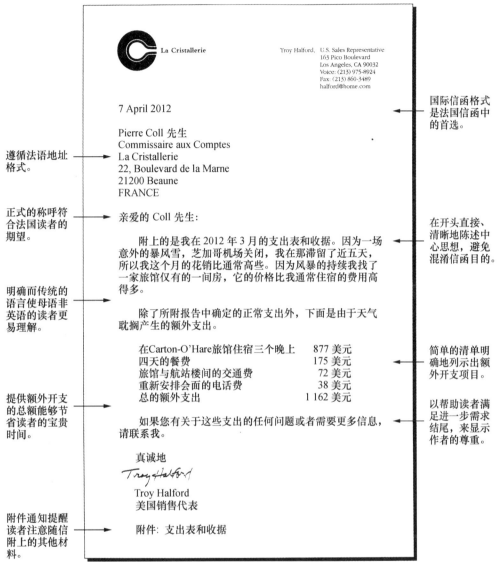

图 3.6 有效的跨文化信函

这一版信函比起图 3.5 的信函符合法语信函标准,也更容易阅读和浏览。

和笔译员的收费可能很高,但熟练的专业人员为在与其他文化背景中的沟通提供了宝贵的帮助。[57] 有些公司利用回译确保准确率。一名译者将信息翻译成另一种语言,另一名译者将此信息重译成原文。再将这种回译与原始的信息进行对比,从中发现错误与不符之处。

各种各样的软件产品和网站提供翻译功能,从单个词和短语到文档及整个网页。虽然这些工具中没有一个能像人类专家翻译得那么好,但是它们也能给你一个总体的信息概要。[58]

---

[57] Wilfong and Seger, *Taking Your Business Global*, 232.

[58] Sheridan Prasso, ed., "It's All Greek to These Sites," *Business-Week*, 22 July 2002, 18.

3.5.7 帮助他人适应你的文化

每个人都能促成成功的跨文化沟通。当一位年轻人不习惯大公司的程序或来自另一个国家的工作团队成员时，寻找机会帮助他们适应和调整自己的沟通风格。例如，一个母语非英语的演讲者正在犯一些错误，可能影响他的信誉，你可以建议他用哪些词或短语合适。大部分的语言学习者喜欢这种用尊重的态度提供的帮助。此外，你帮助别人的同时，也是你学习他人文化和语言的机会。

你也可以逐步简化沟通的过程。例如，用第二语言进行口头沟通通常比书面形式沟通更困难，因此与其要求外国同事在电话会议上提供资料，你不如除实时对话外再要一份书面回应，或者直接用其来代替实时对话。

"要点检查：提高跨文化沟通技能"中是一个在工作场所提高跨文化沟通的简短总结。需要更多多元化沟通资料的，可以访问 http://real-timeupdates.com/ebc10，并点击第3章。

 要点检查

提高跨文化沟通技能

- 了解你自己的文化，以便识别它对你的沟通习惯的影响。
- 学习其他文化以便了解文化差异。
- 学习其他语言，哪怕你只能学会基础词汇和短语。
- 帮助外国人学习你的语言。
- 体现尊重文化偏好的沟通风格。
- 写作清晰，使用简练的信息、简明的语言、丰富的过渡和恰当的国际惯例。
- 避免使用俚语、幽默和谈论大众文化。
- 讲话慢而清晰，给听者时间来翻译你说的内容。
- 寻求反馈以确保成功的沟通。
- 仔细倾听，对不理解的内容可要求说话者重复。
- 重要信息由口译员和笔译员翻译。

工作进行时

解决 IBM 的沟通两难

Ron Glover 负责 IBM 公司整体的多元化计划和策略，但公司的每位经理都需要培养一种包容和支持来自不同文化背景下员工的风气。作为 IBM 的一个软件开发实验室的团队领导，你应该学会做出正确的业务判断并使用良好的倾听技巧，这将有助于提高你解决多元化员工团队中出现的问题的能力。那么你将如何解决这些挑战呢？

1. Joo Mi Kang,是一个来自韩国的新移民。她是一名优秀的程序员,不断的技术创新给人留下了深刻印象。可惜的是,她经常没有记录好她的程序编码,无可否认这是一个烦琐的过程,程序员需要描述他们创造的程序并解释它如何运作,以便其他人员以后加入进来并根据需要修正它。通过阅读她的电子邮件,你怀疑她在英语写作上有困难。你的第一个步骤应该是什么?

   a. 给她发一封电子邮件,提醒她记录文件代码的必要性,并附上一份她的岗位说明。

   b. 建议她找一位导师帮助她提高自己的英文技能。

   c. 到她的办公室拜访她并讨论有关情况;询问她是否理解记录编码的重要性,以及她这样做是否有困难。

   d. 将她记录编码的工作分配给其他程序员。

2. 你的员工以种族为基础组成小团体,成员一起吃饭,一起交往,而且经常在工作中用他们的母语聊天。你知道这些小团体能够给予其成员团体意识,但你也担心这些非正式的沟通渠道会疏远非团队成员,并阻碍信息的流通。你如何鼓励你的部门增强团体意识和团队合作呢?

   a. 禁止工作中使用英语以外的语言。

   b. 什么也不做。这是正常的行为,任何企图破坏它的行为只会导致反感。

   c. 重新分配工作和其他活动(如义务项目)的方式,使各种文化团体经常联系,并使他们更加紧密地互相依赖。

   d. 派所有员工参加多元化培训班。

3. Vasily Pevsner是一名俄罗斯移民,在本部门已工作了五年。他独立工作表现很好,但抗拒与其他员工一起工作,即使在需要合作的团队环境中也是如此。你如何处理这种情况?

   a. 置身事外,让问题自行解决。Pevsner总要学会如何与其他团队成员相处。

   b. 告诉团队其他人努力与 Pevsner 相处。

   c. 告诉 Pevsner 他必须与他人合作,否则他在公司不会有发展。

   d. 与 Pevsner 进行私下谈话,帮助他认识到一个团队一起工作的重要性。在谈话中,努力发现他不积极参与团队活动的原因。

4. IBM 公司号称世界上受过最良好教育的员工团队的公司之一,你的部门也不例外。然而,你惊异于最近你的一些备忘录和其他书面信息产生的混乱。你怀疑你随意、幽默的写作风格可能是罪魁祸首,并决定"试驾"一个不同的写作风格。你已经起草了四个版本的博客帖子来解释一项旨在保证即将完成软件进度的政策。你选择哪个,为什么?

   a. "随着每一个新项目即将完成,我认识到你们是如何用尽一切努力保障项目的进度,即使最后一刻的麻烦仍然是软件项目的一部分。为了减轻你们在繁忙的最后阶段的工作量,在每一个项目最后四周里,你们将不必再出席部门例行会议或参加其他非必需的任务。"

   b. "随着每一个新项目朝着终点冲刺,我了解到你们所有人都疯狂地工作保持项目按进度进行,即使碰到不可避免的故障这类似乎总是在最后一分钟破坏软件项目的事情。好消息:在每一项工程最后的四周里,你们将可以免除非必要的工作,例如部门例行会议,以便你们可以专注于编程工作(别不承认——我知道你们根本就不想参加这种会议!)。"

   c. "像往常一样,解决一切人生难题的方法都可以在电视里找到!当昨天看 Raiders 对 Chiefs 的橄榄球比赛时,我意识到我们需要拥有对我们自己版本的'两分钟训练'。为了避免每个项目在疯狂的最后几周里延误进度,团队成员可以缺席日常会议和其他与该项目无直接关系的非必需任务。"

d. "正如你们都应该知道的,不论是公司内部还是外部的无数组织都希望我们及时完成项目。既然在项目的最后阶段,软件开发的固有特性可能会出现意想不到的问题,我们就有义务采取各种可能的措施避免严重的完工延误。因此,在每个研发项目的最后四周团队成员将免除非必要任务。"

学习目标检查

通过阅读每个学习目标和完成相关练习来评估你对本章要点的掌握情况。填空题,写出空白处缺少的文字;单项选择题,在正确答案的字母上打勾。

目标3.1:讨论跨文化沟通的机遇与挑战。

1. 下列哪一项因素是美国商务人士往往需要了解其他国家文化的重要原因?
   a. 政府法规的最近变化要求公司在被授予出口许可之前需要进行文化教育。
   b. 美国经济在过去20年间不断萎缩,迫使公司走向海外市场。
   c. 许多国家要求商务主管至少可以流利地使用两种语言。
   d. 成千上万的美国公司,包括许多最大的企业,都依赖于占有它们重大销售份额的海外市场。

2. 以下哪条是员工多元化的优势?
   a. 提供了更宽阔的视野和思路。
   b. 让公司更好地了解不同市场。
   c. 使公司能在尽可能大的范围内招收员工。
   d. 以上都是。

3. 一个由各种种族、宗教、年龄、身体状况、语言和其他因素的员工组成的文化丰富的员工队伍:
   a. 通常会缩短决策过程。
   b. 对管理更具挑战性,但可以各种各样的重要方式做出回报。
   c. 因为存在许多新想法,所以更容易管理。
   d. 只有美国一些从事海外贸易的公司才关心。

目标3.2:定义文化的概念并解释文化是怎样形成的,定义种族中心主义和刻板印象。

4. 文化被定义为:
   a. 国家中存在的突出群体。
   b. 由标志、信仰、态度、价值、期望、行为规范共同组成的系统。
   c. 在两个或两个以上的人之间通过线索和激励传达意思的模式。
   d. 各种艺术形式如古典音乐、绘画、雕塑、戏曲及诗歌。

5. 以下哪一个不是文化团体的范例?
   a. 印度教徒。
   b. 摔跤爱好者。
   c. 电视观众。
   d. 联谊会成员。

6. 文化来源于:
   a. 家庭成员。
   b. 文化中其他人的明确教授。
   c. 观察文化中其他人的行为。
   d. 以上都是。

7. _____是一种根据自己群体的标准、行为和习惯来评价所有其他群体的倾向。

8. _____是这样一种错误,它不考虑个人的特点,而是根据个人属于某一特殊文化或社会团体这一事实,将一系列一般化的属性归结在个人身上。

9. 下列哪个技巧可以让你用来确保不陷入种族中心主义和刻板印象的误区?
   a. 尽量减少与你不了解的文化中的人进行互动。
   b. 确定和你一起工作的人清楚地理解你的文化。
   c. 确保每名员工严格遵守公司跨文化沟通的守则。
   d. 不要对其他文化的人做出假设。

目标 3.3:解释识别文化差异的重要性并列出文化差异的八种类别。

10. 在商务活动中,认识到文化差异是很重要的,这是因为:
    a. 这样做有助于减少发生误解的可能性。
    b. 来自另一个文化的人,可以会利用你的无知。
    c. 如果你没有这样做,你就会被指责为立场不正确。
    d. 这样做会帮助你变得更加种族中心主义。

11. 低语境文化沟通的例子是:
    a. 有些人用隐喻传达思想。
    b. 有些人坚持就每个交易的细节上都达成协议。
    c. 有些人在解决问题时十分坚持自己的观点。
    d. 有些人鼓励正式谈判之前的社交。

12. 下列哪一项是高语境文化沟通的真实描述?
    a. 员工工时较短,因为在这种文化背景下,允许他们沟通较少。
    b. 人们较少地依赖口头沟通,而是更多依赖于非语言行为语境和环境背景传达意思。
    c. 人们较多依赖于口头沟通,而较少地依赖于非语言行为语境和环境背景传达意思。
    d. 在这种文化中日常生活的规则明确地对所有人进行教育。

13. 对打招呼、个人空间、触碰、面部表情、眼神接触、姿势等的不同态度是常见的关于不同文化_____的例子。

目标 3.4:列出适用于任何商业文化的四项指南。

14. 为什么在学习其他相关文化之前先了解自己的文化是很重要的一步?
    a. 它能帮助你辨别你沟通习惯中已经形成的偏见。
    b. 它能帮助你识别出其他文化比你的文化低级(或者至少可能低级)。
    c. 它能帮助你识别出其他文化比你的文化高级(或者至少可能高级)。
    d. 当你尝试学习其他文化时,了解你自己的文化并不重要。

目标 3.5:识别提高跨文化沟通技能的七个步骤。

15. 当与那些英语是第二语言的人进行口头沟通时,你应该习惯于总是:
    a. 为了给听众两个可供选择的方案,应该立即重新描述你的每一个要点。
    b. 如果听众似乎并不理解你的话,就讲得大声一点。
    c. 忽略对方的身体语言。
    d. 如果观察到对方有不理解你的信息的身体语言,重新描述你的关键点。

16. 理解文化间的细微差别需要花费数年的时间学习,因此,当你准备与另一种不太了解的文化的人进行沟通时,最好的办法是:
    a. 尽量多从网站、旅游指南和其他资源库中学习,当与新文化中的人们交流遇到困难时，不要羞于寻求帮助。
b. 尽量多从网站、旅游指南和其他资源库中学习，但你不要寻求帮助，因为这样做会使别人看到你的无知。
c. 尽量多从电视节目和电影了解其他文化的特征，换句话说，语言、视觉效果和音乐是学习文化的最佳方式。
d. 不必担心文化差异，你没有时间去理解所有的差异，最好是将你的精力放在其他业务问题上。

17. 给与你母语不同的受众写信时，你可以通过以下哪种方式来改进沟通？
   a. 将数字写成数的形式而不是文字的形式。
   b. 使用短句，谨慎选择词汇。
   c. 用长段落以减少视觉跳跃。
   d. 以上都是。

18. 为多语种的受众写作时，幽默
   a. 应该经常使用，因为它使受众在个人层面觉得受到了欢迎。
   b. 应该很少使用，因为幽默是跨文化沟通需要对第二种语言进行编码或解码的最困难的要素。
   c. 千万不要使用，因为电影和其他娱乐产品很难跨越国界。
   d. 应该每封信至少使用一次，以表达你对受众的感谢。

知识应用

根据每个问题回顾本章的相关内容，请参考指定的学习目标。

1. 一个公司没有除美国以外的经营业务还需要关注跨文化沟通问题吗？说明理由。[学习目标1]

2. 列出在你的生活中五大优先考虑的事（例如名誉、财富、家庭、精神、平和的心态、个性、艺术表现力）。将你所列的清单与你目前所处的文化价值观优先考虑的事作比较。（在这个练习中你定义的文化可以是广义的，也可以是狭义的，如整个美国文化，或者你所在的学院或大学的文化。）个人优先级和文化优先级结合在一起了吗？如果没有，这种不一致怎样影响你与其他成员的沟通？[学习目标2]

3. 怎样努力避免归因于多元文化的假设？[学习目标3]

4. 当你尝试与来自其他文化的人沟通时，为什么先了解你自己的文化很重要？[学习目标4]

5. 回想一下你最近看过的三部美国电影或电视剧，这种娱乐产品对于来自其他国家想要学习美国文化的人有帮助吗？[学习目标5]

技能实践

信息分析：适应文化差异[学习目标5]

你的老板要写出简短的电子邮件，来欢迎从香港分部到你部门的新同事们。这些员工都是香港人，讲英语，你的老板让你审查一下他的信息的清晰度。针对你的目标受众，你如何完善这个信息，为什么？你认为这个信息是以受众为中心的吗？为什么是或为什么不是？（提示：迅速调查一下香港人偏好讲英语的方式。）

我希望尽快地欢迎你们加入我们在美国的小家庭。不需要再横渡大洋，我们终于可以当面握手了。我非常高兴能够结识你们。在美国我也将尽我所能为你们提供帮助。

➡ **练习**

1. 跨文化沟通：识别文化差异[学习目标1]，[学习目标3]，[学习目标4] 回顾一下本章中对每一代人的定义。基于你的出生年代，你属于哪一代人？你感觉到你是这一代人中的一分子吗？为什么？如果你在美国以外的国家出生，每一代的界限适合你吗？现在考虑一下你可能对其他年代人的偏见。例如，如果你属于Y一代，关于婴儿潮一代和他们接受新思想的意愿你会想些什么？识别出一些在工作场合中引起摩擦的对某年代人的偏见。总结你的答案发表在班级博客上，或发邮件给任课教师。

2. 跨文化沟通：适应文化差异[学习目标2] 你是K&J Brick公司的新任经理，该公司生产建筑装饰产品，创建于50年前，现在由创始人的两个儿子经营。多年来，两位领导坚持每年邀请管理团队至野外进行运动和开商务规划会议。你不想错过这项活动，但你知道，户外运动不适合像你这样有身体缺陷的人。起草一封简短的邮件给管理团队的其他成员，建议对每年一度的活动做些改动，以使所有管理人员都能参加。

3. 跨文化沟通：识别文化差异[学习目标2] 当今的员工队伍在性别、年龄和体能差异上呈现多样性。与你的同学一起表演以下对话：

    a. 一位男性人事经理面试一位女士。

    b. 一位年轻的人事经理面试一位长者。

    c. 一位新近移民且英语相对较差的招聘负责人面试一位母语是英语的职员。

如何区别申请人及面试者的沟通状态？在这种情况下，你如何改善沟通状况？

4. 跨文化沟通：识别文化差异[学习目标2] 你代表一个加拿大的玩具公司，在日本大阪与一个制造商谈判购买微型卡车车轮。在第一次会议中，你表示你的公司希望控制车轮以及车轮制造材料的设计。制造商代表俯视你慢慢地说"或许这将是非常困难的"。你为了达成协议，并为了强调购买的意愿，你拿出随身携带的拟好的合同，可是制造商似乎越来越提不起兴趣。在这种情况下，干扰有效沟通的文化差异是什么？做出解释。

5. 跨文化沟通：为不同语言的受众写作[学习目标5] 阅读母语非英语的演讲者写的文章是用第二语言沟通的挑战。内容乍一看会让人感到迷惑甚至好笑，但关键是要记住，如果角色互换的话，你写的对某些人来说可能也会让人迷惑或觉得好笑。

请找出一家注册在非英语国家但是在其公司网站有英语版本的公司。（你最喜欢的搜索引擎的"高级"搜索功能能帮助你在一个特定的国家找到你要的网站。）在这个网站上学习语言。这听起来像是擅长英语的人写的吗？如果你找到的第一个网站的确是由美国土生土长说英语的人写的，那你就再找一家母语非英语的人写的公司网站。选择一段包含几句话的文本，把它改写得听起来更加"美国化"。将原文和你改写的版本交给任课教师。

6. 跨文化沟通：为不同语言的受众写作；协作：团队项目[学习目标5]，第2章 由任课教师指派一组人查询五个公司在Facebook的网页，找出可能令母语非英语的人感到迷惑的词和短语。如果你或者你团队的某个人母语不是英语，要向团队其他人解释所选择的这些词语为什么会令人感到迷惑。选择三个句子、标题、公司标语,或者其他类型的潜在包含易混淆词语的句子,将它们重新改写以降低误解的概率。尽管你发现这在一些情况下很难做到,但是也要尽可能多地保持原有的语气。使用谷歌文档编译原文和你改写的版本,然后用电子邮件的形式发给任课教师。

7. **跨文化沟通:与不同语言的受众说话;协作:团队项目[学习目标5]** 与其他两名同学合作,用你自己的语言准备一份十个俚语的清单,这些俚语在与来自其他文化的人进行商务沟通中会令人产生误解或难以理解。接下来每一个例子都建议你用其他同义词来替换。用来替换的词确实与原来的俚语或习语表达了完全相同的意思吗?提交原文与建议替换的词语的列表,并附上用该词替换比原来效果好的理由。

8. **跨文化沟通:研究文化[学习目标5]** 选择一个你不熟悉的国家,如印度、葡萄牙、玻利维亚、泰国或尼日利亚。研究它的文化并写出一份简短的关于美国经理需要做什么才能了解有关私人空间的概念和社会行为规则的摘要,以便使其在该国成功地开展业务。

9. **跨文化沟通:为不同语言的受众写作[学习目标5]** 探索免费在线翻译服务如 Yahoo! Babel Fish (http://babelfish.yahoo.com)或者 Google Translate (http://translate.google.com)的翻译能力和限制条件。输入本章的一句话,例如"国内市场向世界开放,使所有类型的公司在他们的国界外寻找新的发展机会"。首先将中文翻译成西班牙语,点击完成翻译。然后将西班牙语版粘贴到"文本翻译"框中,再将其翻译成中文。重复这个测试,将这句话翻译成德语、法语、意大利语,或者其他语言。这句话在反复的翻译中还是原来那句话吗?当它被翻译回英语时,它听起来还像是正式的商务写作吗?

(1)国际信函使用自动翻译服务的影响是什么?(2)像这样使用在线工具翻译重要商务信件你会觉得舒服吗?(3)你是如何使用这个网站来提高你的跨文化沟通技能的?用一个简短的报告总结你的发现。

10. **跨文化沟通:与不同语言的受众说话;媒体功能;播客[学习目标5],第7章** 你的公司是首先使用播客作为商务沟通工具的公司之一。高级主管经常记录信息(例如每月销售汇总)并公布在公司内联网上。来自欧洲、亚洲和北美洲14个办公室的员工,把文件下载到他们的音乐播放器中,并在坐火车去工作时、在办公室吃午饭时……听取他们的信息。你的老板让你起草一份因竞争压力加剧而造成的收入下降的播客开场白。她审你的原稿并退还给你,委婉地解释,对于国际受众来说,这份开场白还需要你进行修订。尽可能用各种方法改善以下陈述:

> 嘿,同志们。不用怀疑,今年我们受到了反击,因为我们的傻瓜竞争对手一直在疯狂地变动价格。我是说,我不知道这群蠢人怎样持续盈利,因为钢铁的成本居高不下,劳动力成本日趋白热化(即使在那些能找到廉价劳动力的国家里),而且危险废弃物的处置又增加了经营成本。

技能拓展

剖析行业案例

找到一份在线商业文档,例如一家公司的网页、博客、Facebook 信息选项卡,或者 LinkedIn 的资料,你会发现由于缺少对一些目标读者的考虑而犯的跨文化沟通的错误。例如,一个网站可能使用俚语或习语而使一些读者感到迷惑，或者可能使用了侵犯一些读者的语言。在你班级的博客中分享一篇你找到的文章，并解释为什么你认为它没有成功地进行跨文化沟通。确定文章中包含一个返回原始资料的链接。

在线提升职业技能

"博韦和希尔的商务沟通搜索"（http://businesscommunicationblog.com/websearch）是一个专为商务沟通研究而设计的研究工具。使用网页搜索功能查找网站、视频、播客或幻灯片演示文稿，为在其他国家或文化里进行商务沟通联系提供建议。给任课教师写一封简短的电子邮件，描述你搜索到的条目，总结你从中学到的职业技能。

改善语法、结构和表达

以下练习帮助你提高对英语语法、结构和表达的掌握和运用。在下面每组句子中，找到最佳选项，在正确答案的字母上打勾。

1. 下列哪句包含动词的现在完成时？

a. I became the resident expert on repairing the copy machine.

b. I have become the resident expert on repairing the copy machine.

2. 下列哪句包含动词的一般过去时？

a. She knows how to conduct an audit when she came to work for us.

b. She knew how to conduct an audit when she came to work for us.

3. 下列哪句包含动词的一般将来时？

a. Next week, call John to tell him what you will do to help him set up the seminar.

b. Next week, call John to tell him what you will be doing to help him set up the seminar.

4. 下列哪句是主动语态？

a. The report will be written by Lesile Cartwrgiht.

b. Leslie Cartwright will write the report.

5. 下列哪句是被动语态？

a. The failure to record the transaction was mine.

b. I failed to record the transaction.

6. 下列哪句包含动词的正确格式？

a. Everyone upstairs receives mail before we do.

b. Everyone upstairs receive mail before we do.

7. 下列哪句包含动词的正确格式？

a. Neither the main office nor the branches is blameless.

b. Neither the main office nor the branches are blameless.

8. 下列哪句包含动词的正确格式？

a. C&B Sales are listed in the directory.

b. C&B Sales is listed in the directory.

9. 下列哪句包含动词的正确格式？

a. When measuring shelves, 7 inches is significant.

b. When measuring shelves, 7 inches are significant.

10. 下列哪句包含动词的正确格式？

a. About 90 percent of the employees plans to come to the company picnic.

b. About 90 percent of the employees plan to come to the company picnic.

第二部分　应用三步写作法

第 4 章　商务信息的计划
第 5 章　商务信息的写作
第 6 章　商务信息的完成

每位专业人员都可以学习如何花费较少的时间和精力来更有效率地写作成功的信息。探索出一个被证明适用于从博客文章到正式简历的写作过程。通过一些练习,你会不假思索地应用这个过程来更有效地写作。

第4章 商务信息的计划

学习目标

学完本章后,你将能够:

1. 描述三步写作法
2. 解释为了确定目的和建立受众档案,为什么要重视分析沟通情境
3. 讨论写作简单信息前的信息收集过程,并识别高质量信息的三个特征
4. 列出在选择最合适媒体时要考虑的因素
5. 解释为什么好的组织对你和受众而言都是重要的,并列出组织信息时包含的任务

工作进行时

H&R Block 税务公司的沟通

在最无聊的任务中加入一些刺激

许多美国的纳税人不到万不得已不会考虑到纳税事宜,他们希望尽量少地考虑这些事情。在这种极端冷淡的情况下,H&R Block 税务公司试图与纳税人就报税产品和服务进行沟通,这肯定是一个挑战。

H&R Block 税务公司是美国报税行业的领头羊,能为几乎每一阶层的纳税人提供一系列选择。想要避免繁杂税务活动的人可以把这项工作交给专业税务人员,H&R Block 税务公司在美国国内有 13 000 家办公室。相应地,想要自己做大部分或者全部工作的纳税人可以选择多种数字化替代方案,包括电脑软件和基于网络的解决方案。

虽然报税是最无聊的消费者体验之一,但 H&R Block 已经获得了使用最先进社交媒体创新来进行创造性沟通的良好声誉。例如,著名的媒体专家 Shel Israel 称其最近的产品投放为"历史上最广泛的企业-消费者社交媒体运动",公司使用了各种各样的技术来联系潜在的消费者:包括用户创作视频大赛在内的 YouTube 视频、MySpace 和 Facebook 上的简介、Twitter 微博,还有虚拟世界"第二人生"里的"H&R Block 岛"。

然而,创新之处不仅仅是技术方面,在第 1 章中的"商务沟通 2.0"的精神下,公司强调一种对

话的、双向的方式,在表达的同时仔细倾听,例如,公司职员关注了大量之前提出过税务问题的Twitter用户,以期维持一个开放的沟通渠道。

正是因为来源于一个大多数人印象中平凡、守旧的公司,这种前沿的沟通震惊了不少社交媒体观察员。也许更令人惊奇的是,H&R Block税务公司竟然真的唤起了公众对报税领域的兴趣。[①]

www.hrblock.com

4.1 理解三步写作法

本章开篇描述的H&R Block强调与顾客的联系,这一经验也适用于与所有利益相关者的商务信息沟通。根据本章介绍的过程,你可以学习如何成功地写作符合受众需求的信息,并且凸显出你的商务专业技能。

图4.1中的三步写作法能够帮助你确认信息是否有效(符合受众的需求并清楚表达你的观点)和高效(充分利用你和受众的时间)。

- **第一步:商务信息的计划**。为了计划信息,首先要通过确定目标和建立受众档案来分析当前情况。当确定了需要怎样来完成信息,就收集能够满足受众需求的信息。下一步,选择正确的媒体(口头的、书面的、视觉效果的或者电子的)来传递信息。然后组织信息:确定中心思想、限定范围、选择直接法或间接法并列出内容提纲。信息的计划是本章的重点。
- **第二步:商务信息的写作**。一旦完成商务信息的计划,就要从敏感性、关系技能和合适的写作风格方面来适应受众。接下来就可以写作信息了,写作时注意重点突出、句意明确和段落连贯。商务信息的写作将在本书第5章重点讨论。
- **第三步:商务信息的完成**。完成初稿后修订信息,评价内容和可读性,进行编辑和改写,使之更为简洁、清晰、语法正确、标点合适并且格式恰当。接下来制作信息,用受众接受的格式,检查所有的设计和版式,使之看起来更吸引人、更专业。校对最终稿来确保高质量,之后发布信息。信息的完成将在本书第6章重点讨论。

在本书中,你将学习如何将这些步骤应用于各种类型的商务信息:较短的消息,比如社交网络和博客文章(第7—10章);较长的消息,比如报告和维客(第11—13章);口头演讲(第14章)和帮助你职业发展的就业信息(第15—16章)。

[①] H&R Block website, accessed 9 January 2011, www.hrblock.com; Paula Drum, "I Got People (Online): How H&R Block Connects by Using Social Media," presentation at BlogWell conference, 22 January 2009, www.socialmedia.org; Shel Israel, "Twitterville Notebook: H&R Block's PaulaDrum," Global Neighbourhoods blog, 22 December 2008, http://redcouch.typepad.com/weblog; "H&R Block's Paula Drum Talks Up Value of Online 'Presence,'" The Deal website, video interview, 6 June 2008, www.thedeal.com; Shel Israel, "SAP Global Survey: H&R Block's Paula Drum," Global Neighbourhoods blog, 4 April 2008, http://redcouch.typepad.com/weblog; "Tango in Plain English," video, accessed 27 August 2008, www.youtube.com; "H&R Block, Inc.," Hoovers, accessed 28 August 2008, www.hoovers.com; Linda Zimmer, "H&R Block Tangoes into Second Life," Business Communicators of Second Life blog, 17 March 2007, http://freshtakes.typepad.com/sl_communicators; "H&R Block Launches First Virtual Tax Experience in Second Life," press release, accessed 27 August 2008, www.hrblock.com

1 计划 →	2 写作 →	3 完成
分析情况 确定目的,建立受众档案。 **收集信息** 确定受众需求并获取满足其需求的信息。 **选择正确的媒体** 选择最好的媒体传递信息。 **组织信息** 确定中心思想,限定范围,选择直接法或间接法,列出内容提纲。	**适应受众** 对受众需求要敏感,可采用换位思考、礼貌,正面强调和非歧视性语言。通过建立可信度和树立企业的正面形象构筑与受众的良好关系。使用对话语气、简明的语言和正确的语态来控制风格。 **编写信息** 使用恰当的词汇,帮助你写出有效的句子和连贯的段落。	**修订信息** 评价内容和可读性,编辑、重写,使之更为简洁、清晰。 **制作信息** 使用有效的设计元素和适当的排版,使之看起来更清楚、更专业。 **校对信息** 修改排版、拼写和结构错误。 **发布信息** 使用选择的媒体发布信息,确保所有相关的文件都能成功发布。

图 4.1 三步写作法

三步写作法会帮助你写出在各种媒体中都更有效的信息。通过对这个过程的不断实践,写作就会变得更容易和更自然。

资料来源:改编自 Kevin J. Harty and John Keenan, *Writing for Business and Industy*: *Process and Product*(New York: Macmillan Publishing Company, 1987), 3—4; Richard Hatch, *Business Writing*(Chicago: Science Research Associates, *1983*), 88—89; Richard Hatch, *Business Communication Theory and Technique*(Chicago: Science Research Associates, 1983), 74—75; Center for Humanities, *Writing as a Process*: *A Step-by-Step Guide*(Mount Kisco, N.Y.: Center for Humanities, 1987); Michael L. Keene, *Effective Professional Writing*(New York: D.C. Heath, 1987), 28—34。

4.1.1 写作时间的优化配置

使用三步写作法越多,你就会越熟练。你还能更好地为写作过程中的每个任务分配时间。一开始,先计算出你需要花费的时间总量。然后,一般的原则是,分出大概50%的时间来计划,25%的时间写作,25%的时间完成。

为计划分配一半的时间似乎有些过多,但是正如下一部分所述,仔细的计划通常可以集中精力写作并且减少返工,节省总时间。当然,理想的时间分配因任务而异。简单短小的信息比长信息、网站信息或其他复杂任务需要的计划时间要少。另外,制作和发布信息的时间也可能随媒体、受众数量和其他因素而变化。尽管如此,你可以先用50-25-25划分法作为指导方针,然后在具体的任务中自己判断该如何调整。

4.1.2 有效的计划

一旦有了写作信息的需要,没有沟通经验的人通常试图直接开始写作。然而,略过或者缩短计划阶段经常导致后续过程中额外的工作和压力。第一,经过深思熟虑的计划是确保你将正确的信息通过正确的方式传递给正确的人的必要条件。花些时间来了解受众和他们的需求能够帮你找到和组织他们想看到的事实,并通过简洁而又令人信服的途径传达信息。第二,有了仔细的计划,在写作阶段就会更快、更容易、更轻松。第三,计划能够避免可能损害你的公司或事业的重大失误。

4.2 分析情况

每一次沟通都发生在一个特定的情况下,这就意味着特定的信息在一系列特定的环境下要发送给特定的受众。例如,通过电子邮件向你自己公司的主管介绍你的专业资质,就明显不同于在 LinkedIn 简介中的资质介绍。电子邮件信息很可能只关注一个具体的目标,例如解释你为什么适合做一个重要项目的负责人,你可以专注于一个单一的、目标明确的读者。相反,你的社交网络简介会有多个目标,例如联系你在其他公司的朋友并且向你的潜在雇主展示资质。简介可能有成百上千个读者,每个人都有他自己的需求。

这两条消息中包含的潜在信息可能大体相同,但细节层次上,包括写作的语气、个别词的选择之类,你需要做的选择可能会根据情况而不同。正确的选择从清晰地确定你的目的并了解受众的需求开始。

4.2.1 确定目的

所有的商务信息都有一个**一般目的**(general purpose):告知、说服或者与受众合作。这一目的可以帮助界定你从收集信息到组织信息需要的一般方法。除了一般目的以外,每条信息也有一个**具体目的**(specific purpose),这要求你一方面明确希望用信息来完成什么,另一方面确定在接收到信息以后受众应该或者可能做些什么。例如,目标仅仅是提醒受众注意某个将来的事件,还是想让他们马上做出反应?具体目的要尽可能地精确化,甚至识别出哪些受众应该响应,以及怎样、何时响应等。

确定了具体目标之后,花些时间做一个现实性检查:决定这一目的是否值得你花费时间和精力去准备和发送信息,值得受众花时间去阅读、查看或者聆听。运用四个问题来检验目的。

- **信息能改变现状吗?** 不要因为发送那些无用的信息而导致信息过载。例如,你不喜欢你们公司最近的广告策略,但是以你的职务对此还无能为力,那么给你的同事发送一条批评的信息,既不会改变什么,也不会对任何人有利。
- **你的目的现实吗?** 能够识别目的是否现实,是优秀商业意识的一个重要部分。例如,如果公司处在困境而你要求加薪,你发送的信息就可能会与你周围的情况不协调。
- **时间合适吗?** 人们正忙着或者分心的时候,就不太可能关注你的信息。例如,许多行业和部门的工作量都有一个重复周期,所以在他们工作量的高峰期发送信息就极有可能被忽略。
- **目的能被组织接受吗?** 公司的商业目标和策略,甚至是你所在行业的法律法规都可能决定了目的是否可以被接受。

当你认为你的目的明确而有意义,并且现在是传送信息的合适时机,那么下一个步骤就是了解受众和他们的需要。

4.2.2 建立受众档案

你对受众的需求和期望了解得越多,与他们沟通就会越有效。按照下面步骤来进行一个周密的受众分析(如图4.2所示)。

- **识别最主要的受众**。对一些信息来说,某些受众可能更重要。不要忽视低影响力受众的需求,但是确保对关键决策者的关注。
- **确定受众数量和地理分布**。一个面向分布在世界各地一万人的信息和一个面向在一个大厅内几十个人的信息要求不同的方法。
- **确定受众的组成**。寻找可能影响成功接收和解码信息的因素的共同点和不同点,这些因素包括文化、语言、年龄、教育、组织等级和地位、态度、经历、行为方式等。
- **判断受众成员的理解水平**。如果受众与你的阅历接近,他们理解你的材料可能毫不费力。否则,信息里就需要包含一些教授的成分来帮助他们理解。
- **理解受众的期望和偏好**。举例来说,受众成员是期望得到全部的细节还是只要一个主要

> **实时更新　阅读 PDF**
>
> **使用计划工具深入挖掘受众需求**
>
> 这个深度受众分析工具即使在最复杂的情境下也能够帮助你分析受众的需求。登录 http://real-timeupdates.com/ebc10 获取更多信息。

受众分析笔记

项目:建议公司关闭实地锻炼设施、提供本地健康俱乐部会员资格作为替代的报告。

- 主要受众:营运副总裁 Nicole Perazzo 和他的管理团队。

- 数量和地理分布:共九个经理:Nicole 和他的五个员工在现场,其他三个管理者在中国香港。

- 构成:都有运营管理经验,但是其中一些刚来公司。

- 理解水平:所有人毫无疑问都能够理解财务方面的问题,但是新的管理者可能无法理解实地锻炼设施对许多员工的重要性。

- 期望和偏好:他们期待一个完善的方案,包括对所需财务支持的全面分析和向员工发布该信息的方法,所以应以正式报告的形式并通过电子邮件发送。

- 可能的反应:从一对一讨论的结果中了解,一些将接收该报告的经理经常使用这些设施,所以他们不赞成关闭设施。尽管如此,一些不参加锻炼者认为这些设施对公司而言是一种浪费,公司不应该提供。受众的反应态度从高度支持到高度反对都有;报告应聚焦于克服高度的负面反应上,他们是最需要说服的对象。

图 4.2　利用受众分析作信息计划的例子

简单起见,日常信息通常不需要深度分析受众。然而,对于复杂的信息,或者受众较冷漠或敌视,就需要花些时间来分析他们的信息需求和对信息的潜在反应。

意思的概括？一般来说，在组织内部沟通中，信息越往组织的上层传送，人们越不想看到太多的细节。

- **预测受众可能的反应**。如本章随后的内容所述，潜在的受众反应会影响信息组织。如果你期望受众反应明显，可以一开始就表明结论和提议，并提供较少的支持证据。如果可能面临质疑，则可以用更多的证据来逐步地介绍结论。

4.3 收集信息

在对受众有清楚的了解后，下一步就是收集需要的信息。对于简单信息而言，可能你手头已经有了足够的传递信息的材料；但是对复杂信息而言，你开始写作之前就需要进行大量的调查和分析。第11章将探究寻求、评价和处理信息的正式技术，你也可以经常使用一些非正式的技术来收集观点并确定调查方向：

- **考虑受众观点**。设身处地为受众着想：他们的想法、感受或计划是什么？让他们按照你的想法行动需要什么信息？
- **阅读报告和公司的其他文件**。年度报告、财务报表、新闻稿、业内专家的博客、市场报告和客户调查……都只是潜在信息资源中的一部分。弄清楚公司是否有知识管理系统，这是一个收集整个组织员工的经验和想法的中心数据库。
- **询问主管、同事、客户或者网友**。同事和客户可能有你需要的信息，他们可能知道受众对什么感兴趣。而社交媒体的巨大优势之一就是能够快速定位专家和重要信息源。
- **要求受众提供意见**。如果你不确定受众的具体需求，那么去询问他们。承认你不知道但希望去满足受众需要会比猜测和错解给受众留下更好的印象。

4.3.1 发现受众需求

在许多情况下，受众的信息需要很明显，读者也许会告诉你他们的需要。而有些情况下，人们也许并不能把需要的东西精确表达出来。如果一些人提出了模糊或者宽泛的要求，就通过提问来缩小问题范围。如果你的老板说"尽可能弄清楚关于Interscope唱片公司的每一件事情"，你可以通过问清楚这个公司的哪些特征和业务是最重要的，来缩小调查范围。问一两个问题通常能够使人想清楚并确定他们到底需要什么。

另外，还要考虑受众的一些可能还没有表达的相关信息需要。假设老板要求你对比两份健康保险方案，但你发现了第三个可能更好的方案。那你就可以扩展你的报告，简要地解释一下为什么应该考虑第三个方案，并与先前的两个方案对比。然而，你需要先判断一下，毕竟有些情况下你只需要提供受众期望的信息而不必做添加。

4.3.2 找到焦点

你可能会遇到过这种情况：任务或目标太过模糊，以至于不知道如何确定受众需要知道什么。在这种情况下，可以使用一些发现技术来帮助产生想法和发现可能的调查方法。一个流行的技术是**自由写作**(free writing)，在一段时间里，你可以把任何想到的事情都写下来，不要停下来做任何修改。自由写作的一大好处是你可以不管"内心的挑剔"而只是表述想法。可能最后你得到的是一大堆杂乱的常规方法,但这不要紧。在混乱的表述中你也可能发现一些有用的以前没有想到的主意和角度,也许这就是启动整个任务的关键想法。

有些情况下最好的发现方法可能不是全写,而是速写。如果你不能用语言描述,拿一块速写板开始画。当你形象化地思考时,脑海里可能会产生一些之前被语言束缚住的好主意。

如果你还是不知道从哪里开始,也可以查看本章后文的"确定中心思想"一节中列出的技术。

4.3.3 提供所需信息

界定了受众的信息需求之后,就要确保能够完全满足它(参看"道德沟通实践:多少信息才足够?")。一个检验信息是否完全的好办法就是**新闻报道法(journalistic approach)**:检查一下你的信息是否回答了这些问题:何人、何事、何时、何地、何故和如何。使用这一方法,你可以快速辨别信息的传送是否失败。例如,这条向员工询问信息的消息:

> 我们正试图减少办公室租赁成本并希望您参与。我们设想了一个方案,希望隔天就远程办公的员工们能够共享办公室。请告知我您对于这个方案的看法。

如果想要员工作有意义的回应,这条信息没有告诉员工所有他们应该知道的事。"何事"可以通过识别作者想要从员工那里得到的具体信息来改进(例如个人远程办公模式是否足够规律以制订共享办公室的计划表)。作者也没有细化何时需要回复或者员工应该如何回复。没有说明这些要点,询问就很可能收到各种各样的回复,有些有用,有些则不然。

实时更新　阅读文章

需要一些新鲜创意的灵感吗?

如果你卡在了一个项目上而你的大脑有一些火花闪过,试试这些非凡的创意技术来解决棘手的问题吧。登录 http://real-timeupdates.com/ebc10 获取更多信息。

确保信息的精确性

提供的信息质量与数量同等重要。商务信息中不精确的信息可能引发很多问题,从引起尴尬、降低生产率到严重的安全和法律问题。你可能使组织陷入一些它根本没有准备或者不能实现的承诺之中,错误也会损害你作为可靠的商务人士的信誉。由于互联网的存在,不精确的信息在你发送之后可能存在数年之久。

你可以通过审查所收集的每一条信息来使错误最小化。如果你正在查阅组织之外的信息,检验一下它们是否真实可靠,尤其要小心使用互联网上的信息。由于网络发布的简单性和编辑失察的频繁发生,使用网上信息时需要更加细心。一定要对一些数学的或者财务的数据进行复查,检查所有的日期和图表,并检验你的假设和结论确认其真实可靠。

道德沟通实践

多少信息才足够?

想象一下,假设你的公司使用各种上等木材制作各类家具产品。为了保持木材的外观和质感,公司的工艺师使用了一种从当地建筑材料批发商那里购买的油漆。工人们用抹布来擦拭涂层,用完之后就随手丢弃了。在看到有关家具车间内的废弃抹布自燃现象的报道之后,你开始重视这个问题,去联系那家批发商要求确认产品的安全性。批发商知道你已经在考虑采用其他不易燃的、水质的涂层来替代这种产品,但为了使你安心,他发了下面这封电子邮件:

> 把抹布密封在检验过的容器中并依照当地法规处置。你可能已经知道了,国家规定所使用溶剂型材料的商户都要在危险废品设施处处理残留物。

你还是感到不满意。你访问了一家油漆制造商的网站,发现了有关你正在使用的产品的警示说明:

> 不适当地弃置浸油抹布或其他材料会导致严重的火灾隐患。特定的油性漆风干时,产生的化学反应可能产生大量的热量导致蒸气和油浸材料的自燃。安全地储存油浸抹布和其他废品,应将其完全浸入盛水的金属容器内并将容器密封隔绝空气。依照当地法规处置容器。

▶ **职业应用**

1. 在本案例中,批发商是否有道德上的过失? 如果是,解释你认为过失在哪里,你为什么觉得是不道德的;如果否,解释为什么你觉得他的叙述是道德的。
2. 如果没有第二句解释自燃的原因,制造商的警示还一样有效吗? 为什么?

资料来源:部分改编自 Minwax 网站的产品警告信息, accessed 1 November 2003, www.minwax.com。本专栏所述纯属虚构;Minwax 网站只用于查询故事中引用的产品警告信息。

确保信息合乎道德规范

通过努力工作来确保你收集信息的精确性,也可以避免信息中的许多道德问题。如果你犯了一个无心之过,例如,最初传递信息时你认为是对的,但随后发现错了,你立即联系信息接收者并纠正错误。在那种情况下没有人会因此责怪你,而且会尊重你的诚实。

如果重要细节被删除,信息就可能是不道德的。当然,作为专业商务信息,可能有法律的或者其他商业的原因而不必包括每件事情的每个细节。那么应该包括多少细节? 要确保包括足够的细节而不至于误导受众。如果不确定受众需要多少信息,提供足够多的最适合你的定义的全部解释,按照这个去组织信息。

确保信息的相关性

在收集信息时,注意对受众来说更重要的点。受众会对你优先收集他们需要的信息、过滤掉他们不需要的信息而大加赞赏。另外,通过关注与受众最相关的信息,能更加确保完成自己的沟通目标。

如果你不了解受众,或者与志趣不同的人群进行沟通,就要利用常识来辨别兴趣点所在。受众的要素,例如年龄、工作、位置、收入和教育等,可以给你提供一些线索。如果试图在一个健康俱乐部销售会员卡,你可能要针对运动员、繁忙职业者、家庭以及不同位置和不同收入阶层的人来调整信息。完备的设备和专业的教练将吸引运动员,而较低的价格将吸引收入较少的大学生。

一些信息必须要传送给受教育水平不同、对问题了解程度不同以及其他因素不同的受众,在这种情况下,你就只能选择满足最可能范围的受众成员。

4.4 选择正确的媒体

媒体(medium)就是选择沟通信息的形式。你可能选择与某人面对面交谈、发博客、发电子邮件或者做一个网络直播节目。媒体的范围很广,而且一直在不断扩大。事实上,现在可供选择的媒体是如此之多,以至于对于一条给定的信息而言,选择最佳的媒体本身都成了一项重要的沟通技能(如图4.3所示)。

图4.3 媒体选择

在线视频已经成为商务沟通最重要的媒体之一。在伯顿滑雪板(Burton Snowboards)的 YouTube 频道中提供了刺激的滑板滑雪的视频。

资料来源:Courtesy, Burton Snowboards。

虽然近些年对媒体的分类变得越来越模糊,为了方便讨论,你可以认为媒体就是口头、书面、视觉媒体或电子媒体(电子媒体通常结合了多种媒体类型)。

4.4.1　口头媒体

口头媒体包括面对面对话、访谈、演讲、现场演示和会议。采用口头媒体,参与者相互之间能够真实地看到、听到并做出反应,并有助于鼓励提问、评论和相互合作来达成一致或做出决策。例如,专家建议管理者经常"四处走动",同员工聊天来征求意见、回答问题并解释一些重要的商务事件和趋势。[②]

当然,如果你并不想要很多的问题或者互动,使用口头媒体就不是一个明智的选择。但是,在决定选择另一个媒体来限制互动之前要仔细地考虑一下受众。作为管理者,你会遇到一些不愉快的情况(例如拒绝员工的加薪要求),发一封电子邮件或者其他方式来避免个人接触可能对你比较有益。然而,在许多类似情况下,你就欠对方一个提问或表达关注的机会,亲自处理这种棘手的状况会为你赢得诚实、体贴的声誉。

4.4.2　书面媒体

从传统的备忘录到印刷质量可以与杂志媲美的彩页报告,书面媒体有多种形式。**备忘录(memos)** 大多是印刷的文件,以传统方式用于组织内部一些常规的、日常的信息交换。在许多机构中,社交网络、即时信息、电子邮件、博客和其他电子媒体已经大量地取代了纸质备忘录。

信件(letters) 通常是发送给组织外接收者的主要书面信息。除了传达特殊信息之外,信件还执行着一项重要的公共关系职能,那就是与客户、供应商和其他机构建立良好的工作关系。在日常沟通中,许多组织依赖正式信件来节省时间和金钱。正式信件中的标准消息会根据每一位接收者的需求而个性化定制。

虽然报告和建议书可以用备忘录或者信件的格式,但它们通常比备忘录和信件要长。这些文档篇幅不等,从几页到几百页,语气通常相当正式。第11—13章将对报告和建议书进行详细讨论。

4.4.3　视觉媒体

虽然你不大可能以纯视觉而没有文字的信息进行工作,但商务沟通中视觉元素的重要性正在与日俱增。传统的商务信息主要依赖文字,偶尔需要图形信息来帮助阐明文字中讨论的观点。然而,许多商务沟通者正在探索视觉元素主导、辅以少量文字信息的力量。为了讨论方便,你可以将视觉媒体看做在传输信息内容时一个或多个视觉元素起主导作用的形式(如图4.4所示)。

使用强大的视觉效果和辅助性文字的信息通常被称作**"信息图"(infographics)**,它之所以高效有好几个原因。当今受众时间紧迫而且被信息轰炸,因此这类能够快速沟通的方式会受到欢迎。视觉效果在描述复杂的想法和过程时同样有效,因为它能够减少受众识别构成整体的各部分及其联系时所花费的努力。另外,在多语言的商务世界中,图表、符号和其他图像能够减少翻译程序因此减少沟通障碍。最后,视觉描述比纯粹的文字描述或解释更容易被人记住。第12章提供了关于视觉设计的更多信息。

---

② Linda Duyle, "Get Out of Your Office," *HR Magazine*, July 2006, 99—101.

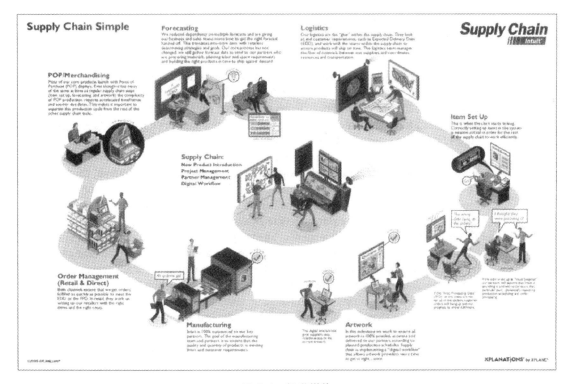

图 4.4 视觉媒体

在传统的商务信息中,视觉元素通常起辅助文字的作用。然而,在一些例子中,视觉效果主导、文字辅助的信息反而能够更加有效地表达。

资料来源:经 Supply Chain Simple 授权使用。

4.4.4 电子媒体

电子媒体的范围很广并在不断扩大,从电话和播客,到博客和维客,再到电子邮件和短信。当你想给别人留下深刻的印象时,使用电子媒体可以利用动画、音频和视频来增加视觉刺激。

对于商务沟通而言,电子交流途径的不断增加有利有弊。一方面,你有比以前更多的工具可以选择,更多的方法来传达理性和感性的内容。另一方面,巨大的可选范围也使工作复杂化,因为你需要在多种媒体之间选择并要知道如何用好每一种媒体。

从受众的角度来看,电子媒体的一个共同缺点就是缺乏一体化。媒体间的隔离日益增长,人们不得不重复使用各种媒体来掌握信息。[3] 随着选择的多样化,查看来自多种来源的信息需要耗费大量时间和精力。为了让失误最小化和生产率最大化,公司管理者应该建立清晰的期望:如何使用电子媒体并对每个新的媒体创新小心地整合——或者正式地选择不使用。

你会在本书中继续学习使用电子媒体,特别是在第 7 章。但现在来讲,需要快速地浏览一下在商务中使用的主要电子媒体:

---

[3] Frank Martin Hein,"Making the Best Use of Electronic Media," *Communication World*, November-December 2006, 20—23.

- **电子化的口头媒体**。这些媒体包括电话、电话会议、语音邮件、音频记录如光盘和播客、语音合成(计算机数据生成音频信号)、语音识别(音频信号转化为计算机数据),甚至是一个在线动画人物(如图 4.5 所示)。网络电话服务如 Skype 使用基于互联网协议的语音技术(voice over inernet protocal,VOIP),正在越来越流行。虽然只有音频的电话不能传递现场谈话的全部非语言信号,但它可以传递包括语气、语速、笑声、停顿等许多这类信号。当然,视频电话可以补偿大部分音频通话中丢失的非语言内容,40% 的 Skype 通话是视频电话。④

图 4.5　电子口头媒体

现在许多网站以可以说话的动画人物为特色,有时叫做"avatars",可以给网站的访客提供更迷人的体验。
资料来源:经 World Voyager Vacations 授权使用。

- **电子化的书面媒体**。涵盖了从电子邮件、即时信息、博客、网站、社交网络和维客。在哪种媒体有效和谁倾向于使用哪种媒体两方面,一直处于变化之中。例如,电子邮件在过去的十到二十年间,一直是主要的商务媒体,但在许多情况下,电子邮件正在被即时信息、博客、短信和社交网络所取代。⑤ 第 7 章详细地研究了电子邮件、即时信息、博客和社交网络,第 14 章详细地讨论了维客。

- **电子化的视觉媒体**。包括电子演示(使用微软 PowerPoint、谷歌 Docs、苹果 Keynote 和其他软件)、电脑动画(例如使用 Adobe Flash 来创造许多你在网站上看到的动画)和视频(YouTube 正快速变成主要的商务沟通渠道)。**多媒体(multimedia)** 指的是使用两种或以上的媒体来创作一条信息,通常整合了音频、视频、文本和可视化图形。多媒体的优势在于能够持续地产生吸引人的沟通的可能性,例如扩增实境技术可以将电脑产生的文本、图形和声音添加在用户的物理实体之上,或者在播放设备上,或者直接在现实世界中。

想要更多的电子媒体方面的最近创新,请访问 http://real-timeupdates.com/ebc10 并点击第 4 章。

---

④ "About Skype,"Skype Website, accessed 7 January 2011, http://about.skype.com
⑤ Caroline McCarthy, "The Future of Web Apps Will See the Death of Email," Webware blog, 29 February 2008, http://news.cnet.com; Kris Maher, "The Jungle," *Wall Street Journal*, 5 October 2004, B10; Kevin Maney, "Surge in Text Messaging Makes Cell Operators :-)," *USA Today*, 28 July 2005, B1—B2.

4.4.5 选择媒体时需要考虑的因素

在有些情况下,你对于使用哪种媒体完全没有选择或者选择很少。例如,你的部门对于所有的内部短消息都是用即时信息,而更长的现状报告则使用维客,你也被要求使用这些媒体。在另外的情况下,对于某一条特定的信息,你有选择一种或多种媒体的机会。表4.1列出了每种媒体常见的优点和缺点。此外,确保考虑到你的信息是如何被下面这些重要因素影响的:

表4.1 媒体的优点和缺点

媒体类型	优点	缺点
口头	• 提供即时的反馈 • 促进互动 • 包含丰富的非语言暗示(身体姿势和声音变化) • 可以表达信息背后的感情	• 只有在场的人可以参与 • 除非作记录,否则不提供永久的、可核实的沟通记录 • 在大多数情况下,减少了沟通者对信息的控制 • 除非预先写好和排练过,没有修改或编辑讲话内容的机会
书面	• 有利于计划和控制信息 • 能够将信息传达给地理上比较分散的受众 • 提供永久的、可核实的记录 • 能将在口头和一些电子信息中常见的曲解减到最小 • 可以用于避免直接的互动 • 通过限制人际沟通来帮助控制情绪方面的交换	• 及时反馈的机会较少 • 缺乏口头媒体拥有的丰富的非语言暗示 • 相对于口头媒体通常需要更多的时间和资源去写作和分发 • 详尽的文稿需要特殊技能去准备和制作
视觉	• 能够快速传递复杂的想法和关系 • 没有大段文字那么吓人,特别是对于非本国的读者 • 能够减少受众理解信息或将概念的各部分整合在一起的障碍	• 需要艺术技能来设计 • 需要一些专门技术来创作 • 比等量的文字需要更多的时间创作 • 比简单的文本信息更难以传输和存储
电子	• 快速传递信息 • 能够将信息传达到地理上比较分散的受众 • 提供多媒体格式强大的说服力 • 使受众能够通过社交媒体互动 • 能提高组织内部和组织与外部利益相关者之间的公开性和透明度	• 容易使用过度(给过多的接收者发送过多的信息) • 引发隐私风险和关注(曝光机密数据;雇主监视;意外转发) • 引发安全风险(病毒和间谍软件;网络破坏) • 产生生产率的问题(经常地打断,同时使用多个电子媒体时缺乏整合,非商务用途上的时间浪费)

- **媒体丰富度**。丰富度是指一个媒体是否有能力(1)通过多种信息暗示(视觉的、文字的和听觉的)来表达信息;(2)促进反馈;(3)带来个体关注。最丰富的媒体是面对面的沟通;它是个体的沟通,提供即时反馈(语言的和非语言的),并且表达了信息背后的情感。[6] 多媒体演示和多媒体网页也非常丰富,能够展示图像、动画、文本、音乐、声音效果和其他要素(如图4.6所示)。许多电子媒体也具有互动性,能够使受众参与到沟通过程中来。另一个极端是最贫乏

---

[6] Laurey Berk and Phillip G. Clampitt, "Finding the Right Path in the Communication Maze," *IABC Communication World*, October 1991, 28—32.

的媒体——那些用最简单的方式沟通、不提供受众反馈的机会,而且不够个性化的媒体。通常来说,较为丰富的媒体可用于发送非常规的、复杂的信息,使整个组织中的信息传达更人性化,向员工表达关怀,以及取得员工对公司目标的忠诚。而较贫乏的媒体则用于发送常规的信息或传递不需要明确解释的信息。⑦

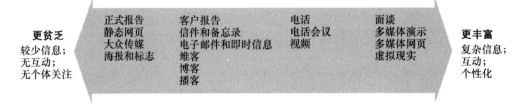

图 4.6　媒体丰富度

商务媒体在丰富度方面多种多样,丰富度是指可用的信息暗示的数量,整合反馈的能力以及可个性化的程度。

- **信息正式度**。媒体选择是一个非语言信号,影响信息的风格和语气。例如,打印的备忘录或者信件很可能看起来比电子邮件更正式。
- **媒体的局限性**。每一种媒体都有其局限性。例如,即时信息是传达简单的、直接的信息的理想媒体,但对于传达复杂的信息来说却较为低效。
- **紧迫性**。有些媒体比其他媒体能够更快地建立起与受众的联系,因此在信息紧迫时要进行明智的选择。然而,要确保尊重受众的时间和工作量。如果一条信息并不紧急,不需要即时的反馈,就要选择例如电子邮件这样的媒体,让人能在他们方便时回复。
- **成本**。成本既是真实的财务因素,也是感知到的非语言信号。例如,根据情境的不同,奢侈或昂贵的视频及多媒体演示能够表达一种老练和专业的非语言信号——或者是忽视公司财务状况的信号。
- **受众偏好**。一定要考虑受众更期望或者比较喜欢哪种媒体。⑧ 譬如,美国人、加拿大人和德国人更重视书面信息,然而日本人更重视口头信息——也许是因为他们高语境文化中的非语言暗示和"言外之意"包含了太多的信息。⑨

4.5　组织信息

组织能决定信息的成败。比较图 4.7 中信息的两个版本。无效的版本显示了几种常见的组织错误:切入主题费时太长、包含无关信息、意思混杂,以及遗漏了必要信息。

---

⑦ Samantha R. Murray and Joseph Peyrefitte, "Knowledge Type and Communication Media Choice in the Knowledge Transfer Process," *Journal of Managerial Issues*, Spring 2007, 111—133.

⑧ Raymond M. Olderman, *10 Minute Guide to Business Communication* (New York: Alpha Books, 1997), 19—20.

⑨ Mohan R. Limaye and David A. Victor, "Cross-Cultural Business Communication Research: State of the Art and Hypotheses for the 1990s," *Journal of Business Communication*, Summer 1991, 277—299.

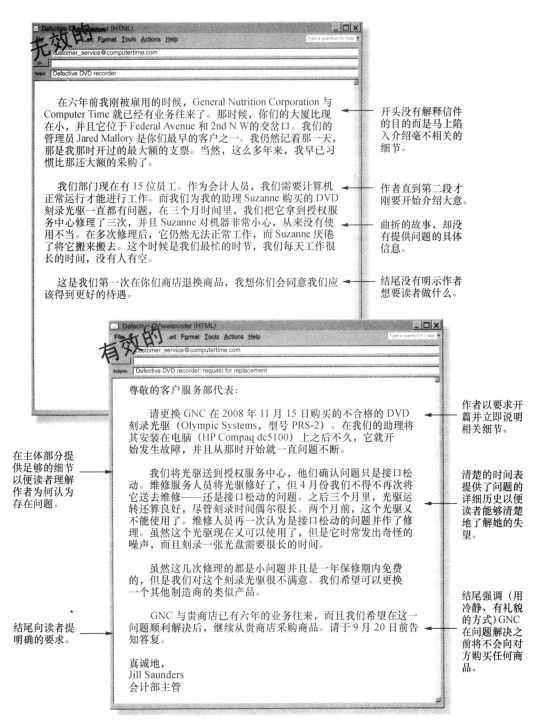

图 4.7 改进信息的组织

这封电子邮件的改进版本清晰且有效,有逻辑顺序,仅展示了必要的信息。

4.5.1 认识良好组织的重要性

良好的组织能够在三个关键方面帮助你的读者或受众。

第一,它能够帮助受众理解信息。在一个组织良好的信息中,你从一开始使中心思想清晰化,展示附加的观点来支持主要观点,并满足受众的全部需要。但是如果信息组织拙劣,你的意图就会被掩盖,受众可能对于你所说或所写的得出错误的结论。

第二,良好的组织帮助受众接受信息。如果你写得看起来杂乱无章,人们可能认为在信息背后的想法同样杂乱无章。此外,有效信息的要求不仅是简单、清楚的逻辑。圆滑的表达方式可以帮助接收者接受信息,即使信息不完全是他们想要听到的。相反,主题令人情绪紧张时,一个组织拙劣的信息会在被了解前就被受众疏远了。

第三,良好的组织可以为受众节省时间。精心组织的信息是高效的,只包含相关的内容,而且简单明了。另外,从整体的角度看,每一个信息都被安排在了合理的位置,每一部分都与之前的部分形成了连贯的整体,不需要人们寻找遗漏的部分。

除了为你的读者节省时间和精力,良好的组织还能够节省你自己的时间和精力。因为你没有浪费时间思考错误的想法或组织你不需要的材料,写作能够进行得更快。你大量减少了重写时间和从混乱的材料中提取有意义信息的时间。最后但同样重要的一点,组织技能有助于你事业的发展,因为它能够帮助你建立起为读者着想的清晰思考者的声誉。

4.5.2 确定中心思想

信息的**主题**(topic)是总的题材,**中心思想**(main idea)是对信息主题的明确陈述(如表 4.2 所示)。例如,如果你认为公司现有的用纸质形式归档员工保险索赔申请的系统费用昂贵并且赔付迟缓,你可能会写一条信息,主题是员工保险索赔申请,中心思想是新的基于网络的索赔归档系统能够减少公司的成本和员工的赔款延迟。

表 4.2 确定主题和中心思想

一般目的	具体目的举例	题目举例	中心思想举例
告知	教会客户服务代表如何编辑和扩展维客技术支持	维客技术支持	小心而全面地编辑和添加维客词条能够帮助整个部门提供更好的顾客支持
说服	说服高层管理人员增加研发经费	研发资金	竞争者比我们投入了更多资金在研发上
合作	为在公司范围内将利润与工资挂钩的激励制度征求意见	激励工资	将利润与工资挂钩能激励员工并在困难的年份减少工资成本

在较长的文档和演讲中,你经常需要综合大量的材料,以及一个包含你想要表达的所有要点的中心思想。在所有要点中找到一个共同的思路可能是很大的挑战,有时你只有通过整理所有信息才能确定中心思想是什么。对于像这样困难的任务,可以考虑使用下列各种技术来获得创造性的想法:

- **头脑风暴法**。单独或与其他人一起努力,酝酿尽可能多的想法和问题,不要停下来分析或者组织。在获得所有的想法以后,寻找各种模式和相互联系来辨认中心思想并将支持论点分类。例如,你的主题是关于在丹佛开一家餐馆,你可能发现一部分想法与资金回报有关,而另一部分与竞争力有关,等等。确定这些分类可以帮助你看到主要问题,从而使你得出确信的结论。

> **实时更新　观看幻灯片**
> **进行头脑风暴时的建议**
> 通过这些有益的小小建议,可以用更少的时间产生更好的想法。登录 http://real-timeupdates.com/ebc10 获取更多信息。

- **新闻报道法**。运用新闻报道法,可以通过询问何人、何事、何时、何地、何故和如何,从无组织的信息里提取主要的观点。
- **问答链**。从受众的角度提出一个关键问题,以此开始回溯信息。大多数情况下,你会发现每个回答都会带来新的问题,直到你明确了所需要的信息。
- **故事讲解**。有些人觉得先把要进行的沟通任务从头到尾说明白,然后再写,会更容易一些。想要写时,把要描述的东西记录下来。然后听回放,想办法使信息更严密和清晰,然后重复这个过程,直到你将中心思想精炼为一条单独的、精确的信息。
- **思维导图**。你可以通过一种叫做思维导图的图解法来产生和组织各种观点。以一个中心思想开始,然后扩展开来连接到脑海中浮现的每一个观点(如图 4.8 所示)。你可以在网上找到许多免费的思维导图工具,例如 http://bubbl.us。

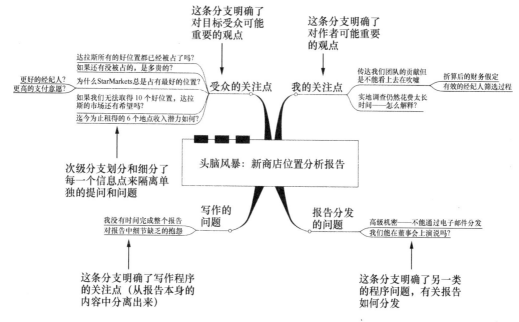

图 4.8　用思维导图计划一个写作方案

思维导图是一项有助于识别和组织许多想法和信息的技术,而复杂的写作任务通常必须包括这些想法和信息。软件(本文中是 MindJet 的 MindManager)能够使创建图形化输出更容易。例如这个图表,展示了作者对于一份报告的关注点,她洞察到了受众的关注点,以及关于写作和分发报告的一些问题。

4.5.3 限定范围

信息的**范围**(scope)是指呈现的信息的广度、整体长度和细节水平,所有的这些都需要与中心思想相对应。一些商务信息的长度有预先设置的限制,限制可能来自老板的指示、你使用的技术或者是时间限定例如研讨会上的个人发言时间。即使没有限制,把范围限定在传达中心思想的需要之内并且不再增加,也很重要(如图 4.9 所示)。

> **实时更新 观看幻灯片**
>
> **将思维专注于思维导图**
>
> 查看活动的思维导图的彩色的演示示例,登录 http://real-timeupdates.com/ebc10 获取更多信息。

无论信息有多长,把主要支持论点限制在六条左右——如果你能用更少的要点来说清楚中心思想更好。列出 20 或 30 个要点虽然可能让你看上去做得很全面,但是受众会觉得这些细节非常杂乱而且思维混乱。相反,把要点归到主要标题下面,例如财务、客户、竞争者、员工或者其他任何适合主题的标题。用合适的方式精炼支持论点的数量,能达到四两拨千斤的效果。

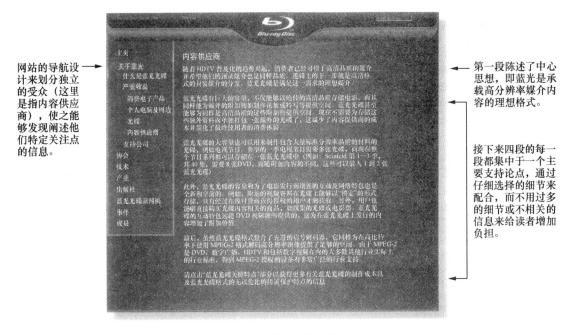

图 4.9 限定信息的范围

蓝光光碟协会(Blu-ray Disc Association)是监督蓝光光碟技术标准和其他有关事宜的行业协会,蓝光光碟用于电影、音乐和数据存储。在网站的这部分,协会描述了蓝光格式带来的好处,四个利益相关群体每个都有一个各自的信息。这个特定的截屏描述了对于这些群体(内容供应商,如电影工作室)之一的好处。注意信息的范围如何限定来支持一个单独的中心思想——对于特定的受众,蓝光的商务收益如何。

资料来源:经 Limiting the Scope of a Message from Blu-ray Disc Association 许可使用。

用来沟通和支持中心思想的字数、页数或分钟数取决于主题,受众对主题的熟悉程度和对结论的接受程度,以及你的可信度。向了解和尊重你的、内行的受众表达常规的信息只需要较少的字数。而你需要花更多的时间在复杂和有争议的主题上建立共识,尤其是面对持有怀疑和敌意态度的陌生人时。

4.5.4 选择直接法或间接法

在确定中心思想和支持论点后,你就可以决定表达信息的顺序了。有两种基本选择:

- **直接法**。当你知道受众会接受信息时,使用**直接法**(direct approach):以中心思想开头(比如一个建议、结论或者请求),随后陈述支持论据。
- **间接法**。如果受众对信息持怀疑或抵制态度,使用**间接法**(indirect approach):以论据开头,在表达中心思想之前构建论据框架。

在这两种备选方案中选择一种,需要分析受众对目的和信息的可能反应。记住,图4.10 展示的仅仅是通常的指导方针,操作时要始终考虑每一条信息和受众情况的具体情况。接下来的部分会展示如何在面对日常和正面信息、负面信息以及说服性信息时选择最佳的方法。

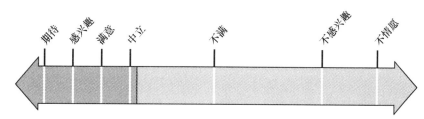

图 4.10 在直接法和间接法之间的选择

在选择方法之前考虑受众可能回应的方式。

信息的类型同样影响直接法或间接法的选择。在接下来的章节里,你会在如何面对各种沟通挑战时选择最佳的方法方面得到特别的建议。

4.5.5 列出内容提纲

在选择了最佳的方法之后,就该选择最有逻辑性和最有效的方式去展示你的主要观点和支持细节。努力养成准备商务信息时列提纲的习惯,这样能事半功倍,并且使你在错综复杂的商务场合中游刃有余。即使仅仅是快速地写下三四个关键点,列一个提纲也有助于组织思路来更快地写作。当你在准备一个更长、更复杂的信息时,提纲是不可缺少的,因为它能帮你把各个部分的关系形象化。

> **实时更新　观看幻灯片**
>
> **对于列出任何项目的提纲都有用的小提示**
>
> 学习这些证实过的步骤来写作稳固的、实际的提纲。登录 http://real-timeupdates.com/ebc10 获取更多信息。

你肯定非常熟悉基本的提纲格式,它使用数字或者字母来标记每一点,并且通过缩进来显示哪些点处于平行层次。一个好的提纲把主题划分为至少两部分,每部分限定在一个范畴内,并且确保各部分之间区别明显(如图 4.11 所示)。

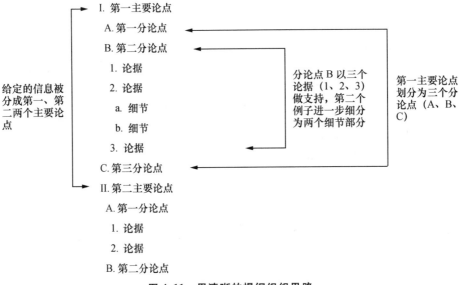

图 4.11　用清晰的提纲组织思路

无论用什么提纲形式,都要全面考虑主要支持论点和能够支持论点的例证。

另一种使信息结构形象化的方式是组织结构图,就像表示某公司管理层结构的图一样,以第1章的图 1.3 为例。像公司的最高执行官一样,把中心思想放在最顶层来确定大体方向。较低层的观点像基层员工一样,提供细节。所有观点按逻辑划分为不同部分,就像一个企业是由很多部门组织起来的一样。⑩ 使用形象化的图表形式代替传统的提纲有很多好处,它能帮助你弄清楚不同的层次以及不同部分之间如何联系在一起,提出新的观点并重建信息流。用于形成想法的思维导图的原理与此类似。

---

⑩ Holly Weeks, "The Best Memo You'll Ever Write," *Harvard Management Communication Letter*, Spring 2005, 3—5.

无论建立提纲还是组织结构图,都应从信息的中心思想着手,然后是主要的支持论点,接着用论据阐释这些论点。

从中心思想开始

中心思想能帮助确立目标和总体信息策略,它总结了两个重要考虑因素:(1)你想要受众执行或思考什么;(2)为什么他们应该这么做。信息里的所有内容要么是支持中心思想的,要么是揭示其含义的。我们在前面部分提到,直接法直截了当地阐明中心思想,而间接法要提出论据后才提出中心思想。

阐释主要论点

主要论点能具体地阐明和解释你的中心思想,你需要用其支持中心思想。如果你的目的是告知而且材料是事实性的,你的论点就可能是基于事物或者财务的,可形象化或者可度量的东西,例如要进行的活动、功能单位、空间或时间顺序,或者整体的不同部分。当描述一个过程时,主要论点是这一过程中的必要步骤。当描述一个事物时,主要论点对应该事物的组成部分;当叙述历史时,主要论点是按时间顺序发生的事件;如果目的是说服或者合作,选择形成推理线索或逻辑论证的论点,证明主要信息并鼓励受众响应。

提供例证

在确定了中心思想和支持论点后,考虑用例子和论据证实、阐释或者扩展支持论点。要谨慎地选择例证,使这些支持你的整体信息的元素不会使受众分心或无所适从。一个好的例子,特别是在一个引人入胜的故事中,如下一节所示,通常要比几个无力的例子更有效。简单地说,论据中的重点信息比大量的次要细节更有说服力。记住,你可以用各种方法支持主要论点,这取决于主要题材和可获得的例证(如表 4.3 所示)。

表 4.3 六种细节

细节类型	例子	评论
事实和图	这个月的销售额很高。我们有两个新的合同,共价值 500 万美元,并且有很大机会赢得另外一个价值 250 万美元的合同。	比其他类型都更能提升可信度;但过度使用又会变得枯燥乏味;这是商务中最常见的形式。
举例或插图	我们已经花了 4 个月时间来招聘最近毕业的会计类专业学生,可是到目前为止,只有一人加入了我们公司。有一位应聘者向我表达了加入的意愿,但是在其他公司工作会比在我们这儿每年多挣 1 万美元。	为信息增添了生动性,但一个例子并不能证明观点;还需要其他的证据支持。
描述	高档汉堡餐厅的消费对象也是汉堡爱好者,但他们并不仅仅关注于麦当劳汉堡的快捷和低价。这些餐厅将葡萄酒、啤酒、半磅的汉堡和大量配菜(比如玉米片、土豆皮)作为餐厅特色。餐厅环境是关键要素。	通过制造感官印象来帮助受众更形象地了解主题;并不能证明观点,但使其更清晰、更令人难忘;以对功能的回顾开始,明确其用途、列举主要的部分,并解释如何操作。

(续表)

细节类型	例子	评论
讲述（讲故事）	当 Rita Longworth 接管成为公司 CEO 时，她面临一个重要的选择：完全关闭平板电脑部门或者在保留该部门的同时将生产外包出去以节约成本。第一步，她召集了该部门的所有管理者开会，从而了解大家对这两种选择的看法（故事从那里开始）。	通过扣人心弦的紧张氛围来激发受众的兴趣。在很多情况下，需要辅以统计数据来使观点更有说服力。
引用权威	我与芝加哥工厂的 Jackie Loman 讨论了这个观点，她非常支持。你也知道，Jackie 过去 6 年都在管理那个工厂。她有信心，如果我们额外增加一个工人，就可以将 2 号线的速度每小时提升 150 个单位。	增加了变化和可信度的同时支撑了观点。但是只有权威人士被受众承认和尊重时才起作用。
视觉工具	曲线图、统计图表、表格、信息图、数据可视化。	帮助受众在一系列数据中抓住重点或者使观点之间的联系更形象。

如果时间允许，在第一次起草之前，把提纲撇开一两天。然后以一种全新的眼光审视它，寻找改进想法表达的途径。

4.5.6 通过叙事技巧来引起读者兴趣

叙事对于商务教程似乎是一个奇怪的题材，但在大量的商务沟通情境下，从招聘培训员工到吸引投资者和顾客，讲述技巧是有效的组织信息的方法。叙事是至关重要的沟通方式，用管理咨询师史蒂夫·托鲍克(Steve Tobak)的话来说："如果你不会讲故事，很难想象你的职业生涯会有什么发展。"[11]幸运的是，出生以来你一直在讲故事，因此讲述技巧已经是你的本能了，现在只需要把这些技巧应用在商务场合就可以了。

你已经听过不下数千个商务故事了——叙事是电视广告和其他广告最普通的手法之一（如图4.12 所示）。人们也喜欢分享他们自己或者别人的故事，因此社交媒体对叙事来说是理想的媒体。[12] 用户生成的内容(如第 1 章提到的丰田的"汽车志"活动)，通常都是叙事。

职业相关的故事，如某人如何寻找和发现一个加入他热爱的项目的机会，能够吸引熟练员工考虑加入公司。创业者使用故事来让投资者明白他们的新想法如何拥有影响人们生活并因此能够产生巨大销量的潜力。故事也可以是警告，戏剧化地展示职场错误、道德过失和战略失策的后果。

叙事能够如此有效的一个关键原因是，故事能够让读者和听众想象自己经历故事中的人物的经历。斯坦福大学的奇普·希思(Chip Heath)和他的兄弟——杜克大学的丹·希思(Dan Heath)，花费了多年时间来探索为什么一些想法很"坚挺"而另一些则很快消失。他们的结论之一是，通过叙事传达的想法容易流行是因为故事"把知识放在更生活化的框架中，更像我们的日常生活"。[13]

---

[11] Steve Tobak, "How to Be a Great Storyteller and Win Over Any Audience," BNET, 12 January 2011, www.bnet.com

[12] Debra Askanase, "10 Trends in Sustainable Social Media, Community Organizer 2.0 Blog, 13 May 2010, www.communityorganizer20.com

[13] Chip Heath and Dan Heath, *Made to Stick：Why Some Ideas Survive and Others Die*（New York：Random House：2008），214.

图 4.12 巴塔哥尼亚叙事

巴塔哥尼亚的 Tin Shed 网站有两个叙事功能。Tin Shed 作为巴塔哥尼亚的第一个建筑物,在公司的创立和早期故事中扮演了重要角色。Shed 的在线图片提供了收集故事的渠道,故事的主题例如巴塔哥尼亚的各种产品如何诞生,户外爱好者们如何使用公司的产品,以及巴塔哥尼亚是如何致力于户外相关的各项事业的。

资料来源:Courtesy of Patagonia,Inc。

此外,故事能够用一种吸引人的风格展示因果关系。[14] 想象一下,你在参加一个员工迎新会,听着培训师一条接一条地朗读道德规范和指导。现在再想象培训师给你讲一个人的故事,这个人很多地方都与不久之后的你相像:刚刚大学毕业、充满精力和抱负。故事里的人拼命地想要达到

---

[14] Heath and Heath, *Made to Stick: Why Some Ideas Survive and Others Die*, 206, 214.

销售目标,开始在顾客同意购买前就进行交易,希望销量最终能够过关而没人发觉。然而,在一次常规审计中,阴谋暴露了,销售之星带着道德上的污点被逐出了公司,这污点将伴随他多年。你可能不记得全部的规范和指导,但你会记住那个听起来很像你的人身上所发生的事情。这种分享组织价值观的能力是在商务沟通中使用叙事技巧的主要好处之一,特别是面对多种专业的员工时。⑮

典型的故事有三个基本部分。故事的开头展示一个听众能够在某方面认同的人,这个人有一个梦想去追寻或一个问题待解决。(例如,电影和小说经常以一个看起来马上会惹麻烦的角色开头。)故事的中间部分展示人物追逐目标或试图解决问题时采取的行动和做出的决策。到此,讲述者的目标是通过增加紧张感来吸引受众的兴趣:这个"主人公"会克服他路上的阻碍并最终成功吗?故事的结尾回答这个问题并通常再上一堂关于结果的课程。

另外,即使是"故事",也一定不能是编造的。将一个不存在的人身上发生过的故事当作真实生活中的事件来讲,是严重的道德问题,会损害公司的信誉。⑯

当你的中心思想试图鼓舞、说服、教授或者警告读者或听众一个特定行为的潜在后果时,可以考虑增加叙事元素。

计划信息时想要新鲜的主意和媒体素材,访问 http://real-timeupdates.com/ebc10 并点击第4章。想要快速地更新信息计划任务,查看"要点检查:商务信息的计划"。

 要点检查

商务信息的计划

A. 分析情况
- 决定信息的目的是告知、说服还是合作。
- 识别你想要受众接受信息后想什么或者做什么。
- 确定目的是有价值的和现实的。
- 确定信息的时机是正确的。
- 确信目标对于组织是可接受的。
- 确定主要受众。
- 决定受众数量及其构成。
- 估计受众的理解水平和可能反应。

B. 收集信息
- 决定使用正式或非正式手段来收集信息。
- 找出受众想要知道什么。
- 提供所有需要的信息并确认它们是精确的、道德的、切题的。

---

⑮ Randolph T. Barker and Kim Gower, "Strategic Application of Storytelling in Organizations," *Journal of Business Communication*, Vol 47, No 3, July 2010, 295—312.

⑯ Jennifer Aaker and Andy Smith, "7 Deadly Sins of Business Storytelling," American Express Open Forum, accessed 21 March 2011, www.openforum.com.

C. 为信息选择最好的媒体
- 理解口头、书面、视觉和电子媒体的优缺点。
- 考虑媒体丰富度、正式度、局限性、紧迫性、成本和受众偏好。

D. 组织信息
- 确定中心思想。
- 限定范围。
- 选择直接法或者间接法。
- 列出提纲,从中心思想开始,接着加上主要论点,然后以论据证明。
- 寻找使用叙事的机会来激发受众兴趣。

工作进行时

解决 H&R Block 税务公司的沟通困境

H&R Block 的首席市场官 Robert Turtledove 对你的沟通技能和社交媒体经验印象深刻,希望你加入他的团队,营销 H&R Block 的数字报税解决方案。使用你在本章学到的知识,处理这些内部和外部的沟通挑战。

1. 慎重确定目的对每条信息都至关重要,尤其是对营销信息。劝说性信息能够完成许多不同的任务,从改变整个产品种类的观念到鼓励购买者立即在零售店订购一款特定的产品。关于信息目的的混淆会导致要么不知道要完成什么,要么完成的目标太多。Turtledove 已经问过你,如何计划一次促销活动来鼓励那些自己处理税务但没有用过报税软件的人至少考虑一下这些产品。下列哪个陈述最恰当地确定了这条信息的特殊目的?

a. 两个小时内在网站上劝说每个访问 H&R Block 税务公司网站的人订购一套 H&R Block 税务公司的 At Home 税务软件(之前被称为 TaxCut)。

b. 劝说那些自己处理税务但还没有用过税务软件的人访问 H&R Block 税务公司网站并订购一套 H&R Block 税务公司的 At Home 软件。

c. 劝说 H&R Block 税务公司网站至少 75% 的访客了解更多使用软件准备税款的优点。

d. 劝说那些自己处理税务但还没有用过税务软件的人访问 H&R Block 税务公司网站来了解更多使用软件准备税款的优点。

2. 你知道公司的软件开发人员正在准备重新设计 At Home 软件使之更易实用,他们要求从 Turtledove 的部门得到反馈以确定工作的优先次序。遗憾的是,他们一个月前就发出了请求,但消息不知怎么就被忽视了,营销方面没人准备任何信息。设计团队明天一大早就需要信息,而现在已经下午三点钟了。你有两个小时的时间收集尽可能多的信息,这样你就可以今晚写一份简报并通过电子邮件发给开发部门经理。下列哪个是收集有用信息的最佳方法?

a. 访谈客户服务经理以找出哪些特点和功能导致最多数的客户投诉。

b. 自己使用软件两小时,分析其可用性并记录下难以使用的功能。

c. 使用数种搜索引擎来做一个全面的网络搜索,寻找软件和金融杂志上的负面评价,博客上的负面评论和其他反馈。

　　d. 在办公室里召集12个人进行一次研讨会,让他们分享自己关于软件的体验以及他们从家人、朋友和客户那里得到的所有反馈。

　　3. 在提交了关于可用性缺陷的紧急报告后,你意识到公司可以采用更系统的方法收集客户反馈,从而获益。你建议使用下列哪种媒体?为什么?

　　a. 公开软件开发经理的电子邮件地址,如果客户在觉得软件的某一方面使用不便,欢迎他们随时给这个邮箱发信。

　　b. 公开一个免费电话,如果客户觉得软件使用不便,可以随时拨打电话。操作员记录信息并将每个电话的结果通过电子邮件发给软件开发经理。

　　c. 在软件内创建一个链接,如果客户觉得使用不便或困惑,可以点击以获得一张反馈表。客户可以立即记录其状况,信息随后会被提交到H&R Block税务公司并自动加入一个可搜索的数据库。

　　d. 创建和选项c一样的表格和数据库,但把表格放在H&R Block税务公司网站上,而不是植入软件中。

　　4. 你认为自己发现了H&R Block税务公司的一个潜在商机。在浏览了一些为苹果iPhone (www.apple.com/iphone/app-for-iphone)定制的应用软件后,你认为H&R Block税务公司应该考察一下为iPhone制作应用的可能性。大部分客户每年使用税务软件的次数不超过一次,并不需要忙于纳税,因此一个iPhone版的At Home不大可能成功。然而,通用的财务应用软件可以监控花销、平衡收支并执行一些常用的日常任务,因此对于iPhone来说是很好的候选项。你知道此类产品对H&R Block税务公司来说是个新的战略尝试。H&R Block税务公司一直专注于税务,因此你的建议肯定会遇到一些抗拒和质疑。你应该使用下列哪种方法来组织一个建议,提议公司考察一下开发这款新的iPhone应用的可能性?

　　a. 发布一款新产品是严肃的商务决策,因此要直接。在开头段落开门见山地说你的建议,随后在信息主体部分辅以细节。读者会了解支持细节并仅考虑优点来评价你的想法。

　　b. 他们不想开发一个iPhone应用?每个人都想开发——实际上每个人都在开发。建议需要的不仅是直接,而且是直白:如果H&R Block税务公司不开发这款应用,其他人肯定会的。不一定要完全这么说,但你要告诉他们只有傻子才会放过这样的机会。

　　c. 你的建议应该采用间接法,因为读者开始会抗拒这个想法。此外,精确地说明解决方法应该是什么样子并不好。因此只用普通的词(例如"智能手机软件的机会很明显"),让读者自己寻找结论(比如,决定为iPhone定制一款个人财务管理软件)。

　　d. 如果建议不能快速地把受众的保守意见从税款准备工具转移到通用财务工具上来,受众就会对阅读细节或考虑建议感到厌烦。因此,间接法是最佳选择。开头声明你发现了一个对H&R Block税务公司来说理想的商机,但需要立即行动,否则竞争者就会抢先。在你通过吸引人的开头吸引了受众兴趣后,继续说服性地讨论iPhone应用的好处。

学习目标检查

通过阅读每个学习目标和完成相关练习来评估你对本章要点的掌握情况。填空题,写出空白处缺少的文字;单项选择题,在正确答案的字母上打勾。

目标 4.1：描述三步写作法。

1. 三步写作法的三个主要步骤是：
   a. 写作、编辑和制作。
   b. 计划、写作和完成。
   c. 写作、编辑和发布。
   d. 组织、确定目标和写作。

2. 三步写作法的第一步是：
   a. 写作初稿。
   b. 组织信息。
   c. 计划信息。
   d. 准备提纲。

3. 在计划一个写作任务时，下列任务中哪一个是你应该做的？
   a. 确定目标。
   b. 细心地检查从而确保没有令人尴尬的错误。
   c. 细心地选择语句来确保受众能理解中心思想。
   d. 以上都是。

目标 4.2：解释为了确定目的和建立受众档案，为什么要重视分析沟通情境。

4. 信息的_____表示你使用信息是用来告知、说服还是合作。

5. 如果你要给一个制造商写一封信抱怨产品有缺陷，并且要退款，一般目的将会是：
   a. 告知。
   b. 说服。
   c. 合作。
   d. 娱乐。

6. 无论信息的内容是什么或者想要传达到的受众是哪些，你总是应该：
   a. 决定受众掌握中心思想所需的信息。
   b. 知道目标受众中每个人的名字。
   c. 估计可能同意你的观点的受众的百分比。
   d. 了解关于受众的一个完整的人口统计学结果。

7. 如果受众成员已经了解的关于主题的信息量不同，最好的方式是：
   a. 提供尽可能多的额外信息，确保每个人都能了解到每个细节。
   b. 仅提供基础信息；如果受众需要知道更多，他们能自己去弄明白。
   c. 调整信息量，针对主要受众，提供与他们最相关的信息。
   d. 包括许多图解。

目标 4.3：讨论写作简单信息前的信息收集过程，并识别高质量信息的三个特征。

8. 为了确保你提供了所有必要的信息，应该采用新闻报道法，也就是：
   a. 访谈受众，了解需求。
   b. 核对信息的正确性。
   c. 核实信息是否回答了这些问题：何人、何事、何时、何地、何故以及如何。
   d. 确保信息符合道德规范。

9. 为了确保收集的信息足够好，核实信息是否是：
   a. 正确的。
   b. 符合道德规范的。
   c. 满足受众需求的。
   d. 以上所有。

10. 如果你意识到受众得到的信息不正确，最符合道德规范的做法应该是：
    a. 什么都不说并且希望没人察觉。

b. 等到有人发现错误,然后你承认错误。
c. 在网站上发布更正。
d. 立即联系受众并更正错误。

目标4.4:列出在选择最合适媒体时要考虑的因素。

11. 一种媒体提供不止一个信息暗示来传达信息以促进反馈并确立个性化关注的能力是对其_____的度量。

12. 向跨国公司员工传达一个复杂的政策变更,下列哪个选择是最好的?
    a. 电话会议,然后发送电子邮件。
    b. 即时信息。
    c. 通过邮局寄送传统形式的备忘录信件。
    d. 在网上发布公告并发送电子邮件信息,提醒员工该政策变更,并附上提供详细信息的网址。

13. 媒体丰富度可以度量:
    a. 媒体使用不止一个信息暗示来传达信息、促进反馈并确立个性化关注的能力。
    b. 媒体使用不止一个信息暗示来传达信息、限制有害反馈并确立个性化关注的能力。
    c. 传递信息可能的成本,特别是对于大量或地理位置分散的受众。
    d. 使用一个特定的媒体,在写作信息时会产生多少员工总成本。

目标4.5:解释为什么好的组织对你和受众而言都是重要的,并列出组织信息时包含的任务。

14. 下列哪项是花时间组织商务信息的重要益处?
    a. 推迟实际写作。
    b. 节省时间和精力,因为写作过程会更快。
    c. 组织想法和信息,这样可以省去询问同事的麻烦。
    d. 很多情况下,只需要发送提纲,减少了书写信息的麻烦。

15. 在计划写作任务时缩小范围的目的是:
    a. 使工作更容易。
    b. 减少需要考虑的事情的数量。
    c. 确保备忘录篇幅不会超过一页。
    d. 确保信息集中于中心思想和一些必要的细节支持上。

16. 用主要观点开头然后提供支持性论据是一种_____法。

17. 先以论据开头,逐渐构建中心思想是一种_____法。

18. 当受众对中心思想持怀疑甚至敌意态度时,你一般要用:
    a. 间接法。
    b. 直接法。
    c. 开放式方法。
    d. 闭合式方法。

19. 下列哪项是叙事在商务沟通中有效的原因?
    a. 故事能够帮助读者和听众想象自己经历故事中人物的经历。
    b. 故事具有娱乐性,因此不同于日常的苦差事。
    c. 读者和听众都处于信息过载状态,因此避免事实和数字是吸引他们注意力的有效方法。
    d. 故事本身很有趣,当人们心情好时,更容易接受新想法。

知识应用

参考学习目标,通过以下问题回顾本章内容。

1. 有些作者认为计划信息很浪费时间,因为他们在进行过程中肯定是要改变计划的。你怎么回应?简要解释。[学习目标 1]

2. 你向公司的 1800 名员工发送了一封关于公司退休计划的所得税事宜的电子邮件。一天之后,你发现信息的一处原始资料是抄袭的。你很快再次检查了消息中所有原始资料,确定其准确性。然而,你很担心使用了抄袭的信息,即使你并没有做错什么。给任课教师写一封简短的电子邮件,解释你如何处理这种情况。[学习目标 3]

3. 作为公关部门的一员,你推荐使用什么媒体去告知当地社区,你们的有毒废弃物清理计划成功了?为什么?[学习目标 4]

4. 你将使用直接法还是间接法来要求员工为了赶上重要的交货期限而加班?请解释。[学习目标 5]

5. 你被要求在年度行业会议上讲话。在准备完演讲提纲之后,发现你用了 14 条单独的论点来支持中心思想。你应该继续准备演讲用的幻灯片,还是重新考虑提纲?为什么?[学习目标 5]

技能实践

信息分析:列出内容提纲[学习目标 5]

一位作者在写作一本保险信息宣传册,现在遇到了将要点按逻辑整理成提纲的麻烦。使用下列信息准备提纲,注意选取合适的要点层次。如果必要,重新写作短语使之更连贯。

意外保险计划
- 一天仅花 1 美分
- 对于公共交通导致的意外死亡赔付 100 000 美元
- 对于机动车辆或者公共交通事故导致的住院每天赔付 100 美元
- 对于机动车辆事故引起的意外死亡赔付 20 000 美元
- 个人投保一季度仅需 17.85 美元,家庭投保一季度仅需 26.85 美元
- 没有体检或健康询问
- 支付方便——季度结账
- 对所有的申请都承保
- 没有个别费率增加
- 免费、非义务的体检期
- 在任何已知保险种之外另付现金
- 适用于作为任何付费公共交通工具的乘客时发生的意外死亡,包括公共汽车、火车、飞机、轮船、电车、地铁及其他公共运输工具
- 适用于在乘坐或者驾驶汽车、卡车、野营车、房车、人力自行车时发生的机动车辆事故意外死亡

➡ 练习

1. **计划:识别目的;媒体技能:电子邮件[学习目标 2]** 为你在下一周要做的沟通任务列一个清单(如会议准备任务、给任课教师的电子邮件、工作申请或是班级讲演稿)。为每一项任务确定一个一般目的和具体目的。

2. **计划:识别目的[学习目标 2]** 对于下列每一项沟通任务,都要阐述一个具体目的(如果你有困难,尝试着以"我想要……"开头)。

a. 给你的上司店面经理的一份关于仓库中过期商品的报告。

b. 给客户的关于即将举行的展销会中你公司展位的一份备忘录。

c. 写给欠款三个月的客户的一封信。

d. 给员工们一份关于本部门高额手机费用的备忘录。

e. 打电话给供应商核实逾期零件发货的情况。

f. 给将要用你推荐的电脑程序处理公司邮件发送清单的使用者的报告。

3. 计划：了解受众需求［学习目标2］ 对于如下每种沟通任务，写出以下三个问题的简要答案：受众是谁？受众对话题的总体态度如何？受众想要知道什么？

a. 一封来自器械制造商，对拖延3个月付款的器械经销商的最后托收通告，在起用法定托收程序之前10天寄出。

b. 一条数码相机的广告。

c. 一条给高层管理者的建议，提议把美国的4个销售区域合并为2个。

d. 将被附在附近建筑门把手上的传单，宣布烟筒加衬或维修价格降低的消息。

e. 一封与你的简历一起寄给潜在雇主的求职信。

f. 一个描述咨询公司为会计部经理提供服务，帮助其符合政府规范的网站。

4. 计划：了解受众需求［学习目标2］ 选择一个你知道如何使用的简单电子设备（如数码音乐播放器或数码相机），写下两组使用说明：一组是针对从未使用过这种装置的受众，另一组针对能熟练操作一般装置但是没有使用过这种特定型号的受众。简要地解释两部分受众对你说明的反应如何。

5. 计划：识别目的［学习目标2］ 列出你最近收到的五条信息，例如邮件促销、信件、电子信息、电话营销和讲座。对于每一种都确定出一般和具体目的，然后回答下列的问题：（1）这些信息时间安排良好吗？（2）发送者为信息选择了合适的媒体吗？（3）发送者的目标是否现实？

6. 计划：分析情况；媒体技能：电子演讲［学习目标2］ 登录PepsiCo网站www.pepsico.com，找到最新的年报，阅读年报中给股东的信。谁是这个信息的受众？这个信息的一般目的是什么？你认为受众想从PepsiCo主席那里知道什么？用一页的报告或5张幻灯片概括回答。

7. 计划：分析情况；合作：计划会议［学习目标2］，第2章 本章中讨论的材料如何在第2章讨论的会议中运用？用简要的演讲或在课程博客中列出提纲。

8. 计划：建立受众档案；合作：团队项目［学习目标2］，［学习目标3］，第2章 由任课教师指派一个团队，比较同一行业的三家公司的Facebook主页。分析所有可用标签页中的内容。对于每家公司预期的受众，你能推测出什么？三家中哪个最佳地展示了目标受众可能需求的信息？准备一个简要的演讲，包括每家公司Facebook内容的样本制成的幻灯片。

9. 计划：分析情况，选择媒体；媒体技能：电子邮件［学习目标2］，［学习目标4］，第9章 你是一家位于迈阿密的航海公司的公共关系经理。当你在当地的报纸上看到一条有关乘客不满意的信息时震惊了，乘客抱怨最近航线上的服务和娱乐设施。你需要以某种方式应对公众批评。在你的回应中，哪种受众将是你需要考虑的？你应该选择哪种媒体？如果这封信被发表在被旅行机构和旅行者广泛阅读的旅游出版物上，你的回应策略会有怎样的不同？在给任课教师的电子邮件中解释你将如何回应。

10. 计划：了解受众需求；媒体技能：博客；沟通道德：做道德上的选择［学习目标3］，第1

章 你的主管要求你不要提及你认为应该体现在报告中的重要信息。不遵从他的意见可能会使你的工作关系变得很糟糕,并且对你的前途不利,听从他的建议会违背你个人的道德标准。你应该如何去做?运用第1章的知识进行讨论,你认为这种情况是处于一种道德困境还是道德丧失?用一封简短的电子邮件向任课教师解释原因。

11. **计划:限定范围[学习目标5]** 假设你正在准备向最高管理层推荐一个全新的供热系统,而这一系统采用了集中供热的流程。下面的信息在你的文件夹里。剔除不必要的主题,然后组织其他的主题使你递交的报告能让最高管理者清晰地理解供热系统,并就安装此系统提供公正而又简洁的理由。

- 集中供热流程的发展历史
- 流程开发者的科学权威证书
- 使用该流程的风险假设
- 在总部的建筑物中安装该设备的计划
- 类似设备中成功使用该流程的实例
- 安装设备的具体说明
- 处置旧供热设备的计划
- 安装和运行新设备的费用
- 使用该新流程的优缺点
- 十年成本细化预测
- 估算逐步采用新系统所需要的时间
- 管理层倾向的备选系统

12. **计划:选择直接法或间接法[学习目标5]** 指出下面的每种情况中直接法和间接法哪种最好;然后简要说明原因。这些信息是否都不适合发电子邮件?解释原因。

a. 一条发给汽车经销商负责人的信息,抱怨服务质量差。

b. 一条来自应届生的信息,要求以前的教师写一封推荐信。

c. 一条拒绝工作申请的信息。

d. 一条声明因为空调使用费用高昂,夏天车间的温度会保持在78华氏度的信息。

e. 一条来自广告代理商、发给棘手的长期客户的信息,解释由于客户的原因代理商不能正常工作了。

13. **计划:选择直接法或间接法[学习目标5]** 如果你尝试着说服人们采取下列行动,你该如何组织论证?

a. 你想让老板批准你雇用两个新人的计划。

b. 你想获得一份工作。

c. 你想得到一份商业贷款。

d. 你想从一位老客户那里收回一笔小款项,他的应收账款稍稍有些过期。

e. 你想从一位客户那里收回一笔大额款项,他的应收账款严重过期。

14. **计划:使用叙事技巧;沟通道德:道德的领导;媒体技能:博客[学习目标5],第1章** 研究任一行业中最近由商务专家或行政主管引起的道德丧失事件。选择一个始终都有清晰的故事的事件作为例子。列出一个告诫的故事的提纲,故事解释道德丧失事件的背景、人物做出的选择以及道德丧失的结果。构思一个大概3分钟到5分钟的播客剧本来讲述这个故事。如果在任课教师指导下,可以录制播客并发布在班级博客上。

技能拓展

剖析行业案例

选择一个专业沟通的例子,你认为其在某个媒体中的表现等于或优于在另一个媒体中。使用本章的媒体选择指导和你自己对于沟通过程的理解,写一份不超过一页的简要报告,关于公司的媒体选择以及解释为什么你的选择至少同样有效。使用任课教师要求的任意媒体完成报告,确保引用了本章的特定内容作为支持。

在线提升职业技能

"博韦和希尔的商务沟通搜索"(http://businesscommunicationblog.com/websearch)是一个专为商务沟通研究而设计的研究工具。使用网页搜索功能查找网站、视频、播客或幻灯片演示文稿,为报告、演讲或者其他商务信息的计划提供建议。给任课教师写一封简短的电子邮件,描述你搜索到的条目,总结你从中学到的职业技能。

改善语法、结构和表达

以下练习帮助你提高对英语语法、结构和表达的掌握和运用。看下面10个句子,找到最佳选项,在其下面画线。

1. Of the two products, this one has the (*greater*, *greatest*) potential.

2. The (*most perfect*, *perfect*) solution is d.

3. Here is the (*interesting*, *most interesting*) of all the ideas I have heard so far.

4. The (*hardest*, *harder*) part of my job is firing people.

5. A (*highly placed*, *highly-placed*) source revealed Dotson's (*last ditch*, *last-ditch*) efforts to cover up the mistake.

6. A (*top secret*, *top-secret*) document was taken from the president's office last night.

7. A (*30 year old*, *30-year-old*) person should know better.

8. The two companies are engaged in an (*all-out no-holds-barred*; *all-out*, *no-holds-barred*) struggle for dominance.

9. A (*tiny metal*; *tiny*, *metal*) shaving is responsible for the problem.

10. You'll receive our (*usual cheerful prompt*; *usual*, *cheerful*, *prompt*; *usual cheerful*, *prompt*) service.

第 5 章 商务信息的写作

学习目标

学完本章后,你将能够:

1. 识别写作商务信息时对受众需求保持敏感的四个方面
2. 解释建立可信度和树立企业形象如何成为与受众构筑良好关系的重要方面
3. 解释如何达成对话的商务语气,解释使用简明语言的价值并定义主动和被动语态
4. 描述如何选择正确、有效的词汇
5. 定义句子的四种类型并解释语句风格对强调语气的影响
6. 定义段落的三个关键元素并列出展开统一、连贯段落的五种方法
7. 识别帮助更有效率地写作信息的最常见的软件特点

工作进行时

知识共享组织的沟通

重新定义数字时代版权法的两个世纪

你注意过印刷在书籍、DVD、音乐 CD 和其他多媒体制品上的小小的©符号吗?它意味着创作人或组织受到版权保护,拥有生产、发行、销售该创作的专属权利。任何人想要转售、转发或修改这类作品,都必须获得版权所有者的授权许可。

如果你想找人为你刚录制的歌曲混音,或者图形化地设计出艺术作品想要创造的效果,该怎么做?如果你想放出部分创意作品来提高自己的知名度,但不放弃对它们的法律权利,又该怎么办?又比如,假设你的网站需要一些照片或视频剪辑。所有这些情况,使用素材通常都需要得到授权许可。除了有限的个人使用和教育使用,常规版权要求每个人为其打算使用的每一项作品提出申请,并协商就应用和修改签订合同。

寻求介于保留所有权利和简单给予之间的一些方式的探索促使了知识共享组织(Creative Commons)的成立。这个非营利组织的目的是为音乐家、画家、作家、教师、科学家以及其他想通过共享艺术、创意而合作或者获利的人,提供一个简单、自由、合法的途径。不同于传统版权法的保

留所有或一点也不保留,知识共享组织提供了更灵活的"保留部分权利"的选择。

通过各种媒体,知识共享组织持续地促进简化那些共享和重新使用知识产权的法律限制,无论是对创造性表达还是科学研究。在音乐作品、图片、短片、教材、小说等方面,现在已经形成了数百万份的知识共享组织许可协议。这一方法虽然不能完全解决数码时代的版权问题,也并不是所有人都同意知识共享组织的模式,但是它可以为增进人们之间的沟通与合作提供一种更简便的方式。[①]

http://creativecommons.org

5.1 适应受众:对受众需求保持敏感

如本章开篇所述,知识共享组织的 Joi Ito 及其同事的工作就是说服受众考虑版权保护的新形式,他们意识到改变人们的思维方式需要的不仅仅是一个伟大的想法,适应受众应从清晰地、有说服力地表达想法开始。

无论是不是有意识地,受众接收到大多数信息时都会提出一个问题:"这对我有什么用?"如果潜在受众认识到这个信息对于他们不适用或者不是他们需要的,就不大会关注这个问题。看看知识共享组织网站上列出的例子,它们面向各类受众,包括艺术家、律师和商务人士,而且针对各个群体对特定的信息进行微调。

如果读者或听众认为你不理解或关心他们的需求,他们就不会关注到你。你可以通过使用换位思考、维持良好的礼仪标准、突出正面效应以及使用非歧视语言来提高对受众的敏感性。

5.1.1 换位思考

第 1 章介绍了受众为中心的交流和换位思考,即按照受众的意愿、兴趣、希望和偏好来说话和写作。在最基本的层面上,你可以通过替换一些说法来采用换位思考,如用"你""你的""你们""你们的"来代替"我""我的""我们""我们的"。

替换前	替换后
我们仅能在星期二保证快速响应购买订单;其他时间我们都很忙。	如果你需要快速响应,请在星期二提交购买订单。
我们提供 50G、75G、100G 存储容量的 MP3 播放器。	你可以选择 50G、75G、100G 三种存储容量的 MP3 播放器。

---

① Creative Commons website, accessed 26 May 2011, www.creativecommons.org; "An Interview with Joi Ito, CEO of Creative Commons," audio interview, accessed 6 September 2008, www.businessweek.com; Kenji Hall, "Online Sharingwith Creative Commons," *Business Week*, 15 August 2008, www.businessweek.com; Ariana Eunjung Cha, "CreativeCommons Is Rewriting Rules of Copyright," *WashingtonPost*, 15 March 2005, www.washingtonpost.com; StevenLevy, "Lawrence Lessig's Supreme Showdown," *Wired*, October 2002, www.wired.com; "Happy Birthday: We'll Sue,"Snopes.com, accessed 3 August 2005, www.snopes.com

强调"我"和"我们"的信息有显得自私和对受众不感兴趣的风险。这类信息给人的感觉都是关于发送者，而不是接收者的。

然而，换位思考不仅仅是简单地使用特定代词，而是真诚的兴趣和关注。你可以在一页中使用 25 个"你"但是仍然忽视了受众的真正想法。如果你跟零售商谈话，就要尝试着像零售商一样思考；如果你与一个产品主管打交道，就把你自己放到对方的职位上去；如果你给对你不满意的客户写信，就要设身处地想象你作为交易另一方的感受。

要意识到有些地方是要避免使用"你"这个字的，尤其是这样做会让你显得专断或者苛责的时候：

替换前	替换后
你没有按时传达顾客的订单。	顾客没有按时收到订单。或者让我们找出一个能按照送达订单的系统。
你必须在中午前校对好五个副本。	中午前五个副本必须校对好。

当使用换位思考时，要确保考虑到机构中其他文化的态度和规定。例如在一些文化中只指出某一个人的贡献是不合适的，因为整个团队都要为最终结果负责；在这种情况下（当你和受众在同一个团队里时）使用"我们"或者"我们的"就比较合适。类似地，有些企业要避免在大部分信息和报告中使用"你"和"我"这样的习惯。

5.1.2 维持礼仪标准

良好的礼仪不仅可以显示对受众的尊重，还能最小化负面情绪反应，以此营造更融洽的沟通环境。

替换前	替换后
网站又一次由于你不合格的编程瘫痪了。	让我们查看一下网站的最近更新，以便发现改进这一过程的方法。
你已经拖延我们的货物两周了，我们现在就需要它！	我们的产品进程依赖于零部件的及时交货，但是我们还没有收到你两周前答应的送货。请在今天回复我们一个确定的承诺。

当然，有些情况下需要更多的交际手段。如果你对受众个人很了解，一次非正式的会谈可能比较合适。但是当你与地位更高的人或者机构外的人沟通时，通常需要更多的礼貌方式。

书面沟通和大多数形式的电子邮件通常要比口头沟通需要更多技巧（如图 5.1 所示）。当你说话时，你的语句会被说话的语调和真实的情绪弱化。另外，你可以根据得到的反馈及时调整你的说话方式。例如，如果你在写作时或在播客中冒犯了某人，你通常得不到必要的及时反馈去解决这种情况。事实上，你可能永远也不知道你已经冒犯了你的受众。

图 5.1 培养与受众的积极关系

在"无效"例子中,注意客服人员的不当言论选择如何立刻扰乱了这次即时信息。在"有效"例子中,更敏感的方式让双方都专注于解决问题。

5.1.3 正面强调

在职业生涯中，你可能会遇到很多需要你传达不受欢迎的信息的情况。然而，敏锐的沟通者能够理解传达负面信息和负面态度的差异。不要试图隐藏负面信息，而是寻找积极的一面，以培养与受众的良好关系[②]：

替换前	替换后
今天修理好你的笔记本电脑是不可能的。	你的电脑周二就能修好，你想在那之前先租一台使用吗？
我们在那个杂志上浪费了 30 万美元的广告费用。	我们 30 万美元的广告投资未见成效，让我们分析一下经验教训并将其运用到将来的广告活动中。

当你发现指责或者更正非常有必要时，不要老是想着别人的错误。要避免谈论到失败、问题或者缺点，而是集中精力到受众如何能改善状况上：

替换前	替换后
这个部门的人一直没有把差旅费控制在预算内。	通过更谨慎的出差选择和尽可能地避免在最后一刻出差，这个部门能够达到预算目标。
之前的屏幕上你没有提供全部的必要信息。	请检查在之前的屏幕上被标红的部分，这样我们可以尽快地处理你的订单

如果你尝试说服受众做一个特定的行为，指出他们会从中得到什么好处：

替换前	替换后
如果你十天之内不能支付逾期账单，我们将告知三个信用报告机构。	请在十天之内支付逾期账单，否则将会给您的信用记录带来负面条目。
我对在客户服务博客上看见这么多错误感到厌烦了。	校对博客会帮你避免令人尴尬的错误，从而减少客户服务投诉。

寻找合适的机会使用**委婉语**（euphemism），即更温和的近义词，可以传递信息而不会带有负面含义。例如，当提及超过一定年纪的人时，使用"长者"，而不是"老人"。"长"带有尊敬的意味而"老"没有。

但是，要小心使用委婉语，它很容易偏离主题并导致夸张的谬误，或者更糟糕——掩盖真相。当你实际上在讨论处理有毒废弃物时，对社区居民说处理"制造的副产品"是不道德的。即使是令人不快的，人们也更容易接受完整传递的诚实信息，而不是掩盖真相的"糖衣"信息。

5.1.4 使用非歧视性语言

非歧视性语言（bias-free language）是指避免使用相关词句，不公平甚至不道德地把人们按照

[②] Annette N. Shelby and N. Lamar Reinsch, Jr., "PositiveEmphasis and You-Attitude: An Empirical Study," *Journal of Business Communication* 32, no. 4 (1995): 303—322.

性别、种族、民族、年龄、残障或其他个人特征进行划分或打上烙印。与有些人的想法不同,歧视性语言不仅仅是一种描述,它还包含更深层次的东西。在更重要的程度上,语言反映一个人的想法和信念,而且歧视的语言可能会形成长期思维定势和偏见。③ 当然,因为沟通是通过感知来实现的,仅仅做到公平和客观是不够的。为了与受众建立良好的关系,你必须看起来也是公平的。④ 要进行良好的沟通就需要从各方面来改变歧视性语言(如表5.1所示)。歧视可以分为以下几种:

表5.1 克服歧视性语言

例子	不可取的	可取的
性别歧视		
使用包含"man"的词汇。(注意chairman是本规则一个常见的例外)	人造的(man-made)	artificial, synthetic, manufactured, constructed, human-made
	人类(mankind)	humanity, human beings, human race, people
	人力(manpower)	workers, workforce
	商人(businessman)	executive, manager, businessperson, professional
	销售员(salesman)	sales representative, salesperson
	领班(foreman)	supervisor
使用女性词汇	女演员(actress)	actor
	女乘务员(stewardess)	flight attendant
使用特殊称谓	女医生,男护士	医生,护士
使用"他"代指"每个人"	一般的工人……他	一般的工人……他或她 一般的工人……他们
将角色和性别视为一体	典型的主管将他一天的四个小时花在会议上。	多数主管一天花四小时在会议上
	消费者……她	消费者们……他们
	护士/医生……她	护士/医生……他们
通过婚姻状况来看待女性	Norm Lindstrom 夫人 Norm Lindstrom 和 Drake 女士	Maria Lindstrom 或 Maria Lindstrom 女士 Norm Lindstrom 和 Maria Drake 或 Lindstrom 先生和 Drake 女士
种族歧视		
刻板印象	毫不奇怪,丘成桐在数学方面表现出色	丘成桐在数学方面表现出色
通过种族来看待人	Mario M. Cuomo,意大利裔美国政治家,纽约市前任市长	Mario M. Cuomo,政治家,纽约市前任市长
年龄歧视		
包含无关的年龄信息	Mary Kirazy,58岁,刚刚加入我们的信托部门	Mary Kirary 刚刚加入我们的信托部门
残疾歧视		
把残疾放在人的前面	残疾人面临许多就业障碍 癫痫病患者 Tracy 工作没有任何问题	工人如果有身体残疾将面临许多就业障碍 Tracy 的癫痫病对她的工作业绩没有影响

---

③ Sherryl Kleinman, "Why Sexist Language Matters," *QualitativeSociology* 25, no. 2 (Summer 2002): 299—304.
④ Judy E. Pickens, "Terms of Equality: A Guide to Bias-FreeLanguage," *Personnel Journal*, August 1985, 24.

- **性别歧视**。不考虑性别而对每个人都使用相同的分类方法，避免性别歧视的语言。不要称女性为 chairperson，称男性为 chairman。要始终如一地使用 chair，chairperson 或者 chairman。注意：当提及的女性是董事长时，经常使用 chairman。例如，雅芳的 Andrea Jung，奥美的 Shelly Lazarus 和施乐的 Ursula Burns 都称自己为 chairman。[5] 宁可用"他们"或不使用任何代词来重写句子，也不要用"他"指代所有人。注意在商务活动中称女性为"女士"，除非她要求别人称她为"小姐""夫人"或者其他头衔如"博士"。
- **种族歧视**。避免通过种族区分人群，除非这种区分与正在做的事情相关，但是，这种情况很少见。
- **年龄歧视**。只有相关时才提及别人的年龄。当提到有关年龄的词语时，注意所处的环境，因为这些词包含各种积极和消极的含义。例如，说某人"年轻"，可能是暗示这个人精力充沛、年龄还小、没有经验甚至是不成熟，这要根据情况而判定。
- **残疾歧视**。在商务信息中，不要提到身体、精神、感觉或是感情上的损伤，除非这些条件与主题直接相关。如果你必须谈到某人的残疾，把人放在前，残疾放在后。[6] 例如，说"员工带有身体障碍"，不要说"残障员工"，应该关注于整个人，而不是残疾。最后，不要使用过时的术语如"跛脚的"或"智力迟钝的"。

> **实时更新　阅读 PDF**
> **使用非歧视性语言的细节建议**
> 这个深入的指南提供了在写作和讲话中避免多种类型文化歧视的实用提示。登录 http://real-timeupdates.com/ebc10 获取更多信息。

5.2　适应受众：与受众建立牢固关系

成功的沟通依赖于发送者和接收者之间的积极关系。建立可信度和树立企业形象是创建及培养积极商务关系的两个重要措施。

5.2.1　建立可信度

受众对信息的反应很大程度上依赖于你的**可信度（credibility）**，可信度是基于你的可靠程度和博得别人信任的多少来衡量你的可相信程度的。对于已经了解你的受众来说，基于以往的沟通，你已经建立了一定的可信度。但是对于不了解你的受众，你需要在他们接受甚至可能注意到你的信息之前建立可信度（如图 5.2 所示）。为了建立、保持或修复可信度，需要强调以下的方面：
- **诚实**。诚实和正直会为你赢得受众的尊重，即使他们不总是同意和欢迎你的信息。
- **客观**。展示你不会把情感状况带入角色并能全面地看待问题。
- **考虑受众需求**。让受众知道你理解什么对他们是重要的。
- **证明、知识和经验**。受众需要知道你有什么来支撑你的信息，无论是受教育程度、专业认

---

[5] Biography of Ursula M. Burns, Xerox website, accessed 25 June 2010, www.xerox.com; biography of Shelly Lazarus, Ogilvy & Mather website, accessed 25 June 2010, www.ogilvy.com; biography of Andrea lung, Avon website accessed 25 June 2010, www.avoncompany.com

[6] Lisa Taylor, "Communicating About People with Dis-abilities: Does the Language We Use Make a Difference?" *Bulletin of the Association for Business Communication* 53, no. 3 (September 1990): 65—67.

证、特殊训练、过往的成功还是简单的事实——"你做了功课"。

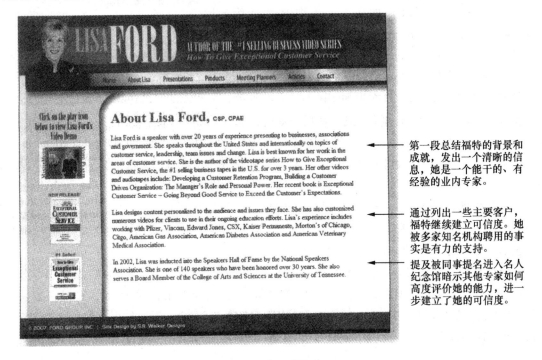

图 5.2　建立可信度

Lisa Ford 是客户服务领域里备受尊敬的专家,但她仍然注重在沟通时展示她的资质,以此让那些对她的工作并不熟悉的潜在受众也能接受她提出的专业意见。

资料来源:经 Lisa Ford 授权使用。

- **认可**。认可是受众已经接受其为专家的某人为你做的陈述。
- **表现**。只证明良好的沟通技能是不够的,人们需要知道依靠你可以做好这项工作。
- **真诚**。当你赞扬某人时,不要使用夸张的语句,例如"你是我能想象到的最杰出的员工。"而是指出其值得赞扬的独特品质。

此外,受众需要知道你对你自己和信息有信心。留心带有这些词的短语如"希望""相信"等,受众可能因此对你的信息失去信心。

> **实时更新　阅读文章**
>
> **在线建立可信度**
>
> 按照这些步骤来建立你的在线声誉——可信度。登录 http://real-timeupdates.com/ebc10 获取更多信息。

替换前	替换后
我们希望这个建议有帮助。	我们很高兴提出这个建议。
我们相信你将延长服务合同。	通过延长服务合同,你能继续享受设备带来的高质量表现。

最后还要记住,可信度的建立需要较长的时间,却可能在瞬间丧失。偶然的失误和松懈通常会被原谅,但是诚实和正直的大缺失可能毁掉你的声誉。

5.2.2 树立企业形象

当你与企业外界的人沟通时,不仅仅是两个个体之间的谈话。你代表你的企业,因此你在帮助企业建立和维持与所有利益相关者的积极关系中扮演重要的角色。最成功的企业努力培养独特的公众形象,而外部沟通能够树立形象。作为这项责任的一部分,企业的利益和偏好的沟通风格必须高于你自己的观点和个人沟通风格。

很多公司有专门的沟通指南,包括从公司名称的正确使用到更好的缩写,以及其他语法细节的方方面面。然而,具体说明什么样的沟通风格更受欢迎是很难的。观察有经验的同事是如何沟通的,积极寻求编辑方面的帮助以确保表达的语调合适。例如,面对客户几千或几百万美元的托付,投资公司就与一个服装零售商的沟通风格不同,而一个专营高档职业装的服装零售商与追求最新潮流的休闲装专卖商店的沟通风格有所不同。

5.3 适应受众:控制风格和语气

沟通风格(style) 是指你表现自己的方式:选择的词语、在句子中使用这些词语的方式以及把句子整合为段落的方式。你的风格产生了特定的**语气(tone)**,或者说信息的整体印象。你可以将风格变得有说服力或客观、个人或正式、丰富或枯燥。正确的选择依赖于信息的本质和你与受众的关系。

5.3.1 使用对话语气

商务信息的语气覆盖了从不正式到正式的很大范围。当你需要与上级或客户进行沟通,语气就要趋于正式和尊重。⑦ 然而,如果用在亲近的同事身上,正式的语气听起来可能会有距离感而且比较冷漠。

比较表 5.2 中三个版本的信息。第一种风格对于当今的受众来说过于严肃和枯燥,第三种风格对商务活动来说太过随意且不适当。第二种信息展示了在大多数商务沟通中使用的**对话语气(conversation tone)**——使用具有商务性的简明语言,既不会过于严肃,又不会过于直白和不正式。在信息中遵循以下几个要点,你就可以正确使用对话但仍有商务性的语气:

- **理解短信和写作的区别**。朋友间的短信和即时信息会使用随意的、缩写的语言,但这些语言不能用于专业的商务写作。确实,短信风格是朋友间沟通的高效方式,特别是考虑到手机键盘的限制。但如果你想在商务活动中表现严肃,工作中就不能这样写作。
- **避免陈旧和华而不实的语言**。大部分公司羞于使用过时的短语,如"请查收附件"(attached please find)和"请注意"(please be advised that)。简单地说,避免使用晦涩的词语,陈旧、迂腐的表

---

⑦ Susan Benjamin, *Words at Work* (Reading, Mass.: Addison-Wesley, 1997), 136—137.

达和过于复杂的句子(如表 5.3 所示)。

- **避免说教和吹嘘。** 没人愿意听一个"万事通"说教或吹嘘。然而，如果你需要提醒受众某些显而易见的问题，试着随意地表达这一信息，或者把它放在段落的中间，看起来像是次要的建议而不是主要想表达的内容。

表 5.2 找到正确的语气

语气	例子
枯燥的：对当今受众过于正式	亲爱的 Navarro 女士： 附件中已附上您在我们 5 月 14 日的电话沟通中要求的信息。正如那次所提到的，Midville 医院与州内其他健康机构相比，拥有更多资质杰出的医生。 同时，如您所知，我们业已形成了一个极具规模的、由整个州的医生和保健专业人士组成的网络。倘若您需要专家，我们的专业人员能够为您提供适当的建议。 倘若您有问题或需要更多的信息，可以在日常工作时间与我联系。 谨上， Samuel G. Berenz
对话的：适用于大多数商务沟通	亲爱的 Navarro 女士： 这是您在周五的电话交谈中要求的信息。就像我提到的，Midville 医院有比州内其他医院更多、更好的医生。 另外，我们有由整个州的医生和其他保健专业人士组成的庞大网络。如果您需要专家，他们可以提供适当的人选。 如果您需要更多的信息，可以在周一到周五的 9：00—5：00 的任何时间联系我。 真诚地， Samuel G. Berenz
不专业的：对于商务沟通来说过于随意	这是你要的东西。直说吧，我们的医生是全州最多最好的。 还有，我们有一大群的医生和其他健康专家，就在你办公室/家附近。如果你需要专家，他们会找合适的人的。 还需要什么其他的就电话或短信。 再联系， S

表 5.3 剔除过时短语

过时短语	最新短语
我们已收讫(we are in receipt of)	我们收到了(we received)
请告知(kindly advise)	请让我们知道(please let me/us know)
附件请查收(attached please find)	随函附上(enclosed is or I/we have enclosed)
我已注意到(it has come to my attention)	我刚刚得知；某人刚告诉我(I have just learned or someone has just informed me)
签字人(the undersigned)	我/我们(I/we)
在适当的时候(in due course)	某个具体的时间或日期
请允许我说(permit me to say that)	省略；直接说内容
依照(pursuant to)	省略；直接说内容
作为结束，我想说(in closing, I'd like to say)	省略；直接说内容
我们希望通知您(we wish to inform you that)	省略；直接说内容
请注意(please be advised that)	省略；直接说内容

- **注意隐私**。商务信息通常应避免谈论隐私，例如分享个人详情或采用随意的、不专业的语气。尽管如此，当你与受众关系密切时，例如在一个关系亲密的团队中，采用更亲密的语气有时则更合适。
- **谨慎使用幽默**。幽默容易起反作用并转移受众对信息的注意力。如果你不够了解受众或是没有在商务场合中运用幽默的技巧，就完全不要使用幽默。在正式的信息之中或是跨文化沟通时，避免使用幽默。

5.3.2 使用简明的语言

你认为这个句子想要表达的意思是什么？

> 我们将一如既往地协作以提供增值的交货服务，从而使我们可以在未来的世界里继续积极主动地维护企业范围内的数据来保持竞争力。⑧

如果你不知道它是什么意思，这不足为奇。然而，这是来自一家真实的公司的真实例子，想要解释公司是做什么的和为什么要做。这种充满专业术语、难以理解的写作广泛地呼吁人们使用简明的语言。

简明的语言以一种简单、朴实的风格展示信息，使受众能够很容易地掌握你的意图。或者说是一种受众"第一次读到时就能够阅读、理解并有所反应"的语言。⑨ 可见这种定义支持换位思考并展示了对受众的尊重。此外，简明的语言能够使企业产生更高的生产率和利润率，因为人们在理解混乱或不符合需求的信息时花费的时间更少。⑩ 最后，简明的语言可以让非母语者阅读你的信息（参见"跨文化沟通：你能在网络上与全球受众沟通吗？"）。

例如，在知识共享组织网站上，能找到三个版本的许可证条款：第一种是完全用"法律编码"的文档，用特定的法律术语详细解释合同细节以满足法律专业人士的需要；第二种是"普通人可读"的版本，用任何人都能够理解的非技术性语言解读许可条款；第三种"机器可读"的版本为搜索引擎和其他系统做了微调（如图 5.3 所示）。⑪

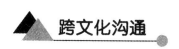

跨文化沟通

你能在网络上与全球受众沟通吗？

在网络上与国际受众沟通并非简单地提供各种翻译。成功的全球网站可以通过以下五个方法来适应国际受众：

1. **考虑读者的期望**。一些你认为理所当然的沟通元素可能被来自不同国家的受众解释成不

---

⑧ Stuart Crainer and Des Dearlove, "Making Yourself Under-stood," *Across the Board*, May/June 2004, 23—27.
⑨ Plain English Campaign website, accessed 28 June 2010, www.plainenglish.co.uk
⑩ Plain Language website, accessed 16 January 2011, www.plamlanguage.gov
⑪ Creative Commons website, accessed 16 January 2011, www.creativecommons.org

同的意思。你应该使用公制度量系统、不同的日期和时间标记或者不同的国家名称吗？例如，德国人不认为英语中的"Germany"是他们的国家，而觉得德语中的"Deutschland"才是他们的国家。回顾所有的在线经历并寻找改善沟通的方法，包括像交互式汇率转换器和翻译词典这样有用的工具。

2. **注重不同的文化背景**。例如，幽默是植根于一定的文化规范中的，美国式的幽默在其他国家的读者看来可能并不好笑。避免使用一些未被普遍接受的成语和习语，如"把所有的蛋都放在一个篮子里"（putting all your eggs in one basket）和"逃离了油锅，又跳进了火坑"（jumping out of the feyin pan into the fire）。

3. **保持信息简洁**。使用简单、无歧义的词；结构简短、清晰的句子并且尽可能使用主动语态写作。给出缩写词、首字母缩拼词以及国际受众不熟悉的单词的定义。

4. **用视觉效果辅助语言**。使用图画、照片、视频和其他视觉元素来支持书面信息。

5. **咨询当地专家**。可以从当地的专家中寻求一些可以被接受的短语和习惯用法的建议。即使像"首页"（homepage）这样简单的词在不同国家说法也不一样。西班牙读者称之为"第一页"（firstpage）或者"pagina inicial"，法国人则称之为"欢迎页"（welcome page）或者"page d'accuei"。

▶ **职业应用**

1. 访问惠普美国网站（www.hp.com），然后点击临近"美国"标签的世界地图，找到其他国家的惠普网站链接。选择任意三个国家的网站与美国网站进行比较。在你选择的国家里，惠普公司如何本地化自己的网站？有哪些文字和视觉元素贯穿了全部四个国家的网站？用两段话总结你的分析。

2. 在 IBM 的网站（www.ibm.com）上用相同的三个国家重复上面的比较。分析 IBM 的本地化工作，之后与惠普的方法进行比较。在本地化方面，哪个企业更有效果？为什么？

资料来源：改编自 Laura Morelli,"Writing for a Global Audience on the Web,"*Marketing News*, 17 August 1998, 16; Yuri and Anna Radzievsky, "Successful Global Web Sites Look Through Eyes of the Audience," *Advertising Age's Business Marketing*, January 1998, 17; Sari Kalin, "The Importance of Being Multiculturally Correct," *Computerworld*, 6 October 1997, G16—G17; B. G. Yovovich, "Making Sense of All the Web's Numbers," *Editor & Publisher*, November 1998, 30—31; David Wilford, "Are We All Speaking the Same Language?" *The Times*, (London), 20 April 2000, 4。

5.3.3 选择主动语态或被动语态

选择主动或被动语态影响信息的语气。在使用**主动语态**（active voice）的句子中，主语是行为执行者而宾语是行为接受者："Jodi 发送了电子邮件。"在使用**被动语态**（passive voice）的句子中，主语是行为接受者："电子邮件是 Jodi 发的。"被动语态中，助动词"to be"后接通常类似过去式的动词形式。

使用主动语态使写作更直接、生动、容易阅读（如表 5.4 所示）。相反，被动语态经常显得累赘，可能出现不必要的含糊，而且句子很长。大多数情况下，主动语态是最好的选择。[12] 然而，使用

---

[12] Susan Jaderstrom and Joanne Miller, "Active Writing," *Office Pro*, November/December 2003, 29.

被动语态能够帮助你在某些情况下表现出换位思考的态度：

- 当你想要圆滑地指出某种问题或错误时（被动语态较少具有责备的意味）
- 当你只想指出都做了什么，而不想提到荣誉或过失时（被动语态可以使焦点不集中在人身上）
- 当你想要避免人称代词而创造一种客观语气时（例如被动语态可用于正式报告）

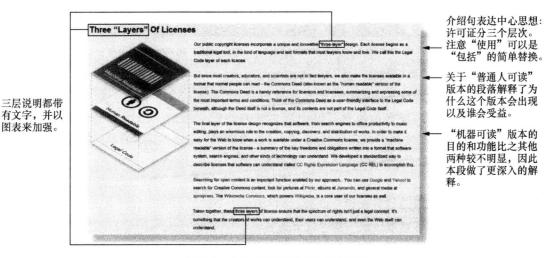

图 5.3　知识共享组织中的简明语言

知识共享组织用图表和文字来解释三种版本的许可证内容的不同之处。

资料来源：Courtesy of Creative Commons。

表 5.4　选择主动或被动语态

总的来说，为了使文章更生动和直接，应该避免使用被动语态。

被动语态的呆板和间接	主动语态的生动和直接
新工序是由操作团队开发的。	操作团队开发了新工序。
法律问题是由合同造成的。	合同造成了法律问题。
为了新任 CEO 的到来，接待准备工作已经由公共关系人员着手进行了。	为了迎接新任 CEO 的到来，我们的公共关系人员已经着手进行接待准备了。

尽管如此，被动语态在你需要显得圆滑或把注意力集中在问题或解决方案而不是人身上时很有帮助。

主动语态的指责或自夸	被动语态更为圆滑
你丢失了货物。	货物丢失了。
上个月我招了七个工程师。	七个工程师在上个月被招收了。
我们正在调查最终装配线的高故障率。	最终装配线的高故障率正在调查之中。

表 5.4 中的下半部分说明在一些情况下被动语态帮助你把信息的重点集中在受众身上。

5.4 组织信息：选择有力的词汇

决定如何适应受众之后，你已经准备好开始编写信息了。在写作初稿时，可以试着发挥创造力。不要尝试同时写作和编辑或是担心不能尽善尽美。如果你不知道用什么词汇合适，可以造词、画图或大声说出来——无论做什么，只要能表达你脑中的想法并将其显示在计算机屏幕或纸上。如果仔细地安排时间，在给其他人看之前，你应该后期有时间修改或精炼这些材料。实际上，许多作者认为给自己定一个"不把初稿给任何人看"的规则是有益的。在这个"安全区"工作可以远离其他人批评的眼光，思维就会一直保持清晰和创造性。

通过在三个层次上审视自己的写作来磨炼技巧：有力的词汇、有效的句子和连贯的段落。以词汇层面开始，成功的作者会特别关注词汇的正确使用。[13] 如果你犯了语法或用法的错误，你就对受众失去了可信度，即使信息并没有其他错误。不当的语法会显得你无知，而他们不会太信任一个无知的信息来源。此外，错误的语法还暗示着你对受众不够尊重以致不能把事情做好。

> **实时更新　阅读文章**
>
> **有语法问题？点击这里**
>
> 这个全面的在线指导能帮助你解决任何语法困难。登录 http://real-timeupdates.com/ebc10 获取更多信息。

语法和用法的"规则"是作者担心的原因之一，因为其中一些很复杂而一些又与时俱进。即使是专业的编辑和语法研究者偶尔也会错误地使用语法，他们时常对答案持有不同观点。例如，"data"这个词是"datum"的复数形式，但一些专家现在认为"data"这个词在被用于非科学材料中表示一个信息主体时，应该作为单数名词来对待。

通过练习，你会对做正确的选择越来越熟练。如果你怀疑是否正确，有许多方法来找到答案，可以查阅专门的参考书和图书馆、书店或网上的资源。

除了正确地使用词汇，成功的作者和演讲者会注意寻找最有效的词汇和短语来传达他们的意思。有效地选择词汇比正确地使用词汇更具有挑战性，因为这基于判断和经验。谨慎的作者会不断加工他们的作品来找到能够进行有力沟通的词汇（如图5.4所示）。

5.4.1 理解本义和隐含义

一个词可能既有本义又有隐含义。**本义**（denotative meaning）是指字面或字典中的意思；**隐含义**（connotative meaning）包括所有由词汇引发的联想和感觉。

"书桌"的本义是"有一个平的工作台和若干用于存储的抽屉的家具"，它的隐含义可能包括与工作或学习有关的想法，但是"书桌"这个词有非常中性的隐含义——既不强烈也不带有感情色彩。然而，有些词汇比其他词汇有更强烈的隐含义，因此使用时需要小心。例如"不及格"这个词的隐含义是消极的，并且可以带有强烈的感情色彩。如果你说销售部门完成的年度销售指标"不及格"，隐含义说明这个群体较差、没有竞争力，或表现低于某个标准。然而，没有

---

[13] Portions of this section are adapted from Courtland L. Bovée, *Techniques of Writing Business Letters, Memos, and Reports* (Sherman Oaks, Calif.：Banner Books International, 1978), 13—90.

第 5 章 商务信息的写作　147

| 大部分情况下，"全球的"是一个绝对的术语，不会加上"真正的"之类的修饰语。然而，经济上的全球化是按阶段发生的，因此"真正的"这个词暗示关注点在全球化接近完成的时候。 | 一个故事的两方面

　　一套稳固的会计标准正在被全球接受，资本市场参与者对此也产生了浓厚的兴趣。许多跨国公司和国家监管机构以及用户支持这一标准，因为他们认为准备上市公司财务状况时采用通用的标准会使得比较不同国家报告实体的财务结果更加容易。他们相信这会帮助投资者更好地把握机会。对子公司有管辖权的大型上市公司可以在公司范围内使用一种会计语言，并与他们的竞争者使用同一种语言来展示自己的财务状况。
　　一些人认为它的另一个好处是在真正的全球经济中，财务专业人士如注册会计师会更灵活，公司也更容易对世界范围内子公司的人力资本需求作出反应。
　　尽管如此，许多人也认为美国 GAAP 是黄金标准，如果全面接受 IFRS 会导致一些损失。然而，SEC 的最近行动和全球的趋势促进了对这项可能采用的标准需求的了解。Deloitte&Touche 在 2008 年上半年发起了一项对首席财务官和其他财务专业人士的调查。调查发现，美国公司有兴趣采用 IFRS，而且这种兴趣正在直线上升。30% 的人考虑现在就采用 IFRS，另外 28% 不确定或没有足够的信息做决定，而 42% 的人不会采用。之后，AICPA 在 2008 年秋季对他们的注册会计师又进行了一次调查，结果显示，准备最终接受 IFRS 的公司和企业数量有显著和正向的改变。55% 在国内公司工作的注册会计师说他们正准备用各种方式采用 IFRS，准备改变的人从 2008 年 4 月 AICPA 调查结果的 41% 增加了 14%。
　　另一个值得注意的地方是在世界范围内，许多声称要集中采用国际标准的国家并没有完全遵守。他们大多数都保留了选择性地剔除或调整不利于本国的标准的权利。这种行为可能导致不兼容，而这恰恰是 IFRS 试图解决的问题。

GAAP 和 IFRS，仍然不同

　　在整合 IFRS 与美国 GAAP 的内容上，巨大的进步应该归功于 FASB 和 IASB。他们的目标是截至 SEC 要求或命令美国上市公司用 IFRS 时，大部分或全部的差异都已经被解决。
　　由于这些整合项目的不断进展，IFRS 和美国 GAAP 之间的具体区别在逐渐缩小然而仍然显著存在区别。例如：
　　• IFRS 不承认先出后入（LIFO）是一个库存成本计算法。
　　• IFRS 使用单步方法，而美国 GAAP 使用两步法使得 write-down 更可信。
　　• IFRS 对于偶发事件有不同的概率门槛和测量目标。
　　• IFRS 不承认在年末后可以弥补对债务契约的违反。
　　• IFRS 指南中关于营业收入的确认比 GAAP 狭窄，包含相对较少的具体行业说明。

5 | "稳固"比简单的"稳定"更能表现"适应力"和"广泛性"。

从经济学中借用的"黄金标准"暗示与其他类似的实体相比，它是无法超越的优秀模型。

在调查的环境中，"显著"不仅仅意味着"重要"；它指出了统计学上的观察值足够大而不止是概率。"正向"指出变化的方向以及暗示"肯定"和"进步"。

"剔除"比"去掉"更有力因为它能够暗示如果做的好就可以如同手术般地精确，做得不好可能彻底毁坏。在这种情况下，"剔除"可以用来表现出担心国家通过调整国际财务标准来满足他们的自身需求，因而弱化了标准。|
|---|---|

"声称"在这里是一个有力的词汇，因为它暗示了强烈的怀疑元素。

圆滑地使用被动语态使注意力集中在当前的问题上，而不是关注涉及的组织。

图 5.4　选择有力的词汇

　　注意看谨慎地选择词汇如何从这篇摘录自美国注册会计师协会发布的报告中得出一些重要观点。其语气是正式的,适用于面向全球的大众读者的报告。（GAPP 是指美国的现行会计标准；IFRS 是指国际标准。）

　　资料来源：Copyright 2011, American Institute of Certified Public Accountants. 版权所有。经授权使用。

100% 地达到目标的原因可能是产品较差、定价错误或其他在销售部门控制之外的因素。相反，说销售部门完成了指标的 85%，你就清晰地说明结果少于预期,而不必引起与"不及格"相联系的负面情绪。

5.4.2 平衡抽象和具体的词汇

词汇的抽象或具体程度多种多样。**抽象词汇(abstract word)**表达了一种概念、性质或特征。抽象词汇通常很宽泛,包含一个类别的观点,而且通常很知识化、学术化并具有哲学性。"爱""荣誉""进步""传统"和"美丽"是抽象的,抽象词还有一些重要的商务概念,如"生产率"、"利润"、"质量"和"动机"。相反,**具体词汇(concrete word)**代表一些能够触摸到、看到或可视化的东西。大部分具体词汇植根于有形的物质世界里。"椅子""桌子""马""玫瑰花""踢""吻""红色的""绿色的"和"二"等都是具体词汇,它们直接、清晰、准确。此外,科技一直在产生新的词汇和新的含义,来表述没有物理表现但仍然是具体的事物,如"软件"、"数据库"、"网站"都是具体词汇。

你可能认为抽象词汇比具体词汇对于作者和读者来说更麻烦。抽象词比较"模糊"而难以解释,依赖于受众和环境。减少这类问题的最好办法是混合运用抽象词汇和具体词汇,将一般和具体结合起来。陈述概念,然后用更具体的词汇详细地解释它,在没有其他合适的方式表达的情况下再使用抽象词汇。此外,由于像"小的""无数的""很大的""近的""不久的""好的"和"健康的"这类词汇不够精确,因此可以试着用一些更准确的词汇代替它们。一般不说"很大的损失",而是说一个准确的数字。

5.4.3 寻找适用于沟通的词汇

通过经常练习写作、从有经验的作者和编辑那里学习、大量阅读,你会发现选择合适的词汇来进行准确的沟通就变得容易了。当你写作商务信息时,仔细思考,寻找适合每个语境的、更有说服力的词汇,并避免难懂的、过时的和流行的词汇(如表5.5所示)。

表5.5 寻找更有力的词汇:选择举例

可能无力的词汇和短语	更有力的选择(有效性取决于具体情况)
增加(increase),作为动词	加速(accelerate),扩大(amplify),增添(augment),增大(enlarge),升级(escalate),扩展(expand),延伸(extend),放大(magnify),倍增(multiply),猛增(soar),膨胀(swell)
减少(decrease),作为动词	抑制(curb),削减(cut back),贬值(depreciate),缩小(dwindle),萎缩(shrink),松弛(slacken)
大的,小的	使用具体的数字,如1亿美元
好的(good)	令人钦佩的(admirable),有益的(beneficial),令人满意的(desirable),无瑕的(flawless),令人愉悦的(pleasant),可靠的(sound),出众的(superior),值得的(worthy)
坏的(bad)	紧缺的(abysmal),腐败的(corrupt),不足的(deficient),有瑕疵的(flawed),不适当的(inadequate),次等的(inferior),劣质的(poor),不合规格的(substandard),无用的(worthless)
我们承诺提供……(We are committed to providing…)	我们提供……(We provide…)
对我们最有利的是……(It is in our interest to…)	我们应该……(We should…)

(续表)

不熟悉的词汇	熟悉的词汇
探知(ascertain)	发现(find out),得知(learn)
完成(consummate)	结束(close),引起(bring out)
细读(peruse)	阅读(read),研究(study)
规避(circumvent)	避免(avoid)
不模棱两可(unequivocal)	确定(certain)

词和短语	过时或流行说法	简明的语言
挑战	an uphill battle	a challenge
预言	writing on the wall	prediction
负责	call the shots	lead
攻击	take by storm	attack
昂贵	cost an arm and a leg	expensive
新的开始	a new ballgame	fresh start
被忽略	fall through the cracks	be overlooked
具有创造性	think outside the box	be creative
找出人们如何看待它	run it up the flagpole	find out what people think about it
用我们自己的产品	eat our own dog food	use our own products
至关重要	mission-critical	vital
摆脱	disintermediate	get rid of
批准	green light(做动词)	approve
设计	architect(做动词)	design
市场或行业	space(例如 we compete in the XYZ space)	market or industry
基本技能	blocking and tackling	basic skills
疯狂地工作但没有重点	trying to boil the ocean	working frantically but without focus
人,员工,劳动力	human capital	people, employees, workforce
很容易完成的任务或很容易达到的销量	low-hanging fruit	tasks that are easy to complete or sales that are easy to close
抗拒	pushback	resistance

- **选择强有力、准确的词汇。**选择能够清晰、具体、生动地表达想法的词汇。如果你发现自己用了很多形容词和副词,可能你是在试着用它们弥补无力的名词和动词。说"销售暴跌"比说"销售大幅下降"或"销量有一个大幅下降"要更有力和有效。
- **选择熟悉的词汇。**你最好选择对你和受众来说都比较熟悉的词汇进行沟通。而且,第一次在重要的文件中使用不熟悉的词汇可能会导致尴尬的误会。
- **避免过时词语和流行语。**虽然熟悉的词汇总的来说是最好的选择,但是要避免过时词语,一些词汇和短语运用得太普遍以至于失去了某些沟通的效能。流行语是新产生的词汇,经常与技术、商务或文化上的改变相联系,比过时词语更难以掌握。在有些情况下,谨慎地使用流行语能够表明你是内行人或是了解内情的人。[14] 然而,流行语会很快过时,在它们"生命周期"的晚期使用会让你显得像一个想要装作内行的外行。

- **小心使用行话**。行话是在特定的专业或行业内部使用的专门用语。行话名声不佳,但并不总是坏的。行话在与理解这些术语的特定群体沟通时通常是高效的方法。毕竟行话最开始得到发展的原因是,由有相同兴趣的人开发出来用于快速沟通复杂的观点。

如果你需要帮助来找到正确的词汇,试试视觉词典和在线百科全书。例如,Visuwords(www.visuwords.com)会显示一个给定词的近义词或反义词,帮助你理清其中微小的差别从而找到完美的词汇。[15]

5.5 组织信息:构造有效的句子

安排你精心选择的词汇构成有效的句子,是写作有力的信息的下一步。从选择最恰当类型的句子开始,表达你的每个观点。

5.5.1 从四种类型的句子中选择

句子有四种基本的类型:单句、合句、复句和复合句。一个**单句**(simple sentence)里只有一个分句(一个单独主语和一个单独谓语),虽然它还可以通过作为动作宾语的名词和代词以及修饰语进行扩展。下面是一个典型的例子(主语单下划线,谓语双下划线):

在过去的一年里利润增加。

一个**合句**(compound sentence)中有两个主要的分句,表达两个或多个独立但是同等重要的相关观点,经常用"而且"、"但是"、"或者"等词连接起来。一个合句是两个或多个相关联的单句(主句)的结合。例如:

工资率已经下降了5%,并且员工流动率已经很高了。

这些主句在合句中经常用逗号或分号隔开(这种情况下去掉连词"并且"、"但是"和"或者")。

一个**复句**(complex sentence)表达了一个主要观点(主句)和一个或多个次要观点(不能独立成为有效句子的从句),经常用逗号隔开。在下面例子中,"尽管你可以怀疑Gerald的结论"是在从句中表达的次要观点:

尽管你可以怀疑Gerald的结论,但你必须承认他的研究是透彻的。

一个**复合句**(compound-complex sentence)有两个主要分句,其中至少有一个主句包含一个从句。

---

[14] Catherine Quinn, "Lose the Office Jargon; It May Sunset Your Career," *The Age* (Australia), 1 September 2007, www.theage.com.au.

[15] Visuwords, accessed 16 January 2011, www.visuwords.com

在过去的一年里利润增加了35%，因此尽管公司面临长期的挑战，但是我同意公司的短期前景相当乐观。

为了使写作尽可能地有效，使用所有这四种句型以努力达到多样化和平衡。如果你使用了太多的单句，就不能准确地表达出观点的相互关系，文章就会显得不连贯和生硬。在另一种极端情况下，一长串的合句、复句或复合句读起来会令人疲惫。

5.5.2 使用句型强调主要观点

在任何长度的信息中，总有一些观点比其他观点重要。你可以通过句型强调主要观点。一个常用的技巧是，给最重要的观点最大的篇幅。当你希望吸引别人对一个观点的注意力时，使用额外的词汇去描述它。思考下面的句子：

　　董事长号召股东们投票。

为了强调董事长的重要性，你可以更全面地描写他：

　　在企业并购竞争中有着丰富经验的董事长号召股东们投票。

你可以通过增加一个单独的短句来进一步提高重要性：

　　董事长号召股东们投票。她在企业并购竞争中有着丰富经验。

你也可以通过把一个观点变成句子的主语来吸引注意力。在下面的例子中，重点放在人身上：

　　我可以使用电脑来更快地写信。

然而，转换了主语之后，计算机就成为重点了：

　　计算机使我写信更快了。

另一种强调重点的方法是把它放在句子的开头或是结尾：

　　较少强调：我们降低价格来刺激需求。
　　更多强调：为了刺激需求，我们降低价格。

在复句中，从句是围绕着表达的观点的关系来安排的。如果你想要强调某种观点，把从句放在句子的结尾（主要强调位置）或者开头（次要强调位置）。如果你想要弱化某种观点，把从句放在句中。

　　最能强调：电子部件在墨西哥制造，相比美国来说有更低的工资成本。
　　强调：因为工资成本更低，电子部件在墨西哥制造。
　　最不强调：墨西哥，有更低的工资成本，被选为电子部件的制造地。

这样的技巧让你能够更多地控制受众对你所说的信息的理解方式。

5.6 组织信息：打造统一、连贯的段落

段落将与一个共同的主题相联系的句子组织在一起。受众期望每一段都能够统一（关注同一个主题）和连贯（用逻辑连接的方式表达观点）。用心地安排每个段落的元素，这样能帮助受众把握文件的中心思想，并且理解各个具体材料是如何为这一思想提供支持的。

5.6.1 写作段落的要素

段落在长短或形式上多种多样，但典型的段落包括三个基本要素：主题句，展开主题的支持句，过渡词汇和短语。

主题句

有效的段落会围绕着一个主题，而介绍主题的句子被称为**主题句**（topic sentence）。在非正式、有创意的写作中，主题句可以是暗示的而不是陈述的。在商务写作中，主题句通常是明显的并且是段落中的第一句。主题句给受众主要观点的一个概述，并且在段落的其他部分具体解释。下面的例子展示了如何利用主题句来描述主题，以及如何对主题进行展开：

> 医药产品公司多年来一直为公众关系问题所困扰。[在段落的其他部分，受众可以了解到问题的细节]

> 为了得到退款，你必须提供给我们一些额外的信息。[必要信息的细节将会在段落的其他部分描述]

除了帮助读者，主题句还可以帮助作者，因为主题句提醒你每个段落的目的并因此让你集中注意力。

支持句

在大多数段落中，主题句需要用一个或多个支持句来解释、论证和扩展。这些相关的句子必须都对主题有一定的影响，并且必须提供足够的具体细节以使主题明晰：

> 医药产品公司这些年来一直为公众关系问题所困扰。自从2002年以来本地报纸已经发表了15篇文章从负面来描述我们——我们被指责虐待实验室动物，并且污染本地的地下水；我们的设备被描述为"健康的威胁"；我们的科学家被认为是"毁灭创造者的怪物"；我们的利润被认为是"肮脏的"。

支持句比主题句更具体。每一个支持句都提供具体证据去说明主要事实。同时，每个句子都与主题相关，使整个段落保持一致。一个得到良好展开的段落需要做到包含足够的信息以使主题句易于理解和有说服力，并且没有不相关、多余的句子。

过 渡

过渡(transitions)通过展示想法间的联系来连接各个观点。它们还可以提醒读者后面的内容,这样转换和变化才不会引起困惑。除了帮助读者理解联系,过渡还可以使写作更通顺流畅。

按照文档的具体需求不同,过渡元素可以从一个词到一段话甚至更长。你可以用多种形式建立过渡:

- **使用连词。**使用连词如"而且""但是""或者""然而""尽管如此""另外"等。
- **重复上一段或上一句中的一个词或一个短语。**"建立一个系统用来监控库存水平。这个系统将提供……"
- **使用代词代指前面使用过的名词。**"Arthur女士是总统位置的领先候选人。她拥有非凡的能力。"
- **使用经常成对出现的词汇。**"机器最小产出是……它的最大产出是……"

一些过渡元素可以完成情绪转换,提示受众与前面的段落相比有了情绪的变化。有的过渡表示与前面的内容完全相反,有的表示因果关系,也有的表示时间的变化。这里有一个经常使用的过渡的清单,它们能够使受众更顺利地了解分句之间、句子之间以及段落之间的关系:

额外的细节:而且、还有、另外、除……之外、第一、第二、第三、最后

因果关系:所以、因为、相应地、于是、从而、因此、结果、这样

比较:相似的、再一次、同样的、相比、仍然

对比:类似地、而、然而、另一方面、尽管如此、但是、不过

条件:尽管、如果

说明:例如、特别是、在这种情况下、举例来说

时间顺序:原来、后来、当时、同时、有时

加强语气:确实、事实上、无论如何

总结:简要地说、简单来说、总的来说

重复:也就是说、换句话说、如上所述

使用过渡可以帮助受众更好地理解你的想法并跟随你从一个观点到另一个观点。你可以在段落中使用过渡把各相关的观点连接起来,也可以在段落之间使用过渡使不同观点之间的转化更容易。在长篇报告中,连接主要章节的过渡通常是整个段落,可以作为下一节的简短引言,或是对刚刚结束的一段表述的观点加以总结。

图5.5列出了过渡和有效段落的其他特征的几个例子。

图 5.5 打造统一、连贯的段落

Olivia Hayes 是社交媒体营销代理 Ignite 的广告文字撰写人,她发表了一篇关于基于 Twitter 的社会投稿网络 TwitCause 的博客,在这篇博客中演示了有效写作的几个方面。

资料来源:经 Ignite Social Media 授权使用。

5.6.2 选择展开段落的最佳方法

展开段落有多种选择,每种都可以传递一个具体类型的想法。五个最常用到的方法是:说明,比较或对比,原因和结果,分类,问题和对策(如表 5.6 所示)。

表 5.6 展开段落的五种技巧

技巧	描述	例子
说明	给出例子说明中心思想	我们最受欢迎的一些产品都是通过当地分销商来代理的。例如,Everett & Lemmings 代理我们的速冻汤和速冻菜,J. B. Green 公司代理我们全部的调味品生产线以及冷冻汤,Wilmont 食品公司也是一个主要的分销商,现在代理我们新的冷冻甜品产品线。
比较或对比	使用相似处或是差异处来展开主题	当公司很小时,员工招聘可能是非正式的。对新员工的需求是有限的,每个管理者都很容易选拔和雇用自己的员工。然而,成功竞得 Owens 的承包合同意味着我们将要在接下来的六个月中使员工的数量翻番。为了在不打乱进行中的活动的情况下雇用这些员工,我们要在人力资源部门里建立一个单独的招聘团队。
原因和结果	集中在问题的原因方面	您的 Wanderer 帐篷的耐用织物可能是由于下列两个原因中的一个而损坏的:(1)织物被锐物刺穿,而且没有加固,再加上一周来每天搭帐篷的压力,破洞又扩大了;(2)因为帐篷还很潮湿就被折叠存放,所以织物逐渐腐烂了。

（续表）

技巧	描述	例子
分类	展示中心思想如何细分为具体的类别	我们管理培训生项目的成功候选人主要来自以下几组中的一个：目前最大的组是由认证商务管理项目最近的毕业生组成的。第二大的组来自公司内部，我们提拔有潜力的员工到责任重大的岗位。最后，我们偶尔也会接受在相关产业中有卓越管理经验的候选人。
问题和对策	提出问题然后讨论对策	在线销售手工玩具是一个挑战，因为消费者习惯于从大型连锁商店或知名的网站（如亚马逊）购买得到大力宣传的玩具。尽管如此，如果我们开发一个具有吸引力的网站，可以以产品的新颖和高质量来竞争。而且，我们在一个很有竞争力的价位上提供一些不寻常的手工艺品：由桦木制成的摇摆木马，配上手工编织的尾巴和鬃毛；把小孩的名字印在上面的音乐盒；由北美土著工匠制造的货真价实的圆锥形帐篷。

5.7 使用技术编写和塑造信息

确保利用你的文字处理软件或在线发布系统中的功能来帮助你更高效和有效地写作。系统与系统之间，版本与版本之间的特点、功能和名字都会不同，但你会遇到下面几种功能的组合：

- **样式表、样式集、模板和主题**。样式表、样式集、模板和主题是确保文档中和文档间一致性的方法。这些工具也能够使重新设计整个文档或屏幕变得简单，它们能够重新定义各种风格或选择另外一个不同的主题。样式表或样式集是对于词汇、段落和其他元素的格式选择的集合。不需要手动格式化每个元素，你只需要选择一个风格即可。模板通常设定了整个文档的参数如页面大小并提供了一套具体的风格。如果你要创造多种文档风格，如信件、日历、日程表等，使用模板会特别方便。主题倾向于展示页面或屏幕的整体视觉效果和感觉，包括颜色搭配和背景图片。
- **样板文件和文档组成**。样板文件是指已存储文本的标准模块，可以再次用于多个文档。有的系统能够存储简单的文本块，还能存储完整的格式化文档组成部分如封面页和侧边栏。
- **自动校正或自动完成**。有些程序能够自动输入文字并改正错误，这种特点被称为自动完成、自动校正或其他类似的名称。例如，在微软 Word 中，AutoCorrect 功能允许建立一个行动的集合，在你打出开始的几个字时就自动地补全之后的输入，例如输入"boilerplate"这个词之后自动输入对公司的完整描述；或者改正常见的打字错误，例如把"the"打成"teh"。但是要小心地使用这些功能。第一，它们可能会把你不想改的也改变了。第二，你会依赖它们来检查自己的拼写，但当你使用其他系统时就没有办法了。
- **文件合并和邮件合并**。大部分的文字处理软件能够使合并文件变得容易，特别是当团队中的成员们写作一个报告的不同部分时。邮件合并能够从数据库中自动插入姓名和地址，从而使你能够个性化定制信件格式。
- **尾注、脚注、索引和目录**。计算机还可以帮助你追踪脚注和尾注，并在每一次你添加或删除内容时重新编码。对于报告的索引和目录，你可以简单地标注你想要包含的内容，软件会把合并的列表提供给你。

想要在写作商务信息方面新的文章和建议,访问http://real-timeupdates.com/ebc10 并点击第5章。回顾写作信息过程中涉及的任务,参见"要点检查:商务信息的写作"。

要点检查

商务信息的写作

A. 适应受众
- 使用换位思考。
- 通过礼貌沟通来保持好的礼仪。
- 无论何时都尽可能正面强调。
- 使用非歧视性语言。
- 在受众眼里建立可信度。
- 树立更好的企业形象。
- 使用对话语气但仍保持专业性和尊重。
- 使用简明的语言使信息简化。

B. 编写信息
- 选择恰当的词汇有效沟通。
- 注意词汇的隐含义。
- 平衡抽象与具体词语以准确表达意思。
- 避免过时的和流行的专用语。
- 只在受众理解和倾向使用时再使用行话。
- 转变句子结构使其有力及有趣。
- 展开连贯统一的段落。
- 使用过渡帮助受众理解你的信息。

工作进行时

解决知识共享组织的沟通困境

为了达到他们推广一种新的获得歌曲、画作、文学著作和其他创造力性工作版权的方法,知识共享组织的员工们需要去说服人们,传统的版权方法已经无法适应当今数字化社会的需要了。这是一个不小的挑战:他们不仅要说服人们去改变二百年以来的法律程序和习惯,而且需要和极其多元化的受众人群沟通——从律师和业务经理到艺术家、作家、音乐家和科学家。在获得了一个商业学位后,你在上法学院之前加入知识共享组织并作了一年沟通实习生。在以下四种情境中应用你的有效写作知识。⑯

1. 知识共享组织提供了六个层次的许可证协议,分别在不同程度上限制他人对许可内容所做的行为。最轻的限制被称为"归属",他人可以对该作品做任何修改:重新混合、扩展甚至是买卖以获利,只要指明原创者的姓名。在另一个极端,"非商业性无衍生物归属"允许他人重新发行原始作品,但仅限于此;他人不能对其做任何商业用途的修改或使用,包括广告。对于想要使用许可来保护自己劳动成果的作者来说,下列哪个陈述最有效地解释了知识共享组织提供了一系列的许可选择?

  a. 知识共享组织许可证整合了四种特点:(1) 归属(指明原创者的姓名);(2) 基于原始作品的衍生自由;(3) 对商品或商业衍生品的限制;(4) 需要与源于同一个许可声明的衍生品分享,以此产生了六个不同层次的许可选择。

  b. 知识共享组织提供六个层次的许可协议,不同程度地限制了他人对许可内容所做的行为。

  c. 知识共享组织提供一系列的许可选择。

  d. 无论你需要什么层次的许可,知识共享组织都有。

2. 知识共享组织面临的沟通挑战的一个主要部分就是将法律文件翻译得易于让音乐家、艺术家以及其他没有受过法律培训的人理解。以下哪一项最好地把下面这段法律术语修改为一般受众可以理解的语言?

  以上权利可能以任何形式在任何媒体中行使,无论是现有的还是以后发明的。上述权利包括以其他形式和在其他媒体中行使权利时因技术性需要而进行的更改,但在其他方面你没有改编的权利。

  a. 这一授权合同授予的权利可以扩展到任何当前和未来的媒体,而且你也有权根据任何媒体的技术需要而修改原始材料。

  b. 你可以在任何现在和将来的媒体中使用这一材料并根据所用媒体的需要对其进行修改。

  c. 谨记合同中所包含的权利范围包括在现在和将来存在的任何媒体中使用这一材料的权利。此外,你还被授予根据任何当前和未来的媒体可能的技术性要求对材料进行修改的权利。

  d. 你据此被授予在任何媒体中使用这一材料的权利,包括该媒体所要求的修改。

3. 在知识共享方法中唯一最重要的理念就是在"保留所有权利"(传统版权)和"不保留任何权利"(在公共领域,任何人都可以他们喜欢的任何方式免费使用)之间的可能性范围。分析以下四个句子的结构,并从中选择一个最适合的用来强调"可能性范围"的重要性。

  a. 创作者保留作品所有权利的传统版权和创作者放弃所有权利的公共领域代表两种极端。

  b. 在传统版权和公共领域"全有或全无"的两种极端之间,知识共享组织看到了其他的可能性。

  c. 知识共享组织的首要贡献是开拓了"保留所有权利"(传统版权)和"不保留任何权利"(公共领域)这两种极端之间的可能性范围。

  d. "保留所有权利"(传统版权)和"不保留任何权利"(公共领域)的选择并不能满足所有人的需要,因此知识共享组织开拓了这两种极端之间的可能性范围。

---

⑯ 参见 Note 1。

4. 像当今的许多组织一样,知识共享组织偶尔也要处理一些由没有事实依据的博客作者在网上散播的谣言。一个《华尔街日报》的记者发邮件对知识共享组织提出质疑,因为他看到一个博客谣言说知识共享组织的真正目的是破坏所有版权的所有权。你被要求回复这封邮件,下面哪个选项最适合你的回复的风格和语气?

    a. 那个博客发言绝对是胡说八道,其作者不是骗子就是傻瓜。

    b. 正如我们的网站和其他材料都试图明确的那样,知识共享组织力争在现在的版权法框架范围内,为那些需要不能被传统版权选择满足的人们建立一系列的可能性。

    c. 你不会相信我们对这些白痴谣言为自己辩护花费了多少时间和精力。

    d. 知识共享组织从未以书面或在线材料,或者是由任何我们现任或前任员工或董事会成员做出的任何演讲或演示,以及任何计划或战略,使得任何人得出确定结论我们旨在削弱现有的版权保护。

学习目标检查

通过阅读每个学习目标和完成相关练习,来评估你对本章要点的掌握情况。填空题,写出空白处缺少的文字;单项选择题,在正确答案的字母上打勾。

目标5.1:识别写作商务信息时对受众需求保持敏感的四个方面。

1. 解释一下调整信息以适应受众的需求和期望的重要性。

    a. 人们更倾向于去阅读并回应那些他们认为适合且值得他们关注的信息。

    b. 根据受众需要调整信息是几乎所有大公司的策略。

    c. 在计划和写作过程中,调整信息可以节约时间。

    d. 通过调整信息,你能更容易地操控受众的反应。

2. 当信息不是受众所关心的,或者信息使用的语言不被受众所理解的情况下,他们可能将如何反应?

    a. 他们将忽视信息。

    b. 如果他们读到信息,很难以一种积极的方式来对其做出反应。

    c. 他们将假定作者对他们不够尊重,所以没有调整信息。

    d. 以上都有可能发生。

目标5.2:解释建立可信度和树立企业形象如何成为与受众构筑良好关系的重要方面。

3. 可信度是以下哪个方面的度量?

    a. 你在组织内的权力。

    b. 受众认识你的时间长短。

    c. 你的自信心。

    d. 受众对你的可相信程度的感知。

4. 如果你已经有了不能按时完成管理项目的名声,下列哪个声明能够最有效地帮助你重建可信度?(你之前提交的项目结束日期在4月1日。)

    a. 这次不是愚人节的玩笑了,我们会在4月1日完成。

    b. 在分析了上个项目后,我现在认识到上次我没有预先明确项目目标,以至于最后产生了明显的延误。为了赶上4月1日的截止日期,一旦团队集结完毕,我就会立刻明确目标。

    c. 我准备这次更加努力地工作来确保我们会在4月1日完成。

    d. 我希望我们会在4月1日完成。

目标 5.3：解释如何达成对话的商务语气，解释使用简明语言的价值并定义主动和被动语态。

5. 在信息中获得一种商务语气的好办法是：
   a. 使用正式的商务术语，例如"作为对你 18 日的信件的回复"。
   b. 吹嘘公司。
   c. 使用对话式的风格，不要过于亲密和轻松。
   d. 使用大量幽默。

6. 简明英语是：
   a. 当与英语作为第二语言的人谈话时不要使用。
   b. 在美国的商务活动中一种"只讲英语"的浪潮。
   c. 一种写作和整理内容的方式来使它们更容易理解。
   d. 保持英语写作在小学四五年级的水平。

7. 如果你想避免归咎于某人或者引起大家对他的注意，_____语态是一种更圆滑的方式。

8. _____语态通常使句子更短、更直接并且更生动。

目标 5.4：描述如何选择正确、有效的词汇。

9. 下列哪一个选项能够定义单词"旗帜"的隐含义？
   a. 一面旗帜是一块缝有标志的布料。
   b. 一面旗帜是一个国家所能代表的所有东西的标志。
   c. 一面旗帜是用来为地理位置做记号的挂在杆子上的布料。
   d. 一面旗帜是用来引起注意力的物体。

10. 下列哪一个是具体的词语？
    a. 小。
    b. 老鼠。
    c. 种类。
    d. 王国。

11. 如果你不确定所要使用词语的意思，那么下列哪种是最适合处理这一情况的方式？
    a. 当今的读者很可能会直接使用在线词典，所以就直接使用这个词语。
    b. 使用这个词语但附上一句括注的幽默评论，说你实际上不知道这个重大词语的含义。
    c. 弄清楚这个词语的含义或者重新写这句话，这样你就不必使用这个词语。
    d. 从词典中找一个同义词来替代这个词语。

12. 使用行话：
    a. 当与同时熟悉主题及与主题有关的通用术语的人共同讨论复杂主题的时候，通常是一个好办法。
    b. 从来都不是一个好办法。
    c. 无论信息的目的是什么，都是建立可信度的一个好办法。
    d. 是作为一名"内行人"的标志。

目标 5.5：定义句子的四种类型并解释语句风格对强调语气的影响。

13. 分句放在什么地方最具有强调性？
    a. 句尾。
    b. 句首。
    c. 句中。
    d. 句中的任意位置。

14. 使用更多的词汇向受众表达一个特定的想法表明：
    a. 想法是复杂的。
    b. 想法是主题句。
    c. 想法是重要的。
    d. 想法是新的因此需要更多的解释。

目标 5.6：定义段落的三个关键元素并列出展开统一、连贯段落的五种方法。

15. 在展开一个段落时，要记住：
    a. 在一段话中保持一种展开方法。
    b. 一旦使用一种展开方法，那么在一个部分里应该对所有的段落使用相同的方法。
    c. 你对技巧的选择应该考虑主题、目标受众以及目的。
d. 以上都有。
16. 想要通过说明来展开一个段落,给受众足够的_____来帮助他们掌握中心思想。
17. 通过比较和对比的方式来组织段落,可以指出两个或更多事物之间的_____或者_____。
18. 解释事情发生的原因,应该使用哪种段落设计?
a. 因果关系。
b. 反对和争论。
c. 分类。
d. 按优先顺序排列。

目标5.7:识别帮助更有效率地写作信息的最常见的软件特点。

19. 下列哪项是过度依赖自动校正或自动完成的风险之一?
a. 使用这些功能会降低写作速度。
b. 使用一个系统时你会对这些功能产生依赖,但在另外的系统上可能没有这些功能。
c. 使用这些功能会让你显得不专业。
d. 如果你的电脑坏了,你会丢失所有存储的校正设置。
20. _____是指可以在多个文档中重复使用的已存储文本的标准模块。

知识应用

参考学习目标,通过以下问题回顾本章内容。

1. 在美国,1 100万人对一种或更多的食品添加剂过敏。每年这些人中有3万人在遭受过敏反应后被送入急诊室,他们中的数百人死亡。大部分惨剧是由于书写糟糕的食品标签导致的,这些标签要么没有注明危险的过敏源,要么是用大多数消费者不能理解的科学术语书写的。[17] 食品制造商是否有责任确保消费者阅读、了解并遵循食品上的警告呢?解释你的答案。[学习目标1]

2. 当写作商务信息时,你如何以真实的声音沟通并能反映公司的形象?[学习目标2]

3. 使用简明的语言会让你被认为不是专家吗?解释你的答案。[学习目标3]

4. 在信息中可以用什么步骤使像"机会"这样的抽象概念更具体?[学习目标4]

5. 当信息的逻辑关系非常显著的时候,你是否还应该费心使用过渡呢?[学习目标6]

技能实践

信息分析:创造商务语气[学习目标1],[学习目标3]

阅读下面的电子邮件草稿,(1)分析每句话的优点和缺点;(2)修改材料,使其遵循本章指南。信息是由一家婴儿相关产品的网上零售商的市场经理书写的,希望能够成为In-

---

[17] Food Allergy Initiative website, accessed 5 September 2008, www.foodallergyinitiative.org; Diana Keough, "Snacks That Can Kill; Schools Take Steps to Protect Kids Who Have Severe Allergies to Nuts," *Plain Dealer*, 15 July 2003, El; "Dawdling over Food Labels," *New York Times*, 2 June 2003, A16; Sheila McNulty, "A Matter of Life and Death," *Financial Times*, 10 September 2003, 14.

glesina 婴儿车和高脚椅子的零售商店。作为流行的、最高品质的产品制造商,意大利的 Inglesina 公司在选择出售其产品的零售商店时极度挑剔。

我们的电子零售网站 www.bestbabygear.com 专门为新生儿、婴儿、学步儿童的家长提供最佳的产品。我们一直在寻找世界上足够优秀、足够精良、足够上等的产品;足够优秀,就意味着它要与我们足以获奖的网站 www.bestbabygear.com 页面上的数以百计其他精心选择的商品并列。每次我们选择产品加入产品单时,都以这个门槛作为目标;我们不想在可能一年卖个五六件的"一块两块"产品上浪费时间——不,我们想要每个产品都是最高级的、成功的,每年每个款式要卖出至少一百件,这样才能弥补我们把它添加到上面所说的产品单的花费和麻烦。经过仔细的考虑之后,我们得出结论:你们 Inglesina 的产品线符合我们的要求,因此我们希望能够把它添加进来。

➡ 练习

1. 写作:沟通时保持敏感和机智[学习目标1] 以一个更好的短语代替下列各项:

a. 你声称
b. 这样做不是我们的政策
c. 你忽视了
d. 其中你断言
e. 我们很抱歉你不满意
f. 你没有附寄
g. 我们请求你发送给我们
h. 显然你没有注意到我们的条款
i. 我们已经非常有耐心了
j. 我们非常困惑

2. 写作:说明换位思考[学习目标1] 重写这些句子以反映受众的观点。

a. 你的电子邮件不能被处理;我们要求你使用我们网站上的订单表格。
b. 我们坚持认为你应该带着信用卡到商店。
c. 我们想要处理掉所有的 15 英寸 LCD 显示器,来在仓库中为新的 19 英寸、23 英寸和 35 英寸的 LCD 显示器腾出空间。于是我们本周对所有 15 英寸产品提供七五折优惠。
d. 我想申请你们办公室的记账员工作,我认为我的成绩能够证明我是聪明而有能力的,能为你们很好地工作。
e. 按照要求,我们寄给您 25 美元的退款。
f. 如果你在意做好工作,你可以付出额外的努力来学习如何正确操作设备。
g. 你今天早上的战略演讲震撼了我;我们不能放过所有这些你整理的聪明想法,现在我真高兴是你在管理公司。
h. 关于你 9 月 28 日以来的电子邮件中提到的货款支付缓慢,对你来说重要的是要认识到我们的会计支付系统刚刚经历了一次大的升级,所有人的支付都延迟了,不只是你。
i. 我知道我的资产评估报告晚了,但我一直觉得不舒服,我只是还没有精力去做这些数字上的工作。
j. 现今所有的在线新闻来源里,我不能相信你竟然不知道 MyTravel 和 Thomas Cook 在进行并购谈判——我的意思是,你不用打开电脑就能知道这件事!

3. 写作:正面强调。[学习目标1] 修改这些句子以显示正面而不是负面的态度:

a. 为了避免你信用等级的损失,请在 10 天内付款。
b. 我们对弄脏的退回商品不给予退款。
c. 由于我们的"婴儿哭"娃娃暂时缺货,我们在 10 天内将不能给你发货。
d. 你没有详细说明你订购的衬衫的颜色。
e. 你应该了解冬天没有暖气的房子里水床会结冰,因此,我们的保修中不包括阀门,你必须支付 9.50 美元的阀门替换费用(外加邮资)。

4. 写作：使用非歧视性语言［学习目标 1］
改写以下内容以除去歧视色彩：

a. 对于一个印第安人来说，Maggie 毫无疑问属于外向人。

b. 他需要一个轮椅，但是他没有让他的缺陷影响出色的工作表现。

c. 一名飞行员必须有在压力下保持冷静的能力，他必须训练有素以应付任何出现的问题。

d. 候选人 Renata Parsons，已婚并育有一少年子女，将会参加辩论会。

e. 老年人 Sam Nugent 仍然是一个活跃的销售员。

5. 写作：建立可信度；微博技能［学习目标 2］，第 7 章　搜索"LinkedIn"以获得任意一名行业或专业的专家资料。现在想象你准备介绍此人在一个会议上发言。演讲时，你将要做一个现场介绍，但你决定提前在 Twitter 上介绍他。写作四条微博：一条介绍专家，另外三个包含三条关键支持论点来提高发言者在潜在听众心目中的可信度。你可以编写一些信息来完成这个任务，然后将你计划的微博用电子邮件发送给任课教师。

6. 写作：使用简明的语言；沟通道德：做符合道德规范的选择［学习目标 3］，第 1 章　你的公司多年来一直都是当地社区的大雇主，但是全球市场的变化，已经迫使公司改变长期的方向。事实上，在未来的 5 到 10 年内，公司计划减少本地员工数 50%，下个月就开始小规模的解雇。未来解雇的时间和人数还没有决定，但毫无疑问会有更多的人被解雇。在写给社区领导的信的初稿中，你写到"目前的第一次解雇是未来几年计划的一系列解雇活动的一部分"。然而，老板考虑到语言的含糊和消极的语气，要求你写成这句话："这次解雇是公司继续努力进行资源调整以适应全球市场条件的一部分。"考虑到公司对社区的经济影响力，你认为这种措辞道德吗？请解释答案并用电子邮件发送给任课教师。

7. 写作：使用简明的语言；媒体技能：博客［学习目标 3］　从证券交易委员会（SEC）的网站 www.sec.gov/pdf/handbook.pdf 上下载《简明英语手册》。用一两句话总结 SEC 的短语"简明英语"是什么意思。现在浏览 SEC 对共同基金的介绍，链接为 www.sec.gov/investor/pubs/inwsmf.htm。这些信息遵循 SEC 的简明英语的指导了吗？举几个例子来支持你的论断。将分析发在班级博客上。

8. 写作：写作有效的句子；媒体技能：社交网络［学习目标 4］，第 7 章　如果你对商务感兴趣，你现在有的一两个想法是你创办一个公司的机会。如果你还没有想法，现在开始努力想出一个。尽量使该想法是你的兴趣所在，是你能够全身心投入的。现在写一个四句话的概述，能够填写到 Facebook 资料中的信息栏。确保第一句是有力的主题句，然后确保接下来的三个句子提供相关的例证。随意编写一些你需要的细节。将概述用电子邮件发送给任课教师或发布到班级博客上。

9. 写作：选择有力的词汇［学习目标 4］
针对下列每一条含糊的短语，将其写成具体的短语：

a. 这个春天的某一个时间

b. 一笔可观的存款

c. 很多人参加

d. 提高的效率

e. 扩大的工作区域

f. 使网站结构扁平化

10. 写作：选择有力的词汇［学习目标 4］
列出比下列更有力的词语：

a. 追赶

b. 季节性的变化

c. 聪明的

d. 突然上升

e. 向前移动

11. 写作:选择有力的词汇[学习目标4] 改写下列句子,使用简明的语言代替过时词汇和流行语(如果你不认识这些术语,可以在网上找到定义):

a. 作为一个"万事通",Dave 在他新上任的总经理的职位上表现得很好。

b. 把 Leslie 调到会计部门就像在一个圆洞里放入方钉一样,在那里她完全就像是离了水的鱼,如果你明白我的要旨的话。

c. 我从公司外得到的唯一结论就是 Laird 因为没有按期完成任务而牺牲了整个部门来保全自己。

d. 我希望能够援助这个项目,但我手头的"带宽"不够。

e. 董事会对我们倡议为商业空间重新部署消费品开了绿灯。

12. 写作:选择有力的词汇[学习目标4] 建议使用简短的词汇代替下列各项:

a. 就职(inaugurate)
b. 终结(terminate)
c. 利用(utilize)
d. 预期(anticipate)
e. 协助(assistance)
f. 努力(endeavor)
g. 确定(ascertain)
h. 获得(procure)
i. 成就(consummate)
j. 劝告(advise)
k. 变更(alteration)
l. 转寄(forwarded)
m. 制造(fabricate)
n. 然而(nevertheless)
o. 实质的(substantial)

13. 写作:选择有力的词汇[学习目标4] 把下列短语改写成最新、有趣的版本,如果你认为没有适当的替代,就写"没有";如果你认为应该直接删除,就写"删除"。

a. 按照你们的要求
b. 在此附上
c. 代替
d. 作为回复我想要说
e. 请注意

14. 写作:选择有力的词汇;沟通道德:做符合道德规范的选择[学习目标4],第1章 在什么环境下你认为使用隐含义丰富的术语是道德的?什么时候你会认为这是不道德的?解释原因。

15. 写作:构造有效的句子[学习目标5] 将下列句子从被动句改为主动句:

a. 每周五,原始数据都被销售代表输入客户关系管理系统中。
b. 高利润被管理者所宣扬。
c. 方针中公布的政策被员工执行了。
d. 我们的计算机由 Santee 公司维修。
e. 员工为珍妮所代表。

16. 写作:打造统一、连贯的段落;媒体技能:电子邮件[学习目标6],第7章 假设 Anne Brewer 教授在学期末收到了学生的一封邮件,学生说他的会计课程应该得 B。如果把这一信息改写成3—4个更清晰的句子,教师也许会接受这位学生的观点。重写这一信息展示你是怎样改进它的。

我认为我这个学期在您的会计课上得了 C 是不公平的,我希望您能给我 B。这是一个很艰难的学期。我没有从家里拿一分钱,不得不早晨在煎饼店工作(做厨师),还必须赶着时间去上您的课。我错过了两次课是因为煎饼店出了点儿特殊情况,他们不让我离开(不像其他一些学生仅仅是不愿意去上课)。期中考试时,我本来得到了75%的排名分,但是您在课堂中说有两种不同方法回答第三题,而且您会修改使用"最优成本"方法的同学们的分数,这样他们的排名分就下降了6个百分点。我认为您没有考虑到这一点,因为期末考试我的成绩应该是80%,而且显然可以得到B。但无论您怎样决定,我只想要告诉您我很喜欢这门课,而且我非常感谢您能使会计课如此有趣。

17. 写作:打造统一、连贯的段落[学习目标6] 在下列段落中,指出主题句和相关句(支持主题句思想的句子):

　　Sync是带有自动同步功能的子网络访问协议。默认情况下,iTunes会自动复制你的整个音乐库到iPod上,并删除在iPod上有但iTunes中没有的歌曲。或者你可以使用Playlist Sync并选择你希望与你的iPod同步的播放列表。如果你在iTunes库中的歌曲多于你的iPod能装入的歌曲,让iTunes生成一个播放列表来填满iPod,或者仅仅拖动单独的歌曲来更新你的iPod。⑱

下面把这段话加入一个主题句:

　　我们对消费者体验的分析应该在高尔夫球手穿过Glencoe Meadows的前门之前就开始;分析应该开始于他们打电话或者登录网站来预订开球时间的时候。当他们到达时,流程中最开始的几个阶段同样重要:通向俱乐部会所的地面条件,当他们下车后受到的接待,以及停车的方便程度。从这一点上来看,我们在专营店办理手续时、在开放练习场时,以及在第一次开球时及时地安排时间时,都做得怎么样呢?然后一切都与比赛过程本身以及在最后一轮结束后回到会所相联系了。

18. 写作:打造统一、连贯的段落;合作:评价他人的作品[学习目标6],第6章 与其他四个学生一起工作,在你们当中分配以下五个主题,围绕各自选择的主题写出一段话。确保每个学生采用不同技巧完成自己的段落:一个使用举例说明法,一个用比较或对比法,一个讨论因果关系,一个用分类法,一个讨论问题和解决方法。然后在小组中交换段落,分别指出你的组员所写段落的中心思想和目的。每个人能够正确地识别中心思想和目的吗?如果不能,建议如何更清楚地改写段落。

　　a. 可供销售的数码相机/狗或/汽车的类型
　　b. 在快餐店用餐的优缺点
　　c. 寻找第一份全职工作
　　d. 我的汽车/房子/公寓/邻近地区的质量好
　　e. 该如何制造一份餐后甜点食谱/烧烤牛排/泡咖啡

19. 写作:使用过渡[学习目标6] 在下列句子中加入过渡元素,来改善其思路。(注意:你也许需要删减或者增加一些词语来使句子更顺畅。)

　　a. Steve Case看到了在线业务中无限的可能性。Steve Case决定变想象为现实。技术人员嘲笑他为普通人建立简单网络服务的策略。Case顽强地追求其梦想。他分析了其他在线服务。他评估了客户需求。他通过比较简单的方法从网上获取信息来对其需求做出反应。1992年,Steve Case命名其公司为美国在线(AOL)。批评家预测公司会倒闭。到了世纪末,美国在线公司赢利丰厚。与时代华纳的致命合并是一场金融灾难,它导致Case被驱逐出公司。

　　b. 面对世界上一些最强硬的竞争者,Harley-Davidson必须作一些变化。公司引进了新产品。Harley的管理团队宣布重塑公司的生产流程。新的产品被推向市场,公司开始盈利。Harley的质量标准和其他外国竞争者不在同一水平线上。Harley的成本仍然在行业中属于最高的。Harley作了一个急速转变,并且再造了公司的组织结构。Harley的努力已经见效。

---

⑱ Apple iTunes website, accessed September 2006, www.apple.com/itunes

c. 无论你是否沉迷于纽约或者加州的甜甜圈，Krispy Kreme 想要你每一口都享受同样的可口味道。公司通过认真仔细地控制生产程序的每个步骤来维持产品的一致质量。Krispy Kreme 根据质量标准来检测所有原料。每次运送的小麦面粉都要经过抽样，并且被测量它的水分含量和蛋白质水平。Krispy Kreme 把成分混合在一起。Krispy Kreme 测量混合后的甜甜圈质量。Krispy Kreme 向它的商店发送混合成分的甜甜圈。财务批评家不像食品批评家那样善待公司。不当财务报告的判断已经使公司的未来成为一个疑问。

20. 写作：实用技术编写信息；可读性设计［学习目标 7］，第 6 章　与另一名学生组成小组并选择一些格式的文档或演示软件，软件要允许建立模板或另一种"专家设计"形式（可以选择微软 Word，微软 PowerPoint，谷歌 Docs 或其他相似的软件）。你的任务是为公司设计一个报告模板，或者你知道其一般沟通风格，或者可以通过网站和其他材料分析出来。你可以通过改写一个已有的模板来开始，但如果你改写了另一个模板，确保最终设计大部分是你自己的。第 6 章提供了一些文档设计的信息。

技能拓展

剖析行业案例

从某个可靠的在线来源找到一个专业沟通的例子，选择一个至少包含三个句子的段落，在三个层次上评价该段落的有效性，以段落结构开始。段落是否统一连贯？是否有清楚的主题句和充分的支持来明晰和扩展主题？第二，评价每个句子。句子是否易于阅读并易于理解？作者是否使用了多种类型和长度的句子来使文章流畅而有节奏？最重要的意思是否在每个句子中都突出表现了？第三，评价至少六个词汇选择。作者是否正确有效地使用了这些词汇？按照任课教师要求的媒体，写一份简短的分析（不超过一页），从例子中选择具体的材料举例并在章节中寻找支持。

在线提升职业技能

"博韦和希尔的商务沟通搜索"（http://businesscommunicationblog.com/websearch）是一个专为商务沟通研究而设计的研究工具。使用网页搜索功能查找网站、视频、PDF 文档或幻灯片演示文稿，为写作有效的句子提供建议。给任课教师写一封简短的电子邮件，描述你搜索到的条目，总结你从中学到的职业技能。

改善语法、结构和表达

以下练习帮助你提高对英语语法、结构和表达的掌握和运用。看下面 10 个句子，找到最佳选项，在其下面画线。

1. Their performance has been (*good*, *well*).

2. I (*sure*, *surely*) do not know how to help you.

3. He feels (*sick*, *sickly*) again today.

4. Customs dogs are chosen because they smell (*good*, *well*).

5. The redecorated offices look (*good*, *well*).

6. Which of the two programs computes (*more fast*, *faster*)?

7. Of the two we have in stock, this model is the (*best*, *better*) designed.

8. He doesn't seem to have (*any*, *none*).

9. That machine is scarcely (*never*, *ever*) used.

10. They (*can*, *can't*) hardly get replacement parts for this equipment (*any*, *no*) more.

第6章 商务信息的完成

学习目标

学完本章后,你将能够:

1. 讨论认真修改的价值,并描述评价初稿及其他作者的作品时所涉及的工作
2. 列出提高信息可读性的四种写作技巧
3. 描述提高写作清晰度的八个步骤并给出使写作更简洁的四种技巧
4. 列出有效设计的四个原则并解释主要设计要素在文档可读性中的角色
5. 解释校对的重要性,并给出成功校对的八种技巧
6. 讨论发布信息时需要考虑的最重要问题

工作进行时

Jefferson Rabb 网页设计的沟通

使用前沿电子媒体来联络当今的图书受众

作为一个作曲家、游戏设计师、摄影师、程序员和网站开发者,Jefferson Rabb 是多媒体领域的"多面手"典范。对于所有他推动的技术创新技能而言,Rabb 的工作从没有忽视受众以及他们访问网站时渴望知情和娱乐的心情。

Rabb 的工作经历包括 MTV.com 和 Sephora.com,但他现在大部分的工作是出版行业的独立项目设计师。他曾经帮助 Dan Brown、Gray Shteyngart、Jhumpa Lahiri、Laura Hillenbrand 和 Anita Shreve 等畅销书作家实现作品网络化。

对于每个项目,Rabb 都以对受众的深度分析开始设计工作。他提出的关于网站访问者的问题包括他们对作者作品的熟悉程度、他们阅读兴趣的范围以及他们的人口统计学数据。他也想知道除了读者外,网站是否还需要服务于图书评论员、书店买家和其他行业专家。

对目标访问者有了一些了解后,Rabb 把自己放在他们的位置上并想象他们在访问时希望获得的知识和体验。这些需求多种多样,从作者生平到多媒体展示(如视频访谈和书中提到的地

点的照片)再到扩展小说情节的复杂游戏。Rabb也特别重视寻找图书与网站之间吸引人的视觉上的联系。例如,他在为Shteyngart的《超级悲伤真爱故事》进行网站设计中,关注到了移动通信终端在故事中的作用。在完成多媒体体验时,他通常会创作音乐来产生一种特定的反映图书主题的情绪。①

你的商务沟通也许不像Rabb的那样精细,但你可以使用他的策略:把有条理的分析与创造性的设计和实施联合起来。本章阐述三步写作法的第三步——信息的完成,包括修订、制作、校对和发布等重要任务。

www.jeffersonrabb.com

6.1 修订信息:评价初稿

成功的沟通者如开篇所提的Jefferson Rabb,认识到初稿很少是紧凑、清晰、有说服力的。仔细修订会使漫无目的的信息转变为生动、直接的信息。三步写作法的第三步包括四个关键步骤:修订信息以达到最优质量,然后制作、校对并发布信息。

修订任务多种多样,取决于媒体和信息的特性。对于内部受众的非正式信息,特别是使用即时信息、短信、电子邮件或是博客时,修订的程序通常只是简单快速地浏览信息以便在发送或发布前更正错误。然而,不要落入常见的误区,认为你在使用这些媒体时不需要担心语法、拼写、清晰度或其他良好写作的基础。这些要素在电子媒体中尤其重要,特别是如果这些信息是你和受众之间唯一的联系。受众可能把你的写作质量等同于你的思考质量。劣质的信息会给人留下劣质思考的印象,并造成困惑、失败和代价高昂的延迟。

对于更复杂的信息,在开始修订程序前,试着把草稿撇开一两天,这样你就可以用全新的眼光处理这些材料。然后以"全景"开始,确保文档完成了总体目标,然后转到更细致的地方,如可读性、清晰度和简洁性。比较图6.1和图6.2中的信件,以此为例说明仔细的修订是如何改进客户信件的。

---

① Jefferson Rabb website, accessed 22 January 2011, www.jeffersonrabb.com, Joshua Bodwell, "Artful Author Web Sites," Poets & Writers, January/February 2011, 79—84; *Super Sad True Love Story* website, accessed 22 January 2011, http://supersadtruelovestory.com; *Beat the Reaper* website, accessed 22 January 2011, www.beatthereaper.com

第 6 章 商务信息的完成 169

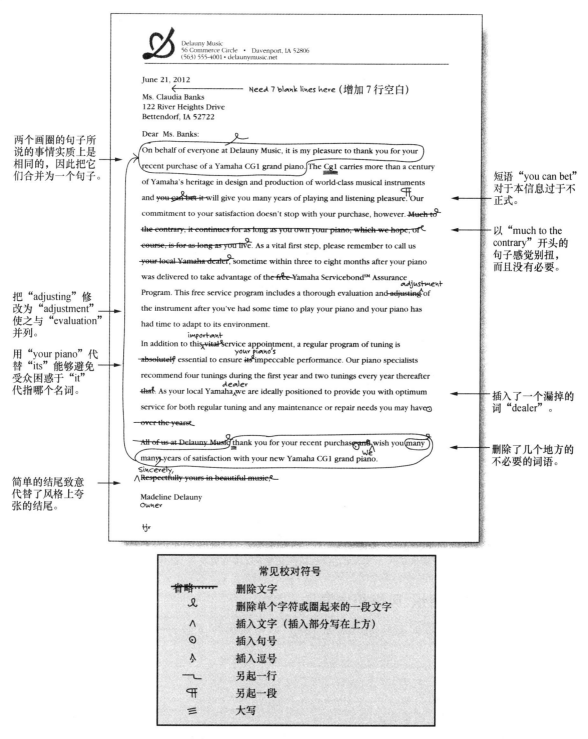

图 6.1 通过仔细修订改进客户信件

仔细的修订使得草稿更短、更清晰并且重点更突出。这些校对符号仍被广泛用于编辑和修订打印文档。然而有些情况下，你会用到文字处理或其他软件中的电子标记功能。

图 6.2　修订后的客户信件

这封修订后的信件更清晰地提供了要求的信息,组织更合理,风格更友好,运作更准确。

6.1.1　评价内容、组织、风格和语气

当你开始修改时,注意把焦点放在内容、组织、风格和语气语调方面。在评估信息的内容之前,给自己提以下问题:

- 信息准确吗?
- 信息与受众相关吗?
- 有充足的信息满足受众需求吗?
- 一般信息(给读者足够的背景知识以领会信息)和具体信息(给读者所需的细节以理解信息)之间能平衡吗?

当你对信息的内容感到满意时,可以检查它的组织结构,还可以问自己另外一些问题:

- 所有的观点合乎逻辑顺序吗?
- 最重要的想法是否占用了最大的篇幅,是否被放在了最显著的位置上?
- 如果按其他的顺序来组织信息,是否会更具有说服力?
- 有任何观点被不必要地重复吗?
- 细节是被合乎逻辑地归在一起,还是仍有一些分散在文档中?

接下来考虑是否已经形成对受众正确的语气。你的写作是否足够正式以满足受众的预期,同时又不过于正式和学术化?对于一个严肃的主题来说是否显得太随意了?

在信息的开头和结尾上额外花费一些时间,这些部分通常会给受众留下最深的印象。确定信息的开头是相关的、有趣的,而且适合于受众最可能的反应。在较长的信息中,确保开头几个段落就确立了材料的主题、目的和组织。复查结论,确定它总结了中心思想,并能给受众留下积极的印象。

6.1.2 评价、编辑和修订他人的作品

在你职业生涯的许多时候,都会被要求评价、编辑或修订他人的作品。无论你只是提出改善的建议还是实际上自己亲自去改善(例如在维客网站上),都可以使用从第4—6章中所学的技能来做出贡献。

在你开始之前,要认识到这样做必然带来的双重责任。首先,除非有人特别要求你用你自己的风格重写或改变信息的重点,不要把你的写作风格强加其上或追求自己的目标,要记住你的工作是帮助其他作者完成他的工作。换句话说,确保你的工作集中在如何使信息更有效,而不是使它更像是你写的。其次,在你开始建议或修改前,确保你理解了作者的意图。如果你不知道作者希望达成什么目标就开始编辑或修订,你就冒着使信息无效化的风险。记住这些,当你评估他人的写作时,回答下列问题:

- 这个文档或信息的目的是什么?
- 目标受众是谁?
- 受众需要什么信息?
- 文档是否以组织良好的方式提供信息?
- 作品是否向受众展示了换位思考?
- 写作语气对受众来说合适吗?
- 能改进可读性吗?
- 写作清晰吗?如果不,如何改进?
- 写作足够简洁吗?
- 设计能够支持预期的信息吗?

你可以在第14章阅读更多的关于如何在维客写作中使用这些技能的内容。

6.2 修订以提高可读性

在检查信息的内容、组织、风格和语气之后,再改进可读性来完成第二关。大多数专业人士的

时间被繁琐的阅读材料所淹没,使他们花费的阅读时间大大多于他们的预期,所以如果你使文件变得更容易读懂,他们将会感激不尽。你也将受益于这一努力,如果你通过一份精心设计的文件赢得了尊重受众时间的好声誉,那么受众也会对你的工作给予更多的注意。

你可能对多年来试图测量可读性的一些指标很熟悉,如 Flesch-Kincaid 年级水平(Flesch-Kincaid Grade Level)。这些指标提供了有用的参考,但它们受限于能够测量的东西:词语长度、音节个数、句子长度和段落长度,不能测量其他影响可读性的因素,如文档设计、换位思考、清晰的句子结构、平滑的过渡以及合适的词语用法。一般的规则是,不要认为可读性指数高的文字就易于阅读,指数低的就难于阅读。

除了使用短词和简单句子外,你也可以通过使文件读起来更有趣和更方便略读来提高信息的可读性。大多数商务受众,特别是有影响力的高级管理人员会略读大部分文件,主要看中心思想、结论和建议。如果他们确定该文件包含有价值的信息或要求回应,当时间允许时他们会更仔细地阅读它。有四个技巧可以使信息更易于阅读和略读:改变句子的长度,使用更短的段落,用列表和项目符号来代替叙述,加入有效的标题和副标题。

6.2.1 句子长度多样化

使句子长度多样化是保持读者兴趣,以及控制对主要和次要观点强调的良好方式。试着混合使用短句(15 字及以下)、中句(15—25 字)和长句(25 字以上)。每种句子长度都有各自的优点。短句可以更快地进行处理,并使非母语的发言人和口译员更容易理解和翻译;中句对于表现观点之间的关系非常有用;长句往往是传达复杂思想、列出多项相关要点、总结或预览信息的最佳方式。

当然,每种长度的句子也有各自的缺点。太多的短句排在一起使写作看起来不紧凑不连贯;中句缺乏短句的力度和长句传达信息的优势;长句通常比短句更难理解,因为它们包含太多的信息。因为读者每一眼吸收的信息量只有几个词语,所以较长的句子还很难略读。

6.2.2 保持较短的段落

大段的文字会让人望而生畏,特别是在屏幕上,所以大多数情况下最佳的段落长度是较短到中等。如果不在某种程度上拆分你的观点,你最终会写出冗长的段落并保证会吓跑最专注的读者。短段落通常有 100 字或者更少,它比长段落更易于阅读,并更有吸引力。你也可以通过简短且有力的一个独立段落来强调一种观点。

然而,不要太过于依赖短段落。仅在偶尔和强调的时候,才小心地使用一句话的段落。同时,如果你需要把一个主题拆为几部分以形成短段落,那么一定要使用大量的过渡元素来确保读者能连贯地理解主题。

6.2.3 使用列表进行明确和强调

一种有效的代替传统句子的方式是把重要的观点组成列表——一系列词汇、名称或其他术语。列表能够表达你的观点的顺序,直观地突出它们的影响力,并且增加受众发现你的主要观点的可能性。另外,列表简化了复杂的主题,强调了主要观点,直观地分解了页面或屏幕,对于繁忙的读者来说增加了略读的方便性，从而给读者一个喘息的机会。比较下列相同信息的两种表达方式：

叙述

拥有自己的企业有许多优势。一是追求个人激情的机会。二是为自己工作的满足感。作为唯一的经营者，你会有私密性的优势，因为你不必把财务信息或计划告诉他人。

列表

拥有自己的企业有三个优势：
- 追求个人激情的机会
- 为自己工作的满足感
- 财务的私密性

你可以通过数字、字母或者项目符号（对所有放在每个项目之前的图形元素的统称）来区分每一项。除非列表以某种逻辑顺序或等级排序，或者你需要在文档的其他地方涉及列表中的某个具体项目，否则一般来说项目符号比数字更可取。

如果忽略你所选择的格式的话，列表中的项目应该是平行的；也就是说，它们应该全部使用相同的语法模式。例如，如果一个列表的项目使用动词开头，那么其他所有列表项目都应该使用动词开头。你可以通过重复词汇、短语、分句或整个句子的模式来创造对等性（如表 6.1 所示）。

表 6.1　达到对等性

方法	例子
对等词汇	这封信经 Clausen、Whittaker、Merlin 和 Cariucci 批准。
对等短语	我们在超市、在百货公司以及在专卖店都赢得了市场份额。
对等分句	我想要在 Vicki 演讲之后，但在 Marvin 演示幻灯片之前讨论这个问题。
对等句子	在 2011 年我们出口了 30% 的产品。在 2012 年我们出口了 50%。

6.2.4　加入主标题和副标题

一个标题（heading）是告诉读者下一节内容的一个简要题目。**副标题（subheading）**是标题的下一级，指出一大节中的一个小节。复杂的文档可能拥有数个层次的副标题。标题和副标题以三种方式作用：它们可以向读者展示材料是如何组织的；它们可以引起对重要观点的注意；并且它们可以强调观点之间的联系和过渡。

标题和副标题可分为两类。**描述性标题（descriptive heading）**，例如"成本考虑"，指明了主题但也仅在于此。**告知性标题（informative heading）**，如"重新设计物料流程以削减生产成本"，引导读者以某一种特定的方式思考主题。好的告知性标题本身就是完整的，这意味着读者只要阅读标题和副标题就可以理解文章的意思而不需要阅读文件的其他内容。无论你选择何种类型的标题，保持简洁并通篇使用对等的结构。

6.3　编辑文件以使其清晰和简洁

在检查和修订了信息的可读性之后，下一步就是确保信息尽可能地清晰和简洁。

6.3.1 编辑文件以使其清晰

确保每个句子都传达了你想要传达的信息,并且读者不需要多次阅读才能把握句子的意思。为了确保清晰,仔细检查段落结构、句子结构和词语选择。读者能够理解段落中的相关句子吗?每个句子的意思都易于把握吗?每个词汇都清楚且无歧义(没有其他可能解释的风险)吗?

参见表 6.2 对下列要点的举例说明:

- **拆开过长的句子**。如果你发现自己陷入一个长句中,那么很可能你正在试图让句子表达超过它本身所能表达的意思,例如两个不同的观点或一次性向读者提出太多支持性的证据。(你是否注意到这个长句有多难读?)
- **重写不确定的句子**。不确定意味着收回一个有信心的、确定的关于主题的陈述。的确,有时你不得不使用"可能"、"似乎"等词来避免把一种判断变成一个事实。然而,当你太过闪烁其词或没有很好的理由时,你又会被认为不确定自己所说的内容。
- **利用对等结构**。当你有两个或者更多的相似观点要表达时,通过使用相同的语法结构来使它们对等。对等表示观点是相关的,有相似的重要性和同一水平的概括性。
- **修改悬空的修饰语**。有时候修饰语不仅可以是一个形容词或者副词,甚至整个短语都可用来修饰一个名词或动词。注意不要使这种类型的修饰语悬空,而跟句子的主语没有任何联系。
- **改变连续使用长名词**。当多个名词放在一起作为修饰语时,产生的句子就会很难读懂。看看是否有一个精心选择的词能达到同样的效果。如果所有的名词都是必需的,那么可以考虑把一个或者更多的词放在修饰语中(如表 6.2 所示)。
- **替换伪动词**。注意结尾带有 -ion、-tion、-ing、-ment、-ant、-ent、-ence、-ance 以及 -ency 的词。这些词尾经常把动词变成名词或者形容词,需要你加一个动词以使观点更清楚。
- **明晰句子结构**。一个句子的主语和谓语要尽可能地接近。同样的,通常形容词、副词和介词短语只有被放在尽可能接近被修饰词的位置时,才会发挥最大作用。
- **澄清糟糕的指代**。如果你希望读者参考文档中某个特定点,要避免模糊的指代如"上面提到的""如上所述""上述的""前者""后者""分别地"。使用具体的指示,例如"如第 22 页的第二段所描述的"。

表 6.2 修订清晰度

检查的问题	无效	有效
过长的句子		
采取太长的合句	该杂志将于 1 月 1 日出版,并且如果我的文章想在上面发表我最好在要求期限内交稿,因为我们希望文章在展销会之前就发表。	该杂志将于 1 月 1 日出版。我最好在要求期限内交稿,因为我们希望文章在展销会之前就发表。
不确定的句子		
限制过多的句子	我相信,Johnson 先生的工作履历似乎表明了他可能会有能力胜任这个职位。	Johnson 先生的工作履历表明他有能力胜任这个职位。

(续表)

检查的问题	无效	有效
非对等的句子		
对于相似的观点采取不相似的结构	Simms先生已被雨淋透,被电话炮轰,而他的老板呵斥他。	Simms先生已被雨淋透,被电话炮轰并被他的老板呵斥。
	去浪费时间和错过最后期限都是坏习惯。	浪费时间和错过最后期限都是坏习惯。
悬空的修饰语		
把修饰语放置在错误的名词和动词旁边	步行去办公室时,一辆红色跑车超过了她。(暗示是跑车步行去办公室)	当她在步行去办公室时,一辆红色跑车超过了她。
	减少了25%,欧洲拥有十年来最低的半导体输出量。(暗示欧洲缩减了25%)	欧洲减少了25%的半导体输出量,创下十年内最低。
连续的长名词		
许多名词串在一起	窗框安装公司将在周五给我们预算。	安装窗框的公司将在周五给我们预算。
伪动词		
把动词和名词变成形容词	经理进行了规则的实施。	经理实施了规则。
	出货量的核查每周都会出现。	每周都会核查出货量。
把动词变成名词	得出一个有关……的结论	下结论
	对……给予的考虑	考虑
句子结构		
把主语和谓语分隔开	市场份额减少的10%是由质量问题和东北地区的市场领导者Armitage咄咄逼人的销售活动导致的,它是2010年主要的问题。	2010年主要的问题是市场份额减少了10%,它是由质量问题以及东北地区的市场领导者Armitage咄咄逼人的销售活动导致的。
把形容词、副词或介词短语与它们修饰的词语分开	我们的古董办公桌显得结实而有分量,因为有了厚实的桌腿和大大的抽屉。	厚实的桌腿和大大的抽屉让我们的古董办公桌显得结实而有分量。
糟糕的指代	律师事务所和会计师事务所分别派发电脑用品给法律秘书和初级会计师。	律师事务处派发电脑用品给法律秘书;会计师事务所派发电脑用品给初级会计师。

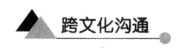

以易于理解的处方标签保护患者

有些信息在生活中的重要性就像处方药的说明书一样。然而,根据美国儿科协会(American Academy of Pediatrics)的统计,将近一半的父母都未能正确地理解开给其孩子的药物标签上的信息。这种错误在年长的病人中也很广泛,他们经常每天需要服用多种药物。可能大家最先想到的是归咎于孩子的父母和病人,但是也说明药物标签本身也要对许多错误负有责任。

专家把这类沟通问题归结为令人费解的术语、信息过载以及缺乏优先顺序——突出了不重要的信息,比如药厂的名称,却导致真正关键的信息,比如正确的用量、对药物副作用的警示,甚至药品本身的名称被忽略了。这种情况在两人或更多人需要服药的家庭中会变得更糟,病人有时会误用药物。此外,现在许多处方药的信息被分散放在瓶子的标签、包装盒,以及一个政府强制要求的打印的插页上。这些插页本来是为了解释一些对患者非常重要的信息,但是许多患者却把它们撕下来扔到一边,并没有去读这几页密密麻麻的、不甚熟悉的术语。

幸运的是,这一情况正在改善。图形设计师 Deborah Adler 在她的祖母误服了她祖父的一些药片之后,认为有必要做一些彻底的改变了。在检查了沿用 60 年而从未改变过的圆形药瓶之后,Adler 和工业设计师 Klaus Rosburg 精心做了一种新型设计——用一个大而平整的标签包裹整个瓶身。这个标签使得重要信息易于被发现和阅读,特别是药物名称、患者姓名以及用量说明。还可以在药瓶上附系一条不同颜色的彩带来帮助家庭成员区分哪个药瓶是自己的。Adler 的设计被称为"ClearRx",目前已经在全国范围内的 Target 制药厂投入使用了。

▶ 职业应用

1. 为什么药品标签上的信息优先排序非常重要?
2. 除了药物之外,你在自己的生活中遇到过其他由于标签、标志、说明书或其他信息不清晰而导致健康或安全危害的情况吗?从中选择一种情形,并对不良沟通作个简要的说明,写出你建议如何改进。

资料来源:"ClearRx," Target wbsite, accessed 21 January 2011, www.target.com;"Medications—The Importance of Reading the Label," American Academy of Pediatrics, accessed 9 Septmber 2008, www.medem.com; Sarah Bernard, "The Perfect Prescription," *New York Magazine*, 18 April 2005, www.newyorkmetro.com。

6.3.2 编辑文件以使其简洁

使信息清晰通常可以减少总体字数,因此在这点上你可能已经除去了文档中大多数的冗余部分。下一步是检查文字,具体目标是减少使用的词汇数量。读者欣赏简洁的信息,并且如果你有一个高效写作的好名声,读者更可能去阅读你的文档。参见表 6.3,作为下列提示的例子:

- **删除不必要的单词和短语**。如果能够去掉一个单词或词组而不会改变句子的含义,就删掉它。
- **缩短长单词和短语**。短单词通常比长单词更生动和容易阅读。另外,使用不定式(动词加"to")代替短语,不仅可以缩短句子长度,也能使它们更加清楚。
- **消除冗余**。在某些词组中,这些词语往往描述同样的事。例如"能被眼睛看到"是冗余的,因为"能看到"已经足够了,不用进一步澄清,"被眼睛"没有增加任何意义。

在你重新写作时,应该集中于如何使每个字组成一个有效的句子,以及如何使那些句子展开为一个连贯的段落。作为对修订所涉及的内容的提示,参见本章"要点检查:商务信息的修订"。

表 6.3 修订简洁性

检查的问题	无效	有效
不必要的单词和短语		
使用拖沓的短语	加起来总共	达到
	在……的情况下	如果
	在……开始之前	……之前
	在不久的将来	不久
	在这个时间点上	现在
	鉴于这一事实	因为
	考虑到这一事实	因为
	直到这个时候才	当
	就……而言	关于
关系代词使用过多	那些1月份卖出去的汽车不享有6个月保修期。	1月份之后卖出去的汽车不享有6个月保修期。
	那些开车去上班的员工应该把车停在地下车库。	开车去上班的员工应该把车停在地下车库。 或者 员工应该在地下车库停车。
关系代词使用过少	项目经理告诉工程师上周规格发生了变化。	上周项目经理告诉工程师,规格发生了变化。 或者 项目经理告诉工程师,上周规格发生了变化。
长单词和短语		
使用过长的单词	在刚刚过去的(preceding)一年里,该公司加速(accelerated)了生产经营。	去年(last year)公司加快(sped up)了经营。
	该行动是在公司的经营出现财务赤字(financial deficit)的假设下进行预测的(predicated on the assumption)。	该行动基于(base on)公司亏损(losing money)的认识。
使用冗长的短语而不是不定式	作为一名作者,如果你想要获得成功,就必须努力工作。	要成为成功的作者,你必须努力工作。
	他去图书馆是为了学习的目的。	他去图书馆学习了。
	这位老板增加了工资从而她就可以提高士气。	这位老板增加了工资以提高士气。

(续表)

检查的问题	无效	有效
冗余		
意思重复	绝对地完整	完整
	基本的基础	基础
	在之后跟着	接着
	没有义务和牵连	没有义务
	参考追溯	参考
	再重复	重复
	收集在一起	收集
	未来的计划	计划
	返还回来	返回
	重要的要点	要点
	结局的结果	结果
	实际上的事实	事实
	最终成果	成果
	独特地不同寻常	独特的
	被周围所包围	包围
用了双重修饰	当代的、最近的设备	当代的设备

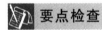 要点检查

商务信息的修订

A. 评价内容、组织、风格、语气。
- 确保信息是准确、相关和充分的。
- 检查所有要点均按逻辑顺序出现。
- 确认提供了充分的支持以使中心思想有力和吸引人。
- 确定开头和结尾是有效的。
- 确保对于受众和当前情况使用了正确的语气。

B. 检查可读性
- 考虑使用可读性指数,但确保对答案进行详细的解释。
- 长中短句搭配使用。
- 段落不能太长。
- 使用带项目符号和数字的列表来突出重点。
- 通过标题和副标题使文章便于略读。

C. 编辑文件以使其清晰
- 拆分过长的句子,重写不确定的句子。

- 使用对等结构简化阅读。
- 修改悬空的修饰语。
- 改写连续的长名词并替换伪动词。
- 明确句子结构和糟糕的指代。

D. 编辑文件以使其简洁
- 删除不必要的单词和短语。
- 缩短过长的单词和短语。
- 删减冗余。

6.3.3 使用技术修订信息

当你要修改和美化信息时，软件可以利用例如"剪切"和"粘贴"（从一段文本中移走一块内容，将它粘贴在别处）以及"查找"和"替换"（查找文中的字词，如有需要则对其进行修改）等功能帮你添加、删除和移动文本。但要谨慎使用"全部替换"选项，它可能导致一些意想不到的结果。举例来说，查找"power"并全部更换成"strength"也会把单词"powerful"替换为"strengthful"，但并没有这个单词。

为了协助修订，例如"修订标记""修改追踪"（如图 6.3 所示）或"批注"（如图 6.4 所示）之类的功能能以电子方式展示提议的修改，并提供文档修订的历史记录。使用修订标记和批注功能也是追踪多个审阅者做出的编辑修改的好方法。

除了诸多修改工具之外，还有四个软件功能可以帮你润色文章：

第一，"拼写检查"将你的文件与电子词典作比较，突出显示无法识别的单词，并建议正确的拼写。拼写检查是一种很好的方式，可以发现打印错误，但并不能代替良好的拼写技能和仔细的工作。举例来说，如果你想写"there"的时候写成了"their"，那么拼写检查将不会发现，因为"their"本身拼写正确。虽然语法检查可能会发现，见下文。

第二，计算机词典有些是软件内置的，有些在如 http://thesaurus.com 之类的网站上。它提供特定词的替换选择。词典的最佳用法是当你已重复多次使用同一个词时帮你找到新的、有趣的词，或者找到能够最准确地表达你想要表达的意思的词。但是，不要仅仅为了寻找华丽的辞藻而使用词典，也不要认为所有建议的替代词对于每种情况都正确。

第三，"语法检查"对语法进行检查，就像拼写检查对拼写进行检查一样。由于程序得不到关于你想说什么的暗示，因此它不可能分辨你是否说得清晰或完整。然而，语法检查可以突出显示一些你应该考虑修改的地方，例如被动语态、长句和一些可能误用的词语，如"their"对"there"。

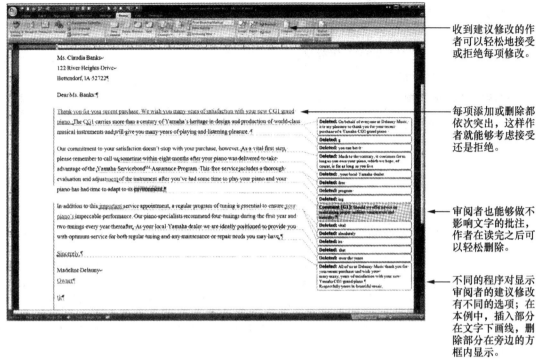

图 6.3　微软 Word 中的修订标记

微软 Word 是商务办公中最常使用的文字处理软件，它提供了方便的审阅草稿的工具。在本例中，添加的文字被标红，删除的文字在右侧边的方框中。作者在此之后可以选择接受或拒绝每项建议修改。

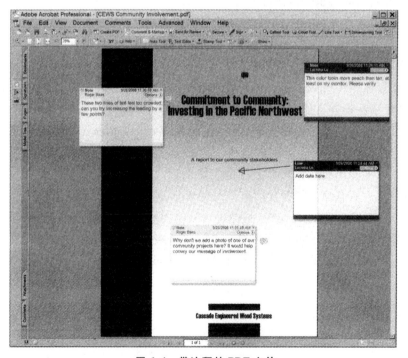

图 6.4　带注释的 PDF 文件

Adobe Acrobat 让审阅者可在任何 PDF 格式的文档中添加批注，即使文件是用审阅者没有的软件生成的。

第四,样式检查能监督词语和句子的选择,并且提出可供选择的建议以使写作更加有效。样式检查选项能够处理从基本问题(如数字编号和使用缩进)到一些更主观的问题(如句子结构和专业术语的使用)的各种事项。

当修订文件时,尽一切力量使用所有有用的软件。但是要切记,依靠它们完成所有的修订工作是不明智的,而且你必须对最终成果负责。

6.4 信息的制作

现在,是时候把辛苦工作的成果展现出来了。信息的"生产质量"——页面设计、图形元素、印刷等——在信息的整体效果中扮演着重要的角色。一个优美的、引人注目的设计不仅使文件更加易读,而且可以传达专业性和重要性。②

6.4.1 设计文件以提高可读性

文件设计在两个重要方面影响可读性。第一,如果细心地去做,设计元素可以提高信息的有效性,否则就可能成为沟通的障碍。第二,视觉设计向受众发送了一个非语言性的信息,在他们没有阅读一个单词之前就影响了他们的认知。

有效的设计帮助你建立文件的语气,帮助你引导读者理解信息(如图 6.5 所示)。为了完成有效的设计,注意以下设计元素:

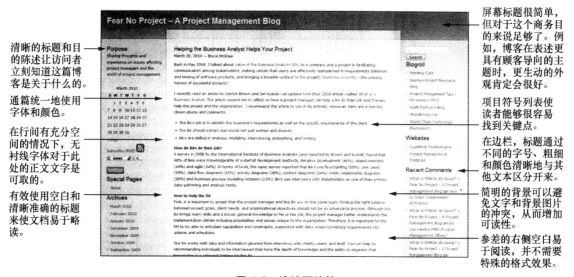

图 6.5 设计可读性

这篇博客使用了干净的、克制的设计,而它的目的是分享项目管理策略和技巧,对此种设计已经绰绰有余了。

---

② Deborah Gunn,"Looking Good on Paper," *Office Pro*,March 2004,10—11.

- **连贯性**。你使用的页边距、字体、字号、空格在每条信息里都要连贯。另外,重复的设计元素也要连贯,如垂直线、分栏和边框。在许多情况下,信息之间也要保持连贯;这样,接收你信息的受众就能识别你的文件并知道将会看到什么。
- **平衡**。平衡是一个很重要却又主观的问题。可能一个文档的设计很正式,各种元素的使用都遵循严格的模式;而另一个文档的设计不太正式,各种元素自由地分布——但两者都能达到平衡。就像说话的语气一样,对于一个给定信息视觉上的平衡可能是非常正式、恰好或是非常随意的。
- **克制**。在设计上要努力追求简化。不要用太多的设计元素、突出显示、色彩或者修饰润色而扰乱了信息。让"更简单"和"更少"作为你的指导观念。
- **细节**。注意影响设计和信息的细节。例如,特别宽的分栏中的文字会难以阅读;在许多情况下,较好的解决方法是把文字分成两个较窄的分栏。

即使没有受过平面设计的训练,理解了空白、页边和对齐、字体、字形后,你也可以制作出更有效的打印版和电子版信息。

空白

任何不包含文字或插图的空间,无论是在印刷品还是网络上,都属于**空白**(white space)。注意空白不一定是白色的,只是空的。这些不用的区域为读者提供视觉的对比和重要的停顿点。空白包括围绕标题、页边、段落缩进的开放区域,图片周围的空间,栏目之间的垂直空间以及段落或行之间的水平空间。为了增加读者阅读你的文件的机会,留出空白时要慷慨一点,以让文件更具可读性并不太令人生畏。③

页边和对齐

页边是指文本四周和文本栏之间的空间。除了宽度,页边的样式和感觉受你安排字行的方式影响,包括(1) 两端对齐(在左侧和右侧都垂直对齐);(2) 居左对齐,右边不齐;(3) 居右对齐,左边不齐;(4) 居中对齐。

杂志、报纸和图书经常采用两端对齐形式,因为这样给定的空间能容纳更多的文本。然而,两端对齐形式需要谨慎运用。第一,它会产生一种紧密的感觉,因为同一长度的字行减少了右侧边距的空白量。第二,它会让你的信息看起来更正式,而更不像个人化的信息。第三,除非小心使用一些技能,两端对齐格式读起来会更困难,因为它会在单词间产生较大的间隙以及在行尾产生很多的连字符。编辑杂志、报纸和图书的出版专业人士有时间和技能来小心地调整字符间隔和单词间距,从而减少这类问题。(在有些情况下,为了改善打印页的外观,要重写一些句子。)因为大部分商务沟通没有那种时间或技能,在大多数商务文档中最好避免使用两端对齐。

相比两端对齐,居左对齐形式在页面上显得更开放,看起来非正式且现代。单词的间距是相同的,只有位于一行末尾的没拼完的长单词才会出现连字符。

居中形式在正文段落中很少用,而多用于标题和副标题。右对齐形式在商务信件中极少用到。

---

③ Jacci Howard Bear,"Desktop Publishing Rules of Page Layout," About. corn, accessed 22 August 2005, www. about. com

字体

字体（typeface）指字母、数字和其他文本字符的外在设计。字体影响信息的特色，使你的信息看起来权威或友好、商务或休闲、古典或现代等（如表6.4所示）。电脑中的许多字体都不适于商业用途，确保选择那些适合你的信息的字体。

表6.4　字体用途和风格

衬线字体 （最适合文本）	无衬线字体 （适合标题；有些也适合文本）	专用字体 （仅用于装饰目的）
Bookman Old Style	**Arial**	ANNA
Century Schoolbook	**Eras Bold**	Bauhaus
Courier	Franklin Gothic Book	Edwardian
Garamond	Frutiger	Lucida Handwriting
Rockwell	Gill Sans	Old English
Times New Roman	Verdana	STENCIL

衬线字体（serif typefaces）的每个字母的笔画末端都有一条穿出来的线（称为衬线）。像Times New Roman这种衬线字体通常被运用于正文中；当把这种字体设置为大字号用于标题时，它们可能看起来很混乱。

无衬线字体（sans serif typefaces）没有衬线（"sans"是法语的"没有"）。像Helvetica和Arial这样的无衬线字体在视觉上简单，这使得它们成为使用较大字号用于标题行的理想选择。然而，在长篇文章中无衬线字体是很难阅读的，除非有足够的行距或行间距。

经典的文档设计风格使用无衬线字体作为标题，衬线字体作为段落正文；然而，许多现代的文档和网站对于两者都使用无衬线字体。无论你选择哪种，确保易于阅读并依照具体情况传递了正确的个人特色。

对于大多数文档，要避免使用两种以上的字体，尽管如果想要突出说明文字或其他特殊文本要素，你也可以使用第三种字体。④ 使用太多的字体会使文档变得杂乱不堪，给人一种业余的感觉。

字形

字形（type style）是指任何用于字体以形成对比或强调的调整，包括粗体、斜体、下划线、颜色以及其他突出和修饰性的样式。将小标题变为粗体可以对长篇文章进行分割。你也可以在正文中对一些独立的单词使用粗体，以吸引更多的注意。例如，本书中每章的关键词都被设置为粗体。斜体字也可以产生强调的效果，虽然不像粗体那样明显。斜体字还有特殊的作用，例如突出引用，指示外文词汇、讽刺、幽默、图书名和电影名，以及非传统的用法。

通常，要在信息中避免使用那些影响阅读速度的样式。例如，下划线或全部使用大写字体

---

④　Jacci Howard Bear, "Desktop Publishing Rules for How Many Fonts to Use," About.com, accessed 22 August 2005, www.a-bout.com

可能会干扰读者对字形的识别,而阴影和描边可能严重影响字迹的清晰程度。另外,要避免滥用字形。例如,把过多的词汇设置为粗体会在段落里制造太多的重点,从而冲淡特定的强调。

字号也是一个重要的考虑方面。对于大部分打印的商务信息,正文文本应使用10—12号字体,标题和副标题使用12—18号字体(1号大约等于1/72英寸)。尽量避免通过减小字号来压缩文本或增大字号以填满空间。字号过小难以阅读,而过大的字号则会占用过多空间并且显得不够专业。要特别小心在线文档的小字号。小字号在中等分辨率的屏幕上看起来还好,而在低分辨率(字母显示模糊不清)和高分辨率(显示器进一步减小了显示的字体)的屏幕下很难辨认。

6.4.2 设计多媒体文档

多媒体文档(multimedia document) 包括文字、图形、照片、音频、动画、视频及互动(如指向网页或软件程序的超链接)。作为丰富的媒体,多媒体文档能快速传递大量的信息,以多种方式吸引人,表达情感,并且允许接收者根据他们自己的需求将沟通过程个性化。然而,这些文档比仅含有文字和统计图形的文档更难创作。为了设计和创作多媒体文档,你需要考虑下列因素:

- **创造性和技术性的技能**。依照你需要完成的目标,创作和整合多媒体元素需要一些创造性和技术性的技能。所幸许多基本任务,如向网页内添加照片或视频剪辑,近年来已经变得容易多了。即使你没有受过正式的训练,通过学习成功的例子,你也能感受到什么有效、什么无效。
- **工具**。现在到处都有创作和整合媒体元素所需的硬件和软件工具,并且费用都不高。例如,通过使用专业的照片和视频编辑软件的简装版本,你可以执行商务多媒体所需的所有任务(如图6.6所示)。
- **时间和成本**。创作多媒体文档的时间和成本近年来有显著的下降。然而,你仍然需要考虑这些要素,准确判断是否包含多媒体以及包含多少。确保计划花费的时间和成本能够在沟通效果上有所回报。
- **内容**。为了在一个文档中包含多种媒体元素,如果你有时间、工具和技能的话可以自己制作,如果没有,就要从别处获得。网上有数以百万计的图形、照片、视频剪辑和其他元素,但你要确定你有合法使用的权利。你可以选择在知识共享组织网站(http://creativecommons.org)搜索多媒体元素,免费使用,但这有多种限制(例如标注创作者)。
- **信息结构**。多媒体文档通常通篇缺乏严格的线性结构,这就意味着你需要为读者设计多种个性化的路径来浏览材料。第13章探讨了信息架构的挑战、网站的结构和导航流程,以及其他多媒体文件。
- **兼容性**。有些多媒体元素需要在接收者的查看设备上安装特定的软件。另一个问题是不同的屏幕大小和分辨率,从大的、高分辨率的电脑显示器到小的手机显示屏。确保了解你的信息在受众那里播放所需的条件。

图 6.6　多媒体工具

例如 Adobe Photoshop Elements 这样的软件对于任何拥有基本计算机操作技能的人来说，都可以很容易地创作和调整多媒体文档的内容。这里示范了一个简单的"裁剪"操作，即选择整体图像中的一部分并删除其余部分。

资料来源：照片由 Ryan Lackey 拍摄。Adobe 产品截图经 Adobe Systems Incorporated 授权使用。

6.4.3　使用技术制作信息

制作工具多种多样，取决于你使用的软件和系统。一些即时信息和电子邮件系统提供有限的格式和制作功能，而目前大多数文字处理软件都能为日常商务需要提供与专业排版软件相媲美的一些功能。桌面排版软件如 Adobe InDesign 已经超出了文字处理的范围，拥有更先进和准确的排版功能，可以满足出版物质量印刷的技术需求。这类程序主要供设计专业人士使用。对于在线内容，通过网上发布和博客系统，人们能够轻松地快速发布样式精美的文字，而不用过多考虑设计或制作。

无论你在使用什么系统，都要熟悉基本的格式功能。几个小时的独立摸索或者培训班课程的介绍都可以帮助你大幅改善文档的制作质量。依照创作的信息类型不同熟悉以下特点，你将从中受益：

- **模板、主题和样式表**。正如在第 5 章中所说的，通过使用模板、主题和样式表，你能节省大量的时间。许多公司都向员工提供这些工具，以保证公司所有打印和在线文档有一致的外观和感觉。

- **页面设置**。使用页面设置控制页边距、方向（纵向是垂直的，横向是水平的）以及页眉（在每页反复出现于页面顶端的文本和图形）和页脚（类似于页眉，但位于每页底端）。
- **栏格式**。多数商务文件使用单栏式的文本，但对于新闻稿等文本来说多栏式排版也是很有吸引力的格式。分栏也是设计长篇列表的有效方式。
- **段落格式**。利用好各种段落格式控件可以改进文档的外观。例如，你可以通过增加独立段落周围的页边距宽度来平衡引用文字，适当地压缩行间距以使文档不超过一整页，或者使用悬挂式缩进来平衡段落的第一行。
- **编号和项目符号列表**。让软件来做编号和项目符号列表之类的繁琐任务。当你增加或删除项目时，它还可以自动地重新为列表编号。
- **表格**。表格是显示所有可以成排或成栏的信息的好方法，包括日历、数字数据、对照表以及多栏列表。在表格内要小心地使用段落和字体格式，以使表格的样式最佳。
- **图片、文本框和对象**。打印和在线发布软件可以让你插入各种各样的元素。文本框是从主要正文主体中独立出来的小块文本，能够放置于页面的任何位置，它们特别适用于说明文字、编号、页边注等。插入对象可以是从报表到音频再到工程图的任何文件。

6.4.4 格式化正式信件和备忘录

正式的商务信件通常遵循一定的设计惯例，如图 6.2 中的信件所示。大部分的商务信笺都印在有抬头的信纸上，上有公司名称、地址和其他联系信息。在抬头之后出现的第一个要素是日期，之后是收信人的姓名与地址，指示了收信人。接下来是称呼语，通常的形式是：亲爱的××先生/女士。接下来是信息，随后是致敬结尾，通常是"真诚地"或"诚挚地"。然后是签名栏：用于签名的空间，之后是打印的发送者的名字和头衔。

像信件一样，商务备忘录通常遵循一个现成的设计，如图 6.7 所示。备忘录在许多公司已经被电子媒体所取代，但如果你加入的公司还在使用备忘录，公司可能有一个标准格式或模板供你使用。大部分备忘录以例如"Memo""Memorandum"或"Interoffice Correspondence"之类的标题开头。在那之后通常是四个标题："日期"（Date）、"收件人"（To）、"发件人"（From）以及"主题"（Subject）（Re：是 Regarding（关于）的简写，有时会代替"主题"使用）。备忘录通常不使用称呼语、致敬结尾或签名，虽然在大多数公司中在"发件人"这行签署自己的名字的首字母缩写是标准做法。记住，分发备忘录经常没有密封的信封，因此它们比大部分其他格式的信息更缺乏隐私。

第 6 章 商务信息的完成 **187**

标准的公司备忘录信笺包含指示了"这是备忘录"的标题。	**Carnival** FUN FOR ALL. ALL FOR FUN. **内部备忘录**

这四个标题是在备忘录中通用的。

日期： 2011 年 3 月 15 日
收件人： Carnival 公关部门
发件人： Vance Gulliksen，公关经理
主题：2011 年使用的新闻

备忘录通常不包含开头致敬。

下面的清单突出了对于即将到来的日程安排部署和其他涉及嘉年华船队的新闻。请注意，本信息会发布在我们的网站上，以需要为准则向游客提供并包含在所有的宣传资料袋中：

全新嘉年华魔力号将在 2011 年 5 月 1 日首次亮相——嘉年华最新的"欢乐之船"，一艘有 3 690 名乘客的嘉年华魔力号将在 2011 年 5 月 1 日首次亮相，有一系列 7 到 12 天的地中海漫游。然后是 2011 年 11 月 14 日从加尔维斯敦出发的为期 7 天的加勒比之行，嘉年华魔力号将是该港口一年中最大的邮轮。嘉年华魔力号会有大量令人激动的创新，包括加勒比主题的 RedFrog 酒馆的自酿特色啤酒；Cucina del Capitano，这家意大利餐馆推出了 Carnival 船长的私房菜；还有 SportsSquare，一个户外娱乐区域，在一条游艇上特色推出首个绳索课程和户外健身区域。

2011 年百慕大巡游的大幅扩展——嘉年华会大幅扩展 2011 年百慕大巡游的时间表，提供了从四个流行的美国东部船籍港开始的 16 条新上岛线路：巴尔的摩、诺福克、纽约以及首次在查尔斯顿。这 16 条旅行线路——历来最多的线路——包含 6 天、7 天、8 天的游览，从 2011 年 4 月 到 11 月。

嘉年华的以卡纳维拉尔角港作为基地的第三艘邮轮——嘉年华欣喜号将移至福罗里达的卡纳维拉尔角港，为一个为期 4 天和 5 天的巴哈马群岛巡游做准备，该巡游开始于 2011 年 11 月 7 日，每次只能选择一种航程。这次转移进一步巩固了嘉年华作为卡纳维拉尔角港最大的邮轮运营商的地位，那里的三条船每年搭载近 60 万名乘客。在欣喜号新的日程安排中，它在进行 4 天的巡游时，在周四起航访问拿骚（巴哈马首都）和半月湾或弗里波特；而进行 5 天的巡游时，在周一和周六起航并停靠拿骚、弗里波特和半月湾或基韦斯特。

新的 Punchliner 搞笑俱乐部，超级巨星现场演唱会——嘉年华将引入两个令人激动的全新甲板活动——Punchliner 搞笑俱乐部和超级巨星现场演唱会。建立在嘉年华梦想号上首次演出的成功之上，Punchliner 搞笑俱乐部将在每个航程中的晚间提供 5 场 35 分钟的表演，有适于家庭和面向成人的两种演出。超级巨星现场演唱会可以让乘客与他们心中的摇滚歌星面对面，与现场的四人乐队同台演出，甚至是他们自己的后备歌手。乘客可以选择超过 100 首各种音乐流派的经典或流行歌曲。

"静养"成人专属度假游现已在 13 艘嘉年华邮轮上开通——"静养"是流行的成人专属度假项目，首次出现于 8 艘幻想级邮轮，现在已经登陆 13 艘嘉年华邮轮。作为用于放松的远洋航行，"静养"提供多彩的雨伞、舒适的可折叠卧榻和椅子、超大的涡流泳池以及壮丽的海景。

备忘录通常不包含致敬结尾或签名栏。

如果您有其他问题或需要更多信息，请联系我们，谢谢。

图 6.7 典型的商务备忘录

此文档展示了经常包含在正式商务备忘录中的一些要素。
资料来源：Carnival Cruise Lines ⓒ2011，版权所有。

6.5 信息的校对

校对是文档的质量检查阶段,也是你确保文档已经承载了你的信息——和你的声望——并传递给预期受众的最后机会。即使是一个小错误也会毁掉你的努力,因此要严肃地对待校对工作。

寻找两种类型的问题:(1)在写作、设计和排版阶段未被发现的错误;(2)在制作过程中不注意出现的差错。对于第一类问题,你可以复习一下关于格式和排版的规则,并练习写作的基本要领。第二类问题可能包括从遗失字体或网页链接错误这样的计算机小故障,到用于打印机的墨水的问题等的任何事情。尤其要特别警惕牵涉了一群人和多台计算机的复杂文档和复杂制作过程。当文件从一台计算机转移到另一台计算机时,任何奇怪的事情都可能发生,特别是当文件包含多种图形和不同字体时。

> **实时更新   观看幻灯片**
>
> **通篇校对的实际建议**
>
> 使用这份指南识别和更正商务写作中常见的问题。登录 http://real-timeupdates.com/ebc10 获取更多信息。

不要把校对看做简单地对页面材料进行自上而下的扫描,而是应该作为有条不紊地查找可能发生的特殊问题的方法。通过阅读本章"职业技能提升:像专业人士一样校对,打造完美文档"中的建议,你也许会发现一个待审查的项目清单非常有用;每当你需要审查自己的文件或被要求审查别人的文件时,这将是一个很好的工具。

> **实时更新   阅读PDF**
>
> **在来自斯坦福商学院的建议下校对**
>
> 在这篇32页的写作和编辑风格指导的帮助下准备世界级的商务文档。登录 http://real-timeupdates.com/ebc10 获取更多信息。

你需要在校对上花费的时间取决于文件的长度和复杂性以及实际情况。电子邮件中的一个错别字对于团队来说也许不是很重要的事,但是在财政报告、合同或医疗档案中的一个错别字则是相当严重的。随着写作过程中每一个其他任务的执行,实践会有助于你提高——你不仅更熟悉应该寻找什么错误,而且在辨别那些错误时也更熟练。参见本章"要点检查:商务信息的校对",那里列出了校对期间需要审查的项目。

6.6 信息的发布

制作完成后你就要准备发布信息了。你有数种选择,当你做选择时,考虑以下因素:

- **成本。**大多数信息不需要考虑成本,但是对于长篇报告或多媒体产品来说就需要了。打印、装订和发送报告可能都比较昂贵,这就要斟酌好成本和收益再作决定。也要确保考虑到非语言信息的成本。例如,隔夜送达的打印报告在某种情况下可能显得负责,在另一种情况下却可能显得浪费。
- **便利。**你和你的受众都要做多少工作呢?例如,如果你使用文件压缩工具来减小电子邮件附件的大小,要确保接收者有办法解压收到的文件。对于特别大的附件,考虑可录写的媒体如DVD或文件存储网站如MediaFire(www.mediafire.com)。

- **时间**。信息需要多快到达受众那里？如果接收者一周之内都不会阅读报告，就没有必要为隔夜送达而多花钱了。如果信息实际上并不紧急，就不要在信息（无论是打印版还是电子版）上标注"紧急"字样。
- **安全和保密性**。在享受电子媒体提供的便利时，还需要考虑其安全性和保密性。对于非常敏感的信息，你的公司大概会同时限制能接受信息的人，以及能使用的发送手段。另外，现在大多数计算机用户对下载附件是非常敏感的，特别是文字处理文件。

如果要找到最新的关于修订、校对和其他本章相关的主题，登录 http://real-timeupdates.com/ebc10，并点击第6章。

职业技能提升

像专业人士一样校对，打造完美文档

在你点击"发送"按钮或将报告送到运输部门之前，确定你已经作了充分的检查以确保文件质量达到最优。你的同事可能不会在乎日常电子邮件中的错误，但是给外部受众的信息中出现的明显错误可能会损害公司的形象，并妨碍你的职业前景。

使用这些专业的校对技术可以帮助你提供优质的信息材料：

- **多次检查**。多次审阅文件，每次关注于不同方面。第一次可能要寻找内容的遗漏和错误；第二次可能要检查印刷、语法和拼写错误；最后一次可能要检查排版、空白、对齐、颜色、页码、页边距和其他设计要素。
- **使用感知的诀窍**。你可能也体会过这种挫败的感觉——对某个信息读了十二三次仍然漏掉了一个明显的差错。之所以会发生这种事，是因为大脑"知道"纸上应该出现什么样的正确信息的时候，便下意识地提供了适当的信息来弥补缺失的片段并改正了错误。为了防止大脑欺骗你，你需要通过改变处理视觉信息的方法来欺骗它：（1）从每一页的下面往上读；（2）用手指在文字下滑动并默读；（3）做一个带狭缝的纸片，每次只露出一行；（4）大声朗读文件，注意每个词的发音；（5）暂时改变文档的格式，这样对你的眼睛来说文档会显得新鲜。
- **反复检查高优先级的项目**。反复检查名称的拼写、日期、地址和能够引起明显错误的数字（例如告诉一个潜在雇主你愿意接受5 000美元的年薪，而实际上你是想说50 000美元）等细节的精确性。
- **给自己一些距离感**。如果可能的话，不要在完成文件后立即校对；让脑子转到新的主题，然后再转过头来校对。
- **保持警觉**。避免一次性校对大量的材料，并且在你感到劳累时不要再校对。
- **保持集中**。不要分心，尽可能将注意力完全集中于校对任务。
- **在纸上审阅复杂的电子文档**。有些人在屏幕上校对网页、在线报告和其他电子文档有困难。如果你也有困难，试着把这些材料打印出来在纸上审阅。

- **慢慢来**。快速的校对会不够仔细。

▶ **职业应用**

1. 为什么让其他人校对你的信息是有价值的?
2. 校对并改正下面的句子:

aplication of thse method in stores in San Deigo nd Cinncinati have resultted in a 30 drop in roberies an a 50 precent decling in violnce there, acording ot thedevelpers if the securty sytem, Hanover brothrs, Inc.

要点检查

商务信息的校对

A. **检查写作错误**
- 印刷错误。
- 拼写错误。
- 语法错误。
- 标点符号错误。

B. **检查漏掉的部分**
- 漏掉的文本部分。
- 漏掉的展示部分(如绘图、表格、照片、图表、图形、在线图像等)。
- 漏掉的资料来源说明、版权声明或其他参考信息。

C. **检查设计、格式和程序错误**
- 不正确或不一致的字体。
- 栏目大小、间距和对齐方式的问题。
- 不正确的页边距。
- 不正确的特殊字符。
- 不恰当的换行和换页。
- 页数问题。
- 页眉和页脚问题。
- 没有遵守公司标准。
- 无效或错误的链接。
- 丢失的文件。

工作进行时

解决 Jefferson Rabb 网页设计的沟通困境

Jefferson Rabb 的网上商务进行得很好，他雇用你来进行各种写作和设计任务。使用你在本章所学的关于信息的修订、提高可读性的设计以及信息发布的知识来处理下列的挑战。⑤

1. 你收到了为一位作者的网站所写的一些草稿副本，包含下面这个长句子：

Alexander McCall Smith 出生于现在是津巴布韦的地方并在那里和苏格兰受到教育之后在苏格兰成为一名法学教授并随后回到了非洲帮助在博茨瓦纳大学建立了新的法学院。

下列哪个选项最佳地修订了上述材料并提高了可读性，而没有丢失任何原始信息或引入了新信息？

a. 出生地现在是津巴布韦，Alexander McCall Smith 在现在是津巴布韦的地方和苏格兰受到教育。他在苏格兰成为一名法学教授并随后回到了非洲帮助在博茨瓦纳大学建立了法学院。

b. Alexander McCall Smith 在津巴布韦和苏格兰受到教育，在那他成为一名法学教授。他随后回到了非洲帮助在博茨瓦纳大学建立了法学院。

c. 回到非洲帮助在博茨瓦纳大学建立法学院对于津巴布韦土著 Alexander McCall Smith 来说感觉勉强算是回国，他在津巴布韦和苏格兰都受到过教育。

d. Alexander McCall Smith 出生于现在是津巴布韦的地方并在那里和苏格兰受到教育。他在苏格兰成为一名法学教授并随后回到了非洲帮助在博茨瓦纳大学建立了法学院。

2. 像许多流行作家一样，Anita Shreve 提供指南来帮助读书会或书友会探究和讨论她的小说。典型的阅读指南可能包含十几个问题，与小说的时间或主题相关。这些团体可以使用这些问题来构建他们对一部小说的讨论。在 Shreve 的网站上，下列哪个导航链接标题会最有效？

a. 书友会指南

b. 阅读指南

c. 讨论 Shreve 的小说

d. 探究 Anita 的作品

3. 下列句子出现在介绍汤姆·范德比尔特（Tom Vanderbilt）的《开车经济学》的网站上，这本书研究交通的技术和社会演化，以及使驾驶变得更安全高效的永无止境的尝试：

基于对于全球驾驶专家和交通官员的详尽研究和访谈，《开车经济学》揭开了掩盖在日常驾驶行为之上的面纱并发现了令人惊奇的由生理、心理以及技术因素构成的复杂网络，以此解释了交通如何运作，我们为何以现在的方式驾驶，以及驾驶告诉了我们什么。

下列哪个选项能最佳地减少句子的长度和复杂度而没有显著改变其含义。

a.《开车经济学》探究了令人惊奇的由生理、心理以及技术因素构成的复杂网络以此解释了交通如何运作，我们为何以现在的方式驾驶，以及驾驶告诉了我们什么。

---

⑤ The writing samples in this exercise were taken or adapted from the Alexander McCall Smith website, accessed 2 June 2011, www.alexandermccallsmith.com; Anita Shreve web-site, accessed 2 June 2011, www.anitashreve.com; *Traffic* website, accessed 2 June 2011, http://tomvanderbilt.com/traffic.

b. 《开车经济学》依赖于广泛的全球性研究来探究令人惊奇的由生理、心理以及技术因素构成的复杂网络以此解释了交通如何运作,我们为何以现在的方式驾驶,以及驾驶告诉了我们什么。

c. 交通如何运作,我们为何以现在的方式驾驶,以及驾驶告诉了我们什么,这些都是在详尽的研究书籍《开车经济学》中陈述和回答的问题。

d. 《开车经济学》揭开了掩盖在日常驾驶行为之上的面纱并发现了令人惊奇的由生理、心理以及技术因素构成的复杂网络以此解释了交通如何运作,我们为何以现在的方式驾驶,以及驾驶告诉了我们什么。

4. 许多作者通过参与书友会在 Skype 上的讨论来联系他们的读者。如果你想透露说一个新的作者现在可以通过 Skype 与书友会谈话了,你会选择下列哪种发布方式?(对于这个练习,假设你只能选择其中一种)

a. 书店海报。
b. 在书的封面上某处印制的信息。
c. 作者的 Twitter 更新。
d. 作者的 Facebook 主页上发布的大字报。

学习目标检查

通过阅读每个学习目标和完成相关练习来评估你对本章要点的掌握情况。填空题,写出空白处缺少的文字;单项选择题,在正确答案的字母上打勾。

目标 6.1:讨论认真修改的价值,并描述评价初稿及其他作者的作品时所涉及的工作。

1. 下面哪个是你在发送信息之前一定要认真修改信息的最重要的原因?
   a. 让受众了解你是多么认真地工作。
   b. 减少文字数量。
   c. 降低邮件费用。
   d. 让信息更成功。

2. 以下哪项不属于商务信息完成阶段的主要工作?
   a. 起草信息。
   b. 修订信息。
   c. 制作信息。
   d. 校对信息。

目标 6.2:列出提高信息可读性的四种写作技巧。

3. 商务信息中控制句子长度的最好方法是:
   a. 让所有句子尽可能变短。
   b. 让你的大部分句子变长,因为你总是有复杂的信息要传达。
   c. 让句子的长度多样化。
   d. 让每个句子平均长度为 35 个字。

4. 商务信息中控制段落长度的最好方法是:
   a. 让段落变短。
   b. 让大部分段落变长,因为这是商务写作的标准。
   c. 对大部分段落采用一句话的长度。
   d. 让每个段落平均长度为 200 字。

5. 商务信息中使用列表的最好方法是:
   a. 除了必须使用,尽量避免使用列表。
   b. 确保列表项目以对等结构出现。
   c. 使用编号列表代替项目符号列表。
   d. 以上都是。

6. 下列哪一个不属于告知性标题？
   a. 我们为什么需要一个新的分销商。
   b. 现代分销商面临的五个挑战。
   c. 对我们来说,分销商是比批发商更好的选择。
   d. 分销商选择。

目标6.3：描述提高写作清晰度的八个步骤并给出使写作更简洁的四种技巧。

7. 下列哪一个句子包含不确定的词语？
   a. 我们到5月20日完成项目可能是有问题的。
   b. 项目在5月20日完成大概是存在可能性的。
   c. 看来项目可能会错过5月20日的完成日期。
   d. 上述选项都包含不确定的词语。

8. 下列哪一个句子缺乏对等结构？
   a. 客户能够下载股票研究信息,运用电子方式将报税表存档,制定证券投资组合,或者从一系列推荐的共同基金中进行选择。
   b. 客户能够下载股票研究信息,能够运用电子方式将报税表存档,制定证券投资组合,或者他们能够从一系列推荐的共同基金中进行选择。
   c. 客户能够下载股票研究信息,能够运用电子方式将报税表存档,能够制定证券投资组合,或者能够从一系列推荐的共同基金中进行选择。
   d. 客户能够下载股票研究信息,他们能够运用电子方式将报税表存档,他们能够制定证券投资组合,或者他们能够从一系列推荐的共同基金中进行选择。

9. 下列哪个句子不包含悬空的修饰语？
   a. 缺乏品牌认可度,一些客户对使用网上银行存有戒心。
   b. 因为网上银行缺乏品牌认可度,一些客户在使用它们时存有戒心。
   c. 因为品牌认可度的缺乏,一些客户对使用网上银行存有戒心。
   d. 都包含悬空的修饰语。

10. 当修改文件以使其简洁时你需要考虑到：
    a. 不必要的单词和短语。
    b. 悬空的修饰语。
    c. 缺少对等结构。
    d. 糟糕的指代。

11. 下面哪一个不是冗余的例子？
    a. 眼睛能看见的。
    b. 免费的礼物。
    c. 很有用的。
    d. 再次重复。

目标6.4：列出有效设计的四个原则并解释主要设计要素在文档可读性中的角色。

12. 一个设计良好的文件：
    a. 包含很多种字体。
    b. 平衡了正文、设计元素和空白的空间分配。
    c. 尽可能用正文或设计元素填满可用的空间。
    d. 以上所有。

13. 文档中任何空着的地方都被称作_____。

14. 两端对齐的格式是：
    a. 居左对齐而右边参差不齐。
    b. 居右对齐而左边参差不齐。
    c. 居左对齐同时居右对齐。
    d. 居中。

15. 无衬线字体最适合：
    a. 报告中的标题。
    b. 报告中的正文。
    c. 报告中的标题和正文。
    d. 像脚注和尾注这样的元素。

目标6.5：解释校对的重要性,并给出成功校对的八种技巧。

16. 校对的最佳时间是：
    a. 写作时。

b. 完成初稿时立刻开始,在信息仍在大脑中时。
c. 完成初稿一天左右。
d. 发布文档之后。

17. 校对时需要注意的错误有:
a. 拼写和标点。
b. 语法和表达。
c. 印刷和格式。
d. 以上所有。

目标6.6:讨论发布信息时需要考虑的最重要问题。

18. 一般而言,发布一则商务信息的成本应该与以下哪方面取得平衡?
a. 信息的重要性和紧迫性。
b. 信息的长度。
c. 你的事业目标,因为它们与信息相关。
d. 受众数量。

19. 通过电子媒体(例如电子邮件)发布信息时,下列哪一项最需要考虑?
a. 在屏幕上阅读的困难。
b. 私密性和安全性。
c. 纯平和显像管显示器的区别。
d. 更新邮件地址的困难。

知识应用

参考学习目标,通过以下问题回顾本章内容。

1. 为什么在你开始编辑之前将初稿搁置一段时间是有帮助的?[学习目标1]
2. 为什么在审阅和美化信息的开头和结尾上花费额外的时间是重要的?[学习目标1]
3. Target决定采用ClearRx药品标签和包装系统,这一行动是如何符合第1章道德沟通的定义的?[学习目标3]
4. 为什么在大部分的商务文件中要限制字体和字形的数量?[学习目标4]
5. 举例说明良好的商业意识在发布信息时做出的选择。[学习目标6]

技能实践

用于分析的信息6.A:修订文件以提高可读性[学习目标2]

分析这则信息的优势和劣势,然后遵照第4—6章的指导修订:

作为一个组织,北美个人赛车营销协会(North American Personal Motorsports Marketing Association)承诺帮助我们的成员——一个由摩托车、全地形车辆、雪地车、个人水运工具的经销商组成的多样化团体——达成他们的商业目标。因此,我们的组织(通常缩写为NAPMMA)有如下的目标:第一,我们努力援助或协助成员达成他们的商业目标。第二,NAPMMA与当地、州及国家的管理机构和领导就成员的重要问题进行沟通(俚语中是"游说")。最后,我们教育摩托车运动爱好者,作为现有的赛车拥有者和已售出赛车的未来拥有者,要安全和愉快地驾驶他们的车辆。

用于分析的信息6.B:设计文件以提高可读性[学习目标4]

访问http://real-timeupdates.com/ebc10,点击"学生任务",选择第6章,然后选择第177页,信息6.B,来获取这则信息。下载并打开微软 Word 文档。使用文字处理软件中的各种页码、段落、字体格式选项，调整文档的格式使其视觉风格符合信息的语气。

用于分析的信息 6.C：评估其他作者的作品[学习目标1]

访问 http://real-timeupdates.com/ebc10，点击"学生任务"，选择"第6章"，然后选择第177页，信息6.C，来获取这则信息。下载并打开微软 Word 文档。使用你的关于有效写作的知识和关于评估他人作品的建议，评估这则信息。设定微软 Word 的"追踪更改"功能，之后做任何必要的修正。如果必要的话可以插入注释来向作者解释你做的修改。

➡ **练习**

1. **评价其他作者的作品[学习目标1]** 找到一篇与商务有关的主题的博客（至少有三个段落）。将你的分析通过电子邮件发给任课教师，附带一个指向博客的永久链接（要链接到具体的文章，而不是整个博客）。

2. **修订文件以提高可读性（句子和段落长度）[学习目标2]** 重写下面这段文字，改变句子的长度并使段落更短，以使文章更加清晰，利于阅读。

> 虽然棒球大联盟还是很流行，但是越来越多的人去观看棒球小联盟的比赛，原因是他们花费在门票、快餐和停车上的费用更少，而且同样可以享受到美国式的娱乐。比如，在康涅狄格州就有三个 AA 级的小联盟队，包括附属于圣路易斯红雀队的 New Haven Ravens 队、附属于纽约洋基队的 Norwich 队、附属于明尼苏达双城队的 New Britain Rock Cats 队。这些球队都在相对比较小的场地上比赛，所以球迷可以近距离地看见和听见一切，从球棒击球的声音到棒球落入外野手的手套中的声音都可以听见。最好的一点是，一个家庭出去看一场有新兴明星参加的当地小联盟球队比赛所花的费用仅仅相当于在较大的、拥挤的场地看一场大联盟比赛费用的一小部分。

3. **修订文件以提高可读性（使用列表）[学习目标2]** 使用对等的项目符号列表和一个介绍性的句子重写下列文字：

> 我们的法务会计服务提供解决纠纷、恢复损失以及智能管理风险所需的知识。我们的业务领域之一是保险索赔会计和准备服务，设计来帮助您最大化投保财产的赔付。另一个业务领域是纠纷咨询，我们可以协助显示证据、专家证人的证词以及经济分析。第三个业务：建设咨询。这一服务帮助客户理解为什么大规模的建设工程不能按时完工或符合预算。第四，我们提供一般的调查和法律会计服务，包括诈骗检测和亏损分析的证据。⑥

4. **修订文件以提高可读性（句子长度）[学习目标2]** 通过添加更多的句号将下面这些句子拆分为短句，并按照流畅的需要修订：

a. 当下次再写东西的时候，在一个 100 个单词的段落中，要检查你的句子的平均长度，如果你的句子平均长度超过了 16—20 个单词，那就需要看一下是不是可以拆分一些句子。

b. 不要像乡村铁匠教他的学徒时那样做："当我把蹄铁从火中拿出来时，我会把它放在铁砧上，当我点头时，你就用锤子砸下去。"徒弟照着他说的话做了，现在也成了一个乡村铁匠。

c. 很不幸，没有哪种小插件可以产生优秀的写作，但是使用像 Fog Index 之类的标准却可以给我们一些指示而使我们的作品更加易读，因为它的两个因素可以提醒我们使用短句和简单的词。

d. 了解书面语的灵活性和它表达想法的

---

⑥ The writing sample in this exercise was adapted from material on the Marsh Risk Consulting website, accessed 2 October 2006, www.marshriskconsulting.com.

力量,并了解如何组织这些词语而使读者更容易理解。

e. 一个词对不同的人来说可能会理解成不同的意思,例如"block"这个词可能有城市街区、砧板、发动机组、拍卖场和其他的意思。

5. 编辑文件以使其简洁(不必要的单词)[学习目标 3] 删除下列短语中不必要的词语。

　　a. 观点的共识。
　　b. 新的创新。
　　c. 长期的时间。
　　d. 值 50 美元的价格。
　　e. 仍然还。

6. 编辑文件以使其简洁(长单词)[学习目标 3] 校对下列句子,使用短的、简单的词汇:

　　a. 古老的(antiquated)计算器对解决高深的(sophisticated)问题无效(ineffectual)。
　　b. 在造成非同寻常的(inordinate)赤字累积之前支出增加(pay increments)的终止是势在必行的(imperative)。
　　c. 高官们一致(unanimity)认为 Jackson 女士的特异个性(idiosyncrasies)是造成与人事部门主任召开强制性会议(mandatory meeting)的原因。
　　d. 即将进行的(impending)公司资产清算(liquidation of the company's assets)是公司竞争者欢呼庆祝(jubilation)的原因。
　　e. 董事长对股票红利的预期得到多数迹象表明公司的财务状况良好的压倒性优势(preponderance)的强化(accentuated)。

7. 编辑文件以使其简洁(长短语)[学习目标 3] 使用不定式代替以下句子中的长短语:

　　a. 为了生活,我需要钱。
　　b. 他们没有发现足够的证据来相信未来。
　　c. 带来梦想的破灭是可悲的

8. 编辑文件以使其简洁(长短语)[学习目标 3] 用更少的词改述下面的短语:

　　a. 在不远的未来
　　b. 在……的情况下
　　c. 为了
　　d. 为了……的目的
　　e. 就……而论
　　f. 可能的情况是
　　g. 在极少情况下
　　h. 出于……的考虑
　　i. 在现在这个时候
　　j. 毫无疑问的是

9. 编辑文件以使其简洁(长短语)[学习目标 3] 尽可能精简以下的句子:

　　a. 我们对写作是重要的非常相信。
　　b. 很有可能性的是,我们也许面临价格的上涨。
　　c. 我们的目标包括对不久的将来做出决定。
　　d. 当实验完结的时候所有的都说了和做了,我想总结一下最后的结尾。
　　e. 经过三周的试用期,她一共工作了 15 个工作日,我们发现她的工作足以令人满意,所以我们提供给她全职的工作。

10. 编辑文件以使其简洁(不必要的修饰语)[学习目标 3] 删除以下句子中不必要的修饰:

　　a. 技能超凡和极其尽责的员工的薪水得到了极大的增加。
　　b. 联合国的议案具有高通货膨胀倾向,是极其严格和超级大胆的。

11. 编辑文件以使其清晰(不确定)[学习目标 3] 修改以下句子,以确保其中没有不确定的句子:

　　a. 它将显示出有人明显非法进入。
　　b. 在不远的将来的某个时候情况会得到改善是可能的。

c. 你的报告好像表明我们也许会损失一笔钱。

d. 我认为 Nancy 很明显对网络营销部门的员工在某种程度上有更大的影响。

e. 这封辞职信似乎意味着你可能会离开我们。

12. 编辑文件以使其清晰（不定代词开头）[学习目标 3] 修改以下句子，去掉开头的不定代词：

a. 这里有很多例子表明 Elaine 不能在一个职位上待很久。

b. 如果每位员工都能为 Mildred Cook 的退休聚会做出贡献，我们将非常高兴。

c. 据来自华盛顿的可靠消息说今天白宫将要发布一则较短的声明。

d. 有一项规则指明未经许可不允许超时工作。

e. 如果你能够在接下来的三个周六来加班那就太好了。

13. 编辑文件以使其清晰（对等性）[学习目标 3] 在以下句子中用对等的形式表达思想：

a. Hill 先生一周需要作三天讲座，作两天咨询，必须在他的业余时间写作。

b. 她不仅懂会计，而且她还能阅读拉丁文。

c. 两个申请者都有家庭，大学学历，30 多岁，拥有丰富的会计工作经验，但社会关系较少。

d. 这本书令人兴奋，写得很好，很吸引我。

e. Don 是一个工作努力的人，他还懂记账。

14. 编辑文件以使其清晰（糟糕的指代）[学习目标 3] 修改以下句子，删除不当的指代：

a. 负责销售的副总裁与生产经理分别负责 34A 和 35A 的钥匙管理。

b. 34A 和 35A 的钥匙在管理者手中，前者属于负责销售的副经理，后者属于生产经理。

c. 34A 和 35A 的钥匙给了生产经理，上述钥匙上面是镀金压花的。

d. 一台激光打印机和一台喷墨打印机分别运给 John 和 Megan。

e. 核桃木的桌子比橡木的桌子更贵一些，前者比后者多出 300 美元。

15. 编辑文件以使其清晰（悬空的修饰语）[学习目标 3] 修改以下句子，以明晰悬空的修饰语：

a. 充满了垃圾和碎报纸，我们乘一架显然几天没有打扫过的飞机离开了达拉斯。

b. 躺在架子上，Ruby 发现了操作手册。

c. 带着泄漏的管道和过期的电线，我认为我们不应该买下那块地产。

d. 杂乱无章且布满灰尘，Sandy 花了整个下午的时间来清理她的桌子。

e. 在校对了每一个词语之后，这个备忘录可以签署了。

16. 编辑文件以使其清晰（连续的名词）[学习目标 3] 重写下面的句子，以避免使用一长串名词。

a. 会议的焦点是关于银行利息解除干预问题的讨论。

b. 根据政府特别工作组报告的建议，我们修改了工作申请人评估程序。

c. 生产部门质量保证项目由职员培训、供应商合作和计算机监测设备等几部分组成。

d. 超市仓库存货减少计划将在下个月执行。

e. 州立大学商学院毕业生安置项目是这个国家最好的毕业生安置计划之一。

17. 编辑文件以使其清晰（句式结构）[学习目标 3] 重排下列句子的结构，使主语更加贴近动词：

a. Trudy，当她第一次看到公牛扒地面，就跑了。

b. 是 Terri——据 Ted 说,她可能是办公室里最喜欢说闲话的人(Tom 除外)——发错了命令。

c. William Oberstreet,在他的《投资资本反思》这本书中,描述了近几十年银行家们所犯的错误。

d. Judy Schimmel,在错过几个明显的投资机会以后,尽管有她的朋友和家人的警告,仍然在荷荷芭种植园继续投资。

e. U-Stor-It 的主席在公司发生了历史上最糟糕的悲剧——仓库着火——而处于破产的边缘后,准备了一个新闻公告。

18. **编辑文件以使其清晰(伪动词)[学习目标3]** 改写每个句子,使句子中的动词不再是伪装的:

a. 对新规则的适应更容易由员工来执行。

b. 估税员将做出一个应缴税款的决定。

c. 员工身份的确认必须每天做。

d. 董事会理事提出了一个建议,让 Ronson 先生被分配到新的部门去。

e. 账目的审计工作由副总裁执行。

19. **完成:设计以增加可读性;媒体技能:博客[学习目标4],第7章** 比较 Bloomberg(www.bloomberg.com)和 MarketWatch(www.marketwatch.com)的主页,这两个网站都涉及金融市场。对于这两个网站的第一印象是什么?在传递信息和用户体验方面,他们的整体设计如何?找到三条这些网站的访问者可能会寻找的信息,如当前股票价格、国际市场的新闻以及市场专家的解说。哪个网站更容易找到这些信息?为什么?将你的分析发布在班级博客上。

20. **沟通道德:做合乎道德规范的选择;媒体技能:博客[学习目标3],第7章** 仔细修订所需要的时间和精力经常直接有利于你或你的公司,例如增加网站访问者购买你的产品的可能性。但如果你的写作和修订的质量不能直接使你受益,这种情况下又会怎样呢?例如,假设你要在网站上发布一条告示,通知本地社区你将要建造一个制造厂。这项工作会在将近一年的时间里阻碍交通,并明显产生噪音和空气污染,但知道各种建筑工作的具体日期和事件会让人们调整上下班和其他活动来使得他们的日常生活受到的负面影响最小。然而,你的公司不在本地销售产品,因此受此影响的人并不是潜在消费者。此外,给周围的社区提供准确的信息并更新,这个项目会占据你其他工作职责的时间。你有道德上的义务来让本地社区知道最新的、准确的信息吗?为什么或为什么不?

21. **校对[学习目标5]** 校对下面的电子邮件信息并在你发现错误的地方做出修改。

Our final company orrientation of the year will be held on Dec. 20. In preparation for this sesssion, please order 20 copies of the Policy handbook, the confidentiality agreenemt, the employee benefits Manual, please let me know if you anticipate any delays in obtaining these materials.

技能拓展

剖析行业案例

找出一家公司的网站,你认为其违反了一条或更多良好设计的原则。使用任课教师要求的媒体,写一篇对这家网站的简短分析,不超过一页,从例子中选择具体的材料举例并在章节中寻找支持。

在线提升职业技能

"博韦和希尔的商务沟通搜索"(http://businesscommunicationblog.com/websearch)是一个专为商务沟通研究而设计的研究工具。使用网页搜索功能查找网站、视频、PDF 文档或幻灯片演示文稿,为有效的修订提供建议。给任课教师写一封简短的电子邮件,描述你搜索到的条目,总结你从中学到的职业技能。

改善语法、结构和表达

以下练习帮助你提高对英语语法、结构和表达的掌握和运用。看下面 10 个句子,找到最佳选项,在其下面画线。

1. Where was your argument (*leading to*, *leading*)?

2. I wish he would get (*off*, *off of*) the phone.

3. U.S. Mercantile must become (*aware*, *aware of*) and sensitive to its customers' concerns.

4. Dr. Namaguchi will be talking (*with*, *to*) the marketing class, but she has no time for questions.

5. Matters like this are decided after thorough discussion (*among*, *between*) all seven department managers.

6. We can't wait (*on*, *for*) their decision much longer.

7. Their computer is similar (*to*, *with*) ours.

8. This model is different (*than*, *from*) the one we ordered.

9. She is active (*in not only*, *not only in*) a civic group but also in an athletic organization.

10. Carolyn told Jorge not to put the used inkjet cartridges (*in*, *into*) the trash can.

第三部分 撰写简短信息

第 7 章　电子媒体类信息的撰写
第 8 章　日常信息和正面信息的写作
第 9 章　负面信息的写作
第 10 章　劝说性信息的写作

工作中大部分的沟通将通过简短信息来实现,包括从 Twitter 更新、博客帖子到长达几页的正式信件。学会怎样有效地写作这些信息是保持与同事、客户良好工作关系的关键。首先,你要将所了解的电子媒介适用于职业的商务沟通挑战。然后,学会日常信息、正面信息、负面信息和劝说性信息的特定写作技巧。这些技巧将在很多方面帮助到你,比如帮助你平息客户的愤怒,得到加薪以及促进你下一个远大目标的实现。

第7章 电子媒体类信息的撰写

学习目标

学完本章后,你将能够:

1 识别出可用于撰写简短信息的电子媒体,列出用于电子媒体的九种写作模式,并讨论社交媒体沟通的挑战

2 描述社交网络、用户生成内容网站、社区问答网站和社区参与网站在商务沟通中的使用

3 描述电子邮件在商务沟通中角色的演变,并说明如何将三步写作法应用于电子邮件写作中

4 描述即时信息的商业效益,并识别出工作中即时信息写作有效的原则

5 描述博客和微博在当今商务沟通中的作用,并说明如何将三步写作法应用于博客及微博的写作中

6 说明如何将三步写作法应用于播客中

工作进行时

西南航空公司的沟通

网络骚动触发公司政策改变

西南航空公司的博客通常是一场爱心宴会——或者用公司最喜欢的一个词来表达便是"luv"(西南航空公司的简称)宴会。实际上,这个博客的官方名称叫做"狂热西南"(Nuts About Southwest,网址为 http://www.blogsouthwest.com/)。这个网站上的帖子通常是这类内容:表扬公司员工为社区所做的努力,或是祝贺公司技工在航空维修奥运会(Aviation Maintenance Olympics)中赢得了金牌。忠诚的客户几乎会对每一篇文章进行热心的评论,并且其中大多数客户与该公司负责写博客的30名员工维持着虚拟的友情。

Bill Owen 很可能没有意识到他发表的一篇题为"为什么我不能超前预订机票?"的帖子所引发的泡沫性反应。在这篇帖子中,他耐心地解释了为什么公司不像其他航空公司一样允许客户超前预订机票。不过,他很可能没有预料到所产生的反应,用他的话说就是"招惹是非!"客户对这篇帖

子的反馈与平时的帖子不同,不是只有十几条愉快的回复,而是上百条回复,并且其中大部分是失望、不高兴甚至极其愤怒的。在回复中,客户们描述了一个又一个的情境——他们迫切需要超前预订服务,而公司的政策却不能提供这种服务。他们抱怨这项政策迫使他们换了其他航空公司。此外,西南航空公司的部分员工也认同客户的这种看法,并表达了他们对不能满足顾客需求的失望。

在经过几个月耐心地处理了特定客户的反馈后,Owen写了一篇题为"我发博客,你们批评,我们改变"的帖子。在这篇帖子中,他说明了公司已经认真倾听了顾客的需要,并正在改变公司的计划机制以更好地满足顾客的需要。

事实上,来自博客读者的反馈是十分重要的,以至于西南航空公司把这个博客当作一个帮助公司学习如何更好地服务客户的"客户服务实验室"。①

www.blogsouthwest.com

7.1 商务沟通的电子媒体

本章开篇描述了西南航空公司的 Bill Owen 在传递公司预订政策的信息时可能使用了许多媒体。但不管怎样,博客是其中一种十分有效的选择,因为它代表了商务沟通中的一个根本变化,以及公司与利益相关者间关系的一个根本变化,这种变化是由社交媒体快速发展带来的(如图7.1所示)。

随着通信技术的发展,原本已经相当广的、用于简短商务信息的电子媒体范围还在继续扩大:
- **社交网络和社区参与网站**。社交网站(如 Facebook 和 LinkedIn)、用户生成内容网站(如 Flicker 和 YouTube)、社区问答网站(community Q&A sites),以及多种多样的社交书签和标签(tagging)网站都提供了大量的通信工具。
- **电子邮件**。虽然在很多情况下,传统的电子邮件已经被其他能为即时信息和实时合作提供更好支持的工具所取代,但是它在商务沟通中仍然扮演着一个十分重要的角色。
- **即时信息**。如今在许多公司中,即时信息比电子邮件更多地被使用。即时信息提供了比电子邮件更快的速度、更简单的操作,同时诸如垃圾信息以及安全和隐私方面的问题更少。
- **文本信息**。基于手机的文本信息在商务沟通中被大量运用,包括在订单状况更新、市场销售信息、电子优惠券和客户服务等方面。②
- **博客和微博**。能够快速便捷地更新内容使得博客和微博(如 Twitter)成为沟通者需要快速

---

① Southwest Airlines, Nuts About Southwest blog, accessed 1 February 2011, www.blogsouthwest.com; Bill Owens, "Why Can't I Make Reservations Further in Advance?" Nuts About Southwest blog, 24 January 2007, www.blogsouthwest.com; Bill Owens, "I Blogged. You Flamed. We Changed." Nuts About Southwest blog, 18 April 2007, www.blogsouthwest.com; "Southwest Airlines Is Nuts About Blogging," Southwest Airlines press release, 27 April 2007, www.prnewswire.com

② "Ten Ways to Use Texting for Business," *Inc.*, accessed 21 July 2010, www.inc.com; Kate Maddox, "Warrillow Finds 39% of Small-Business Owners Use Text Messaging," BtoB, 1 August 2008, www.btobonline.com; Dave Carpenter, "Companies Discover Marketing Power of Text Messaging," *Seattle Times*, 25 September 2006, www.seattletimes.com

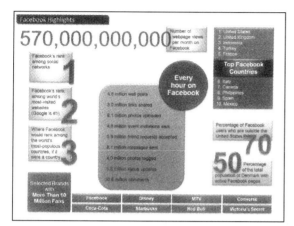

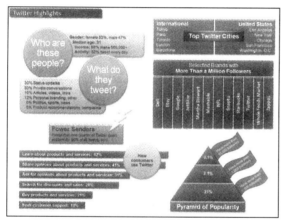
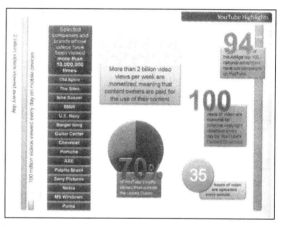

图 7.1 社交媒体的兴起和发展

图 7.1 显示了四个主要的社交媒体平台的快速发展和广泛应用。这四个社交媒体平台分别是 Facebook、Twitter、LinkedIn 和 YouTube。

资料来源：改编自"About Us," LinkedIn, accessed 2 May 2011, http://press.linkedin.com/about/; Ben Parr, "LinkedIn Surpasses 100 Million Users," Mashable, 22 March 2011, http://mashable.com; "Franky Branckaute," Facebook Statistics:The Numbers Game Continues," The Blog Herald blog, 11 August 2010, www.blogherald.com; Stan Schroeder, "Facebook: Facts You Probably Didn't Know," Mashable, 13 May 2010, http://mashable.com; "The 1000 Most-Visited Sites on the Web," Doubleclick Ad Planner, February 2011, www.google.com/adplanner; Willis Wee, "The Facebook Story in an Infographic," Penn Olson blog 2 April 2010, www.penn-olson.com; "Statistics," YouTube, accessed 2 May 2011, www.youtube.com; "LinkedIn by the Numbers," HubSpot Blog, 29 June 2010, http://blog.hubspot.com; "Top Corporate Brands on Twitter," Fan Page List, http://fanpagelist.com; "Top Corporate Brands on Facebook," Fan Page List, accessed 2 May 2011, http://fanpagelist.com; "Twitter Statistics for 2010," Sysomos, December 2010, www.sysomos.com; Shiva Chettri, "The Meteoric Rise of Twitter," NetChunks, 10 July 2010, www.netchunks.com。

发布信息时的一个理所应当的选择。

- **播客**。你所熟悉的播客可能相当于在线播放录音的录音机或者录像机。商界正在用播客取代或补充电话会议、业务通信、培训课程和其他沟通活动。
- **网络视频**。目前，YouTube 和其他类似的网站已经对上百万的网络用户开放了在线视频服务。视频已经从一个相对专业化的工具变成了一个主流的商务沟通媒体。现在已经有一半以上的世界级大公司在YouTube上拥有自己的品牌频道。③

随着电子媒体系统功能的扩大,或随着人们使用这些媒体的方式更加新颖(参见本章"商务沟通2.0:带着你手中的整个互联网散步"),这些电子媒体间的界限经常变得模糊不清。比如,Facebook的Facebook Messages通信系统整合了即时信息、文本信息和电子邮件的功能,因此它成了一个社交网络系统。④ 类似地,一些人将Twitter看做一个社交网络,它也确实提供了上面介绍的一些功能。然而,由于传递博客类信息是Twitter的核心功能,因此本章中将其当作一个微博系统。

虽然大部分商务沟通好像都是通过电子方式实现,但是也不要自动放弃纸质信息的优点(关于正式纸质信件和备忘录的更多内容请参见第6章)。在下面的一些情境中,使用纸质信息好过使用电子信息。

- **当你想给别人留下一个正式的印象时**。对于祝贺或慰问这类特殊信息,纸质文件的正式性通常使其相对于电子信息来说是更好的选择。
- **当法律上要求你提供纸质形式的信息时**。有时,商业合同和政府条例要求所提供的信息为纸质形式。
- **当你希望你的信息从泛滥的电子信息中凸显时**。如果你受众的电脑总是被泛滥的Twitter更新、电子邮件和即时信息所充斥,这时纸质信息就可以从中脱颖而出,引起对方的关注。
- **当你需要永久不变或安全的记录时**。信件和备忘录是可靠的。它们一旦被印刷出来,就不像某些电子信息那样可以被一个简单的按键或被不正当的修改所清除。同时,纸质文件更难被复制和转发。

未来,工作中的大部分沟通将通过电子媒体实现。本章讨论的是用于简短商务信息的电子媒体,而报告写作章节(第13章到第15章)将讨论网页和维客的写作。

7.1.1 电子媒体的写作模式

当你在练习使用电子媒体时,最好把握社交媒体沟通的原则,以及计划、写作、完成信息的基本要素,而不是关注任何一个媒体或系统的特殊细节。⑤ 幸运的是,每种媒体的基本沟通技巧通常是一样的。通过使用下面九种写作模式中的一种,你几乎可以在所有的电子媒体沟通中获得成功:

- **对话**。即时信息是模拟口语对话最好的媒体之一。使用即时信息时,需要相当快速的思考、排字和打字来维持电子对话的流畅性。
- **评论和批评**。社交媒体最强大的一个方面是:它为有共同兴趣的群体创造了表达观点和提供反馈的机会。分享有用的技巧和富有见解的评论同样也是建立个人品牌的最好方式之一。关注网站大部分访问者的简短信息块将有助于你成为一名有效的评论者。

---

③ "Burson-Marsteller Fortune Global 10 Social-Media Study," The Burson-Marsteller Blog, 23 February 2010, www.burson-marsteller.com

④ "The New Messages," Facebook.com, accessed 30 January 2011, www.facebook.com

⑤ Richard Edelman, "Teaching Social Media: What Skills Do Communicators Need?" in *Engaging the New Influencers*; *Third Annual Social Media Academic Summit* (white paper), accessed 7 June 2010, www.newmediaacademicsummit.com

- **定位**。帮助人们通过使用一个不熟悉的系统或是新课程找到解决办法的能力，是一种有价值的写作技巧和读者们十分欣赏的天赋。与"概要"（参见下一个条目）不一样，"定位"不是给出搜集信息的关键点，而是告诉读者去哪里找这些关键点和如何使用这些搜集到的信息。
- **概要**。在一篇文章或网页的开头，概要作为一个微型的文件版本，向读者提供了所有略去细节的关键点（如图7.2所示）。在一些情形中，这些关键点便是读者所需要的全部信息。在一篇文章或网页的末尾，概要作为一个回顾，提醒读者他们所读过的这些关键点。
- **参考资料**。计划和写作参考资料的一个挑战是读者通常不以线性思维来阅读这些资料，而是去寻找特殊的数据点、趋势或其他特殊的元素。使信息能够被搜索引擎搜索到是解决这个问题的关键一步。然而，读者通常不知道使用哪个术语检索可以产生最好的结果，因此需要有一个信息定位功能，并且要以逻辑方式组织这些材料，同时还要带有能促进略读的清晰标题。
- **叙述**。第4章中讨论的叙事技巧能够有效地用于许多类型的情形中。最有效的叙述应该包括：能引起读者好奇心的有趣开头、描述个人或公司快速战胜挑战的主体部分、具有鼓舞或启发性的结尾，这样的结尾能够在日常生活和工作中帮助到读者。

商务沟通 2.0

带着你手中的整个互联网散步

虽然严格地来说移动网络（用智能手机或其他移动设备连接到互联网的能力）不是一个独立的媒体，但其使用范围在商务沟通中正在迅速扩大。作为移动访问增长的两个标志：YouTube 每天为移动设备提供超过一亿个视频，Facebook 五亿多的成员中超过 40% 使用移动设备与社交网络进行互动。

除了无线网络，一个越来越多样化的基于位置的信息服务使得沟通个性化，包括提供时间和地点等信息。例如，扫描像条形码或快速响应码这类附在印刷材料、商店和其他建筑物上的能力（或者是从新的近场通信标签上读取无线电信号的能力），给智能手机用户带来了获得更多信息的一种方式——信息来自公司本身或其他在社交网站上提供评论的顾客。

移动手机服务、社交网络和 GPS 导航的结合，产生了一种基于位置的社交网络沟通模式。它是通过"Foursquare"和"Loopt"这类服务来实现的。这些系统的关键特征包括签到和"游戏化"。签到可以使移动手机使用者发布自己所在位置的信息，"游戏化"鼓励消费者玩移动游戏（例如，"Foursquare"有一个在特定位置和给定时间内签到次数最多而成为这个位置"市长"的比赛）。基于位置的网络很可能成为一个重要的商务沟通媒体，因为移动消费者是一群十分重要的经济力量，这种力量表现在他们直接的购买行为和他们影响其他消费者的能力上。

▶ 职业应用

1. 当潜在的消费者带着他们手中的互联网出现在业务门口时，这种发展将对公司的沟通工作产生什么影响？

2. 企业如何通过使用"Foursquare"和其他基于位置的服务来与客户及潜在的客户建立起更牢固的关系？

资料来源：改编自 Foursquare Support, accessed 10 July 2011, http://support.foursquare.com; Mark Sullivan, "The Buzzwords of South by Southwest," PCWorld, 15 March 2011, www.pcworld.com; Facebook Press Room, accessed 29 January 2011, www.facebook.com; Adam Ostrow, "A Look Back at the Last 5 Years in Social Media," Mashable, 20 July 2010, www.mashable.com; Peter Koeppel, "How Do I Love Thee, Smartphone?" Adotas, 25 January 2011, www.adotas.com; Jennifer Van Grove, "Why Google's Slapping Decals on Small Businesses," Mashable, 7 December 2009, http://mashable.com; Jennifer Van Grove, "5 Huge Trends in Social Media Right Now," Mashable, 20 August 2010, http://mashable.com。

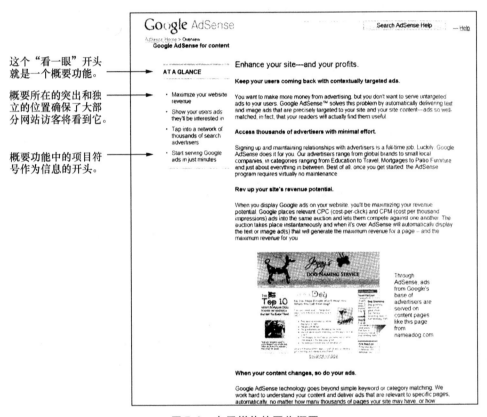

图7.2 电子媒体的写作概要

这个"看一眼"侧边栏是谷歌内容广告项目的一个有益的功能，它使这个项目增加了收益。
资料来源：Courtesy of Google。

- **广告传单**。广告传单刻意地隐藏关键的信息，从而引起读者或听众的好奇。在电子媒体中，Twitter和其他微博系统对字符的空间限制以及URL链接的连接能力使这些系统自然地成了发布广告传单的工具。另外，要确保广告传单所链接到的信息是有价值并合法的。
- **状态更新和公告**。如果你经常使用社交媒体，你的很多写作内容将涉及状态更新和公告。另外，要确保只发布读者需要的更新和公告。

- **教程**。社交媒体的社区性质使得其中的许多信息是用于共享的建议指南类信息。成为一个众所周知的可靠专家，有助于为公司建立顾客忠诚度，同时也将提升你的个人价值。

当你着手处理一个新的电子媒体沟通任务时，先问问你自己受众可能需要哪类信息，然后选择适合的写作模式。久而久之，你会发现你在各种各样的电子社交媒体环境中用到了所有的写作模式。当然，你也会在书面沟通中用到许多种写作模式。

> **实时更新　阅读文章**
>
> **在全球公司中整合社交媒体**
>
> IBM 的社交计算准则为任何想整合社交媒体的公司提供了实用性的建议。登录 http://real-timeupdates.com/ebc10 获取更多信息。

7.1.2　创建社交媒体内容

无论你使用什么媒体和写作模式，社交媒体所要求的写作方式都与传统媒体不同。社交媒体已经改变了发送者和接收者之间的关系，那么信息的性质也需要被改变。无论你是写博客还是在 YouTube 上发布产品的宣传视频，请考虑以下这些有助于创建成功社交媒体内容的提示[6]：

- **记住那是一次对话，而不是一次讲座或一次推销**。社交媒体最大的吸引力之一便是它给人一种对话的感觉，而不是听讲座的感觉。从某种重要意义上来说，社交媒体的先进技术为人们古老的口碑沟通方式提供了一种新的体验。随着越来越多的人在市场上获得发言权，还在努力保持"我们说，你们听"这种旧思维模式的公司将很可能在社交媒体领域中被忽视。
- **非正式而不随便地写作**。写作方式要人性化而不死板，同时要避免粗心大意。没有人喜欢在错误连篇的文章中寻找信息。
- **使用简洁、清晰和有效的标题**。要避免在标题中玩文字游戏。这条建议适用于所有形式的商务沟通，包括社交媒体中的沟通。没有哪个读者希望花费时间和精力去猜测标题的含义。另外，这也使得人们很难通过搜索引擎找到它们，因此几乎没有人会去读你的文章。
- **介入并保持参与状态**。显然，社交媒体会使一些商务人士感到焦虑，因为他们不能在其中高度地控制信息。虽然如此，也不要躲避批评，而应该抓住这个机会改正错误或解释如何改正错误。
- **间接地促成你想做的事**。就像你不会在一个非正式的社交聚会上向人们推销商品一样，你要避免在社交媒体中进行明目张胆地促销。
- **保持坦率和诚实**。诚实当然是必要的，但是近几年一些公司却没这样做——他们让公司的市场营销专家或雇来的网络推手以私人的方式进行博客营销。
- **谨慎地发帖**。一些公司和个人因为在 Twitter 发布不恰当的更新而被起诉，一些员工因为在"脸谱墙"（Facebook wall）发布了一些涉及公司重要信息的帖子而

> **实时更新　收听播客**
>
> **探索社交媒体中的道德期望**
>
> 倾听这家公司关于社交媒体中道德问题的培训课程。登录 http://real-timeupdates.com/ebc10 获取更多信息。

---

[6] Catherine Toole, "My 7 Deadly Sins of Writing for Social Media—Am I Right?" Econsultancy blog, 19 June 2007, www.econsultancy.com; Muhammad Saleem, "How to Write a Social Media Press Release," Copyblogger, accessed 16 September 2008, www.copyblogger.com; Melanie McBride, "5 Tips for (Better) Social Media Writing," Melanie McBride Online, 11 June 2008, http:// melaniemcbride.net

被开除。同时,商业关系和个人关系也因此变得紧张起来。由于你所发布的信息在社交媒体上可以被大量你的粉丝之外的人阅读,谨慎地发布信息就显得更为必要,除非你通过私人频道发布信息。

7.2 社交网络和社区参与网站

社交网络(social networks) 是一种能够使个人和组织成员形成联系并共享信息的在线服务,已经成为近年来商务沟通的主要力量。例如,现在 Facebook 是因特网上被访问最多的网站,像阿迪达斯、红牛和星巴克等很多公司在其 Facebook 上拥有上百万的粉丝。⑦ 本部分内容将对社交网络在商务沟通方面的使用和一系列相关的技术进行探讨。这些社交网络包括用户生成内容网站、社区问答网站和社区参与网站。

7.2.1 社交网络

目前的商业世界和社交网络有着复杂的关系。一些公司十分乐于使用这些媒体,还鼓励员工使用社交媒体接触顾客,而另一些公司则禁止员工在工作时间使用社交网络,特别是像 Facebook 这类最初并非为商业用途而设计出来的网络(不同于 LinkedIn)。无论私营企业如何看待这个话题,没有人能否认社交网络在商务沟通中所起的作用,同时也不能否认它将随着互联网的发展而变得更强大,提供更多的沟通功能。过几年,社交网络除了将上百万消费者相连、将他们与所消费产品的公司相连外,还很可能成为大部分工作团队的基本沟通工具。⑧

目前有多种类型的社交网络,包括像 Facebook 和 Google + 这样的公用、通用目的的网络;还有公用、商业导向的网络(例如,LinkedIn 就是其中最大的一个,参见序中的例子);还包括大量的专业性网络。最后一类网络包括帮助小企业主获得支持和建议的网络,连接企业家和投资者的网络,像 Segway Social and Specialized 这类由私营企业创建来加强客户群社区感的网络。另外,一些公司创建仅供内部使用的社交网络。例如,国防承包商 Lockheed Martin 公司创建的内部社交网络 Unity,该网络包括各种各样的社交媒体应用以满足习惯使用社交媒体的年轻员工,并用来获得临近退休老员工的专业知识。⑨

社交网络在商务沟通中的使用

社交网络能够接触无限多的人,因此能够满足许多商务沟通的需要(如表 7.1 所示)。事实上,现在绝大部分消费者希望他们惠顾的公司使用社交网络来发布信息、与顾客互动,而那些在社

---

⑦ "Facebook Analytics: Full-on Facebook Tracking and Measurement," Webtrends, accessed 10 July 2010, www.webtrends.com; Facebook statistics page, Facebook.com, accessed 10 July 2010, www.facebook.com; Facebook pages of Adidas, Red Bull, and Starbucks, accessed 11 July 2010, www.facebook.com

⑧ "Gartner Says Social-Networking Services to Replace Email as the Primary Vehicle for Interpersonal Communications for 20 Percent of Business Users by 2014," Gartner press release, 11 November 2010, www.gartner.com; Sarah Perez, "Social Networking More Popular Than Voice, SMS by 2015," ReadWriteWeb.com, 15 November 2010, www.readwriteweb.com

⑨ Todd Henneman, "At Lockheed Martin, Social Networking Fills Key Workforce Needs While Improving Efficiency and Lowering Costs," *Workforce Management*, March 2010, www.workforce.com

交网络中不活跃的公司将面临落后的风险。[10]

除了在第 2 章中讨论的合作使用外,这里给出了社交网络的一些重要的商务应用:

- **收集市场信息**。当上百万的人通过社交媒体表达自己的观点时,那些聪明的公司正在倾听。例如,文本倾向性分析是一种具有吸引力的研究技术。在这方面,公司使用自动语言分析软件来追踪社交网络和其他媒体。该软件尝试测量公众的观点,并辨别有影响力的舆论制造者。来自旧金山 Scout 实验室(www.scoutlabs.com)的 Margaret Francis 说社交媒体可能是"一个极其丰富的市场信息脉络"。[11]

- **招募新员工,寻找商业伙伴**。公司使用社交网络来发现潜在的员工、短期的承包商、主题专家、产品和服务供应商和商业伙伴。例如,在 LinkedIn 上,会员可以基于当前或过去的商业关系来推荐彼此。这有助于消除与完全陌生的人开始商业关系的不确定性。

- **分享产品信息**。企业投入时间和金钱在社交媒体中不是单纯地为了获得粉丝,最终的目的是获利、与客户保持可持续关系,吸引新顾客也是企业使用网络和其他社交媒体的一个主要原因。[12] 不过,传统的市场营销观念需要被改变以适应社交网络环境,因为客户和潜在的客户加入网络不仅仅是成为广告信息的被动接收者,他们希望参与其中,希望与狂热的同道者联系,希望去分享产品的知识,希望与公司的内部人员沟通,希望影响他们看重的产品的决策。互动参与的观念是**对话式营销**(conversation marketing)背后的驱动力。在对话式营销中,公司在由顾客、公司产品粉丝群组成的网络社区中发起并促进对话。

- **培养品牌群体**。社交网络在**品牌群体**(brand communities)的迅速传播中起着重要的作用,品牌群体是指对特定产品感兴趣并拥有或使用的一群人(如图 7.3 所示)。这些群体可以是像哈雷车友会一样的正式会员制组织,或是由有着相似兴趣的人组成的非正式网络。他们或者完全独立于这个品牌的公司,或者积极支持和参与公司的管理。[13] 如今,绝大多数的消费者更信任他们的同事而非其他产品信息来源(包括传统的广告)。正式和非正式的品牌群体正逐渐成为一个消费者购买决策的重要信息来源。[14] 像 Goolge+ 中帮助有相同兴趣的人互相沟通的"Sparks"功能的持续创新,将使社交网络在品牌群体的成长中起到越来越重要的作用。

表 7.1 社交网络技术的商业使用

商业挑战	社交网络起作用的例子
支持客户	允许客户与公司的产品专家形成紧密的关系
整合新员工	帮助新员工逐渐适应组织环境,帮助他们找到专家、指导者和其他重要的联系人
缓和公司重组或合并后的过渡	在内部员工重组或与其他组织合并时,促进员工间的联系和团结
克服沟通渠道中的结构障碍	绕过正式的沟通系统将信息及时传递到需要的地方

---

[10] Sheryl Kingstone and Zeus Kerravala, "Social Media Means Serious Business," Yankee Group white paper, June 2010, www.siemens-enterprise.com; Sharon Gaudin, "Companies Not Using Social Nets at Risk, Report Says," Computerworld, 15 July 2010, www.computerworld.com

[11] Alex Wright, "Mining the Web for Feelings, Not Facts," New York Times, 23 August 2009, www.nytimes.com

[12] Erica Swallow, "How to Use Social Media for Lead Generation," Mashable, 24 June 2010, http://mashable.com

[13] Susan Fournier and Lara Lee, "Getting Brand Communities Right," Harvard Business Review, April 2009, 105—111.

[14] Patrick Hanlon and Josh Hawkins, "Expand Your Brand Community Online," Advertising Age, 7 January 2008, 14—15.

(续表)

商业挑战	社交网络起作用的例子
组合团队	识别出本公司和其他公司中最优秀的员工，组成项目团队
促进品牌群体的成长	帮助有着相似或互补的兴趣和技能的人找到彼此，以提供相互的帮助和发展
解决问题	发现组织中的"知识口袋"——专家和个人的经验
为重要的会议和项目做准备	在项目开始前，为参与者提供一个碰面的途径，以确保会议或项目进行得更快、更有效率
促进团队的成长	促进团队成员认识彼此，并识别每个人的专业领域
维持商业关系	为人们提供会面和会议之外保持联系的一个简单途径
分享和发布信息	使员工更容易地将信息分享给可能需要的人，也使需要信息的人更容易找到可能拥有信息的人
发现潜在的顾客、商业伙伴和新员工	通过将用户档案与当前的业务需求进行匹配，并连接现有成员档案来识别有优势的候选人

资料来源：改编自 Christopher Carfi and Leif Chastaine, "Social Networking for Businesses & Organizations," white paper, Cerado website, accessed 13 August 2008, www.cerado.com; Anusorn Kansap, "Social Networking," PowerPoint presentation, Silpakorn University, accessed 14 August 2008, http://real-timeupdates.com; "Social Network Websites: Best Practices from Leading Services," white paper, 28 November 2007, FaberNovel Consulting, www.fabemovel.com。

图 7.3　社交网络中的商务沟通

能量饮料公司红牛有 Facebook 上最大的粉丝群之一，这使得公司能够与上百万热情的顾客进行沟通。
资料来源：经红牛授权使用。

社交网络中的商务沟通策略

社交网络在沟通方式上提供大量的选择,但也因此带来了一定程度上的复杂性。而且,商业社会网络的准则和惯例持续在演变。为了适应这种变化,请按照以下指导原则充分利用社交网络来为个人品牌建设和公司沟通服务。[15]

- **根据信息、目的和网络选择最好的写作模式**。当你在访问不同类型的社交网络时,请花些时间观察每个网站不同版块信息类型的差异。例如,非正式状态更新模式适合用于"脸谱墙"的帖子,却不适用于公司简介和使命宣言。

- **除了发起对话外,加入已有的对话**。寻找已经开始的网络对话,回答、解决其中的问题,并对谣言和错误的信息做出反应。

- **在你的社交网络中心固定你的网络形象**。虽然加入对话和在你利益相关者活跃的地方现身是十分重要的,但是在你拥有的社交网络中心(你拥有并控制的一个网站)固定你的网络形象同样很重要。这个社交网络中心可以是一个传统的网站或是由网站、博客和公司所资助网络社区的一个组合。[16] 使用社交网络中心连接你不同的网络形象(作为个人或公司)以更好地协调外来信息,并为想加入其中的人们提供一个清晰的进入路径。另外,请充分利用社交媒体平台提供的大量自动链接。比如,你可以从你的 LinkedIn 个人资料链接到你的博客,或是自动将你的博客内容显示在 Facebook 的"日志"标签栏中。

- **促进社区建设**。要使客户和其他受众可以很容易地与公司及受众彼此之间进行联系。比如,你可以使用 Facebook、LinkedIn 和其他社交网络的群组功能,在你的网络中创造并培养特殊兴趣的群组。群组是连接对特定话题有相同兴趣的人们的极好方式,比如作为特定产品的拥有者。

- **将传统的促销限定在正确的时间和地点**。对于特殊的沟通任务,说服性沟通通常是有效的,比如网站上定期的广告和产品信息页,但是在社交网络对话中加入明显的"销售语言"则通常会被受众排斥。

- **维持一致的风格**。每个社交网络都是一个有着特定沟通准则的独一无二的环境。[17] 比如,作为一个商业导向的网络,LinkedIn 比 Facebook 有着更正式的气氛。然而,尽管要适应于每个网络的期望,也要确保维持一致的风格。[18] 电脑巨头惠普公司在 LinkedIn 和 Facebook 上使用同样的公司简介,而 Facebook 上的"脸谱墙"更新是更"闲聊式的",并且大部分内容符合 Facebook 访问者所期望的风格。[19]

---

[15] Josh Bernoff, "Social Strategy for Exciting (and Not So Exciting) Brands," *Marketing News*, 15 May 2009, 18; Larry Weber, *Marketing to the Social Web* (Hoboken, N.J.: Wiley, 2007), 12—14; David Meerman Scott, *The New Rules of Marketing and PR* (Hoboken, N.J.: Wiley, 2007), 62; Paul Gillin, *The New Influencers* (Sanger, Calif.: Quill Driver Books, 2007), 34—35; Jeremy Wright, *Blog Marketing: The Revolutionary Way to Increase Sales, Build Your Brand, and Get Exceptional Results* (New York: McGraw-Hill, 2006), 263—365.

[16] Matt Rhodes, "Build Your Own Community or Go Where People Are? Do Both," FreshNetworks blog, 12 May 2009, www.freshnetworks.com

[17] Brian Solis, *Engage*! (Hoboken, N.J.: Wiley, 2010), 13.

[18] Zachary Sniderman, "5 Ways to Clean Up Your Social Media Identity," Mashable, 7 July 2010, http://mashable.com

[19] HP company profiles on LinkedIn and Facebook, accessed 21 July 2010, www.facebook.com/hp and www.linkedin.com/hp

- **管理对话脉络**。与客户和其他重要团体的对话经常带来多种信息,包括各种各样的员工,有时也跨多种媒体(比如,当一个 Twitter 的对话移到私信)。如今有这么多适合的频道,公司开始使用系统来跟踪这些对话脉络,以使得信息不被遗漏并且使所有的团体可以有效率地沟通。

更多策略请参见第 10 章的"为社交媒体写作促销信息"。

> **实时更新　阅读文章**
>
> **受到激励去建立伟大的 Facebook Page**
>
> Facebook Pages 是公司用于在 Facebook 上建立一个形象展示的服务。参见 Facebook 创新者如何使用这个社交网络来建立在线社区。登录 http://real-timeupdates.com/ebc10 获取更多信息。

7.2.2 用户生成内容网站

由用户而非网站所有者贡献大部分或所有内容的**用户生成内容网站(user-generated content (UGC) sites)**,已经成为重要的商业工具。事实上,最近一份问卷调查表明,在 YouTube 上的视频公司简介比在 Facebook、LinkedIn 和其他著名网站上的公司简介有更重大的影响。[20]

视频(包括全屏动画演示,使用音频叙事的方式对电脑屏幕上活动的记录)是产品展示、访谈、行业新闻、培训、设施参观和其他运用的强大媒体。而且网站的商务沟通价值(比如 YouTube)超过了只能传递内容的能力。这些网站的社交方面,包括投票赞成、评论和分享资料,鼓励了热情的人传播他们所支持的公司和产品的能力。[21]

与其他社交媒体一样,产生有效用户生成内容的关键是使其有价值并容易使用。第一,提供人们所希望看到并愿意和同事分享的内容。说明如何更有效地使用产品的视频剪辑,会比讨论产品背后的公司是如何令人惊叹的视频剪辑更受欢迎。同样,视频不宜过长,通常来说,如果可能尽量限制在 3—5 分钟。[22]

第二,要使资料容易被找到、消费和分享。比如,在 YouTube 上的一个品牌频道让一家公司将其所有视频组织到一个地方,使得访问者可以很容易地浏览选项或是订阅未来视频的自动更新。分享的特征使得粉丝可以通过电子邮件或他们在 Twitter、Facebook 和其他平台上的账户分享视频。

7.2.3 社区问答网站

由网站访问者回答网站其他访问者,或公司代表发布的问题的**社区问答网站(community Q&A sites)**正变成日常沟通中一个越来越重要的场所,比如客户支持问题。例子包括专注于客户支持的社区如在 Get Satisfaction(http://getsatifaction.com)网站上开设的主页、公众网站如 Yahoo! Answers(http://answers.yahoo.com)、Quora(www.quora.com)以及仅限会员网站如 LinkedIn Answers(www.linkedin.com/answers)。回答问答网站上的问题是建立你个人品牌、展示你公司的客户服务承诺以及反击有关你公司和产品的错误信息的一种好方式。

---

[20] Ben Hanna, 2009 *Business Social Media Benchrnarking Study*(published by Business.com), 2 November 2009, 22.

[21] Vanessa Pappas, "5 Ways to Build a Loyal Audience on YouTube," Mashable, 15 June 2010, www.mashable.com

[22] Tamar Weinberg, *The New Community Rules*: *Marketing on the Social Web*(Sebastapol, Calif.: O'Reilly Media, 2009), 288.

7.2.4 社区参与网站

商务沟通中一些更诱人的发展势头正发生在一组多样化的**社区参与网站**（community participation websites）上，这些网站被设计用来搜集多用户的输入以使整个社区受益（如图7.4所示）。这些发展势头包括社会化书签或内容推荐网站，比如 Delicious（http://delicious.com）、Digg（www.digg.com）和 StumbleUpon（www.stumbleupon.com）；团购网站，比如 Groupon（www.groupon.com）；众包网站，比如 InnoCentive（www.innocentive.com），它邀请人们在研究挑战和产品设计上进行提交或合作；以及产品和服务评价网站（汇集来自购买产品或关注特定企业的人们的评论）。

作为这些网站正在改变商务沟通的一个例子，Yelp（www.yelp.com）网站通过聚集横跨美国大城市的上百万个商店、餐馆和其他企业的评论，对地方层面上的消费者行为产生了重要的影响。[23] 由于影响消费者行为声音的存在，企业需要做到：（a）专注于高水平的表现以使消费者用正面的评论来回报；（b）参与到 Yelp（这个网站同样鼓励企业主将自己的企业介绍给潜在的客户）。这些工作将比做广告和其他传统沟通取得更大的成功。

图7.4 社区参与网站

软件公司 Autodesk 为工作在数字娱乐和可视化领域的客户开设了社区参与网站。用户分享关于如何使用在视频游戏、动画片、产品设计和其他创造性产品方面的 Autodesk 软件的快速提示、建议和深入辅导。

资料来源：经 Autodesk Area 授权使用。

---

[23] "About Us," Yelp, accessed 30 January 2011, www.yelp.com; Lisa Barone, "Keynote Conversation with Yelp Chief Operating Officer Geoff Donaker," 5 October 2010, http://outspokenmedia.com

7.3 电子邮件

电子邮件作为一个主要的商务沟通媒体已多年，尽管像即时信息、博客、微博、社交网络和其他分享工作区这类新工具正在接管它们更适合的专业化任务。[24] 事实上，电子邮件不适合于即时和开放沟通的世界，在那儿许多用户习惯于来自Twitter、社交网络上的公众论坛和从不停止地传入信息流的快速更新。[25]

然而，电子邮件仍然具有无可取代的优势，这使得许多公司仍然固定地使用它，即使它在升级并与其他电子媒体进行整合。第一，电子邮件是通用的。任何拥有一个电子邮件地址的人都可以联系上其他拥有电子邮件地址的人，而不管发件人和收件人使用什么系统，你不需要通过加入一个特殊的群体或是被其他人加为朋友才能通信。第二，电子邮件仍然是许多私人的、短中篇信息的最好媒体。例如，与微博和即时信息不同，使用电子邮件可以很容易创作和阅读中等篇幅的信息。第三，电子邮件非即时性的特征在恰当使用时是一种优势。许多商务信息不需要即时信息或Twitter那样快的更新速度，并且这些系统隐含的紧迫性可能是效率低下的障碍。电子邮件允许发件人私下地并按照自己的日程安排来创作大量的信息，同时允许收件人空闲时阅读这些信息。

> **实时更新　观看幻灯片**
>
> **选修关于电子邮件礼仪的速成课**
>
> 学习职业情境中使用电子邮件的职业提升技巧。登录http://real-timeupdates.com/ebc10获取更多信息。

7.3.1 计划电子邮件

电子邮件最不好的一点就是邮件太多了，并且大部分邮件几乎没有价值。这个问题可以在计划步骤解决——通过使每封邮件都有有用的商业目的。

许多公司目前都出台了正式的规定来规范员工应如何使用电子邮件，包括限制将公司邮件服务用于个人用途，禁止发送可能令人感到不快的材料。另外，如今许多雇主都会监控电子邮件，包括使用软件自动搜索敏感内容，也包括手动扫描，由安全部门通过实际阅读检查那些被选中的邮件内容。除了正式规定，每个电子邮件用户都有责任避免采取那些可能引起麻烦的行为，包括下载被病毒感染的软件，发送令人厌恶的图片等，不一而足。电子邮件卫生是指公司所有试图使电子邮件保持干净和安全的行动，包括屏蔽垃圾邮件、截杀病毒和内容过滤。[26]

最后，一定要尊重管理级别。在许多公司，任何员工都可以给任何一位员工发邮件，包括董事长和CEO。但是，要注意你没有滥用这种自由。例如，别仅仅因为这样做很容易，就把一封投诉邮件直接发给最高层。如果你遵从组织的层级并给每个人机会对这件事做出反应，你的电子邮件通常会更有效。

---

[24] Reid Goldborough, "More Trends for 2009: What to Expect with Personal Technology," *Public Relations Tactics*, February 2009, 9.

[25] Jessica E. Vascellaro, "Why Email No Longer Rules...," *Wall Street Journal*, 12 October 2008, http://online.wsj.com

[26] Matt Cain, "Managing Email Hygiene," ZD Net Tech Update, 5 February 2004, www.techupdate.zdnet.com

7.3.2 写作电子邮件

商务电子邮件比你惯用的个人电子邮件更为正式(如图7.5所示)。相对于个人电子邮件来说,商务电子邮件对写作质量的要求更高,糟糕的写作和使用不当带来的后果可能更为严重。例如,电子邮件和其他电子文档与纸质文件有着同样的法律效力,并且常被作为法律诉讼和犯罪调查的证据使用。㉗

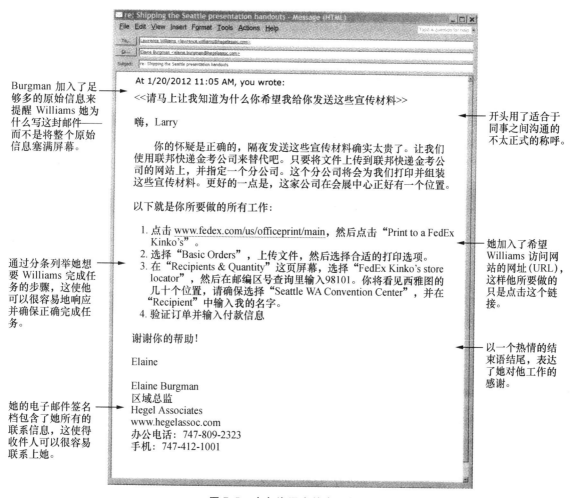

图7.5 商务沟通中的电子邮件

在对一个同事的邮件询问做出反应时,Elaine Burgman 充分利用了她的邮件系统的各个功能制作了一封有效和高效的邮件。

主题栏是一封电子邮件最重要的部分,因为它可以帮助收件人决定读哪一封邮件和什么时候读。为了吸引受众的注意力,要确保你的主题栏既要包含充分的信息,又要吸引人。描述你的信

㉗ Hilary Potkewitz and Rachel Brown, "Spread of Email Has Altered Communication Habits at Work," *Los Angeles Business Journal*, 18 April 2005, www.findarticles.com; Nancy Flynn, *Instant Messaging Rules* (New York: AMACOM, 2004), 47—54.

息内容或者给它分类都很重要,但是你也可以做得更好;使用关键词、引语、指出方向或者问题来抓住机会引起对方的兴趣。㉘

例如,"七月的销售结果"准确地描述了邮件的内容,但是"七月的销售结果:好消息和坏消息"却更具吸引力。读者会想要知道为什么有些是好消息,而另一些是坏消息。

另外,在收件人打开电子邮件之前,许多电子邮件程序会显示邮件开头的一些内容。就像社交媒体公共关系专家 Steve Rubel 所说的那样:你可以通过使这部分内容变得吸引人来让读者打开邮件。换句话说,小心地选择第一行字来抓住读者的眼球。㉙

7.3.3 完成电子邮件

对于重要的邮件,几分钟的修改和校对可能会为你节约几个小时的麻烦并控制损失。邮件越重要,你就越要仔细校对。同样,在写作电子邮件时要注意简洁性。一个简洁的、容易阅读的、白色背景上的黑色字体几乎对所有电子邮件来说都足够了。利用邮件系统的功能加上一个电子邮件签名,这是一段很短的文字,会自动附加在你发送的电子邮件末尾,使用签名时要包括你的全名、工作职位、公司以及联系方式等。

当你准备好发送邮件时,在点击"发送"按钮之前先停一下,再次检查你的收件地址,以确保收件人已经包含了所有必要收到邮件的人而没有其他人。当你打算只点击"回复"时,别点击"全部回复"。这其中的差别可能是十分尴尬的,甚至会威胁到职业生涯。除非你确定这些功能怎么用,否则不要把别人加入"抄送"或者"密送"栏里(接收到邮件的所有人都可以看到谁在抄送栏里,看不到谁在密送栏里)。同时,除非你的邮件确实很紧急,否则不要标注为"优先"或者"紧急"。另外,如果你想要添加附件,请确保附件确实被加上去了。

复习这些写作成功电子邮件的建议和技巧,请参见表 7.2 和"要点检查:写作有效的电子邮件",或在 http://real-timeupdates.com/ebc10 上点击第 1 章。

表 7.2 有效电子邮件的建议

建议	为什么重要
当你请求得到信息或是采取行动时,一定要清楚你正在提的要求是什么,它为什么是重要的,你需要它在多长时间内完成;不要让你的读者回信询问细节。	如果人们对于你的要求和时间限制不是太清楚的话,很可能会忽略掉你的信息。
当对一个请求反馈时,改述一下这个请求或是引用对方邮件中足够的原始信息,以提醒读者你正在回复的是什么内容。	有的商务人士每天都收到上百封电子邮件,所以有必要提醒他们你的反馈是有关什么内容的。
可能的话,尽量避免通过电子邮件发送冗长复杂的信息。	冗长的邮件作为附件或是网页内容更容易阅读。

㉘ Mary Munter, Priscilla S. Rogers, and Jone Rymer, "Business Email: Guidelines for Users," *Business Communication Quarterly*, March 2003, 26+; Renee B. Horowitz and Marian G. Barchilon, "Stylistic Guidelines for Email," *IEEE Transactions on Professional Communication* 37, no. 4 (December 1994): 207—212.

㉙ Steve Rubel, lip. Tweetify the Lead of Your timalls, The Steve Rubel Stream blog, 20 July 2010, www.steverubel.com

(续表)

建议	为什么重要
根据信息和受众的不同调整邮件语言的正式程度。	给同事的邮件过于正式会让人觉得很沉闷和有距离感;而给客户或高管的邮件过于随意则会显得缺乏尊重。
激活你的签名档,它可以自动地将你的联系信息粘贴到你发送的每个邮件里。	使你省去了把重要信息再输入一遍的麻烦,同时确保收件人知道如何通过其他方式联系到你。
不要让未读的邮件堆满你的收件箱。	你会错过重要的信息并给人一种你很不重视他人的印象。
一定不要全部大写。	全部大写一般被解读成你在厉声尖叫。
不要过于注重形式,不要用背景颜色、字型颜色和不常用的字体来装饰你的信息。	此类信息可能难以阅读并使人反感。
记住电子邮件信息可以被转发到任何地方,并被永久保存。	不要让一时的愤怒或错误的判断断送了你今后的职业生涯。
只对最关键的信息才提出"回执"的要求。	这种做法使得别人无论何时收到或打开你的邮件时都需要回复一封给你;很多人认为这是一种侵犯隐私的行为。
确保你的电脑有最新的杀毒软件。	违反规矩最糟糕的表现之一就是因为你疏于保护好你自己的系统而导致别的用户感染了病毒。
注意语法、拼写和大小写。	有些人可能觉得电子邮件不需要正式的规则,但是粗心大意的邮件让你看起来很不专业并可能惹恼读者。
尽量少用缩写词。	在同事间的非正式邮件中使用类似 IMHO(in my humble opinion——依我拙见)和 LOL(laughing out loud——放声大笑)这样的缩写词可能是有用的,但是千万不要在正式的邮件中使用。

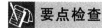 要点检查

写作有效的电子邮件

A. **计划电子邮件**
- 确保你发送的每封电子邮件都是必要的。
- 不要抄送或密送给任何不需要收到邮件的人。
- 遵守公司的电子邮件规定,理解你公司对于电子邮件使用的限制。
- 不打开可疑邮件、更新杀毒软件以及遵守公司的其他要求,保持良好的电子邮件卫生。
- 尊重管理级别。

B. **写作电子邮件**
- 记住商务电子邮件比私人邮件更正式。
- 认识到电子邮件与其他商务文件有同样的法律效力。
- 注意你的写作质量,正确使用语法、拼写和标点符号。
- 通过清晰地识别你的邮件目的来让你的邮件主题传达更多的信息。

- 通过使用吸引受众的措辞方式来使你的主题更有吸引力。
- 使用电子邮件主体的前几句话来引起读者的注意。

C. 完成电子邮件
- 仔细地修改和校对以避免尴尬的错误。
- 保持邮件布局简单和干净。
- 使用电子邮件签名文件来把你的联系信息传递给你的收件人。
- 在发送之前认真复核收件人列表。
- 除非邮件的确紧急,否则不要将邮件标注为"紧急"。

7.4 即时信息和文本信息

基于电脑的即时信息可以将用户所发送的信息快速地显示在对方的屏幕上,广泛地用于于内外部沟通中。即时信息既可以作为独立的系统使用,又可以作为嵌入群组软件、协作系统、社交网络和其他平台的一个功能。

基于手机的文本信息(有时被称为短消息服务或 SMS)在商务活动中有着广泛的应用,包括市场营销(如提醒消费者新的销售价格)、客户服务(如航班状况、订单状态、包裹追踪和约会提醒)、安全服务(如验证手机银行交易)、危机管理(如给工作在危机情境中的所有员工提供最新的信息)和过程监控(如警示电脑技术专家系统故障)。[30] 由于它与其他沟通媒体整合得更加紧密,文本信息将可能在商务沟通领域有更广泛的应用。例如,如今短信功能已嵌入像 Facebook Messages 和 Gmail 这类系统中,并且"StarStar numbers"应用可以将基于网页的视频、软件应用程序和电子优惠券等内容传送给手机。[31]

本部分所提供的建议主要应用于即时信息,但同时也与文本信息密切相关。

7.4.1 了解即时信息的优点和风险

即时信息的优点在于,对于紧急信息可以快速响应、比打电话成本更低、比电子邮件更贴近模拟对话,并且可以在多种设备和系统上使用。[32] 另外,因为它更接近一对一的对话,不会被误认为像电子邮件那样使用一对多的广播方式。[33]

即时信息的潜在缺点包括安全问题(计算机病毒、网络渗透和敏感信息被外来者截获的可能性)、用户身份认证的需求(确保在线的联系人真的是他们所显示的本人)、为日后查阅和存档(在一些行业中法律的要求)之用的记录信息的挑战、相互抵触即时信息系统的不相容性,以及垃圾信

---

[30] Jack Aronson, "Use Text Messaging in Your Business," ClickZ, 12 June 2009, www.clickz.com; Paul Mah, "Using Text Messaging in Business," Mobile Enterprise blog, 4 February 2008, http://blogs.techrepublic.com.com/wireless; Paul Kedrosky, "Why We Don't Get the (Text) Message," *Business 2.0*, 2 October 2006, www.business2.com; Carpenter, "Companies Discover Marketing Power of Text Messaging."

[31] "About StarStar Numbers," Zoove website, accessed 7 July 2011, www.zoove.com

[32] Mark Gibbs, "Racing to Instant Messaging," *Network World*, 17 February 2003, 74.

[33] "E-Mail Is So Five Minutes Ago," *Business Week*, 28 November 2005, www.businessweek.com

息(未经同意的商务信息,与垃圾电子邮件相似)。幸运的是,随着企业即时信息的增长,或是随着专为大型企业应用所设计的即时信息系统的不断成长,很多问题都迎刃而解了。

7.4.2 使用三步写作法实现成功的即时信息

虽然即时信息通常在几秒钟内被构思、写作并发送出去,但是三步写作法的原则在这里同样适用。

- **计划**。把每条即时信息交流都看成一次对话;虽然你可能没有特意地计划每条你所做的叙述或是你所提出的问题,但请花点时间计划整个交流。如果你正在请求对方,请仔细考虑清楚你到底想要知道什么以及最有效的提问方式。如果是有人向你请求什么事情,请在做出回应之前考虑他的需求以及你所能满足的能力。另外,虽然你很少以列出提纲的方式来组织即时信息,但是尽量发送统一、完整的信息,可以减少信息数量。

- **写作**。与电子邮件一样,恰当的商务即时信息写作风格要比你使用私人即时信息或文本信息时所习惯的风格更为正式。除了与关系亲密的同事之间的沟通,通常来说你应该避免使用即时信息缩写词(像"for what it's worth"的缩写词 FWIW 或是像"hope that help"的缩写词 HTH)。在图 7.6 的即时信息交流中,请注意双方沟通的方式是快捷、非正式的,但还是保持了良好的礼节和专业的语气。当你或你的同事使用即时信息与客户或是其他外部受众沟通时,风格尤为重要。

- **完成**。即时信息最吸引人的一点就是完成的步骤极其简单。一般来说你不需要像通常意义上的那样生成信息,发送时更是简单到只需点一下回车键或是"发送"按钮。然而,不要略过修改和校对环节。在你发送每条信息之前,快速地浏览一下,确保没有遗漏或误拼词语,并确保你的信息是清晰和完整的。

不管你使用的是哪种系统,你都可以通过以下建议来使即时信息更加有效和高效[34]:

- 除非是计划中的即时信息对话或会议,在你需要集中精力时,不要在即时信息系统上显示为在线。
- 如果不确定处于一个安全的系统,不要发送机密信息。
- 在发送私人信息时一定要格外小心,它们很可能会在某个令人尴尬的时刻在其他人的电脑上弹出来。
- 如果你不能确定所有与会人都有时间,就不要使用即时信息来召开重要但不紧急的会议。
- 除非你的系统被设定成这样,否则不要使用即时信息发送冗长、复杂的信息。电子邮件更适合这样的内容。
- 尽量避免一开始就进行即时信息多方对话,以减少将信息发送给错误的人的情况,或者是因为你在关注另一个对话而使他人等待的情况。

---

[34] Clint Boulton, "IDC: IM Use Is Booming in Business," InstantMessagingPlanet.com, 5 October 2005, accessed 22 January 2006, www.instantmessagingplanet.com; Jenny Goodbody, "Critical Success Factors for Global Virtual Teams," *Strategic Communication Management*, February/March 2005, 18—21; Ann Majchrzak, Arvind Malhotra, Jeffrey Stamps, and Jessica Lipnack, "Can Absence Make a Team Grow Stronger?" *Harvard Business Review*, May 2004, 131—137; Christine Y. Chen, "The IM Invasion," Fortune, 26 May 2003, 135—138; Yudhijit Bhattacharjee, "A Swarm of Little Notes," *Time*, September 2002, A3—A8; Mark Bruno, "Taming the Wild Frontiers of Instant Messaging," *Bank Technology News*, December 2002, 30—31; Richard Grigonis, "Enterprise-Strength Instant Messaging," Convergence.com, accessed March 2003, www.convergence.com; Pallato, "Instant Messaging Unites Work Groups and Inspires Collaboration," 14+.

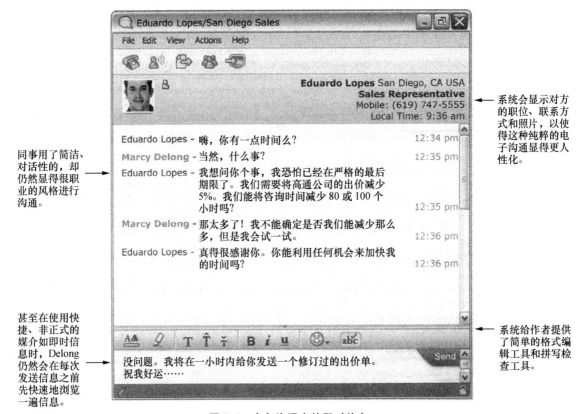

图 7.6　商务沟通中的即时信息

即时信息在商务中的应用非常广泛,但是其风格却不同于你与朋友和家人之间的非正式的即时信息沟通风格。

- 遵守用于避免公司信息或系统被袭击的所有安全规则。

复习这些用于职场的有效即时信息的建议,参见"要点检查:有效地使用即时信息"或者在 http://real-timeupdates.com/ebc10 点击第 7 章。

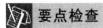 要点检查

有效地使用即时信息

- 注意安全和隐私问题,务必遵守公司的所有规定。
- 把即时信息当成一个专业的沟通媒体,而不是一个非正式的、私人的工具;除了与关系亲密的同事,否则避免使用即时信息俚语。
- 保持良好的礼节,即使是简单的交流。
- 为了提高自己的效率,在需要集中精力时,不要在即时信息上现身。
- 在大多数情况下,不要使用即时信息发送机密信息、复杂信息或是私人信息。

7.5 博客和微博

博客是一种可简单更新的在线日志,它可以将遍及全球的、带有电子邮件或即时信息对话功能的普通网站的价值结合在一起。博客首先在商务沟通中流行起来,因为它为发送者提供了更新和发布新内容的十分简单的方式,也为接收者提供了自动获取新信息的十分简单的方式(通过"feeds"和"newsfeeds",其中 RSS 是众所周知的)。同样,博客开始呈现出比常规的商务网站更为个人和非正式的色彩,以帮助给公司"加一个人脸",同时也为了增加内部专家和管理者与外部客户、利益相关者之间的沟通路径。博客所起到的另外一个重要作用就是使得个人和公司更容易通过搜索引擎被找到。[35] 由于这些优点,如今博客已成为商务沟通中一个常用的工具,许多公司有多个博主,以一个团队在个人的博客上写作(如西南航空公司)或是在他们自己的博客上写作。

好的商务博客高度重视以下几个要素:

- **以个性化风格和真实的声音进行沟通**。针对大众设计的传统商务信息通常是以一种非常客观的、毫无个性的"公司声音"方式来小心翼翼地编辑和写作的。相反,成功的商务博客(比如西南航空公司的博客)是由个人写作并可以展示其个人风格的。读者与这一新的工具相互联系后,结果常常会是与博客所在的公司建立起亲密的感情联结。
- **快速传递新信息**。快速发布你刚生成的新内容的能力将帮助你在需要的时候(如经历一场危机)快速反应,而且能让你的受众知道这是一场积极主动的对话。
- **选择受众最感兴趣的话题**。成功的博客会涵盖读者所关心的话题,并且强调有用的信息而淡化产品推广。[36] 这些话题不必要是地震或是最前沿的知识,而只需要是目标读者所关心的事。比如,两个在高乐氏(Clorox)的研究者为名叫"Dr. Laundry"的公司进行博客宣传,发布关于除去污渍和处理家务琐事等有用的建议。[37]
- **鼓励受众加入对话**。并不是所有的博客都允许访客添加评论,但是大部分博客会这么做。这些评论可以是有价值的新闻、信息和观点。另外,博客不太正式的特点似乎使它对公司来说更容易放松自己的戒备心态和贴近受众。当然,并不是所有的评论都有所帮助或是恰到好处,这也是为什么许多博主节制评论,在允许它们被发布之前进行预览。

表 7.3 提供了成功商务博客的具体建议。

7.5.1 了解博客的商务应用

无论什么时候,当你有连续不断的信息需要与网络受众分享时,博客就是一种潜在的解决方

---

[35] Valeria Maltoni, "Corporate Blogs: How's Your Elevator Pitch These Days?" Conversation Agent blog, 6 July 2010, www.conversationagent.com

[36] Amy Porterfield, "10 Top Business Blogs and Why They Are Successful," Social Media Examiner, 25 January 2011, www.socialmediaexaminer.com

[37] Dr. Laundry blog, www.drlaundryblog.com

案,尤其是当你希望受众有机会反馈时。下面是商务环境使用博客的一些方式⑱:

- **固定社交媒体形象**。任何社交媒体程序的多样内容都应该被锚定在一个由公司或个人拥有并控制的社交网络中心。博客是一个理想的社交媒体中心。
- **项目管理和团队沟通**。博客是让团队了解彼此最新情况的一个好渠道,特别是当团队成员在地理上处于分散状态的时候。比如,要求员工在拜访客户或其他外部团体之后一定时间内提交的旅行报告,可以通过移动博客来生动再现。
- **公司内部新闻**。公司可以使用博客来让员工在更大范围内了解公司总体的业务发展态势,包括设备新闻到最新的盈利数据。博客可以减少员工对小道消息的需求,同时加强公司所有层面上的沟通。
- **客户支持**。客户支持博客可以回答问题、提供建议和意见,并向客户介绍新产品。

表 7.3 成功商务博客的建议

建议	为什么重要
建立博客之前有个清晰的计划。	如果缺乏清晰的计划,你的博客很容易从一个主题跳到另一个主题,却未能打造一个与受众一致的社区平台。
经常更新;博客的重中之重是新鲜的内容。	如果你没有源源不断的新信息或新链接,那就还是建个传统的网站好了。
制作跟受众相关以及对于受众来说重要的议题。	读者想要知道你的博客怎么能帮助他们、娱乐他们或是给他们一个机会与有相似兴趣的人沟通。
用真实的声音写作;不要虚构一个人物并假设是他在写博客。	伪博客违反了博客的精神,表现出对受众的不尊重,一旦受众发现了真相就会立刻反对你。
链接要丰富,但是要谨慎。	虽然链接其他有意思的博客和网站是博客最基本的一个方面,但是在把链接放到你的博客上之前还是要三思。确保这些链接对你的读者是有价值的,并且确保这些链接中不会出现有损你声誉的内容。
尽量简洁。	大多数在线读者都没有耐心去读很长的报告。不要写冗长的报告型的帖子,而是写简短帖子,可以链接到你网页上的深度报告。
不要张贴那些你不打算让全世界都看到的内容。	未来的雇主、政府政策制定者、竞争者、记者和社区都可能是看你博客内容的那部分人。
不要在博客上肆无忌惮地推销产品。	如果读者觉得你是在做广告,他们会立即停止浏览你的博客。
花点时间给你的博文起些有吸引力的、具体的标题。	读者通常会在几秒钟之内决定是否浏览你的帖子;无聊和模糊的标题会让他们立即转身离去。
注意拼写、语法和结构。	不论你多聪明或是多有经验,写作质量欠佳就是歧视受众,而这会降低你的可信度。

---

⑱ Debbie Weil, Why Your Blog Is the Hub of Social Media Marketing,'Social Media Insights Blog, 12 January 2010, http://debbieweil.com; Ross Dawson, "A List of Business Applications for Blogging in the Enterprise,' Trends in the Living Network blog, 7 July 2009, http://rossdawsonblog.com; Fredrik Wacka, "Six Types of Blogs—A Classification,' Corporate Blogging.Info website, 10 August 2004, www.corporateblogging.info; Stephen Baker, "The Inside Story on Company Blogs" *Business Week* 14 February 2006, www.businesweek.com; Jeremy Wright, *Blog Marketing* (New York: McGraw-Hill, 2006), 45—56; Paul Chaney, "Blogs: Beyond the Hype!" 26 May 2005, http://radiantmarketinggroup.com

（续表）

建议	为什么重要
对待批评要持开放和诚恳的态度。	对待批评意见要及时做出反应。如果你的批评者是错的,那就耐心地解释为什么你认为他们是错的;如果他们是正确的,那就解释你将如何做出改进。
倾听和学习。	如果你不花时间来分析人们在你的博客上留下的评论或其他博主对你的评论,那你就会错过博客最有价值的一面。
尊重知识产权。	把别人的工作当做自己的来展示不仅仅是不道德的,也是违反版权法的。
对待事实要非常诚实和谨慎。	对每个道德的商务沟通者来说,诚实都是绝对的要求,而你在网络上需要格外谨慎,因为无论有意或是无意的偏差很容易被迅速披露并广泛传播开来。
如果你在自己的博客上评价产品,请公开你与生产这些产品公司的任何利益关系。	收到所评价产品公司的免费产品或其他补偿的博主需要公开这些关系的性质。

资料来源:改编自 Robert Scoble and Shel Israel, Naked Conversations (Hoboken, N.J.: John Wiley & Sons, 2006), 78—81, 190—194; Paul McFedries, The Complete Idiot's Guide to Creating a Web Page & Blog, 6th ed. (New York: Alpha, 2004), 206—208; 272—276; Shel Holtz and Ted Demopoulos, Blogging for Business (Chicago: Kaplan, 2006), 54—59, 113—114; Denise Wakeman, "Top 10 Blog Writing Tips," Blogarooni.com, accessed 1 February 2006, www.blogarooni.com; Dennis A. Mahoney, "How to Write a Better Weblog," 22 February 2002, A List Apart, www.alistapart.com。

- **公共关系和媒体关系**。如今,许多公司的员工和管理层通过博客来同广大的公众和记者分享公司的新闻。
- **招聘员工**。博客可以很好地让潜在员工更了解公司、公司的员工和公司文化(如图7.7所示)。公司也可以通过浏览博客和微博来发现可能的候选人。
- **政策和问题讨论**。尤其是管理者的博客,为法律法规、政策规定以及其他与组织利益相关的各类议题的讨论提供了一个公共论坛。
- **危机沟通**。在发生突发事件时博客可以非常方便地提供最新信息,纠正错误信息,或是对谣言做出反馈。
- **市场调查**。博客可以巧妙地搜集市场上从客户到专家的反馈意见。除了使用自己的博客进行调查外,公司还需要密切关注那些谈论自己、自己的管理层以及产品的博客。负面的产品评论、谣言和其他信息能在几个小时之内传遍全球,管理者需要知道网上正在说些什么,是正面的还是负面的。像 Evolve24(www.evolve24.com)那样的声誉分析公司已经开发出自动监控博客和其他网上资源的方法,以了解外界如何评论其客户公司,并评估全球在线对话的风险和机会。[39]
- **头脑风暴**。通过博客完成的在线头脑风暴给大家提供了抛砖引玉、集思广益的渠道。
- **口碑营销**。博主和微博主通常会特意提供其他感兴趣的博客和网站的链接,这也给了市场营销人员传播其信息的绝好机会。(口碑营销通常被称为病毒式营销,指的是信息的传播方式在很大程度上与生物病毒在人与人之间的传播方式极为相似的一种营销方式。然而病毒式营销并

---

[39] Evolve24 website, accessed 31 January 2011, www.evolve24.com

不是十分准确的比喻。就像作家 Brian Solis 说的："没有病毒营销这回事。"⑩真正的病毒主动地从一个宿主到另一个宿主传播,而口碑式营销是自愿地从一个人传到另一个人。这里的区别是重要的,因为你需要给人们一个好的理由——换句话说,好的内容——将你的信息传递下去。)

- **影响传统媒体新闻报道**。根据社交媒体顾问 Tamar Weinberg 的说法："提供更多前后一致并有价值的内容的博主通常被认为是他所在领域的专家。"并且当记者需要不同话题的深刻见解时,这些博主经常被提起。⑪

通用电气公司在它的 Twitter 主页上使用这个背景图片来提供一个少量的客户定制信息（在这个例子中,通用电气公司职位开放部门的清单通过这个 Twitter 账户被粘贴上去）。

大部分的招聘广告包括标签术语来帮助人们搜索特定的工作职位、城市和其他条目。

注意：这个 Twitter 账号没有大量的粉丝,但任何人都可以通过搜索或监控标签术语来找到信息。

图 7.7　在 Twitter 上招聘

通用电气公司仅仅是众多在 Twitter 上进行招聘的公司之一。
资料来源:经 Ge Counsel-Trademarks 授权使用。

- **社区建设**。博客是连接具有相同兴趣人们的好方式,并且受欢迎的博主通常吸引一群通过评论而互相联系的读者。

商务沟通 2.0

救命！我陷入社交媒体中了

据调查当今社交媒体所提供内容的任何人都很可能体验过这种情境:你发现了一些精彩的博

---

⑩　Solis, *Engage!*, 86.
⑪　Weinberg, *The New Community Rules: Marketing on the Social Web*, 89.

客、在 Twitter 上不断发布更新的一些有趣的人、几个播放有益商务提示的播客频道,在注册这些社交媒体几小时后,你的电脑将被更新充满。即使每个新的条目都有用(那是不太可能的),你将由于收到过多的信息以至于你无法读完所有信息。在 Twitter 更新、新闻中心、电子邮件、即时信息和社交网络中(更别提固定电话和移动电话了),今天的商务专业人士可能很容易就花整天时间来跟进阅读新的信息,而不做任何工作。

为了使社交媒体不变成压力和信息焦虑的来源,考虑以下这些提示:

- **了解你真正需要的可以让你在目前项目中变得优秀,并继续你的预期职业路径的信息**。遗憾的是,采取这条建议比听起来难得多,因为你不能总是知道自己需要了解什么,因此不总是预知哪些资源有帮助。然而,不要简单地因为信息有趣或令人愉快而收集它们,而应收集那些有用或至少可能有用的信息。
- **正视不能处理所有更新的有趣并有益的信息的事实**。你必须设置优先权并做出艰难的决定以避免受超载信息的影响。
- **慢一些添加新信息源**。给自己适应信息流的机会,并判断每个新来源是否有用。
- **经常并坚定地删除你的信息源**。当博主没话可说;当你的需要和兴趣改变;当更高优先权的信息源出现。
- **记住信息是使能器,是达到目的的方法**。收集大量的信息不会使你有很大的提升,创造性并明智地运用信息则会。

▶ **职业应用**

1. 你怎样决定一个社交媒体来源是否值得关注?
2. 你是否允许任何信息打扰你的工作(甚至仅仅是为了发出一个信息)?为什么是或者为什么不是?

博客的潜力几乎是无穷的,所以要尽量寻找新的方式来使用它们,来促进与同事、客户和其他重要的受众之间的积极关系。

7.5.2 使用三步写作法实现成功的博客

三步写作法很容易用于博客中。如果你正在考虑建立一个博客,那么计划步骤特别重要,因为你正在计划的是一个完整的沟通渠道,而不仅仅是一条简单的信息。密切注意你的受众、你的目的和你的范围:

- **受众**。定义博客的目标受众是很具有挑战性的。你希望你的受众广到能够值得你所投入的时间付出,但是又窄到你可以满足读者的需求,而不需要试图为所有人做所有事。
- **目的**。商务博客要有一个同业务相关的、对公司和目标受众而言都重要的目的(如图 7.8 所示)。而且,这个目的必须"长了腿",意思是它可以驱动使博客运行数月或数年。比如,如果你是一名技术专家,你可能会创建一个博客,向受众提供更加有效地使用公司产品的建议和技巧,这是一个对你和你的受众都重要的、无穷无尽的话题。这将是你博客的主要目的。最后,无论你是在官方博客还是自己博客上写作,确保你了解你雇主的有关博客的规定。[42]

- **范围**。定义博客的范围有点困难。你希望包括的领域广到能使讨论持续数月或数年,但是又窄到可以突出重点。比如,通用电气公司的 FastLane 博客(http://fastlane.gmblogs.com/)仅仅是有关汽车的,而不是公司的股价、劳资谈判或其他话题。

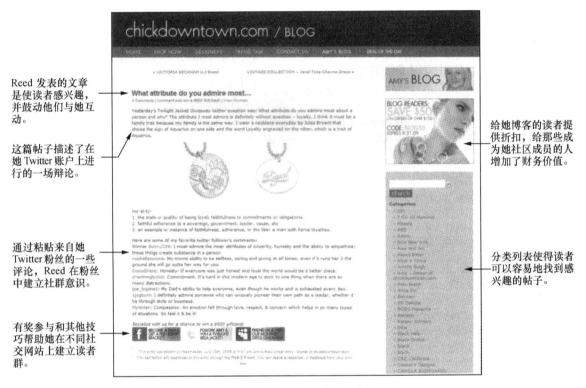

图 7.8　有效的商务博客元素

Amy Reed,匹兹堡 Chickdowntown 服装店的店主,使用博客和其他各种各样的社交媒体工具来建立客户的社群意识,并在某种程度上以吸引人而不是强迫的方式促进销售。

资料来源:经 chickdowntown.com 授权使用。

以一种舒适、个性化的风格写作博客。博客的受众并不想听你的公司在说什么,而想听的是你的声音。记住,舒适并不意味着草率,草率的写作将损害你的可信度。成功的博客内容同时也需要对读者而言是有趣和有价值的,并且尽可能简洁。[43] 另外,虽然受众期望你在博客涵盖的领域内博学多才,但是你也不需要对某个题目无所不知。如果你并不具备所有的信息,那就仅仅给出一些提供相关信息的博客网站的链接。事实上,媒体管理是写博客最有价值的方面之一,它是指挑选对目标受众而言有益并有趣的内容,博物馆管理员也几乎是用同样的方式决定展示哪些艺术品。

与电子邮件主题栏一样,具有吸引力的标题也是博文吸引读者的必要工具。为了能够在一瞬

---

[42] Stephen Baker and Heather Green, "Blogs Will Change Your Business," *Business Week*, 2 May 2005, 57—67.

[43] Joel Falconer, "Six Rules for Writing Great Web Content," Blog News Watch, 9 November 2007, www.blognewswatch.com

间抓住读者的注意力,标题需要预示一些有用的、新奇的、有挑战性的或不同于读者所认识的事情。另外,标题应该越短越好,并表明帖子中的内容易于阅读和使用。"清单"式标题直入读者所关心事情的中心,比如"你没有晋升的10个原因"或"使用智能手机省钱的7种方法",这种形式的标题很受博主欢迎。

完成博客信息通常是相当轻松的。评估你的信息的内容和可读性,校对并改正所有错误,然后用你的博客系统中提供的工具上传文章。确保包括一个或更多的消息来源选项(经常被称为RSS消息来源),以使你的受众可以自动地接收到新博文的标题和概要。无论你正在使用的是什么博客系统,它们都可以提供设置信息来源的指南。最后,在你的材料上附上描述性词语,确保你的材料容易被找到,想要了解信息的访问者只要点击这些词,就可以看到你所有与这个话题相关的帖子。标签同样可以帮助受众在博客追踪器上定位你的帖子,比如 Technorati(http://technorati.com)和社交书签网站。

7.5.3 微博

微博(microblog) 是博客信息被限制在特定字数的一种变异。Twitter(http://twitter.com)是最著名的微博系统,另外还有很多其他的微博系统。一些公司将微博系统私人化并只用于公司内部。这些系统有时指的是企业微博或内部微信息。[44]

许多定期更新博客的概念同样适用于微博,虽然严格长度限制要求不同的写作方式。例如,目前 Twitter 不能超过 140 字符(包括空格),如果你加入了一个链接 URL,那么就只剩 120 个字符了。

微博信息经常加入提供链接到更多信息的简短总结或广告传单。事实上,Twitter 更新经常被用于宣布或推广定期更新博客上的新帖子。另外,微博常常有更强的社交网络优势,这使得作者和读者都可以容易地转发信息,使得社群可以容易地在个人作者中形成。[45]

与定期更新的博客相似,微博快速地在商业用户中流行,并成为主流的商业媒体。微博被用于前文提到几乎所有的博客应用中。此外,微博经常被用于提供公司更新,优惠信息和销售通知,产品使用技巧,分享来自专家的有趣信息,作为会议和展示的反向渠道以及个人与客户互动(如图7.9 所示)。

随着微博的发展,科技的进步增加了微博的商务沟通价值。在 Twitter 上,用户采用了标签#符号(后面跟着一个独特术语)来帮助读者追踪感兴趣的话题。比如,为一次会议建立一个反向渠道,你可以创造一个独一无二的标签(像#WBSDCC,这个标签在最近的圣地亚哥动漫展期间被华纳电影公司使用[46])来帮助人们跟进特定主题的信息。微博的转推信息功能是从其他 Twitter 用户转发信息的实践,等同于在博客中通过媒体策展从其他博主处分享内容。

---

[44] Dion Hinchcliffe, "Twitter on Your Intranet: 17 Microblogging Tools for Business," ZDNet, 1 June 2009, www.zdnet.com
[45] Hinchcliffe, "Twitter on Your Intranet: 17 Microblogging Tools for Business."
[46] "Warner Brothers Television Group Social Media Contacts," The WB website, accessed 9 August 2010, www.thewb.com

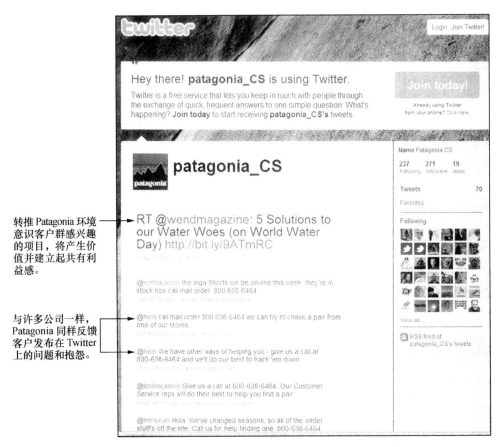

图 7.9　Twitter 上的客户服务

户外服装与设备供应商 Patagonia 使用 Twitter 作为常用的沟通工具和与客户互动以回答并解决问题的一个途径。

资料来源：Courtesy of Patagonia, Inc。

最后，记住 Twitter 是一个公开的平台。除非将你的账户设置为隐私，否则任何人都可以看到并搜索你的微博，并且来自每个 Twitter 用户的每条公共微博将会被美国国会图书馆收藏。㊼

"要点检查：商务博客"总结了在创建并写作商务博客时要注意的一些关键要点。你同样可以访问 http://real-timeupdates.com/ebc10，并点击第 7 章以获得写作博客的最新建议。

> **实时更新　阅读文章**
>
> **来自老板的微博：Twitter 上的总裁们**
>
> 看看许多公司总裁是怎样使微博为他们的公司服务的。登录 http://real-timeupdates.com/ebc10 获取更多信息。

㊼ "Social Media Policies Reduce Discovery Risks: Are You Prepared?" Armstrong Teasdale, 3 November 2010, www.jdsupra.com; "The Library of Congress Is Archiving Your Tweets,' NPR, 19 July 2010, www.npr.org; Simon Quance, "The Guide to Social Media Etiquette for Businesses" MyCustomer.com, 16 August 2010, www.mycustomer.com; Tony Schwartz, "Digital Incivility: The Unseemly Rise of Rudeness,'Harvard Business Review blogs, 14 September 2010, http://blogs.hbr.org; Gillian Shaw, "Twitter Can Be a Legal Minefield: Watch What You Say,' Vancouver Sun, 17 October 2009, www.vancouversun.com

> **要点检查**
>
> **商务博客**
>
> - 当你有连续不断的信息需要与网络受众分享时,考虑建个博客或微博吧。
> - 识别受众时既要广到值得你为之付出努力,又要窄到拥有共同的兴趣。
> - 识别一个广泛的目标,要大到足够给连续不断的发帖提供素材。
> - 仔细考虑你的博客范围,要让它广到吸引一个受众群体,又要窄到能突出重点。
> - 用个性化的风格和真实的声音沟通,但是不要疏忽了基本的写作。
> - 快速传递新信息。
> - 选择受众最感兴趣的话题。
> - 鼓励受众加入对话。
> - 考虑使用 Twitter 或其他微博更新以使读者意识到你博客上的新帖子。

7.6 播客

播客是在线记录并发布音视频文件的过程,虽然它没有像博客和其他电子媒体一样被广泛使用,但是它确实为商务沟通提供了大量有意思的可能性。

7.6.1 了解播客的商务应用

播客(podcasting) 最明显的应用就是取代现存的音频和视频信息,比如单向大型电话会议上,发言人提供信息却无法与受众进行对话互动。培训是播客的另一个巧妙应用,你可能已经通过播客上了一门大学的课程。市场部门可以使用视频播客代替昂贵的纸质手册在活动中展示新产品。销售代表在拜访潜在客户的旅途中可以通过收听音频播客或观看视频播客来获取关于公司产品的最新资讯。人力资源部门可以使用公司的宣传视频来吸引新员工。播客在博客上的应用也越来越普遍,访客们可以收听或观看他们所喜爱的博主的记录。新的功能甚至可以将博客文章改编成播客,反之亦然。[48]

7.6.2 使用三步写作法实现成功的播客

虽然很难第一眼看出来三步写作法可以很好地用于播客,但是事实确实如此。首先,在计划步骤里把重点放在分析情况、搜集你所需要的信息以及组织材料上。一个必要的计划步骤取决于你是打算创建一个限制使用和散播的播客(像一个给你虚拟团队每周更新的音频),还是打算创建一个面向更多公共受众、针对持续议题定期更新的**播客频道(podcasting channel)**。与计划博客一样,如果你打算创建播客频道,一定要仔细考虑你在一段时间内想要讨论的议题范围,

---

[48] "Turn Your Feed into a Podcast," Lifehacker blog, 12 January 2006, www.lifehacker.com

保证有一个可持续的目的。㊾

当你在为一个播客组织内容时,应该格外留意预览、过渡和回顾。这些引导手段在音频和视频文件中尤为重要,因为这些文件缺少在纸质媒体中通常所依赖的标题和其他元素。而且,使用音频或视频很难通过向前或向后浏览来找到信息的某个具体部分,所以你需要尽可能地让受众一次性地成功收到并理解你的信息。

播客的吸引力之一就是对话性,它记录的是人与人的感情,因此你需要抓住具体的措辞,直接根据大纲和笔记来即兴发言通常是最好的选择。然而,没有人会愿意听一个凌乱的播客,然后努力获取其中的重点内容,所以制作播客内容切忌不着边际。有效的播客就像吸引人的故事一样,都有清晰的开头、中间部分和结尾。

完成步骤是播客最不同于书面沟通的地方,因为你是在记录并发布音频或视频文件。特别是对于更为正式的播客,在你开始记录之前需要校对你的稿本或思考你的演讲笔记。你越接近一次性记录完播客,你越富有成效,因为编辑音频比编辑文本更消耗时间。

图7.10说明了记录和发布播客的基本过程,但是这个过程将因所要达到的质量,你是否在工作室完成以及其他因素(用手机录下你的声音等)而不同。

现在,绝大多数的个人电脑、智能手机和其他设备都有基本的录音功能,包括内置麦克风,网络上还有免费的编辑软件(比如,在http://audacity.sourceforge.net)。如果你需要更高的质量或更大的灵活性,需要额外的各种软硬件,比如音频处理器(过滤外部噪音并改善音频信号)、混音器(用于组合多种多样的音频或视频信号)、较好的麦克风、更加复杂的录音和编辑软件,另

> **实时更新　观看视频**
>
> **记录你第一个播客的逐步建议**
>
> 通过使用有用的建议,你可以立即制作播客。这些建议包括使用免费Audacity录音软件的逐步的说明。登录http://real-timeupdates.com/ebc10获取更多信息。

外还可以用物理方式改善音质。你可以在Alley播客(www.podcastally.com/forum)和Bunker播客(www.podcastbunker.com;点击"播客技巧和工具")上找到更多信息。

播客可以通过多种方式发布出去,包括像iTunes这类媒体商店、专门的播客主机服务,或带有支持播客频道的博客上。如果你通过博客发布播客,可以提供额外的信息并使用博客的评论功能来鼓励你的受众进行反馈。㊿

需要快速复习商务播客的关键要点,请参见"要点检查:计划和制作商务播客。"需要播客发展的最新新闻,请访问http://real-timeupdates.com/ebc10,并点击第7章。

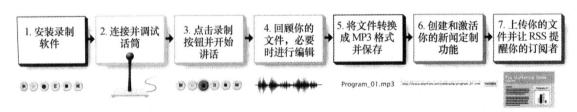

图7.10　播客的过程

创建一个播客需要一些简单的步骤,并且基本的播客可以通过使用免费或低成本的软硬件来创建。

㊾ "Set Up Your Podcast for Success," FeedForAll website, accessed 4 October 2006, www.feedforall.com

㊿ Shel Holtz, "Ten Guidelines for B2B Podcasts," Webpronews.com, 12 October 2005, www.webpronews.com

要点检查

计划和制作商务播客

- 有合适的机会时,务必考虑用播客来代替现有的音频或视频信息。
- 如果你在筹备一个定期提供大量内容的播客频道,确保你已经锁定了一个题目或目的,并且丰富到足以延续下去。
- 密切关注预览、过渡和回顾播客,以防止受众流失。
- 决定你是否想要根据文字稿件即兴创作播客还是讲话。
- 如果即兴创作,做好足够的计划和组织以避免漫无目的地寻找某个观点。
- 记住对音频或视频文件进行编辑比文本媒体更难,要仔细计划和录制你的内容。

工作进行时

解决西南航空公司的沟通困境

最近,你加入了西南航空公司的沟通团队,你的一个任务是管理"狂热西南"(Nuts About Southwest)这个博客。分析以下情境,运用本章学到的博客知识选择最好的做法。

1. 通过审查和选择博客评论来监控博客的活动遭到了压力。你收到大量信息责备"狂热西南"不是一个"真实的"博客,除非任何类型的评论都不会被删除。然而,你知道任何博客都易受粗鲁、不恰当和不相关评论的攻击,你不希望"狂热西南"变成一个对所有人都开放的争吵场所。你将在博客上发布以下哪条信息来解释目前的审查和过滤政策不会改变?

   a. 互联网上有大量的、对所有人都开放的博客和网站,如果你想大声叫嚷,我建议你选择其中一个。

   b. 请记住这是西南航空公司商务沟通的场所,因此必须遵守公司的沟通风格。我遗憾地告诉你,我们不允许自由形态、不受监视的交流成为博客的一部分。

   c. 我们的博客,我们的规则。严格地说,这是一个专业的沟通渠道,主要用来给西南航空公司的员工和客户分享彼此想法。因此我们要确保我们的博客不像那些不受管制的网络论坛那样产生泛滥的噪音,淹没我们的主要信息努力。

   d. 每个网民都知道有时网络讨论会有些失控,并恶化成争吵比赛或偏离话题的咆哮。为了使我们的博客可以源源不断地向读者提供有益的内容,我们相信对内容略微进行控制是必要的。

2. 西南航空公司在计划机制的改变(允许客户稍微超前预订座位)抚慰了许多客户,但并非所有客户。一些客户仍然希望提前一年或更长时间预订机票。你不想忽视这些抱怨,但是公司决定计划机制不会再改变。因此,你决定选择一些有代表性的抱怨并对此进行有效的反馈。除了让客户知道调度窗口无法延伸那么久外,你希望减少任何与这个话题相关的深入讨论。以下哪个选项是回应这些抱怨的最好方式?

   a. 你们无法真正了解运作一个航空公司有多复杂。你不可能随便排出一个航班表,并按照这个航班表安排航班。每个航班都需要空勤人员、地勤人员、餐饮、费用、清洁……凡是你能说出的都有。我们计划表上的所有航班的所有细节都必须协调一致,并且这是每天必做的主要工作,而且我们每天管理着 3 000 次航班。所以请相信我们,我们知道我们在做什么。

b. 感谢您的反馈。我们意识到航空旅行并非我们所期望的那样顺畅和简单,所以我们知道听取有价值的客户的意见是十分有益的。我将向您保证计划制订人员将看到您的评论,如果计划政策有任何改变,我将立即发布到这里。

c. 感谢您花时间发布评论。如果您需要预订未来 6—12 个月内的航班,您可以去其他航空公司。但是,我应该警告你:预订期越超前,航空公司将越可能改变你的计划。比如说你在 1 月 10 日订了 12 月 20 号从丹佛飞往圣何塞的航班。当你所有的准备工作都完成了,然后到 10 月或 11 月,航空公司却意识到那架飞机需要从丹佛飞往芝加哥而不是圣何塞。这时将会发生什么?将有一个电话或一封电子邮件告诉你:"对不起,我们将需要将您安排到其他时间的其他航班。"如果他们将改变你的计划,那么将你的计划提前 11 或 12 个月确定好有什么用?

d. 感谢您花时间发布评论。当我们在考虑计划问题时,请让我们记住,所有人包括公司员工都非常喜欢乘坐西南航空公司航班的原因:低费用、可预测的时刻表、准时的表现。为了保持这些好处,多年以来,我们学习到了运作航空公司需要做哪些决策,其中一个就是比其他公司更短的预订时间段。我知道这不能满足所有乘客的需要,但是经验告诉我们这是使大部分乘客在绝大多数时间里保持愉快的最好方式。说到这里,我希望每个人都能理解不能将计划提前超过 6 个月的决定。

3. 多作者理念在"狂热西南"博客上运作得很好。这减少了个人写作的工作量,并能让读者听到来自整个公司的声音。现在团队的一个成员要退休了,因此你需要招聘一个新博主来替代她。你计划向公司里的所有员工发送一封电子邮件,其中包含简短的博客宗旨、博客要求的写作风格、用于评价的博客样本。以下哪段文字最好地描述了博客的写作风格?(这条信息只被员工看到,而不被公众看到)

a. 由于吸引人的(使人们希望阅读并反馈)、个性化的(读者希望了解真实的个人而非公司)、诚实的(并非徒有其表并逃避批评)和友好的(我们的读者希望享受这种体验)写作方式,"狂热西南"已经拥有了成千上万的读者。

b. 什么样的写作方式是我们正在寻找的?让我来准确地告诉你我们需要什么。我们需要的写作首先是(a)吸引人的——这使得人们想去阅读,并参与到对话中;(b)个性化的,在这里我们不需要任何人重复"公司的理念",我们需要的是你独一无二的想法和观点;(c)我们希望写作方式融入了西南航空公司诚实和友好的文化。

c. 要成为"狂热西南"的作者,你应该能够写出满足以下标准的文章:吸引人的、个性化的、诚实和友好的。如果你的写作不能满足其中一个要求,不管你在其他方面表现得多么好,我们都不会发布这些内容。

d. 我简洁明了地说:我们所希望的写作必须是吸引人的、个性化的、诚实和友好的。

4. 在你的电子邮件中,你要求申请人提交一段内容为自我介绍的简短博客。以下哪段自我介绍最符合"狂热西南"博客的写作方式?

a. 嗨,大家好!我是 Janice McNathan,加入"狂热西南"博客团队将使我很兴奋,因为我是狂热分子！我曾在几家镇静剂公司工作过，但是里面没有人像在西南航空公司那样开心，所以我知道我将在写博客时非常开心。

b. 同志们好，我是 Charlie Parker，不是那个著名的爵士音乐家！我只是在达拉斯的一个普通的燃料库审核员，通俗来说就是审核我们飞机所使用的燃料，尽量争取获得最好的交易，同时使所有的文书工作井然有序。虽然我不能允诺提供像飞行员或在这里写作的其他人所提供的激动人心的故事，但是我将认真地关注整个飞机场，兴许一些有趣的事将会发生。

c. 我是 Rick Munoz，我一直希望成为一名职业作家，虽然我的职业生涯有点绕道而行——我成了西南航空公司网站的一名程序员。我真的非常珍惜这个机会，但谁知道呢——也许这是我成为一名"真正的"作家所需要的突破。你以后可能会说"这小子成名之前我就知道他！"

d. 不好意思，当我擦去手上的润滑油时，我并不想把干净的键盘弄脏！嗨，我是 Kristal Yan，一名在加利福尼亚州奥克兰市西南航空公司设备部工作的机身和动力装置修理师。自从"狂热西南"博客建立以来，我就一直是这个博客的忠实粉丝，我真的非常希望能加入这个奇妙的全球对话中。我希望以一名技工的视角来提供一些有趣的观察，并且我希望你们能问我任何关于如何保持飞机平稳安全运行的问题。

学习目标检查

通过阅读每个学习目标和完成相关练习来评估你对本章要点的掌握情况。填空题，写出空白处缺少的文字；单项选择题，在正确答案的字母上打勾。

目标 7.1：识别出可用于撰写简短信息的电子媒体，列出用于电子媒体的九种写作模式，并讨论社交媒体沟通的挑战。

1. 你将选择以下哪种媒体向不久前死于交通事故的员工家属表示慰问，并说明原因。
   a. Facebook 帖子。
   b. 纸质信件。
   c. 电子邮件。
   d. 即时信息。

2. 以下哪种模式不是本章中提到的电子媒体写作模式？
   a. 对话。
   b. 编写。
   c. 评论和批评。
   d. 叙述。

3. 以下哪个选项正确地描述了商务沟通所偏爱的电子媒体写作风格？
   a. 有条理的、信息驱动的。
   b. 未筹划的、未预演的、十分自然的。
   c. 对话的、鼓励的、忙碌的。
   d. 有趣的、古怪的、吸引人的。

目标 7.2：描述社交网络、用户生成内容网站、社区问答网站和社区参与网站在商务沟通中的使用。

4. _____是对特定产品感兴趣并拥有或使用的一群人。

5. 以下哪个选项最好地描述了社交网络中心在公司社交媒体战略中的角色？
   a. 一个开放式办公室，在这里公司社交媒体的所有用户可以聚集在一起，保证公众形象协调一致。
   b. 公司的 Facebook 主页或社交网络中心的 Facebook 主页和 Twitter 账户。
   c. 公司私有的网络财产，作为公司网络形象的锚。

d. 一个在线品牌群体。

6. _____网站被设计来收集不同用户输入的信息，以使整个社区受益。

目标7.3：描述电子邮件在商务沟通中角色的演变，并说明如何将三步写作法应用于电子邮件写作中。

7. 电子邮件卫生指的是：

   a. 通过保持病毒防护最新和不将有问题的软件下载到公司系统中来保持电子邮件安全和富有效率。

   b. 多重备份所有发送和接收的信息。

   c. 在使用键盘前后都要洗手。

   d. 避免在电子邮件中使用任何刻薄或不友好的语言。

8. 以下哪个适合用于电子邮件主题栏？

   a. 只有初学者费心怎样使用它们。

   b. 主题栏应该从不泄露信息的内容，因为如果他们已经知道信息是关于什么的了，将没有人费心去阅读了。

   c. 它们可以使信息被马上阅读、稍后再看或完全忽视。

   d. 它们应该全部用大写以引起受众注意。

9. 以下哪个表述是最有效的电子邮件主题栏？

   a. 生产线：布线问题

   b. 生产中布线出错：让我们分析并试图解决问题

   c. 生产线上布线错误，必须马上停止！

   d. 粗心员工⇒不高兴客户⇒很少客户⇒很少员工

10. 你在客户服务部工作，回复来自客户的电子邮件。今天早晨，你收到一条来自客户对公司保修政策合理抱怨的气愤的信息。在妥善地回复了这条信息之后，你将采取以下哪一步？

    a. 给你的直属上司转发这条信息，并建议公司可能需要重新考虑它的保修政策。

    b. 向CEO转发这条信息，并建议公司可能需要重新考虑它的保修政策。

    c. 向所在部门的所有人转发这条信息，让他们意识到保修政策的问题。

    d. 删除客户信息，你不能处理这个保修政策。

目标7.4：描述即时信息的商业效益，并识别出工作中即时信息写作有效的原则。

11. 以下哪个是在一些公司中即时信息的使用超过了电子邮件的理由？

    a. 当人们使用即时信息时，不需要太正式。使用缩略词和表情符号节约了时间，并避免使用大写、标点符号和其他浪费时间的表达方式。

    b. 作为广播机制，即时信息比电子邮件更好。

    c. 即时信息比电子邮件更快，并且比电子邮件更好地模拟了人类对话，所以许多人发现它是更自然的沟通方式。

    d. 即时信息系统可以让你使用不同颜色的文本，这对于强调关键点是必要的，并且可以传递电子邮件无法传递的非语言内容。

12. 以下哪个选项最好地描述了怎样将三步写作法应用于即时信息？

    a. 由于即时信息中没有计划步骤和完成步骤，因此三步写作法没有应用于即时信息中。

    b. 在商业世界中，即时信息真正的美妙之处在于人们不必要花费过多时间来创作，他们只要马上说出在脑中的任何东西就可以立即回到工作中。

    c. 用于即时信息的三步写作法与信件、备忘录和报告是一样的。每条信息都需要受众分析、信息收集和概述要点。

    d. 即时信息交流应该与对话一样，计划减少混淆和信息数量。并且，即时信息不需要是文学巨著，但是它们确实需要是有效率并有效果的,所以某种程度上关心写作和修正是重要的。
13. 以下哪种类型的信息最适当用于即时信息?
   a. 长而复杂的信息。
   b. 简短的对话信息。
   c. 机密或十分私人的信息。
   d. 以上所有都是。

目标 7.5:描述博客和微博在当今商务沟通中的作用,并说明如何将三步写作法应用于博客及微博的写作中。

14. 以下哪种是用博客宣传产品和服务的最好策略?
   a. 以个人和对话式的风格写作,淡化直接的产品和服务宣传,而关注对客户和潜在客户而言有益的和有趣的话题。
   b. 为了减少博客中的不相关内容,必须不断地宣传产品和服务。如果你不这样做,你的竞争对手将压过你。
   c. 确保博客在风格和内容上与公司其他所有沟通工具相一致。因为当公司使用多种沟通风格时,客户将会感到困惑。
   d. 博客不应该被用于市场营销。
15. 以下哪个选项最好地描述了博客中"真实声音"的含义?
   a. 一种严谨准确的写作风格,没有技术和语法上的错误。
   b. 在个人层面上对其他人的一种真实的、生动的、吸引人的声音。
   c. 一种用高度情感化的写作,以反抗今天主导商业中的非人性化逻辑和线性思考。
   d. 一种独立、专业的声音,小心地不站在任何一方发表观点或加入可能使受众恼怒并失望的对话中。
16. 以下哪一项最好地描述了博客的最佳受众?
   a. 一般总是最大的受众群。
   b. 只有主题问题专家,因此评论和讨论将不会被不知道讨论什么的"初学者"拉偏离方向。
   c. 一个足够广的受众群以保证你将投入的时间是有效的,但同时也要足够窄以确保有一个清晰的焦点。
   d. 任何在网上碰巧发现这个博客的受众。
17. 以下哪个选项不是一个博客的好目标?
   a. 分享来自赛车场的新闻,描述我们赞助的赛车手的表现情况,并描述他们是怎样使用我们的产品的。
   b. 对影响国家和国际商业环境的经济和社会政策进行评论。
   c. 向当地社区解释为什么我们决定不在南浦扩大员工数。
   d. 描述我们研究和开发实验室的工作进展情况。
18. 对于通过 Twitter 与潜在客户建立关系的独立工程咨询师而言,以下哪种信息转推方式是最好的?
   a. 避免在任何情况下进行转推,因为这相当于剽窃。
   b. 转推每条接收到的信息,以使客户知道他是多么全面、多么博学。
   c. 转推非商业话题的有趣信息,以与潜在客户建立起情感关系。
   d. 有选择地转推,只分享满足两条严格标准的信息:提供对粉丝的工作有益的信息和这个领域前沿专家所提供的建议。

目标 7.6:说明如何将三步写作法应用于播客中。

19. 如果播客具有吸引力的一个原因是它的自然性和给人对话的感觉,那么为什么播客者要花时间去计划他们的记录呢?

a. 如果没有深思熟虑的计划，私人播客将会杂乱无章、混乱和重复。
b. 播客比文本信息更难编辑，所以要充分地计划避免错误。
c. 如果你不提前计划，你将可能因灵感耗尽而无法继续。
d. 以上都是。

20. _____是对同一主题的一系列进行中的播客。

21. 以下哪个工具被用于自动收集新博文、播客和其他新内容？
a. 新闻阅读器或新闻聚合器。
b. 支线。
c. 新闻挖掘器。
d. RSS系统。

知识应用

参考学习目标，通过以下问题回顾本章内容。

1. 考虑到严格的长度限制，是否所有的微博都应该作为链接到能提供更多详细信息的博客或网站的广告传单？并说明理由。[学习目标1]

2. 将你在社交网络上的关系用于商业目的道德么？请说明理由。[学习目标2]

3. 重大项目的沟通往往是不顺畅的，因为团队中有好几个成员会造成传递的信息经常含糊不清，这迫使信息接收者要参与到好几轮的后续信息传送才能弄清含义。作为一个项目带头人，你已经告诉这些团队成员要写清楚信息，但是他们回答说谨慎的计划和写作不符合即时信息的整体目标。这时你将如何处理这种情况？[学习目标3]

4. 如果博客和微博的好处之一是私人、亲密的沟通方式，那么通过坚持传统的语法、拼写和构成规则是否是好主意呢？请说明理由。[学习目标4]

5. 作为一个视频游戏设计者，你知道狂热的玩家会在网上搜索一切即将发布的新版本游戏信息。实际上，为了培养玩家的这种兴趣，在游戏新版本进入市场的几个月前，你公司的公关部小心地发布一些信息。然而，你和公司的其他人同样担心竞争对手掌握全部这些"提前散发"的信息。如果他们很快了解到很多，他们可以更快地使用这些信息来改善他们的产品。你和其他几个设计师和程序员维护着博客，玩家通过这些博客深入了解游戏设计技术，并且不时分享提示和技巧。你有成千上万的读者，你相信你的博客建立起了客户忠诚度。公司的董事长希望完全取缔博客以避免博主意外地分享过多的关于即将发布游戏的信息。这是明智的决定吗？请说明理由。[学习目标4]

技能实践

信息7.A：媒体技能：即时信息，构建有条理的风格[学习目标4]

检查这个即时信息沟通并说明客服代理可以怎样更有效地进行沟通。

代理：感谢您联系家用健身器材公司，有什么能为您效劳吗？

客户:我在组装家用健身器材时出了点麻烦。

代理:这种情况我已经听过很多了。LOL

客户:你是说我还是健身器材?

代理:让我看看<g>。你在哪一步困住了?

客户:连接垂直柱子的横梁不合适。

代理:你说的不合适是什么意思?

客户:它不合适。就是不够长,穿不过柱子。

代理:可能你组装柱子的位置错了,也可能是我们发错了横梁。

客户:我要如何区分呢?

代理:这部分没有贴标签所以有点困难。你有卷尺吗?告诉我横梁多长。

信息7.B:媒体技能:博客,构建有条理的风格[学习目标5]

用你在本章所学的知识来修改这篇博文。

[标题]

我们玩完了!!!!!

[帖子]

昨天我在斯特拉特福市的西科斯基飞机公司,检查我们去年为他们改造的装配线。在检查过程中,我看到了一些东西,这些东西使我预计到我们公司的未来将不会很好。他们正在演示一个来自摩托曼公司的机器人原型。他们不想让我看到它,但是基于10秒的一瞥,我看到它比我们的设备更小、更快和更易操作。然后,当我问它的价格时,这些人只是笑了笑,这不是那种让我感觉良好的笑。

多年以来,我一直在强调我们要更加关注产品的大小、运行速度以及产品是否容易操作,而不是只依靠于我们产品在精度和有效负载能力方面的历史优势。现在,你们不得不承认我是对的。如果我们不能在两到三个月内展示一个更好的设备设计方案,摩托曼将占领这个市场并完全击败我们。

相信我,我能够马上说出"我早就告诉过你了"这句话来表明目前的状况已经不是你们所认为的那样令人满意!!

信息7.C:媒体技能:播客:计划:概括你的内容[学习目标6]

登录http://real-timeupdates.com/ebc10,点击"学生作业"并选择第214页,第7章,信息7.C,倾听这个播客以获取这个信息。至少识别出三种改进这个播客的方式,并撰写一封简短的电子邮件发送给作者,向他提出你的改进建议。

➡ **练习**

1. **合作:团队协作,计划:选择媒体[学习目标1],第2章** 根据以下信息的需要,选择你认为有效的媒体,并解释你的选择。(在一些案例中有几种媒体都是有效的,只要能够支持你的选择就行。)

a. 向尝试使用数字音乐播放器的人提供一种技术支持服务。

b. 给刚过世员工家属的一条慰问信息。

c. 给公司员工的一条来自一个小型公司CEO的信息,解释她为何离开原来的公司,并加入竞争对手的公司。

d. 主要是给行业专家的一系列关于本行业状况的观察报告。

e. 公司一个团队工作的一系列信息、问题和答案,这个团队是为公司的保密项目工作的。

2. **媒体技能:社交网络[学习目标2]** 在你所感兴趣的行业里选择一个公司,想象你正在为这家公司制订战略计划,并识别出你公司的一个主要竞争对手。(提示:你可以使用www.hoovers.com上的免费清单找出美国大部分中型公司的一些主要竞争对手,并点击"竞争选项卡"。)然后,通过搜索社交媒体资源找出这个竞争对手的三条与战略相关的信息,比如招聘一名经理、推出一个主要产品或是某种重要的问题。然后在你班级博客的一篇帖子中,描述你所找到的信息及其来源。(如果你找不到有用的信息,请换家公司或换个行业。)

3. **媒体技能:电子邮件主题栏写作[学习目标3]** 请运用你的想象补全你需要的任何细节,修改以下电子邮件主题栏,使它们包含更多的信息。

   a. 新的预算数据
   b. 营销宣传册——你的观点
   c. 生产计划

4. **媒体技能:电子邮件[学习目标3]** 下面这封电子邮件存在大量错误,这些错误违背了你所学的计划和写作商务信息的知识,请通过它所包含的信息写出更有效的版本。

   收件人:Felicia August < fb_august@ evertrust.com >

   主题:伙计,这不是休息时间

   你们一些人可能不喜欢休息时间的规定。然而,在你们自己决定休息时间的那段时间里,我们发现实际情况并不像我们所期望的那样,因此从现在开始你们将必须遵守这些新规定。如果你们不遵守,我们将会根据你们的缺勤时间扣掉相应的工资。如果你的直属领导不能够辨别你是否在休息的话,就会假定你不在工作。我们不会为你对新规定的疏忽所造成的错误负责。我已经听到了你们一些人的抱怨,我希望这个备忘录可以彻底解决这个问题。我们已经制定了这个规定:从1月1日早晨开始,所有人都要在早上的规定时间内休息15分钟,在下午也是如此,并且你们领导规定你们30分钟的午饭时间,以后不再是由你们决定何时休息或是"开始考虑是否要这样做"。

   这条规定对任何人都没有例外!

   Felicia August
   经理
   计费和统计部门

5. **媒体技能:即时信息,构建有条理的风格[学习目标4]** 你的公司将即时信息广泛地用于内部沟通和与客户、供应商的外部沟通中。最近,一些客户向你转发来自你们公司员工的信息,并问你是否知道一些员工随便使用这个重要的沟通媒体。你决定修改一些信息的部分内容,向员工展示更合适的写作风格。你的任务就是改写这些信息,你可以补全你需要的任何信息,向员工展示一个更有条理的写作风格和气氛。(如果有必要,请上网查阅这些缩写词。)

   a. IMHO, our quad turbo sprayer is best model 4U.
   b. No prob; happy2help!
   c. FWIW, I use the L400 myself & it rocks.
   d. Most cust see 20%—30% reduct in fumes w/this sprayer-of course, YMMV.

6. **媒体技能:博客,构建有条理的风格[学习目标5]** 你所负责项目的团队成员十分喜欢使用博客沟通。然而,由于个人情感的掺入,一些博文显得十分随便且过于私人化,甚至过于草率。老板和公司的其他管理者同样也关注这个项目的博客,你不想让整个团队在其他人眼中显得不专业。你需要修改以下博文,使它显得更有条理,并保持博客原有的非正式和对话式的语气。(同时改正你发现的任何拼写和标点符号上的错误。)

   让所有人都十分惊讶的是,我们无法实现6月1日给东南手术供应商运送100张手术台的承诺。(为了满足我们的生产计划,那些过去6个月生活在洞穴里的人一直在努力开采高质量的铬钢。)不出所料,今天早上我们收到消息称我们只获得了制造30张手术台的材料。是的,我们看起来像白痴一样不能履行对客户的承诺。但是这原本是不必发生的。6个月前,采购部警告我们供应将会缩减,并建议我们提前购买接下来12个月预计所需要的材料。我们理所当然尝试听取他们的建议,但是公司中精于计算的人建议我们不要购买多于3个月的材料,我们转而听从了他的意见。当然,当任何人在责问时,是我们而不是这些精于计算的人遭受到谴责:为什么下个季度收益下降了,为什么东南手术供应商在Crighton Manuf责备我们的朋友!!! 或许,某天这家公司将不再逃避现实,意识到为了完成任务,我们需要一定的财务灵活性。

7. 媒体技能:微博[学习目标5] 忙碌的编织工可以在短时间内编织大量的纱线,所以大部分人更加关心如何销售这么多的产品。作为 Knitting-Warehouse 公司的市场专员,你希望忠诚的客户会购买最新的产品。现在你的任务就是登录 Knitting-Warehouse 公司的网站(www.knitting-warehouse.com),选择吸引你的正在销售的产品,然后发布一条 Twitter 更新,描述这个产品及其销售情况。你要确保更新包含一条链接,可以连接销售这个产品的网站,这样你的 Twitter 粉丝便可以了解到更多信息。(除非你的 Twitter 账户只对老师和同学开放,否则不要真的发布这条更新,而是将其通过电子邮件发送给你的老师。)

8. 媒体技能:播客,计划:概括你的内容[学习目标3] 你开始每周录制播客,希望借此与你数量庞大、分布广泛的员工分享信息。一个月以后,你要求部分下属向你反馈,你失望地了解到一部分人只收听了头几周的播客后就停止收听了。最后有一部分人承认许多员工觉得这个播客太长,并且杂乱无章,不值得花这么多时间去听。这时你不高兴了,你想改进这个播客。你的助理记录了上周之前的所有播客,你检查时,立即发现了两个问题。请基于你在本章的所学,修改这个播客。

> 我正在和 Selma Gill 吃午饭,他刚加入公司并从 Jackson Stroud 那接管了东北销售区。我们敬爱的 CEO 正和 Selma 在 Uni-Plex 公司工作时的上司一起散步。他们达成了一个将我们产品和他们产品品牌相结合的协议,并且制订了一个国内四个区域的共同分配方案。相当有趣吧,哈? Selma 离开 Uni-Plex 公司是因为她想销售我们的产品,而现在她也同时销售原来公司的产品。另外,无论如何你们都应该尽可能与她聊天,因为她对这个业务的里里外外都十分了解,并且可能为你们将可能碰到的销售挑战提供一些有效的建议。我们将在下周发布品牌联合协议的更多信息,那将激励我们所有人。除了这两条新闻外,这周还有另外一个重要的新闻:委员会报告的变化。我将马上详细讲述这件事:当你登录内部网络时,你将看到由产品线和工业部门发布的个人销售业绩。公司希望这将帮助你们看到你们在哪方面做得好,而哪方面还需要稍微加强。噢耶,我差点忘了最重要的一点。我们敬爱的 CEO Thomas 将成为我们下周的季度销售会议的贵宾。另外,石油定价方案的变化将影响顾客的行为。对于这次会议,每个区域经理都需要准备一个简短的报告。在我浏览完委员会报告计划后,将简要说明你们需要准备什么内容。

技能拓展

剖析行业案例

查找你所感兴趣公司的 YouTube 频道主页,运用本章中所讨论的有效沟通标准和你使用社交媒体的经历,评价其社交网络形象。回答两个问题:这个公司用它的 YouTube 频道来干吗?它可以怎样改进?使用任课教师要求的媒体,写一篇对这家公司 YouTube 形象的简短分析,不超过一页,从例子中选择具体的材料举例并在章节中寻找支持。

在线提升职业技能

"博韦和希尔的商务沟通搜索"(http://businesscommunicationblog.com/websearch)是一

个专为商务沟通研究而设计的研究工具。使用网页搜索功能查找网站、视频、播客、PDF文档或幻灯片演示文稿,为商务中使用社会媒体提供建议。给任课教师写一封简短的电子邮件,描述你搜索到的条目,总结你从中学到的职业技能。

改善语法、结构和表达

以下练习帮助你提高对英语语法、结构和表达的掌握和运用。看下面10个句子,找到最佳选项,在其下面画线。

1. a. The response was not only inappropriate but it was also rude.
   b. The response was not only inappropriate but also rude.

2. a. Be sure to look the spelling up in the dictionary.
   b. Be sure to look up the spelling in the dictionary.

3. a. We didn't get the contract because our proposal didn't comply with the request for proposal(RFP).
   b. We didn't get the contract because our proposal didn't comply to the RFP.

4. a. Marissa should of known not to send that email to the CEO.
   b. Marissa should have known not to send that email to the CEO.

5. a. The Phalanx 1000 has been favorably compared to the Mac iBook.
   b. The Phalanx 1000 has been favorably compared with the Mac iBook.

6. a. What are you looking for?
   b. For what are you looking?

7. a. Have you filed an SEC application?
   b. Have you filed a SEC application?

8. a. The project turned out neither to be easy nor simple.
   b. The project turned out to be neither easy nor simple.

9. a. If you fire me, you will not regret your decision!
   b. If you fire me, you will not regret your decision.

10. a. This is truly an historic event.
    b. This is truly a historic event.

案例

社交网络技能

1. 媒体技能:社交网络;媒体技能:微博[学习目标2],[学习目标5] Foursquare(http://foursquare.com/)是领先的基于位置的社交网络服务供应商,上百万人通过它进行社交和友谊赛活动。同时,许多企业家开始意识到一个商机,由那些在局部区域四处活动的人所带来的商机——他们发布他们的位置信息,同时分享商店、饭店、俱乐部和其他商业信息。(复习本章"带着你手上的整个互联网散步",以得到更多关于区域移动网络的信息。)

你的任务: 回顾"Foursquare商业平台"(http://foursquare.com/business/venues)上的信息,然后写出四条简短信息,要求不超过140个字符(包括空格)。第一条信息要总结加入Foursquare给商店、饭店和其他实体商业带来的好处，接下来的三条信息要提出三个强有力的论据支持第一条信息。如果你的班级建立了私人Twitter账户，使用私人账户发布你的信息，否则按照你老师的指示，将这四条信息通过电子邮件发送给你的老师或者将它们发布到你的班级博客上。

社交网络技能

2. 媒体技能：社交网络；媒体技能；网络礼仪[学习目标2]，第2章 对任何企业来说，具有工作自豪感的员工都是一种无价的资源。然而，当员工面临批评时，这种自豪感有时也会显示出负面效应，然而在社交媒体中来自公众的批评是不可避免的。假设最近你的公司出现了大量的产品质量问题，并且这些问题已经导致了一些令人不愉快的批评，这些批评出现在各种各样的社交媒体网站上，并且偶尔还会出现一些对公司不公平的批评。甚至有些人专门建立了一个供客户发泄不满的Facebook主页。

你和你的公关团队立即采取了行动，通过提供替代产品和帮助受产品质量问题影响的客户来回应这些抱怨，每件事似乎都按着预期计划良好进行着。但有一天晚上当你正在检查行业博客时，你发现你公司产品设计实验室的一些工程师正在单独地回应这些抱怨。他们先证明自己是公司的员工，然后为他们的产品设计辩护，同时责备公司的生产部门，甚至批评一些不会使用这样一个精密产品的客户。大约几分钟后，你看到他们严厉的评论被转推了，并被重新发布到各种各样的网站上，事实表明这只是对公司负面反馈的火上浇油。毫无疑问，你惊骇了。

你的任务：你设法通过私人方式联系他们，并让他们停止发布信息，但是你意识到你手边还有一份由你负责的重要培训任务。请在公司内部博客上写一篇文章，建议他们在网络上代表公司时如何恰当地回应来自客户的抱怨。

请运用你的想象补全你需要的任何细节。

社交网络技能 展示技能

3. 媒体技能：社交网络；媒体技能：展示[学习目标2]，第16—17章 Samuel Gordon Jewelers珠宝公司位于美国俄克拉荷马市，Daniel Gordon是该公司的第四代CEO，他一直在使用社交媒体来加快这家百年公司的发展。在几个经济十分恶劣的时期，在这家公司广告费减少90%的同时，其收益和客流量仍然稳步上升。Gordon是一个活跃的社交媒体用户，他使用各种各样的媒体工具让客户了解新产品，并指导客户购买结婚戒指和其他贵重的珠宝。

你的任务：与一组同班同学研究该公司的网站（www.samuelgordon.com）和其社交媒体形象（你可以在这个网站上找到各种各样的社交媒体链接）。你可以登录http://real-timeupdates.com/ebc10，点击"学生作业"并选择"第7章案例3"，了解到有关这个公司社交媒体战略的更多信息。然后识别出一个在你大学附近实施相似社交媒体战略而受益的企业，并制定一个社交媒体战略，帮助这个公司扩大客户群并增强它与当地社区的联系。你需要准备一个简短的陈述，描述这家企业并解释你所提出的战略。（你的老师可能会让你承担这样一个服务项目，这个项目需要你与企业主会见，并向他展示你提出的社交媒体战略。）

电子邮件技能

4. 媒体技能：社交网络；媒体技能[学习目标2] 在大学里，社交媒体是进行社交活动的极好方式，招聘单位在调查潜在员工的在线活动，避免将工作表现差的员工引进公司。

你的任务：与其他同学合作，观察彼此在Facebook、Twitter、Flickr、博客和其他网站上的公众形象，这些网站是招聘单位在对你的面试和招聘期间可能调查的。然后识别出可能使招聘单位拒绝你的资料，包括照片、视频、个人信息和其他资料,并列出所有的危险资料,将这些资料通过电子邮件发送给你的队友。

电子邮件技能

5. 媒体技能:电子邮件;职业生涯管理:个人品牌[学习目标3],序　整个夏天你都在实习,学习公司如何运作。你完成了其他人都不想做的任务,但是没关系,最小的任务都可以给你未来的简历增色。

今天早上,你的主管要求你写一段文字描述你的工作。她建议你在写作中"包含所有内容,甚至像文件归档这样的事","并且将它通过电子邮件发给我"。她说未来的老板可能将这样一个任务优先进行绩效评估,接着她笑着说:"你可以练习不夸大也不过于谦虚地描述你的工作。"

你的任务:运用写作简短信息的良好技巧,并基于你现实中的工作经验,写一封使你主管印象深刻的电子邮件。补全你需要的任何信息。

电子邮件技能　档案建立

6. 媒体技能:电子邮件;信息战略:市场营销信息[学习目标3],第10章　12岁以下儿童的机动车事故1/4都是由侧面碰撞造成的,这类碰撞比正面碰撞和追尾碰撞有更高的伤亡比率。㊿

你的任务:你在领先的汽车座椅制造商Britax公司的消费者信息部门工作,你的经理让你准备一封电子邮件,用于回答儿童父母对侧面碰撞及Britax座椅安全性能的询问。你可以在 www.britaxusa.com/learning-center/side-impact-protection-reveale 上搜索关于侧面碰撞的资料,然后写一条三段式信息,说明侧面碰撞的严重性,并描述怎样最大程度降低伤亡可能性,同时说明Britax的汽车座椅是怎样在这类碰撞中保护儿童的。

电子邮件技能

7. 媒体技能:电子邮件;信息战略:负面信息[学习目标3],第9章　许多公司的经营理念都是"客户永远是对的",甚至当客户不对的时候。这些公司采取了保证客户开心的任何措施,包括大量重复的促销,并在潜在客户心中树立正面的形象。总体来说,这对公司是一个明智且成功的做法。然而,大多数公司最终遭遇了噩梦般的客户,他们消耗了公司的大量时间和精力,并减少了公司的利润,以至于唯一明智的选择就是拒绝这些客户的业务。比如,这些客户可能会不断斥责你和你的员工,并重复要求退款和折扣,或只是要求大量的帮助,以至于你不仅浪费大量的金钱,还浪费大量的时间。"开除"客户的做法是令人不愉快的,这种做法只能在极端情况且其他补救措施(比如与客户谈论这个话题)都无效的情况下使用,不过有时这种做法对员工和公司的健康都是很必要的。

你的任务:如果你目前正在工作或者最近做过一份工作,想象你碰巧遭遇了这样一位客户。如果你没有能回忆起来的工作经历,那么想象你在校园或是街坊某处的零售店铺工作。识别这个虚拟客户表现出的行为类型,并说明这种行为无法被接受的理由。然后给这个客户写一封电子邮件,说明你不能再将他作为一个客户来对待,并冷静地说明为什么你要做出这个艰难的决定。保持专业的语气并控制住你的情感。

电子邮件技能　团队技能

8. 媒体技能:电子邮件;合作:团队项目[学习目标3],第2章　历史上第一次(除了重大战争这类特殊情况以外)51%的美国成年妇

㊿　改编自"Side Impact Protection Explained," Britax website, accessed 18 September 2008, www.britaxusa.com。

女过着单身的生活。(换句话说,她们独自生活,和室友一起生活或未婚。)其中 25% 的妇女从未结过婚,其余 26% 的妇女离婚或丧偶或婚后异居。20 世纪 50 年代至 60 年代期间,只有 40% 的妇女过着单身的生活,但是从那以后每过十年,这个比例都在上升。Seymour Powell 公司(www. seymourpowell. com)是一家位于伦敦专门从事家庭、个人、休闲和交通行业设计的产品设计公司,你是该公司的一个消费趋势预测专家,你的工作是识别出这类人口结构变化并做出相应的反应。

你的任务:和一小队同学,讨论这个趋势可能带来的商机。然后给 Seymour Powell 公司的管理团队发送一封电子邮件,列出你的新产品创意或产品改良创意,这种产品将有可能在单身生活的妇女超过一半的社会中销售良好。对于每一个创意,提供一句为什么这个产品有潜力的说明。[52]

即时信息技能

9. 媒体技能:即时信息;写作模式:教程
[学习目标 1],[学习目标 4]　观看高清晰电视是令人很愉快的,但是买它的时候却很痛苦,因为这个领域充满对大部分消费者毫无意义且晦涩难懂的术语。而且,定义一个专业术语时通常需要引入两三个其他术语,这使得消费者陷入这些混乱的术语中。对于 18 种不同的数字电视格式,甚至连制造商他们自己都不能一致确定哪些格式是"高度清晰的"。Crutchfield 公司是一家在线音视频系统零售商,你是该公司的一名销售支持经理,你了解客户面对这些术语所感受到的挫败感,同时你知道你的员工每天都要面对客户的这类问题。

你的任务:消费者通过 Crutchfield 公司的在线即时聊天服务提出这类问题,为了帮助你的员工快速做出回应,你打算其中的常见问题准备一组"已检查过的"回应。当客户问其中一个问题时,销售顾问便可以使用这些已准备好的回答。你的首要工作是写出以下术语的简洁、便于消费者理解的定义:分辨率、HDTV、1080p 和 HDMI。你可以浏览 Crutchfield 公司网站上的"学习中心"以更深入了解这些术语,Answers. com 和 CNET. com 也可以帮助你。[53]

即时信息技能

10. 媒体技能:即时信息;合作:团队合作
[学习目标 4]　即时信息经常被用于客户支持情境中,用于帮助客户挑选或使用产品以及回答客户其他方面的问题。这里要求你和你的同学模拟这样一个场景:两两组成一个组,每两组合作模拟使用即时信息解决学术或生活中的决策问题。其中一组当"客户",正在艰难地作决策;另一组当"顾问",指导"客户"作决策。

你的任务:首先选择一个免费的、可以私下进行实时沟通的即时信息或聊天系统,比如 Google Talk、Facebook chat 或其他系统。然后,从你的学校或个人生活中选择两个需要作决策的情境,比如选择专业、决定在即将来临的夏季中工作还是上课、决定明年在哪里生活,或是其他任何你愿意进行小组讨论并且愿意稍后在整个班级面前讨论的决策。请选择一个足够复杂的决策,以使即时信息对话可以持续五分钟以上。

首先决定哪组当"顾问"、哪组当"客户",并将两组安排到不同的地点,同时确保两组都可以访问互联网。在每组中,先让一个人当沟

---

[52] 改编自 Seymour Powell website, accessed 16 January 2007, www. seymourpowell. com; Sam Roberts, "51% of Women Now Living Without a Spouse," *New York Times*, 16 January 2007, www. nytimes. com。

[53] 改编自 Crutchfield website, accessed 3 February 2011, www. crutchfield. com。

通者,另外一个人当观察者,观察者需要监视即时对话的进展并记录任何混淆、无效率和其他存在的问题。

当你们被安排到不同的地点后,就可以开始即时信息沟通了。"客户"向"顾问"求助如何作决策,"顾问"将通过询问一些探索性的问题找出什么是"客户"真正想从这个决策中获得的,并帮助"客户"在不同的选择中作决策,这个决策过程至少要长达五分钟。观察者需要记笔记,但是无论如何都不能加入即时信息沟通中。

在进行一遍决策后,转换组内角色,让观察者转变为沟通者,沟通者转变为观察者,然后进行第二轮决策。

接着,在整个角色扮演完后,将整个团队集合在一起,通过所做的笔记比较每个对话的进行状况,讨论即时信息能够多大程度地满足沟通者的需要,讨论在业务环境中你可能做哪些改善以保证沟通的流畅和客户的满意。最后,准备好与班级的其他同学讨论你的观察和所得到的结论。

博客技能

11. 媒体技能:博客;写作模式:教程[学习目标 5] 在国外学习一学期或一年,对一个人的很多方面来说都是有益的——包括语言技能的提高、不同文化的体验、国际商业领域的接触和自信心的建立。

你的任务:为你的班级博客写一篇帖子,描述你大学的海外学习项目,并总结申请海外学习项目的步骤。如果你的学校没有提供海外学习机会,那么你就报道你家乡提供这种项目的大学。

博客技能 档案建立

12. 媒体技能:博客[学习目标 5] 最近,美国汽车制造商没有多少好消息可以分享。特别地,通用电气公司正经历着一个艰难的时期——进入了破产程序,被剥离了资产,只能依靠美国和加拿大政府的紧急救助来维持经营。不过,消息并不全是残酷的。最近,通用电气公司的一个品牌——雪佛兰引进了沃蓝达汽车,这是一种气电混合汽车,为购车者提供了极受欢迎的丰田普锐斯外的另一种选择。

你的任务:与你的老师安排的一组人合作,为通用电气公司的交易商专用博客写一篇帖子描述新沃蓝达以及它为车主带来的好处。要求至少包括一张图片和一个连接到通用电气公司网站上沃蓝达版块的链接。你可以在雪佛兰网站(www.CHEVROLET.com)上深入了解沃蓝达。

博客技能

13. 媒体技能:博客[学习目标 5] 国际动漫大会是一场强调广泛流行文化和娱乐媒体的年度大会,涵盖的内容包括漫画书、收藏品、视频游戏和电影。在早期,动漫大会是一场吸引数百个粉丝和出版业人士的漫画大会,如今它成了一个超过 125 000 个参与者参加的重要国际事件。

你的任务:下个夏天,动漫大会将在圣地亚哥举行,你的流行文化博客上的一些读者一直在向你索要参加这次大会的推荐信。现在你需要在你的博客上写一篇两到三段的帖子,介绍什么是动漫大会并说明什么样的人可以参加这个大会。请确保将这篇帖子展示给你的粉丝而非业内人士。你可以在 www.comic-con.org 上了解到更多相关信息。[54]

---

[54] 改编自 Comic-Con website, accessed 19 July 2010, www.comic-con.org; Tom Spurgeon, "Welcome to Nerd Vegas: A Guide to Visiting and Enjoying Comic-Con International in San Diego, 2006!" The Comics Reporter.com, 11 July 2006, www.comicsreporter.com; Rebecca Winters Keegan, "Boys Who Like Toys," *Time*, 19 April 2007, www.time.com。

博客技能

14. 媒体技能:博客[学习目标 5] 你在为 PreVisor 公司工作,这是一家提供员工测评和选拔服务的公司,提供多种多样的在线产品和咨询服务,帮助雇主寻找并开发最好的员工。

为了说明产品和服务带来的价值,PreVisor 公司在它的网站上发布了各种各样的客户个案研究。每个个案研究都描述了一个特定公司所面临的人员配备挑战以及 PreVisor 公司能够提供的解决措施和使用 PreVisor 公司产品或服务后所产生的结果。

你的任务:在 PreVisor 公司网站(www.previsor.com/results/clients)上选择一个个案研究,写一篇能发布到 PreVisor 公司博客上的帖子,总结这些挑战、解决措施和结果,要求不超过 100 个字,同时要包含一条连接到公司网站上这个完整个案研究的链接。

博客技能

15. 媒体技能:博客[学习目标 5] 在 12—17 岁的美国青年中,有 97% 的人玩视频游戏的事实已经不足为奇了,但是不少不玩游戏的成人可能会惊讶地了解到玩游戏并非会造成社会和公民灾难。最近由皮尤研究中心与美国人生活项目进行的一个研究表明:认为游戏玩家是过着暴力幻想生活的孤独者是一种不准确的刻板印象,因为他们只要稍微学习一些技能便可能成为社会的积极成员。(55)

你的任务:娱乐软件协会(Entertainment Software Association,ESA)是一个代表视频游戏公司利益的协会,想象你是该协会的公关人员。你想通过分享皮尤的调查结果消除父母的担忧。你需要访问 http://real-timeupdates.com/ebc10,点击“学生作业”并选择第 219 页第 7 章案例 15,然后下载总结皮尤调查结果的 PDF 文件,接着在其中找出至少三条玩游戏的正面影响,最后写一篇能发布到 ESA 公共事务博客上的帖子。

微博技巧

16. 媒体技能:微博[学习目标 5] 寻找美容杂志、健康杂志或生活杂志的消费者有着无穷无尽的选择,但是即使在这个拥挤的领域,Logan Olson 也找到了适合自己的职业。Olson 患有先天性心脏病,她在 16 岁时心脏病发作并导致了昏迷和严重的脑损伤,积极外向的她必须重新学习所有事情,包括从端坐到吃饭。在她恢复后,开始寻求战胜日常挑战的帮助和建议,包括寻找易于穿着的时髦服装和易于使用的化妆品这类挑战。然而主流的美容杂志似乎没有为残障的年轻妇女提供任何帮助,为此她创办了自己的杂志。Oprah Winfrey 使用 *Oprah* 命名杂志,而 Logan Olson 则使用 *Logan* 这个名字。这本杂志不仅给年轻的妇女提供购买和使用不同产品的建议,而且让残障妇女知道还有很多像她们一样的人面对同样的挑战。

你的任务:为从这本杂志中受益的所有年轻妇女写一条 120 字的信息,建议人们给 *Logan* 杂志订购一个精美的生日礼物。假设你的读者不熟悉 *Logan* 杂志。(考虑到 URL 链接需要 20 字符的空间,请将你的信息限制在 120 字符内,你不需要在信息中加入这个 URL 链接。)你可以在 www.loganmagazine.com 或 Facebook (搜索 *Logan* 杂志)上了解更多 *Logan* 的信息。(56) 如果你的班级建立了一个私人的 Twitter 账户,使用这个私人账户发布信息,否则将这条信息通过电子邮件发送给你的老师。

---

(55) 改编自“Major New Study Shatters Stereotypes About Teens and Video Games,” MacArthur Foundation, 16 September 2008, www.macfound.org。

(56) 改编自 *Logan* website, accessed 3 February 2011, www.loganmagazine.com。

17. 媒体技能：微博；写作模式：广告传单[学习目标1]，[学习目标5] Twitter 更新是使人们意识到存在有益文章、有益视频和其他有益在线资源的极好方式。

你的任务：找到一个为大学生提供一些好的求职面试技巧的在线资源（可以是一个测试网站、YouTube 视频、PPT 演示、报纸文章或任何其他合适的资源）。写一则不超过120字的广告传单，暗示其他学生可以从这个资源里获得的好处。如果你的班级建立了一个私人的 Twitter 账户，使用这个私人账户发布信息，否则将这条信息通过电子邮件发送给你的老师。确保包含这个在线资源的 URL 链接，如果你使用 Twitter 账户发布这条信息，为了给这个链接提供20个字符的空间，请将你的信息限制在120个字符内。

微博技巧

18. 媒体技能：微博；写作模式：状态更新和公告[学习目标1]，[学习目标5] JetBlue 航空公司在客户服务和客户沟通方面的创新众所周知。它的客户沟通创新包括首次使用 Twitter 微博系统。JetBlue 航空公司的客户以及将近两百万的粉丝在 Twitter 上关注它，他们从中获得在恶劣天气、设备升级和出现其他新闻时的航班状态更新。[57]

你的任务：写一则不超过120字的信息，公告 JetBlue 航空公司的航班时间和其在 eBay 商店出售的旅游套餐（比如航班及酒店客房服务）。（考虑到 URL 链接需要20个字符的空间，请将你的信息限制在120个字符内，你不需要在信息中加入这个 URL 链接。）关键的卖点在于旅客能够购买到相当大折扣的机票。如果你的班级建立了一个私人的 Twitter 账户，使用这个私人账户发布信息，否则将这条信息通过电子邮件发送给你的老师。

播客技能

19. 媒体技能：播客；职业生涯管理：个人品牌[学习目标6]，序 虽然求职过程中需要写大量的信件和电子邮件，但是你希望只与你所投简历的其中几家公司进行深入交流，以使公司了解你的品格。碰巧你刚得到这样的机会。你申请的其中一个公司回复了你的邮件，要求你提交一份两分钟的播客，用于介绍你自己和说明为什么你是合适的人选。

你的任务：识别一家你毕业后希望在其中工作的公司，并选择一个十分匹配你技能和兴趣的职位，然后为这个两分钟的播客写一份大约250字的脚本，用于介绍你自己和你申请的职位以及描述你的背景，并说明为什么你是合适的人选。补全你需要的任何细节。如果你的老师需要的话，记录这个播客并提交它。

播客技能　档案建立

20. 媒体技能：播客；信息战略：市场营销信息[学习目标6]，第10章 对于任何购买决策，从餐馆膳食到大学教育，满意客户的推荐通常是最有力的促销手段。

你的任务：为一个一到两分钟的播客写一个大约150到250字的脚本，说明为什么你的大学或学院是接受教育的圣地，你的受众是高中和初中的学生。这个脚本可以是对所有想要申请你学校的学生都有用的，或者是针对特定的学科、运动项目或你大学经历中一些其他重要的方面。不管你是在提供一个通用的建议还是一个特定的建议，你需要保证你的介绍性评论是清晰的。如果你老师需要的话，记录这个播客并以电子文件的方式提交它。

---

[57] JetBlue Twitter page, accessed 3 February 2011, http://twitter.com/JetBlue; "JetBlue Lands on eBay," JetBlue website, accessed 18 September 2008, http://jetblue.com/ebay

第8章 日常信息和正面信息的写作

学习目标

学完本章后，你将能够：

1. 概括写作日常商务请求的有效策略
2. 描述三种常见的日常请求
3. 概括写作日常回复和正面信息的有效策略
4. 描述六种日常回复和正面信息的常见例子

工作进行时

Get Satisfaction 公司的沟通

使用新媒体来解决一个古老的问题

自从互联网沟通实现以来，失望的消费者就会通过网络来抱怨那些劣质的产品、错误的指导和糟糕的服务态度。当 Web 2.0 工具在几年前冲击了我们的视野之后，这甚至给予不擅长使用电脑的消费者一个准备好了的声音，"我需要帮助"的声音如洪水般瞬间席卷了网络。在产品评论、购物网站、发烧友博客以及各种投诉网站上，消费者可以发泄自己的不满，并且也可以向在交易过程中令他们不满的公司寻求帮助。

这些投诉网站偶尔会给访问者提供解决方案，但是它们都面临四个基本的不利条件：第一，这些解决方案被随机地分布在网络上，所以很多消费者不确定去哪里寻找解决方案；第二，来自权威公司的专家很少参与这些，这就意味着消费者们大多数需要依赖彼此共同解决，所以解决方案有时候奏效，有时候无效；第三，即使公司已经尽最大努力去使消费者满意，但同时这些公司也知道如果消费者可以互相分享信息、互相学习、参与正在进行的谈话，每个人都会更加受益；第四，公司经常发现多元化的消费者具有相同的日常问题，但是与他们所有人一一沟通就会产生时间上和金钱上的浪费。

总部位于旧金山的 Get Satisfaction 公司正在努力解决这些问题。该公司的首席执行官 Thor Muller 解释说："应该专门为消费者和公司沟通创造一种社交网络。"消费者可以在发布问题或投诉成功之后，收到电子邮件通知确认。如果有些人已经发布了同样的投诉，那么他将被问到此问题是否已经解决，这样就可以在与消费者互动解答问题上面节省很多时间。同时，消费者也可以通过网站对新产品和服务的发展提出自己的意见。

另一方面，出售产品和服务的公司员工可以以官方代表的身份去网站注册，这样可以更好地解决问题，征求反馈意见。当有知识的消费者和公司代表都提供了解决方案时，公司就会通过票选的方式把最有效的解决方案置顶，这样可以确保访问者在第一时间找到最有效的解决方案。企业运用了 Get Satisfaction 公司的服务之后，可以把解决方案转载到 Facebook、Twitter 以及企业的官方网站上面，这样就会使更多的人可以有效解决问题。

就像 Muller 解释的："当消费者开始汇集和谈论时，对于公司来说，这就是一个可以保持现在消费者和发展潜在消费者的最好时机。"这个想法似乎很跟得上时代潮流，现在已经有大约 50 000 个公司运用 Get Satisfaction 系统来使消费者在购买产品和服务中提升满意度。[①]

http://getsatisfaction.com

8.1　日常请求的策略

本章开篇介绍的 Get Satisfaction 公司首席执行官 Muller 知道，大多数的公司与消费者之间的沟通都是关于产品操作提示、技术支持、退款和订购等日常事务。这些信息主要分为两类：请求的信息或者来自另一方采取的行动，以及多种日常的和正面的信息，第 8 章展现了这类信息；第 9 章涉及负面信息，第 10 章则涉及劝说性信息。

请求（有关于信息、活动、产品、调整或其他事宜）的写作是商务活动中的日常事务。在多数情况下，只要请求是合理的，受众都会照办。通过应用清晰的策略和针对每种情况调整你的方法，你将能够很快完成有效的请求。

和所有的商务信息一样，日常请求也包括三个部分：开头、主体、结尾。使用直接法以中心思想开头，清晰陈述你的请求。在主体中给出细节并证明你的请求的正当性。然后通过请求具体的行动来结尾。

8.1.1　直接提出请求

在开头直接提出你的请求，这样它才会十分醒目并得到最多的关注。当然，不要把直奔主题理解为可以唐突或莽撞地行事：

- **注意语气**。即使你所预期的是赞同的答复，你首次提出请求的语气仍然很重要。不要命令对方做事情（"把你们最新的目录给我"），使用例如"请"和"我将非常感谢"之类的话来使请求变得婉转。
- **假设受众将会答应**。不耐烦地要求对方立即为你服务是毫无必要的。一般可以做出如下假设，一旦清楚地理解了原因，你的受众都会答应你的请求的。
- **具体**。确切地说明你想要什么。例如，你从你们的研究部门索取最新的市场数据，要明确说明你是需要一页纸的概要还是上百页的原始数据。

[①] Get Satisfaction website, accessed 4 February 2011, http://getsatisfaction.com; Dan Fost, "On the Internet, Everyone Can Hear You Complain," *New York Times*, 25 February 2008, www.nytimes.com

8.1.2 解释并证明请求的正当性

通过信息的主体来解释你的请求。在开头叙述的基础上使得解释流畅并且合乎逻辑。如果可能的话,应指出答应请求如何使读者获益。比如说,你希望得到帮助来解释复杂的质量控制数据,可以指出更好地理解质量控制数据将提高客户满意度并最终提高整个公司的利润。

无论你是写作一封正式信件还是简单的即时信息,你都可以利用请求的主体来列出一系列问题。这个问题清单可以帮助你组织信息,使得你的受众识别你所需要的信息。记住几个基本要点:

- **首先问最重要的问题**。如果成本是你主要关心的,你可以用一个问题开始,比如"相对于陆运,通过空运的方式运输货物的成本是多少?"接着你可能要询问更多与此相关的具体问题,比如提早付款的折扣情况。
- **只问相关的问题**。为了有利于请求得到快速回复,只问那些与主要请求直接相关的问题。这样做可以较快得到回复,也不会浪费别人的时间。
- **每个问题只对应一个主题**。如果有特殊的或复杂的请求,将其分解成具体的、单独的问题,使读者能够分别解决好每一个问题。不要将分解复杂问题的担子加在读者身上。这样的考虑不仅表达了你对受众的时间的尊重,也使你得以在更短的时间内得到更精确的答复。

8.1.3 在礼貌的结尾中请求具体的行动

使用三个要素结束信息:(1) 一个具体的请求;(2) 你的联系方式(如果不明显的话);(3) 表达感谢和良好的意愿。当你请求读者执行具体的行动时,如果合适的话,请求他们在明确的时间内回复("请将表格于 5 月 5 日前发送给我,以便我在 5 月 20 日的会议前将第一季度结果反馈给你们。")

通过真诚地表达你的良好意愿和感谢来结束你的信息。然而,不要"预先"感谢读者的合作。如果读者的回复值得感谢,那就在你收到回复之后再说这样的话。参见"要点检查:写作日常请求"。

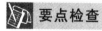
要点检查

写作日常请求

A. 首先提出请求
- 以礼貌的、非命令式的、个人的口吻写作。
- 如果受众很可能乐于接受请求,就使用直接法。
- 请求应该具体、明确。

B. 解释并证明请求的正当性
- 证明请求的正当性或解释其重要性。
- 解释回复的任何潜在利益。
- 首先问最重要的问题。
- 将复杂的请求分解为几个与主题分别有关的单独问题。

C. 在礼貌的结尾中请求具体的行动
- 用适当的联系信息使回复更为容易。
- 表示感谢。
- 清楚地注明请求的重要截止期限。

8.2 日常请求的常见例子

通常写作的日常信息大致可归为以下几个主要类别：请求信息和行动、请求推荐、提出投诉和请求调整。

8.2.1 请求信息和行动

当你想要了解某些事情、引出某人观点，或者请求简单行动时，通常只需要问就可以。简单的请求主要说出了：
- 你想要知道什么或你想要读者做什么。
- 你为何提出这个请求。
- 为什么它可能使读者有兴趣来帮助你。

如果读者愿意做你所期望的事，这样一个直接请求就很容易完成。遵照直接法以陈述一个清晰的理由开头。在主体中，提供所有能证明请求合理性的任何解释。然后以一个对期望的具体说明作为结尾，如果合适的话应包括最后期限（如图8.1所示）。在有些情况下，读者可能不愿意做出回复，除非他们了解请求能怎样使他们获益，所以在解释中务必包含这一信息。你也可以在与本公司的同事就日常事务沟通时假定一些共同的背景。

与在内部发送的请求相比，那些发送给组织外部人员的请求通常要采用更加正式的语气，如下面的例子：

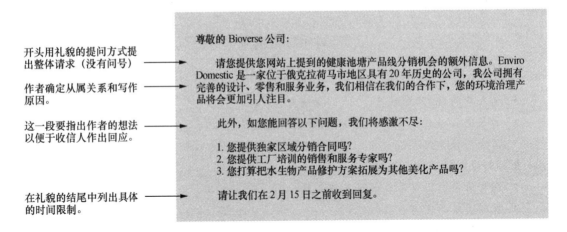

更为复杂的请求可能不仅仅需要更多的细节，还需要说明做出反馈对读者有何好处。

1 计划 →	2 写作 →	3 完成
分析情况 明确目的是向公司的经理们请求信息。 **收集信息** 收集关于当地竞争威胁的准确完整的信息。 **选择正确的媒体** 选择电子邮件发送这一内部消息，也可以添加 word 附件形式来收集信息。 **组织信息** 解释中心思想是收集信息以便制定出更好的竞争战略，这样发过来也会对各区经理有所帮助。	**适应受众** 对受众需求要敏感，可采用换位思考、礼貌、正面强调和非歧视性语言。作者应具备与部门经理一样的可信度。 **编写信息** 保持一种对话式但体现商务的风格，使用简明的语言和恰当的语态。	**修订信息** 评价内容和可读性，避免不必要的细节。 **制作信息** 简单的电子邮件格式是这个信息所需要的全部设计。 **校对信息** 修改排版、拼写、结构上的错误。 **发布信息** 通过公司部门间邮件分发系统来发布信息。

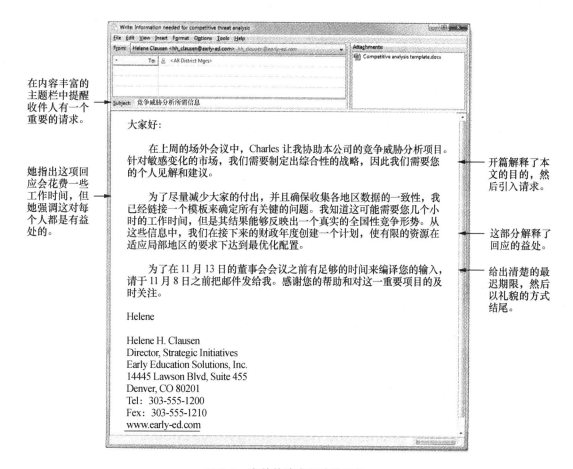

图 8.1 有效的请求行动的信息

在这封给全国的区域经理的邮件中，Helene Clausen 要求他们填写随附的信息采集表。因为这个要求没什么特别的，而且回复这个请求也是经理们职责的一部分，Clausen 以一种客气的态度请求他们帮助，并指出这样做的好处。

8.2.2 请求推荐

在商务活动中调查某人的情况是很常见的。比如说,在扩大信贷、签订合约、提供工作和晋升、提供奖学金等情形下,公司经常会要求申请者提供推荐信,而推荐人能够担保申请者的能力、技能、诚实、性格等。在写下某人的名字作为推荐人之前,应该得到他的允许。有人不愿意你使用他们的名字,可能是因为他们认为对你了解不够充分,所以写推荐信不太合适,或者因为他们有规定不能提供推荐。

> **实时更新　阅读 PDF**
>
> **正确请求推荐的方式**
>
> 遵循 LinkedIn 对学生和应届毕业生的礼仪指导,提高你的回复速度,保持积极的网络联系。登录 http://real-timeupdates.com/ebc10 获取更多信息。

因为请求推荐和请求介绍是日常事务,所以你可以使用直接方式组织你的请求。以清晰地陈述所申请的职位和想要读者写一封推荐信作为信息的开头。如果你和此人有一段时间没有联系了,请在开头回忆你们的关系、以往结交的日子,以及任何能够在你头脑中带来清晰、美好印象的特别事件。如果在上次联系后有重大的职业提升,应考虑附上最新的简历。

在信件的结尾表示感谢并附上收信人的全名和地址。如果请求对方立即写封推荐信,还应该给出最后期限。务必记住一定要附上一个贴好邮票并写好地址的信封,这种情况下更容易得到回复。图 8.1 和图 8.2 是遵循了以上规则的请求信。

8.2.3 提出投诉和请求调整

如果你对某一公司的产品或服务不满意,你可以提出**投诉(claim)**(正式的抱怨)或者请求**调整(adjustment)**(解决投诉)。在任何情况下,不管你多么生气或沮丧,在整个交流过程中都要保持专业的语气语调。保持冷静能够帮助你更快地解决问题。

在大多数情况下,特别是第一封信中,假定将会做出合理的调整,并遵照直接请求的写法。开头直接陈述问题,在主体中给出充分具体的细节解释,提供调整者核实抱怨所需的任何信息,结尾礼貌地请求具体行动或者表达解决问题的真诚愿望。如果可以,表示若问题解决得令人很满意,将继续保持商务关系。同时应准备好用发票、销售收据、取消的支票、有日期的信件等任何其他相关的文件来支持投诉。将复印件寄出并保管好原件。

如果补救措施很明显,准确地告知读者你对公司的期望,比如说将运载错误的货品更换为正确的货品或者货品脱销了则退回货款。在某些情况下你会要求公司解决问题。然而,如果对于问题的准确性质没有把握,可以请求公司进行评估然后建议该如何解决。提供联系方式以便公司在需要时能和你进行讨论。比较图 8.3 中提出投诉的有效版本和无效版本。

对于任何日常请求来说,合理、清晰、礼貌的方式都是最好的。回顾提出投诉和请求调整的任务,参见"要点检查:提出投诉和请求调整"。

计划	写作	完成
分析情况 明确目的是请大学教授给自己写封推荐信。 **收集信息** 收集关于班级和日期的信息以帮助读者回忆起你,并且阐明你所申请的职位。 **选择正确的媒体** 尽管许多教授喜欢用电子邮件联系,但是信件的形式使得这个信息的正式程度很合适。 **组织信息** 此类信息很常见,所以使用直接法即可。	**适应受众** 对受众需求要敏感,可采用换位思考、礼貌、正面强调和非歧视性语言。 **编写信息** 风格是尊敬的和正式的,使用简明的语言和恰当的语态。	**修订信息** 评价内容和可读性,避免不必要的细节。 **制作信息** 简单的信件格式是这个信息所需要的全部设计。 **校对信息** 修改排版、拼写、结构上的错误。 **发布信息** 通过邮政邮件递送信息,如果有教授的电子邮件地址可通过电子邮件发送信息。

1181 Ashport Drive
Tate Springs, TN 38101
2012 年 3 月 14 日

Lyndon Kenton 教授
School of Business
University of Tennessee, Knoxville
Knoxville, TN 37916

尊敬的 Kenton 教授:

  我最近正在接受战略投资公司的面试,并且已经获得分析师培训项目的第二次面试机会。他们要求至少有来自一位教授的推荐信,我立刻就想到了您。您能够帮我写一封推荐信吗?   ← 以陈述这封信的目的作为开头并提出请求,假定读者会接受这个请求。

  您可能会回忆起,我曾在 2010 年秋季学期上过您主讲的金融分析(编号为 BUS485)的课程。我非常喜欢这门课程,并且那学期的课程结束时我得到了 A。Kenton教授,您对自信和电话营销的讲解超越了课程的范围,给我留下了深刻的印象。事实上,学习您的课程帮助我决定未来要做一名金融分析师。

Tucker 在开头给出能够勾起读者对她的记忆的信息。

  我附上的简历中包含了我所有的相关工作经历以及参加的志愿活动。在几年前我父亲去世后,我一直在处理我家的金融计划。尽管刚从反复尝试中开始学习,我已逐渐运用商务训练的成果来决定交易哪种股票或债券。我相信,比起其他申请该工作的人,这个经历给了我实践上的优势。   ← 主体中提及简历并提到将申请者与其他候选人区别开来的经历,并提示教授可以使用书面的建议。

  如果可以的话,人力资源部的 Blackmon 女士需要在 3 月 30 日之前收到您的信。为了方便起见,我已经附上了写好地址并贴有邮票的信封。   ← 结尾处提到写好地址并贴好邮票的信封以鼓励读者及时地回复。

她给出回复的最后期限并给出接收推荐信的人员信息。

  我非常感谢您在给我写这封推荐信时所花的时间以及所做的努力。它将会帮助我从教育转入工作实践中,并且我会及时告诉您我的进展情况。感谢您对这件事的关心。

真诚的,
Joanne Tucker
Joanne Tucker

附件

图 8.2 请求推荐的有效信件

  这位作者在请求从前的教授帮她写推荐信的时候,使用了直接的方法。注意她特别注重提醒教授有关她的回忆,因为这门课程是一年半之前的事情了。同时,她还指出何时需要这封信,并指出随信附上了一个贴好邮票、写好地址的信封。

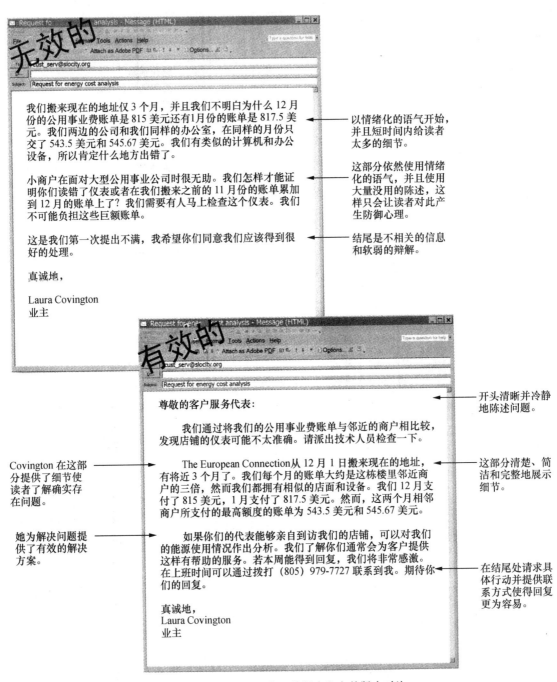

图 8.3　关于提出投诉的无效版本和有效版本对比

注意这两个版本在语气和信息内容上的差异,无效版本是情绪化、不专业的,而有效版本是可以清楚进行沟通的。

> **要点检查**
>
> **提出投诉和请求调整**
>
> - 即使极度失望也要保持专业口吻。
> - 开头直接陈述问题。
> - 在主体中提供具体的细节。
> - 诚实并清晰地陈述事实。
> - 结尾处礼貌地概括出所期望的行动。
> - 清晰地陈述所希望的合理解决方式或请求读者做出合理的调整。
> - 说明接受请求的好处,比如你将继续光顾等。

8.3　日常信息和正面信息的策略

在整个职业生涯中,你将会提出很多信息和行动请求,你也将回复一些日常要求,或发送一些日常正面的信息,在这种时刻,有以下几个目标:交流信息或好消息,回答所有问题,提供所有要求的细节,并让读者对你和你所在的机构留下良好印象。

因为读者大多数会对你有什么要说的感兴趣,你通常可以采用直接方法来回答日常回复和正面信息。在开头把你主要的观点(正面回复或是好消息)陈述出来,在段落中解释相关细节,然后在结尾处向你的读者重点突出你的回复带来的益处。

8.3.1　以中心思想开头

在日常信息和正面信息中以中心思想或好消息开头,接着向受众解释细节。尽量使开头简单明了。尽管下列介绍性的陈述表达的是同一观点,但是一个被毫无目的的无用信息搅乱了,而另一个却简明扼要:

不推荐	推荐
我非常高兴地通知你,在经过仔细商讨后,人力资源委员会从众多有天赋的申请人(他们每个人都有全面的分析经验)中,决定接受你来 Trask Horton Pharmaceutical 公司做管理培训。	恭喜你。你被挑选加入 Trask Horton Pharmaceuticals 公司给销售部门做公共演讲和演示培训。

写出清晰开头的最好方法是对想要表达的事情有一个清楚的想法。在开始写作之前,问问自己"对受众来说,我所拥有的重要信息是什么?"

8.3.2　提供必要的细节和说明

用主体去完全解释你的观点,从而使你的受众不会混淆你的观点或感到疑惑。当你提供细节的时候,在开头要保持支持的语气。当信息是完全正面的时候,这种语气很容易继续,就像在这个

例子中:

> 你的教育背景和实习期间的表现给我们留下了深刻的印象,并且我们相信你加入 Green Valley Properties 将会给我们带来价值。正如在面试中谈到的,你的薪酬是每月 4 300 美元再加上福利。你将于 3 月 21 日周一早上 8 点与薪资福利经理 Paula Sanchez 见面。她将会辅助你完成必要的书面工作,来使我们的薪资福利计划与你的家庭情况相符。她也会安排一些入职指导活动帮助你适应我们公司。

但是,如果你的日常信息比较复杂并且一定要表达些许的失望,将信息的负面部分尽量放在有利的上下文中。

不推荐	推荐
不,我们不再生产"运动少女"系列的毛衣。	新的"奥林匹克"系列取代了你所询问的"运动少女"系列毛衣。"奥林匹克"拥有更多的颜色、尺码以及新颖的样式。

在这个例子中,更完整的描述会减少信息的负面性,并且强调将如何为受众带来利益。但是,请注意:只有在相当有把握受众能给予正面的回复时,才可以在这种类型的信息中使用负面信息。否则,请使用间接法(在第 9 章中讨论)。

如果是和客户交流,可能要使用信息的主体保证客户明智地进行购买选择(而不是感到在施舍或沾沾自喜)。正面地讨论客户购买的东西,即使还没有发货,这会有助于建设与客户的关系。这种正面的评论通常出现在订单的确认和其他日常的客户公告中,并且当它们相对简短具体时最有效。

> 你所订购的 Kitchen Aid 搅拌器是我们最畅销的一款。它将在数年内满足你的烹饪需要。

8.3.3 礼貌地结尾

如果能让读者感觉到你将他们的利益记在心上,你的信息就很可能成功。可以通过强调受众的利益,或者表达感谢或良好意愿来完成这个任务。如果要求后续行动,清楚地说明谁将接着做什么。参见"要点检查:写作日常回复和正面信息"来回顾这种类型的商务信息所包含的主要工作。

 要点检查

写作日常回复和正面信息

A. 以中心思想开头
- 保持清晰和简洁。
- 在写作之前识别出最重要的信息。

B. 提供必要的细节和说明
- 完整地解释观点以消除混淆和去除疑惑。

- 始终保持支持的语气。
- 在正面的上下文插入负面陈述或者以正面的其他信息来平衡负面信息。
- 正面地讨论客户做出的选择。

C. 礼貌地结尾
- 让读者知道你将其利益放在心上。
- 如果要求进一步的行动,告知读者如何继续并鼓励他们迅速执行。

8.4 日常信息和正面信息的常见例子

大多数日常信息和正面信息可分为六类:回复信息和行动的请求,同意投诉和调整请求,推荐信,告知性信息,好消息公告,良好意愿信息。

8.4.1 回复信息和行动的请求

信息和行动请求的专业回复时常会出现,并且某些商务部门每天有很多次都要对这种请求做出回复。如果回复请求只是简单的一个"是"或者一些别的直接信息,那么直接法是适用的。一个迅速、亲切、完整的回复将会正面影响人们对你和你所代表组织的认知。

当回复请求涉及潜在销售机会时,主要目标有三个:(1) 回复询问并回答所有的问题;(2) 让读者对你和你的机构留下良好的印象;(3) 促进未来销售。下面这封信满足了这三个目标:

这就是你所申请的"娱乐无极限"小册子。这本小册子描述了大量由 Ocean Satellite Device(OSD) 提供的娱乐选择。

在"娱乐无极限"的第 12 页你会看到由 OSD 为你的家庭所带来的 338 个频道的清单,包括电影、体育、音乐频道,24 小时的新闻频道,地方频道,以及所有的主要电视网络。OSD 将会比占用你的院子很大空间的老式卫星天线给你带来更加清晰的画面以及更精准的声音。并且,OSD 只使用一个很容易安放在屋顶上的小天线。

OSD 能为你提供更多的音乐、动画、专业、新闻以及体育节目,超过了本地区任何其他的电缆和卫星连接。是的,它们让你对一切唾手可得。

只需拨打 1-800-786-4331,就有一位 OSD 的代表登门解答你的疑问。你将会爱上那些节目和每月低廉的费用。今天就给我们拨打电话吧!

8.4.2 同意投诉和调整请求

即使运营最好的公司也会出错,从运载货物时弄错订单到给客户的信用卡开出错误的账单。在其他情况下,可能是客户或第三方要承担错误,比如错误地使用产品或者在运载时造成产品的毁坏。每种情况都代表你和客户关系的一个转折点。如果处理得当,客户会因为了解到你们对客户的满意度相当重视而更加忠诚。然而,如果客户认为你对抱怨处理得不好,可能会使情况变得更糟。不满的客户通常不会通知你就将生意转向别处,并将这次负面经历告知很多的朋友和同事。一笔本身价值很小的交易可能在失去的生意中花掉价值很多倍的金钱。换言之,每次失误也是改善关系的一次机会。

对抱怨的回复取决于公司解决此类事件的政策以及对错误方究竟是公司、客户还是第三方的估计。

责任在公司时的投诉回应

在回复之前,确保了解公司在这种情况下的政策,可能政策规定要采取特殊的法律和经济措施。对于超过日常失误的重大问题,公司应具有总结出在组织内部和外部沟通步骤的危机管理计划(见第 9 章)。

大多数日常回复都应该重视公司的具体政策并针对以下要点:
- 确认收到客户的投诉或抱怨。
- 同情客户的不便或失望。
- 承担(或指派)解决问题的个人责任。
- 准确地解释你怎样解决这种情况或是计划如何解决这种情况。
- 采取措施修复关系。
- 跟进以核实回复的正确性。

除了这些积极的措施外,也应通过避免一些主要的消极步骤来维持专业的风格:不要点名指责组织中的任何人,不要过度地道歉,那样听起来很不真诚;不要暗示是客户的错;不要承诺能力以外的事。注意学习下面的信息是如何确认问题、介绍采取行动,以及如何致力于重建与客户关系的。

> 您的有关最近 Klondike 订单的来信已经送至订单执行负责人那里。您的十分满意是我们的目标。会有一位客户代表在 48 小时内与您取得联系来帮助您解决信中所提到的问题。
>
> 同时,请接受随信附上的 5 美元礼券,以此表达我们对您的感谢。不管您是在滑雪还是在驾驶雪地车,Klondike Gear 都会给您提供最好的保护以远离风雪和寒冷,Klondike 在超过 27 年的时间里一直都关注着客户的户外需求。
>
> 感谢您花费时间给我们来信,您反映的问题将会帮助我们更好地为您和我们所有的客户服务。

责任在客户时的投诉回应

当客户明显有错误时,投诉的沟通是一件棘手的事。如果不理会投诉,你可能会失去客户及其一些只听取了片面之词的朋友和同事。你必须对做调整的成本以及失去一个或更多客户未来生意的成本做出权衡。一些公司对于此类投诉有着严格的指导方针,而其他公司会给个别员工和管理人员一些逐案决定的回旋余地。

如果接受投诉,则以好消息开头,一定要明确指出,你同意这样做。这类信息是复杂的,因为你想通过在未来给顾客进行正确的指导以避免此类投诉。例如,客户有时候会误用产品,或者未能按照服务协议的条款进行操作,如忘记提前 24 小时取消酒店预订,从而导致多付一晚的住宿费用。即使你同意一次特殊的投诉,你也不想以后再发生类似的投诉。你所面临的挑战就是当你面对顾客的时候,可以不用令对方感到居高临下的态度("您可能没有认真阅读说明书")或者说教("您应该知道羊毛在热水中会收缩")。结尾以礼貌的方式对客户的商业行为表示感谢(如图 8.4 所示)。

责任在第三方时的投诉回应

有时责任既不在公司也不在客户身上。比如说,从美国的亚马逊网站订购一本书,涉及的不仅是亚马逊公司,还包括配送服务商如联邦快递或者美国邮政服务,出版商,也许还有书的发行商、信用卡的发卡机构,以及负责信用卡交易处理的公司。其中任何一方都有可能出错,但是客户很可能只责怪亚马逊公司,因为它是接受客户付款的机构。

没有适用于涉及第三方时每种情况的一般方案,所以在回复之前应谨慎地评价当时的情况并了解公司的政策。比如说,一个在线的零售商和商品的制造商可能签订了一项合约,来详细说明制造商如何自动地处理所有有关产品质量的抱怨。但是,不管最终由谁来解决问题,如果客户和你联系,你都需要回复信息解释问题将如何解决。指责是徒然的和不专业的;解决问题是客户唯一关心的事。参见"要点检查:同意投诉和调整请求"来回顾这类商务信息所包含的任务。

 要点检查

同意投诉和调整请求

A. 责任在公司时的回复
- 在回答之前了解公司解决这种情况的政策。
- 遇到严重情况时参照公司的危机管理计划。
- 以感谢收到客户的投诉或抱怨开头。
- 指派别人承担解决问题的个人责任。
- 同情客户的失望。
- 解释如何解决问题(或计划怎样解决)。
- 采取措施改善与客户的关系。
- 向客户核实回复并保持开放的沟通渠道。

B. 责任在客户时的回复
- 权衡同意或拒绝请求的成本。
- 如果选择同意,则以好消息开头。
- 信息主体用恭敬的态度,并教会客户一些必要的知识以防止出现类似的结果。
- 以感谢客户的交易结尾。

C. 责任在第三方时的回复
- 在回复之前对情况进行评价并回顾公司政策。
- 避免提出指责,集中在问题的解决上。
- 不管是谁负责解决问题,都要让客户知道会发生什么来解决问题。

计划	写作	完成
分析情况 核实信息的目的是同意客户的投诉,巧妙地教育客户,以及促进未来的交易。 **收集信息** 收集关于产品保养、保修及再次销售的信息。 **选择正确的媒体** 在这种情形下,电子邮件信息比较合适,因为客户也是通过电子邮件与公司联系的。 **组织信息** 以正面回答的方式回复,所以使用直接法即可。	**适应受众** 对受众需求要敏感,可采用换位思考、礼貌、正面强调和非歧视性语言。 **编写信息** 风格是尊敬的,但设法教会客户产品使用和维护。	**修订信息** 评价内容和可读性,避免不必要的细节。 **制作信息** 页面要整洁、专业。 **校对信息** 修改排版、拼写、结构上的错误。 **发布信息** 通过电子邮件递送信息。

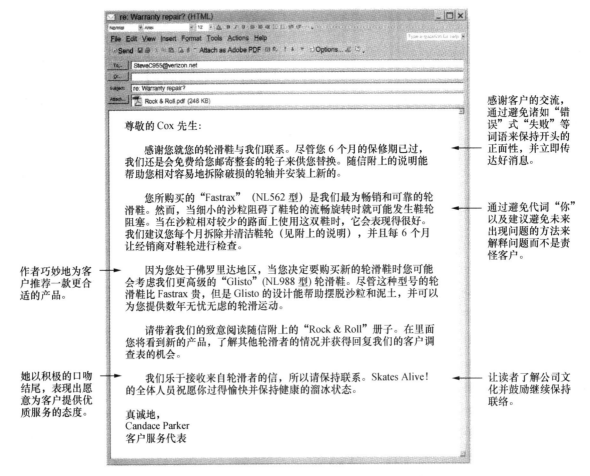

图 8.4　当购买者为错误方时回复投诉的有效信件

为了保持良好的客户关系,这家公司同意给一位顾客的轮滑鞋更换零件,尽管产品已经过了保修期了。(为了更清晰,这里不再展示客户的原始电子邮件内容)

8.4.3 提供推荐

当写作推荐信时,写作目标是使读者确信被推荐人拥有从事工作、接受工程委派、获得奖学金或寻求其他目标必备的特性。一封成功的推荐信包含很多相应的细节(如图 8.5 所示)。

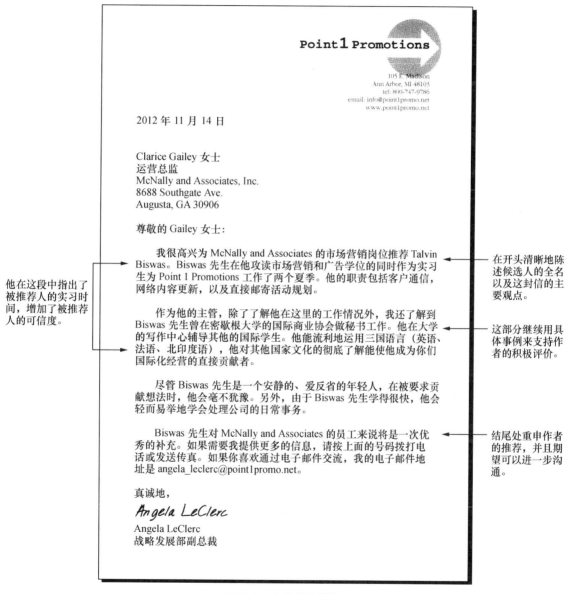

图 8.5 有效的推荐信

这封信明确地指出了作者与被推荐人的关系,并且提供了具体的例子来支持作者的陈述。

- 候选人的全名。
- 候选人寻求的职位或其他目标。
- 与候选人关系的性质。

- 指出你是应某人请求写作的还是自己主动写作的。
- 与候选人和机会有关的事实和证明。
- 如果可能的话,将候选人的潜能与同等人员作比较(比如"Jonasson 女士一直在班里保持前10%的位置")。
- 对候选人的所有评价都与此次机会相配。

请注意在最近几年,推荐信已经成为一个复杂的法律问题(参见"你会因为是否写推荐信而被起诉吗?")。在写推荐信之前要留意公司的政策。同时,也要记住每当写作推荐信的时候,你都将个人的名誉处于危险之中。如果这个人的缺点十分显著以至于你认为他不适合这项工作,唯一的选择是根本不写这封信。除非你与此人的关系需要做出解释,简单地建议其他人,可能更适合提供推荐。

> **实时更新　阅读文章**
>
> **关于写作(或请求写作)推荐信的专家建议**
>
> 寻找就业推荐、学术推荐和角色推荐有帮助的建议。登录 http://real-timeupdates.com/ebc10 获取更多信息。

沟通误区

你会因为是否写推荐信而被起诉吗?

尽管推荐信被列为日常信息,但是这些年来推荐信给雇主带来的各种法律麻烦,已经使其不再是日常问题了。近年来,一些员工在控告以前雇主与工作推荐有关的诽谤罪案例中胜诉。此外,如果那些诽谤的陈述被证明属实,则诽谤罪很容易成立,而除了诽谤的指控外,雇主还经常因报复被前员工起诉,后者认为负面的推荐信就是为了报复的特别目的而写的。然而这些还不够,有的雇主彼此也会因推荐信起诉对方,因为收信人认为作者未能透露重要的负面信息。

难怪现在很多公司都拒绝出具除了工作职位和雇佣时间之外的任何信息。但是即使这样也不能解决所有问题:当前雇主拒绝为他们写推荐信时,有的前员工就会起诉对方。就像你设想的一样,这种拒绝写推荐信的行为也激发了雇佣公司的担心。如果他们不能得到关于工作候选人的真实背景信息,他们可能会面临雇用那些缺乏必要技能或对工作场所有破坏性甚至危险性的员工的风险。

对于允许经理写推荐信的公司来说,什么类型的信息可以涵盖在内呢?尽管美国的大多数州都有与推荐诉讼有关的法律来保护那些行为公正的公司,但是个案情形差别迥异,并无特定法则可以遵循。因此,在写推荐信之前,注意以下几点将有助于避免麻烦:

- 接收这些私人信息的当事人对此是否具有合法的权利?
- 我所表述的信息是否与被寻求的工作或利益直接相关?
- 我是否尽可能强有力且诚实地描述了候选人的情况?
- 我是否避免了夸大候选人的能力或者误导读者?
- 我是否将陈述的基础建立在第一手资料和可证明的事实上?

无论情况如何,专家还建议你向你公司的人力资源部门和法律部门咨询。

▶ 职业应用

1. 一位前员工工作经常迟到,但是他是一位和所有员工都能和睦相处的、优秀而工作迅速的员工。你认为向潜在雇主提及迟到重要吗?如果是,你将如何处理?

2. 摆脱自己的限制并以前任雇主的角度为你自己写一封推荐信。练习诚实、正直和审慎。

资料来源:改编自"How to Write Reference Letters," National Association of Colleges and Employers website, accessed 5 July 2010, www. naceweb. org; Diane Cadrain, "HR Professionals Stymied by Vanishing Job References," *HR Magazine*, November 2004, 31—40; "Five (or More) Ways You Can Be Sued for Writing (or Not Writing) Recommendation Letters," *Fair Employment Practice Guidelines*, July 2006, 1, 3—4; Rochelle Kaplan, "Writing a Recommendation Letter," National Association of Colleges and Employers website, accessed 12 October 2006, www. naceweb. org; Maura Dolan and Stuart Silverstein, "Court Broadens Liability for Job References," *Los Angeles Times*, 28 January 1997, A1, A11; David A. Price, "Good References Pave Road to Court," *USA Today*, 13 February 1997, 11A; Frances A. McMorris, "Ex-Bosses Face Less Peril Giving Honest Job References," *Wall Street Journal*, 8 July 1996, B1, B8.

8.4.4 分享日常信息

很多信息都涉及分享日常信息,如项目的更新和订单状态的通知。使用这些日常信息的开头要声明写作目的,并简要提及所提供信息的性质。在段落中提供必要的信息,并且以礼貌的语气收尾(如图8.6所示)。

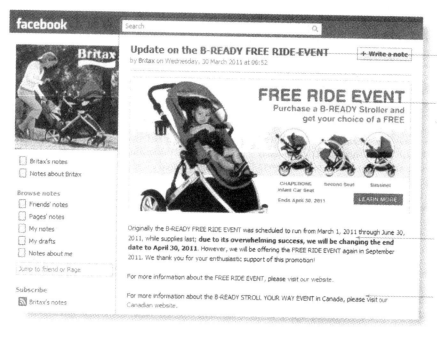

图8.6 日常信息

许多公司都会在他们的 Facebook 主页上使用 Notes 选项卡来与顾客和其他群组共享日常信息。
资料来源:www. facebook. com/Britax。

大多数告知性信息是中性的。也就是说,它们并不想激发读者正面的或负面的回复。比如说,当发布部门会议公告和提示通知时,通常会从读者那里收到中性的回答(除非会议的目的是不受欢迎的)。信息主题中简单表述事实性信息,并且不用太担心读者对信息的态度。

一些告知性信息可能需要特别关注。比如说,政策声明或者程序上的改变对公司来说可能是好消息(也许可以节约经费)。然而,对员工来说这种节约也许并不能为他们提供更多额外资源甚至更多薪水。如果读者一开始没有正面地看待信息,则应使用信息的主体从读者的角度出发来突出潜在的利益。(对于负面新闻给予收信人产生深远影响的情况,可以考虑使用第 9 章中的间接技巧)

8.4.5 宣布好消息

为了维持和发展良好的关系,善于经营的公司意识到谈论积极的事态发展是非常有利的。这包括开放新的设施、寻找新的职位、介绍新的产品和服务,或者赞助社区活动等。因为好消息总是受欢迎的,使用直接法即可(如图 8.7 所示)。

图 8.7　宣布正面的新闻

这封邮件信息采用直接的方式宣布了上网设备服务降价的信息,在标题栏以正面新闻开头写作。

好消息公告通常是通过信件或者**新闻稿**（news release）来进行交流的。新闻稿也叫做**通信稿**（press release），是一种用来同媒体共享相关信息的专门文件。（新闻稿有时也用来传递负面消息，如关闭工厂）在大多数公司里，新闻稿通常由在公关部门经过特别训练的作者准备（或者至少是在他们的监督下完成）。内容仿效正面信息的格式：好消息、细节、积极的结尾。但是，新闻稿有一个显著的不同之处：你并不是直接面向最终受众写作（例如报纸的读者）；应尝试用故事来吸引编辑或记者，以及那些接下来要写作最终由广大受众阅读的材料的人。要写作成功的新闻稿，请记住以下要点[②]：

- 确认信息具有报道价值并且与你发送的出版物或网站相关。
- 集中于一个主题，不要试着将多种不相干的新闻条目加入一篇新闻稿中。
- 将最重要的观点放在首位。不要让编辑来搜寻新闻。
- 要简洁：将长句拆成短句，并缩短段落。
- 消除令人混乱的信息，例如冗余的和不相关的事实。
- 尽量具体。
- 尽量减少沾沾自喜的形容词和副词，如果信息的内容是具有报道价值的，专业的媒体人会对新闻自身的价值感兴趣。
- 风格、标点符号和格式遵照已有的行业惯例。

直到最近，新闻稿被制作成一种向报道者提供信息的方式，这些报道者会写一些能够让他们的读者产生兴趣的文章。由于有了互联网和社交媒体，新闻稿的性质正在改变。很多公司把新闻稿作为一种与外界受众或客户沟通的标准工具，创造出了更多直接与客户交流的新闻稿。就像媒体专家 David Meerman Scott 曾说过："上百万的人直接、未过滤地通过媒体阅读新闻稿，所以你需要直接告诉他们。"[③]

新闻稿的最新变形是社交媒体新闻稿，比传统的新闻稿更具优势：第一，社交媒体发布的叙事段落强调一些重点内容，所以博主、编辑和其他人可以组合自己的故事，而不是被迫在传统版本上面改写材料；第二，作为一份电子文件也是专业的网页，社交媒体发布提供了可以使用包括视频和其他多媒体元素的能力；第三，社交书签按钮使人们宣传文中内容变得更容易了。[④]

8.4.6 促进良好意愿

在写作所有商务信息时都应该注意到在商务接触中促进良好意愿的形成，但是一些信息的写作是专门用来建立良好意愿的。可以使用这些信息通过发送友好的甚至是意外的没有直接商业目的的问候来加强与客户、同事以及其他商务人士的关系。

有效的良好意愿信息必须是真诚和诚实的。否则，表现出来的是对个人所得更感兴趣，而不是让客户、同事或组织获益。为了表现出真诚，应避免夸张并且用具体的观点来支持称赞。此外，

[②] Fraser P. Seitel, *The Practice of Public Relations*, 9th ed. (Upper Saddle River, N.J.: Prentice Hall, 2004), 402—411; *Techniques for Communicators* (Chicago: Lawrence Ragan Communication, 1995), 34, 36.

[③] David Meerman Scott, *The New Rules of Marketing and PR*, (Hoboken, N.J., Wiley, 2007), 62.

[④] Shel Holz, "Next-Generation Press Releases," CW Bulletin, September 2009, www.iabc.com; Steph Gray, "Baby Steps in Social Media News Releases," Helpful Technology blog, 15 May 2009, http://blog.helpfultechnology.com

读者通常认为稍加限制的称赞更加真诚。参见下面的例子:

不推荐	推荐
语言无法表达我对你所做工作的感激之情。谢谢。没有人能做得更好。你太棒了！你吸引了整个公司的注意,你在这里工作我们非常高兴。	再次感谢你在我缺席时负责起这个会议并且如此出色地完成了工作。在只有提前一个小时的通知中,你设法使法律和公共关系部门共同努力,使我们能够在谈判中建立统一阵线。你的贡献和沟通能力得到了注意并真正地获得了欣赏。

表示祝贺

发送良好意愿信息的最好机会是祝贺某人的重大商务成就(如图8.8所示)。其他送出祝贺的理由是某人生命中的精彩时刻——婚礼、生日、毕业、非商业竞争中的成功等。你与接收者关系的本质决定了祝贺的适当主题范围。

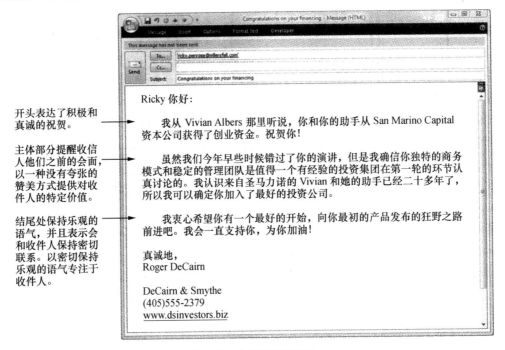

图8.8 良好意愿的信息

良好意愿信息提供多种商业功能。在这封邮件里,投资人Roger DeCairn向一位企业家表示祝贺,这位企业家曾经试图从他的公司获得创业资金,但是后来从另一个公司得到了资金。这个信息对于Roger DeCair及其公司在表达良好意愿上有很大的帮助,但是这封邮件看不出其商业意图。

表达感谢

一项重要的商务品质是认识到员工、同事、供应商以及其他合作者的贡献的能力。赞美不只使人感觉良好,它还鼓励进一步的优秀表现。而且,感谢信可能成为某人人事档案中重要的部分。所以当写作感谢信时,请特别提到你所要感谢的人。以下简洁的信息表达了感谢并透露了愉快的结果:

谢谢你和你团队的每个人的英勇行为，把我们的服务器备份装置从上周五的洪水中抢救出来，使得我们能够在第一时间（也就是周一的早上）恢复业务能力。你们的服务远远超出了之前我们的合同服务水平，在 16 小时内恢复我们的数据中心。我想特别感谢做出突出贡献的网络专家 Julienne Marks，他为我们重新连接上网络工作了 12 个小时。如果我可以在将来能够作为销售活动顾问为你们服务，请一定要联系我。

收到这样真诚的感谢可以鼓舞士气。⑤ 此外，在如今数字媒体的环境下，一封手写的感谢信更加受欢迎，会得到特别的认可。⑥

> **实时更新　阅读文章**
>
> **写作有效感谢信的简单规则**
>
> 当你想表达感谢时，这些要点可以帮助你适应任何的商务或社会场合。登录 http://real-timeupdates.com/ebc10 获取更多信息。

表示哀悼

在十分困难和极度悲伤的时候，收到写作得体并表达同情的哀悼信对经历失去的人来说是件非常有意义的事。当然这种类型的信息很难写，但是不要让困难妨碍了你的快速反应。

在哀悼信的开头表达简短的同情，如"对于你的遭遇我感到很遗憾"。主体中，提及死者的良好品质及其积极贡献，表明此人或此事对于你的意义。结尾处，可以表达哀悼及良好祝愿。结束此类信息的较为周到的方式是说些让读者稍微轻松的话，如提到更美好的未来。这里是一些写作哀悼信息的一般性建议⑦：

- **回忆应简短**。如果可能的话，叙述一段回忆，但不要细述逝者的详情。
- **用自己的语言写作**。就像正和读者私下交流一样写作。不要用诗意的、呆板的或正式的短语。
- **得体**。提到你的震惊和沮丧，但是记住，逝者的亲人并不会对例如"Richard 太年轻了，真不应该去世"或者"从头来过确实很困难"这样的话感到安慰。试着在表面上表达同情、对愉快过往的提及以及黯淡未来的可能之间取得平衡。
- **特别注意**。确保名字拼写的正确性及回顾事实的准确性。
- **写下逝者的特殊品质**。你可能依靠声誉做到这一点，但是要让悲伤的人知道你很珍视他所爱的人。
- **考虑跟痛失亲人的人提及特殊属性或资源**。如果你知道痛失亲人的人有特殊属性或资源，这将是一个合适的时机，如个人特质、宗教信仰或者圈中好友，提到这些会帮助痛失亲人的家庭成员在这样深受创伤的时候更加自信地处理事务。

主管 George Bigalow 在得知他的行政助手 Janice Case 的丈夫去世时，将下面这封哀悼信发送给 Janice：

---

⑤ Pat Cataldo, "Op-Ed: Saying 'Thank You'; Can Open More Doors Than You Think," Penn State University Smeal College of Business website, accessed 19 February 2008, www.smeal.psu.edu

⑥ Jackie Huba, "Five Must-Haves for Thank-You Notes," Church of the Customer Blog, 16 November 2007, www.churchofthecustomer.com

⑦ Mary Mitchell, "The Circle of Life—Condolence Letters," LiveandLearn.com, accessed 18 July 2005, www.liveandlearn.com; Donna Larcen, "Authors Share the Words of Condolence," *Los Angeles Times*, 20 December 1991, E 11.

向你和你的孩子致以我深切的同情。你所有的在 Carter Electric 的朋友都对 John 的去世感到很遗憾。尽管我不曾见过他,但是我真的知道他对你的特殊意义。你家人的野营旅行和他的泛舟探险的故事总是令人难忘。

为了回顾写作良好意愿信息的任务,参见"要点检查:发送良好意愿信息"。关于日常回复和正面信息的最新消息,请访问:http://real-timeupdates.com/ebct10。

要点检查

发送良好意愿信息

- 保持真诚和诚实。
- 不要夸大事实或者使用含糊不清、冠冕堂皇的语言,用具体的证据支持正面的论述。
- 用表示祝贺的信息建立与客户和同事的良好关系。
- 表达感谢以强调你对他人所做工作的重视。
- 表示哀悼时,以简短的同情开头,接着表明逝者对于你或公司的意义(如果合适的话)的意义,结尾提供对于未来的良好祝愿。

工作进行时

解决 Get Satisfaction 的沟通困境

在读了很多你给出的有用回复之后,公司代表决定把你的回复张贴在 Get Satisfaction 的网站上,新任的首席执行官 Wendy Lea 邀请你作为一名客户服务专员加入 Get Satisfaction 团队;你的工作任务主要是在线帮助 Get Satisfaction 服务客户。利用你在本章学到的内容,利用下面的网址迎接挑战吧。(如果要掌握系统运行情况,则需要查看一些其他公司的帖子,请访问 http://getsatisfaction.com。)⑧

1. 当人们对某个问题失望的时候,他们就会试图寻找一个中介平台进行讨论,比如在网上发布,而在这个时候情绪就会沸腾。你一直在监控一段来自使用 Get Satisfaction 项目的公司代表和一位客户的对话。在过去的几天中,他们的对话已经变成了一场丑陋的争吵,因为在他们的对话中充斥着无能的指责和不诚实。尽管这种情况不会直接卷入 Get Satisfaction 公司,但是你认为严重影响了你的公司,因为纠纷发生在大庭广众之下,当然我们不会任由这种人身攻击进行下去,那么什么是处理这种情况的最好方式呢?

   a. 私下给公司代表发邮件,并且提供解决纠纷的方法。
   b. 发布一个公众信息,直接提供解决纠纷的办法。
   c. 发布一个公众信息,提醒矛盾双方注意礼貌的态度。

---

⑧ 本章脚注①;一些练习题目改编自 Get Satisfaction 网站的内容。

d. 忽略纠纷，因为这是公司和消费者之间的问题。

2. 基于网络的交易偶尔会面临"页面加载"的问题，当访问者访问一个页面时，该页面无法显示内容，但是网络却似乎是正常运行的。Get Satisfaction 最近有很多这样的问题。下面哪种是解决这种问题最好的方式？

a. 是的，我们已经注意到这个问题了，但是我们希望一切尽快稳定下来。

b. 我们实在很抱歉！我们争取尽快解决问题。

c. 你难道有时候不讨厌电脑吗？我们会尽快解决问题的。

d. 我们的主机有一些问题，这些问题会带来一些错误。我们正在解决，希望一切都尽快稳定下来。

3. Get Satisfaction 公司最近发布了 2.0 版本的软件。对于这个里程碑，下列哪句话是最好的总结方式？

a. 2.0 版本是一个重大更新，发动了用户社区的全部力量来回答问题、解决问题，并收集想法发展下一代的产品和服务。

b. 2.0 版本用到了所有能想到的一切。

c. 2.0 版本是我们最好的产品，清晰展现了我们自公司成立以来到现在的所有进步。

d. 2.0 版本是一个重大更新，包含多种新的功能、扩大的可定制性、大幅的改进和简化的用户界面。

4. Get Satisfaction 公司刚刚公布了企业版客户支持软件，这个软件可以定制属于自己特性的信息系统。这个软件可以作为 beta 版本形式存在——一个免费的预发行版本，软件公司经常发行这种版本，就是为了鼓励人们试着使用，然后在官方版本发布之前看看是否需要改变或固定什么内容。Get Satisfaction 公司还没有公布官方版本的使用价格，所以大量感兴趣的顾客已经开始预测价格的走势不足为奇。小企业主特别想知道是否会给其提供一个便宜的版本。公司正在致力于根据流量的使用来确定一个定价结构，这就意味着小公司可能比大企业支付得少。下面哪种回答是最好的问题解决方式？

a. 当产品即将发布时，公布定价方案。

b. 我们不能马上定价，因为我们还在研究更多的细节。

c. 我们不能马上定价，因为我们还在研究更多的细节。我们既要为小公司也要为大公司制订定价方案，如果有一个分层结构，它会根据可靠的数据和指标来反映这些大小差异。

d. 我们不能马上定价，因为我们还在研究更多的细节。然而，我们正在尝试为大公司和小公司找出一个分层结构的定价方案。

学习目标检查

通过阅读每个学习目标和完成相关练习来评估你对本章要点的掌握情况。填空题，写出空白处缺少的文字；单项选择题，在正确答案的字母上打勾。

目标 8.1：概括写作日常商务请求的有效策略。

1. 关于日常信息，可以：

a. 略过计划阶段。
b. 计划应简短。
c. 以收集所必需的所有信息开始。
d. 以选择渠道和媒体开始。
2. 写作日常信息时，你：
a. 可以假定读者会对此感兴趣或保持中立。
b. 应该以"引起关注"开头。
c. 应该对大多数受众使用间接法。
d. 无须太多时间去修正、写作或校对。
3. 写作日常请求时，开头应：
a. 作个人介绍，如"我叫 Lee Marrs，我是……"
b. 模糊地提及有关写作主题，如"我对你有一些请求"。
c. 强烈要求行动。
d. 礼貌地陈述请求。
4. 在日常请求中提出问题时应该：
a. 从最不重要的问题开始逐渐到最重要的问题。
b. 即使清单很长，列出与主题有关的所有可能的问题。
c. 每一个问题只包含一个主题。
d. 以上全选。
5. 以下哪件事是在日常请求的结尾处应该做的？
a. 提前感谢读者接受请求。
b. 请读者在一个具体合适的时候给予回复。
c. 提出所有遗留的问题。
d. 以上全选。
6. 礼貌的结尾包括：
a. 具体请求。
b. 你的联系方式（如果不够明显）。
c. 表达感谢或良好意愿。
d. 以上全选。

目标8.2：描述三种常见的日常请求。

7. 下列哪个不是合适的日常、简单请求的目标？
a. 解释你想知道什么或者想让读者做什么。
b. 解释你为什么这样请求。
c. 解释你如何运用你所在公司的职位去让读者遵守你的指示。
d. 解释为什么读者的兴趣对你有帮助。
8. 推荐和引用的请求是日常信息，所以你可以通过_____方式组织你的语言。
9. 如果你正在向一个公司进行申请投诉，但是你不清楚最好的解决方案是什么，下列哪种方法是最好的选择？
a. 让公司去估计形势，然后针对解决方案提出建议。
b. 不寻求解决方案，因为即使那样做也未必得到理想的结果。
c. 巧妙地暗示通过法律行为可以成功投诉。
d. 要求该公司立刻解决问题，这才是当务之急。

目标8.3：概括写作日常回复和正面信息的有效策略。

10. 如果是面向客户的日常回复，应该：
a. 排除任何负面信息。
b. 包含再次销售的信息让客户确认他的购买行为是明智的。
c. 排除俗气的促销信息。
d. 以上全选。
11. 正面信息应以清晰精确的_____表述开头。
12. 如果信息中同时含有正面与负面元素，应该：
a. 以坏消息开头以便尽早摆脱它。
b. 写作两个独立的信息，不要将好消息与坏消息混在一起。
c. 将坏消息放在信的下方备注处。
d. 试着将负面信息放在正面的上下文中。

目标8.4：描述六种日常回复和正面信息的常见例子。

13. 当公司是错误方时，如果是回复一个投诉或者抱怨,以下哪件事不应包含在信息中?
   a. 确认收到了客户的投诉或抱怨。
   b. 对给客户带来的不便和损失表示同情。
   c. 解释将如何解决问题。
   d. 公司法务部门完整的联系方式。

14. 若明显属于错误方的客户请求调整,应该:
   a. 忽略请求,客户显然是在浪费你的时间。
   b. 谨慎地评价满足客户请求的成本和拒绝客户的成本,然后根据对公司的影响来决定该如何回复。
   c. 既然不满意的客户会给公司带来负面的公众影响,应接受这样的请求。
   d. 以一种坚定但专业的语气建议客户以后到别处进行交易。

15. 如果第三方是错误方(如运输公司),当客户提出投诉或调整请求时,最好的回复是:
   a. 遵照公司与第三方签订的所有有关客户服务的协议。
   b. 向客户解释公司不是错误方。
   c. 毕竟是你公司的客户,公司应该负责,所以接受请求。
   d. 尽快将此信息转发给第三方。

16. 良好意愿信息的目的是:
   a. 创造销量。
   b. 给别人留下印象。
   c. 使自己感觉良好。
   d. 加强与客户、同事以及其他商务人士的关系。

17. 最有效的良好意愿信息是:
   a. 总是试着寻找一个使发送者和接收者都获益的角度。
   b. 避免细节以及将此种情况下的情绪作为焦点。
   c. 真诚和诚实的。
   d. 以上全选。

知识应用

复习与本章内容相关的每一个问题,并请参考指定的学习目标。

1. 为什么它对于解释回复请求有利于读者是一个很好的实践呢?〔学习目标1〕

2. 你要投诉你的供应商,但是你缺少文件支持。这时你应该请求调整吗?为什么是或者为什么不是?〔学习目标2〕

3. 当地报纸最新文章显示了在过去一年中最能表现出优秀领导力的10位地区高管。你最近正在找工作,一个朋友建议你给每一位高管都写一封感谢信,在信中提及你正在找工作,如果能给你一个面试机会,你将不胜感激。这是一个聪明的策略吗?为什么是或者为什么不是呢?〔学习目标4〕

4. 你被要求给一位曾经为你工作多年的员工写一封推荐信。与你回想一下这位员工是否做过令人钦佩的工作时,你却一件也没有想到。在这种情况下,你还会写推荐信吗?请对此做出解释。〔学习目标4〕

5. 由于你公司的错误,使你公司重要的商务客户失去了新顾客。现在你和你的客户都知道这件事,你是道歉,还是不用承认责任并且可以积极地解决这件事呢?请简要做出解释。〔学习目标4〕

技能实践

文档分析

阅读下列材料,然后:(1) 分析每句话的优点和缺点;(2) 修改材料,使其遵循本章指南。

信息 8.A:信息策略:日常请求[学习目标 2]

我受够了我们现在的会计公司造成的错误。我运行一个小型建筑公司,我没有时间去仔细检查每一个会计账目,除非他们不给我回复信息,我也不会每天给他们打十几次电话。请解释一下你们公司如何可能做得比我现在的会计公司更好。你在房屋建筑商中拥有着良好声誉,但是在我决定雇用你作为我的会计之前,我需要知道你是否在意工作质量和良好的客户服务。

信息 8.B:信息策略:调整请求[学习目标 2]

我最近在本地的企业供应店为我的电脑购买了你们的"谈判专家"专业版软件。我在 MacWorld 杂志上看到了你们的广告,然后我购买了 CD,看起来它应该是在我公司的谈判研讨会上很有效的一个工具。

不幸的是,当我将它插入我办公室的电脑时,它却不能运行。由于打开了包装,当我将它退回到商店时,他们拒绝为我更换一个能运行的 CD 或者退款。他们告诉我和你们联系并且你们可能会给我提供适合我的电脑的版本。

你们可以按信头的地址给我发送信息。如果你们不能提供合适的光盘,请退还给我 79.95 美元。先就你在此事中可能提供的任何帮助表示感谢。

信息 8.C:信息策略:回复投诉和调整请求[学习目标 4]

我们已经看到你请求退还押金的信了。我们不清楚你为什么没有收到退款,所以我们将你的建议转告给了维修工程师。他说你将你公寓的一扇门从铰链上拆下来以便能使一个大沙发从门里通过。他也证实了因为你匆忙地归还 U-Haul 搬家公司的拖车而给了他 5 美元让他将门放回原处。

这整个情况是由于我们的房务审查员和维修工程师缺乏交流造成的。我们所知道的是当 Sally Tarnley 审查时门就与铰链分开了。我们的政策是如果公寓内有任何东西损坏,则我们将保留押金。我们不知道 George 没有把门放回原处。

但是我们将告诉你一个好消息。我们已经同意退还押金,并将从位于新泽西州 Teaneck 的总部将押金邮寄给你。但是,我们不知道需要多长时间。如果你在下个月末还没有收到支票,请电话联系。

下一次,你最好像租赁合同中规定的那样一直呆在公寓内直到它经过审查。这样,当你想要收回押金时你就一定可以收回。希望你有一个愉快的夏季。

信息 8.D:信息策略:提供推荐[学习目标 4]

因为我是人力资源主管,所以你寄给索尼总裁 Kunitake Ando 的信已经转寄到我这里。在我作为人力资源负责人的工作中,我有权使用索尼的所有美国员工的绩效档案。当然,也就是说,我是最有资格回答你请求得到关于 Nick Oshinski 信息的人。

在 15 日的来信中,因为 Nick Oshinski 申请到贵公司工作,所以你问道有关他在我公司的工作经历。Oshinski 先生于 1998 年 1 月 5 日至 2008 年 3 月 1 日受聘于我公司。他得到的评分从 2.5 分到 9.6 分不等,10 分为满分。你可以了解到,他一定是为某些经理比另一些经理工作得更好。此外,他享受了所有的假期,这一点不太寻常。尽管我个人不太了解 Oshinski 先生,但是我知道最好的员工不会享受所有属于他们的假期。我不知道这是否适用于这种情况。

总之,Nick Oshinski 能否很好地完成任务取决于他的管理者。

➡ 练习

你可以参考指定的学习目标来复习本章相关内容。在某些情况下,支持信息也可能在其他章节作为指示找到。

1. **信息策略:日常请求;修改为简洁的内容[学习目标 1],第六章** 改正下列结尾段。你怎样重写每一段使之简明、礼貌且明确?

   a. 我需要你尽快地回复以便我能够及时地为你的预约服务订购零件。否则在夏季来临的时候你的空调系统可能不会处于最佳状态。

   b. 预先对你尽可能多地提供产品信息表示感谢。我期望在不久的将来就会收到你的包裹。

   c. 您可以随时拨打热线电话 1-800-555-8765 来安排一次与我们在您所在区域知识丰富的按揭专家的预约,如果您对按揭利率、结束程序以及按揭过程的其他方面有疑问也可以拨打这个电话。记住,我们在这里就是要使置业经历尽可能顺利。

2. **信息策略:日常回复;媒体技能:邮件[学习目标 3],第 7 章** 校订以下简短的电子邮件信息使之更直接和简明;为每个校订的信息制定一个主题行。

   a. 我们就您最近提出的有线网络技术支持的请求联系您,我们做技术支持时一部分难题就是试着找出每位客户遇到的特殊的困难,以便第一时间解决,让客户尽快恢复上网。您可能注意到了在线支持请求的表格,可以输入您的电脑型号、操作系统、内存等。您告诉我们一天中的特定时间下载速度很慢,但没说明具体时间,也没有在表格中完整填好电脑的信息。请您回到我们的支持网站上重新发送请求,确认提供了所有相关信息,以便我们能够帮您。

   b. 感谢您就在丹佛国际机场取行李时遇到的困难跟我们联系。很抱歉因此给您带来了不便。如您所知,不管航空公司职员多么谨慎,都可能出现这种问题。请将丢失物品的详细清单发送给我们并完成下面的问卷以便于接受赔偿。您可以将它用电子邮件发回给我们。

   c. 抱歉这么久才给予回复。我们的简历实在太多了。总之,你的简历进入了最终十位的候选名单,在昨天 3 个小时的会议后我们决定与你见面。你下周的日程是怎样的?你能够在 6 月 15 日下午 3 点来接受面试吗?请在本工作周结束之前给予回复,如果你能够参加面试请通知我们。你可以想象,现在是我们的繁忙期。

   d. 我们是要让你们知道,因为我们每年使用超过一吨的纸,并且因为如此之多的纸被丢进废纸篓变成更多的环境废物。从周一开始,我们将会在每层楼的电梯外放置白色塑料箱来循环利用这些纸张并在此过程中将污染降到最低。

3. **信息策略:日常和正面信息;修改为简洁的内容[学习目标 3],第 6 章** 重写下列句子使其直接并简明。如有必要,拆分成两句话。

   a. 我们想请你到我们六折的受邀特卖会。特卖会将在 11 月 9 日举行。

   b. 我们想要你知道,你每向我们电台捐赠 50 美元,我们就会向你提供一个手提袋和五个 iTunes 下载的优惠券。

   c. 主管计划去参加在周一上午 11 点之前举行的会议。

   d. 在今天的会议中,我们很高兴地欢迎 Paul Eccelson 的到来。他审查了我们网站的购物卡功能,给出了很好的建议。如果你有任何有关这种新形式的问题,请随时到他的办公室向他询问。

4. **信息策略:对于投诉的回复和调整的要求[学习目标 4]** 你的公司向那些想调整自己

的车使之发挥最大性能的人销售一种汽车配件。一位客户发来了一封愤怒的电子邮件,声称他从你们网站上购买的增压器没有提供他期望的额外发动机动力。你的公司拥有标准化的退款程序来处理类似的情况,而且你拥有足够的信息来通知客户。你也有能够帮助客户从你的竞争者那里找到一个更兼容的增压器的信息,但是该客户的电子邮件信息很污辱人以至于你认为没有义务要帮助他。这是一个恰当的反应吗?为什么?

5. **信息策略:写作正面信息;媒体技巧:微博[学习目标4],第7章** 为一个你感兴趣的或者有用的新产品找一个在线公告,读到你能够用自己的语言来描述这个产品,然后发四条微博:一条向你的粉丝介绍产品,剩下三条微博用来描述产品特点和功能。

6. **信息策略:良好意愿信息[学习目标4]** 访问蓝山网站(www.bluemountain.com)的网络电子贺卡,分析一个电子贺卡表达良好意愿的性能。在什么情况下,你会选择使用这样的电子贺卡?你怎么为接收者在特定的场合设置个性化的电子贺卡?这封信息的结尾处应该用什么表达比较合适呢?

技能拓展

剖析行业案例

从网上寻找一个公司要通过发布新闻稿来宣布好消息的例子,比如新产品、雇用到一位有能力的高管、扩张业务、强劲的财务业绩或者行业奖项。运用"宣布好消息"一节的几个要点作为指导来分析这篇新闻稿。作者擅长用什么方式写作?在哪些方面可以改善?使用符合教师要求的任何媒体,从文章中引用特殊的元素和支持的论点写下一篇文章的简要分析(不超过一页纸)。

在线提升职业技能

"博韦和希尔的商务沟通搜索"(http://businesscommunicationblog.com/websearch)是一个专为商务沟通研究而设计的研究工具。使用网页搜索功能查找网站、视频、PDF文档、播客或幻灯片演示文稿,为写作感谢信或祝贺信这类良好意愿信息提供建议。给任课教师写一封简短的电子邮件,描述你搜索到的条目,总结你从中学到的职业技能。

改善语法、结构和表达

以下练习帮助你提高对英语语法、结构和表达的掌握和运用。在下面每组句子中,找到最佳选项,在正确答案的字母上打勾。

1. a. Joan Ellingsworth attends every stockholder meeting. Because she is one of the few board members eligible to vote.

b. Joan Ellingsworth attends every stockholder meeting. She is one of the few board members eligible to vote.

2. a. The executive directors, along with his team members, is working quickly to determine the cause of the problem.

b. The executive directors, along with his team members, are working quickly to determine the cause of the problem.

3. a. Listening on the extension, details of the embezzlement plot were overheard by the security chief.

b. Listening on the extension, the chief overheard details of the embezzlement plot.

4. a. First the human resources department interviewed dozens of people. Then it hired a placement service.

b. First the human resources department interviewed dozens of people then it hired a placement service.

5. a. Andrews won the sales contest, however he was able to sign up only two new accounts.

b. Andrews won the sales contest; however, he was able to sign up only two new accounts.

6. a. To find the missing file, the whole office was turned inside out.

b. The whole office was turned inside out to find the missing file.

7. a. Having finally gotten his transfer, he is taking his assistant right along with him.

b. Having finally gotten his transfer, his assistant is going right along with him.

8. a. Irving was recruiting team members for her project, she promised supporters unprecedented bonuses.

b. Because Irving was recruiting team members for her project, she promised supporters unprecedented bonuses.

9. a. He left the office unlocked overnight. This was an unconscionable act, considering the high crime rate in this area lately.

b. He left the office unlocked overnight. An unconscionable act, considering the high crime rate in this area lately.

10. a. When it comes to safety issues, the abandoned mine, with its collapsing tunnels, are cause for great concern.

b. When it comes to safety issues, the abandoned mine, with its collapsing tunnels, is cause for great concern.

案 例

日常请求

博客技能

1. 信息策略：信息请求[学习目标2] 你正在写一本书，内容主要是关于虚拟团队项目在线协作系统的优势和潜在的缺点。你想在这本书中展现出大量的现实生活中各行各业的案例。幸运的是，你关于这个主题有一个权威的博客，上面有几千名定期看博客的读者。

你的任务：你要写一篇博客，要求读者提交关于他们使用在线协作系统完成项目的简短描述。让他们在邮件里面写清楚在线系统协助他们工作的经历，并解释如果他们的故事被采用，他们将会收到一本有你亲笔签名的书作为感谢礼物。除此之外，你还要强调你希望他们使用真实姓名，并且可以为他们保密。为了日程上的安排，你需要在5月20日之前收到这些故事。

电子邮件技能

2. 信息策略：请求推荐信[学习目标2] 你的同事Katina Vander最近被提升为部门经理，目前就职于公司的战略规划委员会。在下周的每月会议上，该委员会将选择一名员工来领导一个重要的市场研究项目，该项目将在接下来的五年里帮助明确公司的产品组合。

你与Vander并肩工作了五年,因此她知道你的能力,你的工作能力也在很多场合被赞扬。你知道正是因为她最近刚被提升为经理,并且她需要在她的同龄人中建立信誉,因此她谨慎地制定这样一个重要的建议。另一方面,为这个重要的项目写一封推荐信,这封信将很好地展示她的眼力——基本的领导品质。

你的任务:给Vander写一封电子邮件,告诉她你对于这个计划非常感兴趣,并且希望她能向委员会美言几句。你要提到四个能够胜任这个角色的特点:在这个行业里拥有十几年的经验;一个可以帮助你理解技术、参与产品设计的工程学位;一个连续在员工年度评估中获得特殊评级的纪录;三年里你在公司的客户支持小组中工作,使你能亲自了解客户的满意度和质量问题。如果需要增加更多细节,那么请你写下来。

微博技能

3. 信息策略:日常请求;媒体技能:微博[学习目标2],第7章 越来越多的公司现在从Twitter中监控失望顾客的消息。鉴于这样的投诉是公开的,明智的公司急于得到客户的援助。

你的任务:在你自己的生活中找到一个真实客户支持的情况,你可以从一个公司中去获取这样的信息。这可能发生在任何一个劣质的产品问题上,也可能是在使用信用卡时的错误支付。如果你不能从生活中找到这样的情况,那么可以从一个朋友那"借"一种情况,在另一个班级中的学生或者另一名家庭成员,你可以尝试在Twitter上解决问题。

这将是一个真实的运动,将会消耗一个公司的时间和资源,所以确保你能解决一个真正的问题。还有,你的信息将被全世界看到,所以一定要以平和的、尊敬的方式沟通,不要在你的Twitter中透露任何机密或个人信息。(如果你的问题需要分享这样的信息,公司应当直接为你保障隐私。)

首先,搜索Twitter查看这个公司是否有账户。如果有,那么它的账户应当在清单中显示出结果。确保你选择了最合适的账户;许多公司有不止一个Twitter账户。当你选择好正确的账户,用你的账号关注它。其次,发布一条微博,微博中包含这个公司账户的姓名,然后在条件允许的情况下,清晰、完整地描述你的问题。仔细检查账户姓名、公司名称和任何你使用的产品名字。然后一定要密切关注你的Twitter账号,关注从该公司得到的消息,并发送一个及时跟进的响应。与能够帮助你解决问题的顾客支持人员一起工作。在此过程中,保存一份所有你发送和接收过的消息。

给任课教师写一份总结或准备一份经验报告,分析Twitter作为一个客户服务工具的有效应用。

电子邮件技能

4. 信息策略:请求推荐信[学习目标2] 在Cell Genesys(开发癌症治疗药物的公司)的人力资源部门工作五年后,你在近年来一场波及整个生物科技行业降低成本的运动中被解雇了。好消息是你在商店分销业找到了稳定的工作。坏消息是在离开Cell Genesys的三年内,你真的非常怀念令人激动的在生物技术领域工作的机会,以及参与某些很重要的能帮助人们从威胁生命的疾病中康复的机会。你知道生物科技事业是不确定的,但是目前你在银行还有一小笔存款,并且你还想再次乘坐这辆过山车。

你的任务:给你在Cell Genesys的前任老板Calvin Morris写一封电子邮件,使他记起你们一起工作的时光并请求他为你写推荐信。⑨

即时信息技能

5. 信息策略:请求信息[学习目标2] 幸好你的公司 Diagonal Imports 选择了由 IBM Lotus 制造的叫做 Sametime 的企业即时信息软件。别的产品可能允许你与地球另一端的同事进行实时交流,但是 Sametime 支持双向计算机翻译系统,并且你会需要到它。

问题是,你位于中国的制造厂的一条生产畅销的装饰性照明电器的生产线,上个月莫名其妙地停止了。作为美国的生产经理,你可以号召很多资源来提供帮助,如针对故障部分的新资源。但是如果不了解细节你就什么也做不了。你曾尝试给中国的高层经理打电话,但是他们都逃避问题,只告诉你他们认为你想要听的内容。

最后,你的朋友 Kuei-chen Tsao 从一个商务旅行返回。你在去年去中国的途中遇见了她。她不会说英语,但是她是负责这个特殊产品(光纤照明展示,塑料基模上有一个旋转色轮)的生产线工程师。当轮子转动时,光纤线喷发出来的光以舒缓模式改变颜色。#3347XM 号产品是 Diagonal 最受欢迎的产品之一,并且你已经收到了来自美国新店的订单。Kuei-chen 应该能解释问题,决定你是否能提供帮助,并且告诉你恢复正常运输需要多久。

你的任务:写作你所希望与 Kuei-chen 之间有成果的即时信息的第一个消息。记住你的话将被计算机翻译出来。⑩

文本信息技能

6. 信息策略:请求信息[学习目标2] 大型电子消费品展览(CES)是整个行业的首要促销活动。超过13万来自世界各地的行业人士都会参观展览上令人兴奋的来自将近1 500家公司的新产品——从游戏配件到具有上网功能的内置电脑屏幕的冰箱的任何产品。你刚刚对一个拥有内置网络摄像头的游戏手柄感到困惑,这个内置网络摄像头可以使联网的玩家在玩游戏的同时看到和听到对方。你们公司也制造游戏手柄,并且你担心消费者会聚集到这个新的摄像头手柄周围。你需要知道展览上有多少议论:人们看见它了吗?他们对它的评价是什么?他们因为它兴奋吗?

你的任务:给贸易展中的同事发文本信息,提醒他们注意那个新的摄像头手柄,并请他们倾听可能由拉斯维加斯会议中心的参会者以及展览周围的一些酒店里传播出的任何议论。要求是:信息限制在160字以内,包括空格和标点,所以你的信息不能比要求的长。⑪

电子邮件技能

7. 信息策略:请求调整[学习目标2] 当你发现 SongThrong.com 时,听一次就沉浸其中是唯一能够描述你真实感觉的方式。你喜欢几十种风格的音乐,从 Afrobeat 和 Tropicalia 到主流风格和工业金属类的爆炸风格,SongThrong.com 每月仅需9.99美元就能包含全部风格的音乐。你可以搜索每一种类型,用每月的固定费用听你喜欢的一些音乐。这项业务貌似太好而让人感觉不真实。但可悲的是它确实不好,它是如此不可靠,以至于你从一开始就要注意到它的不实用性。上个月它出了问题并且持续了12天左右——超过了一个月的

---

⑨ 改编自 Tom Abate,"Need to Preserve Cash Generates Wave of Layoffs in Biotech Industry," *San Francisco Chronicle*,10 February 2003,www.sfgate.com。

⑩ 改编自 Lisa DiCarlo,"IBM Gets the Message Instantly," Forbes.com,7 July 2002,www.forbes.com;"IBM Introduces Breakthrough Messaging Technology for Customers and Business Partners," *M2 Presswire*,19 February 2003,accessed 24 July 2003,www.proquest.com;"IBM and America Online Team for Instant Messaging Pilot," *M2 Presswire*,4 February 2003,www.proquest.com。

⑪ Adapted from CES website,accessed 18 July 2005,www.cesweb.org

1/3。但你喜欢它,这就足够了。

你的任务:写一份电子邮件给 support@songthrong.com,请求全额退款。为了享受每月 9.99 美元的价格,你预付了整整一年的资金(119.88 美元)。你已经订购两个月了,你知道这项服务在上个月至少停止了 12 天,但是你没有从第一个月就一直关注,你相信这些日子应该也是同样的数字。

电子邮件技能

8. 信息策略:请求行动[学习目标 2] 你将为企业的营销部门打造一个全国连锁的服装店。这个公司已经决定推出一个"屋中屋"似的新理念,将在每个屋中屋内展示"商务休闲装"。你如果想成功地推出这个新理念,就得为公司注入最优秀的思想。吸收全国各个区域的经验为己所用也十分重要,因为你知道营销策略在一个地方成功并不代表在另一个地方也会成功。

你的任务:给所有的 87 个商店经理写一封电子邮件,请求他们每个人都能提名一人去服务于咨询团队(经理们如果是当地的市场专家可以提名自己)。阐明你想要找的人要至少 5 年的销售经验,要对当地商务环境有很好的了解,并且对当地的销售竞争要有全面的知识储备。除此之外,最好的候选人还要是良好的团队成员,他们要擅长长期合作和使用网络会议技术。还要了解如何对这 87 个商店的人解释提名候选人的事情,但是这个团队的人数要限制在 8 人以内。你已经与许多商店经理见面了,但不是全部,因此在文章的开头一定要先介绍你自己。

日常信息

电子邮件技能

9. 信息策略:给予投诉[学习目标 4] 你的公司卖花束和礼品篮。假期总是一个高峰期,超负荷工作的员工会偶尔犯错误。上周,有个人犯了一个大错误。我们收到了一封愤怒的电子邮件,来自一位叫 Anders Ellison 的顾客,他告诉我们他为他妻子预订了一束万圣节的花,但是公司却邮寄了适合葬礼的花。

你的任务:给 Ellison 回一封电子邮件,为这个失误道歉并承诺将全额退款给他,告诉他明天将会把正确的花重新送过去(且他不用支付任何费用),给他一个选择,他可以在他妻子的生日那天免费得到任何的一束花或一个礼品篮。

电子邮件技能

10. 信息策略:给予投诉[学习目标 4] 像在 Razer(www.razerzone.com)工作的许多员工一样,你是一个狂热的游戏爱好者。你可以因此与一个在激烈游戏中兴奋的顾客产生同感,庆祝般地在椅子上猛烈地敲击着键盘。Razer 产品专门针对的是激烈的动作,但没有哪个键盘可以承受那样的打击。所以,为了建立良好的网络游戏意愿,你的经理收到了免费更换产品的一个请求。那种破坏很少见,所以公司不用担心经常发布类似的请求。

你的任务:回复 Louis Hapsberg 请求更换键盘的电子邮件,在他的邮件中他承认了滥用键盘的行为。简要地解释这个公司为表彰他在很多游戏中获胜而给予他一个免费的键盘作为回报,但是要温和地提醒他,即使最耐用的键盘也需要小心使用。

博客技能

11. 信息策略:提供日常信息;组成模式;教程[学习目标 4] 位于得克萨斯州奥斯汀的广告公司 GSD&M Idea City,使用一种被称为动态协作的方法提出了新的广告思路。一个精选的团队无论是内部人士还是外部人士都是对项目认真听取的,并且能够回答出一两个关键性的问题。这个团队的成员会坐在电脑旁边在五分钟之内尽可能多地回答匿名的问题。

然后项目主持人会钻研这些回复,寻找任何可能点燃理解和接触消费者的火花。

你的任务:GSD&M 召开那些集思广益的会议,征集来自公司内部和外部的一种折中的参与者——像经济学家和专业视频游戏玩家这样多样化的人物。确保每个人能够理解这个集思广益的指导方法,并准备在博客上发布一则消息。用你自己的话清晰地传达以下四点内容,尽可能地简洁:

- **做你自己**。我们想尽可能多地从各种角度引入新的想法,这也是我们征集多个参与者的原因。不要试图用你的心态去看待广告专家;我们希望你能用日常工作中通常使用的分析和创造能力去战胜挑战。
- **创造,不要裁剪**。在最初的五分钟会话期间,打字输入不要进行编辑、提炼或自我检查。我们不关心你的格式是否漂亮,词句是否优美甚至拼写是否正确,只需要你打字尽可能地快。
- **它与思想有关,与参与者无关**。正如你之前知道的,所有收集来的想法都是匿名的。我们不能告诉谁提交了好的方法、不好的方法或者已经尝试过的方法,所以不会影响你的个人信用,你可以疯狂和无所畏惧。去做吧!
- **被采纳的方法将会受到最严格的检测**。你提出的方法,可能有风险、代价大或者很难实现,其实不需要担心。尽管我们缩小了这些可能性,但是少数人依然会从各个角度去判断、干涉、刺激。换句话说,让我们去担心包住了火;你却碰撞出了火花。⑫

播客技能　　档案建立

12. 信息策略:提供日常信息;媒体技巧;播客[学习目标 4]　作为 Winnebago Industry 人力资源部门的一名培训专家,你总是在寻找新的方法来帮助员工学会必需的工作技能。在观察生产工人一页一页地翻看培训手册,学习怎样装配一个新的休闲车时,你想到了似乎很棒的主意:用音频文件来记录装配说明使得工人能够在履行必要步骤的同时听到说明。有了音频文件,他们不需要在产品和手册之间来回转移目光——而且经常不知道进行到了哪里。他们可以将注意力集中在产品上,同时倾听每一个说明。另外,新系统花费一点也不多;任何电脑都能记录音频文件,而且你只需将它们放在公司内联网上以便它们可以被下载至 iPod 或其他数字音乐播放器。

你的任务:你想立即让你的老板通过你的新想法,老板听说过播客但是认为它在商务中没有用处。他要求你进行一次示范来证实想法的可行性。选择一个自己参与的过程,从替换吉他的弦到缝制被子再到给汽车换油的任何事都行,并简短(一页或更少)地描述一下能够被记录为音频文件的过程。仔细考虑用音频格式取代打印内容的局限性(比如说,你需要告诉人们在从事耗时的任务时要终止播放音频文件吗)。

博客技能　　档案建立

13. 信息策略:提供日常信息[学习目标 4]　你通常是一个易于相处的经理,给员工们许多余地来展示他们自己的交流方式。然而,今天早上的每周员工会议却将你边缘化了。人们打断对方的话,问已经被回答的问题,在报告和展示过程中发送短信,表现出不好的倾听习惯。

你的任务:回顾第 2 章关于倾听技巧的提议,然后为公司的网上博客写一篇日志。强调倾听的重要性,为你的员工列出至少五个可遵

---

⑫ 改编自 GSD&M Idea City website, accessed 7 July 2010, www.ideacity.com; Burt Helm, "Wal-Mart, Please Don't Leave Me," *Business Week*, 9 October 2006, 84—89。

循的步骤,训练他们成为更好的倾听者。

日常回复

写信技能　团队技能

14. 信息策略:提供推荐信[学习目标4] Orbitz是世界上最大的在线旅游服务之一。作为Orbitz的项目经理,你见过很多来实习的大学生。然而,很少有如Maxine Chenault这样让你印象深刻的。首先,她几乎是一夜之间就学会了如何导航公司的资料管理系统,并总是能正确地使用它,而其他实习生总会在毫无利害关系的事情上丢三落四。她询问了很多关于商业方面的精彩问题。你教过她博客和网页设计的规则,她能很快地掌握这些内容。而且她总是准时、专业和渴望帮助别人。她还不介意承担平凡的任务。

另一方面,Chenault是一个受欢迎的学生。以前你就发现当你需要她帮助的时候,她经常会忙于打电话安排许多社会活动。但是,当你和她进行了一次简短的谈话之后,就没有这个问题了。

当她秋天要回到学校的时候,你很遗憾看到Chenault离开,当她向你要一封推荐信的时候,你十分高兴地给予了回应。她不确定毕业之后她会去哪找工作或将选择什么样的职业路线,因此她请求你能一直保留这封信。

你的任务:和班级的一组同学工作,讨论在这封信中哪些应当写出来、哪些不应当写出来。基于你的讨论准备一个提纲,然后给这封信写一份草稿。

社交网络技能

15. 信息策略:写作日常信息;组合模式;总结[学习目标4]　随着能源价格上涨的趋势以及更多的人开始适应环境和地质复杂的石油能源,人们对太阳能、风能和其他替代能源持续的增长产生了兴趣。

在太阳直射的地理位置,通过累积阳光,太阳能电池板可以长期解决能源消耗的问题。然而,前期的成本对于大多数业主仍然是非常巨大的。为了帮助降低这道门槛,加利福尼亚州的Foster City公司的SolarCity现在允许业主每月租赁太阳能电池板,并且费用要小于他们当前的电费。⑬

你的任务:访问www.solarcity.com,点击"Residential",然后点击"Solar Lease"阅读有关租赁的事项。接下来,研究在Facebook上SolarCity的表现,感受一下公司怎样在社交环境中表现自己。现在假设你被安排写一个简短的总结SolarLease程序的任务,它将会出现在Facebook中SolarCity的相关信息页面上。用你自己的语言,写一封不超过200字的介绍信,介绍SolarLease的程序并发送给教师。

正面信息

博客技能

16. 信息策略:好消息信息[学习目标4] 业余和专业的高尔夫球手想降低杆数,他们要找到能为他们个人的挥杆水平进行优化的俱乐部。近年来,俱乐部在适应的过程中已经明显提高了技术,装配工利用Doppler雷达、动作捕捉视频和其他工具来评估球员的挥杆和球的飞行轨迹。Hot Stix Golf(www.hotstixgolf.com)是该行业的领头人,已经订做了超过200个职业工具和成千上万的业余工具。⑭

你的任务:想象你是印度高尔夫报道(www.indianwellsgolfresort.com)的公共关系部主任。你经营的公司刚刚与Hot Stix签署了一

---

⑬ 改编自SolarCity website, accessed 7 July 2010, www.solarcity.com。
⑭ 改编自Hot Stix Golf website, accessed 8 February 2011, www.hotstixgolf.com。

项协议,现场开放了一个装配中心。写一篇可以发表在常用博客上的三段文章。第一段应当发布 Hot Stix 中心将在 6 个月内开放的消息,第二段应当总结俱乐部装配的好处,第三段应当提供一个简短的对该服务的看法,而这个服务将被使用到 Indian Wells Hot Stix 中心。俱乐部装配的消息可以在 Hot Stix 网站上找到;而要完成这个任务你需要写一些额外的信息。

博客技能　档案建立

17. 信息策略:好消息[学习目标 4]　在印刷和在线交流之中,很难逃脱 Adobe 系统的影响,这个公司背后的 Acrobat、Photoshop、Flash、InDesign 以及其他程序用于创建和分享文本及视觉的内容。即使它的影响在通信行业会继续增加。但是,Adobe 能有效地减少它对自然环境的影响。Adobe 公司发明了许多技术并能用这些技术减少能源消耗,而且该公司是美国绿色建筑委员会白金认证的第一家公司。

你的任务:在 Adobe 公司网站上写一篇 1—2 段的通知博客,让员工们知道该公司在努力减少能源消耗,感谢员工提交能源节约思路和他们在减少、再利用和回收能源的个人努力方面做到的程度。你可以在 www.adobe.com/corporateresponsibility/environmental.html 上了解到更多的关于公司的努力和成就。⑮

写信技能

18. 信息策略:好新闻信息[学习目标 4]　你已经作为 Ron Glover 的行政助理工作了两年,他是纽约阿蒙克市的 IBM 全球劳动力多元化公司的副总裁。Chana Panichpapiboon 比你担任 Glover 的助理时间还长,而令人悲伤的

是,她的丈夫 Surin 昨天在一场公交车事故中去世了(另外还有 19 人遇难)。这辆汽车在结冰的路面上打滑掉进了深谷,在救援队伍到达之前,车已经翻了并且压住了乘客。

你是去年在一个公司宴会上见到 Surin 的。你仍然能记起他那温暖的笑容,他对你们来说完全是个陌生人,可是他与每个人开玩笑、与人相处的方式仍然让你记忆犹新。他只有 32 岁,留给 Chana 两个孩子,12 岁的男孩 Arsa 和 10 岁的女孩 Veera。他的死十分悲惨。

通常,你会立即写一封哀悼信。但是 Chana 和 Surin 都是泰国人。你意识到你最好先做一点调查。Chana 是佛教徒还是天主教徒?在典型的西方实践中表达同情的方式哪些是不合适的?哪些是带有攻击性的?

在 Chana 工作中最亲密的朋友之间做一些谨慎的询问之后,你了解到她和泰国大多数人一样,是一个佛教徒。在公司的图书馆中,你查看了关于世界各地的风俗习惯之后,你搜集到泰国佛教徒的人生信念,"人优先于一切规则和法律"和"人们因为因果报应而获得他们的社会地位,而不是个人成就",这意味着 Chana 可能相信轮回转世。但是书中也说道,信奉 Theravada 佛教的人能够自由选择他们的宗教信仰。所以 Chana 的信仰仍然是一个谜。

你了解她的丈夫对她的重要性,以及他们整个家庭有多爱他。但这至少是最普通的信息。而且你引用了一句你曾经看到过的话,"时间之手会轻声抚慰那令人悲伤的伤口",这样合适吗?

你的任务:你已经决定在一个空白的卡片上亲手写哀悼信,你发现通过这件事能够感受

---

⑮ 改编自 Adobe website, accessed 8 February 2011, www.adobe.com; Jeff Nachtigal, "It's Easy and Cheap Being Green," Fortune, 16 October 2006, 53; "Adobe Wins Platinum Certification Awarded by U.S. Green Building Council," press release, 3 July 2006, www.adobe.com。

一个平和的"东方风味"的画面。你知道你在冒着文化的风险，但是至少你不会犯下更大的带有攻击性的写作错误。选择你认为最诚恳的话，而这些话在任何不同的文化和传统中都能产生共鸣。⑯

写信技能

19．信息策略：哀悼信［学习目标4］ 作为美国加州Walnut Creek市的安泰健康计划保险公司的首席管理员，你面对一项艰难的任务。Hector Almeida是最好的保险业员工之一，近几天因为车祸失去了他的妻子（他和十几岁的女儿当时没和她在一起）。因为你是老板，重要部门的每个人都在和你交流探讨如何表达对团队成员的同情和关心。

有人建议写一个简单的问候卡，每个人都可以在问候卡上面签名，但这似乎对每天与你共事接近五年的人太没有人情味了。因此，你决定写一篇能代表整个部门的个人信件。尽管你在几次公司业务中曾遇到过Hector的妻子Rosalia，但是你主要还是通过Hector以前频频提起她才知道的。你并不了解她，但是在信中你需要多提及和她相关的事情。

现在，他正在悲痛之中。但是如果任何人都可以克服这份悲伤的情绪，那么他也可以做到。他已经下定决心去认真完成他的工作，无论前方有多少障碍，他都会以一个积极乐观的态度去对待它。这就是办公室里的每个人都这么喜欢他的原因。

你也计划建议当他返回到工作岗位时，可以为他改变一个小时的时间表，以便他能在女儿Lisa放学后有更多的时间陪她。在这段时间的调整期里，用你的方式尽可能地帮助他们去适应这段时间。

你的任务： 给Hector Almeida写一封信，他住在47 West Ave.，#10，Walnut Creek，CA 94596。（随时增添任何你需要的细节。）⑰

社交网络技能

20．信息策略：良好意愿信息［学习目标4］ 作为在Loganville最大的雇主，你的建筑公司因为能够提供工作机会、采购活动、税收活动等，因而是城市的经济的重要组成部分。作为公司的首席执行官，你意识到公司和社区员工是互利的，没有努力的社工，公司就无法生存，公司的业务机会主要来源于发展中的市场，以及政府提供的法律物质基础设施。

在上周末，公司依赖于社区人员的事例就以直接的方式表现出来，当强大的风暴席卷了罗干河时，威胁到了公司的办公室和仓库设施。二百多名志愿者和你的员工一起工作，他们填补和堆积沙袋来保护公司建筑和市议会授权部署的重型设备，额外的人员在帮助紧急救助工作。当你看到水上升近10英尺临近堤坝后面的时候，你意识到社区人员在努力拯救你的公司。

你的任务： 在你的Facebook页面张贴一个信息墙，感谢市民和政府官员在暴风雨中对你公司的帮助。使用你的想象力写一篇100到200字的信息。

---

⑯ 改编自 Keith H. Hammonds, "Difference Is Power," *Fast Company*, 36, 258, accessed 11 July 2000, www.fastcompany.com; Terri Morrison, Wayne A. Conaway, and George A. Borden, Ph.D., *Kiss, Bow, or Shake Hands* (Holbrook, Mass.: Adams Media Corporation, April 1995).

⑰ 改编自 Mitchell, "The Circle of Life—Condolence etters, Larcen," Authors Share the Words of Condolence.

第 9 章 负面信息的写作

学习目标

学完本章后,你将能够:

1. 应用负面信息的三步写作法
2. 解释传递负面信息时如何有效地使用直接法
3. 解释传递负面信息时如何有效地使用间接法
4. 解释传递负面信息时保持道德和礼节的高标准的重要性
5. 描述在日常商务中传递负面信息的成功策略
6. 列出传递负面组织信息时要考虑的重要内容
7. 描述传递与雇佣相关的负面信息时的成功策略

工作进行时

Chargify 公司的沟通

沟通失误造成不愉快的情形

如果你曾经在网上使用信用卡或借记卡购买东西,那么你一定用过某种形式的自动计费系统。从一个消费者的角度来说,你所要做的就是在你的月结单中填一下表单和费用,因此计费看起来相当简单。然而,在屏幕后面的计费工作却需要很大的任务量,而且这些都需要准确、快速、安全地完成。许多电子商务公司因此选择了来自波士顿的 Chargify 公司,以便于完善这一至关重要的商业功能。

Chargify 公司基于电子商务客户拥有的顾客数量来进行包月费用定价。这种分层定价计划使那些有着少量顾客的电子商务公司保持着较低的成本。直到 2010 年年底,Chargify 公司制定了一个非常具有吸引力的最低价格——免费。

制定免费价格的理念是为了吸引那些还在创业中的电子商务公司;随着他们成长,他们就会推进到一个更高的层次,继而成为付费客户。然而,Chargify 公司发现大多数免费层的电子商务公司发展都比较缓慢,如果一直这样,Chargify 公司就会因为一直免费供应他们而得不到任何收益。

为了获得足够的收入来保持公司能够始终提供可靠的、可持续的服务来满足客户需求，Chargify公司的共同创始人David Hauser意识到他需要提高价格，包括第一次给最低价格层提价。公司在2010年10月宣布了最新的定价结构，立即就遭到了很多客户的抨击，大家纷纷对价格上涨、没有预先通知老客户等感到非常不满。一些人把公司称作"贪婪"和"愚蠢"的代名词，而一些人甚至指责其"偷梁换柱"的商业战术。随着博客和评论者的声音不断加剧，技术新闻网站科技博客（TechCruch）总结了当前形势，以一篇文章"Chargify公司难熬的日子来临了"为题开始进行分析。

通过两天漫长的等待，Hauser在Twitter、行业博客和其他网站写了题为"如何在一天之内打破客户对你的信任：来自主要错误的教训"来回应客户。他说："公司在定价模型方面犯了一个巨大的错误。由于没有预先提醒客户价格的变化，Chargify打破了长时间建立起来的客户信任，现在又需要用很多时间去修补。我们应该针对需求进行良好的沟通，并且提供更多关于本次提升价格的信息，然后再用一定时间去引导价格的上涨。"

Chargify公司提供的各种服务都是收费的，所以涨价是非常必要的事情，但是参与到其中的每个人都认为这种局面不好控制。当Chargify要扩大规模时，Hauser和他的团队将继续学习相关内容的课程，但是你可以确信他们在未给消费者足够时间接受之前不会启动任何新的价格上涨。[1]

http://chargify.com

9.1 负面信息的三步写作法

前文提到Chargify公司的David Hauser及其团队都是成功且有经验的企业家，但是他们都发现与非常依赖信息的受众分享意料之外和不受欢迎的信息是多么棘手。对所有商务人士来说，无论是拒绝请求、分享不愉快或不受欢迎的信息、公开道歉，负面信息沟通都是生活中的一部分。通过你在本章中学习的内容，你可以成功地进行不受欢迎信息的沟通，同时也能减少不必要的压力。

根据具体情况，当你需要传递负面信息时，你有五个目的：(1) 传递坏消息；(2) 让坏消息被接受；(3) 尽可能与受众保持友好关系；(4) 维持所属组织的良好形象；(5) 适当地减少或消除将来对这一事件的沟通往来。在一个信息中达到五个目的实在是太多了，因此仔细计划和完成负面信息是至关重要的。

---

[1] Chargify website, accessed 18 February 2011, http://chargify.com; David Hauser, "How to Break the Trust of Your Customers in Just One Day: Lessons Learned from a Major Mistake" David Hauser blog, 13 October 2010, http://davidhauser.com; Jason Kincaid, "Subscription Billing System Chargify Missteps as It Switches from Freemium to Premium", Tech-Crunch, 11 October 2010, http://tech-crunch.com; Lance Walley, "Chargify News: New Pricing, Features & More," 11 October 2010, http://chargify.com; "Chargify New Pricing" comment thread, Hacker News, accessed 18 February 2011, http://news.ycombinator.com

9.1.1 第一步:计划负面信息

在计划负面信息时,不能回避一个事实,那就是受众并不想听你要说的话。为了减少对商务关系的损害并鼓励受众接受信息,你应该仔细分析情况从而更好地理解接收者处理信息的情境。

确保彻底地考虑所要表达的目的——是简单的(比如拒绝工作申请)还是复杂的(比如起草一份负面的绩效评价,在评价中不仅要将过去的业绩反馈给员工,还要帮助其制订一个能够改进以后业绩的计划)。带着头脑中清晰的目的和受众的需要,来识别和搜集为了让受众能够理解和接受该消息所需的信息。负面信息对接收者的影响可能非常大,在很多情况下,接收者有权要求你对信息做出进一步的解释。

传递负面信息时选择正确的媒体至关重要。例如,可能的话,给员工的坏消息最好还是亲自递交,这样既可以保护员工的隐私,表示对员工的尊重,也给员工一个提问题的机会。当然,传递坏消息从来就不是件容易的事,你会越来越多地开始使用书面或电子媒体共享重要的负面信息。

在负面信息中明确你的中心思想通常比简单地说"不"更复杂。例如,回复那个要求升职的努力工作的员工时,你要传递的信息远远超过简单地说"不",还要向她解释如何通过更加灵活地工作而非光靠努力来提高业绩。

最后,负面信息的组织需要特别注意。其中最关键的决定就是选择直接法还是间接法(如图9.1所示)。一个使用直接法的负面信息可以使用坏消息开头,继而陈述在特殊情况下做出这样决定的原因,结尾处使用积极的陈述与受众建立良好关系。相反,间接法在开头陈述坏消息之前先说出原因。

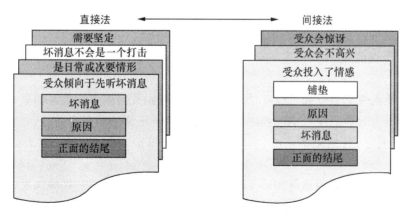

图 9.1 选择用间接法或直接法传递负面信息

在选择方法之前认真分析形势。

为了帮助决定在什么情境下使用哪种方法,可以问自己以下几个问题:

- **坏消息会不会是一个打击?** 直接法适用于人们已经认识到接收到坏消息的可能性的商务场合。但是,如果要传递的坏消息对受众来说可能是个打击,就要用间接法帮助他们做好心理准备。

- **受众是否更喜欢切题的短消息？** 例如，如果你知道你的老板喜欢切题的短消息，那么，即使是传递坏消息，直接法仍是最佳选择。
- **这个消息对受众有多重要？** 对次要或日常的情况，直接法几乎总是最佳选择。但是，如果受众在这件事上投入了情感或者结果对受众相当重要，间接法一般是最佳选择。
- **是否需要跟受众保持亲密的工作关系？** 间接法更容易缓和坏消息带来的打击，因此如果需要同受众保持良好关系，它是比较好的选择。
- **是否需要获得受众的注意？** 如果受众忽视了你发送的信息，直接法可以帮你获得他或她的注意。
- **你的组织偏好什么样的风格？** 一般企业有其独特的沟通风格，从强硬的、直接的到温和的、间接的都有可能。

9.1.2 第二步：写作负面信息

当你想让受众适应负面信息，既要关注有效性，又要注重交际手段。毕竟，受众不想听到负面信息并可能强烈地反对你，所以被视为不清楚或缺乏善意的信息会加剧受众的反感。本章后文中的"接下来明确阐述坏消息"建议带着关怀和机智来写作不愉快的消息。文化因素也扮演了一定的角色，从公司的组织文化到全世界的各种文化都值得注意。

负面信息令人失望的本质要求你要时刻关注受众的需求。比如，内部受众通常对负面信息的预期不同于外部受众。有些时候，两个群体可能会对同一个信息以不同的甚至是截然相反的方式做出解读。例如，员工对于即将进行裁员的消息会做出消极的反应，而公司股东则会感到高兴，认为这证明管理层在进行成本控制。此外，如果像裁员这样的负面消息同时发送给内部和外部受众，员工们将会不仅仅期望得到更多的细节，而且还希望在对外公开之前得到通知。

给外部受众的负面信息要求考虑你的受众本质上的多样性，以及考虑内部信息保密性的要求。一条信息可能涉及六七个受众，而他们每个人都有各自不同的观点和日程安排。另外，如果这样做会泄露著作权信息，比如说未来的产品计划，那么你恐怕不能根据读者的要求解释过多的细节。

如果你还没有与受众建立起可信度，那么要列出你对相关问题做出决策的资格。那些并不认为你可信的负面信息接收人很可能会挑战你的决定或者拒绝你的信息。并且，树立和保护你公司的形象总是首要的考虑；如果不小心，一个负面的回答可能会导致失控，形成对你公司的负面感情。

当你使用表示尊敬或避免谴责的语气时，你保护了受众的自尊心。这种沟通礼仪是非常重要的，但在负面信息中要使用时要特别谨慎。此外，你可以用正面的语言来缓解受众的失望情绪（如表9.1所示）。

表 9.1　选择正面语言

负面措辞举例	可供选择的正面措辞
你的要求没有任何意义。	请阐明你的要求。
损坏的零件一周才能修好。	零件下周就可以修好。
虽然不是我们的过错,但您的订单不可避免会有延迟。	我们从供应商那里一收到铝就立刻处理您的订单,这些铝预期 10 天内发货。
很明显你并不满意。	我承认产品未能达到您的预期。
知道你不高兴我很震惊。	谢谢您在购物时跟我们分享对所受到的服务的看法。
很不幸,我们还没有收到订货。	订货尚未到达。
附言是错的。	请重新核对附言。

9.1.3　第三步:完成负面信息

在信息的完成阶段,你仍然要关注细节。修正信息的内容来确保各项都是清晰、完整和简练的,要意识到受众在对负面信息的反应上即使是很小的缺陷也会被放大。制作整洁、专业的文档,并且通过仔细校对来消除错误。最后,尤其要确保负面信息被迅速而成功地传递出去。推迟发布负面信息是一种严重违反礼仪的行为。

9.2　负面信息的直接法

用直接法传递负面信息时,以坏消息开头,进一步阐明事件的原因或决策,最后以跟受众保持良好关系为目标的正面陈述结尾。鉴于具体情况,信息中也可能提出了可供选择的办法或是适合当前讨论情况的一个行动计划。在开头声明坏消息有两个好处:(1) 有利于写成较简短的消息;(2) 可以让受众花更少的时间理解消息的大意。

9.2.1　开头明确阐述坏消息

不管是什么样的消息,都可以开诚布公地说出来。即使这个消息是具有破坏性的,也要保持一种冷静、专业的语气,把重心放在信息上而不是放在某人的失误或其他个人因素上。同样,如果必要的话,提醒读者你为什么写这则消息。

9.2.2　提供原因和附加信息

大多数情况下,在直接的开头后面将紧接着解释为什么信息是负面的。解释程度决定于信息的性质和与受众的关系。例如,如果你想长期与一位重要的客户保持业务往来,那么就需要一个额外的细节信息来进行解释。

但是,你也会遇到一些情形,对负面信息做解释可能不恰当也于事无补。比如说原因是保密的、非常复杂的或者与读者毫无关系。为了与读者保持良好的工作关系,你可能需要解释为什么不能提供原因。

传递坏消息时,是否应该道歉？答案并不像有些人认为的那么简单。"道歉"这一概念很难下定论。对有些人来说,道歉仅仅是表达对发生在另一个人身上的不幸的同情。在另一种极端情况下,道歉却意味着承认过失并且要对具体的赔偿或纠正负责,以弥补过错。

有些专家甚至建议公司永远不道歉,即使知道自己的确犯了错误。因为道歉可能被看做供认有罪,从而会成为法律诉讼中反驳公司的证据。但是,美国的一些州都有立法来特别防止表达同情被用作法律责任的证据。事实上,法官、陪审团和原告更倾向于原谅那些对遭遇方表示同情的公司;此外,道歉也有助于挽回公司的声誉。最近,有些检察官已经开始对高层管理人员施加压力,迫使他们公开承认有罪并道歉,以此作为刑事案件判决的一部分,这和通常的支付罚金但拒不承认错误的做法相异。②

遇到重大失误或事故时,最佳建议是立刻诚恳地表示同情并提供帮助,如果可以,不用承认罪行,然后在详细阐述之前寻求公司律师的建议。就像最近一份调查所总结的那样:"道歉的风险很低,潜在的报酬却很高。"③

如果你想道歉,那就正式地道歉。不要说"我很抱歉使大家不愉快",这样的陈述意味着你对于使大家不愉快的这件事并不感到抱歉,你以为是其他原因导致了目前的状态。④ 例如,当索尼公司的网络娱乐平台被黑客攻击不能使用之后,首席执行官 Howard Stringer 在公司的博客上发表文章称:"我作为公司负责人向此次受黑客攻击带来不便的人们道歉"。⑤在这篇文章中,他就没有写"是否使任何人都感到不方便"或者"此次攻击引起其他方面的担心"。

需要注意的是,你还可以对别人的困境表示同情,但不要暗示这是由于你的错误而导致的结果。例如,一位商务客户因为操作问题而损坏了产品,现在他面临财务损失的威胁,这时你可以这样表述,"听说了您的麻烦,我感到很抱歉",这就体现了不承担责任的灵敏度。

9.2.3 以尊重的语气结尾

对负面信息做出解释之后,以一种诚恳尊敬的方式结尾。如果合适的话,在时间允许的范围内,你可以考虑给读者提供可供选择的解决方案。寻找机会加入正面的陈述,但是要避免给对方产生错误的希望,或者写一些看起来负面的事情并没有发生在接收者身上的论断。若以错误的正面信息结尾,会使读者产生不受重视和被欺骗的感觉。⑥

在许多情况下,结尾处要尊重他人,这样可以强调道歉的诚恳,这是非常重要的。因为这也可以避免将来再犯同样的错误。信用评级机构 Standard & Paul 公司对于他们在 2007—2008 年制定的导致经济大衰退的次级抵押贷款规则表示遗憾,该公司还描述了"恢复投资者对他们公司信任"

---

② Ian McDonald, "Marsh Can Do $600 Million, but Apologize?" *Wall Street Journal*, 14 January 2005, C1, C3; Adrienne Carter and Amy Borrus, "What If Companies Fessed up?" *BusinessWeek*, 24 January 2005, 59—60; Patrick J. Kiger, "The Art of the Apology", *Workforce Management*, October 2004, 57—62.
③ Ameeta Patel and Lamar Reinsch, "Companies Can Apologize: Corporate Apologies and Legal Liability:" *Business Communication Quarterly*, March 2003, accessed 1 December 2003, www.elibrary.com
④ John Guiniven, "Sorry! An Apology as a Strategic PR Tool," *Public Relations Tactics*, December 2007, 6.
⑤ Howard Stringer, "A Letter from Howard Stringer," PlayStation Blog, 5 May 2011, http://blog.us.playstation.com
⑥ Quinn Warnick, "A Close Textual Analysis of Corporate Layoff Memos," *Business Communication Quarterly*, September 2010, 322—326.

的变化,公司经理 Deven Sharma 解释道。[7]

9.3 负面信息的间接法

通过先说明理由,间接法可以帮助受众做好接受坏消息的心理准备。但这并不是说间接法就意味着要掩盖、拖延坏消息或者减少责任,而是指这种方法的目的在于减弱坏消息的打击并帮助受众接受它。如果使用不当,间接法可能显得不礼貌甚至不道德。但是如果使用恰当,它便是一个很好的兼顾道德和礼仪的、以受众为导向的沟通实例,诚实地表现出了对别人的关心。

9.3.1 以铺垫开头

使用间接法的信息开头需要**铺垫(buffer)**:一个中立、没有争议的陈述可以与读者建立良好的关系。一个好的铺垫可以表达你对被关注的感谢(如果是请求你回复时),向读者保证你会处理该请求,或者表示你理解了读者的需求。好的铺垫也需要围绕主题和做到真诚。相反,一个糟糕的铺垫就无法引起读者的注意,或是把读者的注意力转移到其他不相关的问题上,或是给读者以错觉,让读者误以为你在传递好消息。

一位订单执行部门的经理请求从你部门临时抽调一些员工去帮忙(你无法答应的请求),考虑以下这些可能的回复:

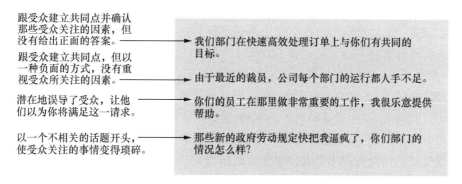

以上铺垫中只有第一个是有效的,其他三个都可能会破坏你和那个经理的关系,并可能降低他对你的评价。表 9.2 列举了几种有效的铺垫,你可以用它们来巧妙地开始一个负面信息。

考虑到设计不当的铺垫可能带来的危害,在发送之前要仔细斟酌每一个铺垫。它是有礼貌的吗?是切题的吗?是中立的吗?它能否为接下来的原因提供平稳的过渡?如果你能对每个问题都回答"是",那么你就可以自信地继续你信息的下一部分。但是,哪怕意识到铺垫听起来有一点虚伪性或误导性,你可能就需要重写。

---

[7] Deven Sharma, "Standard & Poor's Commitment to Reform: Restoring Confidence in the Credit Markets;" Standard & Poor's, accessed 13 July 2010, www.standardandpoors.com

表 9.2 铺垫的类型

铺垫类型	策略	举例
一致	找出你和受众观念的相似点。	我们都知道在这个行业赚钱有多难。
感激	对收到某物表示诚恳的谢意。	您 127.17 美元的支票昨天已经收到。谢谢您!
合作	表示愿意在条件允许下提供任何帮助。	员工服务机构是给所有为公司目标奋斗的人铺路的。
公正	让受众确信你认真考虑了这个问题,或者提及已采取的适当行动。	上周我们用带宽监控工具来测了你上传和下载的速度。
好消息	以信息中较令人高兴的部分开头。	我们已将您账户上的 14.95 美元用来支付您的回程运费。
赞扬	找出一种特征或一项成就进行称赞。	Stratford 集团无疑在帮助客户解决财务报告问题方面有着令人印象深刻的成就。
转售	赞许地讨论与信件主题有关的产品或公司。	凭着重型全悬部件和良好的饰面,我们 Montclair 生产线的办公桌和文件柜已经在有价值意识的专业人士这一市场上获得了成功。
理解	证明你理解受众的目标和需要。	附上一本描述所有目前可买到的松下打印机的小册子,以便您能更容易地找到符合您需求的打印机。

9.3.2 提供原因和额外信息

传递负面信息时,一个有效的铺垫可以很好地衔接下面的段落。一个理想的解释部分会在没有明确说出结论之前将受众引到结论上去。换句话说,在实际拒绝之前,受众已经跟着推理的思路知道了答案。通过有效地给出理由有助于将焦点保持在自己可掌控的话题上,并可以缓和总是伴随重大坏消息而带来的不良情绪。在 Chargify 公司关于新定价模型发布的博客上,首席执行官 Lance Walley 解释了一家公司如何提高受众可信度和服务质量。[8]

在列出理由时,从最正面的几点开始,然后逐渐增加负面的部分。为了让受众理解你的理由,应该给出足够多的细节,但注意要简练。你的理由要能够让受众确信该决定是合理、公平和合乎逻辑的。如果合适,可以利用解释部分来说明为什么这个负面信息实际对受众可能是有益的,但是解释部分仅仅是你做得对和你没有伤害受众的前提下。

避免隐藏在公司政策的后面来缓冲坏消息。如果你说"公司政策禁止我们雇用任何不足两年管理经验的人",这暗示着你不会从个人价值方面去考虑别人。有技巧的和有同情心的沟通者在解释公司政策时不会提到这是"政策",以便让受众在以后尽量满足这个要求。考虑一下对员工的这个答复:

> 因为这些管理职位非常具有挑战性,所以人事部已经调查了胜任的条件。结果显示有两条最重要:工商管理学士学位及至少两年的管理经验。

向受众解释这个决定是在系统分析了公司的需要之后做出的。

在公司决定之后说明标准依据,让受众知道这个职位需要什么条件。

---

[8] Walley, "Chargify News: New Pricing, Features & More."

这一段很好地阐述了拒绝的理由：
- 它为拒绝提供了足够详细且合理的依据。
- 它暗示申请者最好停止他可能失败的行为。
- 它合理而不是武断地解释了公司政策。
- 它并没有为这个决定表示歉意因为没有人犯错。
- 它避免了对个人的负面表达（比如"你不符合我们的要求"）。

即使是正当的、慎重考虑过的理由也不一定能让每种情况下的每个受众都信服。但如果你能很好地列出理由，那么你就至少做到了向受众解释消息的大意，即这个负面消息到底是什么。

9.3.3 接下来明确阐述坏消息

现在已经列出了详细、合情合理的理由，受众心理上也准备好接受负面信息了。你可以使用下面三个非常有用的技巧尽可能清晰、友善地传递负面信息。

第一，不要再强调坏消息：
- 最小化用于坏消息的篇幅和时间，而没有使信息变得琐碎，或者保留了重要信息。
- 使坏消息在复句或合句中居于次要位置（"我的部门人手不足，所以我们全体员工至少在两个月内要全部到齐"）。该结构把负面信息推到了句子中间，这是强调最少的地方。
- 将负面信息插到段落中央或利用插句的表达方式（"我们的利润——正在减少——只是现状的一部分"）。

但是，要记住弱化坏消息也会带来弊端。例如，如果信息的重点是利润正在减少，那么将负面信息藏在句子中间以使其边缘化就是不恰当的。应清晰地阐明负面信息，然后平缓过渡到能使整体得到平衡的正面信息上。

第二，利用条件陈述（"如果"或"当……时"）来暗示受众可能已经收到或某天可能收到一个满意的回答（"当你有了更多管理经验时，欢迎再来申请"）。这样的措辞可以激励申请者提高自身条件。

第三，强调你能做的和已经做了的，而不是你做不到的。可以说"我们通过专卖零售商进行销售，离您最近的销售点在……"而不是说"我们无法给您供货，请去找离您最近的销售点购买"。同样，通过暗示坏消息，你可能就不用再说明实际情况了（"五个招聘职位已经被符合条件的人占满了"）。通过使受众关注的焦点集中在正面信息上并对负面信息进行暗示，可以减轻负面信息对个人的影响。

在对负面信息进行暗示时，要确保受众理解整条信息——包括负面的信息。对负面信息有所保留或过分强调正面信息都是缺乏道德的行为，对受众也不公平。如果一条暗示性信息可能会导致不确定性，那就用直接的措辞来陈述你的决定。只是一定要避免过分生硬的措辞，否则很可能会引起对方的痛苦和反感。

替换前	替换后
我必须拒绝你的请求。	您需要我的那天我可能在外地。
我们必须拒绝你的申请。	职位已经满了。
我不能批准你的请求。	如果您已经建立起……，可以再联系我们。
继续进行这个项目我们承担不起。	项目将于5月1号终止。
虽然我想参加……	预算会议结束得太晚，我参加不了。
我们必须拒绝你们的提案。	我们已经接受了AAA建筑商的提案。
我们必须拒绝您的延期申请。	请于6月14日之前寄出您的货款。

9.3.4 以尊敬的语气结尾

与直接法相比,间接法的结尾是一个强调对受众尊敬的好机会,即使你刚刚传递了一个令人不愉快的消息。结尾时要表达最诚挚的祝福而不是虚伪的乐观。如果能找到对受众有积极意义的信息,一定要把它添加到结论中。但不要假装负面事件没有发生或这些事件不会影响到受众。如果可能的话,告诉受众一些其他的解决方案。如果让受众在两种方法中选择或决定采取些什么措施,要确保他们知道要做什么、何时去做以及如何去做。不管用什么类型的结论,都应遵循以下几条原则:

- **避免给出负面的或不确定的结尾**。不要提及、重复或为负面信息道歉,也不要对你的理由会不会被接受表示出怀疑。(不要使用诸如"我相信我们的决定是令人满意的"之类的话语。)
- **限制进一步联系**。只有想与对方进一步探讨决定时,才可以鼓励对方进行额外的沟通。(如果不想,不要写"如果您还有其他问题,请给我写信"。)
- **对未来要乐观**。不要预期会发生的问题。(避免使用诸如"若您还有其他问题,请与我们联系"之类的话。)
- **要真诚**。处理坏消息时,避开那些不真诚的陈词滥调(如果不能提供帮助,不要说"如果有什么我们可以帮忙的,请联系我们"。)

记住,结束语是受众群体记住你的最后一个机会,即使他们倍感失望,也要给他们留下一个你尊重他们的印象。

9.4 保持道德和礼仪的高标准

当然,所有的商务信息都要关注道德和礼仪,但是当你在发布坏消息时需要考虑其特殊的重要性,有以下几个原因:第一,大量的法律法规支配着许多隐含着负面内容的商务信息,如公布上市公司的财务信息。第二,负面消息可能会对接收者的生活产生十分重大的影响,即使消息的传递是合法并谨慎的,良好的道德标准要求对这种情形的处理要保持格外小心和敏感。第三,当遇到负面消息时,人的情绪经常会高涨,无论是发送者还是接收者。发送者需要控制好自己的情绪并考虑受众的情绪波动。

举例说明,在发布或讨论劳动力减员的消息方面,你需要考虑几个利益相关者的情感问题。这些失去工作的员工们有可能对其未来产生恐惧并且有可能产生被背叛的感觉。而那些保留住工作的员工们有可能对他们工作的长期性感到焦虑,担心公司扭转局势的能力,担心公司对员工的关心和尊重程度。这些"幸存者"也可能因自己保留了工作而有些同事却丢了饭碗而感到愧疚。在公司外,投资者、供应商和部分社区(如零售商和房屋建筑商)也会面对裁员问题,他们将会在决策结果上有不同程度的财务利益。写这些信息需要密切注意所有相关者的需求,同时也要尊重离职的员工,并让他们用一个积极的态度去看待未来。

发送和接收负面消息带来的挑战容易引起拖延、忽视或歪曲坏消息的倾向。[9] 然而,即使这样做不违法,也可能让人感觉不道德。近些年来,许多公司都曾经被股东、消费者、员工和政府监管

---

[9] "Advice from the Pros on the Best Way to Deliver Bad News," Report on *Customer Relationship Management*, 1 February 2003, www.elibrarv.com

部门起诉,因其涉嫌隐瞒或延迟公布关于公司财务、环境危害以及产品安全等领域的负面信息。在许多事件中,问题都出在公司与外部利益相关者之间的沟通缓慢、不完整或是不准确。还有些事件中,问题往往源自于在公司内部不情愿发送或接收负面信息。

在一个组织内有效地分享坏消息需要每个人的参与。员工们在必要的时候一定要承担发送负面信息的责任,即便这么做让人很不愉快或很困难。相反,经理们一定要负责保持沟通渠道的畅通,当员工有负面信息要分享时应充满信任地倾听,不要惩罚传递坏消息的员工。

员工在他们的公司实施不道德或非法行为时,无法通过正常的渠道解决问题,这些事可能别无选择,但一定要**揭发(whistleblowing)**出来。如果他们认为没有其他的选择,可以通过公司的内部热线、外部的社交媒体或新闻媒体表达他们的担忧。决定去揭发自己的雇主是很难并且没有后果的;在一项调查中超过80%的揭发人都会说,他们是以一种主动说出他们担忧的方式而被惩罚。[10] 虽然揭发有时被称作是"背叛"同事或经理,但它有一个基本的方式。根据国际商务专家Alex MacBeath 的言论:"在工作场所,揭发可能是一种没有价值的方式去告诫不良的商业行为。通常揭发可能是能在遭受严重损害之前引起管理层注意的唯一方式,诸如破坏规则、犯罪活动、掩饰和欺诈的信息问题等。"[11] 当意识到反馈的价值之后,许多公司就设置了正式的报告机制,为员工提供伦理法律方面的路径。各种政府机构也制定了保护揭发人的措施,在一定程度上员工们在食品安全及其他重要领域内扮演了监督的角色。[12]

最后,能意识到一些负面的消息情境可以检测出你的自我控制能力以及你对于被攻击的回应。客户服务员工经常接受专门的培训来帮助他们在面对客户愤怒的言论或受到客户批评的情况下,依然能够保持情绪的稳定。[13] 然而需要记住的是,不论对接收者还是传递者,负面信息有着持久的影响。作为一个沟通者,通过周密的计划和敏感、客观的书面表达将负面信息的影响减到最小是你的责任。尽可能地将焦点集中在引起负面信息的行动和条件上,而不是集中在个人缺点和性格问题上。要树立一种不卑不亢地处理最困难状况的职业人士的声誉。

关于成功创建负面信息的提示,参见"要点检查:创建负面信息"。

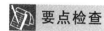 要点检查

创建负面信息

A. 选择最佳方法
- 直接法适用于以下情形:当受众知道负面信息的可能性时;当受众没有对这个消息投入感情时;当你知道受众更喜欢坏消息被放在开头时;当你知道需要坚定并且不鼓励受众进行回复时。
- 间接法适用于以下情形:当消息对受众可能是个打击或可能让受众很吃惊时;当受众对

---

[10] Ben Levisohn, "Getting More Workers to Whistle" *BusinessWeek*, 28 January 2008, 18.

[11] "Less Than Half of Privately Held Businesses Support Whistleblowing," Grant Thornton website, accessed 13 October 2008, www.internationalbusinessreport.com

[12] Steve Karnowski, "New Food Safety Law Protects Whistleblowers," *Bloomberg Businessweek*, 11 February 2011, www.businessweek.com

[13] Sue Shellenbarger, "How to Keep Your Cool in Angry Times," *Wall Street Journal*, 22 September 2010, http://online.wsj.com

　　　　结果投入了很多情感时；当你想跟受众保持良好关系时。
B. 间接法以一个有效的铺垫开头
- 跟受众建立共同点。
- 如果是在回复一个请求，先确认这个请求。
- 不要使受众关注的事情变得琐碎。
- 不要误导受众，使其以为接下来的消息可能是正面的。
C. 提供原因和额外信息
- 解释消息为什么是负面的。
- 调整细节数量使其适合受众和当前情况。
- 当理由是保密的、非常复杂或者跟受众无关时，不要进行解释。
- 如果合适，说明你打算如何纠正或回应负面信息。
- 如果不确定该说什么，可以征询公司律师的建议。
D. 明确阐述坏消息
- 用有策略性的语言尽量正面地阐明坏消息。
- 帮助保护读者的感受，通过将坏消息的篇幅压到最小、使其居于次要位置或将其插到句子中间等方式来弱化它。
- 如果以后情况变了你的回复也可能改变，向受众解释清楚条件是什么。
- 强调你能做的或已经做了的事情，而不是你做不到或还没做的事情。
E. 以尊敬的语气结尾
- 表达美好的祝福而不是虚伪的乐观。
- 如果合适，提几条受众可以采取的行动建议，并给他们提供必要的信息。
- 只有当你想与对方深入探讨你的决定时才鼓励进一步沟通。

9.5　发送日常商务的负面信息

专业人士和公司收到各种各样的请求和建议，无法对每个人都做出积极的回应。此外，错误和不可预见的情况下会使业务延误或发生其他一些小问题。有时候，公司必须给供应商和其他团体发送负面信息。无论目的如何，迅速和礼貌地拟出负面回应对很多专业人士都是一项重要的技能。

9.5.1　发布日常负面商务公告

许多负面信息的回应都要求内部和外部的统一，但是管理者偶尔也需要准备一些预料之外的负面回应信息。例如，一个公司可能决定减少材料采购供应商的数量，因此需要告知一些供应商以后将不再从他们公司购买材料。在公司内部，管理层会宣布取消员工福利或者其他变化，这对于员工来说是一个负面消息。

尽管这样的公告在商业事务中很常见，但它们大多数不可预料。因此，若非较小的变动，间接法都是较好的选择。使用间接法要遵循一定的步骤：开头用铺垫句式来建立你与读者的融洽关系；随后根据你的原因向大家宣布负面信息;结尾在适当的氛围内尽可能多地宣布一些积极的信息。

9.5.2 拒绝建议和提案

管理者会收到来自公司内部和外部的、请求的和未经过请求的各种建议和提案。对于来源于外部的主动建议,如果你不想与发件人建立工作联系,就可以不用回复。然而,如果你需要拒绝一个提议请求,你要给发件人合理的解释,由于消息的不可预料性,间接法是更好的选择。总体来说,你和收件人的关系越密切,你的回复就越容易成功。例如,如果你拒绝员工的提议,一定要认真、全面地解释拒绝的原因,这样你的员工就会理解你并且继续与你保持着良好的工作关系。

9.5.3 拒绝日常请求

如果不能满足受众的要求,那么与其沟通时所面临的最主要的挑战便是给予一个明确的负面答复,而又不能让他们产生反感,也不能破坏个人与公司的名誉。尽管这种信息看似简单,但它们可以考验一个沟通者的技巧,因为你既要与受众保持友好关系,又要向其传递负面信息。

> **实时更新　观看视频**
>
> **摆脱发布坏消息**
>
> 没有人喜欢发布坏消息,但是这些技术可以使你和接收者更容易发布和接受坏消息。登录 http://real-timeupdates.com/ebc10 获取更多信息。

对于大多数负面回应来说,直接法是最佳选择。它不仅能让受众迅速得到答复并转而寻求其他可能途径,还能节约时间,因为采用直接法写作比较容易。

当投入对你或你的受众来说比较巨大,当你或你的公司与请求者有稳定的合作关系,或当你被迫拒绝一个你在过去已经接受的请求时,间接法便是最佳选择(如图 9.2 所示)。

当写作日常负面信息时,需要思考以下几点:

- 认真管理你的时间。你需要将焦点置于最重要的关系和请求上。
- 如果事情已经议定,就不要暗示它还可再商议,如"让我考虑一下再答复你"等措辞来拖延。
- 如果可以,向对方提供可供选择的方案。
- 如果做不到,就不要暗示还可以提供其他帮助或有用信息。

计划	写作	完成
分析情况 确认信息的目的是拒绝请求并提供选择方案,受众也许会对拒绝感到惊奇。 **收集信息** 确定受众需求并得到必要信息。 **选择正确的媒体** 对于正式信息,最好打印在有公司信头的信纸上。 **组织信息** 中心思想是拒绝请求,所以要限定范围;基于受众和当前情况选择间接法。	**适应受众** 根据与受众的熟悉程度调整正式程度;采用换位思考、礼貌、正面强调、使用非歧视性语言与受众保持积极关系。 **编写信息** 采用对话但专业的风格,保持信息简洁、清晰,尽可能有帮助。	**修订信息** 评价内容和可读性,确保负面信息不被曲解,确保语气积极而不做作。 **制作信息** 采用清楚、专业的排版,并附有公司的信头。 **校对信息** 修改排版、拼写、结构上的错误。 **发布信息** 采用选择的媒体发布信息。

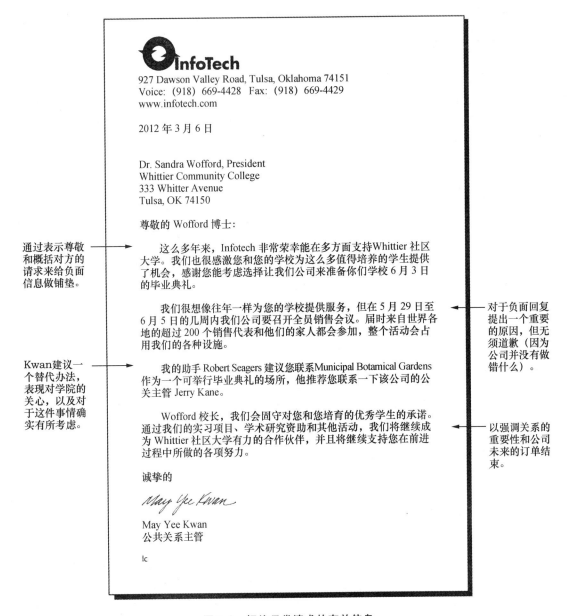

图 9.2　拒绝日常请求的有效信息

May Yee Kwan 的公司与 Sandra Wofford 代表的学院有着长期的关系并需要保持这一积极关系,但是她这次无法满足对方的要求。为了沟通负面信息,她使用了间接法。如果 May Yee Kwan 和 Wofford 两个人的关系很近(比如说都在同一个志愿者组织工作),直接法可能更适合一些。

9.5.4　处理关于交易的坏消息

关于交易的坏消息总是不受欢迎并且没有预知性。当你传递这样的信息时,你要注意三个目标:(1)调整客户的预期;(2)解释你打算如何解决问题;(3)对可能已经给业务关系造成的损害做出弥补。

每条信息的详细内容和语气可以有较大的差别,这取决于交易的种类及与客户的商务关系。比起通知通用汽车公司3万个传动部件要延迟一周到货(尤其是你知道这样会让该公司不得不闲置数百万美元的生产设备),告诉某个客户他的新毛衣将延迟一周到货是一项容易得多的任务。

如果还没有对客户的期望做出任何具体答复(例如保证24小时内送到),这些信息只需要传递给客户,稍微强调一下歉意甚至不用强调即可(如图9.3所示)。

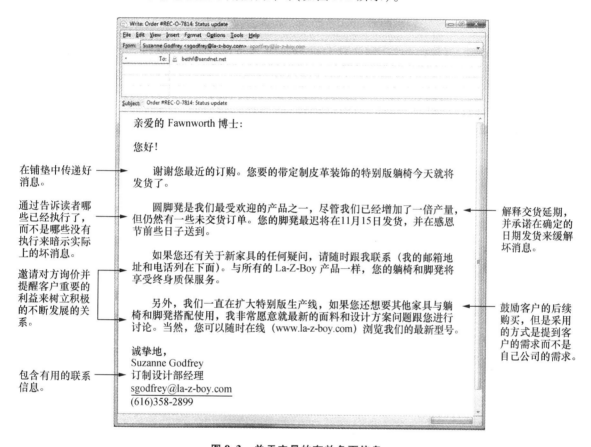

图9.3 关于交易的有效负面信息

这个信息是好消息与坏消息的结合,在这里选择了间接法,并且用好消息作为铺垫来引出坏消息。在这个例子中,没有向客户许诺具体哪一天发送,只是简单地告知客户何时可以收到余下的订货。作者也采取了行动弥补关系并鼓励今后继续同她的企业做生意。

如果你设定了客户的期望,现在又发现无法实现它们,你的任务就更复杂了。除了重新设定客户的预期并说明要如何解决这个问题,还应致以歉意。道歉的范围取决于所犯错误的大小。对于订购毛衣的客户,只需一个简单的道歉外加一个毛衣到货时间的明确声明就够了。解释通常是不必要的,但如果有充分的理由,并且对理由的阐述有助于缓和现状而不是听起来像一个无力的借口,那么就一定要把解释加进去。在较大的B2B交易中,客户会想要一个关于哪里出了问题的解释,以此来考察你将来能否做到所承诺的那样。

为帮助修复受损的商务关系,鼓励继续交易,许多公司可能会提供后续购买的折扣、免费商品或其他的条件。即使有限的努力也可能有利于重建客户对公司的信心。然而,并非所有情况下你都是有选择的。B2B 交易的购买合同中经常包括执行条款,即从法律上规定如果延期送货,公司应给予客户一定的折扣或其他返还利益。回顾这一部分所包含的观点,参见"要点检查:处理关于交易的负面信息"。

要点检查

处理关于交易的负面信息

- 重新设定客户对交易的预期。
- 如果合适,解释一下发生了什么及其原因。
- 解释一下将如何解决问题。
- 通过提供后续购买的折扣、免费商品或其他条件来弥补负面信息对商务关系的损害。
- 如果组织犯了错误,提供一个专业的、商务性的道歉声明。

9.5.5 拒绝索赔和调整请求

提出索赔或调整请求的客户往往将情绪加入其中,所以,间接法通常是更好的拒绝方法。作者要避免承担不幸事件的责任,还要避免责备和责难客户,为了避免这些风险,要格外注意信函的语气。即使是拒绝索赔,巧妙而礼貌的信息也可以建立良好意愿(如图9.4所示)。

拒绝索赔时,应避免使用会给读者造成负面影响的语言。相反,要表现出你已经理解并认真考虑过他的抱怨了。即使请求是不合理的,也应理性地解释为什么拒绝。最后要以一种有礼貌的、以行动为导向的语气结尾。

如果在很长时间内与足够多的客户协商过,你就很有可能遇到过一个无理的要求。你甚至可以肯定那个人不诚实,但也要控制你的情绪和处理问题的方式,尽可能地冷静,以避免说出或写出任何可能被收信人解读为诽谤的言辞。为避免被起诉诽谤,可以遵循以下原则:

- 避免使用任何可能被认为是诽谤的侮辱性的语言或语句。
- 提供正确的信息并要紧扣事实。
- 不要让愤怒或怨恨影响信息。
- 当认为该信息可能会引发法律后果时,要向公司的法律部门或律师咨询。
- 诚恳地进行沟通,并确定所说的都是你确信真实的。
- 强调对将来友好关系的期望。

要记住与客户对抗是不明智的,即使客户辱骂你或你的同事。拒绝索赔或调整请求,继续迎接下一轮挑战。有关拒绝索赔的简单复习,参见"要点检查:拒绝索赔"。

计划	写作	完成
分析情况 核实信息的目的是拒绝索赔请求并提供维修服务;受众也许会感到失望和惊讶。 **收集信息** 收集关于索赔政策、过程、维修服务和转售方面的信息。 **选择正确的媒体** 选择最佳媒体发布信息;对于正式信息,最好打印在有公司信头的信纸上。 **组织信息** 中心思想是拒绝请求和采用其他办法;根据受众和情况选择间接法。	**适应受众** 根据与受众的熟悉程度调整信息写作的正式程度。运用换位思考、礼貌、正面强调、非歧视性语言等与受众保持积极关系。 **编写信息** 采用对话式但又不失专业的文体,使信息尽可能简洁、清晰、有用。	**修订信息** 评价内容和可读性,确保负面信息不被曲解,语气积极而不做作。 **制作信息** 采用清楚、专业的排版,适于有公司信头的信函。 **校对信息** 修改排版、拼写和结构错误。 **发布信息** 采用选择的媒体发布信息;确保读者同时获得了必要的支持性文档。

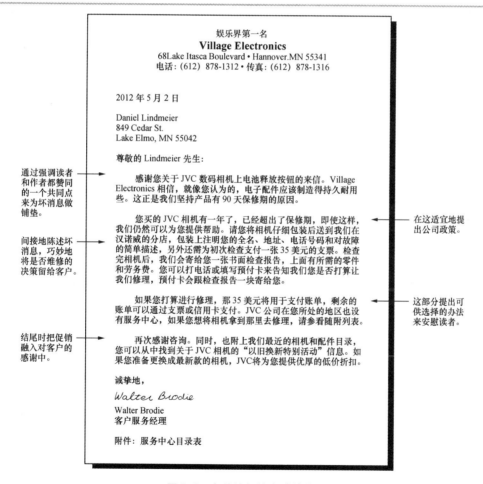

图 9.4 有效地拒绝索赔的信函

Daniel Lindmeier 一年前在 Village Electronics 购买了一台数码摄像机,他写信说,摄像机不能正常工作,并且询问保修期。他错误地以为保修期是一年,实际上只有三个月。在这封回复信中,Walter Brodie 使用了间接方式传递了坏消息并提供了额外的有用信息。

> **要点检查**
>
> **拒 绝 索 赔**
>
> - 因为受众在期待一个正面的答复,所以应使用间接法。
> - 表示你完全理解客户的抱怨。
> - 解释你拒绝请求的原因,而不要以公司政策做挡箭牌。
> - 为这种处理提供正确、实际的理由。
> - 强调事情应该如何处理,而不是纠缠于受众的疏忽。
> - 避免任何诽谤现象。
> - 避免表达个人观点。
> - 结尾要积极、友善、有益。
> - 提出受众容易照做的一切行动建议。

9.6 发送负面的组织信息

前一节描述了处理内部事务和与外部的个人互动。有时候,管理者还需要与大众分享负面信息,或者要针对负面信息做出回应。这些情境大部分都是独一无二的挑战,需要在就事论事具体案例的基础上逐个分析,但是这里提供的一般性建议适用于所有的情境。这些信息的最关键的区别是,你是否有足够的时间去计划声明。下面的一节介绍的是你有时间去做计划的负面信息,之后"危机中的沟通"一节将给出在紧急事件中的沟通建议。

9.6.1 正常情况下的沟通

商务人士有时必须传递有关当前运营状况的各种各样的负面信息。当你计划这样的消息时,要格外注意考虑你所有受众及其独特需求。要记住一个重大的负面事件,如公司倒闭,将影响到组织中的数千人。员工们需要寻找新工作或接受新技能的培训。如果许多员工都计划去寻找新工作,那么学区也可能需要调整预算和员工规模。客户需要找新的供应商,供应商需要寻找其他客户。政府机构需要对税收收入减少和寻求失业补助的人员增加等一系列事情做出反应。

策划负面公告时,要遵循以下原则:

- **使你的方法适合实际情况**。适当的价格上涨不会对多数客户产生影响,所以可以用直接法。但取消受众所依赖的产品供应对其影响却很大,所以用间接法传递这种消息比较好。
- **考虑每个群体的特殊需要**。正如工厂倒闭的例子所说明的,不同的人有不同的信息需要。
- **给每个受众必要的反应时间**。Chargify 公司最关键的错误就是宣布新的定价策略之前,没有给消费者一定的时间去接受这个坏消息。
- **给自己足够的时间来计划并做出答复**。公告发布后你很可能会受到抱怨、质疑、退货等打击,所以要事先准备好应对策略。

- **找一个积极的角度,但不要流露出虚伪的乐观。**如果取消一种极少用到的员工津贴意味着公司不必每个月都从工资里扣除额外的支出,那么一定要从积极的角度来宣传这种做法。另一方面,解雇一万人而不意味着给他们"涉足新领域的机会",这是一件会影响员工及其家人很多年的大事。虚伪的乐观只会让事情变得更加糟糕。你能做的最好的事情就是感谢他们过去的支持,并祝福他们将来一切顺利。
- **如果不确定就咨询一下专家的意见。**许多涉及重要的技术、财务、法律要素的负面信息,需要一些专业律师、会计师及其他专家的意见。

负面处境能检验你作为一个沟通者或领导者的能力。有灵感的领导者会试着去抓住能改造组织或使组织复兴的机会,并对周围的人加以鼓励(如图9.5所示)。

图9.5 使用负面情况来传达正面的信息

负面新闻有时候是一个被掩盖的机会。丰田公司已经发表了几次召回车辆的信息,在产品质量方面也受到了很多媒体的审查,但是公司借此机会讨论产品召回的意义。

9.6.2 危机中的沟通

商务沟通中,公司内部或外部都可能发生一些危机事件,包括工伤事故、涉及公司员工的犯罪或丑闻、现场劫持人质事件、恐怖袭击、信息盗窃、产品篡改和金融危机等。在危机中,消费者、员工、当地社区以及其他人都希望得到相关信息。另外,谣言会不可预测、不受控制地传播开来(参见"商务沟通2.0:我们遭受攻击!对社交媒体环境下的谣言和批评做出回应")。你可以想象,新闻媒体会迅速现身,向他们所能找到的每个人问问题。

尽管你无法预料这些事件,但是你可以做好准备。对过去几十年的公司危机所做的分析表明,那些能够对人们需要的信息做出迅速反应的公司,比起那些躲躲闪闪或是发布不一致或不正确信息的公司在长期内要强得多。⑭

在危机过程中成功沟通的关键是有个**危机管理计划**(crisis management plan)。除了确定危机本身的操作程序外,计划也要列出沟通任务和责任,包括与媒体的沟通及新闻稿模式等(如表9.3所示)。计划还应详细清晰地列出谁应该被授权代表公司发言,所有主要管理人员的联系信息,以及媒体的名单和用来散播信息的技术手段。

表9.3　如何在危机中进行沟通

遇到危机时

应这样做	不要这样做
通过识别潜在的问题来提前做好准备,任命和培养一个答复小组,准备和测试危机管理计划。 危机发生时,应尽快让高层管理者参与进来。 为公司代表及媒体建立一个信息中心,配备电话、电脑及其他电子工具,准备进行信息发布及在线更新。 • 频繁地发布信息更新,昼夜有经过培训的人员答复疑问。 • 尽快向媒体提供完整的信息包。 • 防止自相矛盾的声明并提供一致的信息,单独指定一个人,预先进行培训,代表公司发言。 • 告诉接线员及其他员工,将所有媒体电话转给信息中心。 • 可以通过博客、微博更新、短信、Facebook或其他适当的媒体来提供新信息的更新。 毫无隐瞒地、完整地、诚恳地陈述整个事件。如果你犯了过错,要道歉。 通过声明及行动证明公司对此事的关注。	不要为了任何事情而责备任何人。 不要公然地进行推测。 不要拒绝回答问题。 不要发布那些将会侵犯他人隐私的信息。 不要利用危机抛售产品或服务。 不要偏袒媒体代表。

商务沟通 2.0

我们遭受攻击!对社交媒体环境下的谣言和批评做出回应

社交媒体和其他沟通技术在给商业带来益处的同时,正在建立一个新的挑战:在网上为公司的名誉回复谣言和攻击。消费者和其他股东可以通过博客、Twitter、YouTube、Facebook、各种抱怨

---

⑭　Courtland L. Bovée, John V. Thill, George P. Dovel, and Marian Burk Wood, *Advertising Excellence* (New York: McGraw-Hill, 1995), 508—509; John Holusha, "Exxon's Public-Relations Problem" *New York Times*, 12 April 1989, D1.

网站（如 www.walmartwatch.com）、团队参与网站（如 www.epinions.com 和 www.planetfeedback.com）、公司专业网站（如 www.verizonpathetic.com）、公司问答网站（如 http://getsatisfaction.com）和大量鼓励评价产品的电子商务购物网站上进行沟通。

感受到不公平待遇的消费者非常喜欢这类网站，因为他们可以在公开场合曝光产品问题。许多公司也喜欢从这些网站上面获得一些客户反馈资料，也有一些公司喜欢在这些网站上寻找客户的抱怨，以便于更好地提高他们的产品和经营方式。然而，谣言和不公平的批评会在几分钟内席卷整个网络，迅速地破坏公司的声誉。回复谣言和负面信息需要一个有效的决定，那么我们需要遵循以下步骤：

- **早点处理，经常处理**。回复负面信息最重要的一步就是一定要在它出现之前进行处理，这也意味着需要长期与利益相关者进行沟通；公司也要与消费者建立良好的关系，因为当受到不公平的言论攻击时，这些资源可能会帮助公司渡过难关。相反，当负面情况不足以动摇公司长期以来建立起的信誉时，公司就会忽略这些成员或者是"起导向作用"的模式。
- **监控谈话**。如果人们对你们公司的行业感兴趣，当他们在博客、Twitter、播客、视频、Facebook 主页墙上分享他们的观点时，这就是你的机会。使用一切能用到的技术，倾听人们的观点。
- **评价负面信息**。当你偶然遇到负面信息时，忍住立刻还击的冲动。代替的是评估来源、语气和消息的内容，然后选择一种符合情境的回应方式。例如，美国空军的公共事务机构将负面信息发送者分为四类："trolls"（唯一的目的就是挑起冲突的人）、"ragers"（咆哮或讲笑话的人）、"the misguided"（发送错误信息的人）和"unhappy customers"（有着不愉快合作的客户）。
- **做出适当的回应**。当你评估了负面信息之后，要基于公共关系的计划来做出适当的回应。例如美国空军，从不给前两类人回复信息，但是给发送错误信息的人回应正确的信息，给有着不愉快合作的客户回应有效的、负责任的解决方式。

无论你做什么，不要设想正面的声誉不需要维护和保持。每个人都有发言权，其中有的人不在意担任道德沟通者的角色。

▶ **职业应用**

1. 公司网站上有一个关于你们公司某种产品的抱怨，说你们公司"不关心它的消费者"。你应如何做出反应？

2. 一些博主正在传播你们公司的假消息，但这些信息尚未被广泛传播。你是否应该指出问题并告诉全世界谣言是假的，即使此时大多数人还不知道这个谣言？并对你的答案做出解释。

9.7 发送负面的雇佣信息

大部分经理都必须时不时地传递有关某个员工的坏消息。收信人通常在你的信息里会有情感投入，所以一般建议使用间接法。另外，应仔细选择发布信息的媒体。采用电子邮件或其他的书面形式发布消息便于控制信息，还能避免当面对质；面对面的交流则更敏感，可以更容易地进行提问和回答。

9.7.1 拒绝写推荐信的请求

当你拒绝给过去员工的潜在雇主写那位员工的推荐信的时候,你的信息要简短、直接:

> 我们的人力资源部门已经批准我确认 Yolanda Johnson 的确在 Tandy 公司工作过三年,从 1999 年 6 月到 2001 年 7 月。祝您早日找到合适的申请者。

暗示公司政策不允许泄漏更多信息,但也提供了可以提供的信息。

积极的结尾。

这封信并不需要说"我们不能满足你的请求",它只是简单地做到给读者提供允许范围内的信息。

要拒绝一个写推荐信的直接请求就是另一回事了。任何拒绝合作似乎都是对别人的冷落,并可能威胁到申请人的前途。外交辞令和有所准备会帮助读者接受你的拒绝。

接下来的这封信巧妙地避免了伤害读者的感情,因为它对读者近期的活动做了积极的评价,暗示了拒绝,提供了可供选择的建议,并采用了礼貌的结尾:

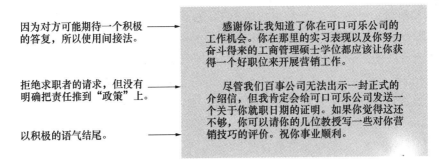

9.7.2 拒绝社交网络的推荐请求

商务社交网络提供的最大价值就是成员们都有机会做出介绍和推荐。然而,在社交网络环境下的推荐信比传统意义的推荐信更为复杂,因为在网上你写的推荐信将会成为你个人资料的一部分。传统的推荐信可能只会有几个招聘经理会看到,但是在网络上如 LinkedIn,推荐信就会被其他网络上的成员(有时甚至是所有公众)所看到,他们会了解你推荐了谁,关于他写了什么。与传统推荐信相比,社交网络上的推荐信会成为你的品牌的一部分。[15] 除此之外,网络使你更容易找到别人,并且请求推荐。所以你可能会从你根本不认识的人中得到更多推荐信的请求。

幸运的是,社交网络给予这些推荐回复更多的灵活性。一个选择就是可以简单地忽略或删除请求。一些人使用隐私设置来屏蔽陌生人的推荐请求。当然,如果你认识这个人,忽略他的请求会让人觉得不舒服,所以你要根据你与请求者的关系来决定是否为他人写推荐信。另一个选择就是可以拒绝推荐,当别人问起时,只要让对方知道这是规定即可。无论你怎么决定,一定要记住那

---

[15] Omowale Casselle, "Really, You Want ME to Write YOU a LinkedIn Recommendation," RecruitingBlogs, 22 April 2010, www.recruitingblogs.com

是你的选择。⑯

如果你选择做推荐,或者想要回复一个请求,你可以尽可能地写想和别人分享的内容。这与传统的推荐信不同,你不需要写一封完整的信,可以写一段简洁的陈述,甚至表达主要观点的几句话。⑰ 当你很难估测对方能力的时候,这些灵活的特点就会令你做出正面的回复。

9.7.3 拒绝工作申请

拒绝求职的信息也是日常沟通的一种,但是拒绝别人绝非易事,收信人的情绪总是受到最终决策的影响。此外,公司一定要认识到,就业歧视诉讼的可能性这些年一直都在不断增加。⑱ 当然,拥有公平、一视同仁的雇佣实践是必不可少的,拒绝信也要写得一视同仁,不包含任何歧视的内容。由于专家意见的不同可能会导致最终拒绝了这份工作申请,因此最安全的策略就是避免告知公众公司的任何解释以及避免做出任何暗示性的承诺(如图9.6所示)。⑲

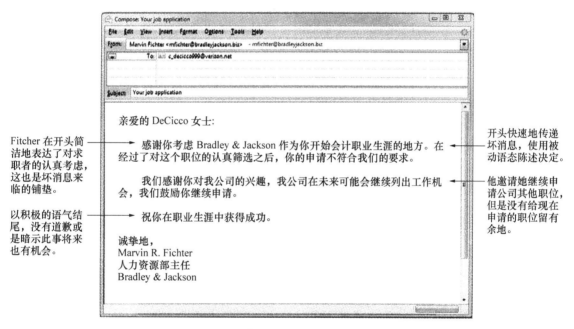

图9.6　拒绝求职申请的有效信息

这封拒绝求职申请的信息避免了给求职者做出承诺或暗示未来仍有希望,并且邀请他们去申请将来可能适合他们的岗位。注意,如果公司认为这名应聘者不适合该公司,那么这种方法就不适合在此使用。

---

⑯ "LinkedIn Profiles to Career Introductions: When You Can't Recommend Your Friend," Seattle Post-Intelligencer Personal Finance blog, 16 November 2010, http://blog.seattlepi.com

⑰ Neal Schaffer, "How Should I Deal with a LinkedIn Recommendation Request I Don't Want to Give?" Social Web School, 20 January 2010, http://humancapitalleague.com

⑱ Dawn Wolf, "Job Applicant Rejection Letter Dos and Donts—Writing an Appropriate 'Dear John' Letter to an Unsuccessful Applicant," 31 May 2009, Employment Blawg.com, www.employmentblawg.com

⑲ Wolf, "Job Applicant Rejection Letter Dos and Donts—Writing an Appropriate 'Dear John' Letter to an Unsuccessful Applicant"; "Prohibited Employment Policies/Pracuces," U.S. Equal Employment Opportunity Commission, accessed 14 July 2010, www.eeoc.gov; Susan M. Heathfield, "Candidate Rejection Letter," about.com, accessed 14 July 2010, http://humanresources.about.com; "Rejection Letters Under Scrutiny: 7 Do's & Don'ts," Business Management Daily, 1 April 2009, www.businessmanagementdaily.com

- 通过使用收信人的名字,把电子邮件信息个性化。例如,邮件合并使添加收信人姓名变得更容易。
- **以礼貌的语气开头**。从某种意义来说,这就类似于间接法中的铺垫,因为这给了你一个拒绝别人的机会,可以使你不用在开头就直接拒绝别人。
- **礼貌、简洁地传递负面信息**。在这种情况下,被动语态会给你一定的帮助,因为这转移了参与者的注意力,从而使回应更容易让人接受。例如"你没有被引入面试名单中"相比于我们拒绝了你的申请委婉。
- **避免解释拒绝对方申请的原因或其他申请通过的原因**。尽管提供解释很常见,一些专家也依然提倡使用这种方法。从法律角度来看,最简单有效的策略就是避免为决策提供原因。避免解释不清楚所导致被拒绝者认为受到了歧视。
- **不要暗示申请会晚点处理**。如果表述为"我们把你的档案存档以便于将来考虑",这样会给收信人建立错误的希望,如果将来雇用员工时,仍未选择之前被拒绝的收信人,那么容易给公司引起法律纠纷。如果这名应聘者在将来有别的岗位适合他,那么你应该建议他选择其他岗位。
- **结尾处要为应聘者的职业生涯给予正面的祝福**。一个简短的陈述比较有效。例如,"我们祝你在职业生涯中获得成功。"

当然,你也要结合具体情况调整你的策略。当有人提出工作申请时,简要直接的信息比较适合;但是对于拒绝一位已经参加了几轮面试的应聘者,你需要给予更多的关心。因为在面试的过程中,私下的关系已经建立,在这种情况下,更适合去使用拒绝电话来告诉对方。

9.7.4 给出负面的绩效评价

绩效评价(performance review) 的主要目的是通过下面三种方式提高员工的业绩,(1)强调和阐明工作要求;(2)对员工为完成要求所做的努力给出评价;(3)通过制订行动计划(包括奖金和机会)来指导员工们继续努力。除了提高员工的业绩,绩效评价还可以帮助公司确立组织标准及传递组织价值。[20] 文件材料的绩效问题还可以保护公司免受非法终止的起诉。[21]

加薪和晋升机会往往取决于员工在这个过程中被认可的程度,年度绩效评价对于经理和员工是一件有压力的事情,最坏的结果可能是一个消极的打击,例如当一名员工一直朝着不同的目标努力工作,而这个目标要超出经理预期,或者这名员工全年的表现不佳却没有在这条路上收到任何的反馈和改善提高。[22] 在一些情况下,未能及时地面对这些绩效问题可能会使一家公司很容易惹上诉讼。[23]

为了避免消极的打击,经理们应当与员工面谈,使他们明确未来一年的目标,之后如果员工的

---

[20] Judi BrowneU, "The Performance Appraisal Interviews: A Multipurpose Communication Assignment" *Bulletin of the Association for Business Communication* 57, no. 2 (1994): 11—21.

[21] Gary Dessler, *A Framework for Human Resource Management*, 3rd ed. (Upper Saddle River, N.J.: Pearson Prentice Hall, 2004), 198.

[22] Kelly Spors, "Why Performance Reviews Don't Work—And What You Can Do About It," Independent Street blog, *Wall Street Journal*, 21 October 2008, http://blogs.wsj.com

[23] Carrie Brodzinski, "Avoiding Wrongful Termination Suits," *National Underwriter Property & Casualty—Risk & Benefits Management*, 13 October 2003, www.elibrary.com

业绩低于预期,就要提供有规律的反馈和指导以适应全年的需要。进而,年度评审更多的是一种总结过去一年的表现和展望明年的计划的会议。

一些公司甚至完全放弃传统的集体员工考评。例如,在线零售商 Zappos,已经将其替换为能够频繁反映职位信息的年度绩效考核,这些信息可以反馈员工日常工作任务的完成,以及年度评估每位员工在公司内部体现其核心价值的程度。[24] 即使当目标确立并且员工也得到反馈和指导时,管理者也会遇到员工的工作表现没有达到预期的情况。这些情况需要客观地评价出不足之处。这种评估方式可以帮助管理者和员工改进工作计划。他们还建立了能够反映员工绩效和纪律处分的书面证明,这些可以应用到以后令员工产生争议的加薪和升职的管理决策之中。[25]

当你需要写一个负面的绩效评价时,需要注意以下要点[26]:

- **书面绩效问题**。当你提供全年反馈的时候,写一份关于业绩问题的书面记录。你会需要这样的书面记录来写作一份有效的评价,以便于支持关于加薪、升职或终止雇佣关系的任何商业决策。
- **经常评估所有的员工**。经常评估不仅是公平的,而且有助于帮助公司预防一些诽谤的诉讼。
- **以一种冷静、客观的语气来进行写作**。员工是不可能喜欢你的负面评价的,但是你可以通过保持写作中的专业储备来管理情绪。
- **专注于改善的机会**。参照书面绩效反映出来的问题,员工可以采用特定的方法去改正问题。这个书面记录也可以被当做明年改善计划的基础。
- **保持最新的职位描述更新**。绩效评估应当以一个员工的工作表现为标准。然而,如果一份工作由于业务的原因会产生时间变化,那么员工的当前表现就会与之前的工作表现描述不匹配。

9.7.5 终止雇佣关系

如果一个员工的工作表现不能达到公司的标准,或者如果其他因素如销售下降导致员工人数减少,公司经常会别无选择,只能终止雇佣。正如和其他的负面就业信息一样,终止雇佣关系充满了情绪和法律后果,所以认真的计划、完整的表述和充满灵感的写作就显得至关重要。

终止信息应该总是由公司的法律人员书写并输入电脑,但是要遵循以下的一般性写作的原则[27]:

- 显然目前这个困难行动的原因是,无论是员工的绩效还是一个商务决定的具体事项,都与员工无关。
- 确保这个原因,不会被解释为不公平和歧视。
- 这封信要根据公司政策和相关法律准则(如劳动合同)编写。
- 避免人身攻击或者任何形式的侮辱。

---

[24] Rita Pyrillis, "Is Your Performance Review Underperforming?" *Workforce Management*, May 2011, 20—22, 24—25.
[25] Susan Friedfel, "Protecting Yourself in the Performance Review Process" *Workforce Management*, April 2009, www.workforce.com
[26] Friedfel, "Protecting Yourself in the Performance Review Process."
[27] E. Michelle Bohreer and Todd J. Zucker, "Five Mistakes Managers Make When Terminating Employees," *Texas Lawyer*, 2 May 2006, www.law.com; Deborah Muller, "The Right Things to Do to Avoid Wrongful Termination Claims" *Workforce Management*, October 2008, www.workforce.com; Maria Greco Danaher, "Termination: Telling an Employee," *Workforce Management*, accessed 14 July 2010, www.workforce.com

- 当发布信息之前,先让另一个经理阅读以下,一个客观的评论者不会直接指出可能带来麻烦的措辞和错误的理由。
- 如果可能的话,亲自传递终止类信件。安排一个会议,确保传递过程中的隐私和自由。

任何终止的行为对雇主和员工显然是一个消极的结果,但是在终止类信息中注意内容和语气可以帮助员工减少误解和愤怒,这些情绪也会导致高额的上诉费用。回顾涉及这种类型消息的写作,请参见"要点检查:负面雇佣信息的写作"。写作最新形式的负面信息,请访问 http://real-time-updates.com/ebc10 并且点击第9章。

要点检查

负面雇佣信息的写作

A. 拒绝写推荐信的请求
- 如果觉得这样做不好就可以拒绝,不必觉得有责任写推荐信。
- 利用巧妙的方法使得对他人感情的伤害减到最小。
- 称赞受众的成就。
- 如果可以,给出可供选择的建议。
- 在你的社交网络上设置选择,如用一个积极语气忽略一个不认识人的请求。

B. 拒绝工作申请
- 如果可能的话,即使你只用一种格式,但一定要答复求职者。
- 如果采用直接法,注意不要过于生硬。
- 如果采用间接法,不要让铺垫误导受众或者超过一两句话来延迟坏消息。
- 避免解释申请者被拒绝的原因。
- 如果可以,给出其他选择。

C. 给出负面的绩效评价
- 解决一年的文档绩效问题。
- 一视同仁地评估员工。
- 同步保持员工变动的职位描述。
- 保持客观的没有偏见的语气。
- 用不带针对性的语言。
- 将焦点集中在解决问题上。
- 确保负面反馈已被记录,并将其传递给员工。
- 不要通过保留负面反馈来避免冲突。
- 要求员工做出改进的承诺。

D. 终止雇佣关系
- 准确地阐述理由,并确保它们被客观证实。
- 避免做出使公司因不正当终止雇佣关系而被起诉的声明。

- 请教公司律师以明确所有离职相关条款。
- 如果可能的话，把信件交给收信人。
- 以尽可能积极的语气来结束雇佣关系。

工作进行时

解决 Chargify 公司的沟通困境

由于你有效的领导技能，没多久你就会晋升到 Chargify 公司人力资源部的管理职位。用你学过的负面信息沟通来解决这些难题。

1. 一名经理今天早晨来访，请求借两名最好的审计员去应付一个为期三周的紧急事件。正常情况下，你会毫不犹豫地伸出援手，但你们团队有自己的日程任务要解决。而且，这不是该经理第一次有麻烦，你确信这是由于他缺乏项目管理能力造成的。下列哪种方法能最委婉地表达你的拒绝，并暗示这位同事的管理技巧有待提高？

   a. 由于我们已经对客户做出了承诺，因此这次我们没有能力帮你了。

   b. 你又遇到了这种麻烦，我真的非常同情。但是，由于我们已经对客户做出了承诺，因此我们没有能力再派任何审计员去完成临时任务了。

   c. 由于我们已经对客户做出了承诺，因此我们没有能力再派任何审计员去完成临时任务了。但是，我很乐意跟你讨论一下管理项目的方法。

   d. 与其像往常一样转移劳动资源，我们为什么不开会讨论一些新的人员安排和项目管理策略呢？

2. 人力资源部门作为内部服务提供者，主要负责公司各部门的招聘工作、福利待遇、培训和其他雇佣职能。人力资源代表被分配到公司中的各个部门，与其他员工一起工作，并且把大家的工作状态汇报给人力资源部门。在所有的专业人员关系中，个人层面是很重要的。即使是有能力的专业人员也会相互之间产生不必要的摩擦，随着时间的推移，会破坏商务关系。不巧的是，这种事发生在你最优秀的一个员工身上。Shirley Jackson 因她的技术水平而受到广泛的赞赏，但一个客户组织的高层经理要求她从项目中退出。尽管你很想亲自告诉她，但日程上的冲突迫使你只能给她发送一封电子邮件。下列哪种铺垫是最好的开篇？

   a. 你为 Comstock 制造公司所做的工作一直都是一流的，但你永远也不知道事情将会变成什么样子，不是吗？

   b. 如果由我来决定，Shirley，我绝不会写这样一个信息，但 Comstock 要求我重新评估他们审计项目的人员。

   c. 正如我在许多场合表示过的一样，再次感谢你这些年为 Comstock 制造公司做出的高质量的工作。

   d. 正如你所知道的，Shirley，我经常对我们所有项目的员工分配做出评估，以确保客户既对我们的工作质量满意，也对我们与他们的总体关系感到满意。

3. 尽管你的项目管理技巧十分优异，但有时也会陷入无法预料的、可能会导致不理想结果的困境之中。安装跟踪系统进行到一半时,你意识到你低估了公司复杂信息系统与新技术的联系,你有一项让人不愉快的任务,即告诉你的老板项目要超期完成,并且公司要负担超出预算至少20%,甚至30%。下列哪种方法最适合向老板传达这个消息?

    a. 我彻底搞砸了。安装跟踪系统的项目要超出预算才能完成。

    b. 安装跟踪系统的项目至少要超出预算20%才能完成,甚至要超出预算30%。

    c. 最近我发现安装跟踪系统的电子系统比我提交项目建议时的预期要糟得多,由于额外工作需要他们统一定制软件,结果这一项目将超出预算20%—30%。

    d. 最近我们发现安装跟踪系统比我们的电子系统要复杂得多。这确实不是我的错,但由于额外工作需要统一他们杂乱的报告,结果这一项目将超出预算20%—30%。

4. 你发现很容易对那些以前表现最好的员工对于写推荐信的请求说"好",也意识到容易对表现不是那么好的员工的这种请求说"不"。令你感到棘手的是来自既不优秀也不惹麻烦的中间员工的请求。你刚接到了一个来自一位人力资源专家的请求,他正好属于那种"中间员工"。遗憾的是,他正在申请一家公司的职位,而据你所知,该公司对员工的要求很高,通常只雇用精英中的精英。他是个很好的人,你很想帮助他,但你心里知道,即使碰巧得到了这份工作,他可能也干不长。另外,你也不想在行业里落一个推荐不力的名声。你该如何阐述这一负面信息呢?

    a. 作为你从前的经理,我认为我仍然是为你的利益而着想。但很抱歉地告诉你,基于我对你申请的工作的了解,目前它并不是你最好的工作选择。

    b. 我认为,写一封介绍信的责任不仅仅是评定一个人的技能;它必须考虑这个人正在申请的工作是否适合自己。

    c. 我认为决定是否要为申请者证明的一个最重要的因素就是:他追求的这个机会成功的可能性大不大。

    d. 写一封推荐信,要为求职者和写信者自己承担重大的责任。毕竟,我也要保护我的名声。

学习目标检查

通过阅读每个学习目标和完成相关练习来评估你对本章要点的掌握情况。填空题,写出空白处缺少的文字;单项选择题,在正确答案的字母上打勾。

目标9.1:应用负面信息的三步写作法。

1. 下列哪种方法是负面信息的目标?
    a. 清楚地传递坏消息。
    b. 获得受众认可的消息。
    c. 尽可能多地为受众保持良好意愿。
    d. 为组织保持良好形象。
    e. 如果可能的话,减少将来回应的可能性。
    f. 上述皆不正确。
    g. (a)、(c)和(d)正确。
    h. 上述皆正确。

2. 当编写负面信息时,下列哪种方法能有效地保持换位思考?
    a. 让受众清楚地明白是他们错了;毕竟,认识到错误是改进的第一步。
    b. 表明你并不喜欢传递坏消息。
    c. 通过委婉地传递坏消息来显示你对受众的尊重,通过暗示而不是直接说出来。
    d. 尽可能突出正面效应并避免使用负面的

指责语言,以显示对受众的尊重。

目标 9.2:解释传递负面信息时如何有效地使用直接法。

3. 用直接法传递负面信息时,开头用:
   a. 一个铺垫。
   b. 引人注意的开篇。
   c. 坏消息。
   d. 以上任意。

4. 用直接法传递负面信息的一个优点是:
   a. 帮助受众迅速理解消息大意,节省时间。
   b. 使受众容易理解信息。
   c. 有策略性。
   d. 上面所有选项。

目标 9.3:解释传递负面信息时如何有效地使用间接法。

5. 用间接法传递负面信息时,开头用:
   a. 一个铺垫。
   b. 引人注意的开篇。
   c. 坏消息。
   d. 以上任意。

6. 下面属于用间接法传递负面信息的一个优点是:
   a. 多数受众对这种信息偏好直接法。
   b. 使信息更简短。
   c. 使受众容易理解信息。
   d. 以上所有。

7. 用间接法的目的是:
   a. 帮助作者避免因传递坏消息所带来的不愉快。
   b. 帮助受众避免因收到坏消息所带来的不愉快。
   c. 缓和坏消息对受众的打击。
   d. 减少信息字数。

8. 一个_____是中立的、无可争议的开头陈述,会与收信人建立良好的关系。

9. 下列哪种方法更适用于写作铺垫?
   a. 找机会表达你对被考虑的感激之情。
   b. 向受众保证你已经注意了他的请求。
   c. 对受众的处境表示理解。
   d. 以上皆为有效方法。

目标 9.4:解释传递负面信息时保持道德和礼节的高标准的重要性。

10. 传递负面信息时,下列哪种方法是注意保持道德和礼仪的重要原因?
    a. 传递负面信息时,沟通者要注意一系列的法律和日常规律。
    b. 传递负面信息时,需要格外注意良好的道德实践,这样可以避免负面信息对接收者造成深远影响。
    c. 传递负面信息时,沟通者要注意与接收者保持同样的感情基调。
    d. 上述皆为保持道德和礼仪的重要原因。

11. 下列哪种是强调开放沟通的最有特色的组织文化?
    a. 管理者要乐于听取来自员工的坏消息,但是他们明白员工们并不想传递坏消息。
    b. 管理者期望员工对他们采取的决策提出意见。
    c. 管理者因员工传递坏消息而奖励额外假期时间或奖金。
    d. 上述皆不正确。

目标 9.5:描述在日常商务中传递负面信息的成功策略。

12. 如果你需要拒绝员工提出的建议,下列哪种方法更合适?
    a. 使用间接法,但是要避免向员工解释建议被拒绝的原因,这依靠员工自己弄清楚。
    b. 使用直接法,拒绝提议是商业事务的正常表现。
    c. 使用间接法,并且为员工提供详细解释建议被拒绝的原因。
    d. 根本不用回复,回复只会给员工营造出不舒服的环境。

13. 当发送关于交易方面的坏消息，下列哪种不属于正常目标？
    a. 修正员工的期望。
    b. 解释关于处理这种情况的计划。
    c. 确认为这种情况负责的人，这样会令消费者认为你认真对待错误问题。
    d. 尽可能多地修复与消费者之间的关系。

目标 9.6：列出传递负面信息时要考虑的重要内容。

14. 下列哪个选项更好地描述了危机管理计划的性质？
    a. 好的管理者应能预见公司可能遭遇的危机，因此应为每个危机制订特定的解决计划。
    b. 从恐怖行动到技术灾难，无法预见什么样的危机会对商务活动造成打击，因此计划对策只是在浪费时间。
    c. 尽管不能预见到每个可能危机的性质及情形，但可以通过决定如何处理与员工和公众的沟通这种问题来做准备。
    d. 只有悲观的管理者才会为危机计划而担心，乐观的管理者会使他的组织不停地向公司目标前进。

15. 沟通技术的不断进步使得人们：
    a. 易于通过互联网过滤器及其他方式控制谣言。
    b. 更难控制谣言。
    c. 容易发现制造谣言的人。
    d. 传播关于上市公司的虚假谣言为非法行为。

目标 9.7：描述传递与雇佣相关的负面信息时的成功策略。

16. 为什么许多专家建议在拒绝工作申请时使用间接法？
    a. 求职者在结果上投入了很深的感情。
    b. 很多地方的法律要求使用间接法。
    c. 间接法易于写作。
    d. 间接法更简短。

17. 当解释为什么求职者未被选择担任某一职务时，应该：
    a. 明确而不带个人针对性，如解释说该职位需要一些这个求职者尚未具备的特殊技能。
    b. 指出这个人缺点；这是最诚恳的也是唯一能让他知道自己需要改进什么的方法。
    c. 尽可能的模糊以避免伤害这个人的感情。
    d. 决不解释为什么求职者没有被选中。

知识应用

复习与本章内容相关的每一个问题，并请参考指定的学习目标。

1. 当你要宣布一个很优秀的员工由于预算等原因即将被降低福利待遇时，你会选择直接法还是间接法？为什么？〔学习目标1〕

2. 是否需要通过扭曲图形和图表来减少不利数据而使得坏消息变得不重要？为什么？〔学习目标3〕

3. 为什么要举报一个有争议的活动？〔学习目标4〕

4. 如果公司不能预测特殊的不幸事件，这时是否需要制作一个危机计划，为什么？〔学习目标6〕

5. 社交网络使得同意或拒绝写推荐信的请求更容易还是更难了？〔学习目标7〕

技能实践

文档分析

阅读下列材料,然后:(1)分析每句话的优点和缺点;(2)修改材料,使其遵循本章指南。

信息9.A:发送负面组织信息[学习目标6]

发件人:Juhasz先生,旅游会议服务中心

收件人:(发送列表)

主题:旅游

尊敬的旅游部门高管们:

我们需要你们使用一个单独的备忘录来记录一些预算方面的建议。这些包括使用视频会议设备和网络会议来代替旅行会议、住在便宜的旅店里、安排便宜的航班和即使飞行中非常不舒服,因为便宜也要坚持下去。

公司需要降低50%的差旅费,就像我们已经节省了Black & Decker的费用一样。这就意味着你们不能住在昂贵的旅店中,你的旅行计划的预算发生了改变。

你们可能还会面临避免旅店的额外费用,如电话费和上网费等。如果你预定的旅店不包括这些免费内容,那么请你选择其他旅店。另外,不要租一个空车,这会导致出租公司会向我们收取燃油费。

你们将很快将这些改变应用到你们的旅行计划中。

真诚地,

Juhasz先生

旅行会议服务中心

信息9.B:拒绝索赔与调整请求[学习目标5]

我正在回复您六周前关于对您所购买的WM39Z型号无线集线器进行调整的来信。所有产品出厂前我们都作了检测;所以您的集线器不工作并不是我们的过错。

如果您或您办公室的人摔了它,可能会造成损坏,或者托运公司摔了它也可能造成损坏。如果是这样,你可以向托运公司提出索赔。无论如何,这不是我们的错。各项零部件都有保修期。但是,我们将收取50美元的低于成本的修理费,因为您是一位重要的客户。

在即将举办的展览会上我们有一个摊位,届时希望能看到您或您办公室的人。我们将展出很多新型办公设备,您一定很想看一看。随信附赠最近的产品目录。希望在那里能见到您。

信息9.C:拒绝工作申请

我很遗憾地通知你,你没有被选中参加Equifax公司的夏季实习项目。我们收到了一千多份简历和求职信,不可能全部录用。我们被要求通知每位申请者:公司已经从那些申请较早且具备资格的学生中选好了担任这25个职位的人。

相信你会找到一份适合你的夏季工作,祝你好运。我们为这个的回复给你造成的不便表示深深的歉意。

➡ 练习

1. **计划:选择直接法或间接法**[学习目标1] 选择你会对下列负面信息使用的方法(直接法还是间接法)。

a. 给老板一封电子邮件,告诉他公司的一个重要客户将业务转给了别的会计师事务所。

b. 给客户一封电子邮件,告诉她在网上订购的书暂时脱销。

c. 给客户一条即时信息,通知他为新电脑订的DVD刻录机将延期交货,结果整个订单都将延期。

d. 给所有员工写一篇日志,通知他们公司停车场将在6月的第一周进行重新铺砌,在此期间,公司将在一个较远的停车场提供班车服务。

e. 旅行社给客户的一封信,告诉她航空公司不会因为她误机而退款,但她的机票在一年内仍有效。

f. 美国航空公司给客户的一封信函,解释说他们不能延长客户飞行里程的有效期,即使客户过去三年一直住在海外,在此期间也不能使用这些里程。

g. 保险公司给投保人的一封信,拒绝客户对不在保单范围内的特殊医疗程序的赔款要求。

h. 来自一家电子产品商店的信,向客户解释在保修期内出故障的手机不能退换(因为保修条款并不包括手机偶然从行驶的车中掉出来造成的损坏)。

i. 给修理部一个公告,列出了将延期交货的零件,并说明三周后到货。

2. **信息策略：拒绝日常请求**[学习目标 4]
作为一家电话公司的客户服务主管,你负责回复客户的退款要求。你刚收到一封来自客户的电子邮件,他错误地在笔记本电脑上拨了一个非本地的互联网访问号码,无意间积累了五百美元的长途通话账单。客户认为这不是他的错,因为他没有意识到自己正在拨打一个长途号码。然而,你过去处理过这样的事件;你知道网络服务商会告诫他选择一个本地访问号码,因为客户要负责所有的长途费用。为回复电子邮件起草一个简短的铺垫(1—2 句),对客户的情况表示同情但要让他为坏消息做好准备(公司政策明确禁止为这种情况退款)。

3. **礼节：机制、灵敏地沟通；合作：团队计划**[学习目标 4] 独立工作,修改下面的声明,并弱化坏消息。然后与一名同学组成小组,互相阅读对方修改后的声明。你们在每个案例中都使用了同样的方法吗?哪种方法看起来对每个修正后的声明最有效?

a. 航空公司不能退还您的款项。您机票后面的退款条件声明了误机不能退款。有时航空公司也会破例,但只在生死攸关时。当然,您的机票仍然有效,仍可用于飞往相同目的地的航班。

b. 我很遗憾地告诉您,我们不能提供您要求的定制饰品。我们询问了每个供应商,没人能在这么短的时间内完成您的订单。但是您可以按时获得一些相同主题的标准产品,我们找到了一家供应商有相应的存货,当然,他们做不到您最初要求的那种风格。

c. 我们不能为出故障的 MP3 退款。你不应该在游泳的时候把装置浸入水中,用户手册清楚地写着装置不能在不利的环境下使用。

4. **道德沟通**[学习目标 4] 你工作的保险公司计划提高健康保险的保险费。老板要你读一下她通知客户提价的信件草稿。开头两段讨论一些令人兴奋的医学进步及公司服务覆盖面的扩展。只在最后一段才告诉客户他们明年开始将支付更多的保险费。这封草稿的道德含义是什么?你建议如何修改?

5. **发送负面组织信息**[学习目标 6] 上市公司有时通过发布新闻稿来进行公告或解释销售、利润、需求等的下降。在网上搜索,找一家最近发布过收益降低或其他坏消息新闻稿的公司,然后在该公司的网站上访问这些新闻稿。作为选择,你可以通过浏览 www.prnewswire.com 或 www.businesswire.com 等网站上的新闻稿来找出你正寻找的新闻稿的类型。标题是如何与新闻稿主要信息联系起来的?新闻稿是通过直接法还是间接法进行组织的?公司是怎样以正面的语气提出坏消息的——你是否认为这种做法是真诚的和道德的?

技能拓展

剖析行业案例

寻找一家网上公司发布负面新闻的例子。可能的例子包括：宣布产品召回、较差的财政结果、裁员和其他不好的消息。分析公司选择的方法，这是否是最有效的策略呢？若公司进行道歉是否会适合当时的情况？道歉是否真诚？信息的语气是否符合当时的情况？结尾处是否为积极的语气？使用教师学习的任何媒体，从文章中引用特殊的元素和支持的论点写下一篇文章的简要分析（不超过一页纸）。

在线提升职业技能

"博韦和希尔的商务沟通搜索"（http://businesscommunicationblog.com/websearch）是一个专为商务沟通研究而设计的研究工具。使用网页搜索功能查找网站、视频、PDF 文档、播客或幻灯片演示文稿，为写作负面信息提供建议。给任课教师写一封简短的电子邮件，描述你搜索到的条目，总结你从中学到的职业技能。

改善语法、结构和表达

以下练习帮助你提高对英语语法、结构和表达的掌握和运用。在下面每组句子中，找到最佳选项，在正确答案的字母上打勾。

1. a. Please send us four cases of filters two cases of wing nuts and a bale of rags.

   b. Please send us four cases of filters, two cases of wing nuts and a bale of rags.

   c. Please send us four cases of filters, two cases of wing nuts, and a bale of rags.

2. a. Your analysis, however, does not account for returns.

   b. Your analysis however does not account for returns.

   c. Your analysis, however does not account for returns.

3. a. As a matter of fact she has seen the figures.

   b. As a matter of fact, she has seen the figures.

4. a. Before May 7, 1999, they wouldn't have minded either.

   b. Before May 7, 1999 they wouldn't have minded either.

5. a. Stoneridge Inc. will go public on September 9 2012.

   b. Stoneridge Inc., will go public on September 9, 2012.

   c. Stoneridge Inc. will go public on September 9, 2012.

6. a. "Talk to me" Sandra said "before you change a thing."

   b. "Talk to me," Sandra said "before you change a thing."

   c. "Talk to me," Sandra said, "before you change a thing."

7. a. The firm was founded during the long hard recession of the mid-1970s.

   b. The firm was founded during the long, hard recession of the mid-1970s.

   c. The firm was founded during the long hard, recession of the mid-1970s.

8. a. You can reach me at this address:717

Darby St. ,Scottsdale,AZ 85251.

 b. You can reach me at this address:717 Darby St. ,Scottsdale AZ 85251.

 c. You can reach me at this address:717 Darby St. ,Scottsdale,AZ,85251.

 9. a. Transfer the documents from Fargo,North Dakota to Boise,Idaho.

 b. Transfer the documents from Fargo North Dakota,to Boise Idaho.

 c. Transfer the documents from Fargo,North Dakota,to Boise,Idaho.

 10. a. Sam O'Neill the designated representative is gone today.

 b. Sam O'Neill, the designated representative,is gone today.

 c. Sam O'Neill,the designated representative is gone today.

案 例

日常商务的负面信息

即时信息技能

 1. 信息策略:拒绝调整要求:媒体技能:快速信息[学习目标5],第7章 你的公司认识到指导销售的视频产品是一个商务难题。因为在运行的前五年,公司出台了一个慷慨的政策,顾客可以在10天后,即使产品已开封,仍可以退掉任何一张DVD。但是随着退货率的节节攀升,管理部门开始怀疑顾客们滥用公司给予的规定,他们可能利用长达10天的时间,通过DVD学习他们想学习的内容,随后退掉DVD,并要求退款。公司并不想改变策略来惩罚大部分的消费者,但是退款率和公司的利润,却连年受挫。从去年开始,公司只接受DVD没有打开的退货。

 你的任务: 与其他两个同学组队。一人扮演两周前购买《自由搏击基础》DVD的消费者,另一人扮演帮助顾客退款的售后服务人员。

 使用Facebook聊天功能或其他免费即时信息服务,各位同学扮演不同角色,在对话中谈判,希望能得到退款,原因是此DVD没有满足他们的要求,给出的技巧十分基础,他已经超过了这个水平。

 交谈初期,服务人员应询问DVD包装是否被打开。消费者回答说已打开。服务人员回答说公司只能针对未打开的商品进行退款。消费者继续争辩说如未观看DVD内容,并不能对内容进行评估,因为不同人对"基础"的理解是不同的。但是,公司却有明确的要求。

 尽可能地写出不同的细节完成此次交流,并记住以下几点:

- 视频名称和产品介绍明确指出此视频适用于自由搏击的初学者。
- 网站明确指出产品只在未拆封时,才可退换。
- 此外,电子商务表其中的一栏要求消费者检查,并表示他们已经阅读退货信息。
- 服务人员可以建议消费者在Craiglist中出售此DVD,卖给回收二手DVD的商店,或捐给图书馆。

 该组的第三名成员应在不参与此次交谈的情况下,选择支持消费者或公司,评估此次即时信息交谈。如果可能,记录下即时信息内容并进行分析。评估者可针对信息的内容、语气,针对提高的建议给出书面反馈。并准备与同学们讨论此次经历和分析结果。

电子邮件技能

2. 信息策略：拒绝建议和提议 [学习目标 5] Walter Joss 是你们部门最好的员工之一，他敏捷、刻苦、对工作永远保持热情。对整个团队而言，他坚不可摧的工作态度，帮助整个部门渡过了最近几次的困难时期，对于你个人而言，几年前，当你晋升为市场总监时，他聪慧的建议使你成为领导中的一员。

通常你都会欢迎 Joss 对部门的运行献计献策，并且你会在他想法的基础上，增加一些自己的意见，来帮助公司市场部的运转。但是说得委婉些，昨天他给你的意见，并不是他的最好水平。他建议公司应放弃已经合作十几年的一家广告公司，并采用几家你并没有听说过的广告公司。他唯一的理由就是"现有的广告公司已经迟钝，一个更小规模的广告公司可以更好地帮助我们"。他并没有给出选择广告公司的其他标准，如费用、创新技能、技术水平、地理范围、研究能力和媒体经验。

你的任务： 给 Joss 写一封邮件，拒绝他的提议。（注意在现实生活中你可能更想和他面对面谈论，而不是通过邮件，但是在此事件中，请使用邮件与他沟通）。

电子邮件技能

3. 信息策略：发布日常负面公告 [学习目标 5] 你对自己的园艺工具公司的很多事情都引以为傲，它从你独自在地下室里的小作坊发展为全国知名且拥有超过 200 名员工的公司。但是，令你最为自豪的是，公司的"帮助我们家乡发展"的项目，在项目中，公司员工可在上班期间，帮助家乡居民建立他们自己的蔬菜园，并使用公司捐助的工具。有将近 50 名员工直接参与，帮助 500 个家庭通过自给自足的方式，满足生活需要。每个人都对此项目贡献很大，因为没有直接参与的员工承担了志愿者的工作职责。

令人遗憾的是，项目实施的十年后，你不得不得出这个结论：公司不能再进行这个项目了。因为全国消费者都在一次大范围的经济危机中苦苦挣扎，过去的三年中，销量连连下降——雪上加霜的是，更小成本的竞争者开始在市场上占据份额。为了挽救此项目，你想解雇一部分员工，但是你的员工先来找你了。

你的任务： 给全公司写一封邮件，告诉大家项目停止。

电话技能

4. 信息策略：发布日常负面公告 [学习目标 5] 俄亥俄州托莱多市的 Vail 产品公司生产了一系列医院和其他公共机构使用的床，这些机构需要对病人实施保护，否则他们可能从床上掉下来摔伤自己（包括认知功能损伤或痉挛、癫痫之类的病人）。这些"封闭式病床系统"用一个网状遮篷来保证病人待在床上，而不是用传统束缚身体的方法如用带子绑住病人或使用镇静剂等。这种床的意图是人性化的，但设计却是有缺陷的：至少已经有 30 个病人被困在了床垫和遮篷的各部分中，并且有 8 个被闷死了。

与美国食品及药物管理局（FDA）合作，Vail 发表了一份声明要召回这种病床，就像生产者们遇到不安全产品情况时经常做的那样。但是，这个召回并不是真正的召回。Vail 不会替换或改进这种病床，也不接受返回的产品。实际情况是，公司正催促公共机构尽可能将病人转移到其他病床上。Vail 还发放了修订后的使用手册并要求把警示标签贴到病床上。并且，公司宣布将停止生产这种封闭式病床。

你的任务： 一系列来自相关病人、病人家属和公共机构的电话总是让接听人员忙得焦头烂额。作为 Vail 公司沟通办公室的一名写作者，你被要求起草一份录到公司电话系统的短稿。当人们拨打这个号码时，他们将听到

"按1键表示500型号、1000型号和2000型号封闭式病床的召回信息"。按了1键后,他们会听到你即将写的信息,向他们解释虽然这次行动被归为召回,但Vail不接受返回的病床,也不会替换任何受影响的病床。你的信息还应让消费者明确Vail公司已经为每个登记的有问题的病床所有者发送了修订后的操作手册和警示标签。电话系统内存有限,你需要将信息字数控制在75字以内。㉘

电子邮件技能　档案建立

5. 信息策略:拒绝建议和提案;沟通道德;做出道德选择[学习目标5] 自从《商业周刊》上的一篇文章从行业内角度向世人揭示了电子产品零售商从延长保修期(有时称为服务合同)中赚了多少钱之后,一个不算秘密的秘密正在获得比你实际希望的还要多的关注。这篇文章说,通常保修价格的一半都作为佣金进了销售者的腰包,消费者所交的保修金只有20%被最终用于产品修理。

你也知道为什么延长保修期业务的利润如此丰厚。很多电子产品都遵循一个可预期的故障规律:在寿命早期故障率很高,"中年"阶段故障率下降,"老年"阶段故障率又迅速上升(工程师们称之为"浴缸曲线",因为它从侧面看上去像个浴缸——两头高中间低)。早期故障一般在厂家的保修期内,你销售的延长保修期又包括了产品寿命跨度的中间部分。换句话说,很多延长保修期保障的是产品最不可能出现故障的时间段,而非产品最有可能出现故障的时间段。(消费者只能在很小的产品范围内从延长保修期中实际获益,包括笔记本电脑和等离子电视。当然,保修期对消费者的意义越大,它对你们公司的财务意义就越小。)㉙

你的任务:你的老板担心购买延长保修期的消费者会变少,于是命令你拟订一个能帮助销售员更有力地推销延长保修期的培训计划。经过认真考虑,你认为公司应改变依赖销售延长保修期来获取利润的策略。除了为消费者提供可疑的价值之外,它们也正在冒引起消费者抵触情绪的危险,而消费者的抵触情绪会导致产品的销售额降低。你本想亲自把你的想法告诉老板,但你们两人下周都在进行繁忙的出差,你只好写封电子邮件来代替。起草一份简洁的信息来解释为什么你认为特定的销售培训和延长保修期总体来说都是很糟糕的主意。

微博技能

6. 信息策略:发布日常负面公告[学习目标5] JetBlue航空公司是最早将Twitter微博服务整合到自身客户交流系统的公司之一,成千上万的乘客和粉丝关注了该公司的Twitter。信息包括票务销售(如eBay上的显示拍卖或购物中心的特卖会)、公司里程碑的庆祝活动(如纽约富兰克林机场终点的启动仪式)、进度更新甚至是关于公司问题和抱怨的私人回答。㉚

你的任务:在Twitter上发表一篇日志,告知JetBlue航空公司的客户,8月13日至8月15日的航班表可能会受到Isaac飓风的影响,航班延误或取消的决定将在Twitter上和公司的官网上,对每个城市做出说明。URL占20个字符,因此你的邮件可包括120个字符(包括空格)。

㉘ 改编自"FDA Notifies Public That Vail Products, Inc. , Issues Nationwide Recall of Enclosed Bed Systems," FDA press release, 30 June 2005, www. fda. gov。

㉙ 改编自"Bathtub Curve" *Engineering Statistics Handbook*, National Institute of Standards and Technology website, accessed 16 April 2005, www. nist. gov; Robert Berner, "The Warranty Windfall," *Business Week*, 20 December 2004, 84—86; Larry Armstrong, "When Service Contracts Make Sense," *Business Week*, 20 December 2004, 86。

㉚ 改编自Twitter/JetBlue website, accessed 29 October 2008, http://twitter.com/JetBlue。

电子邮件技能

7. 信息策略：拒绝建议和提案[学习目标5] Lee Valley 工具（www.leevalley.com）在加拿大境内通过零售店，在全球通过网站和产品目录出售高品质的木工工具。木工的业余爱好者花 20 或 30 美元就可以在当地的工具店获得一个手刨（打磨木板的工具），专业的木工，就得花费五倍或十倍的价格才可以获得 Lee Valley 的一个精确手刨。尽管价格稍贵，但是他们可以获得顶级质量的材料、精确的制作、创新的设计，这些都可以帮助他们在更短的时间内更好地完成工作。

Lee Valley 不仅出售自己 Veritas 品牌的工具，还出售其他制造商的 5 000 多种工具。其中的一个公司恰巧给你发邮件，询问 Lee Valley 公司是否能够提供比全球价格和工具店的价格都高，但是比 Lee Valley 自己的 Veritas 品牌价格低的中型手刨。你的任务就是过滤掉类似请求，拒绝不符合公司标准的要求，保留符合公司标准，但是需要产品选择委员会进一步评估分析的要求。在快速阅读此邮件后，你意识到没有必要把这个想法告诉委员会。因为这些手刨质量上乘。他们只能通过降低钢的质量来降低成本，这些钢不会长久保持刨刃，且在使用期间的震动，会导致木板表面粗糙。尽管这些手刨有市场，但是他们不符合 Lee Valley 专卖顶级质量工具的原则。而且，这些手刨不能在实用性和产品性能上进行创新。③

你的任务：回复邮件，解释说这些工具表面上看起来质量上乘，但是它们不符合 Lee Valley 专卖顶级质量工具的原则。使用三个以上所述标准来支撑自己的决定。谨慎使用直接或间接的方式，并考虑两个公司之间的关系。

---

③ 改编自 Lee Valley website, accessed 29 October 2008, www.leevalley.com。

写信技能 档案建立

8. 信息策略：日常事务宣布负面公告[学习目标5] 你是 Stanton 公司的一名市场部经理。Stanton 是 DJ 设备的最大生产商之一，这些设备包括转盘、扩音器、扬声器、混音器和相关配件等。你们公司最新开发的产品 FinalScratch 系统已经摆到了零售商的货架上。专业和业余唱片师都非常喜欢这个系统，他们可以使用模拟转盘或光盘播放器来控制数字音乐文件，从而获得使用唱片的感觉，这让他们体会到了数字音乐技术所带来的无限可能。（想知道关于这款产品的更多信息，可以访问 www.stantondj.com。）各处的销售情况都非常好，除了中大西洋地区的连锁零售店 Music99。你猜测这是因为连锁店老板没有让销售人员参加你们在 FinalScratch 推出时提供的免费产品培训，他们说自己的员工很聪明，可以进行自我培训。

为了探究这种情况，你从设在佛罗里达州好莱坞的 Stanton 总部出发，进行了一项秘密的购物行动。调查了一些 Music99 的店铺之后，你被你所见到的情况震惊了。这些商店里的销售人员很明显不了解 FinalScratch 的概念，所以他们或者为潜在客户提供关于它的不良信息，或者让客户购买你们公司竞争对手的产品。难怪这一系列连锁店的销售额会如此差。

你的任务：你正试着立刻将你们的产品撤出这一连锁店，但是以你在该行业的经验，你知道寻找新的零售商很难、要付出很大的成本。但是，这种情况不能继续下去，你们每周正在丢掉成千上万美元的潜在交易。给 Music99（14014 Preston Pike, Dover, Delaware, 19901）的首席执行官 Jackson Fletcher 写封信，表达对你所观察到的状况的失望，并说明 Music99 的销售人员需要参加产品培训,否则你们公司的管理团队将考虑终止业务关系。你以前见过 Fletcher 先生并通过几次电话,你很了解他,知道这封最后通牒会令他不高兴。Music99 在其他 Stanton 产品的销售方面做得很好——当他知道你正在"侦察"他的销售人员时可能会大发雷霆。[32]

播客技能

9. 信息策略:日常事务的负面说明[学习目标5] 自从去年设立了礼宾部以来,给广大员工提供了很大的便利。礼宾部员工可以为员工提供广泛的服务,从干洗、预订车票到送花。员工喜欢这项服务,你也知道这样会让员工有更多的时间投入到工作或生活中去。遗憾的是,公司利润下降,礼宾部服务已饱和,为此你需要再寻找一名收发员,来满足需要。尽管这对每个人都很艰难,但是公司决定停止这项服务。

你的任务: 写一个简短的公告,宣布这一决定,并解释原因。补充你需要的细节。如果你的任课教师要求你记录公告,并发给他,你应照做。

写信技能

10. 信息策略:日常事务的负面说明[学习目标5] 你的公司——策略计划保险服务公司,是一个总部位于密尔沃基、拥有 120 名员工的保险理赔处理机构。在过去的五年中,Midwest Sparkleen 公司承诺负责你们公司的内外部清扫。前四年,Midwest Sparkleen 的服务特别到位,堪称典范,但是去年由于所有权的改变,服务的质量开始走下坡路。办公室从来未进行彻底清扫。你已经给公司打过至少六个电话,提醒他们注意溢出的污水和其他本应该得到妥善处理的垃圾,而且有好多次他们把有毒的清洁剂遗留在走廊上。在过去的三个月,你已经两次向对方经理表达了你的担心,他也承诺会提高服务质量,但是这并未奏效。上周四,夜班清扫人员忘记将大厅门锁闭,从午夜到第二天 8 点,使得你的全部设备差点遭受偷盗的危险,因此你决定是该做改变的时候了。

你的任务: 给 Midwest Sparkleen 的所有人写一封信,地址为 4000 South Howell Avenue, Milwaukee, WI, 53207,告知他在本月末合同到期后,策略计划保险服务公司不会再和 Midwest Sparkleen 续签合同。以以上的事例为例,注意保证口吻的专业性。

负面组织新闻

社交网络技能

11. 信息策略:负面组织说明[学习目标6] 因为网上零售、电子书下载、团购低价以及拥有更多娱乐选择的顾客,大巨头 Borders 连锁书店遭遇了最为严重的危机,于 2011 年宣告破产保护。

你的任务: 下载 Borders 在 http://realtimeupdate.com/ebc 上发布的公告。(点击学生作业,第 9 章,第 287 页,案例 11)。核对信息,写一篇公司可能会发布在 Facebook 上的 100—150 字的破产公告。

博客技能

12. 信息策略:负面组织说明[学习目标6] XtremityPlus 以其奇异的极限运动产品著名,Looney Launch 正是其中之一。为了满足孩童时勇于挑战的梦想,Looney Launch 把铝和玻璃纤维巧妙组合,可以快速打开,完成完美的一跳。尽管厚厚的标识写着铝和玻璃纤维的使用可能会造成危险,但该产品一直是供不应求。

---

[32] 改编自 Stanton website, accessed 18 August 2005, www.stantondj.com。

作为 XtremityPlus 的首席执行官,对于介绍此款产品很焦虑,很快你的担心被证实了。一对夫妇将你们的公司告上了法庭,因为他们的孩子从 Looney Launch 上摔下,造成了多处骨折。

你的任务:在内部博客写一封公告,解释 Looney Launch 会立即下架。告知员工注意可能会受到情绪激动的消费者和零售商的负面影响,但是解释道,(1)公司现在已不能再承受起诉;(2)对于 XtremityPlus 来说,Looney Launch 把范围推得太远了。有良心的厂家,不会再销售此危险品。

电子邮件技能

13. 信息策略:负面组织说明[学习目标6] 现在开始写给予内部员工的关于 Looney Launch 的信件(见案例12)以及给予零售商关于产品的信息。

你的任务:给零售商写一封邮件,解释 Looney Launch 已经下架,并解释你们做出此决定的原因,对他们生意的暂时影响表示深深的抱歉,但是应强调这在法律和社会层面都是正确的决定。感谢他们一直销售 XtremityPlus 的产品,并保证你的公司会一直提供令人心动的极限运动产品。

博客技能

14. 信息策略:负面组织说明[学习目标6] 由于美国经济房地产业和金融业的持续走低,很多行业出现了倒闭的现象。Shaw 工业,世界最大的地毯制造商,也是受影响的地产的主要供货商之一。

你的任务:为 Shaw 的公司博客写一封简短的信息,表达以下观点:

- 每年的销售额达 50 亿美元,Shaw 是世界上最大的地毯制造商。
- Shaw 位于佐治亚州米利哥维尔的工厂在地毯制造中使用了纱线。
- 新型房地产行业的持续挣扎,及现有业主无法承受改型计划,已经使地毯的需求量持续走低。由于需求量的下降,米利哥维尔已经无法盈利。
- 公司被迫关闭米利哥维尔工厂,并解雇全部 150 名员工。
- 从今天起,工厂会在 3 到 4 周内关闭。
- 如果 Shaw 打算再开任何分厂,公司希望可以把解雇的员工安排到这些工厂去。
- 佐治亚工委会委员 Michael 承诺会尽力帮助受影响的员工。Shaw 工业米利哥维尔工厂的解雇对员工本人和他们的家庭都是一个艰难的时刻,但是我要让他们知道,面对这个难题,他们不是一个人在战斗。我们会密切关注下岗的职工,公司领导和地方官员正在决定怎样才能最好地帮助受影响的员工。
- 佐治亚政府会提供职业咨询、失业救助和工作培训等支持。㉝

电子邮件技能

15. 信息策略:负面组织说明[学习目标6] 加拿大的 Bombardier 的娱乐产品绝对能让以追求兴奋为生的人更加兴奋。Bombardier 是全球顶级的机动雪橇、私人船只、机动船发动机和适用所有地形的车辆制造商,所有的产品都可以提供极速快乐。

因为可以让顾客在雪上、水上或陆地上飞驰,Bombardier 对安全问题格外重视。但是,问题还是时不时出现,并且需要公司对顾客的问题给予快速清晰的反应。Bombardier 近期发现其旗下的产品 Can-Am DS 90XATV 的准备加速功能可能存在潜在危险。此型号设置一个安

㉝ 改编自 Rodney Manley, "Milledgeville Plant to Close; 150 to Lose Jobs," Macon.com, 28 January 2009, www.macon.com; Jamie Jones, "Shaw Plant Closing in Milledgeville," *The Daily Citizen* (Dalton, Georgia), 29 January 2009, www.northwestgeorgia.com.

全装置,名称为缆索引擎关闭开关,其中的电源线连接到一个特殊的开关中,该开关可在危机情况下关闭引擎。受影响的产品中,拉住发动机的电源线,不会关闭发动机,这在使用者摔出时尤其危险。ATVs 将会继续运转,直到发动机速度恢复停顿。

你的任务:给 2008 年和 2009 年 DS 90 X ATV 的注册购买人,发送关于此开关的邮件。选择直接或间接的方式,分析当前形势。解释缆索发动机关闭开关在紧急情况下,不会使发动机停止。为了防止骑手完全依靠此安全功能,而此功能还有可能不会正常使用,Bombardier 联合美国和加拿大的运输安全部门,召回此型号的机器,并拆除缆索开关。强调这个问题的严重性,如骑手被摔出,发动机关闭开关未正常工作,ATV 将会失控,可能会引起严重的伤害或死亡。用户应立即停止使用产品,并求助于专业人员摘除开关。此项服务不另收费用。消费者将会得到价值 50 美元的代金券,可随后在购买公司产品时使用。包括以下联系信息:www.can-am.brp.com 18886385397。㉞

博客技能　档案建立

16. 信息策略:危机沟通[学习目标 6] 你们公司的最坏的噩梦还是到来了。EQ 工业服务公司(EQIS),总部位于密歇根的韦恩市,操控全国范围内的处理废品和运输化学垃圾的设备。昨晚,位于北卡罗来纳州的 Apex 工厂起火爆炸,导致 17 000 名当地居民疏散。

你的任务:现在是周五,大火后的第二天,你需要在公司的博客上写一篇简短的公告,包含以下几点:

- 周四晚上 10 点左右在 Apex 工厂发生大火。
- 此时无人留在工厂内。
- 由于工厂内存放材料的多样性,火灾的原因目前还不可知。
- 有传闻说工厂存放极其危险品氯气,因此火势迅速向其他地区蔓延的说法是错误的。
- EQIS 已经雇用了专门的工业消防员,使得火势得到控制。
- 最接近火灾发生位置的居民,为防止危险,已经安全撤离,如当地官方批准,明天就可返回家园。
- 一些居民声称呼吸困难,已经送往当地医院,但是大多数人都已出院;大约 12 个火灾救援人员也得到很好的治疗。
- 此时(周五下午),北卡罗来纳州环境和自然资源局,检测在空气中未发现其他物质。

结束时,感谢当地警方和消防局的帮助,请读者拨打 EQIS 的免费热线电话获得更多信息。㉟

博客技能

17. 信息策略:对于传闻和公众批评的回应[学习目标 6] 在商务活动中,散布竞争对手的恐惧、怀疑和不确定性,是赢得竞争的不体面的做法。例如,一些人可以在市场中窃窃私语,这足以引起恐慌,因为这意味着某个公司可能陷入了财政危机。一些不想承担未来风险的顾客,就会把他们的购买意愿转向其他的公司,而这一切只是因为这错误的传闻。

你的任务:在网上找到任意一家公司的网站,设想你就是公司的首席执行官,该公司陷入了当前网上关于公司即将倒闭的传闻。浏

㉞ 改编自 "Recall Safety Notice," Bombardier Recreational Products website, 10 September 2008, www.brp.com; Bombardier Recreational Products website, accessed 30 October 2008, www.brp.com。

㉟ 改编自 Environmental Quality Company press releases, accessed 27 October 2006, www.eqonline.com; "N. C. Residents to Return After Fire," Science Daily, 6 October 2006, www.sciencedaily.com; "Hazardous Waste Plant Fire in N. C. Forces 17,000 to Evacuate," FOXNews.com, 6 October 2006, www.foxnews.com。

览完切身感受公司的所在行业。设想你所需要的一切细节,在公司的博客上发布公告,解释关于破产的传闻是错误的,公司经济基础深厚,且有支持公司未来多年运转良好的多个计划。(确保复习本章"我们遭受攻击!对社交媒体环境下的谣言和批评做出回应"的提示)。

社交网络技能

18. 信息策略:传闻和公众批评的回应[学习目标6] 在 Yelp(www.yelp.com)如果顾客评论都是积极的话,必定会对商务活动产生极大的促进作用。差评,不管是否公平,都会影响公司的声誉,并失去潜在客户。幸运的是,对于企业所有者来说,像 Yelp 这样的网站可以提供和客户沟通的平台,不管他们是想对糟糕的服务道歉,提供投诉还对综述中的信息错误进行改正。

你的任务:在 Yelp 网站中寻找任何城市中的任何企业差评(一星或两星)。选择一个含有实质性内容的评论,不仅仅是单纯的情绪发泄。现在假设你是企业的老板,通过"添加老板意见"功能,发布一篇公告。使用在 Yelp 上能找到的企业信息,并通过想象增加细节。切记,你的评论对所有浏览 Yelp 的人都可见。(确保本章"我们遭受攻击!对社交媒体环境下的谣言和批评做出回应"的提示。)

负面雇佣信息

社交网络技能　电子邮件技能

19. 信息策略:拒绝推荐请求[学习目标7] 你很高兴收到老朋友兼同事 Heather Lang 的信件。但是当你得知她请求你对她的网络设计和编程能力进行推荐时,你的高兴消失了。你可以替她做任何事,只是除了推荐她的网络设计。她是一个编程大师,她的技术魔法挽救了无数客户的项目,多得已经数不过来,但是如果是设计艺术性网站,她却没有这样的天赋。从华而不实的色彩运用,到无法入目的类型处理和令人眩晕的布局,她的设计理念着实不能和她技术上的聪慧相媲美。

你的任务:首先给她写一封简短的邮件,解释你十分看重并欣赏她的设计技术,这正是她的优势所在。其次,写一个两句话的建议,可以添加在文件中,推荐她的技术能力。想象或搜索你所需要的细节。

备忘录写作技能　档案建立

20. 信息策略:负面绩效评价[学习目标7] 前职业高尔夫选手 Elaine Bridgewater 雇用你来监督她的高尔夫设备公司与零售商的关系,你主要负责了解业务细节。作为一名职业选手,她具有非常高的可信度。她同样具有无限的资源、扎实的技术知识和有魅力的个性。遗憾的是,当她面对零售商时,就表现得不像平时那么优雅,由于近来没有回复语音信息,你已经被零售商投诉,现在需要发送两到三封邮件来澄清这件事。跟 Bridgewater 其他技能一样有价值的公司业务,如果长期保持这样的状态,那么她的公司将会亏损。零售渠道的选择对于公司生存来说至关重要,她和公司员工都非常重视这个问题。

你的任务:为 Bridgewater 起草一份简短、非正式的业绩评价和改进计划。一定要先赞美她擅长的领域,同时也不要回避提醒她需要提高的部分,如准时回应客户信息、清楚地写作、仔细地修订和校对。使用你目前所学到的知识,提供出关于这些重要技巧的额外的建议。

第 10 章 劝说性信息的写作

学习目标

学完本章后,你将能够:

1. 应用劝说性信息的三步写作法
2. 描述展开劝说性商务信息的有效策略,识别劝说性商务信息的三种最常见类别
3. 描述展开营销和销售信息的有效策略
4. 解释为社交媒体写作促销信息时如何改进你的方法
5. 识别营销和销售信息中避免道德缺失的步骤

工作进行时

CafeMom 的沟通

创建一个把全世界的妈妈们联系在一起的网站

生活中很少有角色能比养育子女需要更多的信息和洞察力。从孕期保健、早期的婴儿发展、教育到社会化等问题,父母在孩子的成长过程中始终都处于不断学习的状态中。父母在这一角色中成长的同时,也需要了解他们自己,从平衡工作与家庭生活到培养他们的人际关系。同时,父母对子女的养育对于人们来说可能是最孤立的经验之一,这常常使他们难以获得成为成功父母所需的信息和支持。

我的两个好朋友,演员兼激进主义分子 Andrew Shue 和企业家 Michael Sanchez,考虑到了这个古老的挑战,并把网络视为一个解决方法。于是,两人共同创建了 CafeMom,既是一个在线社区,又是一个帮助妈妈们找到答案和增强彼此理解的信息资源平台。

网站中有着丰富的信息资源和社交网络,如同其他任何网站的初期阶段一样,CafeMom 也面临着如何从大众中脱颖而出,怎样成长为有足够多会员加入以使网站生存下去的挑战。成功的关键之一是定位清晰、以受众为重心的信息,使得加入 CafeMom 具有吸引力。采用开门见山的陈述,如"CafeMom 是一个成千上万的妈妈们每天聚在一起相互联系的在线社区"和"无论你在经历着什么,总会有某一个妈妈已经经历过,你就可以从她那里获得帮助",公司还传递着它不同的在线服

务特点和加入该网站的好处。

劝说性沟通的工作显然已经成功了：CafeMom 是现今对于妈妈们最大的社交网络社区并还在继续扩张，因为更多的妈妈们都在加入进来，从相似的圈子里寻求有用的见解和友好的支持。①

www.cafemom.com

10.1 劝说性信息的三步写作法

像 CafeMom 的总裁 Michael Sanchez 那样的专业人士，能够意识到成功的商务运作依赖于内外部沟通过程中的劝说性信息。无论是说服老板在欧洲开创新事业部，还是鼓励潜在的客户来购买产品，都将会用到你的劝说才能。这里所说的劝说是指尝试改变受众的态度、观念、行动。② 与各种其他的商务信息一样，三步写作法可以改进劝说性信息的效果。

10.1.1 第一步：劝说性信息的计划

在当今以信息为中心的商业环境中，仅仅拥有好的创意和好的产品是不够的。每天，无数的好创意被忽视（或是被误解），无数的好产品滞销，仅仅是因为用来宣传它们的信息不够具有说服力，从而未能从竞争噪声中凸显出来。在充满挑战的环境中成功地组织劝说性信息，要求在计划阶段注意四个步骤，其中第一步是分析你的目的与受众。

分析情况

明确你的目的，确保你清楚自己希望达到的目标。假如你想劝说公司高管支持你某个特定的研究项目，那么你想清楚需要获得怎样的"支持"了吗？你是希望他们拍拍你的肩膀让你好好干呢？还是想让他们给你五个研究员的工作小组和一百万美元的年度预算呢？

最好的劝说性信息是与受众的需求和利益相关的（如图 10.1 所示）。③ 思考以下重要问题：谁是我的受众？他们需要什么？我想要他们做什么？他们可能如何排斥？我需要考察其他的职位吗？决策者认为什么是最重要的问题？组织文化将如何影响我的计划？

---

① CafeMom website, accessed 19 February 2011, www.cafemom.com; "ClubMom Introduces the MomNetwork—The Web's First Social Network for Moms," press release, 8 May 2006, www.hcp.com; "Laura Fortner Named Senior Vice President, Business Development at ClubMom," press release, 20 September 2006, http://newyork.dbusinessnews.com

② Jay A. Conger, "Ihe Necessary Art of Persuasion," *Harvard Business Review*, May—June 1998, 84—95; Jeanette W. Gilsdorf, "Write Me Your Best Case for...," *Bulletin of the Association for Business Communication* 54, no. 1 (March 1991): 7—12.

③ Mary Cross, "Aristotle and Business Writing: Why We Need to Teach Persuasion," *Bulletin of the Association for Business Communication* 54, no. 1 (March 1991): 3—6.

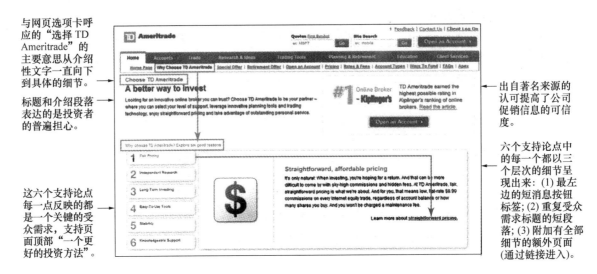

图 10.1 吸引受众的需求

在这个内容编写、布局设计均具专业水准的网页中，TD Ameritrade（美国交易控股公司）向大家展示了在选择股票经纪人时，个体投资者可能面临的担忧与困惑。该网页将读者关注的焦点从如何写好高水平的信息转移到了六个单独的支持论点，这里每个支持论点都是一个重要的受众需求，蕴含着更多更详细的信息。干净、重点突出的设计使得效果显著，内容与主题紧紧相扣。从左上角开始，到向下的六个关键支持论点，然后跨越到右侧附加的详细内容，网页的布局吸引着读者的眼球。

为了了解和划分受众的需求，可以借助**人口统计学特征（demographics）**（年龄、性别、职业、收入、教育及其他你需要劝说的人们的可量化特征）和**心理学特征（psychographics）**（个性、态度、生活方式及其他心理学特征）。在分析受众的时候，要将他们的文化预期和行为考虑在内，这样就不会因为使用了不恰当的诉求而破坏信息，抑或用一种受众不熟悉或者不喜欢的方式组织你的信息。

如果你想凭借劝说性信息去改变一个人的态度、观念、行动的话，那么了解他的动机便是至关重要的。这里所说的动机指的是驱使人们满足自身需求的各种力量的聚合。表 10.1 列出了一些心理学家已经确定或暗示为对人的动机影响巨大的需求。显然，劝说性信息与接受方的现有动机越是紧密相关，信息的作用发挥就越有效。例如，如果你试图基于产品的时尚魅力去说服消费者购买产品，那么你所要传达的信息就要与消费者对产品款式的需求动机相结合，而不必关注消费者对产品功能或价位的考虑。

表 10.1 影响动机的人类需求

需求	沟通的意义
基本的生理需求：对食物、水、睡眠、氧气等的需求	每个人都有这样的需求，但是每个人给予的关注程度常常取决于这些需求是否得到满足。例如，比起没有睡眠问题的人，安眠药的广告对患有失眠的人将会有更大的吸引力。
安全和保障：免受身体伤害、知道所爱的人是安全的、财产安全、个人身份保护、职业安全和其他保证的需求	这类需求以多种方式影响着消费者和商业决策。例如，人身保险的广告经常鼓励家长考虑自己的孩子和其他亲人的财产安全。

（续表）

需求	沟通的意义
归属感：对友谊、接纳、爱和名望的需求	感受被爱、被接纳或大受欢迎的需求产生了很多人类行为,从吸引潜在朋友的渴望到某个特定社会群体的穿戴风格可以得到证明。
权力和控制：控制局面的感受或施加凌驾他人之上的权力的需求	广告中有很多满足这类需求的例子:掌控你的生活、资产、未来和事业等。许多缺少权力的人想知道怎样得到它,而那些握有权力的人也时常想要他人知道他们拥有权力。
成就：感受成就感的需求——取得的成就被他人所钦佩	这类需求既包括认知(当人们体验成就感的时候),也包括展示(当人们向他人展示已经取得成功的时候)。奢侈品广告经常借助于这类需求。
冒险和消遣：兴奋或缓解日常工作的需求	对于冒险的需求,不同的人中存在很大的不同。某些人喜欢寻求刺激甚至是危险;然而其他人却钟爱于平静和可预测性。某些人对于冒险和消遣的需求几乎都得到了满足,例如通过观看恐怖电影,阅读惊悚小说和玩暴力视频游戏。
知识、探索和理解：保持学习的需求	对于某些人来说,学习通常是贯穿始终的一种方法,是实现其他某些需求的途径之一;然而对另一些人来说,获取新知识才是目标。
审美：体验美丽、秩序和整齐的渴望	乍看之下这类需求似乎"非商业性",但从包装的美观造型到一件首饰上宝石的质量却常常吸引广告商的关注。
自我实现：发挥人的全部潜能,实现自我期望的需求	心理学家 Kurt Goldstein 和 Abraham Maslow 把自我实现需要推广为充分利用人的潜力。Maslow 认定它为传统层级结构中高层次需求的一个分类。即使人们的大部分或所有其他需求均得到了满足,他们也仍然会有着自我实现需求的渴望。一个呼吁这类需求经常被引用的例子是美国陆军的一次性的广告口号:"成为你想成为的。"
帮助他人：成为他人生活中意义重大的那个人的需求	这类需求是筹款信息和呼吁慈善机构的主要动机。

资料来源：改编自 Saundra K. Ciccarelli and Glenn E. Meyer, Psychology(Upper Saddle River, N. J.: Prentice Hall, 2006), 336—346; Courtland L. Bovee and John V. Thill, Business in Action, 5th ed. (Upper Saddle River, N. J.: Prentice Hall, 2011), 213—217; Abraham H. Maslow, "A Theory of Human Motivation," Psychological Review 50(1943):370—396。

收集信息

完成情况分析之后,就需要收集一些必要的信息去创建一个引人注目的劝说性信息。本章后面的劝说性商务信息、营销和销售信息中你将会学习到更多关于提供何种信息的知识。第11章将向你提供一些如何去寻找你所需信息的建议。

选择正确的媒体

劝说性信息几乎出现在每个传播媒体之中,从即时信息、电脑动画到电台广告和空中文字。实际上,广告代理商会聘用一些媒体专员专门分析可供选择的媒体组合,并且为每一个客户和广告活动选择一个最有成本效率的组合(如图10.2所示)。

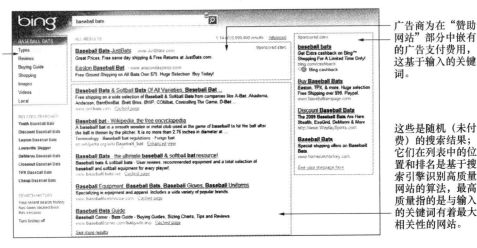

图10.2　媒体选择:搜索引擎营销

现今搜索引擎在网络促销中扮演着重要的角色,不仅是搜索工具,同时本身也是一种广告媒体。参见本章后文"请查找我们:通过搜索引擎优化培养受众"获取更多信息。

资料来源:Courtesy of Microsoft。

在某些情况下,受众群体中有各种各样的人,他们对同一信息可能偏好不同的媒体方式。有些消费者喜欢自行去选购汽车,另外一些消费者则大都通过网络来进行调查。有些人不介意收到一些他们感兴趣的产品的推销邮件,而有些人则讨厌每一封广告邮件。如果用单一的媒体不可能将信息传达给大部分或全部受众,那么就需要两种或是更多的媒体来传达信息,例如可以在电子邮件广告之后跟进发送印刷信件等。

社交媒体(见第7章)为劝说性信息,尤其是营销和销售信息提供了一些现存的选择。然而,正如本章后文中"为社交媒体写作促销信息"中所阐释的,这些媒体中的信息需要一种独特的方法。

> **实时更新　观看视频**
>
> **适合每个商务专家的劝说技巧**
>
> 劝说是一个基本的商务技巧,无论你选择什么样的职业路径。本视频提供给大家许多理解、实践和应用劝说性技巧非常好的小窍门。登录http://real-timeupdates.com/ebc10获取更多信息。

另一个重要的发展领域是个人关注同技术范围和效率的结合。例如,一个客户服务代理可以同时与多名客户进行即时信息对话,回复一个客户的同时,其他客户在输入信息。甚至由活泼灵动的形象化符号创建人际互动观念,如宜家家居(IKEA)的"安娜"(www.ikea.com)可以创建一个对购物者来说更为友善的体验,作为一个劝说性媒体这可以使网站更加有效。④

组织信息

劝说性信息最有效的中心思想有一个共同点:它们是有关信息接收者的,而不是信息发出者。例如,如果想要说服他人与你进行风险投资,就要告诉他们怎样对他们有利,而不是告诉他们怎样

---

④ IKEA website, accessed 19 February 2011, www.ikea.com; Liz C. Wang, Julie Baker, Judy A. Wagner, and Kirk Wakefield, "Can a Retail Web Site Be Social?" *Journal of Marketing* 71, no. 3 (July 2007), 143—157.

对你自己有利。

限制信息范围是至关重要的。如果你想参透不止一个中心思想,就要对问题的核心有些看法。如果你试图拟定一个有说服力的消息,但却没有聚焦在受众真正关心的某个中心问题或机会,那么你将无法说服成功。⑤

因为劝说的本质是说服听众改变其态度、观念或行动,所以大部分的劝说性信息采取间接法。这就表明,在要求受众做出最后的决定或行动甚至表明你的意图之前,你应该能够清楚说明理由并培养兴趣。相反,当你同受众间关系密切时,劝说性信息便是受欢迎的或至少是中立的,这时直接法可以是有效的。

对于劝说性商务信息来说,直接法与间接法之间的选择也受到个人在组织中权威、经验和权力的影响。例如,如果你是一个有着多年经验的高水平技术专家,在向高层主管传达劝说性信息时可以使用直接法。相反,如果你并非大名鼎鼎,因此更多地需要依赖信息的力量而不是你自身名誉的力量,这时间接法可能会更加成功。

 商务沟通 2.0

请查找我们:通过搜索引擎优化培养受众

你有没有想过当你在使用一个在线搜索引擎的时候,为什么某些网站和博客出现在列表的顶部?或者为什么你所期望找到的网站内容根本没有出现?这些问题是在线沟通中最重要活动的核心部分,即搜索引擎优化(SEO)。(搜索引擎优化适用于自然或随机的搜索结果,而不是在主要搜索结果列表的上边、旁边或是下边你所看到的付费赞助结果。)

SEO 包括三个主要部分:网络用户、网站所有者、搜索引擎开发商(如谷歌、雅虎和微软)。大多数网络用户都严重依赖搜索引擎去寻找那些与购物、研究和其他在线任务相关的网站。网站所有者也很大程度上依赖于搜索引擎引导潜在的客户和其他有价值的来访者访问自己的网页。为了满足双方的需求,同时建立许多的网络交通和为自己赢得广告机会,搜索引擎开发商不断调整搜索引擎以迎合相关产品及有益的搜索结果。

而这便是有趣的地方。使用复杂而秘密的算法,搜索引擎以用户输入条件的相关性来对搜索结果进行排序,最相关的搜索结果会出现在列表的顶部。网络用户通常会选择出现在搜索结果前几页上的网站,所以网站所有者自然想要尽可能获得靠前的排名。

鉴于保密和高风险,在线搜索业务已成为一种猫捉老鼠的游戏,网站所有者试图找出他们能做些什么来改善他们的排名,而搜索引擎的开发商却在通过阻止网站的所有者试图"掌控"系统而做着提高局部搜索结果的努力。例如,早期的在线搜索,一些网站所有者会在他们的网站中嵌入几十个流行的搜索词条,即使这些词条与他们的网站内容并没有什么关联。搜索引擎开发商对此采取的回应是一经证实,便通过降低该网站在搜索结果中的排名或把它们完全踢出结果列表两种方式来惩罚应用此种策略的网站。

---

⑤ Stephen Bayley and Roger Mavity, "How to Pitch," *Management Today*, March 2007, 48—53.

SEO已经成为一个复杂的话题,随着搜索引擎和网络本身的不断发展,网站所有者一直都在渴望找到提高他们排名的方法。比如,谷歌现在评估出100多个决定搜索排名的因素。然而,虽然没有成为SEO方面的专家,你也可以通过专注于四个重要领域来提高网站排名。第一,提供最新的、高质量的、受众感兴趣的内容。不吸引人的内容也不会被吸收进搜索引擎。第二,明智而审慎地使用相关的关键词,特别是在重要的地方,比如显示在浏览器屏幕顶部的网页标题。第三,不要试图使用关键字堆砌、偷偷摸摸的链接重定向或任何其他的阴暗伎俩去欺骗搜索引擎。第四,鼓励从带有相关内容的高品质网站链接到自己的网站。根据SEO专家对搜索结果的分析,这些来自其他网站的链接是至关重要的,因为他们告诉搜索引擎,其他人发现了你有趣和有用的内容。毫不奇怪,考虑到来自其他网站链接的重要性,受社交媒体鼓励的内容分享近些年来在搜索引擎优化方面已经产生了巨大影响。

你可以登录网址www.google.com/support/webmasters,从Google的网站管理员指南或是登录网址www.copyblogger.com/seo-copywriting了解更多。

▶ **职业应用**

1. 登录任何一个产品销售公司的网站,在网站的首页中写入一个新的标题(标题会出现在浏览器的顶部)。确保标题足够短以便快速读取。当寻找各种类型这家公司产品的时候,一定要使用一个或多个在线购物者可能使用的关键词。

2. 识别出与你在问题1中所选择网站相链接的三个高质量网站是大有益处的。例如,如果你选择了一个卖汽车配件和汽车用品的网站,三个链接站点中很可能便有一个是处理汽车修理方面大受欢迎的博客。或者如果你选择的网站是销售高尔夫设备的,你可能会发现一个包含着专业高尔夫巡回赛的体育网站或是承载着世界各地高尔夫课程相关信息的网站。

资料来源:改编自"Webmaster Guidelines," Google,www.google.com;Brian Clark,"How to Create Compelling Content that Ranks Well in Search Engines," Copyblogger,May 2010,www.copyblogger.com;P. J. Fusco,"How Web 2.0 Affects SEO Strategy," ClickZ,23 May 2007,www.clickz.com;"Law Firm Marketing Now Dependent on Search Engine Optimization," *Law Office Management & Administration Report*,June 2006,1,10—12;*Pandia Search Engine Marketing 101*,Pandia website,www.pandia.com;Mike Grehan,"Does Textbook SEO Really Work Anymore?" 17 April 2006,Clickz,www.clickz.com;Shari Thurow,"Web Positioning Metrics and SEO," Clickz.com,24 October 2005,www.clickz.com。

10.1.2 第二步:劝说性信息的写作

采取以下措施能够提高信息的受欢迎程度:(1)使用积极礼貌的语言;(2)了解并尊重相互之间的文化差异;(3)了解组织文化;(4)采取措施来建立你的可信度。

积极的语言经常自然地出现在劝说性信息中,因为你是在推荐一个你信任的创意或者产品。然而,千万小心不要提及受众曾经做过的错误决定,因为这些语言可能会在不经意间冒犯了读者。

此外,务必了解文化的期望。例如,在低语境文化中看似直接坦率的劝说性信息,到了高语境文化之下便显得无礼而又傲慢。

正如社会文化影响到劝说性信息的成功,各个组织中的文化也起到了这方面的作用。有些公司常采用间接、隐蔽的方式来处理不同的意见和冲突,然而有些公司却接受甚至鼓励对不同观点的分享和公开的讨论。

最后,在劝说有敌意或者持怀疑态度的受众时,信誉是至关重要的。你必须让他们知道你明白自己在说什么,而且你没有误导他们。使用下面的技巧:

- 运用简明的语言避免对千奇百怪的要求和情感操纵的怀疑。
- 为提出的主张提供客观的证据并承诺你可以做到。
- 标明资料的出处,特别是你的资料来源能够得到受众尊敬的时候。
- 通过强调与受众之间在信仰、态度和背景经历等方面的共同之处来建立共识。
- 要客观并提出公正、合理的论点。
- 显示出你由衷维护受众利益的意愿。
- 使用符合逻辑、证据充足而又扣人心弦的叙事手法去说服别人,而不是试图采取高压的强迫和"强硬销售"的策略。
- 只要有可能,在你提出一个重要建议或做出一个重大决定之前设法去建立起你的信誉。这样,受众便不需要在同一时间既评估你又评估你的信息。[6]

10.1.3 第三步:劝说性信息的完成

专业人士从经验中得知,细节既能够成就也能够破坏劝说性信息,所以在写作过程中他们对这个步骤不敢有半点的马虎。例如,广告制作人在播出广告之前就会让很多人来审查这个广告。

在审视文章内容的时候,尽量客观地判定你的论证,并且不要高估自己的可信度。如果条件允许,可以让一个经验丰富的同事依据他对受众的了解来审读你的草稿。确保你的设计元素对你的劝说性论点起到补充而不是分散的作用。小心翼翼地校对写作中的拼写错误和呆板的表述,这些可能降低文章的潜在说服力。最后,保证信息传递方式适合受众的预期和偏好。

在记住了三步模型之后,就可以着手写作劝说性信息了。我们首先以劝说性商务信息(说服听众支持新项目,开始新合作等)开始,然后讨论营销和销售信息(说服受众考虑并购买产品和服务)。

10.2 劝说性商务信息的展开

受众范围可能是你自己部门中的一个人,也可能是政府机构、投资人、商业伙伴、社区领导和一些外部群体,所以劝说性信息有广泛而又细致的分类。

作为一名商务人士,你的成功与你说服他人接受新创意、改变旧习惯或者执行你的建议的能力是密不可分的。随着你走上具有重大责任的工作岗位,你的劝说性信息就会影响到数百万美元的投资以及成千上万的员工的工作岗位。显然,劝说性技巧的发展需要十分细致的分析和计划来配合,这样你说服别人采纳的构想才是有力的。

10.2.1 劝说性商务信息的策略

即使你有能力去强迫他人做你想要他们做的事情,但是说服他们比强迫他们更加有效。比起是被说服的,那些被迫接受一个决定或者计划的人不会情愿地支持,也更有可能做出消极的反应。[7] 在三步写作法中,有效的劝说包括以下四个重要的策略:构建论证框架,平衡情感诉求和逻辑诉求,强化你的观点,预期拒绝。(请注意,在所有这部分应用中的这些概念也同样适用于本章

---

[6] Robert B. Cialdini, "Harnessing the Science of Persuasion," *Business Week*. 4 December 2007, www.businessweek.com

[7] Wesley Clark, "The Potency of Persuasion," *Fortune*, 12 November 2007, 48; W. H. Weiss, "Using Persuasion Successfully," *Supervision*, October 2006, 13—16.

后面所阐述的营销和销售信息。)

构建论证框架

正如前文所提到的,大多数劝说性信息都使用间接法。劝说性沟通方面的专家已经为这样的信息开发出了大量的间接模型。其中最出名的模型之一是 **AIDA 模型(AIDA model)**,用以下四个阶段来构建你的信息:

- **注意**。你的第一个目标是使用某种方式吸引你的读者或听众以使得他们愿意听取你的中心思想。要有一个简短而吸引人的开篇句,其中不能有夸张的陈述和不相关的观点。寻找某些你与受众的共同点来作为构建整个提案的基础(如图 10.3 所示)。当你想显得更积极和自信时,确保你不要一开始便采用强行推销的方式——一个固执已见的、咄咄逼人的开场白。这样做经常会使受众总是保持警惕并处于防御状态。

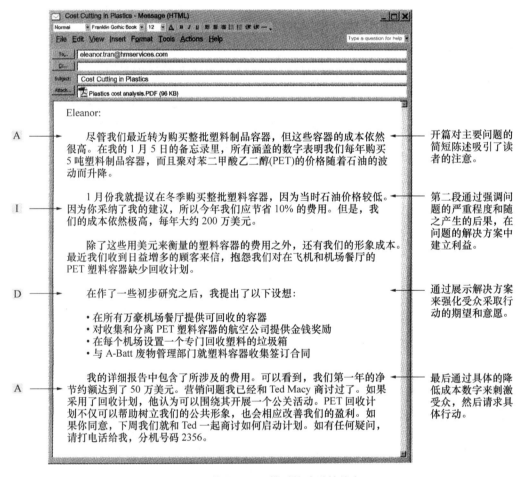

图 10.3　使用 AIDA 模型的劝说性信息

Randy Thumwolt 在邮件中利用了 AIDA 模型,这封邮件是关于降低万豪的年塑料成本和减少消费者对公司回收记录抱怨的计划。注意 Thumwolt 在尝试推销解决方案之前是如何"推销问题"的。没有人愿意听取不知道或认为不存在的问题的解决方案。

- **兴趣**。向受众强调你的信息与他们之间的联系。在介绍了主题后，要用语言将你所提出的问题解决方案描述得更加细致（无论它是一个新概念，一个新过程还是一个新产品等）。

计划	写作	完成
分析情况 核实目的是解决正在发生的问题，受众才会接受。 **收集信息** 确定受众需求，收集关于回收问题范围必要的信息。 **选择正确的媒体** 核实邮件信息适用于这种正式沟通。 **组织信息** 限定中心思想的范围，以提出回收问题的解决方案，然后使用间接法来展开问题。	**适应受众** 根据对受众的熟悉程度调整角度，通过使用换位思考、礼貌、正面强调和非歧视性语言等方法来主动建立与受众的关系。 **编写信息** 采用对话但专业的风格来保持信息的简洁、清晰，从而使信息尽可能有帮助。	**修订信息** 评价内容和可读性，使之更为清晰、完整，而没有强制的成分。 **制作信息** 突出清楚、专业的形象。 **校对信息** 检查排版、拼写、结构上的错误。 **发布信息** 核实正确的文件已经添加，然后发布信息。

- **期望**。通过向受众解释变化如何使其获益来帮助他们拥护你的创意。并且要提前察觉和回答受众可能提出的问题，以减少抵制。如果创意较为复杂，你可能还要解释你要如何执行它。为了提高受众在下一阶段依据你的建议采取行动的意愿，你需要进一步支持你的论点。
- **行动**。表明想要受众做什么，并用一种能够强调对他们或他们所代表的组织有好处的方式将其表达出来。尽可能简单地采取行动，如果合适的话，也包括提供帮助。一定要提供受众采取行动需要的所有信息，包括最后期限和联系方式。

AIDA 模型最适合间接法的使用，能够使你将中心思想保留至行动阶段。然而，也可以应用直接法，在实际案例应用中，用中心思想来吸引受众的注意，用论点激发受众的兴趣，利用论据引发期望，并且在行动阶段用你想要受众采取的特殊行动重新强调你的中心思想。

当 AIDA 信息采用间接法并且以备忘录和电子邮件的形式发送出去时，记住信息的主题行通常很醒目。你的挑战是在没有表达中心思想时，如何将其制作得有趣、切题而且能吸引受众的注意力。如果将要求放在了主题行中，那么你在陈述自己的观点之前就可能得到受众的否定回答。

替换前	替换后
要求增加自动 IM 反应系统的研发预算	降低客户服务查询的成本

无论是使用直接法还是间接法，AIDA 和其他相似模型也都存在局限性。第一，AIDA 是一个单向方法，本质上是对受众不停地说，而不是双方的彼此交流。第二，AIDA 是围绕着一个单一事件建立起来的，比如要求受众做出决定，而不是建立一个互利、长期的关系。[8] 为了得到正确的结果，AIDA 仍然是一个有价值的工具，但是正如后面章节中所提到的，一个对话方法更符合当今的社交媒体。

---

[8] Tom Chandler, "The Copywriter's Best Friend," *The Copywriter Underground blog*, 20 December 2006, http://copywriterunderground.com

平衡情感诉求和逻辑诉求

想象一下：你坐在一个控制台前，在你面前有一个"逻辑"转钮和一个"情感"转钮。在你准备劝说性信息的过程中，谨慎地调节这两个转钮，使信息最为有效。如果信息中包含的情感因素太少，受众就会不在意以至于不会答复。如果情感因素太多，受众会认为你忽视了棘手的商务问题，甚至认为你是不理性的。

一般来说，劝说性商务信息更多地依赖于逻辑诉求而不是情感诉求，因为中心思想通常是为了省钱，增加质量或是改善其他一些实用的、可衡量的商务问题。为了能够达到最优的平衡，可以考虑以下四个因素：(1) 希望鼓励什么样的行动；(2) 受众的预期；(3) 需要克服的抵制程度；(4) 你被赋予多少权力才能成功地推销你的观点。⑨

情感诉求。顾名思义，需要受众的感觉和同情心，而不是事实、数据和理性的论据。例如，你可以用一些情感因素来修饰某些词。"自由"这个词有很强的感情色彩，此外"成功""声望""同情""安全"与"舒适"等词也都有着浓烈的感情色彩。这样的词语使受众产生一种积极的心境，从而更加容易接受你的信息。然而，独立地使用商务信息中的情感诉求是不起作用的，因为受众想要证明你可以解决商务问题。即使受众成员主要基于你的情感因素得到结论，他们还是会期望你提供逻辑支持。

> **实时更新　观看幻灯片**
>
> **选择最有效的情感诉求**
>
> 理解不同类型的情感诉求，并选择适用于任何营销和销售信息最为有效的诉求方式。登录 http://real-timeupdates.com/ebc10 获取更多信息。

逻辑诉求。需要推理和证据。逻辑诉求的基本方法是首先提出一个论点，然后用合理的论据或确凿的证据来支持你的论点。在用逻辑诉求来吸引受众的时候，你可以用三种推理方法：

- **类比法**。你可以通过某些特定的论据推理得到特定的论据，从某些熟悉事物中而来的"借用"可以去解释一些不熟悉的事物。例如，说服管理人员对公司的组合件系统添加聊天室功能，你便可以这样解释，说它就像一个邻里的社区中心，只不过是在线上而已。
- **归纳法**。用归纳法来推理，你可以通过某些特定的论据得到一个普遍的结论。例如，为了说服你的团队改变一个新的制造工艺，你可以指出每一个采取这种变革的公司都获得了较高的利润，所以这是一个比较明智的主意。
- **演绎法**。使用演绎法推理，可以从一个一般的结论得到某个特定的结论。为了劝说老板扩招客户支持人员，你可以出示表明客户满意程度与公司利润相关的行业调查。

每一个推理方法都容易误用，无论这个错误是有意还是无意造成的，都应该仔细地检查论述的合理性。例如，在制造工艺的这个例子中，有什么会影响推理的整体性？如果这样的工艺只对生产少量产品的小公司有效，而你的公司是月产量在 1 万件左右的跨国公司该怎么办？为了避免逻辑错误，应熟知如下的原则⑩：

---

⑨ Raymond M. Olderman, *10-Minute Guide to Business Communication* (New York: Macmillan Spectrum/Alpha Books, 1997), 57—61.

⑩ John D. Ramage and John C. Bean, *Writing Arguments: A Rhetoric with Readings*, 3rd ed. (Boston: Allyn & Bacon, 1995), 430—442.

- **避免草率结论**。在得出结论之前确信有足够的证据。
- **避免循环推理**。循环推理是一种逻辑错误,在循环推理中,你试图用不同的语言重述你的论点来支持这一论点。例如下面这个例子,"我们知道临时工作人员不能处理这项任务,因为他们没有能力来完成这份工作。"这句话不能够说明任何问题,因为其所述论点和支持论点的论据本质上是相同的。这句话并没有说明为什么临时工作人员没有能力。
- **避免攻击意见不同者**。如果你的劝说性诉求涉及反驳他人观点的竞争性诉求,确保你攻击的是意见不同者所持的观点,但不是他的人品。
- **避免将复杂问题过分简单化**。确保能够陈述所有的因素,然而如果情况并非如此,也不要把许多各种不同的选择仅仅简化为一个简单的"非此即彼"的场景。
- **避免混淆因果假设**。如果不能确认某一特定因素的单独作用,就不能认定该因素是任何你所讨论的结果的原因。例如,春天天气变好了,人们开始出来玩棒球,是好天气决定人们玩棒球吗?当然不是。在这两者之间有一定的联系——与它们相关的数据同时升降,并没有因果关系——没有一个因素导致其他因素的证据。时下许多商务情况的复杂性使得区分因果成为一种挑战。例如,价格降低之后销量上升,低价格是导致销量增加的原因吗?或许销量的增加也可能是由于更好的广告宣传活动所致,抑或是由于竞争者的发货环节出了问题。当然,也可能是其他因素所起的作用。
- **避免错误类比**。确信比较的两个事物或两种情况的相似之处足以构成比较。例如,把互联网防火墙比作一堵监狱围墙便是一个不好的类比,因为防火墙保持的是事物在外,而监狱围墙却是保持事物在里。
- **避免不合逻辑的证明**。确认你所陈述的论点和用来支持的论据之间是有着真实逻辑联系的,并且这种联系不是基于自信的跨越、不完全的前提和无关系的证据。

强化你的观点

在已经整理出论点中的所有基本元素后,后退一步,寻找能强化自己观点的方法。你所有的论点都有可信的证据支持吗?来自公认专家的引证能够帮助你达到目的吗?

下一步,检查你的语言。是否可以找出更有力的词汇来传递你的信息?例如,你的公司陷入财政困难,谈论"为生存而战"要比说"保证持续经营"有着更加有力的情感诉求。此外,对于任何有力的工具,还要谨慎和诚实地使用生动的语言和抽象的词汇。

除了检查单个词的选择,还要考虑比喻和其他一些修饰方法。如果你想说明设计的质量控制体系是用来检测每个可能的产品瑕疵,你就可以把它比作蛛网,暗示它能检测出通过它的所有产品。一些趣闻(简短的故事)也能够帮助受众了解你所要表达的意思和论述的重点。例如,在做一个重要的销售演示报告时,你的电脑突然无法工作,你可以描述一下你是如何失去了一次销售,而不只是列出你所在部门的旧型号笔记本电脑发生故障的次数。

除了特别文字和短语,还可以寻找一些其他因素来强化你的观点。在提出某些要求时,受众

> **实时更新　阅读文章**
>
> **确保你的逻辑站得住脚**
>
> 正确且有效地使用逻辑诉求得到合理的建议。登录 http://real-timeupdates.com/ebc10 获取更多信息。

预期拒绝

即使是最引人注目的想法和建议最初也会遇到抵制。处理这些问题的最好方法就是：预期可能遇到的抵制，并在受众提出疑问之前，就在信息中对这些问题予以解答。例如，如果你认识到转向低成本的提议会引发对产品质量的担心，就应该在信息中正面解决这些问题。如果你一直等到受众读完你的信息后提出他们担心的问题，那么很有可能还没等你有机会解释这些问题，受众就已倾向于另一家公司了。通过立即提出这些潜在的问题，你能够证明你对问题的全面考虑，从而暗示出你对信息的信心。⑪ 这种预期在书面信息中尤其重要，因为你没有机会现场发觉和回复这些抵制。

为了发现潜在的受众拒绝，试着在受众找到你理论和思想之中的纰漏之前，自己就应该发觉。这时再寻找你所发现问题的解决办法。如果可能，在组织好你的论述之前先询问受众对其的想法；人们更倾向于支持他们参与创造的事物。

在预期到拒绝的时候记住三件事。第一，你不要总是明显地讨论潜在的拒绝。你可以简单地提及，成本较低的材料已经被测试并已得到了质量控制部门的批准。第二，如果对方抱有敌意，从一开始就对你的计划有偏见，这时就应该谈及每个方面。在提到每种选择时，从利弊两方面对其进行解释。如果在提出建议和决定之前就分析了所有的选择，你会获得更多的信任。⑫ 第三，成功的劝说常常是一个折中的过程，尤其是对于劝说性商务信息，你并不能总是依据预算、投资和其他承诺得到你所要求的一切。一定要能够接受折中。

参照"要点检查：劝说性信息的展开"来复习构建劝说性信息的步骤。

要点检查

劝说性信息的展开

A. 吸引受众的注意
- 以受众利益、诱导性提问、问题或出人意料的陈述开头。
- 通过提及你与受众一致的观点建立共同点。
- 向受众展示你了解他们的担心。

B. 建立受众的兴趣
- 扩展并支持你在开头的陈述或承诺。
- 强调信息与受众之间的关系。

C. 增加受众的期望
- 通过解释某种改变如何使受众受益而使其期待这些改变。
- 用相关论据支持你的观点。

---

⑪ Philip Vassallo, "Persuading Powerfully: Tips for Writing Persuasive Documents," *Et Cetera*, Spring 2002, 65—71.
⑫ Dianna Booher, *Communicate with Confidence* (New York: McGraw-Hill, 1994), 102.

D. 动员受众采取行动
- 建议你想要受众采取的行动。
- 强调行动的积极成果。
- 确保行动听起来清晰明白。

E. 平衡情感和逻辑诉求
- 使用情感诉求帮助受众接受你的信息。
- 在为复杂的建议和创意陈述事实和证据时使用逻辑诉求。
- 避免逻辑错误。

F. 强化你的论点
- 提供额外的证据说明你建议的优势,以及你自身提供这些优势的可信度。
- 用抽象、比喻和其他语言技巧来赋予事实和数据以活力。

G. 预期拒绝
- 预期并回答潜在的拒绝。
- 如果预期会有敌意的反馈,就需要陈述所有选择的利弊。

10.2.2 劝说性商务信息的常见例子

在整个职业生涯中,你会有无数次机会在你就职的组织中创造劝说性信息,例如更有效率的运作流程的建议报告,或者为新设备申请资金的备忘录。同样,你也有机会向组织以外的人发出劝说性信息,例如,形成公众意见的网站或是要求供应商提供协议义务以外调整的信件。此外,如果你期望一个非正常的结果或者自认为没有受到公平的对待,那么在第8章所学的日常请求也可以成为劝说性信息。多数这样的信息能够分为对行动的劝说性请求、对创意的劝说性陈述,以及劝说性投诉和调整请求。

对行动的劝说性请求

大部分劝说性商务信息会涉及对行动的请求。在某些情况下,请求能够被预期或者需要受众方最少的努力,所以直接法比较合适。其他情况下,就需要间接地表达你的目的。以吸引注意力的小技巧开始构建信息,并且向受众展示你了解他们的担心,例如维护顾客的满意度。利用兴趣和期望阶段来证明你有足够的理由做出这样的请求,并且将你对情况的了解涵盖进去:事实与数据,接受建议的好处,以及可以提高你的吸引力的任何历史或经历。你的目标是:(1)获得可信度;(2)使受众相信你能够解决大问题。在证明了你的信息与受众相关之后,你就可以对某些特定的行为或决定提出请求。

对创意的劝说性陈述

你会碰到类似的情况:你仅仅想要改变受众对某一特定议题的态度或观点,而不是要他们来决定或做出什么——至少现在不是。第一个信息的目标可能只是说服你的受众重新审视长期持有的观点或者使他们承认新思路的可能性。

例如,万维网联盟(World Wide Web Consortium,一个全球组织,定义了互联网的很多原则和技术)已经启动了一个称为网络可及性倡议(Web Accessibility Initiative)的活动。虽然该联盟的最终目标是使得那些有身体缺陷或受到年龄限制的人们能够更容易地使用网络,但一个重要的过渡目标就是使网络开发者更加兼顾使用者的需要。作为这些努力的一部分,该联盟做了很多演示和文档来突出许多网站访客所面临的问题。[13]

劝说性投诉和调整请求

大部分投诉和调整请求都是日常信息,使用的也是第 8 章所讨论的直接法。但是,消费者和商务人士有时候会遇到一些情形,让他们觉得自己没有得到按正常程序该有的公平待遇。

一个好的劝说性投诉的关键因素是关于事实的完整而具体的描述,以及自信和积极的语气。记住你有权利对交易感到满意。在开始劝说性投诉时,先概述问题或是回顾一下迄今为止针对问题已经做了什么。接收者可能会遇到许多欺诈性投诉和以他为关注点的其他要求,所以陈述事件时要保持清晰、冷静和完整。对你希望看到情况如何被解决要阐述得具体。

然后,给受众一个好的理由让他们认可你的投诉。并且要表明个人或组织怎样对问题负责,而且要唤起受众的公平竞争、良好意愿和道德责任意识。解释你是如何理解问题的,但是不要失去控制,不要抱怨太多,并且不要制造威胁。人们最乐于对平和而理性的要求做出积极的回应。密切注视一个积极的方面,它反映对当前形势一个成功的决议将修复,或维持一个互惠互利的合作关系。

10.3 营销和销售信息的展开

营销和销售信息与其他劝说性信息使用同样的基本技巧,但是要更多地强调鼓励某人去参加商业交易。虽然"营销信息"和"销售信息"这两个词经常互换使用,但是它们却有着些许的不同:营销信息引导潜在的购买者进入购买过程,而不要求其马上做出决策(如图 10.4 所示);销售信息则在此之后才能起作用,即鼓励潜在的购买者当场做出购买决定。营销信息侧重于完成以下的任务:向大众介绍新品牌,提供竞争比较信息,鼓励客户访问其网站获得更多的信息,提醒购买者可以获得特定的产品和服务。相比之下,销售信息则侧重于请求人们订购某些特定的产品或服务。(顺便说一下,营销和销售信息的文本通常被当作"副本")。

大多数的营销和销售信息,尤其是在某些大公司中,是由一些专业人员制作发布的,这些专业人员在营销、广告、销售或公共关系方面受过专业训练。然而,作为一名管理者,你可能被要求去检查这些专业人士的工作或者甚至在一家较小的公司中被要求撰写此类信息,所以了解这些信息如何起作用将对你成为一位合格的经理有很大的帮助。基本的策略如下:评估消费者需求,分析竞争状况,找出关键的卖点和利益,预期购买拒绝,应用 AIDA 模型或者类似的组织计划,如果需要的话,应用写作于社交媒体,维持较高的道德标准,服从法律,以及尊崇礼仪。

---

[13] "Social Factors in Developing a Web Accessibility Business Case for Your Organization," W3C website, accessed 17 July 2010, www.w3.org

图 10.4　营销和销售信息

Bridepower 博客上的这篇文章可以看做一个营销信息,而不是一个销售信息。它为新娘提供了许多可能有用的信息,间接推销了网站上其他地方提供的产品,但它不鼓励购物者马上做出决定。

10.3.1　评估受众需求

成功的营销和销售信息以对受众需求的了解开始。对于某些产品和服务来说,这种评估是相当简单的。例如,客户在购买打印纸的时候仅仅比较一些基本的方面,如尺寸、重量、明亮度、颜色和光滑度。相比之下,在进行房地产、汽车、专业服务和其他一些复杂购买的时候,他们会考虑很多的因素。此外,客户需求经常超出产品和服务的基本范围。例如,衣服不仅仅是用来保暖的。你的穿着能够告诉别人你是谁,你希望(或不希望)归属于社会中哪一层次,以及你如何看待你周围人和你的关系。

以评估受众需要、利益及其所关心的问题开始,就像任何商务信息一样。试着勾画产品意图销售的典型购买者形象。并且问自己受众想要获得哪些产品信息。你的产品如何帮助他们?他们会由于产品的价格低而购买,还是质量好而购买?

10.3.2　分析竞争状况

营销和销售信息几乎经常同来自其他公司的信息争夺同一受众群体。在耐克计划一个营销活动来介绍新的鞋型给现有客户的时候,公司就应知道它的目标受众还会接收到来自新百伦、锐步和无数其他制鞋公司的信息。在拥挤的市场中,作者有时必须去寻找那些其他的公司没有使用过的用语,此外,还应该避免与竞争类信息使用同样的标题、写作风格和创作方式。

10.3.3 找出关键卖点和利益

在对受众的需求和现存的竞争信息有了一定的了解后,就可以决定强调产品或服务哪些方面了。对于简单的产品或服务来说,可以对你想要讨论的项目进行优先排序,还要区分产品或服务的特色和它们所能为客户带来的利益。如表10.2所示,**卖点(selling points)** 就是产品或服务最有吸引力的特点,而**利益(benefits)** 就是受众从这些特点中所获得的特定优势。换句话说,卖点侧重于产品或服务,而利益侧重于使用者。

表 10.2 特点与利益

产品或服务特点	客户利益
载体的混合高温双燃料系统是我们无限19号燃料泵与无限96号熔炉的结合。[14]	载体的混合高温双燃料系统提供了舒适和能源效率的最优平衡。
我们的营销沟通审计能够准确地测量广告和公共关系的作用。	你可以知道你的信息是否到达了目标受众,以及你的营销预算是否得到了最好的应用。
在我们飞绳钓竿上的线轴是由航空铝材制造的。	自信地去钓鱼;这些轻便的钓竿经受得起最严酷的考验。

例如,CafeMom并非强调其服务的在线网络特征,相反,它强调的是与其他有着相似关注和兴趣的妈妈们相互联系的机会,这正是网络特征所能带来的好处。沟通特征和利益的常见形式是用一个清单或表格罗列出来,确定每一个特征并描述它所能提供的好处。

10.3.4 预期购买拒绝

与劝说性商务信息相同,营销和销售信息经常会遇到拒绝,同样处理拒绝最好的方法就是首先将它们鉴别出来并且尽可能将它们解决。拒绝可能包括价格太高、质量低劣、同现有产品缺乏兼容性,或者上当受骗的风险等。消费者会担心汽车对其家人不够安全,夹克会让其看上去缺乏吸引力,或者美发沙龙会弄糟其发型。商务购买者会担心其购买会扰乱生产,或者不能实现财务回报。

价格可能是任何信息中一个相当棘手的问题。不管你在信息中是强调还是弱化了价格,都要让客户有所准备。例如"奢侈品"和"经济品"这样的用词会给客户正确的引导,让他们明白你的价格与同类竞争者相比处于怎样的地位。这样的用词还会在你最终表述价格的时候帮助受众接受价格。

如果价格是主要的卖点,就应当将其放在显著的位置上,例如作为文章的标题或者结尾。如果价格不是主要的卖点,你可以用多种方法来处理它。可以先不提价格,或者把数字放在段落中间刚刚展示过利益和卖点的位置以弱化价格。例子如下:

---

[14] 改编自"What Is the HYBRID HEAT Dual Fuel System by Carrier?" Carrier website, accessed 5 November 2008, www.residential.carrier.com。

> 唯一的限量版平版画只发行100份。
> 6月15日它们就将上市与大家见面，但是现在您可以以350美元的特别预约价格预购一幅。
> 请于今天寄回随信附上的预购卡，这样您就可以在发行日之前进行预定。

— 强调版本的稀有性来突出其价格，进而为接下来的高价位做铺垫。

— 将价格隐藏在信息中间，并且同时提醒其唯一性。

无论价格是否可能导致拒绝，都要寻找能够增加购买的感知价值和降低感知成本的方法。例如，为了弱化家庭健身房价格的影响，你可以说，它的花费还不到一年的健康俱乐部会费，顾客通过在家锻炼还节省下了交通费。当然，任何最小化价格的感知或其他潜在的不利因素的尝试必须要遵从道德伦理的规范。

10.3.5 应用AIDA模型或相似模型

大部分的营销和销售信息是根据AIDA模型或对其稍加改动而建立的。（比较该方法与按照本章后文"为社交媒体写作促销信息"而建立的营销信息。）一个典型的由AIDA模型组织的信息以吸引受众的介绍开始，通过描述产品或服务独到的特点来建立兴趣，然后通过强调对受众最有吸引力的利益来激发需求，最后通过建议受众采取行动而结尾。

吸引注意

你可以使用多种技巧来吸引受众的注意：

- **产品的巨大特征和利益**。"游戏开始，爱不释手"（以苹果iPod Touch的游戏娱乐方面为促销卖点）。[15]
- **一条真实的信息**。"健康点评告知你美国最好的医院。"[16]
- **与受众建立共同点**。"去除污渍，清新地球"（百洁清洁产品促进环保）。[17]
- **对于受众价值观和情感的个人吸引力**。"多达35英里/加仑。乐趣无限"（促进燃油效率，福特福克斯的运动驾驶特征）。[18]
- **对于内部信息的承诺**。"在法国可能看起来很常见，但是几乎一切，从纳税到有孩子都是完全不同的。针对生活在法国的近300个问题我们得到了实际的答案。"[19]
- **对于节省的承诺**。"夏季清仓处理：近10 000册图书，让利多达90%。"[20]
- **产品的演示或样本**。"这些视频能够提供关于巨款独特而成功的个人财务管理方法的更多细节。"[21]

---

[15] iPod main product page, Apple website, accessed 17 July 2010, www.apple.com/ipod
[16] "HealthGrades Reveals America's Best Hospitals," 27 February 2008, ww.ivanhoe.com
[17] Biokleen home page, accessed 17 July 2010, http://biokleenhome.com
[18] Ford Focus product page, Ford website, accessed 17 July 2010, www.fordvehicles.com
[19] *Living in France* product page, Insider Paris Guides website, accessed 4 March 2008, www.insiderparisguides.com
[20] Barnes & Noble website, accessed 17 July 2010, www.barnesandnoble.com
[21] Mint.com website, accessed 17 July 2010, www.mint.com

- **对于问题的解决。**"托运背包的费用可以添加 50 美元到往返的成本中去。所以 FlightWise 公司设计的随身背包适合放在所有的随身行李存储空间甚至座位底下,节省了你每次飞行的成本。"[22]

当然,词语并不是你能使用的唯一吸引注意的方式。强有力的、有召唤性的图画也可以吸引注意力。如果是网上的信息,你就可以有更多的选择,包括视频、音频或动画展示。比起劝说性商务信息而言更是这样,在营销和销售信息中认真平衡情感和逻辑是重要的(如图 10.5 所示)。

图 10.5 情感和逻辑诉求

毕格罗茶在情感诉求上使用了视觉和文本信息的有效组合。

建立兴趣

利用信息的兴趣阶段来巩固你在开头阶段吸引的注意。这个部分应当为你在信息开头做下的承诺或提出的陈述提供支持。例如,在以"游戏开始,爱不释手"为标题开头之后,苹果 iPod Touch 网站继续阐述如下[23]:

与房间里或来自世界各地的朋友们开始你的游戏

  iPod Touch 中游戏应用的成功得益于其内置的技术,如加速度计、多点触控、Wi-Fi、蓝牙无线技术。结果是真正身临其境的游戏性——不管你是玩单人或与他人组队的多人游戏模式。有一个应用程序商店,那里提供了成千上万个可以下载和应用的游戏,iPod Touch 的乐趣永远不会结束。

---

[22] FlightWise Carry-on Backpack product page, Lands End website, accessed 17 July 2010, www.landsend.com

[23] iPod Touch product page, Apple website, accessed 17 July 2010, www.apple.com/ipodtouch/what-is/gaming-device.html

注意上一段落是怎样强调 iPod Touch 主要的相关游戏特征以及这些特征为其带来的重要利益（"真正身临其境的游戏性"）。这段还涉及一些读者可能会有的潜在反对，它是设备可用的游戏数量。在这一点上，对便携式游戏机感兴趣的人大概会有足够的兴趣去坚持阅读，网站也会持续不断地更新每一关键特性更深层次的信息。

增加期望

要激发对产品、服务或想法的期望，就要不断地解释产品如何对受众有利。对于支持性信息的排序要深思熟虑，并且要记得使用大量的副标题、超链接和一些小技巧来帮助人们快速获得他们需要的信息。例如，在读了关于 iPod Touch 的信息后，一些使用者就想获知关于特殊的技术要点，例如，加速度计、图形的速度和质量，或可用的软件应用程序。iPod Touch 的产品网页不仅包含对其产品的各种特点和益处的详细论述，而且提供了很多其他支持性信息的网页链接。提供快捷链接信息的能力是网站作为有效营销和销售媒体的原因之一（如图 10.1 所示）。

在信息的主体中，记得要侧重于受众而不是产品或者公司。在谈到产品特点的时候，记得要强调其所带来的利益并且要用使用者能够理解的语言来进行陈述。例如，不要用探究加速度计是什么的技术描述，而用网页提供了它做什么的一些示例，例如如何在赛车游戏中把 iPod 变成一个虚拟的方向盘。[24]

正如你的工作是建立读者的兴趣，小心不要太过热情以致丢失了信誉。如果苹果称 iPod Touch 上的视频观看体验如同"观看全屏大尺寸电视那样令人满意"，大多数人都会嘲笑这种把 3.5 英寸的显示屏和一个全屏大尺寸电视进行比较的想法。

为了增加期望以及可信度，你要为陈述提供证据。有创造性的写作者会有很多提供支持的方式：包括来自满意的使用者的证词、行业专家的论文、竞争性比较、产品样本和免费演示、独立检测报告，甚至电影和电脑动画，都可以展示产品的运用。尤其是 YouTube 和其他视频托管网站有利于营销人员，因为它们提供了一种简单而又廉价的展示产品方式。你也可以通过强调保证书来证明你对产品的信心以及支持它的决心。

激发行动

在激发了足够的兴趣并使得受众对你的产品或服务产生期望后，你就可以准备让他们采取行动了。无论是想让人们拿起电话订货还是到你的网站下载软件的试用版，你都要凭借有效的行动号召努力说服他们马上去做。可以为开始订购的 1 000 个客户提供折扣，但是要记得定下最后的期限，或者提醒他们订货越早就越快享受到产品利益（如图 10.6 所示）。即使是那些想要购买产品的潜在客户也可能被分心忘记回复，所以鼓励立刻行动是重要的。记得要使信息反馈尽可能简单并且没有风险。如果过程是混乱或是耗时的，你将会失去潜在的客户。

---

[24] iPod Touch product page, Apple website, accessed 17 July 2010, www.apple.com/ipodtouch/what-is/gaming-device.html

图 10.6 使用劝说性信息的行动号召

注意有多少行动号召是美国运动协会网站首页的一部分。ACE 是一个非营利性组织,致力于鼓励进行安全有效的锻炼从而获得身体的健康。为了追求这一目标,它为那些想成为私人教练的人提供认证和培训,帮助客户找到认证培训师。

10.4 为社交媒体写作促销信息

数十年来,AIDA 模型和类似的方法在营销和销售信息方面获得了成功,但是在社交媒体平台上与客户沟通却需要不同的方法。正如前面章节中强调的,在社交媒体大环境背景下潜在的购买者,已不再愿意成为结构化、单向的信息传递过程或是来自销售人员促销信息的被动接受者。此外,在做出购买决定之前,比起相信广告商和依靠社交媒体了解产品信息而言,他们更加趋向于彼此相互信任。㉕

这种互动参与的想法便是**对话式营销(conversation marketing)** 背后的驱动力量,对话式营销是公司发起的意在促进在客户、新闻记者、博主和其他利益相关团体的网络社区下的对话。**社交商务(social commerce)** 这个词包含购买和销售产品和服务的方方面面,以及通过社交媒体的使用对客户给予支持。

㉕ iPod Touch product page.

鉴于这种从单向交谈到多向对话的转变,营销和销售人员必须适应它们的计划、写作和完成劝说性信息的方法。遵循以下的准则[26]:

- **促进社区建设**。确保顾客和其他受众能够与你的公司以及他们彼此相互联系。完成这个目标可能和激活博客的评论功能一样简单,也可能需要有一个更加复杂的社交商务系统。
- **听和说至少一样多**。不论是在线还是面对面的交谈,倾听都是必不可少的。当然,试图熟练掌握由数以百万计的潜在声音组成的社交媒体世界并非一件容易的工作。从搜索引擎上的免费通告到复杂的语言监测系统,各种各样的自动化工具能够给予帮助。
- **发起和响应社区内的对话**。通过网站上的内容、博客文章、社交网络资料和信息、时事通信和其他工具,为了评估你的产品和服务,确保你提供了顾客所需要的信息。使用客观的会话风格,在社交网络中的人们想要有用的信息而不是"广告的说辞"。
- **提供人们想要的信息**。无论是通过行业内幕消息,使用产品的深入技术指南,视频教程还是对张贴在社区问答网站上的问题的简短回答,都是对你公司及其产品信息空白的填补。反复证明你理解和关心他们需求的满足,通过这种内容营销的策略可以帮助你建立与潜在购买者之间的信任关系。[27]
- **识别和支持你的拥护者**。在市场营销中,拥护者是你公司和产品的发烧友。他们是如此热情以至于会帮忙传播信息(例如通过他们的博客)、同诋毁者辩护、帮助其他顾客使用你公司的产品。正如"自由互动"的 Michael Zeisser 所说:"我们可以得出这样的结论,只有做到对发起或维持虚拟口头对话的那些人真正有益,我们才能够成功。"[28]
- **确保真实可信**。通过伪造博客和借用其他策略试图愚弄公众的做法不仅是不道德的(也可能是非法的),而且几乎可以肯定在拥有前所未有访问信息领域的人们中最终会适得其反。同样,一旦利益相关者透过"社会化"的表面尝试去把社交媒体加到怀有敌意的消费者业务上,很可能会遭遇失败。相比之下,社交媒体的受众会积极响应对他们个人、产品和共同利益的主题坦率交谈的公司。
- **不要依赖新闻媒体发布的信息**。在传统的公共关系努力下,销售人员必须说服新闻媒体编写新闻故事,向消费者和其他受众发布他们的信息。尽管这些媒体很重要,但你也可以通过博客和其他电子工具直接与这些受众对话。
- **在正确的时间和场合整合传统营销和销售战略**。AIDA 和类似的方法对于特定的沟通任务仍然是有效的,例如传统广告和网站上的产品促销页面。

登录 http://real-timeupdates.com/ebc10,点击第 10 章,获取劝说性沟通的社交媒体方法的最新消息。

---

[26] "More Than Virtual: Marketing the Total Brand 'Expe-rience'" Knowledge@Wharton, 7 June 2011, http://knowledge.wharton.upenn.edu.

[27] Larry Weber, *Marketing to the Social Web* (Hoboken, N.J.: Wiley, 2007), 12—14; David Meerman Scott, *The New Rules of Marketing and PR* (Hoboken, N.J.: Wiley, 2007), 62; Paul Gillin, *The New Influencers* (Sanger, Calif.: Quill Driver Books, 2007), 34—35; Jeremy Wright, *Blog Marketing: The Revolutionary Way to Increase Sales, Build Your Brand, and Get Exceptional Results* (New York: McGraw-Hill, 2006), 263—365.

[28] "Content Marketing 101: How to Build Your Business with Content," Copyblogger, accessed 19 February 2011, www.copyblogger.com

10.5 维持高道德标准、服从法律和尊崇礼仪

"劝说"这个词对某些人来说有消极的内涵,尤其是在营销和销售信息的内容中。他们将劝说与不诚实和不道德的行为联系起来,这些行为会使得一些拿不定主意的受众匆匆接受了没有价值的创意,或者购买了不需要的产品。

然而,有效工作的商务人士视劝说为一种积极的力量,因为他们在获取自己的利益的同时,也提供给了客户最好的选择。他们通过提供信息并帮助受众理解信息来影响受众,同时让受众有选择的自由。[29] 为了维持高标准的商业道德,要常常展现你对受众需求和兴趣真正关心的态度。

随着营销和销售的日益复杂化,关于营销和销售信息的法律衍生也正朝向复杂化发展。在美国,联邦交易委员会(www.ftc.gov)对违反真实广告联邦标准的公司有给予处罚(从终止交易命令到数百万美元的罚款)的权力。其他联邦部门对某些特定行业的广告也有一定的权力,例如交通和金融服务行业,各州还可以运用其他的法律。促销沟通的法律方面是十分复杂的,而且在各个州和各个国家之间不尽相同,所以大多数公司都会要求营销和销售人员在发出信息之前向本公司的法律顾问征询意见。

此外,沟通者必须掌握变化的法规,例如治理垃圾邮件,对于审查产品、隐私和数据安全的信息披露要求的最新法律。两个可能会产生新立法行为的最新道德问题是行为锁定,它追踪网站访客的在线行为,并提供人们可能感兴趣和重新上市产品的广告,即对使用者关注广告的行为定位,即使其将注意力转向了其他网站。[30]

针对所有的营销和销售努力,都要密切关注以下的法律注意事项[31]:

- **营销和销售信息必须是真实的、无欺骗性的**。联邦交易委员会认为,如果信息陈述包括误导理性消费者的内容,并且该部分陈述是购买决策的主要部分,该信息就是欺骗性的。没有表明一些重要信息也将被视为欺骗。联邦交易委员会对于"暗示陈述"也如此看待,"暗示陈述"是指你并没有明确地指出,但是从你所说或没有说的部分可以推测出来的一些内容。
- **你必须用证据来支持陈述**。根据联邦交易委员会的规定,仅仅提供退款保证或者是让消费者满意的说明是不够的,你还要能够利用诸如调查和科学研究这样的客观证据来支持你对产品的陈述(如图 10.7 所示)。如果要说明你销售的食品所含胆固醇较低,你就应该找些科学证据来证明。
- **"诱饵销售"广告是非法的**。通过为不打算卖的产品做广告以吸引购买者,并借此试图卖给他们另一个(通常是更昂贵的)产品是非法的。
- **营销信息和针对儿童的网站服从特殊规定**。在收集 13 岁以下儿童的个人信息前,在线营销人员必须得到他们父母的同意。

---

[29] Michael Zeisser, "Unlocking the Elusive Potential of Social Networks," *McKinsey Quarterly*, June 2010, www.mckinseyquarterly.com.

[30] Gilsdorf, "Write Me Your Best Case for...."

[31] Miguel Helft and Tanzina Vega, "Retargeting Ads Follow Surfers to Other Sites," *New York Times*, 29 August 2010, www.nytimes.com.

- 在美国很多州营销和销售信息被认为是有效契约。如果暗示或做出一个提议,但在交易结束时没有履行承诺,你就会因为违约而被起诉。
- 在大部分情况下,不可以未经允许利用他人的名字、照片或者其他身份证明。这样做将被视为侵犯个人隐私。你可以用些公众人物的照片,但是不能暗示他们认可你的产品。

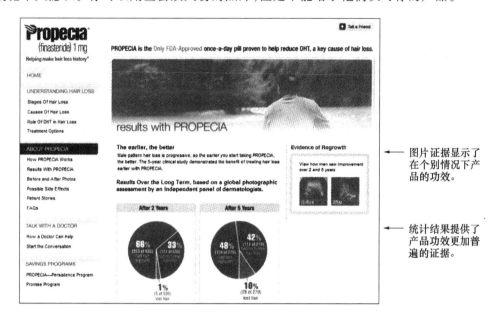

图 10.7　用确凿的证据支持促销陈述

默克公司生产了治疗脱发的药品,注意用确凿的证据来支持其产品的陈述,出于对受众的尊重,并确保营销和销售信息遵守法规。这一系列的图片可用于通过"再生长证据"的链接提供该产品好处的额外视觉证明。

资料来源:经 Merck Sharp & Dohme Corp. 授权转载,subsidiary of Merck & Co. ,Inc. 。版权所有。PROPECIA® 是 Merck Sharp & Dohme Corp 的一个注册商标。

　　履行道德和法律责任也非常有助于保持良好的沟通礼仪。然而,在法律和道德的界限内仍要做一些关于礼仪的决策。例如,你所制订的营销计划合乎现有的法律,但是仍然会冒犯和侮辱受众。采取以受众为中心的方法,包括对受众及其价值观的尊重,能够有效地帮助你避免礼仪错误。

　　技术也给传播者带来了展现对用户需求敏感度的新方法。例如,来自博客的自动化 RSS 配置和 Facebook 上公司页面的更新,以提醒用户有相关他们感兴趣的信息。电子邮件时事通讯,仅发送给那些有特殊信息请求的人,是显示工作中换位思考的另一种技巧。

工作进行时

解决 CafeMom 的沟通困境

　　你是 CafeMom 会员服务部的副总经理,直接向首席执行官 Michael Sanchez 汇报工作。除了开发新的在线服务,你很重要的一个工作职责是撰写描述新服务的信息,并说服会员去尝试它们。运用你在本章中学到的,和你自己作为一名消费者(可能的话,作为父母)的经验来应对这些挑战。

1. 你要求你的一名员工写一则利益声明，目的是传达 CafeMom 网站用户组部分的优势，它可以让成员找到并加入任何成千上万的现有用户组，或创造关注任何可能话题的新用户组。她的邮件中写道："我们努力工作去定义和创建一个强大的在线组织能力；你可以在网络上随意搜索，但你不会找到任何与我们已经创建的一样好的东西。"然后你回信解释为什么对消费者而不是对公司制订营销信息，而这一点又是非常重要的。哪一项最好地说明了换位思考中极其重要的方面？（你可以在 CafeMom 网站中了解到更多关于组织特征的信息，www.cafemom.com/groups。）

   a. 在 CafeMom 中的小组成员相互支持和分享她们的知识、经验和广泛话题的意见，从怀孕到教育到宗教。

   b. 得到支持、信息和来自 CafeMom 团队发人深省的观点。

   c. 加入一个妈妈俱乐部群组（或开设你自己的群组），希望从中得到支持、信息和来自其他妈妈们关于广泛话题上发人深省的观点，从怀孕到教育到宗教。

   d. 社交网络已迅速成为网民获得深刻见解、信息和发人深省观点的一种流行方式，CafeMom 集团也将为你提供帮助。

2. 营销沟通中一个普遍的挑战是从某一条引人注目的消息中提取出一长串特性，以其作为产品的标题。审查以下产品的特点和好处（从 CafeMom 及其商业伙伴传递的各种信息中提取）：

   - 成千上万妈妈们的经验都聚合到在线的某一独立空间中。
   - 同与你一样的妈妈们联系；寻找有着同样的个人和家庭挑战、兴趣、孩子的年龄或所处境遇的妈妈们。
   - 得到和给予支持；就你最在乎的一个广泛话题，在其他妈妈们那里找到支持并交换建议。
   - 在线发布问题和向之前有过同样经历的妈妈们征求意见。
   - 加入 CafeMom 是完全免费的。
   - 建立你自己的个人资料是快速和容易的。
   - 加入与你喜好和关注点相同的群体中。
   - 你的个人资料可以按照你的分享意愿写得尽可能多或尽可能少。
   - 您可以完全控制自己的隐私信息。

   下列各项中哪项概括了 CafeMom 提供的各种好处中最好的一句话？显然，单一的一个句子不能表达出所列出的每一个点，更多地想想关于一个吸引人们继续阅读的初始、高层次的消息。

   a. 连接和收集；关爱和分享：CafeMom 中的网络社区让你与其他妈妈处于同一网络中，你能够从中找到让你成为成功和令人满意母亲的实用信息。

   b. CafeMom 的网络社区让你同其他妈妈们建立联系，使你能够从中找到成为成功和令人满意母亲的宝贵信息。

   c. CafeMom 提供给世界各地的妈妈们一个独特的在线体验。

   d. CafeMom 提供给世界各地最好妈妈们一个绝对独特的在线体验，使她们获得无与伦比宝贵的知识和有益的友情。

3. CafeMom 的会员是免费的，所以价格不是一种潜在的购买拒绝。然而，CafeMom 却收集了大量成员信息，包括关于成员自己、家人及其产品采购和使用习惯的。下列说法中，你会选择哪一个发布到网站上，去鼓励关心隐私和数据安全的所有人去阅读 CafeMom 的隐私政策？你可以通过点击 CafeMom 首页底部的"隐私政策"获取政策信息。(假设语句中将包含引导访客进入网站上隐私政策页面的必要超链接。)

  a. 理解为什么在 CafeMom 上你永远不必担心数据安全或个人隐私。
  b. 为了继续 CafeMom 网站的做大做强的伟大目标,了解更多关于我们如何保护所搜集信息的方法。
  c. 我们对信用卡和其他敏感交易实施 SSL。
  d. 像大多数网站一样,我们仅仅搜集能够提供给网站有价值服务的必要信息。

4. 下列哪个是鼓励感兴趣的妈妈们注册免费 CafeMom 会员最有效的行动呼吁?
  a. CafeMom 会员今天注册免费,而且你将获得在其他任何地方都得不到的知识和友情。
  b. 今天访问 cafemom.com 并了解免费会员的多数利益。
  c. 每一个妈妈都应归属于 CafeMom,难道你今天还不加入吗?
  d. CafeMom 将以你从未想象过的方式改变你的生活,而且它还是免费的!

学习目标检查

通过阅读每个学习目标和完成相关练习来评估你对本章要点的掌握情况。填空题,写出空白处缺少的文字;单项选择题,在正确答案的字母上打勾。

目标 10.1:应用劝说性信息的三步写作法。

1. 下列哪一项是商业世界中好创意的准确叙述?
  a. 新来的员工不愿意贡献新的想法。
  b. 许多好的想法要么被忽略要么被误解,主要还是因为沟通不良的缘故。
  c. 商业领袖总是产生新的想法,即使他们的展示还并不充分。
  d. 在今天的社交媒体环境下,好的想法不言而喻,不需要沟通。

2. 劝说性信息中为什么经常使用直接法?
  a. 比较有礼貌,因此在推销商品之前给作者建立友好关系的机会。
  b. 节省时间。
  c. 写作劝说性信息是传统的方法,因此很受期待。
  d. 使作者在要求受众行动或承诺之前激发受众的兴趣和期望。

3. 以下哪种方法不是正确建立可信度的方法?
  a. 用清晰的推理和客观证据支持你的观点。
  b. 说出你的资料来源。
  c. 建立与受众的共同点。
  d. 只陈述观点中有利于你的方面从而避免提醒受众还有其他的选择。

目标 10.2:描述展开劝说性商务信息的有效策略,识别劝说性商务信息的三种最常见类别。

4. AIDA 模型中的第一步是:
  a. 研究。
  b. 吸引受众注意。
  c. 分析受众。
  d. 要求行动。

5. 利用 AIDA 模型信息的主要部分:
  a. 吸引受众注意。
  b. 包含缓冲。
  c. 激发兴趣并突出期望。
  d. 号召采取行动。

6. 利用 AIDA 模型,以下哪种方法是增加期望的有效途径?
   a. 解释这种改变会如何给受众带来利益。
   b. 通过针对受众可能持有的异议来减少抵触情绪。
   c. 详细解释复杂的创意和产品。
   d. 以上都是。

7. AIDA 模型的最后一步:
   a. 提供深层的信息来激发兴趣。
   b. 激发受众兴趣来减少抵触情绪。
   c. 号召采取行动。
   d. 吸引受众的注意力。

8. 基于人们感觉的陈述是_____诉求。

9. 基于事实和理由的陈述是_____诉求。

10. 用情感诉求最好的方法是:
    a. 单独使用情感诉求。
    b. 将其与逻辑诉求结合使用。
    c. 只在受众有敌意的时候使用。
    d. 在所有商务信息中避免使用。

目标 10.3:描述展开营销和销售信息的有效策略。

11. 在计划和写作劝说性信息的时候为什么预期拒绝是重要的?
    a. 法律上要求你预期所有营销信息中的受众拒绝。
    b. 通过预期潜在的拒绝,你有机会在受众不解释原因的情况下选定另一家公司之前便以劝说的方式处理它们。
    c. 通过预期潜在的拒绝,你有机会向受众成员解释为什么他们没能正确地看待形势。
    d. 通过预期潜在的拒绝,你可以向受众解释接受信息的所有负面后果。

12. 区分特点和利益的优先顺序:
    a. 浪费时间,因为人们不按顺序读。
    b. 很重要,因为这样做使你从次要问题入手,逐步扩展到主要问题。
    c. 很重要,因为这样做使你的信息集中在受众最关心的问题上。
    d. 很重要,因为这样做会使你记得谈论每一个特点和利益,不管其多么不重要。

13. 如何看待营销信息和销售信息的不同之处?
    a. 销售信息仅仅使用口头媒体。
    b. 销售信息是"强行推销",而营销信息是"劝买推销"。
    c. 营销信息只是引导受众去购买而不是要求受众立即做出决定;销售消息则要求受众当场做出决定。
    d. 绝大多数的营销信息仍然是合法的,但大多数传统销售信息在美国和欧盟已经被禁止。

14. 特点和利益之间是怎样的关系?
    a. 不同的词语表示相同的意思。
    b. 特点指产品或创意方面;利益指受众可以从特点中意识到优势。
    c. 特点告诉人们如何使用产品;利益告诉人们产品如何不同于竞争产品。
    d. 特点是产品的主要优点;利益是产品的次要优点。

目标 10.4:解释为社交媒体写作促销信息时如何改进你的方法。

15. 以下哪一个是社交商务的最好定义?
    a. 它包括各个方面的产品和服务的购买和销售,或者通过社交媒体支持消费者。
    b. 它是企业内部的购买团体或者购买委员会的另一种术语。
    c. 它包括在一个给定的社交网络上的所有沟通途径。
    d. 它指营销和销售方面的沟通,不同于交易和财务方面的沟通。

16. 以下哪一个不是在销售和营销中使用社交媒体的良好指南?
    a. 依赖传统新闻媒体发布你的信息,频繁的中断和喋喋不休使社交网络变得不可靠。
   b. 识别和支持你的拥护者，这些人是你的公司和产品的忠实用户。
   c. 发起和回应团队中的交流。
   d. 在正确的时间和地点整合传统营销和销售策略。

目标 10.5：识别营销和销售信息中避免道德缺失的步骤。

17. 在劝说性信息中采取什么方式来保证其合乎道德规范？
   a. 将你的利益与受众的兴趣相联系。
   b. 选择多种提供解释的词语。
   c. 限制你提供信息的数量，避免使受众产生负担和感到迷惑。
   d. 以上都要采用。

18. 如果遵守了现有联邦法律，营销和销售信息：
   a. 一定既合乎法律又合乎道德。
   b. 会违反一些州的法律。
   c. 仍然可能不合乎道德。
   d. b 和 c 都正确。

知识应用

参考指定的学习目标，复习与本章内容相关的问题。

1. 在写作劝说性信息的时候，为什么考虑受众的动机是必要的？[学习目标1]

2. 在为有敌意的受众写作劝说性信息的时候，为什么展示评论的两个方面很重要？[学习目标2]

3. 情感诉求符合道德要求吗？为什么？[学习目标2]

4. 促销信息以号召行动开始极有可能发生什么情况？为什么？[学习目标3]

5. 为社交媒体写作劝说性信息的时候，为什么 AIDA 模型和相似方法需要改进？[学习目标4]

技能实践

信息分析

阅读下列材料：信息 10.A 和信息 10.B，然后（1）分析每句话的优点和缺点；（2）修改材料，使其遵循本章指南。

信息 10.A：信息策略：劝说性投诉和调整请求 [学习目标2]

尊敬的 TechStar 计算机公司：

我写信来表述一下我对新买的多媒体电脑播放器的不满。该播放器播放功能正常，但是音量太高，而且音量旋钮不能调低声音。这都使我们发疯了。音量旋钮似乎没有跟任何东西相连接，只是一个光秃秃的旋钮。真不敢相信你们在出售产品之前竟没有先测试一下？

我依靠电脑来运营我的小公司，并且我想知道你们会作怎样的处理。这让我想起了每一次我从贵公司购买电子设备的经历，总会有些不好的事情发生。我一直认为质量应被看得很重要，但是现在我不这么认为了。

无论如何我都想马上修好我的设备，请告知我你们希望我做些什么。

信息 10.B：信息策略：销售信息 [学习目标3]

我们知道食堂的饭菜是多么难吃，所以我们建立了 Mealaweek Club。我们每周会向宿舍或公寓送餐一次。我们有比萨饼、布法罗烤翅、汉堡、炸薯卷、蔬菜卷饼等，都十分美味。

你签了6个月的合同后，我们就会和你协定送餐日。我们会要求你填好饭菜选择。接下来就交给我们吧。在送餐日，我们就会给你送餐！付款也很容易，我们接受Master卡、Visa卡和个人支票。这和在外面用餐相比要省很多钱。

填写随信附上的卡片并且确认你的付款方法。一旦有收款通知，我们就会送餐。请把Mealaweek Club推荐给你的朋友们。我们是有切片面包以来最好的创意！

信息10.C：媒体技能：播客[学习目标2]
访问网站 http://real-timeupdates.com/ebc10 以获取信息。点击"学生作业"，选择第10章第316页信息10.C。下载收听播客。识别出使播客更具说服力的至少三种方式，并给播客写一个简短的邮件，内容是你的改进建议。

➡ **练习**

1. 选择信息策略[学习目标1]，第8—9章 现在你已经学习了日常的、积极的、消极的和劝说性信息。请查看以下四条信息，判断四种信息策略的哪一种更符合该种情况。对每一个选择提供简单的判断理由。（根据特定情况，某一场景可能与多种信息类型相匹配，仅需提供你做出选择的令人信服的理由。）

a. 给你的部门经理主动发一封邮件，解释为什么你认为公司自我管理工作团队的实践一直没有成功。

b. 给你的部门经理主动发一封邮件，解释为什么你认为公司自我管理工作团队的实践一直没有成功，并建议提拔更有经验的员工（比如你）为主管。

c. 给长期合作的行业客户发一条消息，解释由于会计系统故障，多收取了客户五份订单，对此道歉，并承诺尽快退还多收取的金额。

d. 在新闻发布会上宣布，公司计划召回50名今年早些时候解雇的员工。

2. 信息策略：劝说性商务信息；合作：团队项目[学习目标2] 与其他同学通过回答以下问题来分析图10.3给万豪Eleanor Tran的劝说性邮件：

a. 它运用什么方法吸引受众的注意？

b. 作者运用了直接法还是间接法？为什么这样运用？

c. 主题行是否有效？为什么？

d. 作者是否使用了情感或逻辑因素？为什么？

e. 其中包含了什么受众利益？

f. 作者如何建立了可信度？

g. 作者利用什么方法强化了其论点？

3. 信息策略：劝说性商务信息，营销和销售信息：媒体技能：电子邮件[学习目标2]，[学习目标3] 为以下劝说性信息写作有效的主题行：

a. 有封电子邮件建议你的分行经理在整个设施中安装无线网络。主要原因在于管理层鼓励更多的团队合作，但是团队成员经常聚集在缺少网络连接的会议室、食堂或其他地方，在这些地方他们不能做所想要做的工作。

b. 一封让当地消费者接受你的新事业"Meal à la Car"的信息。它是一项可以为当地居民送当地餐馆食品的送餐服务。所有的菜单都在网上可以见到。孩子们可以吃辣肠比萨饼，而父母可以享用蛋卷和炒面。

c. 一份写给公司总裁允许经理们延期休假的邮件。最近很多经理由于新电脑系统的安装取消了自己1/4的假期。按照目前的协议，12月31日前未使用的假期不可以在第二年使用。

4. 道德沟通：道德选择[学习目标2]，[学习目标5] 你的老板让你在公司的博客上发布信息,让大家为本公司的慈善组织捐款,这个组织专门为残障儿童举办夏令营。你飞快地贴出了信息,信息中包含了很多关于夏令营中孩子们的经历和暖人心田的趣闻。在你努力说服受众为慈善机构捐款的时候,你是否因操纵性而变得不道德?做出解释。

5. 信息策略:营销和销售信息(消费者利益)[学习目标 3] 判断下列句子侧重于特点还是利益,改写它们使其均侧重于利益。

   a. All-Cook 长柄锅有一层耐用的不粘涂层。

   b. 在我们的 FamilyTalk 无线计划中,你可以在周末随便打电话给别人尽情聊天。

   c. 在 8 毫秒的反应时间里,三星 LN-S4095D 的 40 英寸液晶电视提供快速、流畅、清晰的动作片。㉜

6. 信息策略:营销和销售信息[学习目标 3] 日常邮件中经常会有可选择的销售信息。直接从邮箱中找一个销售邮件,然后回答以下问题,分析和学习专业沟通人士准备这些销售信息的方法。教师可能要求你在课堂上分享你的成果和发现。

   a. 谁是目标受众?

   b. 目标受众的人口统计学和心理学特征有哪些?

   c. 直接邮寄包的目的是什么?是否能设计成征求电话回复、做成邮购销售、获得慈善贡献或者其他的形式?

   d. 什么技巧鼓励你打开邮件?

   e. 写邮件者是否遵循了 AIDA 模型或者类似方法?如果没有,解释这个邮件的组织结构。

   f. 这封邮件使了什么样的情感诉求和逻辑论据?

   g. 这封邮件提供了怎样的卖点和消费者利益?

   h. 这封邮件和其余的邮寄包是否提供了有说服力的支持言论?如果不是,缺少什么?

技能拓展

剖析行业案例

访问 Facebook 网页上的来自几个行业的六家公司。这些公司怎样利用留言板?这些公司是否利用留言板来展示宣传他们的产品?比较信息选项卡上的内容。哪家公司有最令人信服的信息?对于应用自定义标签,哪家公司充分利用了 Facebook 功能?使用教师要求的任何媒体,写一篇简短的消息分析(不超过一页纸),应用段落中的特定部分和本章中的支撑要点。

在线提升职业技能

"博韦和希尔的商务沟通搜索"(http://businesscommunicationblog.com/websearch)是一个专为商务沟通研究而设计的研究工具。使用网页搜索功能查找网站、视频、PDF 文档、播客或幻灯片演示文稿,为写作劝说性信息(劝说性商务信息或者营销和销售信息)提供建议。给任课教师写一封简短的电子邮件,描述你搜索到的条目,总结你从中学到的职业技能。

㉜ "How to Comply with the Children's Online Privacy Protection Rule," U.S. Federal Trade Commission website accessed 17 July 2010, www.ftc.gov; "Frequently Asked Advertising Questions: A Guide for Small Business," U.S. Federal Trade Commission website, accessed 17 July 2010 www.ftc.gov

改善语法、结构和表达

以下练习帮助你提高对英语语法、结构和表达的掌握和运用。在下面每组句子中,找到最佳选项,在其字母上打勾。

1. a. This letter looks good;that one doesn't.
   b. This letter looks good:that one doesn't.

2. a. I want to make one thing clear:None of you will be promoted without teamwork.
   b. I want to make one thing clear;none of you will be promoted without teamwork.
   c. I want to make one thing clear:None of you will be promoted;without teamwork.

3. a. The Zurich airport has been snowed in,therefore I can't attend the meeting.
   b. The Zurich airport has been snowed in,therefore,I can't attend the meeting.
   c. The Zurich airport has been snowed in;therefore,I can't attend the meeting.

4. a. His motivation was obvious:to get Meg fired.
   b. His motivation was obvious;to get Meg fired.

5. a. Only two firms have responded to our survey;J. J. Perkins and Tucker & Tucker.
   b. Only two firms have responded to our survey:J. J. Perkins and Tucker & Tucker.

6. a. Send a copy to:Nan Kent,CEO,Bob Bache,president,and Dan Brown,CFO.
   b. Send a copy to Nan Kent,CEO;Bob Bache,president;and Dan Brown,CFO.
   c. Send a copy to Nan Kent CEO;Bob Bache president;and Dan Brown,CFO.

7. a. You shipped three items on June 7;however,we received only one of them.
   b. You shipped three items on June 7,however;we received only one of them.
   c. You shipped three items on June 7;however we received only one of them.

8. a. Workers wanted an immediate wage increase:they hadn't had a raise in 10 years.
   b. Workers wanted an immediate wage increase;because they hadn't had a raise in 10 years.
   c. Workers wanted an immediate wage increase;they hadn't had a raise in 10 years.

9. a. His writing skills are excellent however;he needs to polish his management style.
   b. His writing skills are excellent;however,he needs to polish his management style.
   c. His writing skills are excellent:however he needs to polish his management style.

10. a. We want to address three issues;efficiency;profitability;and market penetration.
    b. We want to address three issues;efficiency,profitability,and market penetration.
    c. We want to address three issues:efficiency,profitability,and market penetration.

案例

劝说性商务信息

学习设置一个Twitter账户,并开始发微博。访问http://real-timeupdates.com/ebc10,点击"学生作业",然后点击"Twitter视频"。

微博技能

1. 信息策略：劝说性商务信息[学习目标3] 你已经为劝说老板 Will Folrence 使用 Twitter 而努力几个月了。你告诉他很多公司的高级主管都利用 Twitter 来联系客户和其他股东，而且无须经过正式公司沟通的过滤，没有阻碍，但是他没有认识到价值所在。

你的任务：你想出了利用 Twitter 来演示其用处的妙计。首先，在 Twitter 上找到来自三家公司的三位高级主管（你认为有趣的任何公司和高级主管）。第二，研究他们的 Twitter，进而了解到他们共享信息的类型。第三，如果你没有 Twitter 账户，为配合课堂练习，申请一个账户（之后你可以取消）。第四，写四条微博来演示高级主管 Twitter 的重要性：一条用来总结公司首席执行官使用 Twitter 的好处，其他三条分别总结三位高级主管在实际生活中如何使用 Twitter 的例子。

博客技能　　团队技能

2. 信息策略：劝说性商务信息[学习目标3] 公司里的员工开始使用博客、维客写作以及其他新媒体，作为一个使用社交媒体的坚定支持者，你感到很高兴。但是同事所写博客的风格和质量并不令人兴奋。他们中很多人认为"真实性和会话式"意味着"怎么都行"。其中几位使用 Twitter 的人似乎根本不讲究语法和拼写。一些管理者把公司战略的内部分歧公之于众，并试图在各种相关行业论坛上进行探讨。未经审查的产品演示视频发布到公司的 YouTube 网站上，这使得整个公司看起来粗鲁且不专业。公司的 CEO 在写博客时，竟然使用了下等且粗俗的语言，这激怒了竞争者。

为了更好地利用这些社交媒体，你已做了长期艰难的工作，因此面对这种情况，你的责任感油然而生。此外，公司里的很多人视你为社交媒体方面的专家，在这个问题上你有"权威的专业知识"。另一方面，你只是初级经理，在你之上还有三个级别的管理者。所以，以你现有的"职位权力"很难找到能够影响你上级的最佳做法。

你的任务：与两名同学合作，给公司内部博客写一封邮件（公司外不可见），概述关于你对沟通方式的担忧。利用上述例子，并结合你所需的其他细节。重点强调：尽管社交媒体沟通更加灵活、没有传统商务沟通正式，但其专业性不容忽视。你有一个社交媒体培训计划的提议，但在这封邮件里你只需引起人们对问题的关注。

信件写作技能

3. 信息策略：劝说性商务信息[学习目标3] 在你公寓街对面的咖啡厅是你离开家后的第二天堂，这里提供绝佳的饮料、健康的零食、欢快且活跃的氛围，又没有吵闹到使你不能专注于功课，并提供免费无线网络。这里唯一缺少的就是当你需要打印时可以打印出你的作业和其他文件的一些设备。你大学的图书馆和计算机实验室提供打印机，可是你的住所离学校有三英里远，这需要步行很久，乘车也不方便。

你的任务：给咖啡厅的老板写一封信，建议她提供打印服务，以配合无线网络连接，并建议按保本价格经营此服务，刚好够支付纸张、墨盒和打印机的成本。这样做有利于吸引顾客在这里度过更多的时间——也就是他们会在店里消费更多的咖啡和茶。你要提到你为了打印这封信专门乘车回学校，所以你在其他店里买了下午茶拿铁咖啡。

电子邮件技能　　档案建立

4. 信息策略：劝说性商务信息[学习目标2] 在进入"后邮件"时代的博客、维客、社交网络和其他 Web 2.0 技术的世界，你很失望地发现你的新老板竟还牢牢地陷身电子邮件时代。你也使用电子邮件,但它仅仅是你交流工具箱中的一种。在大学期间,你拥有广泛使用社交媒体工具的丰富经验,使用这些工具协作学校课题,参与当地社区活动,学习各种产业行业知识,研究找工作过程中的潜在老板。(事实上,如果没有社交媒体,你不会知道你现在的老板。)而且,你在工作上使用社交媒体已经得到了回报,包括在几家大公司里寻找到潜在的销售联系人,联系其他公司的同行共同分享更有效工作的方法,学习有关影响你公司目前经营方式的国家近期即将出台的立法。

你希望通过你在工作中使用社交媒体的例子,使你的新同事和公司管理层尽快地接受这些工具。然而,事与愿违。今晨等待在你电子邮箱中的是首席执行官的一封邮件。他宣布公司自此中断访问社交网站,禁止在工作时间使用社交媒体。消息称,利用上班时间和公司的电脑进行社交活动是很不恰当的,如果局面失控,未来可将此作为解雇的理由。

你的任务:听到这个消息你感到很震惊。你起初冲动地要用措辞激进的回复来纠正CEO的误解。然而,你理智地决定首先给你的直接上司写一封邮件,解释为什么你认为新政策会改变现状。使用你老板最喜欢的媒体(当然是电子邮件!),写一封劝说性信息来解释为什么Facebook、Google +、LinkedIn、微博和其他社交网络技术是有效率、有价值的商务工具。为支持你的观点,你可以引用其他公司的例子和沟通专家的建议。

即时信息技能

5. 信息策略:对行动的要求[学习目标2] 你是IBM一年一度的员工慈善奉献活动的协调者之一。1978年以来,IBM帮助员工为2000多家健康和人类服务机构做出了贡献。这些组织提供儿童看护、治疗药物滥用、提供健康服务,或为消除文盲、无家可归和饥饿而努力,还有一些灾难救助和照顾老人。所有这些都是值得支持的,IBM这家国际大公司会认真选择并向美国和世界各地的非营利组织和教育机构提供大量现金、设备和人力。IBM指出该项目"使我们的员工更充分地履行企业公民这一重要使命"。

在寒假期间,你针对满足流离失所的家庭、妇女、儿童需要的组织,很容易就激发了大家的热情。帮助一无所有的孩子享受假期活动的设想,经常会唤起哪怕最不上心的员工的爱心。但是有的员工直到最后也没有行动,然后忘了这件事。

最后,到了12月16日大家提出了捐助现金,为了使假期的礼物及时发放,大家在12月20日周二之前也可以带来食品、玩具、毛毯等。收集箱很容易找到,它们到处都有,贴着鲜红的横幅。但是会有一些人打电话向你提问或是用信用卡捐款,你的电话是800-658-3899,分机号3342。

你的任务:今天是12月14日,写一则75—100字的即时信息鼓励大家参与。㉝

备忘录写作技能

6. 信息策略:对行动的要求[学习目标2] 你作为加利福尼亚特曼库拉的Pechaga赌博娱乐中心的餐饮服务经理,在早上开车去上班的过程中听到广播中说,由于国家血库的存量降低到了危险水平,本地红十字分会正在号召献血。在关注度较高的灾难中,人们非常感性并且愿意通过献血去帮助别人。但在大部分情况下,只有5%的合格献血者考虑献血。你是其中之一。

很多人没有意识到捐献的血液只能维持

㉝ 改编自 Samsung website, accessed 22 October 2006, www.samsung.com。

72 小时。结果,大部分急需血液必须不断地加以补充。没有人在处理血液方面比美国红十字会更有技巧、专注和有效率了,因为它负责半个美国的血液供应和收集。

捐献的血液可以帮助事故和疾病的受害者,也可以帮助需要手术的病人。就在昨天,一个叫做 Melissa 的女孩在出生一周的时候因患有多种先天性心脏病而做了开胸手术。现在她出生五周了,用了 50 单位的捐献血液才逃脱了死亡的厄运。在一封感谢信中,她的母亲向献血的陌生人致谢,因为他们"献出自己的一部分"救她的宝贝女儿——当然还有无数其他的人。你还知道一个捐献者 470 毫升的血液可以救助四个人。

今天你所要做的不仅仅是卷起自己的袖子。当地的红十字分会会带着其移动血站到包括公司、宾馆、美容沙龙等任何能进行公开献血的地方。如何劝说董事会支持在赌场公开献血?赌桌和赌博机器前面都坐满了人,数以百计的员工在忙碌,而那些从未来过赌场的人们会来献血。当然这种积极的公开并不会损害 Pechanga 公司的社区形象。从红十字会的材料来看,你对由本公司主办献血活动并进行此次活动的推广十分有信心(去年你也成功开展过给小孩玩具的活动)。

要想献血必须身体健康,年龄在 17 岁以上(没有年龄上限),体重在 110 磅以上。献血者每 56 天可以捐献一次。所以你要让 Pechanga 的献血者们到血站之前休息好,并调节好饮食。㉞

你的任务:给 Pechanga 公司董事会写备忘录,劝说其主办一场公众红十字献血活动。你可以从 www. redcrossblood. org 网站(点击"主持献血")上获得关于主办献血活动的内容。并且劝说董事会为献血者提供水、橙汁和点心。你将组织食品服务员工进行发放,但是你需要董事会批准志愿者团队在工作时间参加志愿活动。注意综合运用逻辑和情感因素。

电子邮件技能　　档案建立

7. 信息策略:对行动的要求 [学习目标 2]

你的新公司世界沟通语言服务公司,开始经营良好且势头强劲。然而,为扩大孟菲斯和田纳西州的市场,你需要一笔资金,一次性注入在东南亚其他城市开设的分公司。昨天你出席的企业家午宴论坛上,你知道了几位投资人,在投资界他们被称为个人投资者,将资金投入小公司,以换取所有权的份额。Melinda Sparks 就是这样一位投资者,她说她正在寻找高科技以外的投资机会,其他投资人经常投资于此。她表示,她所寻找的企业家能够很好地了解他们行业和市场,热衷于他们给市场带来的价值,致力于发展他们的业务,并对如何使用投资者投资有一份确切计划。幸运的是,你满足她所有的条件。

你的任务:给 Sparks 写一封电子邮件,介绍你自己和你的业务,并且请求开一次会议来详细地展示你的商业计划。解释由于越来越多的国际商务专业公司需要笔译员和口译员,你的孟菲斯工作室预计在两个月内空缺的职位量。你已经研究了整个东南亚地区,确定至少有 10 个其他城市像你一样可以支持语言服务公司。编写你所需要的其他信息,根据 AIDA 模型起草一份四段式的信息,最后请求会议在接下来的四周内召开。

博客技能　　档案建立

8. 信息策略:劝说性观点的陈述 [学习目标 2] 像当今的其他公司一样,你的公司广泛使用网络进行内部和外部的沟通。然而,在阅

㉞ 改编自 IBM website, accessed 15 January 2004, www.ibm.com;"DAS Faces an Assured Future with IBM,"IBM website, accessed 16 January 2004, www.ibm.com;"Sametime,"IBM website, accessed 16 January 2004, www.ibm.com。

读有关"网页可及性倡议"（WAI）后,你意识到公司的各种网站还没有设计接纳有身体缺陷或受到年龄限制的人们。庆幸的是,作为公司高层管理者,你有一个不错的论坛可以让公司里的每一个人了解网页可及性的重要性:你内部博客的绝大多数读者是公司的员工和管理人员。

你的任务:访问 WAI 网站 www.w3.org/WAI,阅读"网页可及性的介绍"（看介绍可及性部分）和"为你的组织开发网页可及性商务案例"（看管理可及性部分）这两篇文章。使用在这些文章中的信息,在你的博客里写一篇文章,着重强调你公司网站更容易进入的重要性。你没有与公司网页开发人员直接沟通的权限,所以你要求他们采取任何具体的行动是不适合的,你的目标仅仅是提高大家的意识,并鼓励大家考虑公司在线用户的需求。不要担心网页可及性的技术方面问题,把重点放在改善可及性的好处。㉟

电子邮件技能

9. 信息策略:劝说性投诉和调整请求[学习目标 2] 虽然你把你的新手机号码给了家人、朋友和老板,但是没有任何人给你打电话,感到很奇怪。在你得到新手机和每月付 49 美元费用的两周后,你给服务提供商 InstantCall 打电话,询问是否一切正常。果然,技术人员发现你的来电被发送到一个闲置的号码。你很高兴她找到了问题所在,但是该公司拖延了将近两周才解决这个问题。你打电话投诉没得到服务期间的费用时,客户服务专员建议你给公司地区事务办公室的 Judy Hinkley 写邮件要求调整。

你的任务:决定好在这种情况下,你认为你应该得到的调整额,然后给 Hinkley 发一封邮件要求对你的账户做出调整。按时间顺序写出概况,并提供准确的日期以获取最大的有效性。编写你所需要的任何信息,例如在服务故障期给你在家庭和工作上造成的影响。

营销和销售信息:传统媒体

信件写作技能　　档案建立

10. 信息策略:营销和销售信息[学习目标 4] 像所有的州一样,肯塔基州也正努力吸引企业将业务扩展进来或者完全从其他州搬迁出来。肯塔基州经济发展署负责联系这些企业并监督提供给新老企业的奖励计划。

你的任务:作为肯塔基州经济发展署的沟通主管,你在联系想要扩展业务或搬迁到肯塔基州的企业这方面起到很大的作用。访问 www.thinkkentucky.com 来下载《肯塔基州真相》手册（查看链接"为什么是肯塔基州"）。识别出该州主要的好处以促进肯塔基州成为做生意的好地方。总结这些理由,并写成一页的套用信函,发送给全国的企业主管。在信中要介绍你和你的目的,并且以吸引人采取行动的号召来结尾（让他们通过拨打电话号码 800-626-2930 或者发送邮件到 econdev@ky.gov 来联系你）。准备写信的时候,将自己想象成某个公司的 CEO,并且要考虑到将公司转移到另一个州是多么麻烦。㊱

信件写作技能　　档案建立

11. 信息策略:营销和销售信息[学习目标 3] 水球是一项很受欢迎的体育运动,为锻炼身体和学习参与团队的协作能力提供了很好的机会。在 www.usawaterpolo.org 网站上可以了解更多相关内容。

你的任务:给 10—14 岁孩子的家长写一封一页纸的信,为推进水球健康和社会化的好处

㉟ 改编自 American National Red Cross website, accessed 19 July 2010, www.redcrossblood.org; American Red Cross San Diego Chapter website, accessed 19 July 2010, www.sdarc.org。

㊱ 改编自 Web Accessibility Initiative, World Wide Web Consortium website, accessed 7 November 2008, www.w3.org。

并鼓励家长通过当地俱乐部向孩子介绍这项运动。告知他们,访问美国国家水球网站来更多地了解这项运动,并在当地找到俱乐部。

网页写作技能

12. 信息策略:营销和销售信息[学习目标3] Natalie Sisson 称自己为"手提箱企业家",她的生活证明了,人们可以过着爱冒险的生活,并建立一个繁荣的企业。从 2006 年她离开家乡新西兰,就开始了旅行。她提供了商业和社交媒体的辅导,最近她履行了在一个 PDF 电子书《企业家的社交媒体练习》上的社交媒体建议。

你的任务: Sisson 一直为订阅她的邮件时事通信的读者免费提供社交媒体电子书。然而,作为她最近聘请的助理,你相信她的这本书是有价值的,有必要定一个保本的购买价格。她决定做一个尝试,把价格定在 10 美元,注意:你需要编写网页副本来推销电子书。

首先,访问 http://real-timeupdates.com/ebc10,点击"学生作业",选择第 10 章,第 321 页案例 12 下载电子书。然后登录 Sisson 的网页 http://womanzworld.com 了解她的更多商业经验。现在编写网页副本(200—400 字)来推销电子书和鼓励人们订阅。

电子邮件技能

13. 信息策略:营销和销售信息[学习目标3] 乌得琴是非洲北部到亚洲西南部文化中一种流行的乐器,在这些国家享有的地位与吉他在欧洲和美洲的地位相同。追溯到 17 世纪,乌得琴是在文艺复兴鼎盛时期的欧式鲁特琴的原型。

许多吉他手熟悉鲁特琴,但是很少知道乌得琴。作为"你的乐器世界"(www.yourworld-instruments.com)的营销总监,你想鼓励吉他手考虑乌得琴。有些人可能想探索另一种音乐遗产,有些人可能想扩充声波调色板,可以这样说,乌得琴使他们的音乐有更宽广的声音。

你的任务: 写一封简短的邮件鼓励吉他手尝试新乐器。更准确地说,或许是传统乐器。你所要写邮件的人之前从公司听说过这种乐器,这些人是公司的老顾客且都在发送邮件的列表中。

呼吁采取行动,鼓励这些音乐人点击网站视频观看专业乌得琴手的演奏,更多地了解这些传奇的乐器。[37]

网页写作技巧　团队技能　档案建立

14. 信息策略:营销和销售信息[学习目标3] 你从来没有想过成为一个发明家,但当你发现一种使事情更容易做的方法后,你决定尝试发明。你开发出一个模型,并找到大量生产的方法,然后在家里成立了一个小型制造工作室。你知道其他人将会从你的发明中受益。现在你要做的就是进入那个市场。

你的任务: 与任课教师分配的其他同学合作,想象一种你们可能发明的产品——可以是与爱好或运动相关的产品。列出你们想象出的产品的特征和优势,并描述它如何帮助客户。然后使用你在本章所学的内容,整理你所需要的细节,写作网页来介绍和推销这种产品。按任课教师的要求,提交文字处理文件的副本,或者使用基本 HTML 格式的网页副本。

播客技能

15. 信息策略:营销和销售信息[学习目标3] 你的新播客频道 School2Biz 为商科的学生从大学到职场的转折提供了建议。你的信息提供了很多内容:从准备简历、面试到在商务中立足和建立成功的职业生涯。随着受众的增加,你最终将 School2Biz 做成了一个营利活

---

[37] Kentucky Cabinet for Economic Development website, accessed 19 July 2010, www.thinkkentucky.com

动（可能通过在你的播客中对广告时间收费）。到目前为止，你还只提供免费的建议。

你的任务：你选择了 Podcast Bunker（www.podcastbunker.com）作为宣传 School2Biz 的第一个网站。这个网站也让播客主用简短的文字为其节目做广告，例如 Toolmonger Tool Talk 中的描述：Chuck 和 Sean 在网站中的第一个工具博客 Toolmonger.com，为你提供最新的电工工具信息，回答你关于家居装修、自动化和工具的问题。

按任课教师的指导，为你的新播客写50字左右的描述发布在 Podcast Bunker 上，或者录制30秒的播客描述新的服务。编写任何你需要用来描述 School2Biz 的信息。确保提及你自己提供信息的价值。[38]

网页写作技能　档案建立

16. 信息策略：营销和销售信息[学习目标3]　随着技术的迅速发展和广告主逐渐尝试使用这种新的媒体，网络广告蹒跚起步后最终成为消费者和商务市场的重要力量。各行各业的公司都在将他们的广告预算由电视和杂志这样的传统媒体向网络广告转移——不少公司现在只做网络广告。这对销售网络广告时间和空间的公司来讲是一件好事，但是你的工作是为印刷杂志销售广告，这些杂志很担心自己的市场份额被网络出版商夺走。

网络广告有你无法与之竞争的两个优点：交互性和准确定位目标受众个体的能力。另一方面，你也有几个优势，包括制作高清彩照的能力，印刷品的有形存在（例如一本杂志放在候诊室的桌子上）、便携性、保证流通数和与读者保持几年或几十年的紧密关系。

你的任务：作为时代华纳旗下时代公司（在全球拥有100多种杂志）的广告销售专家，你需要写一封简短的劝说性信息来说明杂志广告的好处，你的信息将被贴在时代公司很多杂志各自的网站上，所以你不能局限于某个出版物。而且，时代公司已经为其印刷出版物结合了在线形式（包括数以千计的付费在线广告），所以你也不能诋毁在线广告。[39]

营销和销售信息：社交媒体

博客技能

17. 信息策略：营销和销售信息；媒体技巧：博客[学习目标4]，第7章　从干洗店取回衣服后，除了闻到从塑料袋飘出的令人头晕的气味外，很多消费者可能不太关注社区洗衣店不为人知的洗衣过程。然而，传统的干洗是一个激烈的化学过程，所以这些设施需要特殊环境许可和政府机构监督。

堪萨斯城的 Hangers 洗衣店，其干洗过程是不同的，而且是完全不同。该公司的创新设备利用了液态二氧化碳和特别发明的去污剂用以清洗衣物。这种流程不需要热量（使洗衣变得容易），也不需要传统流程使用的有毒易燃的全氯乙烯（这对于员工和环境都是安全的）。消费者同样可以看出差别。正如有人所说："自从我使用 Hangers，我的衣服更加柔软、干净，而且没有化学气味了。"

你的任务：因为很多消费者不熟悉传统的干洗，他们不能立即领会 Hangers 的方法更有利于衣物、员工和环境。在公司的博客中发表文章，解释 Hangers 的不同。字数限制在400字。你可以通过 www.hangerskc.com 了解更多关于该公司及其独特流程的信息。[40]

---

[38] 改编自 Your World Instruments website, accessed 21 February 2011, www.yourworldinstruments.com; "Ud," *Encyclopedia Britannica*, accessed 21 February 2011, www.brittanica.com。

[39] 改编自 Podcast Bunker website, accessed 19 July 2010, www.podcastbunker.com。

[40] 改编自 Time Inc. website, accessed 19 July 2010, www.timewarner.com。

社交网络技能

18. 信息策略：营销和销售信息；媒体技巧：社交网络[学习目标4]，第7章 Curves是一家特许经营的健身中心，针对女性在传统健身房没有的宾至如归的感觉。以客户为中心，以研究为基础的方式，Curves已成为健身行业的重要力量和历史上最成功的特许经营之一。[41]

你的任务：登录 www.curves.com/about-curves 阅读概述和历史部分。想象一下，你正在为公司Facebook页面的信息选项卡编写材料。编写"公司概述"（95—100字）和"使命"陈述（45—50字）。

社交网络技能 团队技能

19. 信息策略：营销和销售信息；媒体技巧：社交网络[学习目标4]，第7章 你选择你的学院和大学基于一定的期望，你被录取已经有足够长的时间了，以至于你有一些这些期望是否满足的想法。换句话说，你是一个关于"消费者利益"的专家，你的学校可以为未来学生提供参考。

你的任务：四名学生组成一个团队，采访六名不上商务沟通课程的学生。尝试得到更广泛的人口和心理样本，包括不同专业和课程的学生。询问这些学生：（1）为什么选择这个专业或这所学校；（2）到目前为止，经历是否达到了期望。为确保受访者的隐私，不要在答案上记录他们的名字。团队中的每一个成员都要回答这两个同样的问题，这样你总共有10名学生的回答。

收集这些回答后（你可以使用谷歌文档或类似的协作工具，这样团队中的每个人都可以方便地访问信息），共同分析这些回答，并找到重复出现的"利益主题"。是学校的教学质量？研究机会？地理位置？学校体育赛事的友情？遇到来自不同背景的有魅力的学生并和他们共同学习的机会？总结出两个或三个优势，你的大学可以履行的给未来学生的承诺。

现在推选一名成员编写一篇简短的营销信息，可以发布在学校Facebook页面的备注选项卡上。这则信息应该有一个吸引人的标题，以学生的视角，介绍这所学校是一个很棒的地方，能得到良好的大学教育。当初稿完成后，团队中的其他成员应单独修改。最后，全体成员共同来完成这则消息。

微博技能

20. 信息策略：营销和销售信息；媒体技巧：微博[学习目标4]，第7章 有效的微博信息强调清晰和简介，有效的营销信息同样是这样。

你的任务：找到一样可以在网上订购的产品（你感兴趣的任何产品，并适合在课堂作业中使用）。用你自己的语言改编网站上的信息，编写四条微博来宣传这个产品。第一条微博应该引起读者的注意（例如令人感兴趣的利益表达）；第二条微博应该建立读者的兴趣，为第一条微博的陈述提供支持；第三条微博应该增加读者对这件产品的渴望，产品分层为一个或两个更多买家的利益；第四条微博应该激励读者采取行动进行订购。前三条微博可以超过140字符，但第四条的字数限制在120个字符，以适应URL的要求（在你的信息中不用考虑URL）。

如果你的班级开通了专用Twitter账号，使用这个专用账号发布你的消息。否则，按照任课教师的要求，把你的四个消息以电子邮件的形式发送给任课教师，或者发布在你班级的博客上。

---

[41] 改编自 Hangers Cleaners（Kansas City）website, accessed 19 July 2010, www.hangerskc.com; Charles Fishman, "The Greener Cleaners," Fast Company website, accessed 11 July 2000, http://fastcompany.com; Micell Technologies website, accessed 1 September 2000, www.micell.com; Cool Clean Technologies, Inc., website, accessed 9 January 2004, www.coolclean.com。

第四部分　准备报告和口头演讲

第 11 章　报告和建议书的计划
第 12 章　报告和建议书的写作
第 13 章　报告和建议书的完成
第 14 章　设计和发表口头、在线演讲

报告和演讲提供了向组织证明你价值的重要机会。通过报告和演讲,你可以分析复杂的问题、教育受众、强调市场机会、赢得合同,甚至是借助令人信服的商务计划启动整个公司。运用你所学的知识应对那些冗长文档带来的挑战,包括可以使普通报告脱颖而出的特殊技巧。学习如何计划有效的演讲,克服每个演讲者都有的担忧并回答观众提出的所有问题。为后面的微博互动和在线演示找出一些技巧和方法。最后,用吸引人的视觉材料来完善演讲并学习如何制作令观众感到充实而兴奋的演讲幻灯片。

第 11 章 报告和建议书的计划

学习目标

学完本章后,你将能够:

1. 应用三步写作法写作报告和建议书
2. 描述进行商业调查的有效程序,解释如何评价信息来源的可信度,识别使用调查结果的五种方法
3. 解释二手资料调查的作用,描述在线调查工具的两个主要类别
4. 解释一手资料调查的作用,识别一手资料调查的两种最常用形式,实现商务沟通目标
5. 解释如何计划告知性报告和网站内容
6. 识别组织分析性报告的三种最常用的方法
7. 解释如何计划建议书

工作进行时

MyCityWay 的沟通

将一个伟大的想法转化为一个伟大的企业

任何一个有经验的企业家都会告诉你,有一个伟大的想法和真正建立一个成功的企业之间是有很大不同的。从提供一种吸引人的产品或服务,到找到合适的员工,到足够的资金来成立、扩大和维持一个企业的运营,很多事情都必须做好。

对于 Archana Patchirajan、Sonpreet Bhatia 和 Puneet Mehta 来说,冒险开始于纽约市数据应用大赛(NYC BigApps Competition)。这次比赛由纽约市主办,鼓励企业家为人们创造更好的途径去使用纽约信息港的资源(NYC Data Mine),这是一个城市中所有政府部门和机构制作的巨大的数据宝库。

这三个合作伙伴利用 NYC Way 抓住了这次机会,NYC Way 是一个帮助人们进行城市"导航与探索"的手机应用程序,无论他们是寻找公寓交易的市民还是寻找一个好饭店的游客。BigApps 竞赛的一个重要方面就是企业家必须提供在线的应用程序供人们使用。当比赛结束的时候,100 000 人在使用 NYC Way。

Patchirajan、Bhatia 和 Mehta 无疑握有一种拳头产品,接下来的挑战就是把它变成一个蒸蒸日

上的企业。与大多数创业企业一样,这种转化意味着需要获得大量资金来扩大运营。这个竞赛恰恰给了MyCityWay这家新创企业宝贵的公众宣传和少量的"种子基金",可用于构建办事处以及招募新员工等。

随着他们改善产品,上升势头继续巩固,又有几十万人开始使用其产品。在成功投放纽约市场之后,接下来的一步就是去征服世界。世界市场需要重要的资本注入,如何去吸引这些资本,三位创始人知道他们需要向潜在的投资者展示正式的商务计划,说明MyCityWay为什么会成为投资者的明智选择。

Patchirajan、Bhatia和Mehta有华尔街背景,熟悉企业财务,这为他们的商务计划奠定了好的基础。他们也获得了关于当今投资者需要什么的明智建议:短小精悍、引人入胜的计划文本就是在提供足够有说服力的信息和剔除投资者并不关注的信息之间取得平衡。每天在他们的书桌上都有那么多计划,风险资本家和其他投资者没有时间去看五六十页的详细报告来判断一个公司是否值得投资,他们想要在几秒钟内被吸引,在几分钟内被说服,想要去了解更多。

MyCityWay无疑找到了商务计划中的适度平衡,作为第二轮投资,它增加了100万美元实收资本,接下来豪华汽车制造商——宝马投资500万美元作为"BMWi"项目的一部分,该项目促进了创新汽车材料和技术创新的发展。2011年年初,这家公司拥有全世界几十个城市的应用程序,并且几乎每周都启动一个新的城市应用程序。由于一个伟大的产品和一份吸引人的商务计划,MyCityWay现在顺利地成长为全球移动信息"俱乐部"中的一员。①

www.mycityway.com

11.1 报告和建议书的三步写作法

无论你是与老板分享最新的好点子还是启动一个公司(见本章开头MyCityWay的资料),报告都在你的商业生涯中起着极为重要的作用。报告分为三种基本形式(如图11.1所示)。

- **告知性报告** 提供数据、事实、反馈以及其他种类的信息,没有任何分析和建议。
- **分析性报告** 提供信息和分析,也可以包含一些建议。
- **建议书** 提供一些结构化的建议给内外部受众。

这些报告的本质有很大不同,既有遵循标准格式的一页纸报告,也有带详细计划和建议的几百页的报告。不论是何种情况,都应该把每个商务报告看做是一种展示你对来自受众挑战的了解及帮助组织走向成功的能力的机会。

你在第4—6章学习的三步写作法及在第7—10章的短信息中的应用,对报告和建议书来说更有益处,因为用一个系统有效的方法来计划、写作与完成这类大项目更有价值(如图11.2所示)。本章将介绍计划的步骤,主要集中于在长篇文档写作中的两个值得特别注意的方面:收集和组织

---

① 改编自MyCityWay website, accessed 5 March 2011, http://mycityway.com; BMW i website, accessed 5 March 2011, www.bmw-i.com; Adam Bluestein and Amy Barrett, "How Business-Plan Competitions Reward Innovation," Inc., 1 July 2010, www.inc.com; Nick Saint, "Mayor Bloomberg Announces First Investment by NYC Sponsored Venture Fund: MyCityWay," SAI Business Insider, 25 May 2010, www.businesslnslder.com; Heidl Brown, How to Wrtte a Wmnlng Busmess an, Fo bes, 18 June 2010, www.forbes.com; NYC DataMme website, accessed 5 March 2011, www.nyc.gov.

信息。第 12 章将介绍具体的写作步骤,包括为报告和建议书提供有效视觉效果的建议。第 13 章将介绍完成报告和建议书中包含的具体任务。

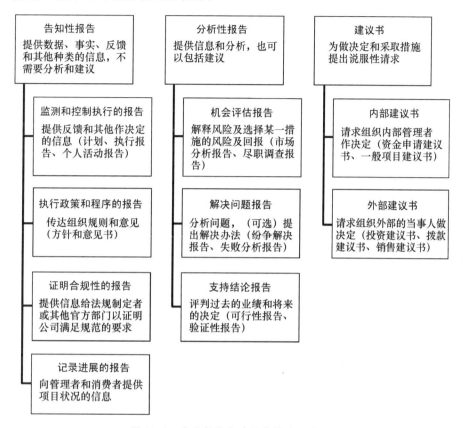

图 11.1　商业报告和建议书的常用类型

在你的职业生涯中,你将有很多机会来阅读和写作许多类型的报告,这里是最常见的几种。

计划	写作	完成
分析情况 弄清手头问题或机会,确定目的,描述受众,拟订工作计划。 **收集信息** 确定受众需求,获取满足其需求的信息,在必要时制订调查计划。 **选择正确的媒体** 选择最好的媒体传递信息,考虑多个媒体传播。 **组织信息** 确定中心思想,限定范围,选择直接法或间接法。选择告知性报告、分析性报告或建议书的合适结构来概括内容。	**适应受众** 对受众需求要敏感,可采用换位思考、礼貌、正面强调和非歧视性语言。通过建立可信度和树立企业形象构筑与受众的良好关系。使用适应当时情况的语气和语态来控制风格。 **编写信息** 在报告的引言、主体和结束部分使用恰当的词汇,帮助你写出有效的句子和连贯的段落。	**修订报告** 评价内容和可读性,编辑、重写以使之更为简洁和清晰。 **制作报告** 使用有效的设计元素和适当的排版,使之看起来更清楚、更专业。图表和文字之间不要有太大的空隙。 **校对报告** 修改排版、拼写和结构错误。 **发布报告** 使用选择的媒体发布报告,确保所有文档和相关的文件都能成功发布。

图 11.2　报告和建议书的三步写作法

11.1.1 分析情况

报告是项复杂、耗时的项目,所以在你开始写作之前要确保认真地分析情况。要特别注意你的**目的陈述**(statement of purpose),它说明你为什么写这个报告,以及你要在报告中传递什么信息(如表11.1所示)。

用不定式短语(加上一个动词)陈述目的是最有效的方法,它能够明确说明你的一般目的(告知、识别、分析等)。比如,在一个告知性报告里,目的陈述可以像下文一样简单:

识别视频游戏的潜在市场
在碳纤维复合材料研究进展中更新董事会成员
向美国证券交易委员会提交所需信息

对于分析性报告,目的陈述要更全面。当成本会计经理Linda Moreno被要求寻找降低员工差旅和招待成本的方法时,她相应提出了如下目的陈述:

……分析差旅和招待预算,评估最近机票和宾馆价格变化的影响,提出加强对差旅和招待费用的管理控制的建议。

因为Moreno要写的是分析性报告而不是告知性报告,所以她不仅要收集数据,还要下结论和提建议。她的完整报告将在第13章描述。

这三步写作法对报告和建议书非常有用。这个过程通过在写作的每一步都对你进行指导,帮助你有效利用你投入的时间和精力。

当写作建议书时,你必须要有清楚的目的陈述做引导,目的陈述能帮助你突出劝说性信息。以下是一些例子:

确保下一年仓库的新输送系统的预算资金
获得管理层的批准重新组织北美的销售力量
确保能够吸引到200万美元的外部投资来生产新的钛合金山地自行车

除了要仔细考虑你的目的,你还应该为大多数的报告和建议书准备工作计划,以便充分利用时间。

表11.1 问题描述和目的陈述

问题描述	目的陈述
我们公司的市场份额正在下降。	探索促销和销售产品的新方法并推荐最能稳定市场份额的手段。
我们现在的计算机网络缺乏足够的带宽,无法升级以满足将来的需求。	分析不同的计算机网络,推荐最适合我们公司现在和将来需求的系统。
我们需要200万美元启动新产品。	使投资者确信我们的新产品值得投资,能获得预期的经济效益。
我们当前的运作太分散且成本太高。	证明关闭Newark工厂并把东海岸运作转移到中西部可以节约企业成本。

对简单的报告,工作计划可以是简单的任务列表和时间表。但是,如果要写一个较长的报告,尤其是在和别人合作时,就需要更详细的工作计划(如图11.3所示)。

第 11 章　报告和建议书的计划　371

标注	内容
问题陈述清晰并且简洁地提炼出作者想强调的问题。	**问题陈述** 我们公司在过去五年的快速发展使大家的集体感没有以前那么强烈了。人们不再觉得自己是那个重视团队合作的亲密组织的一分子了。
	目的和工作范围 这项研究的目的是：确定社交网络技术如 Facebook 和 Socialtext 是否会帮助员工重建集体感，以及鼓励在工作中使用这些工具是否会带来一些不良后果。这项研究将会就其他公司的集体感建立、道德感、项目沟通和整体生产率来评估社交网络的效应。

这一段准确地表明调查将覆盖哪些方面，以及报告结尾要强调的内容。

这一部分解释了调查者如何找到他们需要的数据和信息。

数据收集的来源和方法
数据收集开始于二手资料的调查，包括对最近出版文章的查阅、对企业中社交网络应用的研究、对技术供应商发行的产品信息的查阅等。一手资料调查将关注员工和管理方面，揭示大家对社交网络工具的态度。我们还将从博客用户和工作中有网络使用经验的用户那里收集轶事证据。

初始提纲
研究的初始提纲包括以下内容：
　I 其他公司在工作中使用社交网络有哪些经验？
　　A 社交网络有已证实的商业利益吗？
　　B 员工怎样从使用这些工具中获得益处？
　　C 网络安全和信息保密是问题吗？
　II 社交网络是一个解决我们集体感建立需求的恰当方法吗？
　　A 在集体感建立方面，社交网络比其他工具和方法更好吗？
　　B 员工已经在工作中使用社交网络工具了吗？
　　C 公司认可的系统会使员工从基本职责中分心吗？
　　D 公司系统会在某些方面增加管理工作量吗？
　III 继续来看，我们应该用像 Socialtext 这样的"公司级"网络还是应该用像 Facebook 这样的消费者工具？
　　A 如何比较初始成本和持续成本？
　　B 公司级网络的额外容量与其更高的成本匹配吗？
　IV 我们应如何使用社交网络？
　　A 我们是否应该让它"有组织地"成长，让员工选择他们自己的工具和小组。
　　B 我们是否应该有很多可用工具，并让员工自己即兴创作？
　　C 我们是否应该指定一个系统作为正式的公司社交网络，并使它成为公司信息技术基础结构的永久的、受支持的部分。
　V 我们如何评价一个新社交网络的成功？
　　A 成功或失败的标准是什么？
　　B 什么是衡量这些标准的最好方法？

研究的初始提纲提供了足够的详情来指导研究以及设置读者的期望。

任务分配和进度表这部分明确列出了职责和到期日。

任务分配和进度表
研究的每一阶段都应该在下列时间内完成：
二手资料调查 Hank Waters　　　　　　　　　　2012 年 9 月 15 日
员工和管理调查 Julienne Cho　　　　　　　　　2012 年 9 月 22 日
调查的分析和综合 Hank Waters/Julienne Cho　2012 年 10 月 6 日
公司和消费者解决方案的比较 Julienne Cho　　 2012 年 10 月 13 日
执行策略的比较 Hank Waters　　　　　　　　　 2012 年 10 月 13 日
最终报告 Hank Waters　　　　　　　　　　　　 2012 年 10 月 20 日

图 11.3　报告的工作计划

一个正式的工作计划就像这个一样，是计划和管理复杂写作项目的一个重要工具。这里的初始提纲帮助指导调查；随着作者推进项目并开始起草报告，他们可能会修改该提纲来改善流程，或者在他们的调查中加入新披露的信息。

11.1.2　收集信息

获得许多报告和建议书所需要的信息要进行仔细计划，甚至进行一个专门的研究项目以获取，如本章后文"利用可靠信息支持内容"所述。为了保持进度并把成本控制在预算内,就要确保审查你的目的陈述和受众需求来收集你需要的所有信息,并且只收集你需要的信息。在有些情况下,你不能收集到想要的每一条信息,所以要区分需求的优先次序,并把注意力放在那些最重要的问题上。

11.1.3 选择正确的媒体

与传递其他商务信息一样,要基于受众的需求和可用选择的优缺点来选择报告的媒体。对于报告和建议书的媒体选择,除了第4章所讨论的一般媒体选择标准外,还要考虑如下几个要点:第一,对许多报告和建议书来说,受众有自己特定的媒体需求,这时你没有别的选择。例如,许多公司的管理人员喜欢用企业内部的局域网去看报告,有时候配合使用管理展示盘(如图11.4所示)——一种定制的主要运营指标的在线演示,比如收入、利润、质量、客户满意度和计划进展等。第二,如果可以,思考一下受众希望通过什么方式对你的报告和建议书做出反馈。你的读者更喜欢在打印的文件上写评论,还是更喜欢使用文档程序或Adobe Acrobat中的评论和审阅功能?第三,随着时间的推移,很多人需要更新文件吗?维客会是个理想的选择。第四,记住媒体选择本身也会传递一些非语言信息。例如,给日常的销售报告配以花哨的封面或是多媒体,就是对时间和金钱的一种浪费。

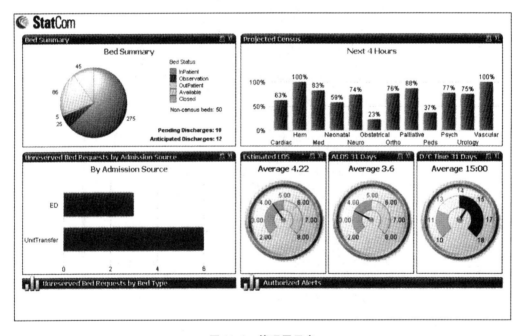

图11.4 管理展示盘

为了帮助企业管理者们避免出现信息过载的情况,当下许多企业使用管理展示盘以突出展示那些经过仔细甄选的关键参数指标。展示盘本身基本上就是高度精炼、形象生动的报告。最新一代的相关软件使界面更容易依据需要进行自定义,以向不同的管理人员提供他们所需要看的相关内容总结。

11.1.4 组织信息

报告经常使用直接法,因为它有效并且容易写下去。如果受众是容易接受信息或至少是思想开放的人时,使用直接法:以你的关键发现的概要、结论、推荐或者建议等相关内容作为开始。这种"预先"安排是目前为止对商务报告来说最受欢迎和最方便的,它能节省时间并使得报告的其余部分更容易读下去。对于那些有问题或者想知道更多信息的人来说,报告剩下的部分提供了完整的调查结果和具体的细节。

然而,如果受众不确定你的可信度,或者在没有多看一些论证或证据之前难以接受你的中心思想,间接法就是更好的选择了,因为它给你机会去证明你的观点以及逐渐克服受众对你所持有的保留态度。要使用 AIDA 风格的劝说,特别是未经同意的建议,经常使用间接法。记住:即使这样,对于越长的文件,间接法越有可能失效。

两种方法都很有用,所以商务人员经常依据它们所处的不同阶段将其结合起来揭示结论并提出建议,而不是把它们都放在最前面或最后面(如图 11.5 所示)。

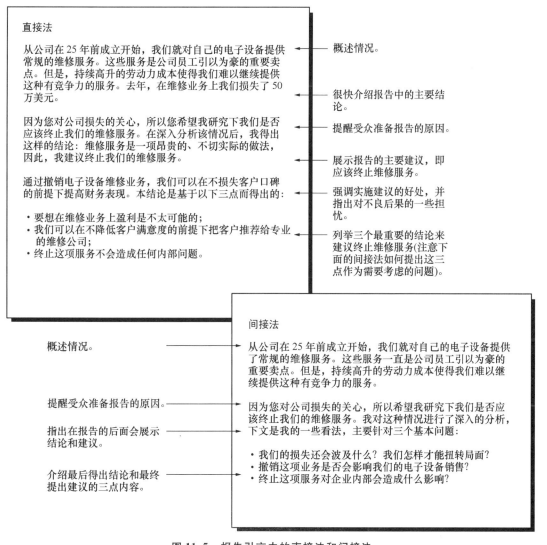

图 11.5　报告引言中的直接法和间接法

在这个引言的直接法中,作者很快展示了报告的建议,紧随其后的是得出该建议的结论。在间接法中,同样的主题以同样的顺序介绍,但是没有得出相关结论;其结论和最终的建议在报告主体的后面出现。

当你对报告的内容进行概括时,最好使用告知性("讨论式")标题而不是简单的描述性("主题式")标题(如表11.2所示)。当以问题或摘要形式出现时,告知性标题可以迫使你真正思考内容,而不是简单地确认大概的范围。使用告知性标题不仅可以帮助你更有效地进行计划而且可以方便合作写作。一个像"产业特征"这样的标题对写作团队的五个人来说,可能会有五种不同的含义,所以要使用没有歧义的标题,像"面粉加工是成熟的产业"。

表11.2 提纲标题的类型

描述式(专题式)提纲	告知性(讨论式)提纲	
	问题形式	摘要形式

1. 产业特征
  A. 年销售额
  B. 收益率
  C. 增长率
    1. 销售额
    2. 利润
	1. 产业特征有哪些?
	  A. 年销售额是多少?
	  B. 产业盈利吗?
	  C. 增长模式是什么?
	    1. 销售额增长
	    2. 利润增长
		1. 面粉加工是一个成熟产业
		  A. 市场广阔
		  B. 利润空间小
		  C. 增长适度
		    1. 年平均销售增长率低于3%
		    2. 利润增长平缓

快速回顾长篇报告的三步写作法,参见"要点检查:告知性报告和分析性报告的三步写作法"。以下各部分将对告知性报告、分析性报告和建议书提出具体的建议。

要点检查

告知性报告和分析性报告的三步写作法

A. 分析情况
- 动笔之前先确定目的。
- 如果报告需要达到多项目标,事先就要确定好。
- 制订工作计划以指引方向。

B. 收集信息
- 确定是否需要开展一项独立的研究项目,以收集必要信息。
- 必要时重新使用或改写已有的资料。

C. 选择正确的媒体
- 以受众期望(或需求,视情况而定)为基础进行决策。
- 考虑评论、修订、分发、保管的需要。
- 记住,你选择的媒体同样会传递一些信息。

D. 组织信息
- 如果受众容易接受的话,可以选择直接法。
- 如果受众持有疑问的话,可以选择间接法。
- 如果你不想让自己看起来很傲慢,可以选择间接法。
- 如果综合使用两种方法对支持主要信息有帮助,就采用结合方法。

11.2 利用可靠信息支持内容

你的受众期望你用可靠的调查来支持报告内容。比如你做一个学校项目,你会发现调查绝不仅仅是在搜索引擎中键入几个关键词那样简单。通过运用一个清晰的步骤可以既节省时间又达到好的结果:

1. 计划你的调查。一个好的计划可以使调查事半功倍。

2. 定位所需的数据和信息。调查计划告诉你需要寻找什么,接下来需要明确到哪里寻找这些数据和信息,以及如何得到它们。

3. 处理数据和信息。新收集到的数据和信息未必能立即投入使用,所以可能需要对其加以处理,包括统计分析,以及解决多个专家意见之间的分歧。

4. 应用发现。可以从以下三个角度应用你的发现:总结对别人有用的信息,在你了解的基础上得出结论,写出建议。

5. 有效管理信息。目前,很多企业都试图通过各种基于计算机的系统来收集和共享信息,以使调查中投入的时间和金钱的收益最大化,这类系统被称为**知识管理**(knowledge management,KM)系统。一定要把调查成果与其他同样能从中受益的同事共享。

以上步骤如图 11.6 所示,以下章节将从计划调查开始详细进行描述。

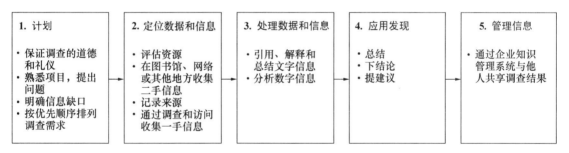

图 11.6 调查流程

通过遵循系统的调查流程,在发掘更好信息的同时,你可以节省时间和费用。

11.2.1 计划调查

面对当今时代海量的网络信息,在搜索引擎中键入几个关键词,就可以从第一屏上或两个结果中得到你想要的信息。但是,这种无计划的方式限制了你的效率,并可能导致代价高且令人难堪的错误。

为了使你找到有用信息的机会最大化,并使花在寻找上的时间最小化,从熟悉主题开始,这样你可以提出一些有见解的问题。在分析项目领域时,试着界定基本的术语、值得注意的趋势、重大的冲突、有影响力的群体和潜在的信息资源。接下来,形成**问题陈述**(problem statement)以明确调查目的,并且在调查过程之后清楚地说明需要做出的决策和达成的结论。比如,零售商可能想要知道,消费者是否因为关注成本和塑料包装、运输对环境的影响而开始拒绝瓶装水。这个问题陈述可以是:"我们需要决定是否应该减少我们商店的瓶装水品牌数量和种类。"

在你开始项目调查之前,应该认识到调查是需要遵守一些道德规范。为了避免道德问题,记住以下几点:

- 不要通过扭曲调查来强制得到特定的调查结果。
- 尊重被调查者的隐私。
- 记录资料来源并适当提及。
- 尊重知识产权,这是在市场中有商业价值的独特想法的所有权。[②]
- 不要扭曲来自原始资料的信息。
- 不要虚伪陈述你是谁或者你想用这些调查结果来做什么。

除了道德问题,调查礼仪也是值得注意的问题。比如,尊重被访谈者的时间和合作意愿,在访谈和调查过程中保持礼貌。

11.2.2 定位数据和信息

当代商业调查者的资源范围是明确的,好消息是:如果你的问题是关于某个行业、某家企业、某块市场、某项新技术或某个金融主题,很可能已经有人调查过同样的项目了。当调查结果在一个新项目中被再次利用时,以前已经因为其他目的而做过的调查被认为是**二手资料调查(secondary research)**。这种二手资料信息可以是从杂志文章到调查结果的任何信息。不管怎样,别被"二手资料"这个名字所欺骗,对于许多项目来说,进行二手资料调查可以节省大量时间和费用。如果你找不到满足你需要的已有调查,你必须使用**一手资料调查(primary research)**,一手资料调查是为了特定项目而展开的新调查。

11.2.3 评估资源

不管你在哪里调查,你都有义务区分有质量的信息与不可信的垃圾信息,这样你才不会歪曲你的结果或者损坏你的信誉。Web 2.0工具通过增加了许多新信息的获取途径而将这种挑战变得复杂了。从积极方面来看,独立的来源通过博客、Twitter和其他微博、维客、用户原创内容网站来进行交流,播客可以提供有价值的和独特的见识,这些通常是来自从其他地方都无法听到的专家的声音。从消极方面来看,这些非传统的信息来源通常都缺乏传统出版物中的编辑部和事实检验者。你无法确保在博客和其他渠道找到的信息是准确的、客观的和适时的。对于每份材料都要回答以下问题:

- **来源是否具有诚实可靠的口碑?** 通常来说,使用公认可靠的信息时,你会感到更加踏实。对于那些新的或者含糊的来源,最安全的做法就是与其他来源的信息比较,并证实你获得的信息。
- **来源是否存在偏见?** 要解释一个组织的信息,你需要知道这个组织的观点。比如,关于某个特定企业的信息可以被其竞争对手、工会、投资调查公司、环保组织等以完全不同的方式呈现。当然,带有独特观点的来源信息并不一定都不好,知道这些内容会有助于正确地理解这些信息,并且有时候是非常必要的。

---

② Legal-Definitions.corn, accessed 17 December 2003, www.legal-definitions.com

- **资料的目的是什么？** 例如，资料是为了告诉别人它的新研究成果，提出一个政治立场，还是促销新产品？它是被设计来促销或销售产品的吗？要确保区分广告、倡议通知。不要只是因为一个组织有可靠的名字，如"美国美好事物发展研究协会"而放松警惕。许多名字看似普通的团体都主张一些特定的政治、社会或经济思想。
- **作者可信吗？** 作者是职业新闻记者，见多识广的业余爱好者，或者只是持有一己之见的某个人？
- **来源是从何处得到这些信息的？** 尽量去查找是谁收集了这些数据，他们是用什么方法收集的，这些人是否具备资格，以及他们的职业声誉如何。
- **你能独立检验这些资料吗？** 检验可以发现资料中的偏见和错误——当信息不仅仅是简单的事实，还包括预测、解释、估计时，检验尤其重要。如果你能找到多个独立来源证实某条信息，你就应当对之充满信心——当然，只要它们不是都引自同一个来源。
- **资料是最新的吗？** 通过检验资料来源的公布时间，最大可能地确保所用信息的时效性。查找网上资料"发表"或者"更新"的时间，如果你没能找到这个时间，在没有其他渠道予以证实之前，就不要推定这些信息是最新的。
- **资料是完整的吗？** 得到的资料是完整的还是其中的一部分？如果只有部分资料，那么哪些部分被剔除在外了？需要更详细的资料吗？

你可能没有时间去彻底检验所有来源的背景信息，因此，应该集中精力于其中最重要或最可疑的部分。如果你不能证实重要的事实或数据，也要确保让你的读者知道这一情况。

11.2.4 使用调查结果

在收集了二手资料和原始的信息之后，下一步任务就是把它改编成你需要的内容。对于简单的项目，你可以直接在报告、演说或其他应用中使用。但是，如果收集了大量的信息或是原始数据，你就需要在使用前仔细加工一下。加工过程包括：分析数据，引用、重写或概述材料，下结论和提建议。

分析数据

商业调查经常会产生一些数字型数据，但是单单这些数字并不能为决策制定者提供商业决策所需要的数据。幸运的是，即使没有先进的统计技术，也可以用简单的数学方法来从调查数据中提取有力的观点。表11.3展示了一些有效的数学方法。比如，**均值（mean）**被大多数人称为"平均数"（average），是一组中所有项之和除以项数。**中值（median）**即"中途"，或一系列项的中点，上下都有相同数量的项。**众数（mode）**是在样本中出现次数最多的那个值，它是像"通常数值是多少？"这类问题的最好答案。这三个指标能告诉你一系列数据中的不同方面。

表11.3 三种数据指标：均值，中值和众数

销售人员销售额（美元）	
Wilson	3 000
Green	5 000
Carrick	6 000

(续表)

销售人员销售额(美元)		
Cho	7 000	——均值
Keeble	7 500	——中值
Lopes	8 500	⎫ 众数
O'Toole	8 500	⎬ 众数
Mannix	8 500	⎭ 众数
Caruso	9 000	
总额	63 000	

寻找**趋势**(trends)也是很有帮助的,也就是在过去一段时间内经常出现的模式,包括增长、下降和在它们之间出现的循环趋势。趋势分析在商业调查中是很常见的一种方法。通过观察一段时间内的数据,可以发现对回答重要问题有帮助的模式和关系。此外,调查者还经常利用交叉表格来探求数据子集之间的关系。例如,要想找出销售额上升或下降的原因,需要分别看一下不同年龄、性别、地点和产品种类的销售数据。

处理数据时,一定要反复检查计算出来的结果,确保其准确性,以便与同事分享,同时还要回过头去对全部数据浏览一遍。就你对被访谈者的了解来看,这些数据合理吗?是否有个别可疑的数据点凸显出来?商务受众喜欢清晰的数字,你的责任就是向其提供可靠的数据。

引用、重写和概述信息

你可以采用三种方式来使用二手资料中的信息。引用就是原封不动地使用找到的资料,同时用引号标注出来(对较短的篇章)或者是直接抽出一段(对较长的篇章)。当原始语言更能加强你的论证或转述篇章会降低影响时,就可以直接引用。但是,不要长篇引用,否则会给人把各种风格拼凑起来的感觉,让人觉得你所做的就是把别人的作品拼到一起。

你在应用二手资料的时候可能要最大化其影响,用你自己的语言和行文结构对其进行重写。[3]重写时使用受众熟悉的词汇能够帮助你保持语气语调的一致。当然,在重写时仍旧要说明信息来源,但是不需要使用引号或缩进段落。

可以通过掌握以下技巧来进行有效的重写[4]:
- 反复阅读原始材料直到完全理解其内涵,并能够用你自己的话来表达。
- 使用受众熟悉的语言,并且与你的报告整体风格相匹配。
- 比较你的重写内容与原文,确定你没有改变原文的含义。
- 用引号来标注任何从原文中照搬的词和短语。
- 表明资料来源(包括页码),以保证在报告中引用这些资源的时候适当地表达谢意。

---

[3] Lynn Quitman Troyka, Simon Schuster Handbook for Writers, 6th ed. (Upper Saddle River, N.J.: Simon & Schuster, 2002), 481.

[4] How to Paraphrase Effectively: 6 Steps to Follow, ResearchPaper.com, accessed 26 October 1998, www.researchpaper.com/writing_center/30.html

概述与重写类似,但是概述要用比原文简短的语言来表述原文的要点。有效的概述要保持原文的中心思想和主要支持论点,但是略去其大部分细节、例子及其他对受众来说不重要的信息。概述不是件很容易的事情,而且受众会通过概述来判断你从非重点细节中提炼重点的能力。识别中心思想及主要支持论点,并把它们从细节、例子和其他支持性论据中提炼出来(如表11.4所示)。

表11.4 有效地总结

原始材料	长概述	短概述
去年我们的设备成本失控。以 **23%的上涨水平远远高出企业的其他成本类别,比波特兰主要城市区域商业固定资产平均增值的4%高好几倍**。这可能由多种原因造成,其中最主要的**因素包括维修**(主要是市区工作场所的电气和结构问题)、**能耗**(大多数工作场所都靠电气驱动,其价格远比石油、天然气等价格增长快得多)**以及两类出租损失**(过去五年中,这些租金可以减少成本的总体影响)。	去年我们的设备成本暴涨23%。远远高于企业的其他成本类别,比波特兰主要城市区域商业固定资产平均增值的4%高出好几倍。主要因素包括维修、能耗以及两类出租损失。	去年我们的设备成本暴涨23%,主要归因于持续增高的维修和能耗成本,以及租金损失。

中心思想
主要支持论点
细节

当然,上述三种方法都要注意道德规范问题。当直接引用时,注意不要因为选择性地引用和脱离上下文引用而改变材料的原始内涵。千万不要**剽窃**(**plagiarism**)。

下结论

结论是你在报告中对事实和其他信息所做的逻辑性总结。一个成熟的结论不仅应具有逻辑性,还应该是从报告信息中获得的,也就是说它应该是基于报告中的信息,而不是基于非报告中的信息。此外,如果你或你所代表的组织有某些偏见影响了你的结论,从遵守道德规范来说,你有义务让受众得知缘由。

基于现有的材料来下结论,是你在商业活动中需要掌握的一个重要技巧。事实上,能看出别人看不出的模式和可能性是创新性商业领导的一个特点。

因此,请认真对待这个部分。你可以扮演"魔鬼代言人"的角色,从一个受众的角度来给你的结论找毛病,这样你的结论就可以经受严格的审查。

提建议

结论可以对信息进行解释,建议则可以告诉你怎样处理信息。结论和建议的区别可以从下面的例子中看出来:

结论	建议
基于它的记录和现在的价格,我认为这个公司是一个有吸引力的收购对象。	我建议我们可以发出收购要约,以10%的股票溢价来购买该公司。

要具有可信度，建议必须基于有逻辑的分析和成熟的结论之上。对于那些需要将你的建议付诸行动的人来说，这些建议必须是实用并且可以接受的。最后，当提出建议时，确定你已充分描述了实施建议所需的步骤。

11.3 进行二手资料调查

即使最终打算进行一手资料调查，也要从可供查阅的二手资料调查开始着手。在企业内部，可以从报告、备忘录或其他文件中寻求帮助。在企业外部，可以从广泛的纸质资源和在线资源中进行挑选。表11.5提供了一些可供使用的二手资源。

表11.5 商务调查的重要资源

企业、行业和产品资源（在线资源的网址）
- AnnualReports.com（www.annualraports.com）。免费的来自成千上万家企业的年报。
- Brands and Their Companies/Companies and Their Brands。包括超过430 000个消费者和100 000个制造商、进口商、营销商、批发商的数据。可以作为在线数据库获得，咨询你所在的图书馆。
- CNN/Money（http://money.cnn.com）。覆盖企业、行业和世界市场的新闻、分析和财务资源。
- D&B Directories。各种目录，包括《美国企业家族》(America's Corporate Families)（企业所有者之间的联系）、《企业排名》(Business Rankings)（25 000家领先企业）、《服务企业名录》(Directory of Service Companies)（超过50 000家服务行业的企业）以及《工业指南》(Industrial Guide)（超过120 000家制造业企业）。
- Hoover's Handbook of American Business。750家公众公司和私人公司的概述。
- Hoover's Online（www.hoovers.com）。全球数百万家企业的数据库，包括成千上万家世界顶级企业的深度信息。基本数据免费，深度信息需要订阅。
- Manufacturing and Distribution USA。成千上万家来自制造、批发和零售部门的企业数据。
- NAICS Codes（www.census.gov/eos/www/naics）。北美行业分类系统。
- Reference USA。数百万家美国企业的简明信息；订阅数据库。
- SEC filing（www.sec.gov/edgar.shtml）。美国证监会提供的文件，包含35 000家美国上市公司的10K年报、10Q季报和章程等。
- Standard & Poor's NetVantage。关注大量上市公司与其所在行业和市场信息的广阔目录和数据库。
- ThomasNet（www.thomasnet.com）。成千上万以它们的公司名字和产品为索引的美国制造商信息。

调查目录和索引
- Books in Print。数据库索引了来自世界各地的近两千万本图书、有声读物和视频节目。有印刷版和专业的在线版本。
- Directories in Print。超过15 000个商业和工业名录的信息。
- Encyclopedia of Associations。提供了数千家协会的索引，以主题类别、具体主题、协会和地点形式列出。也可以作为在线数据库使用。
- Reader's Guide to Periodical Literature。以主题和作者进行分类的一般兴趣杂志的经典索引；也可以获得数千篇文章的全文电子版本。

商标和专利
- Official Gazette of the United Patent and Trademark Office（www.uspto.gov）。周刊（一本关于商标，另一本关于专利），提供新批准的商标和专利、产品描述、产品名称的官方记录。
- United States Patent and Trademark Office（www.uspto.gov）。商标和专利信息记录。

(续表)

统计和其他商务数据
- Bureau of Economic Analysis（www.bea.gov）。广泛收集了经济和政府数据。
- Europa-The European Union Online（http://europa.eu/index_en.htm）。适时提供当前立法、政策和教育统计的入口。
- FedStats（www.fedstats.gov）。超过70个美国政府机构的全部统计数据和信息。
- Key Business Ratios（Dun & Bradstreet）。工业比率、财务比率和绩效比率。
- Information Please Almanac。各种统计数据的整理，主要集中于劳动力方面。
- Annual Statement Studies。风险管理机构发行的工业比率、财务比率和绩效比率。
- Statistical Abstract of the United States（www.census.gov）。美国经济、社会、政治、工业的统计资料的年度纲要。
- The World Almanac and Book of Facts。关于主要国家经济、社会、教育和政治事件的事实。
- U.S. Bureau of Labor Statistics（www.bls.gov）。关于劳工和企业的国家性和区域性信息，包括就业、工业增长、生产力、消费物价指数（CPI）和美国总体经济情况。
- U.S. Census Bureau（www.census.gov）。以人口普查数据为基础，包含消费者和企业的人口统计数据和人口分析。

商业数据库（需要订购，查阅你所在的学校图书馆）
- ABI/INFORM Trade & Industry。可以看到超过750份关注特定贸易或行业的期刊和时事通信。
- Business Source Premier（Ebsco）。可以访问不同种类的来自顶级信息供应商的广泛的学科数据库。
- ProQuest Dialog。成百上千个数据库，包括诸如商业和金融、新闻和媒体、医学、药物、参考文献、社会科学、政府和监管、科学和技术等领域。
- ProQuest。数千份期刊和新闻报纸与大量的档案文件。
- HighBeam Research。数千种全文报纸、杂志、新闻专线资源，还包括地图和照片。
- Gale Business & Company Resource Center。为大学本科生和研究生、求职者、投资者设计的全面调查工具，并提供大量的公司和行业信息。
- LexisNexis。覆盖法律、公司、政府和学术主题的数千个数据库。

11.3.1 从图书馆搜索信息

社会、企业和高校图书馆提供纸质的信息资源，这些信息是无法在线获得的，只有借阅后才能获得。在图书馆还能找到对你来说极其重要的资源——图书管理员，他们是经过调查技术训练的，可以帮助你搜索一些你自己搜索不到的模糊信息。他们还可以指引你去典型图书馆找到丰富的商务信息：

- **报纸和期刊**。图书馆提供了大量的通俗杂志、一般商业杂志、行业期刊（能够提供特定职业和行业的信息）、学术期刊（能够提供研究者和教育者的研究文章）。
- **商业书籍**。商业书籍虽然不像报纸、期刊和在线资源那么具有时效性，但可以提供有广泛覆盖面的、有深度分析和广阔视野的信息，这些信息在别的地方都无法找到。
- **目录**。美国有数千个以纸质和电子格式出版的目录资源，很多还包括各种职业、行业及小众团体的会员信息。
- **年鉴和统计资源**。年鉴是一本信息指南，包含国家、政治、劳工等方面的事实和统计信息。其中信息最广泛的是《联邦统计摘要》（通常可在 www.census.gov 上查到）。
- **政府出版物**。关于法律、法院判决、税收问题、规章制度问题和其他政府相关的信息可以从政府文件中收集。

- **电子数据库**。电子数据库提供了海量的可以利用计算机搜索的信息,这些信息通常关于商业、法律、科学、技术和教育等特定领域,其中某些信息只可供机构购买使用,所以图书馆是你获取这些信息的唯一途径。很多图书馆提供部分或全部数据库的联机访问,其他的你可能要亲自去查。

11.3.2 在线查找信息

如果你知道如何使用工具,并且知道到哪里去找,网络将是一个巨大的商务信息来源。大致来看,这些工具分为两类:一类你可以用来积极搜索现有的信息,另一类你可以用来监测选定的新信息资源(有些工具可以同时拥有这两种功能)。

在线搜索工具

我们最熟悉的搜索工具是常规用途的**搜索引擎**(search engines),例如 Google 和 Bing,它们浏览上百万的网址来识别包含某个特定单词或短语的网页,然后将搜索结果从最有用的到最无用的进行排序。网址所有者用搜索引擎最优化技术来帮助对搜索结果进行排序,但是这种排序的算法是保密的,以防止对搜索结果的不公平操作。

除去它们的易用性和强大功能,传统的搜索引擎有三个缺点:(1)没有真人编辑去评价搜索结果的质量或排序;(2)不同的搜索引擎使用不同的搜索技术,所以你经常会找到不同的资料;(3)搜索引擎找不到一些网站上的所有内容,这部分网络有时被叫做"隐蔽网络"或者"深层网络"。

许多工具都可以克服以上常规用途搜索引擎所具有的这三个主要缺点,你可以在你的商务调查中考虑使用其中的一种或多种。首先,"人工搜索引擎"例如 Mahalo(www.mahalo.com)针对常用的网络检索查询项目,提供经过人工整理的检索结果,尽管可使用的条目同其他搜索引擎相比范围有所局限,但可以为用户提供更加精确和更有价值的信息。[5] 同样,**网页目录**(web directories),例如在 www.dmoz.org 上的开放式目录项目就是使用人工编辑来分类和评估网页。一些其他的目录则把重点放在特定媒体类型上,比如博客和播客。

其次,集成搜索引擎或元搜索引擎(如博韦和希尔的网络搜索,http://businesscommunicationblog.com/websearch)通过规定搜索要求的格式来帮助克服众多搜索引擎中存在的不同,这使得其更容易找到更广泛的搜索结果。通过几次点击,你可以比较来自众多搜索引擎中的结果,以确保你得到了更广泛的资料。表 11.6 列出了一些最受欢迎的搜索引擎、集成搜索引擎和目录。

表 11.6 广泛的在线搜索工具

常规用途的搜索引擎			
AOL Search	http://search.aol.com	Bing	www.bing.com
AlltheWeb	www.alltheweb.com	Google	www.google.com
AltaVista	www.altavista.com	Yahoo! Search	http://search.yahoo.com
Ask.com	www.ask.com		

---

⑤ "Mahalo," CrunchBase, accessed 25 July 2010, www.crunchbase.com

（续表）

集成搜索引擎，聚类引擎和混合型网址

Bovee & Thill Web Search	http://businesscommunicationblog.com/websearch/	Search.com	www.search.com
Dogpile	www.dogpile.com	SurfWax	www.surfwax.com
ixquick	www.ixquick.com	WebBrain	www.webbrain.com
Mamma	www.mamma.com	WebCrawler	www.webcrawler.com
MetaCrawler	www.metacrawler.com	ZapMeta	www.zapmeta.com

网页目录和在线图书馆

About	www.about.com	Internet Public Lbrary	www.ipl.org
Answers.com	www.answer.com	Library of Congress	www.loc.gov/rr/business
CEOExpress	http://ceoexpress.com	Library Spot	www.libraryspot.com
Digital Librarian	www.digital-librarian.com/business.html	Questia (requires subscription)	www.questia.com
Google Directory	www.google.com/dirhp	Open Directory Project	www.dmoz.com
INFOMINE	http://infomine.ucr.edu	USA.gov (U.S. government portal)	www.usa.gov

新闻搜索引擎和社会学标签网站

10×10	http:/tenbyten.org	NewsNow	www.newsnow.co.uk
Delicious	http://delicious.com	Newseum	www.newseum.org
Digg	www.digg.com	WorldNews	www.wn.com
Google News	http://news.google.com	Yahoo! News	http://news.yahoo.com

博客、视频和播客搜索引擎及目录

American Rhetoric (speeches)	www.americanrhetoric.com	Podcast Network	www.thepodcastnetwork.com
Bing videos	www.bing.com/videos	Podcast Alley	www.podcastalley.com
blinkx	www.blinkx.com	Podcast Bunker	www.podcastbunker.com
BlogPulse	www.blogpulse.com	podscope	www.podscope.com
Bloglines	www.bloglines.com	Technorati	www.technorati.com
Google Blog search	http://blogsearch.google.com	Yahoo! Video search	http://video.search.yahoo.com
Google Video search	http://video.google.com	YouTube	www.youtube.com

期刊和书籍搜索引擎

Google Scholar search	http://scholar.google.com	Google Book search	http://books.google.com

最后，**在线数据库（online databases）**通过提供途径以获取新闻报纸、期刊、电子版图书和常规搜索引擎无法获得的其他资源来应对隐蔽网络带来的挑战。这些数据库中的一些对公众免费，但是其他的需要购买才可以（咨询你所在的图书馆）。同时，现在许多专门的搜索引擎可以到达隐蔽网络的不同部分。

实时更新　阅读文章

留心查看无形网络的方法

这些创新搜索工具可以访问传统搜索引擎无法访问的有价值信息。登录 http://real-time-updates.com/ebc10 获取更多信息。

在线监测工具

在线调查最强大的一方面就是它有能力自动监测选择的新信息资源,这种能力包括从博客和网站上的订阅新闻反馈、跟踪在 Twitter 和其他微博上的人们、在搜索引擎和在线数据库上安装警报器、使用专门的监测器如 TweetBeep(http://tweetbeep.com)和 TweetDeck(www.tweetdeck.com)来跟踪提到特定公司或是其他关键词的微博。

在建立监测工具时要特别注意,因为你很容易被海量信息所淹没。记住,如果你需要搜集额外信息,你可以返回去再搜索你的信息资源。

搜索小技巧

搜索引擎、网页目录和数据库以不同的方式运作,所以一定要懂得如何使自己的搜索最好以及如何解释搜索结果。如果使用关键词搜索,那么这个引擎或数据库就会找出包含你输入的全部文字的页面。逻辑搜索允许你进行更精确的搜索,比如使用"AND"(搜索结果必须包括由"AND"连接的两个关键词)、"OR"(包括其中一个或同时包括两个关键词),或"NOT"(忽略掉包含"NOT"后面的词的结果)。自然语言搜索让你使用日常语言来搜索。基于表格的查询,通过简单地填写在线表格就可以帮助你进行更有力的查询。[6]

为了更好地使用搜索引擎或数据库,记住以下几点:

- 在搜索之前要思考。你从搜索引擎那里得到的搜索结果可能会让你产生一种错觉,即网络是一个将所有的信息有条不紊组织起来的仓库,但是实际上却远不是这样。网络是一个不完整的、没有组织的、由许多独立的网站组成的大杂烩。这些网站的信息包含从最珍贵的到很垃圾的各种信息。在你认识到你想知道什么以后,花些时间想一想,你所需的信息可能在哪里,它可能会是什么结构,以及不同的网站是用什么关键词来描述它的。
- 阅读说明,注意细节。几分钟的学习可以节省几个小时的无效率的搜索。
- 回顾搜索并谨慎提出观点,这样你才不会误解了搜索的结果;一些不同的设置可以使你看到差异很大的结果。
- 使用不同的关键词,比如"年轻人"和"青年",或者"管理"和"管理的"。
- 使用尽量少的搜索关键词来找到尽量多的结果;使用尽量多的关键词来找到尽量少的结果。
- 不仅仅看第一页的搜索结果。不要推测排序最前的结果就是对你最好的。例如,一些对于搜索引擎来说没有优化的资料不会排在前面(意味着它们不会在第一页搜索结果中出现),但是它们可能更符合你的搜索意愿。

搜索技术持续快速地发展,所以应该寻找新方法以

> **实时更新　阅读文章**
>
> **访问在线调查中的综合在线调查教育**
>
> 普度大学的综合在线调查教育(CORE)提供掌握在线调查艺术的快速教程。登录 http://real-timeupdates.com/ebc10 获取更多信息。

---

[6] AllTheWeb.com advanced search page, accessed 27 August 2005, www.alltheweb.com; Google advanced search page, accessed 27 August 2005, www.google.com; Yahoo! advanced search page, accessed 27 August 2005, www.yahoo.com

获得你所需要的信息。某些新工具用更加行之有效的方法搜索特定领域的信息（比如 Twitter），另一些则使用了新的搜索模式，比如 Yolink（www.yolink.com），不仅限于搜索某个页面，同时还会通过这个页面进行文档的精确搜索。[7]

其他强大的搜索工具包括可以搜索你个人电脑上所有文件的桌面搜索引擎，可以在公司网络中搜索所有电脑的公司搜索引擎，诸如免费的 Zotero 浏览器拓展的调查和内容管理器，以及诸如 Digg（http://digg.com）和 Delicious（http://delicious.com）之类的社会书签或书签网站。

想获得最新在线调查工具和技术的信息，请访问：http://real-timeupdates.com/ebc10 并点击第 11 章。

11.3.3 记录资料来源

记录资料来源可以起到三个作用：(1) 以一种得体的和有道德的方式来感谢原始资料创造者；(2) 使受众感觉到你充分地支持了你的信息；(3) 给希望进一步探究你的研究主题的读者带来帮助。确保充分利用你软件中的资料来源编辑工具，如自动尾注和脚注追踪。

不论你使用什么方法，对于书籍、文章、图表、表格、歌词、台词、信件和演讲——只要是从别人那儿获得的想法和信息，包括你重述或概述的想法和信息，对这些信息的来源进行记录都是必要的。当然，你不必记录对读者来说是大众化的知识，像 Facebook 是一个大的社交网络，电脑在商业运作中是普遍使用的东西等。

> **实时更新　阅读文章**
>
> **搞明白不明晰的版权问题**
>
> 搞清楚什么是受版权保护的，什么不是，以及如何保护自己作品的版权。登录 http://real-timeupdates.com/ebc10 获取更多信息。

11.4　进行一手资料调查

如果二手资料调查不能提供你所需要的信息与观点，你就需要从一手资料调查中收集信息。最常用的两个一手资料调查方法就是调查和访谈，其他的主要调查技术有：特定情境下的观察（包括追踪网站访问者的行为）和实验，比如市场测试，但这在日常的商业调查中并不经常使用。

11.4.1 进行调查

只有当调查是可靠的（如果重做会有同样的结果）和有效的（测量了应该测量的东西）时，这样的调查才会提供有价值的观点。进行一个可靠并有效的调查，你必须认真地选择参与调查的人员，并设置一系列有效的问题。一本好的调查手册可以指导你选择足够数量的有代表性的参与者。比如，当你的调查是紧急情况下有重要战略性意义的题目时，你最好明智地雇用一个知道如何在计划、实施和分析时避免错误的调查专家。

当选择要参与调查的人员时，最重要的任务是从涉及的全体人群中找出一个有代表性的样本。例如你想知道美国消费者对某些事情的看法，你不能随便在商场里找些人调查。不同的消费者在一天中的不同时段或一周中的不同时间购物，还有许多消费者不在商场购物。你现在看到的

---

[7] Christina Warren, "Yolink Helps Web Researchers Search Behind Links," Mashable, 24 July 2010, http://mashable.com

网上调查都存在着样本偏差:它们仅仅获得了那些浏览该网站并且愿意参与活动的人们的想法,不一定是代表全部人群的样本。一本好的调查手册可以帮助你选择正确的调查人群,包括选择足够的人进行统计上有效的调查。[8]

制作有效的调查问卷,可以从需要你识别的信息开始,然后把它们细分成特定的问题,选择恰当的问题类型(如图11.7所示)。以下这些建议可以帮你得出有效且可靠的结果[9]:

```
问题种类    例子
开放式      你觉得这种冰激凌的味道如何?
二选一      你认为这种冰激凌是不是太腻了?
            _____ 是
            _____ 不是
单项选择    哪一种描述最符合冰激凌的味道?
            a. 好吃
            b. 果味太重
            c. 太甜
            d. 味太重
            e. 没味
            f. 不新鲜
量表        请在量表上标出一个X来表示你所感觉到的冰激凌
            的味道
            ────────────────────────────────
            味道过于清淡   清淡   有奶油味   奶油味太重
打勾        你知道哪些冰激凌品牌? (可多选)
            _____ Ben & Jerry's
            _____ Breyers
            _____ Carvel
            _____ Dreyer's
            _____ Häagen-Dazs
排列        把你感觉到的口味从1(最喜欢的)到5(最不喜欢
            的)排列:
            _____ 香草
            _____ 樱桃
            _____ 草莓
            _____ 巧克力
            _____ 花生
简答        在过去两周里,你从食杂店买过多少次冰激凌?_____
            在过去两周里,你从冰激凌专卖店买过多少次冰激凌?
            _____
```

图 11.7　调查问题的种类

对于你调查中的每一个问题,选择会得出最有用答案的问题类型。

---

[8]　A. B. Blankenship and George Edward Breen, State of the Art Marketing Research (Chicago: NTC Business Books, 1993), 136.
[9]　Naresh K. Malhotra, Basic Marketing Research,, (Upper Saddle River, N. J.: Prentice-Hall, 2002), 314—317; How to Design and Conduct A Study," Credit Union Magazine, October 1983, 36—46.

- **提供清楚的说明**。输入错误会扭曲你的结果。
- **不要询问人们记不住的信息**。例如"你去年去了多少次食杂店？"这样的问题就会产生不可靠的答案。
- **尽量使问卷调查简短且便于回答**。不要期待别人会花费10—15分钟的时间去完成问卷。
- **尽可能将问题格式设计得使答案便于分析**。例如，数据和事实比观点更容易归纳。
- **避免提出一些可能使调查带有偏见的问题**。如果你问："为了方便客户，你希望我们晚上也营业吗？"那么毫无疑问，答案是"是"。你应该问："你平时在一天中的哪个时间段购物？"
- **不要提出模棱两可的问题**。如果你问："您经常在商场购物吗？"一些人可能会把"经常"理解为每天，而另一些人会认为是每周一次或每月一次。
- **一次只问一个问题**。例如"你读书和杂志吗？"这样的复合型问题就没有考虑到那些只阅读其中一种的回答者。
- **使调查有适应性**。对于一项在线调查，你可以根据受众的输入来将软件设置为自动分部。这种即时的适应性不仅可以获得更好的结果，还可以减少你的调查对象的挫败感。⑩

你可能已经注意到在许多网站上的简易投票和调查。在线调查（如图11.8所示）有许多优点，包括速度、成本以及根据调查对象的回答来设计问题的适应能力。然后，要想获得可靠和有效的结果，必须像线下调查那样仔细地设计和实施在线调查。例如，你不能认为你们公司网站上的调查结果就可以反映全部人的态度、信仰或者行为，因为你们网站的访客基本可以确定不是全部人群的准确缩影。

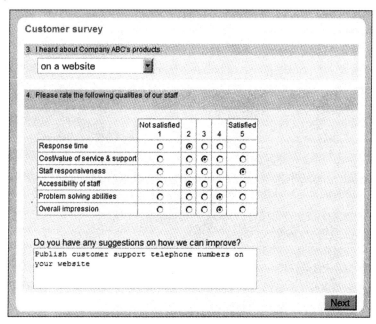

图11.8 在线调查工具

在线调查系统，比如Object Planet提供的这个调查，使得创建、实施及分析调查变得方便。

---

⑩ Product features page, SurveyMonkey.com, accessed 29 October 2006, www.surveymonkey.com

11.4.2　进行访谈

直接从一名专家那里得到有深度的信息是收集一手信息的较好办法。访谈可以比"不干涉"的调查探究更深入，访谈高手可以观察到能提供额外见解的非语言信号。从邮件来往到小组讨论，访谈可以有很多不同的形式。例如，英国的连锁超市——乐购，每年都会邀请上万名顾客到他们的商店参加会议，这个会议被大家叫做"消费者问题时间"，会议上会问大家，公司应该怎么做才能为大家更好地服务。[11]

要注意，访谈中得到的答案往往受你问的问题类型、提问题的方式以及每个题目文化和语言背景的影响。潜在的重要影响因素有：被访者的种族、性别、年龄、受教育水平和社会地位。[12]

问一些**开放式问题（open-ended questions）**以得到观点、想法和信息，比如："对这条生产线来说，为什么你认为南美比欧洲拥有更多的机会？"问一些**封闭式问题（closed questions）**得出具体回答，如"是"或"不是"。但是，在访谈过程中不要使用太多的封闭式问题，不然，这次实验就像一个简单的调查，不能充分利用访谈的优势。

仔细思考问题的顺序和被访者可能的回答，以便安排好问题的顺序来获得不同层面的信息。另外记得在访谈前一两天给被访者一份问题清单，尤其是你想在写作中引用被访者的话，或者问题需要被访者作调查或仔细思考时。如果想对访谈进行录音，那么需要事先征询被访者的意见，并尊重他的决定。

访谈结束后，尽快写下你的想法，看一下你的笔记，组织材料。寻找一些重要主题、有用事实、统计数据和直接的引用。如果作了录音，那么把被访者所说的话逐字记录下来，或听录音做笔记，就像现场听人讲话一样。

面对面的访谈使你有机会看到被访者对问题的反应，以及伴随回答的非语言信号。但是访谈也不一定非得面对面进行。现在电子邮件访谈也很流行。部分原因可能是给被访者一个机会去全面思考他们的回答，而不是匆忙回答以适应面对面访谈的时间限制。[13] 对于某些专家来说，电子邮件访谈可能也是接近他们的唯一方法。

除了个人访谈，商业调查者也使用被人熟知的**焦点小组（focus group）**访谈。在这种形式中，主持人通过一系列问题来访谈一个小组，而调查团队的其他成员则通过单面镜来进行观察。焦点小组调查的主要优势是有机会从小组中学习，因为小组中不同的参与者互相交流想法和问题。通过允许小组以这种方式来讨论题目和问题，焦点小组技术可以获得比一系列的个人访谈更丰富的信息。[14]

在此提醒访谈时所涉及的任务，请参阅"要点检查：进行有效的信息访谈"。

---

[11] Tesco website, accessed 25 July 2010, www.tesco.com

[12] Sherwyn P. Morreale and Courtland L. Bovée, Excellence in Public Speaking (Fort Worth, Tex.: Harcourt Brace College Publishers, 1998), 177.

[13] Morreale and Bovée, Excellence in Public Speaking, 182.

[14] A. B. Blankenship and George Edward Breen, State of the Art Marketing Research (Lmcolnwood, Ill.: NTC Business Books, 1.992), 225.

> **要点检查**
>
> **进行有效的信息访谈**
>
> - 了解你将要访谈的人。
> - 仔细设计每个问题来收集有用的回答。
> - 组织中心思想，确保有效突出重点。
> - 限制提问的问题数量。
> - 选择访谈的时间长短、风格和组织形式。
> - 如果被访者同意，可以对访谈录音。
> - 选择问题类型以便获得你想要的具体信息。
> - 访谈结束后，马上浏览笔记。

11.5 告知性报告的计划

告知性报告可以提供给员工、管理者和其他人，用以作决定、采取措施及对组织内外的动态情况做出回应所需要的反馈。尽管这些报告会以各种格式出现，他们可以分为以下四种类型：

- **监测和控制执行的报告**。管理者需要大量的报告来了解公司的运行状况。计划能够为将来的行为建立一些指导方针。最重要的计划中有些是商务计划（参见"职业技能提升：制作有效的商务计划"）。许多商务计划实际上是告知性报告（描述市场情况）、分析性报告（分析威胁和机会并提出具体措施）和建议书（说服投资者把钱投到公司里来获得公司的股份）的结合体；执行报告对组织的功能，包括销售情况、存货、开支和运输等进行反馈；个人行为报告就个人在销售电话、行业会议、市场调研出差等方面的个人经验提供信息。
- **执行政策和程序的报告**。政策报告可以是对商业程序的简单描述，也可以是几十页或上百页的手册。意见书，有时被称为白皮书或背景资料，概述了组织对影响公司成功的重要事务的官方意见。
- **证明合规性的报告**。公司需要提交不同的合规报告，从税收申报到处理危险原材料的报告。
- **记录进展的报告**。主管、投资者和客户都希望能经常通过进展报告得知计划和其他活动的进程。

11.5.1 告知性报告的组织

在很多情况下，直接法是写作告知性报告的最好选择。但是，如果信息是让人吃惊和失望的，如工程延期、预算超支等，那么最好选择用间接法来传达坏消息。许多告知性报告采用**主题结构**（**topical organization**），用以下方式安排内容（如图 11.9 所示）。

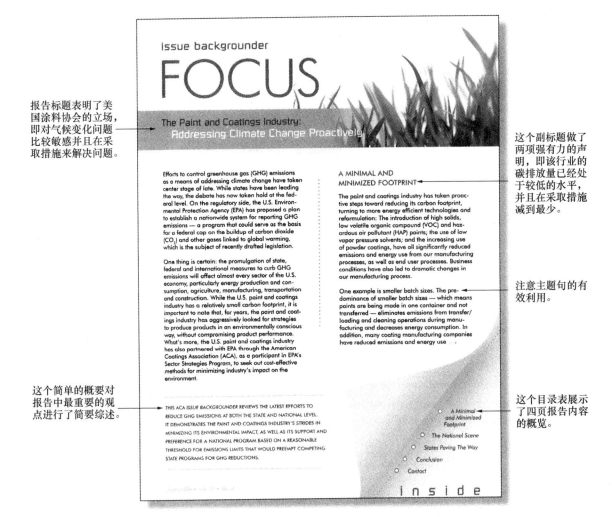

图 11.9 有效的告知性报告（摘录）

这个背景信息来自美国涂料协会（ACA），一个代表油漆与涂料行业生产商的组织，它列出了协会在有待通过的排放立法决议中所处的地位。

- **比较**。两个或更多的实体间的相同点和不同点（或者优点和缺点）。
- **重要性**。从最不重要的部分到最重要的部分讲。（如果不期望读者能够把整篇报告都读完，就从最重要的部分到最不重要的部分讲。）
- **顺序**。在一个过程或流程中按照它们发生的步骤和阶段来组织。
- **时间顺序**。按从最旧的到最新的或相反的顺序来组织一系列事情的顺序。
- **地理位置**。按照地区、城市、州、国家或其他地理单位来组织研究。

> **实时更新　观看视频**
>
> **花费数月时间来写作一个商务计划是必要的，甚至是明智的**
>
> 一些企业家不同意写一个综合的商务计划是个好主意。看看这个访谈中 Kevin Ryan 所说的。登录 http://real-timeupdates.com/ebc10 获取更多信息。

- **分类**。按主题范畴来进行分类，如销售、利润、成本或投资。

无论采用哪种模式，要保持一致性，这样读者会很容易从头到尾跟上你的讨论。记住，在很多情况下，你应该使用某种特别的组织方式。

当然，有效的告知性报告必须以读者为中心，具有逻辑性，重点突出，简单易懂，并且具有足够的导读和总结，既要完整，又不要过于冗长和琐碎。读者希望你能把细节整理好，把重要的观点和不重要的观点区分开。

制作有效的商务计划

就像MyCityWay的创始人所证实的，你有机会写的最重要的报告就是给一个新公司或成长期的年轻公司写商务计划。一份完整的商务计划会迫使你去思考人事、营销、设施、供应商、分销以及其他对你的成功有帮助的一系列事情。如果公司一开始是小规模的，并且使用自己的资金经营，你的商务计划可能是非正式的。但是至少应该描述公司的基本理念、具体目的、目标以及资源要求。一份正式的适合银行或投资者使用的商务计划应该包括以下这些方面：

- **概要**。用一两个段落来概述公司的概念，尤其是公司的商业模式，它解释了公司如何产生收入及获得利润。这个概要必须是有吸引力的，可以吸引投资者的注意力，给他读下去的理由。描述产品或服务以及它们的市场潜能，突出公司以及所有者的一些能使其在竞争中脱颖而出的特色之处。概述融资计划以及投资者可以通过投资获得的回报，以及资金将用在什么地方。
- **任务和目的**。在采取下一步措施前，解释公司的目的和所要完成的任务。
- **公司和行业**。介绍风险投资的来源和结构的全部背景信息以及行业特征。
- **产品或服务**。对产品或服务进行一个完整而简明的描述，重点描述产品或服务的独特性。
- **市场和竞争**。提供数据来说服投资者，让他们知道你了解目标市场，且能够实现销售目标。要了解竞争者的优缺点。
- **管理层**。概述公司主要管理人员的背景和资历。在附录中加上他们的简历。
- **营销策略**。做出销售和市场份额预测，列举识别和接触消费者、定价、向消费者提供服务、做广告等一系列策略。如果可能，把消费者认可的证据也包括在内，如产品预购订单。
- **设计和发展计划**。如果产品需要设计或完善，你要描述都需要做哪些事情，以及它们的本质和程度，还包括花费和可能出现的问题。
- **运作计划**。预测公司成长和发展过程中重要的转折点，包括人员什么时候配备齐全，产品应当什么时候上市。
- **整体进度**。按照公司主体业务的完成情况，对公司发展进行预测。
- **主要风险和问题**。找出所有负面因素，并如实进行讨论。
- **财务预测和需求**。包括启动和运作成本的预算，还包括收入、支出和前三年资金流的预测。

识别公司的财务需求和潜在资源。
- **退出策略。** 向投资者解释如果投资失败,将如何收回资金或卖掉投资。比如通过公开股票发行、公司转让,或是投资者利润回购。

一份完整的商务计划需要大量的工作。但是按照这些方面的思路来思考,你会在将来的工作中更容易起步和获得更大的成功机会。(想获得更多关于商务计划价值的见解,以及你应该花多少时间来写一个商务计划,参见"实时更新 观看视频"中的"花费数月时间来写作一个商务计划是必要的,甚至是明智的",想获得更多写作商务计划的建议,查阅第13章的内容)

▶ **职业应用**
1. 为什么在商务计划中找出关键风险和问题很重要?
2. 许多专家建议你应该亲自写商务计划,而不是找个顾问帮你写。为什么说这是个好主意?

资料来源:改编自 Heidi Brown,"How to Write a Winning Business Plan," *Forbes*,18 June 2010,www.forbes.com;Michael Gerber,"The Business Plan That Always Works," *Her Business*,May/June 2004,23—25;J. Tol Broome,Jr.,"How to Write a Business Plan," *Nation's Business*,February 1993,29—30;Albert Richards,"The Ernst & Young Business Plan Guide," *R&D Management*,April 1995,253;David Lanchner,"How Chitchat Became a Valuable Business Plan," *Global Finance*,February 1995,54—56;Marguerita Ashby-Berger,"My Business Plan—And What Really Happened," *Small Business Forum*,Winter 1994—1995,24—35;Stanley R. Rich and David E. Gumpert,*Business Plans That Win $ $ $*(New York:Harper & Row,1985)。

11.5.2 网站内容的组织

许多网站,尤其是公司网站,具有告知性报告的功能,提供了部分关于公司、公司历史、公司产品和服务、公司行政管理团队等信息。虽然你所学的关于告知性报告的内容也适用于网站内容,但是,在线体验还需要一些特别的考虑和做法。

当你开始计划一个网站时,首先要认识到在线沟通的独特性:
- **网上读者很挑剔。** 如果网站访问者不能在很短时间内找到他们要找的内容,他们会马上离开去别的网站寻找。[15]
- **在线阅读比较困难。** 研究表明在线阅读的速度比在纸上慢25%。[16] 在电脑显示屏上阅读会使眼睛疲劳,甚至会引起头痛、重影、视力模糊及其他生理问题。[17]
- **网络是一个非线性的、多维的媒体。** 在线材料的读者以他们所乐意的方式随意阅读,不分开始、中间和结束。作为一个网络作者,你需要预测你的读者想遵循的各种途径,并要确保在正确的位置提供了正确的超链接以便读者能成功找到他们想要的内容。

许多网站拥有大量的受众和很多沟通功能,所以,计划网站比计划纸质版报告更有挑战性。专业的网站设计者通常用关键词**信息架构(information architecture)**来描述一个网站所有部分的结构和导航流程(如图11.10所示)。从某种意义上说,信息架构是一个网站的三维略图,表明:

---

[15] Jakob Nielsen, How Users Read on the Web, accessed 11 November 2004, www.useit.com/alertbox/9710a.html
[16] Reid Goldsborough, "Words for the Wise," Link-Up, September-October 1999, 25—26.
[17] Julie Rohovit, "Computer Eye Strain: The Dilbert Syndrome," Virtual Hospital website, accessed 9 November 2004, www.vh.org

(1)网页从主页到下层页面的垂直层次;(2)网页贯穿网站不同部分的水平层次;和(3)连接起所有这些网页的链接,包括内部链接(网站的不同网页之间)和外部链接(你的网站和别的网站之间)。

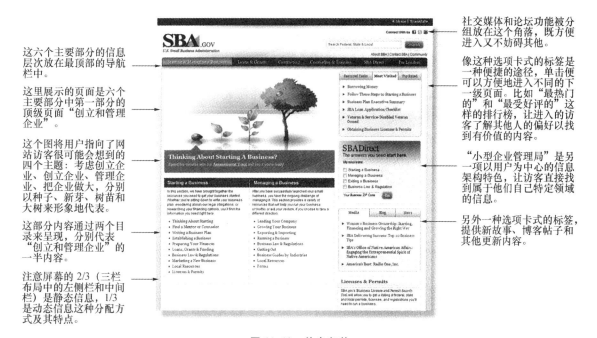

图 11.10　信息架构

与很多企业网站一样,这个美国小型企业管理局的网站不得不为了满足大量访客寻找不同信息的需求而寻求平衡。面临的挑战包括用合理的层次结构对信息进行分类以便使访客找到所需页面而用的点击次数最少;整合静态与动态信息;为那些不常用,但重要,且无法直接放在信息层次结构中的信息找到合适的位置。

资料来源:Courtesy of SBA.gov。

想要有效地组织你的网站,请记住以下建议:
- 在你写之前要计划你的网站结构和导航。[18]
- 让你的读者自行控制,给他们清晰的标记途径,让他们自己探究。
- 通过把信息分成独立的、容易读的、有逻辑的联系起来的模块,帮助读者在线浏览和获得信息。

11.6　分析性报告的计划

分析性报告的目的是分析、理解、解释,即思考问题或时机,并说明它对公司会产生怎样的影响及公司应该怎样回应。许多情况下,鉴于你的分析也该提出一些建议。如在图 11.1 中看到的,分析性报告分为三大类:

- **机会评估报告。**每个商业机会都存在某种程度的风险,同时还需要利用这个机会做各种决策和行动。你可以通过分析性报告来评价风险和应做出的决策和行动。例如,市场分析报告用来

---

[18] Holtz, "Writing for the Wired World," 28—29.

判断新产品的状况。尽职调查报告考察的是拟议决策的财务状况,例如收购另一家公司。
- **解决问题报告**。当管理人员想要知道经营状况不佳的原因,以及如何改善状况的时候,他们会布置撰写纷争解决报告。作为纷争解决报告的一种变体,失败分析报告研究的是过去发生的事,希望将来能够不犯类似的错误。
- **支持决策报告**。当管理者想要探究意见分歧时,会要求写可行性报告。例如,在加工过程中改变原材料,验证性报告用来解释已经实行的决策。

写分析性报告比写告知性报告更具有挑战性,因为你需要运用你的推理能力、说服能力和写作能力。写分析性报告时,你不仅在传递信息,更是在仔细思考一个问题或计划,并以一种既吸引人又有说服力的方式来阐述你的结论。最后,因为分析性报告经常说服他人去做重大的财务或人事决策,你的报告需要承担这些决策后果所带来的额外责任。

为了在报告中说明分析的问题,回答下列事项:
- 要决定什么?
- 这个问题为什么重要?
- 涉及哪些人?
- 问题出在哪里?
- 问题产生的原因是什么?
- 什么时候开始的?

这些事项并不适合每种情况,但是提问有助于说明问题及缩小讨论的范围。

尝试用**问题分解**(problem factoring),将问题分为一系列有逻辑的、有联系的、试图识别原因和影响的问题。当你推测一个问题的起因时,就是在形成一个**假设**(hypothesis),这是一个需要验证的潜在问题。通过在论据的基础上分解问题形成假设,就能够应付最复杂的情况。

对于所有的商务信息来讲,每个分析性报告最合适的结构要依靠读者的反应而定。三个基本结构包括:以结论为主,以建议为主,以逻辑为主(如表 11.7 所示)。

表 11.7 分析报告的普通结构方式

组成部分	以结论和建议为主	以逻辑论证为主	
		2 + 2 = 4 的模式	标准模式
读者	容易接受	敌意或怀疑	敌意或怀疑
方法	直接	间接	间接
作者可信度	高	低	低
优点	读者能快速地抓住结论和建议	适用于当你希望通过清晰的逻辑步骤向读者展示你如何建立这些观点的情况	适用于当在一个决定中需要考虑很多标准,所有的选择都要用同样的标准衡量的情况
缺点	结构使主题过于简单	报告变得冗长	读者必须认同这个标准;由于每个选择都要用各个标准衡量使得报告篇幅过长

11.6.1 以结论为主

当一些读者希望你来分析或者相信你的判断时,他们可能乐于接受你的观点。为这样的读者写报告的时候,考虑使用直接法并以结论为主。这种报告能快速切入主题,但也有一些弊端。即使读者信任你的判断,他们也会对你的数据或方法产生疑问。更重要的是,以结论为开头,会给人一种简单化的印象。只有当你的可信度很高——读者信任你并乐于接受你的结论时,你再在一个报告中用直接法(如图 11.11 所示)。

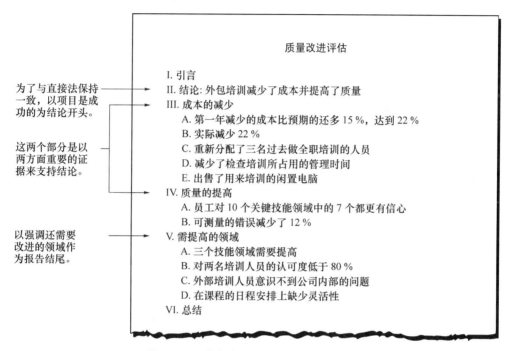

图 11.11 关注结论的调查报告的初步提纲

Cynthia Zolonka 供职于一家位于得克萨斯州休斯敦的银行的人力资源部门。她所在的公司决定让一家外部机构着手从事其员工的培训工作,在外包计划成功实施一年后,Zolonka 被要求评估这项计划的效果。她的分析结果表明本次外包尝试是成功的;她将这个结论开门见山地写明并用条理清晰的证据支撑这个结论。认可这个结论的读者可以读了文章的开头就结束自己的阅读,而那些希望获得更多信息的读者则可以继续读下去。

11.6.2 以建议为主

当读者想要知道在某种特定的情境下(与他们想的结论不同时)该做些什么时,一种不同的方法会更有用。以下面的大纲开始着手并在需要的时候采用它:

1. 简单介绍问题或时机,建立采取行动的需要。
2. 介绍如果意见被采纳会带来的好处及存在的风险。
3. 列出为获得好处需采取的步骤(建议),使用行为动词以示强调。
4. 充分地介绍每个步骤,详细地介绍过程、成本和收益;如有必要,也可以解释如何使风险最小化。
5. 概述建议。

11.6.3 以逻辑论证为主

当读者对你的结论和建议存有疑问或敌意时,应该使用间接法来逐步地引出结论和建议。如果你沿着一条合理的路径将读者引向答案,当他们看到答案时就会更容易接受。最普通的逻辑方法是2+2=4法和标准法。

2+2=4法

2+2=4法(2+2=4 approach)命名的由来是因为它把所有要说明的东西加在一起来阐述观点。提纲中的主要观点就是结论和建议之后的理由。在分析过程中,用搜集的论据来支持论点。由于它的自然性和多样性,2+2=4法是在为那些怀有疑问的读者写分析报告时最有效、最有说服力的方法。因此可以先试着用这种结构,你将发现你的论证会很自然地形成这一模式。

图11.12是解决问题的报告,它的中心思想是:公司该为主要客户建立独立的销售团队,而不是通过公司的四个区域分部为其提供服务。作者知道他的计划会遭到反对,因为它会使公司组织产生很大变动,销售员薪酬也要发生变动。他的想法必须通俗易懂,因此他使用了2+2=4法。

标准法

当需要使用许多准则来决定从众多可能性中选择哪个时,**标准法(yardstick approach)**可能就很有用,在标准法中,你要先讨论问题或时机,接下来列出得出结论的标准。报告的主体部分再运用这些标准对众多选择进行评估,图11.13是标准法可行性报告的框架,其中应用了五个准则来评估两个可选择项。

标准法有两个潜在的缺点:第一,读者需要认同分析中所使用的标准,如果不认同,也就不会同意评估的结果。如果你对他们的认同存在任何怀疑,那么在写报告前应尽可能先达成共识,或注意去解释为什么在这种情况下你使用的这种标准是最好的。第二,当考虑很多选择或标准并加以比较时,标准法可能会令人有些厌烦。将这种重复最小化的一个方法就是在图表里比较选择,接着在正文中突出每个选择更特别或更重要的方面,这样就两全其美了。这种方法可以让你用同一标准将众多选择进行比较,同时能够让人们注意到它们之间的明显不同。

11.7 建议书的计划

建议书的格式数不胜数,但主要分为两大类:内部建议书要求机构内部的管理人员做出决定,例如购买新设备或启动新调查项目;外部建议书要求机构外部的人做出决定,包括:投资建议书,请求外部投资者投入资金;拨款建议书,请求政府和其他赞助机构提供资金;销售建议书,为潜在客户提供个别建议并请求其做出购买决策。

计划建议书最重要的因素是:接收者是否让你提交建议。需求建议书通常是按照购买产品或服务的人的要求准备,也可能是按照内部人员如经理和董事会的要求准备。为了从外部供应商那里征求建议,需要准备正式的竞标邀请函,叫做**需求建议书(request for proposals,RFP)**,它包括:叙述工作项目类型或运送产品的说明,以及预算、期限和其他要求。然后公司通过准备建议书来做出回应,表明他们会满足需求建议书中提出的要求。大多数情况下,发布需求建议书的机构也应在需求建议书中提供严格的准则,为了能被考虑,你需要严格遵守这些准则。需求建议书可能看起来很挑剔,因为它甚至规定了纸张的规格,但你必须服从每一个细节要求。

备忘录

收件人：Robert Mendoza，市场副总监
发件人：Binh Phan，国内销售经理
日期：2012 年 9 月 12 日
主题：主要账目销售问题

> 第一段明确谁需要此报告、何时需要、由谁撰写。

正如你在 8 月 20 日要求的，这篇报告概述了我就最近主要客户销售额下降以及几个大客户增加的对销售和服务不满的问题的调查结果。

> 第二段强调问题的重要性。

过去的四个季度，主要客户的销售额下降了 12%，而总销售额上升了 7%。同时，我们都注意到抱怨的增加，不管是正式的还是非正式的，大客户感到同我们交易变得既复杂又令人困扰。

> 这一部分解释如何收集分析所用的信息。

我的调查从与四个区域销售经理的深度讨论开始，先是小组讨论，然后个人谈话。从会议一开始我就察觉到的紧张气氛最终在单独访谈中浮出了水面。每个区域的员工都认为其他区域在把本不属于他们的订单记入账中，只有一个区域辛苦跑腿，却看着别人拿走订单、酬金和定额绩分。

通过与各区的几个销售代表私下谈话和互通电子邮件，我进行了后续调查。几乎每个与主要大客户打过交道的人都有话要说。没有人对这样的情形感到乐观，我认为一些销售员正因为销售过程的困难而避开了主要客户。

主要销售额下降和抱怨增加来源于两个因素：(1) 销售团队组织，(2) 酬金政策。

组织问题

> 在 Phan 的 2+2=4 法中，组织问题就是第一个"2"。

> Phan 描述第一个问题并解释它是怎样发生的，没有责怪任何人。

去年我们把国内销售力量分为四个地理区域，这种做法的目的在于集中销售力量并明确对当前和潜在客户的责任。区域经理对他们的市场领域有了充分的了解，且销售量的增加也一度超过了我们的最高期望。

然而，一个问题解决了，新问题又出现。在过去的 12—18 个月，几个地区的客户已发展为全国性的规模，一些零售商也接受了（或表示了对我们产品的兴趣）我们的产品。因此，现在的销售额和未来机遇的一大部分都与大的全国性客户息息相关。

我发现十几个这样的案例，几个区域的销售代表正为了赢得不同地区的同一个客户展开相互竞争。更重要的是，区域性组织也是造成主要客户抱怨覆盖范围重叠或空缺的直接原因。有的时候是客户不确定如有问题和订单该找哪个销售，也有的时候是几个月不能同销售代表取得联系。

> Phan 通过用特例补充一般性的描述充分说明第一个问题。

例如，在更低一级市场上拥有销售网络的 AmeriSport 接受我们西部、南部和东部地区销售员的产品。因为区域办公室拥有许多谈判自由，所以这三个地区开出不同的价格。但是，所有 AmeriSport 的购买决定都是由位于 Tampa 的总部做出的，所以我们的行为令客户很迷茫。我们正在为国内的大客户提供最薄弱的销售和支持力量，这是对目前组织状况的讽刺。

酬金问题

> 在 Phan 的 2+2=4 法中，酬金问题就是第二个"2"。

> 在讨论第二个问题时，保持一种平行的结构以减轻读者负担：一般性描述加一个特例。

区域性组织问题同我们分配酬金和定额绩分的方式交织在一起。销售人员为了赢得一单交易投入大量的时间，但结果却是被另外一个地区拿到订单。所以第二个地区的销售员能够拿到第一个地区销售员的部分甚至全部酬金。因此，有时销售员考虑到另一地区会得到酬金，就不会在本地区争取领先业绩。

> 例如，Athletic Express 拥有跨越四个地区 35 个州的零售商店，最终因为对我们感到很困惑，他们的总裁给我们公司总部打了电话。Athletic Express 打算下一个网球和高尔夫配件的大订单，但是销售员却没有对这事加以重视。我同一位公司总部负责那什维尔地区的销售员谈话。问她为什么工作没有积极性，她解释说，在与 Athletic Express 的上次合作中，最后订单却被洛杉矶地区得到，销售两星期后她没有拿到任何酬金。
>
> **建议**
>
> 我们的销售组织应该能够反映客户基础的特性。为了完成这一目标，我们需要一批能自由争取跨区域客户的销售员，并给他们合理的补偿。最明智的选择就是建立全国性的主要客户团队。任何不只在一个地区下订单的客户都会自动归到全国性团队。
>
> 除了解决销售力量相互竞争的问题之外，因为地区销售员不再投入时间到全国性客户团队的工作中，新的结构也将极大地消除酬金分歧问题。然而，我们需要找到公平的方式弥补那些因为全国性团队而失去长期客户的销售员。一些销售员为了发展在未来持续创造销售额的良好客户关系，花费了几年的时间。同我交谈过的每个人都同意给这些销售员一定的补偿，这样的"转变酬金"也能激发各地销售员帮助确保一个销售团队转变为另一个的顺利过渡。准确的补偿方式还需各个销售经理共同制定。

- Phan 对 2+2=4 法的结论是：组织问题+酬金问题=对一个新销售结构的需求。
- 解释新的组织结构将怎样解决两个问题。
- 必须承认，建议的解决方法会带来赔偿的新问题，但是表达了解决方法最终肯定会成功的信心。
- 结论巧妙地总结了问题和解决建议。

> **小结**
>
> 区域销售组织在区域和地区层面上都十分有效，但在全国性的层面上却无效。我们应建立全国性的销售团队来应对跨区域的销售问题，接着派一部分销售员主管地区和区域的销售，另一部分负责全国性客户。
>
> 补偿失去客户的区域销售员，需要设立某种报酬来弥补其用在发展客户上的时间。这些还需要在新结构建立之后由销售经理进一步讨论。

图 11.12　使用 2＋2＝4 法的分析报告

为了使其论据清晰而有力，Binh Phan 使用了 2＋2＝4 法。

非需求建议书更具有灵活性，但它面临着完全不同的挑战，因为接收者并没有预期到会收到它。事实上，读者可能不会意识到你表明的问题或时机，所以在提出一项解决方案时，首先要让读者意识到它们的存在。因此，间接法通常是非需求建议书明智的选择。

不管格式和结构怎样，一份好的建议书能说明一个项目或行动过程包括的内容、花销，以及接收人及其机构如何从中获益等。你可以在图 11.14 中看到所有这些元素。

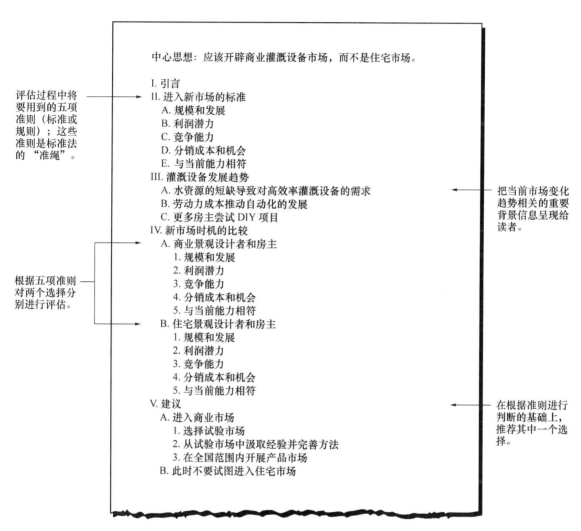

图 11.13　使用标尺方法分析报告的提纲

这篇报告由 J. C. Hartley 提供,他是一位市场分析师,供职于萨克拉门一家为大农场和大牧场生产灌溉设备的大型公司。"我们在农业市场中是如此成功以至于我们开始出现市场饱和而导致的'买家荒'情况,"Hartley 说道,"为保持公司的持续成长,我们需要找到其他的市场。考虑之中两个最明显的选择就是商业大楼建设和居民住宅建设,但是我们需要在做出决定之前对其进行仔细评估"。

在主题行中就给出引人注目的承诺以吸引读者的注意力。

备忘录

收件人：Jamie Engle
发件人：Shandel Cohen
日期：2012 年 7 月 8 日
主题：全自动电子邮件回复系统每年节省 145 000 美元

问题：回复消费者信息请求的高成本、低效率

“问题”描述了当前状况，并解释为什么要修正这一状况。

我们的新产品受到了很好的认可，订单已超出了预计。然而这样的成就也制造了一些问题：印刷小册子数量不足，客户反馈中心花费了太多的时间。当我们介绍升级产品和新的选择时，我们印刷的材料很快就过时了。如果我们想继续依靠印刷材料给客户发送信息，有两个选择：发送现有材料(即使它们不够完整或不够准确)，或弃置现有材料并印刷新材料。

解决方案：全自动电子邮件回复系统

“解决方案”解释了解决建议的细节以使人信服，同时又没有给读者造成额外的负担。

对现在的电子邮件系统进行很小的改动，我们就能建立全自动电子邮件回复系统，这个系统能够节省时间和开销，并保持信息的现时性。

全自动电子邮件回复系统经过试验证明效率很高。许多公司已经开始使用这种方法来回复客户的信息请求。所以我们不必担心它的技术问题。使用这个系统很简单。客户只需发送空白的信息到特定的电子邮件地址，系统就会通过发送小册子的电子版来回复信息。

优点#1：最新最快的消息

列出有诱惑力的利益，建立读者对解决建议的兴趣。

不必弃置和印刷新材料，我们仅仅需要把最新的文件传到服务器上。只要一有产品升级或新的选择，我们就会把最新最准确的消息提供给客户和我们的路区销售部门。

优点#2：快捷的运输

几乎在发送请求信息后客户就会马上收到回复信息。电子发送对国际客户特别有利。常规的远距离邮寄需要几个星期才能到达，这样信息可能早已过时了。客户和路区销售人员都会交口称赞全自动电子邮件回复系统。

优点#3：将浪费最小化

大量使用印刷营销材料的做法，使我们每年要弃置上千页的废目录、数据表和其他材料，用电子技术来储存发送信息消除了浪费，同时也腾出更多储存印刷材料的地面空间和货架。

承认新方法存在潜在的缺陷，但同时给出令人信服的解决办法。

当然，一些消费者还是喜欢印刷的材料，或者无法使用电子邮件。对这些消费者我们可以把材料打印出来。中央服务大楼新安装的 Xerox DocuColor 是小量打印高质量材料的理想打印机。

优点#4：降低加班费用

除了节省纸张和空间，我们还意识到可以节省很多工资。因为越来越多的人对我们的产品感兴趣，我们必须持续加班加点工作，或雇用新员工来满足这种需求。一个全自动的邮件回复系统可以解决这一问题。我们不用变动员工队伍就可以应对这种兴趣的变动。

成本分析

这种必要的设施和软件大概要花费 15 000 美元。每年在维护和更新上大概要花费 5 000 美元。但是这些花费可以通过每年节省下来的钱相抵消。

印刷	100 000 美元
储存	25 000 美元
邮资	5 000 美元
工资	20 000 美元
总计	150 000 美元

详细列出节约的成本，以支持主题中提出的每年 145 000 美元的承诺。

根据以上数字，这个系统在第一年可以节省 130 000 美元，以后每年可以节省 145 000 美元。

结论

结论总结了所有利益点，并提请进一步的讨论。

全自动邮件回复系统既可以让客户满意，又可以在节省成本方面带来好处。如果你同意，我们可以在 6 周内安装并使用。有任何问题请给我打电话。

图 11.14 内部建议书

工作进行时

解决 MyCityWay 的沟通困境

你最近以一名市场拓展经理的身份加入了 MyCityWay，主要致力于制订各种调查、计划以及客户沟通方案。运用这一章所学的有效调查方法与报告计划的相关知识，选择合适的情形来完成以下需要撰写报告的任务。

1. MyCityWay 目前面临一个使大多数智能手机应用软件开发商都感到头疼的问题：市场竞争极端激烈。就单以 iTunes 应用软件商店为例来说，在旅游类软件中已经有超过 4 000 个应用软件。你正在着手制订一个研究计划帮助 MyCityWay 确定商业战略，以便使其能够在激烈的竞争中脱颖而出。以下的问题陈述哪一个对这项研究最具指导作用？

a. 我们需要指出如何才能使我们脱颖而出。

b. 我们需要找出领先的应用软件如何获得用户对其品牌的认可，并确定这些策略能否用于我们的产品品牌。

c. 我们需要知道，我们是否还要进行更多的类似与宝马这样的品牌合作。

d. 我们需要知道改变我们的品牌名称能否获得更高的品牌认可度。

2. 你的读者对你的一篇便于阅读的报告给予了好评，并大量地使用了文章中的概述、综述以及过渡。报告中有一部分描述了在电子媒体的某些领域中各种形式广告的无限可能性，以下论述哪一个能作为这一部分的最佳结论？

a. 正如这一部分所表述的，从博客广告到电子游戏中的广告，当代的新媒体总是充满了趣味性，但是随之而来的是更大的挑战与更多的选择。

b. 正如这一部分所表述的，当代的新媒体总是充满了趣味性，但是随之而来的是更大的挑战与更多的选择，这其中同样包括传统电影和电视节目的植入式广告、在线电影与网络广播中的赞助—植入式广告、电子游戏中的广告、社交网络中的广告、置入性营销与口碑式营销带来的广告效应，以及音乐和时尚界的赞助广告。

c. 正如这一部分所表述的，当代的新媒体总是充满了趣味性，但是随之而来的是更大的挑战与更多的选择：

- 传统电影与电视节目中的植入式广告
- 在线电影中的赞助—植入式广告
- 网络广播的广告效应
- 博客与博客上的广告
- 电子游戏中的广告
- 社交网络的广告
- 置入式营销与口碑式营销带来的广告效应
- 音乐与时尚界的赞助广告

d. 正如这一部分所表述的，在如今的市场，当提到向特定消费者推广产品时，广告人拥有大量令人眼花缭乱的新型广告作为选择。

3. 经过多年的经验积累,你现在觉得完成常规商务报告相当容易。它通常只需要快速评估现有处境,收集所需信息,有组织地将材料分类并完成报告即可。但是,今天上午,公司给了你一个任务且绝非例行公事。公司的三位创始人让你下个月完成一份分析性报告,报告只需要回答一个问题:接下来做什么?他们并不是要你给出一份详细的商务计划,而是需要你对公司今后五年的大方向提出意见和建议,即在公司已经完成针对全球所有主要城市的手机应用软件开发之后的五年,是否需要针对全球的其他较小城市开发相应的手机应用软件?还是将业务拓展到其他领域当中?抑或是选择"维护与保障"模式,以保证现有产品的持续更新换代,而不尝试扩大业务范围?面对这个开放性的问题,你应当使用下列研究与报告撰写策略中的哪一项?

   a. 汇集所有你能够找到的其他人对于任意类型的手机应用软件的研究。认真深入地学习这些研究报告以便发现有前景的机会,之后在精心编写的报告中以"Top 10"的形式描述这些前景。

   b. 构思并实施一次同MyCityWay手机应用软件相结合的用户调查,通过这种形式,你将能够直接从公司的产品用户获得你要的数据。将调查问卷参与者分为两组。对其中一组提封闭性问题,在这些问题中,你可以指定几个公司可能的新产品并让用户指出他们最有可能会购买其中哪一个。对另外一组提开放式问题,例如用户认为公司应当开发哪一类产品或者公司应当跟随怎样的市场机遇。在一篇分析性极强的报告中综合分析调查结果,以提出建议为主。

   c. 针对MyCityWay的创立者、主要投资者以及公司高层市场与技术专家进行深度个人访谈。让他们公正、客观、全面地对公司的优势、劣势、机遇和挑战做出评判。用一些时间分析这些有深度的见解并基于公司的能力制定一个兼顾风险、利润以及可行性的战略方向。以简洁的报告形式解释你的分析结果与建议。

   d. 研究100家全球最为成功企业的经历以发现他们做大做强的秘诀,之后精炼这些深刻的认识形成一本"智慧手册",手册中包含史上最成功企业所采用的最具灵感的想法。

4. MyCityWay的产品规划总监相信将公司工作的重心从民用手机应用软件向商用转变将会带来巨大的机会。你被要求完成一篇关于这一市场竞争的分析性报告,指示你需要研究竞争对手并评估他们的优势与劣势,以此为MyCityWay进入这部分市场做出准备。报告将分发给公司所有的执行主管。但是,在研究的过程中,你的结论是这个市场策略是错误的,因为在同类商用应用软件市场格局已经根深蒂固,并强大到MyCityWay将很难做出实质性的进展。你认为公司将会在这次尝试中浪费数百万美元,而公司也应当将重点继续集中在民用范畴。你应当如何对待这个出乎意料的结论?

   a. 进入商用市场的决定已经做出,而你的工作不是去质疑它。所以在报告中对这个惊人的结论只字不提。

   b. 在动笔以前将自己所担心的同产品规划总监讨论,没有他明确的指示以前不会在报告中提出这个结论。

   c. 你获得的结论比严格遵守上级指示要重要得多。更何况,你的发现太过重要,必须让公司的管理层知道。因此,盲简意赅地组织材料,开篇即提出你的结论并在后文用强有力的证据与理由支持你的观点。

   d. 在报告中提及自己的结论,但是用间接的阐述方式组织行文。在具体讨论过现有市场的竞争现状之后,在文章末尾插入自己惊人的结论。

学习目标检查

通过阅读每个学习目标和完成相关练习来评估你对本章要点的掌握情况。填空题,写出空白处缺少的文字;单项选择题,在正确答案的字母上打勾。

目标 11.1:应用三步写作法写作报告和建议书。

1. 为什么在写长篇报告之前要清晰地阐明目的?
   a. 清晰的目的陈述可以帮助你避免过多的修改。
   b. 清晰的目的陈述可以帮你谢绝与你的能力、专业兴趣不匹配的项目。
   c. 清晰的目的陈述可以帮助你避免浪费时间的调查。
   d. 以上都是重要因素。

2. _____报告主要传递事实、数字以及其他类型的信息,不提出建议也不提出新的解决办法。

3. _____报告评估一种状况或问题,提出相应的建议。

4. _____提供有组织的说服性信息,能够鼓励读者自己去采取行动。

目标 11.2:描述进行商业调查的有效程序,解释如何评价信息来源的可信度,识别使用调查结果的五种方法。

5. 下列哪一项是研究计划的第一步?
   a. 评价二手资料调查,分析是否能够使用早期的调查结果。
   b. 通过电话初步调查来分析调查问题的范围。
   c. 对已有数据进行全面的统计分析。
   d. 通过对主题的了解,找出信息缺口和调查优先次序。

6. 在下列数字中:14、37、44、44、44、74、76、88、93、100、112。
   a. 均值是66。
   b. 中值是74。
   c. 众数是44。
   d. 以上都对。

7. 第一次进行的调查叫做_____调查。

8. 在其他项目中已经开展,而被应用到新的项目中的调查叫做_____调查。

9. 为什么了解信息来源的初始目的非常重要?
   a. 了解这些目的可以帮助避免一些潜在的偏见。
   b. 在参考书目中需要列举这些目的。
   c. 这些目的告诉你该资料是否受版权保护。
   d. 这些目的告诉你是否需要支付使用费。

10. 如果你发现了对你公司来说十分重要的信息(可以使公司兴旺或破产),并且来源可信、公正、适时、完整且已记录良好,但这是这一信息的唯一来源,你如何在报告中处理这种情况?
    a. 像使用其他信息那样使用它。
    b. 使用,并在报告中清晰地说明来源。
    c. 使用,并在报告中清晰地说明这是信息的唯一来源,你无法引用其他资料来证明它。
    d. 不使用。

11. 引用和重写的不同是什么?
    a. 引用用于纸质资源,重写用于电子资源。
    b. 引用是合法的(只要有合适的标注),而重写则不是合法的。
    c. 重写只是一个更短的引用版本。
    d. 引用是准确地复述你找到的其他人的观点,而重写是用你自己的语言来表达他人的观点。

目标11.3：解释二手资料调查的作用，描述在线调查工具的两个主要类别。

12. 二手资料调查是：
    a. 通常在一手资料调查之前使用。
    b. 通常在一手资料调查之后使用。
    c. 通常与一手资料调查一起使用。
    d. 免费调查的另一种叫法。

13. 为什么全面了解独立搜索引擎、网页目录、数据库或其他基于计算机的调查工具的使用说明很重要？
    a. 如果你不能正确使用这些工具，可能会面临罚款。
    b. 如果你不知道如何使用，绝大多数工具就不会呈现搜索结果。
    c. 使用工具却不知道其工作原理，会产生不可预测或误导的结果。
    d. 现在的搜索工具使用起来非常简单，你不需要了解其细节。

目标11.4：解释一手资料调查的作用，识别一手资料调查的两种最常用形式，实现商务沟通目标。

14. 有效的调查是什么意思？
    a. 它随时都起作用。
    b. 它能提供调查者期望得到的数据和信息。
    c. 在特定的行业满足所有的道德和法律标准。
    d. 它能测量它计划进行的测量。

15. "为什么一些消费者拒绝接受智能手机？"是哪方面的例子：
    a. 开放式问题。
    b. 有价值的陈述。
    c. 封闭式问题。
    d. 深入的问题。

目标11.5：解释如何计划告知性报告和网站内容。

16. 下面哪个不是组织告知性报告的常用方法？
    a. 比较。
    b. 分部。
    c. 顺序。
    d. 时间顺序。

17. 一个网站所有部分的结构和导航流程通常被称为_____。

目标11.6：识别组织分析性报告的三种最常用的方法。

18. 如果你在商界一直很成功，被别人所关注，那么你应该采用哪两种报告组织模式？
    a. 以结论或建议为主。
    b. 以结论和纷争解决为主。
    c. 以逻辑或分析为主。
    d. 以原因和逻辑为主。

目标11.7：解释如何计划建议书。

19. 做商业建议书的计划时，什么是最重要的因素？
    a. 接收者是更喜欢纸质媒体还是电子媒体。
    b. 建议书是需求建议书还是非需求建议书。
    c. 涉及的作者数目。
    d. 受众是否乐于接受新观点。

20. RFP代表什么？
    a. 需求建议书。
    b. 提建议的理由。
    c. 项目发布表。
    d. 调查建议书。

知识应用

参考学习目标,通过以下问题回顾本章内容:

1. 为什么在商务报告中运用来自互联网的消息要特别留心?[学习目标2]

2. 公司偶尔也会不小心犯泄露机密信息的错误,比如员工丢失的笔记本电脑里有重要的数据文件,或者网络负责人忘了对搜索引擎目录保护一些机密的网页。如果你在网上搜索时碰巧打开了竞争对手原本应该是比较机密的网页,你该怎么办?解释你的回答。[学习目标3]

3. 你会用与计划打印版报告一样的方法来计划网站内容吗?为什么是或为什么不是?[学习目标5]

4. 如果要给不了解你的读者写一份报告,你是使用以建议为主的直接法还是使用以逻辑为主的间接法?为什么?[学习目标6]

5. 为什么非需求建议书比需求建议书更具有挑战性?[学习目标7]

技能实践

信息分析:评价报告[学习目标1],[学习目标5]

美国证券交易委员会(SEC)要求所有上市公司都要制作电子版的全面年报(10-K表)。许多公司都在自己的网站上把年报链接和其他公司的链接放在一起。访问戴尔的 www.dell.com,就可以找到这个公司最近的年报:10-K和年度回顾(点击主页上的"关于戴尔",然后点击"投资者"链接项)。对比两个报告的风格和格式。年度回顾主要是针对哪些读者?除了SEC,还有谁会对10-K年报感兴趣?你找到的哪一个报告更容易阅读?更有趣?更详细?

➡ 练习

1. 计划:分析情况[学习目标1] SXSW(South by Southwest)是位于得克萨斯州奥斯汀的一个名人访谈和节庆活动的大集合,展示世界上在音乐、互动媒体和电影方面有创意的人才。每年3月份的一整周,SXSW除了是一个主要的娱乐地点外,还是一个迅速成长起来的贸易展览,是一个供企业来向潜在顾客和商业伙伴展示其商品和服务的机会。你为一家企业工作,该企业制造音乐培训设备,比如电子琴,它与电脑连在一起,显示屏上会指导初学者弹琴的每一步。你的经理让你调查一下,公司下一年是否应该在SXSW租一个展位。准备一份工作计划来完成分析报告,评估下在SXSW的促销机会并对展览事项提出建议,要包括目的陈述、进行调查的问题陈述、从你的调查中会得到哪些结果的描述、数据收集的来源和方式,以及一份初始提纲。想获得更多信息,请访问SXSW的网站http://sxsw.com。⑲

2. 计划:分析情况[学习目标1] 一家叫做The Style Shop的男士服装专营店第三个月的销售额下降了。你的老板不确定是因为经

---

⑲ 改编自SXSW website, accessed 27 July 2010, http:// sxsw.com; Catherme Holahan and Spencer E. Ante, "SXSW: Where Tech Mingles with Music," BusinessWeek, 7 March 2008, www.businessweek.com。

济不景气还是某个其他不明原因。她让你调查情况,并提交一份找出销售下降可能原因的报告。陈述报告的目的。

3. 调查:编辑资料来源[学习目标2] 从印刷版和电子版资料中选择五篇文章,制作一份资料来源清单。

4. 调查:评估资料来源;合作:团队项目[学习目标2],第2章 分成几个小组,在网上找到四个能够提供商务信息的网站,像公司或行业新闻、动向、分析、事实或绩效数据等。用在"评估资料来源"中讨论过的标准来评估在网上找到的这些信息的可信度。

5. 调查:使用调查结果[学习目标3] 从著名的商业杂志、博客或网站上选择一篇文章。阅读文章并强调其重要观点。用100字以内概括文章,并重写其重要观点。

6. 调查:进行二手资料调查[学习目标3] 使用网上数据库和印刷资料来找出下列信息。

 a. 美国管理协会的联系信息。
 b. 不同职业的男性和女性周工资的中值。
 c. Perrier 矿泉水现有的市场份额。
 d. 办公室零售供应商的绩效比率。
 e. 惠普的年度股票业绩。
 f. 美国特许经营商店的数量。
 g. 美国不同职业劳动者的构成。

7. 调查:进行二手资料调查[学习目标3] 选择任意上市公司,找到以下信息:

 a. 公司现任管理者的名字
 b. 公司产品或服务的列表(如果公司有大量的产品,列出其产品系列)
 c. 目前公司的行业问题
 d. 公司所处行业的前景

8. 调查:使用调查结果[学习目标3] 你的老板让你分析和报告你的部门近九个月销售额的均值。使用公司发票中的数据计算每个季度的均值和到目前为止的均值,然后讨论季度销售趋势。

1月 24 600 美元	2月 25 900 美元	3月 23 000 美元
4月 21 200 美元	5月 24 600 美元	6月 26 800 美元
7月 29 900 美元	8月 30 500 美元	9月 26 600 美元

9. 调查:进行一手资料调查(调查)[学习目标4] 你为一个电影制片厂工作,这个制片厂正在制作一位年轻导演的第一部影片,是关于一群不知名的音乐家经过奋斗最后闯出名堂的励志故事。但是你的一些朋友在离开放映会时说,他们认为182分钟的电影实在是太长了,还有一些人认为删掉哪一个镜头都是不可想象的。你的老板想通过一个问卷调查看看普通观众对这个电影的反应如何,来决定导演是否要对情节进行删减以及删减何处。现在你需要设计一个调查问卷,来根据观众的回答写成一份报告交给导演,看看怎样解决观众对电影反应的问题。

10. 调查:进行一手资料调查(访谈)[学习目标4] 你在对公司另外一个部门的经理进行信息访谈。在访谈的过程中,这位经理明显表现出了不耐烦。你该怎么办?以后怎样防止此类事情再发生?解释你的答案。

11. 信息策略:告知性报告[学习目标5] 想象你们是为北方电讯(一个加拿大的电子通信公司)进行校园招聘的经理,你们四位招聘人员每人每天都要面试超过11个高校的应届毕业生。你们会设计怎样的个人活动报告来追踪这些面试的结果?列出你想每个招生负责人应该报告的内容,并解释每项会怎样帮助你更有效地管理整个招生过程(和每个招生负责人)。

12. 信息策略:告知性报告[学习目标5] 假设你所在大学的校长收到了很多学生对校园停车问题的抱怨。你被任命为学生会主席,来组织人员来调查这个问题并提供解决建议。

校长给了你一份名为"停车:来自学生的抱怨"的文件,你草草记下了抱怨的核心。你的记录如下:

- 在重要时间段学生没有足够的活动空间。
- 计算机中心附近的灯光不好。
- 没有足够的措施来阻止附近的居民占用学生空间。
- 标志线不清楚。
- 摩托车占用了很多空间。
- 粗鲁的保安。
- 为学校公务人员预留的空间不足(通常没有预留)。
- 相对比较高的停车费用。
- 对学生在晚上使用征收全额费用,即使他们在需求不足的时段也一样。
- 对车辆的故意毁坏和个人危险感。
- 总空间不足。
- 学生将车停在居民楼前的街道上的烦恼。

现在,准备一份告知性报告的提纲交给委员会。在你的报告中用主题结构将这些消息分类。

13. 信息策略:告知性报告[学习目标5]
从你的学校图书馆、公司网站或在线服务,如www.annualreportservice.com,找同一个行业中的两家公司最近发布的年报,分析每份报告,在课堂上讨论下列问题:

a. 每个公司讨论其年报的组织方式有什么不同?这些数据展现得足够清晰以至于股东可以从公司的表现好坏中得出结论吗?

b. 在讨论调查结果时,高层管理者强调哪些目标、挑战与计划?

c. 每份报告的格式与条理性是如何随着已有信息而被增减的?

14. 信息策略:分析性报告[学习目标6]
三年前,你的公司(一家地毯制造商)给佐治亚州的工厂配备了现代化的生产工具,期待地毯需求会上升。但因为房地产市场的缩小,新地毯的需求上升缓慢,而公司在佐治亚和加利福尼亚的厂房面积过大。在调查基础之上,你建议关闭加利福尼亚的工厂。公司总裁让你准备一份能够支持这项建议的验证性报告。以下是通过访谈两个工厂的负责人所得到的事实。

运营统计

- 佐治亚工厂:拥有更新的设备、更高的生产力,拥有100个非工会生产工人,年装运地毯1 200万美元,每小时基本工资16美元。
- 加利福尼亚工厂:拥有80个工会生产工人,年装运地毯800万美元,每小时基本工资20美元。

财务启示

- 关掉加利福尼亚工厂可以节约的资金:(1) 提高17%的生产力;(2) 降低20%的劳动成本(每年的总成本节约将是100万美元,见假设);(3) 每年节省12万美元的税收(佐治亚工厂具有更有利的税收环境)。
- 出售加利福尼亚Pomona地产:1952年以20万美元购进该地产,现在市场价值250万美元,纯利润超过100万美元(刨掉资本所得税)。
- 出售加利福尼亚厂房和机器:完全贬值,取得任何收益都是一场意外。
- 关闭加利福尼亚工厂的成本:一次性扣除的费用是25万美元(重置成本是10万美元,遣散费是15万美元)。

假设

- 把5名工人从加利福尼亚调到佐治亚。
- 在佐治亚雇用45名新工人。
- 解雇加利福尼亚的75名工人。
- 如果想和原来的生产量持平,佐治亚工厂共需要150名工人。

a. 你将用哪种方法来组织报告(以结

论为主、以建议为主还是以逻辑论证为主）并提交给总裁？为什么？

b. 假设这个报告被提交给工厂的管理人员和监督人员。你可能会进行怎样的修改？

c. 列出你从上述信息中得到的结论，并将其应用在报告中。

d. 使用在你给总裁提交的报告中所用的结构，起草一份带有一级、二级告知性标题的最终报告提纲。

15. 信息策略：建议书；合作：团队建设[学习目标7]，第2章 分成小组，找出校园中存在的问题，比如注册、住宿、饮食、停车或者图书馆服务等，然后对这些问题提出可行的解决办法。最后，列出一份相关事实的清单，你们团队需要收集这些事实来说服读者这些问题的存在及你们的解决办法是有效的。

16. 信息策略：建议书[学习目标7] 登录 www.learnerassociates.net/proposal，阅读资金建议书写作的逐项提示和相关例子。回顾网上的样例。作者决定在附录中包含哪些细节？为什么这些材料放在了附录里而不是正文中？根据作者的提示，准备项目概述的最好时机是什么时候？

技能拓展

剖析行业案例

企业网站具有全方位的告知性报告功能，包括多个模块和多种方式供读者浏览不同的页面。找到一个拥有相对复杂网站的上市公司，假设你要作为以下角色访问该网站：(a) 可能的员工；(b) 潜在投资者（股民）；(c) 这家企业经营所在地的一名社区成员；(d) 企业产品或服务的一位潜在顾客。四位访问者都想找到某些信息，分析找到这些信息的难易程度。按照任课教师要求的方式，写一份简单的关于网站信息架构的分析性报告，解释哪些比较好，哪些不好。

在线提升职业技能

"博韦和希尔的商务沟通搜索"（http://businesscommunicationblog.com/websearch）是一个专为商务沟通研究而设计的研究工具。使用网页搜索功能查找网站、视频、PDF文档、播客或幻灯片演示文稿，为进行商务报告的研究提供建议。给任课教师写一封简短的电子邮件，描述你搜索到的条目，总结你从中学到的职业技能。

改善语法、结构和表达

以下练习帮助你提高对语法、结构和表达的掌握和运用。在下面每组句子中，找到最佳选项，在其字母上打勾。

1. a. Dr. Eleanor H Hutton has requested information on TaskMasters, Inc. ?

b. Dr. Eleanor H Hutton has requested information on TaskMasters, Inc.

2. a. That qualifies us as a rapidly growing new company, don't you think?

b. That qualifies us as a rapidly growing new company, don't you think.

3. a. Our president is a C.P.A. On your behalf, I asked him why he started the firm.

b. Our president is a CPA. On your behalf, I

asked him why he started the firm.

4. a. Contact me at 1358 N. Parsons Ave., Tulsa, OK74204.

b. Contact me at 1358 N. Parsons Ave, Tulsa, OK. 74204.

5. a. Jeb asked, "Why does he want to know! Maybe he plans to become a competitor."

b. Jeb asked, "Why does he want to know? Maybe he plans to become a competitor!"

6. a. The debt load fluctuates with the movement of the U.S. prime rate.

b. The debt load fluctuates with the movement of the US prime rate.

7. a. Is consumer loyalty extinct? Yes and no!

b. Is consumer loyalty extinct? Yes and no.

8. a. Will you please send us a check today so that we can settle your account.

b. Will you please send us a check today so that we can settle your account?

9. a. Will you be able to speak at the conference, or should we find someone else.

b. Will you be able to speak at the conference, or should we find someone else?

10. a. So I ask you, "When will we admit defeat?" Never!

b. So I ask you, "When will we admit defeat"? Never!

第 12 章 报告和建议书的写作

学习目标

学完本章后,你将能够:

1. 解释写作报告和建议书的时候怎样适应受众,并描述起草报告和建议书内容时所做的选择

2. 识别有效写作在线报告的五个特征,并解释如何将你的写作方法运用到维客

3. 讨论图表设计的六个主要原则,识别展示数据、信息、概念和观点时最常用的图表类型

4. 解释如何将视觉效果有效地整合到你的文本中,以及如何检验视觉效果的质量

工作进行时

Tellabs 的沟通

用聚焦受众的写作重新定义年报

极少有报告会像企业年报那样被人仔细地阅读,特别是读者对其的反馈不积极的时候。

这一类报告是在美国证券交易所上市的每一家公司都必须提交的,投资者会认真阅读报告来寻找有关公司财务状况和前景的蛛丝马迹。但是,一项针对投资者的调查显示,许多读者并不认为他们得到了为投资某家公司股票做出明智选择所需要的信息。近年来有些公司甚至因为年报而被起诉,投资者指控他们在报告中隐瞒重要信息或者对其含糊其辞。

在这样一个不靠谱和完全不信任的大环境下,那些能够清晰和坦诚地向读者传达信息的作者更容易脱颖而出。George Stenitzer 正是这样一位作者,他是 Tellabs 公司负责企业沟通的副总裁,Tellabs 公司是一家位于美国伊利诺伊州内伯威尔的专为网络服务供应商提供设备的主要生产商。一位颇受人尊敬的年报质量顾问指出,Stenitzer 的年报非常值得一读:短小精悍、直截了当的风格,包含全面的重要的财务信息,加强了报告可读性的各种突出特征以及有吸引力的设计。

年报的作者必须遵循一系列复杂的法律规章要求,但 Stenitzer 的观点是,尽管准确和守法非常关键,但是还远远不够。他承认很多公司还停留在尽可能少地发布信息的阶段,也就是只要刚好

足够满足政府的规定就可以了,但是 Stenitzer 的目标是帮助投资者真正了解 Tellabs 的业务性质与财务表现。正如他自己所说的:"对投资者沟通能力的检验,已经从技术的准确和遵纪守法的层面转移到了清楚的沟通和投资者的理解层面上。"

对投资者的调查似乎印证了他的观点。在一个很多投资者都持怀疑态度,甚至是对他们所阅读的年报深感迷惑的环境中,Tellabs 最近的一份年报被超过 83% 的读者评为"好"或"很好"。①

www.tellabs.com

12.1 报告和建议书的编写

本章开篇提到的 George Stenitzer 可以告诉你在一篇成功的报告和建议书的形成当中,写作步骤如何重要。本章是建立在第 5 章学习的写作技巧和想法基础上的,主要集中在写作较长信息格式需要特别关注的问题,包括网站和维客内容。另外,还会介绍怎样制作有效的视觉效果,这对于很多报告和建议书都是非常重要的方面。

与写作较短的信息一样,在你开始写作前,花几分钟来确定你是否已经准备好了适应受众的方法。

12.1.1 适应受众

成功的报告写作者会通过各种方式适应目标受众,如对受众需求敏感,与受众建立良好关系,并且组织好风格和语气。

第 5 章介绍了受众敏感性的四个方面,并且这四个方面都适用于报告和建议书:采用换位思考、保持礼貌、正面强调和使用非歧视性语言。那些非常专业、复杂、冗长的报告和建议书对读者的要求会很多,所以,换位思考对长篇幅信息尤其重要。

你要确保使你的风格和语言能够反映组织的想法。很多公司在与公众交流时都有具体的指导原则,所以在开始写作前,确保你已经注意到了这些偏好。

如果你非常熟悉你的读者并且知道你的报告能获得他们的赞同,通常可以采用非正式的语气(当然,只要这种语气在组织中被认为是合适的)。更正式的语气适用于那些较长的报告,尤其当涉及那些有争议的、复杂的信息时。当你的报告将要送到诸如消费者、供应商或社区成员等组织的其他部门和组织外部时,你也需要更正式的语气(如图 12.1 所示)。

---

① 改编自 George Stenitzer profile on LinkedIn, accessed 4 March 2011, www.linkedin.com/in/stenitzer; Tellabs website, accessed 4 March 2011, www.tellabs.com; Sid Cato, "World's Best 2005 Reports," Sid Cato's Office Annual Report Website, accessed 11 November 2006, www.sidcato.com; George Stenitzer, "New Challenges for Annual Reports," Presentation to National Investor Relations Institute, November 2005, www.niri-chicago.org。

长而有些严肃的语句有利于传递报告的正式语气。对于一种更加以消费者为导向的出版物，写法应该会更简洁一些。

Eating and physical activity patterns that are focused on consuming fewer calories, making informed food choices, and being physically active can help people attain and maintain a healthy weight, reduce their risk of chronic disease, and promote overall health. The *Dietary Guidelines for Americans, 2010* exemplifies these strategies through recommendations that accommodate the food preferences, cultural traditions, and customs of the many and diverse groups who live in the United States.

By law (Public Law 101-445, Title III, 7 U.S.C. 5301 et seq.), *Dietary Guidelines for Americans* is reviewed, updated if necessary, and published every 5 years. The U.S. Department of Agriculture (USDA) and the U.S. Department of Health and Human Services (HHS) jointly create each edition. *Dietary Guidelines for Americans, 2010* is based on the *Report of the Dietary Guidelines Advisory Committee on the Dietary Guidelines for Americans, 2010* and consideration of Federal agency and public comments.

Dietary Guidelines recommendations traditionally have been intended for healthy Americans ages 2 years and older. However, *Dietary Guidelines for Americans, 2010* is being released at a time of rising concern about the health of the American population. Poor diet and physical inactivity are the most important factors contributing to an epidemic of overweight and obesity affecting men, women, and children in all segments of our society. Even in the absence of overweight, poor diet and physical inactivity are associated with major causes of morbidity and mortality in the United States. Therefore, the *Dietary Guidelines for Americans, 2010* is intended for Americans ages 2 years and older, including those at increased risk of chronic disease.

Dietary Guidelines for Americans, 2010 also recognizes that in recent years nearly 15 percent of American households have been unable to acquire adequate food to meet their needs.[1] This dietary guidance can help them maximize the nutritional content of

一个不那么正式的报告会这样表达："不良饮食与缺乏体育锻炼正在谋杀美国公民"，而不是更正式更严密的表达："不良饮食与缺乏体育锻炼与发病和死亡的主要原因相关"。

该段落提到了比较不乐观的统计数据，即15%的美国家庭都承担不起家庭的基本营养需求。但是因为报告是提出饮食建议，而不是关于经济或其他事务的公共政策声明，因此语气比较客观而不带感情色彩。

1. Nord M, Coleman-Jensen A, Andrews M, Carlson S. Household food security in the United States, 2009. Washington (DC): U.S. Department of Agriculture, Economic Research Service. 2010 Nov. Economic Research Report No. ERR-108. Available from http://www.ers.usda.gov/publications/err108.

DIETARY GUIDELINES FOR AMERICANS, 2010

(continued)

这是一个例句，精确并且使用了适合该报告目的的语言。相反，一份基本以消费者为目标的文件可能会说："我们将最新的营养见解转变为健康饮食的建议。"

their meals. Many other Americans consume less than optimal intake of certain nutrients even though they have adequate resources for a healthy diet. This dietary guidance and nutrition information can help them choose a healthy, nutritionally adequate diet.

➤The intent of the Dietary Guidelines is to summarize and synthesize knowledge about individual nutrients and food components into an interrelated set of recommendations for healthy eating that can be adopted by the public. Taken together, the Dietary Guidelines recommendations encompass two overarching concepts:

- **Maintain calorie balance over time to achieve and sustain a healthy weight.** People who are most successful at achieving and maintaining a healthy weight do so through continued attention to consuming only enough calories from foods and beverages to meet their needs and by being physically active. To curb the obesity epidemic and improve their health, many Americans must decrease the calories they consume and increase the calories they expend through physical activity.

- **Focus on consuming nutrient-dense foods and beverages.** Americans currently consume too much sodium and too many calories from solid fats, added sugars, and refined grains.[2] These replace nutrient-dense foods and beverages and make it difficult for people to achieve recommended nutrient intake while controlling calorie and sodium intake. A healthy eating pattern limits intake of sodium, solid fats, added sugars, and refined grains and emphasizes nutrient-dense foods and beverages—vegetables, fruits, whole grains, fat-free or low-fat milk and milk products,[3] seafood, lean meats and poultry, eggs, beans and peas, and nuts and seeds.

A basic premise of the Dietary Guidelines is that nutrient needs should be met primarily through consuming foods. In certain cases, fortified foods and dietary supplements may be useful in providing one or more nutrients that otherwise might be consumed in less than recommended amounts. Two eating patterns that embody the Dietary Guidelines are the USDA Food Patterns and their vegetarian adaptations and the DASH (Dietary Approaches to Stop Hypertension) Eating Plan.

A healthy eating pattern needs not only to promote health and help to decrease the risk of chronic diseases, but it also should prevent foodborne illness. Four basic food safety principles (Clean, Separate, Cook, and Chill) work together to reduce the risk of foodborne illnesses. In addition, some foods (such as milks, cheeses, and juices that have not been pasteurized, and undercooked animal foods) pose high risk for foodborne illness and should be avoided.

The information in the Dietary Guidelines for Americans is used in developing educational materials and aiding policymakers in designing and carrying out nutrition-related programs, including Federal food, nutrition education, and information programs. In addition, the Dietary Guidelines for Americans has the potential to offer authoritative statements as provided for in the Food and Drug Administration Modernization Act (FDAMA).

The following are the Dietary Guidelines for Americans, 2010 Key Recommendations, listed by the chapter in which they are discussed in detail. These Key Recommendations are the most important in terms of their implications for improving public health.[4] To get the full benefit, individuals should carry out the Dietary Guidelines recommendations in their entirety as part of an overall healthy eating pattern.

在一个不那么正式的报告中，作者可能会这样写："我们的基本前提之一是营养需求应该通过饮食来满足。"或者甚至这样写："你应该通过饮食而不是通过服用补品来满足营养需求。"然而，为了保持正式的语气，要避免使用第一和第二人称。

2. Added sugars: Caloric sweeteners that are added to foods during processing, preparation, or consumed separately. Solid fats: Fats with a high content of saturated and/or trans fatty acids, which are usually solid at room temperature. Refined grains: Grains and grain products missing the bran, germ, and/or endosperm; any grain product that is not a whole grain.
3. Milk and milk products also can be referred to as dairy products.
4. Information on the type and strength of evidence supporting the Dietary Guidelines recommendations can be found at http://www.nutritionevidencelibrary.gov.

DIETARY GUIDELINES FOR AMERICANS, 2010

图 12.1　为报告选择合适的语气

　　这份报告摘录（由美国农业部及美国卫生和公众服务部出版的《美国人的膳食指南》的执行概要中的一部分）使用了很多技巧来打造正式的语气。这是一份正式的政策文件，其目标读者是教育工作者、政府监管人和其他使用这些信息来帮助告知消费者的人。如果这个文件在写作时考虑消费者，你可以想象其语气将会更轻松并且不再那么正式。
　　资料来源：Courtesy of Dietary Guidelines for Americans published by the U. S. Department of Agriculture and the U. S. Department of Health and Human Services。

　　与不同文化背景的人沟通时，通常要求更正式，有两个原因：第一，通常来说，美国之外的商业环境都非常正式，并且这种正式必须反映在沟通中。第二，你用来使文档非正式化的东西（比如使用幽默和习语）可能在从一个文化体系翻译到另一个文化体系的过程中失去其原来的表达效果。所以，你冒着冒犯他人或者使读者困惑的风险。

12.1.2 起草报告内容

你的可信度和事业进步与你所写的每一份商务报告息息相关,所以要确信你的内容具有:

- **准确性**。确信除了检查错字以外,还要反复检查你的事实和涉及的问题。如果读者感觉到你的信息有一点不可靠,他们就会用怀疑的眼光来审视你做的所有工作。
- **完整性**。告诉读者他们需要知道的信息——不多也不少,并用相应的方式呈现出来。比如,在 Tellabs 公司最近的一份年报中,George Stenitzer 及其团队对公司复杂的工艺生产线做了一个简洁易懂的概述,用一种对公司股票感兴趣的投资者都能理解的方式阐述了主题。②
- **平衡性**。公平、公正地提出问题的所有方面,并包含所有关键信息,尽管有些信息不支持你的推理。省略掉那些会使你的报告产生偏见的相关信息或事实。
- **有条理和逻辑性**。确定句子整齐,以节省读者时间,从一个观点过渡到另一个观点时要合乎逻辑。
- **适当的参考文献记录**。如果在你的报告或建议书中使用了一手资料和二手资料,要确保记录并注明其来源,并且要使读者信任你的资料来源。

记住这些观点,会帮助你为报告起草最有效的引言、正文和结尾。

报告引言

就像其他的书面商务沟通,报告和建议书的全文有三个主要部分:引言、正文和结尾。引言(或开篇)是报告和建议书全文的第一部分。一个有效的引言至少要完成四件事情:

- 将其与某个问题或某项任务联系起来,把报告或建议书放在一个更广的范围中构思。
- 介绍报告或建议书的主题或目的,并说明为什么该主题很重要。
- 事先查看主要观点及其要呈现的次序。
- 设定文件的语气和作者与受众的关系。

是否应该在引言中涵盖特殊的元素,取决于这个报告的类型、长度、写作环境以及你和读者之间的关系等。一个引言可能包括以下所有方面:

- **授权**。何时、如何、由谁来授权这篇报告;由谁写作;何时提交。当你不用一封"送文函"来补充你的报告时,授权内容就显得更为重要了,如第 13 章所述。
- **问题/机会/目的**。写作报告的原因,以及你写作完成能够达到什么结果。
- **范围**。这篇报告将涵盖或不涵盖什么内容。这个范围显示了报告的大小和复杂性;它对设定读者期望的关键工作也有帮助。
- **背景**。可以帮助读者理解报告信息的历史条件或因素。
- **资料和方法**。使用的一手资料和二手资料。为了适应需要,本部分介绍了如何收集信息。
- **定义**。报告中用到的重要关键词的定义。定义一些受众不熟悉的关键词或一些使用了受众不熟悉的用法的关键词。

---

② Tellabs Solutions and Applications, "Tellabs 2005 Annual Report", www.tellabs.com.

- **局限**。那些影响报告质量的你无法控制的因素,例如预算、时间表与信息或人的有限接触。但是,不要道歉或试图撇清个人的不足,比如计划不周等。
- **报告的组织**。这个"路线图"能帮助读者理解报告中下一步内容以及原因。

在一个相对简短的报告中,这些方面可能仅在一个或两个段落中讨论。在一个较长的正式报告中,这些方面的讨论可能会有好几页,并在这个报告中占有重要的部分。

报告正文

报告的正文显示、分析并解释了调查过程中收集的信息,同时也支持了你文件中讨论的建议和结论(如图 12.2 所示)。与引言一样,报告的正文部分也有一些难以做出的决定,主要关于报告中应该包含哪些内容和提供多少细节。同样,你的决定取决于很多变量,包括读者的需要。在正文部分提供合适的、足够的细节来支持你的结论和建议。

在报告的正文部分通常要涵盖的方面包括:
- 问题或机会的解释。
- 事实、统计的证据、趋势。
- 研究或调查的结果。
- 对可能的行动方案的讨论和分析。
- 一个行动方案中的优点、缺点、成本和利益。
- 一个过程的程序或步骤。
- 方法和方式。
- 评估不同选择和选项的标准。
- 结论和建议。
- 支持结论或建议的理由。

对一篇用直接法组织的分析性报告来说,一般要在引言中陈述你的结论或建议,并用报告的正文部分来提供证据和支持。如果用了间接法,你可能会用正文部分来讨论你的逻辑过程,并将你的结论或建议一直保留到结尾。

报告结尾

报告结尾有三个重要的功能:
- 强调报告的主要观点。
- 如果文档提出了某个改变或行动建议,结尾就总结对读者的好处。
- 将所有的行动条款放在一起,给出关于谁应该做什么、什么时候做、在哪里做以及如何做的细节。

调查显示,报告或建议书的最后一部分会给人留下持久的印象。结尾给了你最后一次机会以确保你的报告说出了你想说的内容。[3]

---

[3] A. S. C. Ehrenberg, Report Writing—Six Simple Rules for Better Business Documents, "Admap", June 1992, 39—42.

备忘录

收件人：部门主管，行政委员会成员
发件人：Alycia Jenn，商业发展部经理
日期：2012年7月7日
主题：网站扩展

> 开篇提醒读者报告的来源和目的。

为了响应您的要求，我和我的员工调查了把网站从它现在的"小册子软件"状态（我们在这里宣传我们公司和产品，但是不能提供任何方式进行网上订购）扩展到完全的电子商务功能（包括发出订单和检查订单交货情况）的可能性。在分析了我们的客户和主要竞争者的行为，以及了解了整个电子零售业的发展后，我们给出了以下三条建议：

1. 我们应该在以后的6个月内，实现将我们的网站从一个"小册子软件"扩展到电子商务功能。
2. 我们应该雇用一个专业为网上零售的公司来设计和开发新的电子商务功能。
3. 我们必须谨慎地把网上零售店与实体店铺及邮购业务融为一体。

> 报告采用直接法，作者的建议在开篇后立刻列出。

1. 我们应该扩展网站，实现完全的电子商务功能

首先，对于小规模的、销售奢侈家用器具的公司来说，建立电子商务功能是否有意义？即使图书和其他的一些产品目前在网站销售非常普遍，在大多数情况下，这些都涉及了在购买前不用亲自检查的、简单的、低成本的产品。就像我们在商铺观察到的一样，购买者在购买我们的产品之前，一般喜欢先了解一下产品。然而，一个小规模的、正处于成长阶段的网站也销售特殊的产品，一般是通过使用"虚拟产品参观"（在这里，购买者可以交互式地从三维的角度观察产品，而非简单地看一张静态的图片）的策略和宽松的退货方针（降低了在网上购买商品察觉到的风险）。

其次，我们是否需要现在就建立一个网页，以确保在未来保持我们的竞争力？答案是肯定的。我们的竞争者抢先采取步骤的结果是，对于那些已经适应了在网上购买东西的消费者来说，我们已经处在了劣势。并且每一个趋势都显示，现在我们一个小的弱点，在以后的几年会变成一个大的弱点：

> 正文展示建议的逻辑原因：企业希望把网站扩展为包括电子商务。

- 我们几个主要的竞争者正在开始实施完全的电子商务，包括虚拟产品参观。我们的调查证明那些公司还尚未从网上投资中收回大量资金，但是他们的网上销售正在成长。
- 那些伴随着互联网长大的年轻消费者，很快就会达到他们的收入高峰期（35—54岁）。因此，从人口统计预期电子商务将应用于几乎所有的产品种类。如果我们不提供电子商务，将在竞争中失去消费者。
- 互联网消除了购物的地理限制，这既存在威胁也存在机会。我们的客户现在可以在世界的任何地方进行网上购物（所以我们的竞争者将由十几个变成成千上万个），我们可以把我们的客户定位于世界任何一个地方的客户。

> 作者用论据支持推理。

2. 我们应该雇用顾问来实现这点

启动一个有竞争力的零售网站需要花费1000—1500个小时来进行设计和规划。我们拥有一些内部的专家，但是在未来6个月，我们的市场和信息部门只有300个人力小时。我建议找一家网络设计公司来帮助我们设计和完成所有的程序。

> 通过对想法应如何执行提供建议，帮助读者接受观点。

3. 我们必须把网站和现有的经营融为一体

以往的研究表明，一个成功的网络零售商，应该很好地整合其网络零售与其实体店铺和邮寄零售业务。如果整合不好则会导致成本高昂、令客户困扰，网站也不会带来太多的商业机会。在我们设计网站前，应该做一个计划，使得网络和现有营销、会计、产品系统保持一致。网站将会对公司的所有部门产生影响。因此，在实施之前应该让所有人都浏览一下计划，这是至关重要的。

> 报告强调了一旦建议被采纳，必须注意的重要问题。

小结

1. 立即开始行动，扩展我们的网站使其具有完全的电子商务能力。所有迹象表明将来的资金回报总会增长起来，即使近期不理想。而且，如果我们不做的话，客户将会流失到其他的电子商务网站上去。
2. 雇用网站设计者的服务器，因为我们内部没有足够的人力小时。
3. 整合网站和现有业务，特别是营销、会计和产品系统。

> 结尾用一个简练的小结来总结建议行为。

图 12.2 关注建议的有效问题解决报告

报告结尾的内容和长度取决于在其他变量中所选择的直接或间接的次序。如果你用了直接法,可以用一个对主要观点的总结来结束,按它们在报告中的顺序列举出来。如果你用了间接法,而且你没有在正文部分的结尾说明结论或建议,可以在报告的结尾展现出来。要记住,结论或建议不是介绍新事实;读者在读到报告的这里时,应该已经了解了所有需要的信息。

如果你的报告目的是要使读者采取行动,那就使用结尾来准确地说清楚下面要做什么和哪些人将对每项任务负责。如果你将亲自采取所有行动,要确保读者能够理解这件事情,以便他们知道对你期望什么(如图12.3所示)。

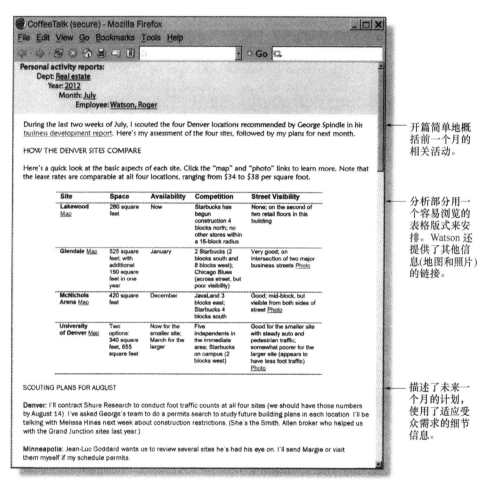

图 12.3　在报告末尾明晰行动事项

Roger Watson 7月份的个人活动报告是有效传达关键信息的一个很好的例子,其结尾包括一个简洁的行动计划。注意使用地图、照片和相关报告的超链接,这些都存储在同一个安全的内部网中。

在较短的报告中,结尾可能只有一两个段落。而一篇长报告的结尾可能有结论、建议和行动几个独立的部分。使用几个独立的部分可以帮助读者定位这个材料并聚焦到每个部分。这样的排列也给你一个最后的机会来强调重要的内容。如果有若干个结论、建议或行动,你就用数字列举它们以便参考。

12.1.3 起草建议书内容

对于建议书,有多个变量决定每个部分的内容,其中建议书的来源最重要。如果是非需求建议书,你对于文章内容的范围和组织就会具有一些自由。然而,如果你是在回应别人对建议书的请求,你就需要遵守需求建议书的每一个细节。大多数需求建议书清楚地说明了应该涵盖什么和以怎样的次序使所有的投标在形式上相似并容易对比。

所有建议通常的目的都是说服读者去做某些事情,如购买商品或服务、投资一个工程或执行一个计划。因而,写作建议的方式和在劝说性销售信息中使用的方式是相似的(见第10章),和其他劝说性信息一样,获取关注、建立兴趣、创造希望和鼓励行动的 AIDA 方法是一种有效的结构。可以通过以下这些额外的策略来加强论证。④

- 展示你的对受众有意义的知识。
- 提供具体的信息和例子。
- 调查竞争情况以便了解受众更喜欢读的其他建议书。
- 证明你的建议对受众来说是合适且实用的。
- 将你的产品、服务或人员与读者的切实需求联系起来。
- 包装你的建议书,使其有吸引力。

除此之外,确保你的建议书完美、有吸引力并且是易读的。读者会根据你提交的建议书的质量预测你的产品和服务的质量。

建议书引言

引言提出和简单概括你想要解决的问题或你想开拓的机会,并辅以你建议的解决方案。如果是需求建议书,那么你就要遵守需求建议书的格式。如果是非需求建议书,引言应该提及你提交建议书的原因,比如先前你已经与读者谈过的内容。下面几个主题是在建议书的引言中通常会涵盖的:

- **问题或机会的背景或声明**。简要回顾读者的情况,确定行动的必要性。记住:读者可能和你一样,没有意识到问题或机会。在非需求建议书中,你需要使他们确信问题或机会的存在,并接受你的解决方案。
- **解决方案**。简要描述你的建议能带来的变化,突出关键卖点和它们带来的利益,展示你的建议将如何帮助读者实现他们的商业目标。
- **范围**。说明建议书的边界,你将要做或不做什么,也可称为"定界"。
- **组织**。引导读者阅读你的建议书,让他们注意你的主要信息。

在篇幅较短的建议书中,你对这些主题的讨论将是简洁的——可能每个主题仅用一两句话。对于长篇的、正式的建议书,每个主题应保证分别有副标题,并分几个段落来讨论。

---

④ Philip C. Kolin, Successful Writing at Work, 6th ed. (Boston: Houghton Mifflin, 2001), 552—555.

建议书正文

建议书的正文给出了完整、详细的建议解决方案,指出预期结果是怎样的。因为建议书本身是一个劝说性信息,所以读者期望你以一种自信且专业的方式来提出你的建议。

除了提供事实和证据来支持你的结论,有效的正文还需要涵盖以下信息:

- **建议的解决方案**。描述你提供了什么:你的观念、产品或服务。强调你的产品、服务或投资机会的好处,这些和读者的需要密切相关,并指出所有已经超越竞争者的优势。
- **工作计划**。解释将要采取的步骤,将使用的方法或资源,以及责任人。对于需求建议书,确保你的数据与建议书中的特殊要求相匹配。记住,如果你的建议书被接受,工作计划是有合同效力的,所以不要许诺超过你承受能力的东西。
- **资格声明**。描述组织的经验、人员和设备,这都和读者的需要息息相关。资格部分是一个重要的卖点,应小心把握。可以通过列举客户推荐的方式来说明你的资格,但在此之前要得到客户的允许。
- **成本**。包括价格、可收回的费用、折扣和其他相关财务问题。

在非正式的建议书中,对这些元素的讨论可能组合在一起,并以信件的格式提出,如图 12.4 的建议书所示。在正式的建议书中,对这些元素的讨论将非常长和彻底。格式类似于同包含大量章节的长篇报告,如第 13 章所述。

建议书结尾

建议书的结尾部分一般概述关键观点,强调读者从你的解决方案中获得的利益,并请客户做出决定。结尾是说服读者接受建议的最后机会。无论是正式还是非正式建议书,都要使这一部分简明扼要、坚决果断(但不是仓促和生硬的)和充满自信。

12.1.4 帮助读者顺利阅读

如今时间紧迫的读者都想随意浏览报告并尽快找到感兴趣的信息。为了帮助读者在浏览你的文件的过程中,能够找到他们所要寻找的东西并且跟上进度,学习充分运用标题和衔接、流畅的过渡,以及预览和回顾:

- **标题和衔接**。读者应该能够跟上你的文件结构,并从你的标题或副标题中挑出信息的关键点(看第 6 章回顾一下怎样写作有效的标题)。采用能够清楚地区分不同层级的简单而连贯的标题。
- **过渡**。第 5 章把过渡定义为把观点联系在一起并且表明一个想法和另一个想法之间联系的单词或短语。在长篇报告中,一个完整的段落也可以被用来突出一个部分到下一个部分的过渡。
- **概述和综述**。概述部分介绍了重要或复杂的主题,来帮助读者对新信息有所准备。综述部分出现在正文材料和重要观点的总结之后,以帮助读者消化刚刚读到的信息。

为了回顾这一部分讨论的任务,参见"要点检查:编写商务报告和建议书"。

JWS 改造方法

1701 Lake Street · Traverse City, Michigom 49685
(231) 946-8845 · Fax: (231) 946-8846 ·
E-mail: jws@worldnet.att.net

2012 年 10 月 28 日

Mr. Daniel Yurgren
Data Dimensions
15 Honeysuckle Lane
Traverse City, 密歇根州 49686

敬爱的 Yurgren 先生：

主题：对家庭办公建筑的建议书

> 根据 10 月 14 日的会议所讨论的说明，JWS 改造方案公司将非常乐意把您的现有居室改造成家庭办公场所。此项目计划在 2012 年 11 月 14 日的那一周开始。预计三周完成。
> 我们的建筑方法是独一无二的。我们将全力以赴投入所有专业资格人员，并制订项目计划，以保证一道工序结束时，另一道工序已经准备完毕，可立即启动。如像您所要求的那样，为了加快工程进度，我们将一些可以同时进行的工序重叠一部分进行。

JWS 改造方法将提供以下工作：

- 去掉脚板、门框、槽壳以及石膏板，为起居室北面的新隔断改造进行准备。
- 利用隔断在起居室北面围出两个分开的储藏室，通过两扇 36 度六镶板门进出。换掉不需要的石膏板。
- 安装并装修新门，去掉所有不需要的脚板和门框。
- 在邻近客厅的起居室西南入口处利用现有的门框安装 60 度双层落地双扇玻璃门。适当装修。
- 提供天花板隐藏式照明设备所用的电子设施。提供适当的单极开关和双向插座。
- 把冷气扇从起居室的西边移到东边。
- 根据说明的要求对全屋的表面进行喷涂和抛光。

本项目工作不包括定制办公室家具、地毯、电话和电缆线。我们很愿意在未来争取这些项目。

批注：

- 开头描述项目的范围。
- 正文详细列出将要开展的工作。
- 建议书通过仔细识别建议书以外的范畴来避免混淆。
- 开篇还介绍了项目的时间计划来吸引读者的注意力，这是一个关键的卖点。
- 第二段解释了公司怎样兑现承诺。
- 正文列出的细节解释如何去展开计划，大体用到的方法，提供工作计划，列出资格和成本（见下一页）。

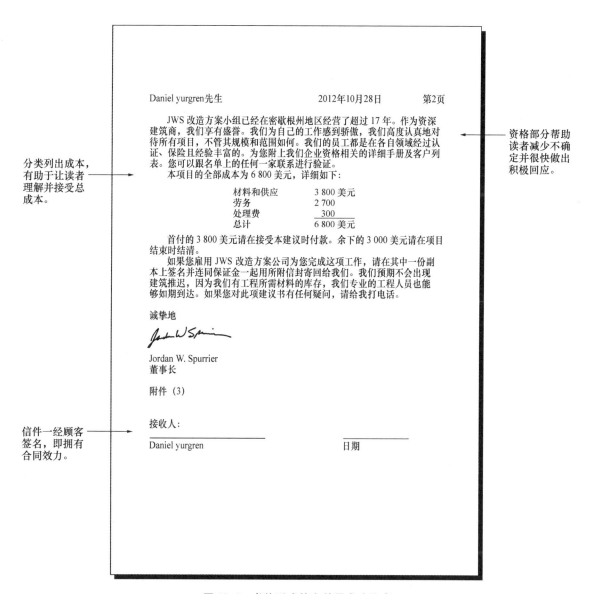

图 12.4　书信形式的有效需求建议书

　　这封书信形式的有效需求建议书为顾客购买服务提供了所需要的信息。一旦在建议书上签名并将之递回,则建议书将变为合法合同,买方付钱以购买卖方在建议书中描述的服务项目。

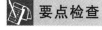 要点检查

编写商务报告和建议书

A. 回顾和调整提纲

- 使报告中同一级别标题的语气一致。
- 理解如何将引言、正文和结尾结合在一起来传达信息。

B. 起草报告内容
- 利用引言来建立报告的目的、范围和组织。
- 使用正文来展现和解释你收集的信息。
- 使用结尾来总结主要的观点,讨论结论或提出建议。

C. 起草建议书内容
- 使用引言来讨论背景或问题、你的解决方案、范围和组织。
- 利用正文来解释你所建议的方法及其带来的好处,要令人信服。
- 使用结尾来强调利益和总结方法价值。

D. 帮助读者顺利阅读
- 提供标题来增加可读性,并明确你的思路框架。
- 使用网上超链接,使读者的注意力从一个部分顺利转移到另一个部分。
- 利用过渡把观点连接起来,并展示一个想法是如何同另一个想法联系的。
- 概述重要的主题帮助读者对新信息做好准备。
- 综述关键信息来帮助读者理解细节,掌握全景。

12.1.5 使用技术加工报告和建议书

撰写长的报告和建议书可能是一个艰巨的工作,所以确保利用技术工具的优势帮助你完成通篇写作。除了第5章"使用技术完成并修正你的信息"一节中描述的工具外,确保发掘以下这些功能的优势:

- **链接的和嵌入的文件**。在很多报告和建议书中,通常包括插图、电子数据表、数据库和其他用各种软件项目创造出的要素。要确信自己知道软件的工作方法,比如,在微软 Office 软件中,链接一个文件的同时保留着与这个源文件的"同步"联系,原始文件的改变会在你正操作的文档中显示出来。然而,插入一个文件"断开链接"就是说,在原始文件中的那些改变不会自动在新文档中显示出来。

- **电子格式**。像销售报告和合规报告这样需要经常使用的报告,考虑建立一个文档,使用像文本框(使用者可以在其中输入新文本)和复选框(用来在一系列预定选项中进行选择)这样的格式工具。

- **电子文档**。PDF 文档大量代替了打印的报告和建议书。利用 Adobe Acrobat 或者类似产品,你可以很快地将报告和建议书转成 PDF 格式,这样可以容易地共享电子文件。注意:PDF 文件长久以来被认为比 Word 文件更安全,但是近来的发现表明,PDF 文件也会被用来传播电脑病毒。[5] 当使用 Adobe Acrobat 转化 PDF 文件时,要获得如何安全使用它们的信息,请访问 www.adobe.com/security。

- **多媒体文件**。视频处理器、动画、幻灯片展示软件、视频截屏(记录屏幕动态)和其他媒体

---

[5] Martin James, "PDF Virus Spreads Without Exploiting any' Flaw," IT Pro, 8 April 2010, www.itpro.co.uk

元素可以提高书面语句的交流和劝说效果。
- **建议写入软件**。建议写入软件可以自动个性化你的建议书、确保使用了合适的结构（比如，确保你不忘记某些部分）、组织好你存储的所有引用文本、整合来自销售数据库的信息，以及浏览需求建议书来识别问题和需求，最后填写来自中央知识库中可能的答案。[6]

12.2 为网站和维客写作

除了独立的报告和建议书外，你可能会被请求为网站写有深度的内容或者在维客上合作写作。报告写作的基本原则适用于这两者，但是它们又各有独特之处。

12.2.1 起草网站内容

网站的主要部分，特别是那些静态的功能（不同于博客）在很多方面与报告是一样的。你使用的报告写作技能适用于这种情况，只要你记住几点：
- 特别注意与你的目标受众建立信任关系，因为认真的读者会对网上的内容有怀疑。确保你的内容是准确的、最新的、完整的及权威的。
- 尽量让整个页面的内容适应于全球受众。翻译整个内容是很贵的，因此一些企业让主页当地化，而更深入、更详细的内容则保持其母语。
- 在有很多阅读挑战的环境中，吸引人的、以读者为导向的内容是成功的关键。[7] 不管在什么情况下，用倒金字塔的写作风格，首先简洁地揭示最重要的信息，然后逐渐展现各个层次的细节——让读者来选择他们想看的这些额外层次的信息。
- 以简洁的、可略读的版式来呈现信息。有效的网站使用很多办法来帮助读者快速浏览网页，包括列表、使用颜色和粗体、告知性标题和有益的概论等，以便读者来选择其是否想了解得更多。
- 写作有效的链接来标示导航和内容浏览。此外，清晰地表明链接会将读者带往何处。别让双关语使网页内容难以理解，并且不要强迫读者只有点击链接才能知道他们将会去何处进行浏览。

12.2.2 在维客上协作

像第 2 章指出的那样，使用维客对团队写作项目来说是一个很棒的方法，这些写作项目可以是简单的文章，也可以是篇幅很长的报告和常用参考书（如图 12.5 所示）。维客的优势是显著的，但是写作它们确实也需要一种特别的方法。要想成为一个有价值的维客贡献者，记住以下几点[8]：

---

[6] Sant Corporation website, accessed 29 July 2010, www.santcorp.com

[7] "Web Writing. How to Avoid Pitfalls," Investor Relations Business, 1 November 1999, 15.

[8] "Codex: Guidelines," WordPress website, accessed 16 February 2008, http://wordpress.org; Michael Shanks, "Wiki Guidelines," Traumwerk website, accessed 18 August 2006, http://metamedia.stanford.edu/projects/traumwerk/home; Joe Moxley, MC Morgan, Matt Barton, and Donna Hanak, "For Teachers New to Wikis," Writ, ing Wiki, accessed 18 August 2006, http://writingwiki.org; Wiki Guidelines, "Psi, accessed 18 August 2006, http://psi-im.org

- 抛开对于著作权的传统期望,包括个体识别和所有权。
- 鼓励所有团队成员提高每个人的工作质量。
- 用网页模板和其他格式选项使网页内容与其他维客内容相匹配。
- 使用独立编辑并正确讨论其性能。
- 如果可以,充分使用"沙盒",这是维客的一个"安全的"、不公开的部分,团队成员可以在这里练习编辑和写作。

维客通常有指南来帮助新的贡献者将其工作整合到团队成果中。确保阅读并了解这些指南,有疑问就寻求帮助。

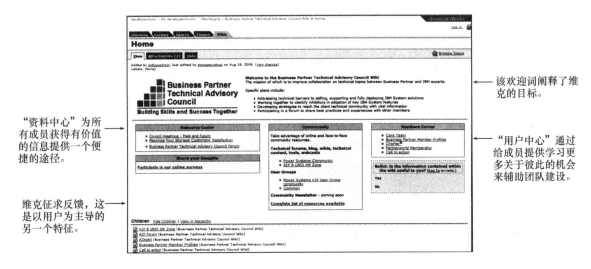

图12.5 IBM 的合作伙伴维客

IBM 创建维客促进与其合作伙伴的协作。

资料来源:Reprint Courtesy of International Business Machines Corporation. 2011 International Business Machines Corporation. First published by IBM developerWorks at http://www.ibm.com/developerWorks。

如果你在创建一个新的维客,应该像考虑一个新的博客或是播客渠道一样,仔细思考你的长期目的。这样做会帮助你制作合适的指南、可编辑的监测和安全的策略。比如,索尼的 PlayStation 开发团队就使用维客来使高层领导跟进最新的产品,因为这些新产品信息是高度保密的,使用这一维客是被严格控制的。[9]

如果你是为现有维客添加一个页面或是一篇文章,要明确这些新材料应如何适应现有的组织结构,同时,也要学习维客偏好的风格来完善文章。例如,在包含用户文档的维客上,并且这些用户文档是流行的 WordPress 博客系统软件时,只有当网页内容是"非常完整和准确的",贡献者才被允许添加新页面,否则不鼓励这样做。[10]

如果你是在修改或是更新一篇现有的维客文章,在你做更改之前,使用第6章中的问题列表来评估网页内容。如果你不赞同已刊登的内容并计划修改它们,你可以使用维客的讨论设备与其

---

[9] Rachael King, "No Rest for the Wiki," Business Week, 12 March 2007, www.businessweek.com
[10] "Codex: Guidelines," WordPress website, accessed 14 February 2008, http://wordpress.org

他的贡献者分享你的想法。只要每个人都有礼貌并尊重他人,维客的环境是鼓励讨论的,甚至可以激发不同意见。

12.3 使用有效的视觉效果阐明报告

好的视觉设计元素可以加强原文信息的交流能力,在某些情形下,甚至可以代替原文信息。视觉效果通常可以比文字更有效地传达一些信息点(像空间关系、相互关系、流程和情绪)。通常来说,在一个给定的时间内,好的图片设计会传达比文本更多的信息。[11] 视觉效果能够吸引和控制人们的注意力,帮助读者理解和记住你的信息。忙碌的读者经常喜欢跳到视觉部分来试图从中得到信息要点,并且有吸引力的视觉效果可以使读者更深地进入到你的报告和陈述中。使用图片在当今的商业环境中很常见,而且也是一个与不同受众交流的有效方法。

在你阅读第 5 章时,很多单词和短语都有隐含的意思,这是这些单词或短语在受众记忆中激发的所有情境、情绪和感情。视觉元素的能力(与风险)的一个重要部分也来源于这些隐含的意思。即使是一些印在信纸上的简单的水印符号也可以提高读者对信息的信心。[12] 许多颜色、形状和其他设计元素有**视觉象征(visual symbolism)**,它们象征的、隐含的含义会随着时间的变化而变化,并且在不同的文化中有不同的含义(如图 12.6 所示)。

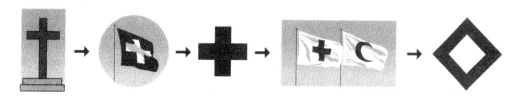

图 12.6 视觉象征

总所周知,一个白色背景下的红色十字(两个等长的长条)是红十字救援组织的标志。而它同样用来表示许多国家军队系统的医疗分支。红十字标志是在瑞士(第一个红十字会组织成立于此)国旗的基础上演变而成,而瑞士国旗则是由基督教的十字架形象战旗经过数百年的演化而成。尽管红色十字符号并不是直接由基督教形象形成,但是红十字组织在信仰伊斯兰教为主的地区使用红色新月符号代表自己,称为"红新月会"。为了避免因宗教象征符号带来的麻烦,国际红十字和红新月会(一个由各个国家的红十字会和红新月会组成的国际性联盟组织)最近决定采用"红色水晶"作为自己的新标志。

12.3.1 理解视觉效果设计原则

鉴于视觉效果在如今的商业环境中的重要性,**视觉素养(visual literacy)**这一发送者使用有效的图片、接收者正确理解视觉信息的能力,已经成为一项关键的商务技能。[13] 就像创作有效的句子、段落和文档需要好的写作原则一样,创作有效的视觉效果也需要好的设计原则这样的知识。

---

[11] Alexis Gerard and Bob Goldstein, Going Visual (Hoboken, N.J.: Wiley, 2005), 18.

[12] Charles Kostelnick and Michael Hassett, Shaping Information: The Rhetoric of Visual Conventions (Carbondale, Ill.: Southern Illinois University Press, 2003), 177.

[13] Gerard and Goldstein, Going Visual, 103—106.

即使你在设计上没有受过正规的训练,注意以下六点也会帮助你成为一个有效的视觉沟通者:

- **一致性**。想想连续的可视化并行,跟文字并行的方式一样,可以帮助受众了解和比较一系列的想法。[14] 你可以通过多种方式达到可视化并行的效果,比如使用一致的颜色、形状、尺寸、结构、位置、规模或者字形等。

> **实时更新　阅读 PDF**
>
> **了解为什么视觉效果设计不只是"花瓶角色"**
>
> 网站的视觉效果设计不仅仅是装饰,它是网站的一个必需的、功能性的部分,是沟通过程中的一个关键因素。登录 http://real-timeupdates.com/ebc10 获取更多信息。

- **对比性**。使用尺寸、颜色等视觉效果选项来强调差异大的数量或是想法。另一方面,要想强调相似性,视觉效果的区别就不要太明显。

- **平衡性**。失去平衡性的图像会使人觉得不安,就像看起来要倒塌的建筑一样。平衡性可以是正式的,即图像中的元素被对称地安排在一个中心点或轴的周围;也可以是非正式的,即图像中的元素没有均匀分布,但是视觉上的强弱元素被有效地安排用来达到整体效果上的平衡。通常来说,正式的平衡让人感到平静且严肃,而非正式的平衡却让人感觉有活力和充实,这也是大部分广告使用这种方式的原因。

- **重点性**。受众通常认为设计中的主导元素是最重要的,所以要确保视觉上的主导元素确实代表最重要的信息。比如,你可以通过颜色、位置、尺寸或者外观来做到这一点。

- **惯例**。视觉沟通通常遵循各种各样的公认规则或惯例,就像书面沟通那样遵循一系列的拼写规则、语法规则、标点规则和习惯用法一样。这些惯例几乎指出了设计的所有方面。[15] 而且,许多惯例已经深入人心以至于人们甚至意识不到自己在遵循这些规则。举个例子,如果英语是你的母语,你会认为阐述观点应当采用从左到右的行文格式,因为这正是英语文章的标准行文格式。但是,如果你的母语是阿拉伯语或者希伯来语,你很可能会自然而然地认为在纸上或者屏幕上应当选用从右到左的行文方式,因为这也正是这些语言文章写作的标准行文格式。同样的,日本的读者习惯于用从后往前、从右到左的方式阅读出版物。忽视这些惯例通常会导致沟通障碍,但是在一些特定的情况下,忽视惯例会产生巨大的作用。[16] 例如,将一份组织结构图上下颠倒,将消费者栏放在顶部,将一线员工直接放在消费者栏的下方,然后依照这个原则向下排列,直到最后将首席行政官放在最底部,这种方式能够极为有效地强调顾客至上以及管理人员应当身体力行地负责支持员工,从而使顾客满意。

- **简洁性**。商务沟通中的视觉效果越简洁越好(如图 12.7 所示)。当你为文档设计图表时,记住你是在传递信息,而不是在装饰公寓或创作艺术品。限制你使用的颜色和设计元素的种类数,注意避免"图表垃圾",这是视觉沟通专家 Edward T. Tufte 创造的一个词,是一种没有添加任何相关信息而使文档混乱、读者迷惑的装饰元素。[17] 要注意,电脑使得添加图表垃圾非常容易,既有剪贴艺术插画,也有只展示二维数据的三维图表。

---

[14] Edward R. Tufte, Visual Explanations: Images and Quantities, Evidence and Narrative (Cheshire, Conn.: Graphics Press, 1997), 82.

[15] Kostelnick and Hassett, Shaping Information: The Rhetoric of Visual Conventions, 17.

[16] Kostelnick and Hassett, Shaping Information: The Rhetoric of Visual Conventions, 216.

[17] Edward R. Tufte, The Visual Display of Quantitative Information (Cheshire, Conn.: Graphic Press, 1983), 113.

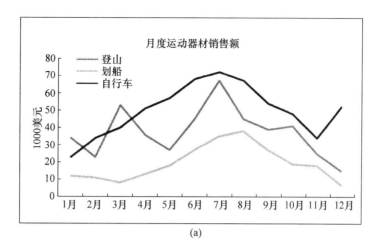

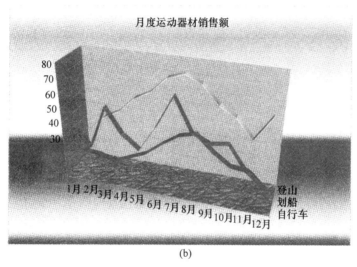

图 12.7　简洁的力量

　　这两幅图包含同样的信息，但是图 12.7a 更易于理解，而图 12.7b 中增加的元素没有一个提高了信息价值，并且让图表更加难以理解。对二维信息加入一个错误的第三维信息栏是一类常见的错误。

12.3.2　理解视觉沟通的伦理道德

　　强大的功能通常伴随着责任，视觉效果潜在的强大功能使每个商务沟通者都要承担道德责任。有意和无意的道德问题，既包括含有种族或性别偏见的照片，也包括隐含在图表中的不存在的因果关系进而歪曲数据的图片。

　　改变可见信息量的规模是强调或淡化特定内容的众多方式中的一种。例如，为了让一种产品看起来很大，广告商可以展示产品被某个手很小的人握着的特写镜头。相反地，一只大手会使你的产品看起来很小。

你可以遵守以下这些原则,以避免犯道德错误。⑱
- 考虑所有可能的理解和误解情况。
- 提供足够的背景信息来帮助受众正确地理解视觉信息。
- 不要隐藏和最小化那些反对你论点的视觉信息,也不要夸大那些支持你论点的视觉信息。
- 不要通过省略那些晦涩但对读者理解内容至关重要的部分来降低内容的复杂程度。
- 在没有提供证据证明因果关系确实存在的情况下,不要暗示。
- 避免情感操纵或者其他形式的强制行为。
- 注意你综合数据或分类数据的方式。例如,通过周或月销售数据来综合日销售数据可能会掩盖对受众来说有意义的日常波动情况。

12.3.3 识别应该使用插图的观点

想要识别报告的哪个部分可以从视觉效果中受益,就要回过头来从受众的角度思考整个报告流程。哪些部分可能看起来复杂、会使人误解或者甚至有点呆板?观点与数据集无法被读者清晰地把握与它们在文中仅以文本的形式引用是否有联系?如果只是以段落形式来呈现很多数值型数据或其他不连续事实的话,会造成阅读困难吗?如果中心思想只用文本形式揭示,会使其有"跳出页面"的可能吗?读者会毫不怀疑地接受报告并进而寻找支持证据吗?

如果你对以上这些问题的回答都是肯定的,你就很可能需要一个或更多的视觉效果。当你决定用哪一个观点来进行视觉展示时,考虑以下五点:

- **清晰**。如果你对用文字传达思想有困难,花时间想一想用视觉效果来使主题清晰的可能性。
- **完整**。视觉效果、特殊的图表可以完善你的文本以提供给读者他们所需要的所有信息。
- **简洁**。如果信息的特殊部分似乎需要更广泛的描述或解释,看看是否有办法使用视觉效果传递信息以减少文字数量。
- **关联性**。许多商务信息的关键目的是展示一些类别的关联性,这些类别是相似的或不同的、相关的、具有因果关系的,等等。
- **推动性**。是否可以利用一个或更多的图解来使你的信息更具有说服力、更有趣或更吸引读者?

当你要识别文档中的哪个观点可以通过使用视觉效果获益时,要确保你决定使用的每个视觉效果都有清晰的目的(如表 12.1 所示)。

> **实时更新 探索交互网站**
>
> **快速学习多种数据和信息的展示技巧**
>
> "采用可视化技术的周期表"显示了多种方法来展示数据、信息、概念和策略。登录 http://real-timeupdates.com/ebc10 获取更多信息。

---

⑱ Based in part on Tufte, Visual Explanations: Images and Quantities, Evidence and Narrative, 29—37, 53; Paul Martin Lester, Visual Communication: Images with Messages, 4th ed. (Belmont, Calif.: Thomson Wadsworth, 2006), 95—105, 194—196.

表 12.1　使用视觉效果的时机

目的	应用
阐明	支持文本部分对定量或数字信息、趋势、空间关系、物理结构的描述。
简化	将复杂的描述分解为可以用概念模型、流程图、组织图或图表来描述的部分。
强调	通过用线性、柱形、饼形和其他类型的图表来引起对特别重要的观点的注意。
总结	通过提供一个总结关键项目的图形或表格来回顾叙述的主要观点。
强化	以视觉和写作两种形式展示信息,来加深读者的记忆。
吸引	保证读者的视觉和情绪;提供视觉效果使读者从长篇文本的困惑中解脱出来。
影响	建立可信度,把思想放到视觉效果中,传达一种可信的、精确的印象。
统一	描述观点间的关系,比如通过流程图从视觉上展示流程的步骤组合。

12.3.4　选择正确的视觉类型

在你已经知道哪个观点更利于采用视觉展示后,下一步就是选择何种视觉类型来为信息观点服务(如图 12.8 所示)。对某些特定类型的信息,决定通常是很明显的。想要展示一个大的数字评估或详细的文本信息,在很多情况下表格是明智的选择。然而,如果想要展示不同地域的某些数据分析,采用一个彩色编码的地图可能更有效。当然,特定的视觉效果通常更多地应用于特定的方面,比如线状图可以用来显示随时间变化的趋势。(注意:对这里讨论的大部分展示格式来说线状图和图表可以互换使用)

展示数据的视觉效果

对于展示数据,商务人士可以有很多种选择,从一般目的的线状图、柱状图和饼图,到产品组合、财务分析和其他专业功能的特殊图表。最普遍的用来展示数据的视觉元素包括表格,线状图和面状表,柱状图,以及饼图。

表格。当需要呈现一些细节、具体信息时,可以采用**表格(table)**这种系统的行列数据安排。大多数表格具有一些标准格式(如图 12.9 所示)。如果是打印文稿的形式,你可以通过调整字号和行列空白来将大量的信息放在页面中,并且依然保持可读性。对于在线文档,就需要减少行或列的数量来确保表格在网上的可读性。而口头报告的表格应该最简单,因为你不可能期望受众在屏幕上读出表格中的细节。

尽管复杂信息要求正式表格与正文分离,但可以在正文中呈现一些更简单的数据。这种正文表格通常用一句话来引入以直接进入列表信息。这里有一个例子[19]:

---

[19] Hoover's Online, accessed 3 December 2008, www.hoovers.com

沟通挑战	有效的视觉选择	
展示数据		
展示个体的、精确的价值	表格	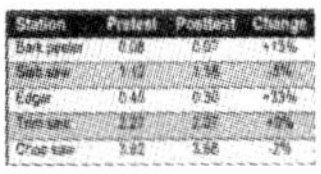
展示一个或多个变量的趋势,或这些变量随着时间的推移彼此之间的关系	线状图、柱状图	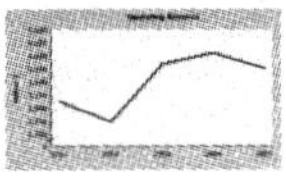 
对比两个或更多的数据	柱状图、线状图	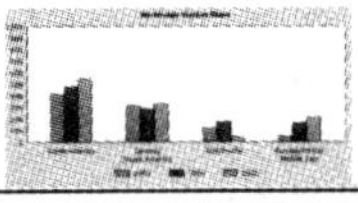 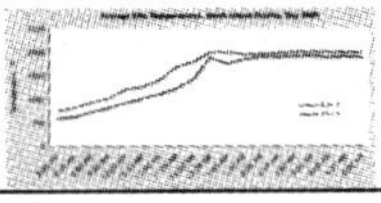
展示整体部分的频率或各部分的分布	饼图	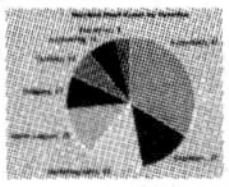
展示大量数据集、复杂的数量关系或者动态数据	数据可视化	 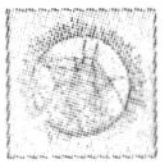 
展示信息、概念和思想		
展示地理关系或对比	地图	
阐明进程或程序	流程图、图表	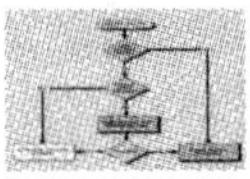
展示概念或空间的关系（简单的）	制图	
展示空间的关系（现实的）	图片	
展示进程、变化和其他活动	动画、视频	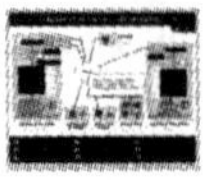 

图 12.8 选择最佳视觉效果

对于你想用图解的每个观点,确保选择了最有效的视觉类型。

	多层标题			单个专栏的题目
	次标题	次标题	次标题	
行标题	xxx	xxx	xxx	xxx
行标题	xxx	xxx	xxx	xxx
行子标题	xxx	xxx	xxx	xxx
行子标题	xxx	xxx	xxx	xxx
行标题	xxx	xxx	xxx	xxx
行标题	xxx	xxx	xxx	xxx
总计	xxx	xxx	xxx	xxx

图12.9　一个表格的部分内容

这里是一个标准的表格的部分内容。不管你选择何种设计,确保布局清晰并且每行和每列都容易读。

这是五家提供全方位服务的餐饮连锁店的店面数和收入的比较:

	OSI 餐馆的合作伙伴	Applebee	Carlson	Brinker	Darden
主要连锁店	Outback Steakhouse, Carrabba's	Applebee's, IHOP	TGI Friday's, Pick Up Stix	Chili's	Red Lobster, Olive Garden
地点	1 470	3 300	990	1 550	1 800
收入（百万美元）	3 600	1 414	N/A	2 859	7 113

资料来源:Hoover's Online,accessed 25 February 2011,www. hoovers. com;"America's Largest Private Companies," *Forbes*,accessed 25 February 2011,www. forbes. com;company financial reports accessed on Google Finance,accessed 25 February 2011,www. google. com/finance。

当制作一个表格时,遵循以下准则会使表格更容易读懂:
- 使用通用易懂的单位,并清晰说明所使用的单位。
- 在每一列中用同一种单位表示所有项,并用四舍五入来简化。
- 清晰标注每一列的标题,必要时使用子标题。
- 用线或空白将行或列分隔开以使表格容易理解;在复杂的表格中,可考虑每隔一行或一列用较浅的对比色来进行突出。
- 必要时提供行或列的总计或均值。
- 记录数据来源,用与脚注相同的格式。

表格可以包含数字、文字、符号或者其他事实和图形。文字表格特别适用于呈现调查结果或者比较具体指标下的事项。

线状图和面状图。**线状图**(line chart)显示的是随时间变化的趋势或两个变量的关系。在线状图中,纵轴或 Y 轴表示的是数量,横轴或 X 轴表示的是时间或其他与数量相对的指标。而且,在图中,你可以选择用一条线或多条线来比较不同的事物(如图12.10所示)。

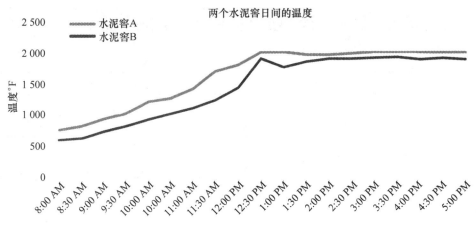

图 12.10　线状图

这个线状图中的两条线比较了从上午 8 点到下午 5 点之间两个水泥窑内部的测量温度。

面状图（surface chart），又称为**区域图**（area chart），是一种展示累积效应的线状图,所有线条加总至最顶端代表总体的线条（如图 12.11 所示）。这种图帮助你描绘出随着时间的推移各组成分的变化。当准备区域图时,把最重要的部分放在底边上,并且把图层的数量限制在 4—5 个。

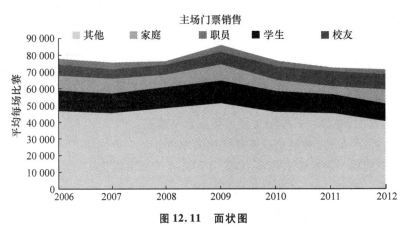

图 12.11　面状图

面状图或区域图可以展示随着时间推移的趋势变化组合和整体中各部分的占比。

柱状图和饼图。柱状图（bar charts）利用其高度和长度来显示数量,使得一系列或更多系列的数字易于阅读和理解。当你想展示或比较随着时间推移的数量变化时,柱状图尤其有价值（如图 12.12 所示）,柱状图可以通过多种形式出现。例如,专门的时间表图和甘特图经常被用在项目管理中。

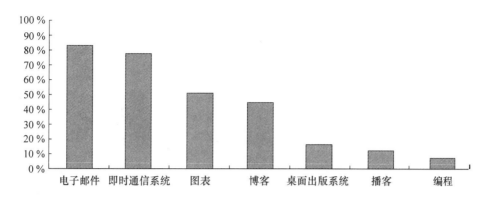

(a) CommuniCo 职员的计算机技能

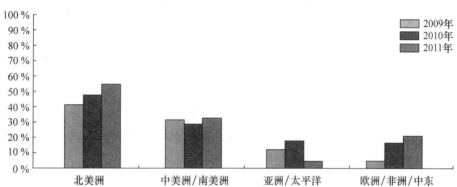

(b) 全球市场份额

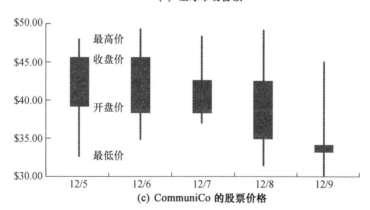

(c) CommuniCo 的股票价格

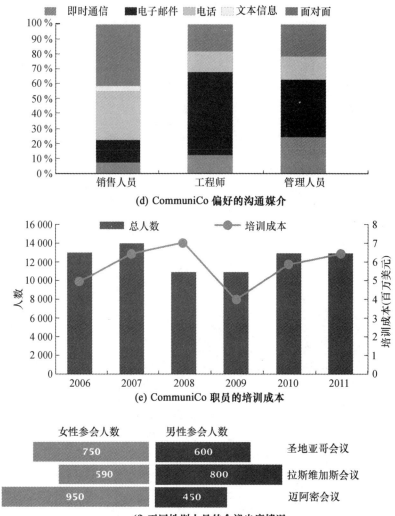

图 12.12 各种柱状图

这里显示了多柱状图中的六种:单柱柱状图(a)、多柱柱状图(b)、偏差柱状图(c)、分段柱状图(d)、组合柱状图(e)、成对柱状图(f)。

饼图(pie charts) 是展示一个整体的各部分是怎么分配的常用工具。虽然饼图非常受欢迎且可以很快突出一个整体的主导部分,可却没有柱状图或表格有效。比如,用饼图来准确地比较百分数就不如用柱状图来表示简单(如图 12.13 所示)。要使饼图易于准确阅读,需要用数值来标注各部分,在这种情况下,表格可能会更有效地达到目的。[20]

---

[20] Stephen Few, "Save the Pies for Dessert," Visual Business Intelligence Newsletter, August 2007, www.perceptualedge.com.

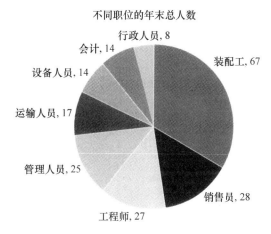
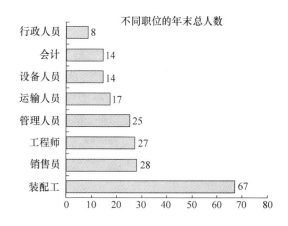

图 12.13　饼图与柱状图

饼图经常被使用，却不是大多数据展示的最佳选择。这里的饼图确实很容易看出来装配工是最大的员工类别，但是员工的其他组成部分（如销售员、工程师和行政人员）却不容易看出来，相对于可视化比较来说更需要用数值展现。相反，柱状图却对每个数据点给出了简单直观的比较。

数据可视化。传统的图表在某些方面有局限：很多类型的图表只能展示有限的数据点，否则会变得杂乱无章；它们通常不能展示数据点之间的复杂关系；它们只能展示数值型数据。随着计算机技术持续产生大量的数据，这些数据在很多方面都可以结合和联系起来，被称为**数据可视化（data visualization）**的各种展示技术可以克服所有这些缺点。

> **实时更新　探索交互网站**
>
> **数据可视化的方法：商务沟通人士的全面典藏**
>
> 这个独特的网站资源提供了链接到大量数据可视化的技术和例子。登录 http://real-time-updates.com/ebc10 获取更多信息。

与图表不同，数据可视化不是阐明个别的数据点，而是从大量数据中提取大概意思或将数据放在一定的语境中。[21] 比如，图 12.14b 中 Facebook 的"朋友转盘"通过显示一个人的朋友同时也是其他人的朋友，来显示出整个网络好友（类似工作好友、社会好友等）中对应的"圈子"，从而提供 Facebook 用户网络的可视化感受。这个图形不是要展示数目，而是展示整个网络的总体性质。

除了展示大量数据集和数据集内部的联系以外，其他种类的可视化工具将数据与文本信息很好地结合起来，比起传统的叙述，它们可以将复杂数据或动态数据更快捷地展现出来。例如，标签群显示了文章、博客、网站、调查数据或其他文本集合关键词或标签（用户应用内容标签）的相对频率。[22] 图 12.14 展示了目前可用的多种数据可视化工具中的几种。

---

[21] Maria Popova, "Data Visualization: Stories for the Information. Age," Business Week, 12 August 2009, www.busmessweek.com

[22] "Data Visualization: Modern Approaches," Smashing Magazine Website, 2 August 2007, www.smashingmagazine.com; "7 Thinks You Should Know About Data Visualization," Educause Learning Initiative, accessed 15 March 2008, www.educause.edu; Tagcrowd Website, accessed 15 March 2008, www.tagcrowd.com

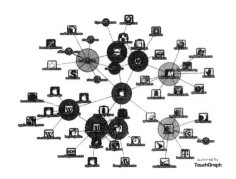

(a) 网站链接地图。这种互动式网络图显示了进出苹果公司主页（www.apple.com）的最活跃链接（来自 TouchGraph.com 的网站链接地图）

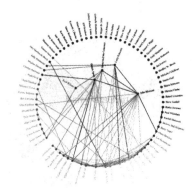

(b) Facebook 朋友转盘。这个网络图显示了 Barry Graubart（一个电子商务公司的经理）的朋友关系如何彼此相联系

(c) 标签群。这个"单词图"显示了本章内容中 50 个最常使用的单词的相对频率(排除常用词 and、or 和 the)

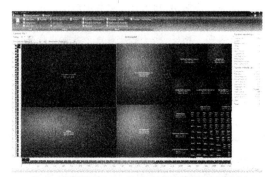

(d) 交互式数据展示。这个交互式数据展示通过各个模块使用不同的尺寸和颜色，同时表明两家公司包含很大数据集的业绩变量(销售和利润)

图 12.14　数据可视化

数据可视化显示的范围几乎是无止境的；这里展示了复杂数据集的众多方法中的几种。

资料来源：(a) 经 TouchGraph.com 授权使用 (b) Visualize Your Facebook Social Network with a Friend Wheel. Courtesy of Facebook. (d) 经 Microsoft ® 授权使用 Microsoft Dynamics NAV 2009 can be accessed at：www.microsoft.com/presspass/gallery。

展示信息、观点和想法的视觉效果

除了事实和数字，你可能还需要展示其他类型的信息，从空间关系（如办公大楼的建筑平面图）到抽象的概念（例如进展和竞争）。对于这些用途最普遍的视觉元素包括流程图、组织结构图、地图、图画、图表、信息图、动画和视频。

流程图和组织结构图。流程图（flowchart）（如图 12.15 所示）显示了事件从开始到结束的顺序，它是一种在展示过程、程序和顺序关系时必不可少的工具。对于一般商业目的，你不必太在意流程图中具体的形状，但在使用中要保持它们的一致性。然而，你应该了解正式的流程图"语言"，每一种形状都代表一种具体的意思（菱形是决策点，矩形是过程步骤，等等）。如果你与计算机编程人员和其他熟悉正式流程图的人交流，要确保在每一个情况下使用正确的符号以避免误解。

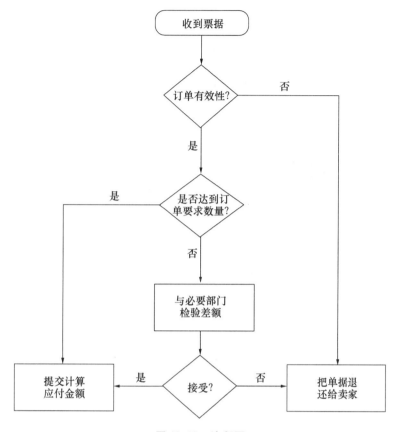

图 12.15 流程图

流程图展示了事件顺序，尤其在过程或流程中有很多决策点和多条路径时更有价值。

正如名字所述，**组织结构图**（organization chart）显示了组织中的职位、单位或功能以及它们间的联系。如果没有第 1 章图 1.3 那样的图，是很难描述一个组织正常的沟通渠道的。当然，这些图并不只局限于组织结构，如在第 4 章中看到的，它们也可以概括信息。

地图和地理信息系统。地图可以显示位置、距离，(如竞争激烈的零售网点这样的兴趣点)，以及**数据**的地理分布(如各地区的销售情况或者各州的人口情况等)。除了展示事实和数字，地图对于显示营销范围、配送路线和设施地址也很有用。

当地理信息系统（GIS）与航拍或卫星拍摄的数据结合起来时，地图将成为非常强大的可视化报告工具(如图 12.16 所示)。举一个例子，零售专家可以探索到特定店铺位置附近各种行驶距离以内的社区人口信息和消费心理的构成情况。使用这些信息，管理者可以计划从新的建筑地址到配送路线再到营销活动等各种事务。

图画、图表、信息图和照片。使用图画、图表和图片的机会几乎是无穷的。图画可以展示从建筑工地到产品概念的所有事情。简单的图表可以展示行业中供应商的网络、企业的资金流或者完成周工资表的步骤。更复杂的图表可以展示技术主题，比如机器的操作或者维修步骤。包含足够的视觉和文本信息而可以作为独立文档使用的图画或图表有时被称为**信息图**（infographics）。第 4 章图 4.4 和第 7 章图 7.1 就是较好的例子。

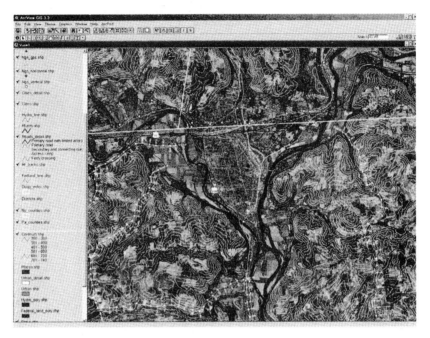

图 12.16　地理信息系统

商业中很多方面都使用地理信息系统。通过在地图和航拍图或卫星图上添加描述性数据,企业可以将这些图用于策划销售活动、改善交通路线、选择零售或生产地等多种目的。

资料来源:卫星图公司的图片。

如今,Word 软件提供了比较先进的绘图功能,但是为了更精确和更专业地说明问题,你需要专业化的软件包,例如 Microsoft Visio、Adobe Illustrator 或是 Google SketchUp。如果需要更高水平的绘图软件,计算机辅助设计系统(CAD)例如 Autodesk's AutoCAD,能够绘制出极其精确的建筑和机械制图。

照片有功能性和修饰性价值,当你需要展示具体外观时,照片是最好的。由于受众期望照片能展示文字的视觉真相,在使用照片处理工具如 Adobe Photoshop 时一定要注意避免误导性结果的出现。想要成功地使用照片,考虑以下指南:

- **考虑图表是否比照片更有效**。照片在传达空间关系、尺寸、形状和其他物理参数方面的能力是无与伦比的,但是有时候,照片却传递了过多的信息。对于某些目的来说,一个简单的图表可能更有效,因为图表允许你强调与当前问题相关场景中的特殊元素。
- **学习使用基本的图片处理功能**。对于大部分商务报告、网站和演示,你不需要担心更先进的图片处理功能和特别的效果处理。但是,你需要知道一些基本的操作,如调整大小(改变照片的尺寸而不删除照片的任何部分)和修剪(剪掉照片的部分内容)的差别。
- **确保图片有沟通价值**。除了封面、标题幻灯片和其他特别的用途外,一般最好避免单纯为了装饰而使用照片。
- **注意版权和模型权限**。就像使用你从网上找到的文件信息一样,你不能简单地将网上的图片插入你的文档中。除非它们是免费提供的,不然你必须假设某人拥有这张照片,有权获得报酬或至少要标注照片作者。当你找到一张照片想使用时,要看看其所有者是否贴出了许可条款。此外,专业的摄影师非常谨慎地让照片中摆姿势的人签署一个标准的授权协议书,这个协议书给了摄影师使用这些人物的照片的许可。

动画和视频。电脑动画和视频是商业视觉效果中最专业化的形式。如果使用恰当且良好,它们将提供无与伦比的视觉影响力(如图 12.17 所示)。在简单的层次上,你可以在电子展示中为图形和文字添加动画效果,尽管具有局限性,见第 14 章。在一个更高深的层次上,例如 Adobe Flash 这样的软件可以创作多媒体文件,包括电脑动画、数码视频和其他视觉元素。

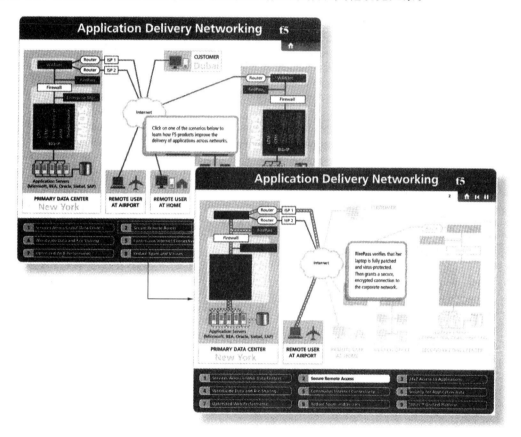

图 12.17　交互式的动画图表

清晰的绘制图可以帮助受众很快理解复杂的观点。用交互式影像和动画,像 F5 网络采用网络视觉效果这样,通过使网站访问者选择与其个人需求最相关的信息,可以使图表更关注受众。在 www.f5.com/flash/product-demo/,你可以亲自与图表互动。

资料来源:经 F5 Networks,Inc.© 2011 F5 Networks,Inc.授权转载。版权所有。

近些年,低成本的数码视频相机和视频分享网站的结合,如 YouTube 已经在商务视频应用领域激起了异常变革。产品展示、公司简介、促销演示和培训会议是最受欢迎的商务视频应用中的几种。YouTube 上的品牌渠道如第 7 章中的例子,允许企业在一个定制的用户界面上作为一个集成来展示其视频。

12.4 制作和整合视觉效果

在你选择了最佳的视觉效果来阐述报告、网站或是演示中的重要观点后,就应该有些创意了。这一部分为创作视觉效果、将视觉效果整合到正文中,以及检验视觉元素的质量提出了一些建议。

12.4.1 创造视觉效果

电脑使得创作视觉效果变得简单,但也使得设计无效、混乱甚至极其丑陋的视觉图像变得容易。然而,通过遵循本章前文中讨论的基本设计规则,可以设计出所有需要的基本的既有吸引力又有效的视觉效果。

如果可能,请专业设计者按照你和你的同事的需要制作一个模板。除了能保证设计有效,使用模板还可以节省每次制作图表时做出大量设计决定的时间。

> **实时更新　阅读 PDF**
>
> **快速启动你的视觉创造力**
>
> 视觉创造力是只有艺术家才拥有或在乎的能力这个概念是不对的。每个能够发展视觉思维和设计技能的专业人士都能提高解决问题和沟通的能力。登录 http://real-timeupdates.com/ebc10 获取更多信息。

视觉效果的风格传递了你与受众之间关系的微妙信息。简单素描可能对工作会议来说就足够了,但是对正式的演示或报告来说就不适合了。从另一方面看,精致的、全彩的视觉效果对非正式的备忘录来说就有些夸张,但可能对于要交给高层管理人员或者重要外部人士的报告来说却非常适合。

12.4.2 将视觉效果整合到正文中

为了使读者获得最大的效益和最小的干扰,你需要认真地将报告中的视觉元素整合到正文中。在某些情况下,视觉元素与正文是相对独立的,就像杂志文章边栏中的视觉元素一样。这些图片与主要故事内容有联系,不用特别的标题或数字来展现。但是,对于报告和大部分其他商务文档,视觉效果与文章正文紧密结合在一起,以使读者可以在视觉效果和正文之间前后转换而尽量不打断其阅读。成功的整合包含四项决策:在视觉效果和正文之间保持平衡,在正文中使用视觉效果,将视觉效果用在文档中,写上题目和其他说明。

12.4.3 保持插图和文字的平衡

强大的视觉效果增强了文章的叙述力和说服力,但是在报告中安插太多的视觉效果会分散读者的注意力。如果你持续不断地用图表、图画和其他视觉元素,从文字到视觉效果前后转换,会使读者很难将注意力放在你的报告思路上,被视觉效果占据的空间也会破坏页面或屏幕上正文叙述的流畅度。

要一如既往地考虑读者的特别需求。如果你是向有多种语言背景或总是变化阅读技巧的受众作报告,你可以较多地使用视觉元素来帮助其避免任何的语言障碍。受众的工作经历、受教育情况和培训情况也会影响你的表达方式。例如,统计图和数学公式对质量监控工程师来说就是每天的必读材料,但对于大部分销售员或高层管理人员来说却不是这样。

12.4.4 引用视觉效果

除非视觉元素确实是独立的,不然报告正文中的视觉元素应该用数字表示出来。一些报告的作者将所有的视觉元素作为"展示",并在全文中用数字连续地表示出来;其他许多作者将表格和图形分开用数字表示,在这种情况下,任何不是图表的东西都作为图形。在一份有多个章节的报告中,插图可能用两个数字(用句点或是连字符分开),代表章的序号和这个插图在这章中的序号。无论使用哪一种方案,确保清晰连贯。

在文件或屏幕中出现视觉效果之前,应该事先提及一下,帮助读者明白视觉效果的重要性。下面的例子展示了如何在正文中实现这种联系:

图 1 概括了在过去五年中摩托车部门的财务历史,包括四个类别的销售额。

这段时间的总销售稳定,但是按类别分的销售额有显著的变化(如图 12.2 所示)。

我们对年轻人高尔夫服饰的销售额显著增长,其潜在原因在表 4 中显示了出来,它表明全球范围内青少年对高尔夫兴趣的增长。

当描述视觉元素中的数据时,确保强调要揭示的要点。不要犯那种仅仅重复所展示的数据的错误。

安插视觉效果

把视觉效果安插在不需要读者前后翻看(在印刷的文件上)或者是上下翻页(在屏幕上),从而在视觉效果和正文之间可以转换的位置上。理想的情况下,最好是将每个视觉效果安插在它所说明的段落中间、旁边或紧随其后,这样读者就可以同时参看解释与图示。如果可能,避免在文章的同一章节中呈现多个视觉效果。(很多视觉效果堆积在一起在一些情况下是不可避免的,比如当正文中的一个章节有很多视觉元素时,就要这样做——例如本章内容。)

写下题目、说明和图例

题目、说明和图例为联系视觉效果和正文内容提供了更多的机会。**题目(title)** 就像子标题一样,提供简短的描述来指出视觉效果的内容和目的,以及用来指示视觉效果的标记和数字。**说明(caption)** 通常提供了视觉元素内容以外的讨论,合适的话可以有几句话那么长。说明也可以提醒读者相应的正文中还有对视觉元素的额外讨论。题目通常在视觉元素的上面,说明出现在视觉元素的下面,但是有效的设计也可以将这两部分放到别的位置。有时题目和说明也会被整合到一段中。对于所有的设计决策,在你的报告或网站中要保持一致。

图例(legend) 用于解释各种颜色、符号或其他设计选择所包含的意义,从而帮助读者解码视觉效果。

读者应该能够在没有看其周围内容的情况下抓住视觉效果的关键点。比如,一个题目只是说"精炼厂",其实并没有说什么内容。**描述性题目(descriptive title)** 确定了插图的主题,比如"美国石油需求和炼油产能之间的关系"提供了图表是关于什么的比较好的主意。告

实时更新　阅读文章

了解为什么有些视觉效果起作用,而有些不起作用

从针对常用展示数据和信息的方法进行富有见地的分析中学习,选用精心设计的视觉效果解决特定问题。同时,重新设计视觉效果以强调发现的问题。登录 http://real-timeupdates.com/ebc10 获取更多信息。

知性标题(informative title)通过告诉人们关注从数据中应该得出的结论而传达了更多内容,比如"随着石油需求持续增长,炼油产能下降了"。

12.4.5 检验视觉效果的质量

视觉效果对读者会产生特别大的影响,同时也对读者对于你和你的工作的感觉产生影响,所以检验视觉效果的质量非常重要。对每个视觉元素都要问你自己三个问题:

- 视觉效果是正确的吗?一定要检查视觉效果的错误,如印刷错误、不一致的颜色处理、混乱或未注明出处的符号以及未对齐的元素。每个视觉元素都准确地传达了你的信息吗?对于数据演示,尤其是要创建一个含电子数据的图表时,检验算出数目的每个公式,确保你为每个图表选择了正确的数目。

- 视觉效果注明出处了吗?与报告和演示的正文部分相同,以别人的调查、信息和观点为基础的视觉效果也需要进行全部引用。(注意:在很多书中,视觉效果的来源标注收集在书末尾的一个地方。)

- 视觉效果是真实的吗?作为最后的防范,回过头来检查并确保你的视觉效果传达了真实的信息。(参见"道德沟通:数据歪曲")。

想获得报告写作和其视觉效果的最新信息,请访问 http://real-timeupates.com/ebc10 并选择第12章。想回顾制作视觉效果时应牢记的重要观点,请看"要点检查:创作有效的视觉效果"。

 要点检查

创作有效的视觉效果

- 强调视觉连续性以使各部分成为一个整体并使受众的困惑减到最小。
- 避免对颜色、纹理、字体、位置或规模作随意的更改。
- 通过颜色、位置和其他设计选项来增强对比。
- 决定你是否要达到标准或非标准的平衡。
- 在设计中强调主要的视觉元素,淡化不太重要的元素。
- 理解并遵循(至少大多时候)受众期望的视觉效果惯例。
- 努力简洁清晰;不要用无意义的装饰使你的视觉效果混乱。
- 遵守指南以避免道德缺失。
- 仔细思考你的报告、信息本质和你的受众会选择哪些点来阐述。
- 根据手中的信息以及信息的目的选择合适类型的图表。
- 确定视觉效果有利于对主题的完整理解。
- 知道如何使用软件工具以使效率和效果最大化。
- 通过保持插图和文字的平衡来将视觉效果整合到正文中,清晰地标注文中的视觉效果并谨慎安排视觉效果的位置。
- 使用题目、说明和图例,帮助读者明白视觉效果的意思和重要性。

- 通过检查正确性、合适的引用和真实性来检验视觉效果的质量。

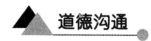

道德沟通

数据歪曲

快速看一下下面的三个线形图,它们都是显示某一特定来源的饮用水含杂质的水平。图 a 显示水源一年中的杂质保持在一个稳定的高水平,图 b 显示水源一年中的杂质水平上下波动,图 c 显示水源一年中的杂质水平保持在一个相当稳定的低水平。

这里有一个陷阱:三个图展示的是完全一样的数据。

再看一下图 a。纵轴的刻度是从 0 到 120,足够涵盖数据中的变化范围。然而,如果你想让受众相信各月之间的变化差别很大那将会怎样?在图 b 中,纵轴的刻度被"放大"为 60 到 110,使变动看起来剧烈得多。结果可以对读者的情绪产生强烈的影响,制造出这些杂质超出了控制范围的印象。

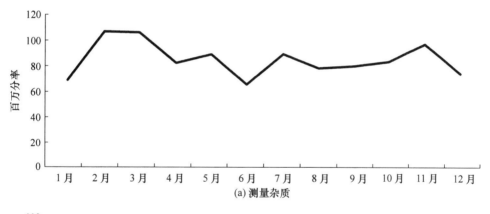

(a) 测量杂质

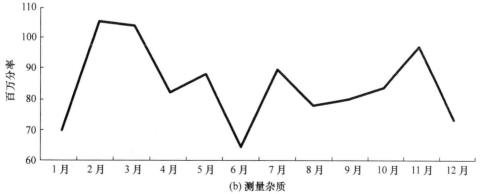

(b) 测量杂质

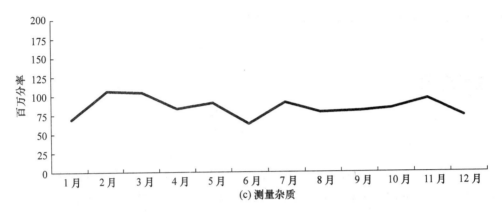

(c) 测量杂质

另一方面,如果你想产生事情进展良好、杂质水平很低、各月变动不大的印象,那又将怎样?看一下图c的例子,刻度扩展为0到200,看起来将数据中的变化缩小了。这个图表视觉上看起来很平稳,潜在地产生一种印象——没有什么值得担心的。

如果三个图展示的是同样的数据,有没有哪一个比其他的更真实?答案取决于你的意图和受众想要的信息。例如,如果各月测量结果的剧烈变化显示了产品质量问题或者影响公众的安全问题,那么视觉上看起来变动最小的那个就应该被认为是不真实的。

▶ 职业应用

1. 如果纵坐标的刻度是0—500,那么将产生怎样的直观视觉印象?为什么?

2. 如果案例中可以接受的杂质水平是60—120百万分率,这三个图中哪一个展示的数据最合理?为什么?

工作进行时

解决 Tellabs 的沟通困境

你希望在企业沟通领域中拥有一个能够向行业顶尖职业人学习的机会,并以此开始自己的职业生涯,所以你为能够加入 Tellabs 公司 George Stenitzer 的团队而激动万分。运用你在本章所学到的技能,应对如下挑战。

1. "CEO的信"往往在公司的年报中起着介绍报告正文的作用。CEO Krish Prabhu 用下面的内容作为他的信的开头:

"更多"。我想不到一个更好的词来描述在当今沟通领域所发生的一切。全球范围内,人们想看到更多、做得更多、互动更多、学习更多。我们所能见到的一切地方,全世界的通信供应商们都在为满足这一愿望而疲于奔命。

这种向新一代互联网的转变为 Tellabs 公司提供了独一无二的发展机遇。那是因为"让更多的不可能变为可能"正是这家公司的宗旨。我们通过为互联网服务供应商提供所需要的解决方案来实现我们的宗旨,以使他们的网络更加智能、更加迅速并且能更好地兼容各种标志着沟通领域未来发展方向的宽带设备。

第 12 章 报告和建议书的写作 445

事实上,那样的未来早已来到我们身边。正像我所写到的,YouTube,广受欢迎的视频分享网站,尽管它还不足两岁,但已经是全球最顶尖的 15 个网站之一。YouTube 平均每天处理一亿条视频流。并且由于与 Verizon 的合作关系,就算我们无法使用电脑,仍然可以获得这些视频资源。

YouTube 的成功故事仅仅是那些发生在我们沟通与娱乐生活中令人瞩目的无数变革中的一个。

经过对草稿的修订,Stenitzer 建议一个合适的标题将能够帮助激发读者的兴趣并为读者对这部分的信息做读前热身。下列标题中哪一个能够最好地介绍 Prabhu 的这封信?(讨论这些在网络沟通和互联网中的变革的目的,在于说服投资者,Tellabs 公司产品的市场机遇将会持续增加。)

- 我们会勇往直前。
- 激动人心的宽带沟通世界中一个令人振奋的机遇。
- 扩张的市场中持续增多的机遇。
- 持续增多的机遇:市场发展原动力。

2. 同其他与互联网相关的公司一样,当网络泡沫在 20 世纪 90 年代末开始出现直到 2001 年年初破灭时,Tellabs 公司也经历了业务的衰退。下列节选来自 Tellabs 公司近年的一份年报,描述了这一现象对公司经营的影响。(运营商和服务提供商指的是购买了 Tellabs 产品的公司;原材料支出是指大到足以影响公司股票价格的费用支出。)在你阅读这两段内容的时候(不必顾虑所有的技术与财务细节),你会看到,第一段讨论了 2001—2003 年间,公司的财务状况非常艰难。第二段讨论了公司财务得到了好转,这一状态出现于 2003 年并持续至 2005 年。

我们产品所面向的市场在过去几年经历了巨大动荡。从 2001 年开始,运营过剩、经济疲软和一些其他因素导致我们的客户显著减少他们的资本支出。

这对 Tellabs 公司带来的冲击就是 2001—2003 年间每一年年度效益的大幅度下降。此外,我们缩小的收入基数都无法支持当下产能过剩、库存积压和成本结构带来的负面影响。对此我们的应对措施有:关闭生产工厂、全球范围裁员、整合办公资源、下线某些产品线以及在全企业建立成本控制制度。我们还重新评估产品的构成并削减或停止对某些产品研发的投入。除此以外,2003 年年末,我们选择把大部分现有的生产环节外包给第三方电子生产服务提供商,以充分利用他们较强的购买力和其他效益优势。这些举动使我们对 2001—2005 年间的原材料费用做了详细记录,包括因库存积压、残次品积压、超额进购合约、遣散费用、包括某些生产设备和办公设备的由于缩减使用寿命导致的加速折旧而产生设备的停工成本以及各种合同义务。我们同样对受损资产与盈余资产做了记录。

市场自 2003 年起开始稳定,这种平稳的现状随着服务提供商同 2003 年相比保持或者加大他们在互联网行业的投资力度而持续到了 2004 年和 2005 年。这种稳定的环境使我们能够自 2000 财政年度以来,于 2004 年第一次公开年度盈利增长。对包括 3G 服务在内的无线服务需求的持续增长,无线和有线服务提供商推动了资本投资,并帮助推动我们面向运输和管理产品的销售增长。

下面哪一个过渡语句是放在第二段开端的最佳选择,以预示读者接下来的内容将会从 2001—2003 年的负面消息转向 2003 年开始的好结果。

a. 我们很高兴看到2001—2003年间艰难的日子过去了。

b. 幸运的是，那些艰难的日子不会永远存在。

c. 这些务实进取的举措使我们为市场复苏之后的增长做好了准备。

d. 随着时间向前推进，我们所面临的严峻形势在2003年伊始得到了改观。

3. 你帮助一个来自市场与工程部门的工作组起草了一份关于今后五年电子通信市场前景预期的报告。多亏工作组呕心沥血的调研，你对当下信息的时效性充满信心。但是，很多与互联网相关联的事物变化太快了，以至于你无法保证这些信息在今后几个月的准确性，更不用说今后几年了。下面哪一个表述能够最好地将这篇报告的局限性表达清楚？

a. 值得指出的是这篇报告中所使用的信息可能会随着市场环境的变化而过时。而这正是由市场不断变化的本质而产生的，而非我们的调研质量导致。

b. 文中所包含的信息只在发表的当下具备时效性。我们无法保证其未来仍然是正确的。

c. 电子通信行业不断变化的本质意味着行业的相关信息总是随时间发生着变化。请接受我们对于这一局限性的歉意。

d. 电子通信行业不断变化的本质意味着行业的相关信息总是随时间发生变化的。请在基于本文内容做出重要战略或财务决策之前，与我们取得进一步联系以获得最新的消息与见解。

4. 为了帮助读者尽快对Tellabs公司十年间各年份中各种产品线对公司总收入的相对贡献做出评估，哪一种视觉效果最有效？

a. 用十个饼图，每年对应一个，通过生产线将销售的衰退情况表示出来。

b. 用一个表格，年份用列表示而生产线用行表示。

c. 用一个面状图。

d. 用一个柱状图。

学习目标检查

通过阅读每个学习目标和完成相关练习来评估你对本章要点的掌握情况。填空题，写出空白处缺少的文字；单项选择题，在正确答案的字母上打勾。

目标12.1：解释写作报告和建议书的时候怎样适应受众，并描述起草报告和建议书内容时所做的选择。

1. 为什么对较长和较复杂的报告来说，换位思考很重要？

a. 在写作较长的文件时，换位思考可以节省很多时间。

b. 专业人员已经习惯于阅读较长的报告，所以他们不需要过多的帮助。

c. 人们不喜欢阅读缺少商务礼仪的报告。

d. 报告的长度和复杂性对读者提出了较高的要求，同时也使得对读者需求的敏感性变得更加重要。

2. 下面哪句话语气最正式？

a. 我们在这里讨论我们公司和美国医药公司之间协作发展战略的可能性。

b. 这篇报告探索了和美国医药公司进行战略合作的可能性。
c. 我的报告是对和美国医药公司进行战略合作的可能性所做的正式调查的结果。
d. 在这个报告中,我针对的是和美国医药公司进行战略合作的可能性。

3. 下面哪一个不属于告知性报告或分析性报告中的正文?
   a. 报告中不足的解释。
   b. 事实、统计证据和趋势。
   c. 结论和建议。
   d. 评价其他选择的标准。

4. 你会在报告的哪一个部分列出行动项?
   a. 在开头。
   b. 在正文。
   c. 在结尾。
   d. 报告中不会有行动项。

5. 如果受众在你的报告中发现了几个错误,他们也许会有怎样的反应?
   a. 他们会对你的整个作品产生怀疑。
   b. 他们会原谅你并继续看下去,每个人都会犯错误。
   c. 他们不会再读你的报告。
   d. 他们会尊重你不浪费时间校对的事实。

6. 下面哪一个不是加强你的建议书论证的好策略?
   a. 提供能够证明你的建议书价值的具体例子。
   b. 证明你的知识。
   c. 说明你在建议书上所花费的时间。
   d. 使用换位思考。

7. 如果包装和演示都是肤浅的,为什么它们在建议书写作中还是很重要?
   a. 读者倾向于通过建议书的质量来事先判断你的产品和服务的质量。
   b. 它们可以证明你不仅注重数据,还可以

进行创造性思考。
   c. 它们会向受众证明你愿意花时间和经费来使建议书被接受。
   d. 吸引人的文件通常有高质量的信息。

8. 下面哪一个不是建议书引言中的部分?
   a. 问题背景或陈述。
   b. 详细成本分析。
   c. 建议书的组织结构。
   d. 建议书的范围。

9. 建议书正文的首要目的是:
   a. 针对项目列出你们公司的资格。
   b. 解释为什么受众需要应对具体问题或机会。
   c. 传达你解决问题和寻找机会的热情。
   d. 给出建议解决问题的细节及其预期利益。

10. 如果一份建议书是用来回复一份需求建议书的,那么建议书的正文中该如何提出成本这一项?
    a. 避免提及成本。
    b. 应该提供总成本的数字,不应浪费读者的时间。
    c. 根据公司有关成本估算的政策。
    d. 应该执行需求建议书中的说明。

目标 12.2:识别有效写作在线报告的五个特征,并解释如何将你的写作方法运用到维客。

11. _____走在翻译之前,确保网页内容不仅反映了读者的母语,还反映了其文化的规范、权重、测量、货币和其他特殊元素。

12. 下面那一项是可以链接到一家企业产品和服务网页的最有效的文字链接?
    a. 点击这里以了解更多关于我们要做什么的内容。
    b. 了解更多关于我们产品和服务的内容。
    c. 下一页。
    d. 你有问题吗?我们有解决办法。

13. 下列哪项最好地总结了维客协作的一些关键建议?
    a. 由于维客中会涉及很多作者,对于内容和过程的管理控制非常必要。
    b. 维客中个人职责特别重要,所以所有的贡献者应该反对不受欢迎的编辑来维护自己投出的稿件。
    c. 维客不应该使用传统的网络安全措施如访问限制,因为这些措施限制了自由协作。
    d. 维客贡献者应该不同于传统著作权的期望,包括个体认知和所有权。

目标 12.3:讨论图表设计的六个主要原则,识别展示数据、信息、概念和观点时最常用的图表类型。

14. 为什么在视觉设计中一致性很重要?
    a. 向受众表明你没有浪费时间来做艺术设计。
    b. 通过去掉任意的变化可以减少受众的困惑,遇到其他的视觉效果时不需要再重新看一遍你的设计图解。
    c. 印刷报告时可以节省墨水和调色剂。
    d. 告诉受众你是严肃且有效率的。

15. 你会采用下列哪些步骤来强调视觉效果中最重要的部分?
    a. 重要部分使用主要颜色。
    b. 重要部分加上说明。
    c. 重要部分使用较大的字号。
    d. 以上都对。

16. 下面哪一个在报告中适合用图例来说明?
    a. 12 个月中 12 家商店客户满意度的对比。
    b. 参加 10 个培训课的员工比例。
    c. 网站中从无人访问到访问量最多的网页排名。
    d. 以上都是。

17. 下面哪一个不是在报告中使用视觉效果的较好理由?
    a. 和使用多种语言的受众进行更有效的沟通。
    b. 有助于把一个过程、组织和其他事物分开的部分组合到一起,例如使用流程图去描述一个过程的不同步骤。
    c. 使数据使用更简单,例如把数据放在一个表中。
    d. 展示你创造性的一面。

18. _____ _____ 克服了传统图表的一些缺点——只能展示有限数量的数据点,否则会变得混乱难懂,展示数据点之间复杂关系的能力有限,只能展示数值型数据。

19. 下面哪一个是用图表而不用图片的较好理由?
    a. 图表色彩丰富并且不局限于我们日常中看到的颜色。
    b. 图表比图片更真实。
    c. 图表使你可以控制将读者注意力放在图片的特定部分的细节数。
    d. 以上都是

目标 12.3:解释如何将视觉效果有效地整合到你的文本中,以及如何检验视觉效果的质量。

20. 你会使用以下哪些步骤去验证在报告中使用视觉效果的正确性?
    a. 确保线状图、柱状图这样的数据展示能够准确描述你想要表示的数据。
    b. 确保流程图和其他计算机制图的正确和清晰。
    c. 确保在报告中每个部分正确地插入了视觉元素。
    d. 以上都包括。

21. 假设有一个线状图,纵坐标刻度是从 0 到 100,数据变化从 10 到 90。如果你把刻度 0 到 100 变为 0 到 200,那么会对受众的感觉有什么影响？
a. 刻度变化对受众的感觉没有影响。
b. 刻度变化将会扩大数据的变化。
c. 刻度变化将会缩小数据的变化。
d. 你不能事先预测刻度变化对受众感觉的影响。

知识应用

复习与每个问题相关的本章内容，参考学习目标。

1. 为什么写作清晰的、叙述性的标题并将题目与网上的内容链接，而不用语言巧妙的、含双关语的标题非常重要？[学习目标2]

2. 一个部门中最有经验的成员应该拥有部门维客内容的最终决策权吗？为什么应该或为什么不应该？[学习目标3]

3. 为报告或建议书插图时，什么时候选择图表比选择图片更好？[学习目标4]

4. 如果你想比较一年中公司里五个部门的月平均缺勤率，你要使用哪种类型的视觉效果？解释你的选择。[学习目标4]

5. 如果公司收到了列出问题解决方案的正式需求建议书，不雇用提交这份建议书的公司但采纳建议书中建议的做法符合道德规范吗？为什么？[学习目标5]

技能实践

报告分析

学习在Facebook上创建一个公司概况的基本步骤。访问http://realtimeupdaates.com/ebc10，选择"学习更多"，然后选择"Facebook Screencast"。

信息12.A：用换位思考的方式修正网站内容[学习目标3]

进入这个维客练习，访问http://real-time-updates.com/ebc10，点击"学生作业"，选择第12章，第403页，信息12.A。根据说明来评估现有的内容并修正，使其更以读者为导向。

信息12.B：提高维客文章的有效性[学习目标3]

进入这个维客练习，登录http://real-time-updates.com/ebc10，点击"学生作业"，选择第12章，第403页，信息12.B。根据说明来评估现有的内容并修正，使其清晰简洁。

信息12.C：改进一份需求建议书[学习目标1]

阅读图12.18的需求建议书，然后(1)分析这个文档的优点和缺点；(2)修改材料，使其遵循本章指南。

Memco 建筑公司
187 W. Euclid Avenue, Glenview, IL 60025
www.memco.com
2012 年 4 月 19 日

亲爱的 Estes 先生：

项目：IDOT Letting Item #83 Contract No.79371 DuPage County

Memco 建筑公司提供所有的劳力、材料、设备，以及二级、四级的工程填充物，价格如下：

二级和四级工程填充物

描述	单位	数量	单位价格	总价
进场费*	一次付款	1	4 500.00 美元	500.00 美元
二级工程填充物	立方码	1267	33.50 美元	41 811.00 美元
四级工程填充物	立方码	1394	38.00 美元	52 972.00 美元

*进场费包括一次性进场的人员。额外人员以每人 1 100.00 美元计价。

下面的条款说明和澄清了我们转包合同的范围：
1. 所有模壳、土方、清除都由其他方提供和维护，不需要 Memco 建筑公司出资。
2. 建筑公司提供前期准备工作和储存材料、设备的场所，以及施工现场的仓库。
3. 建筑公司将会严格按照施工所用材料的多少来收取费用。
4. 所有准备工作，包括土建织物、土工膜衬护等都由其他方承担。
5. 施工现场的用水不需要 Memco 建筑公司负担。
6. 脱水工作不需要 Memco 建筑公司付费。
7. 交通管制设置、设计、维修和信号旗手由其他方承担，不需要 Memco 建筑公司付费。
8. 如果在十日内收不到你方纸面通知，来确认我们是最低的报价人，我们就会撤回报价。
9. 我们的 F.E.I.N 是 36-4478095。
10. 投标保证金不在以上价格中。保证金会多加 1%。

如有任何问题，请用以下号码和我联系。

真诚地
Kris Beiersdorf

Kris Beiersdorf
Memco 建筑公司
187 W. Euclid Avenue, Glenview, IL 60025
办公室：(847)352-9742，分机号 30
传真：(847)352-6595
电子邮箱：Kbeiersdorf@memco.com
www.memco.com

图 12.18　需求建议书

➡ 练习

1. 适应受众[学习目标 1]　回顾图 12.1 和图 12.4，给出具体例子说明这些报告是怎样与受众建立良好关系的。可以考虑下列因素：使用换位思考、正面强调、建立可信度、礼貌、使用非歧视性语言、树立良好的企业形象。

2. 起草报告内容[学习目标1] 写一份关于新产品在美国销售额的分析报告。在下列主题中找出能够包含在报告中的开头、正文和结尾的选项,简单解释你的决定。

a. 地区性的销售额下降。

b. 产品投入市场的日期。

c. 全球销售同类产品的竞争者销售额。

d. 预计接下来 6 个月美国的低迷经济对销售额的影响。

e. 上述预测采用的方法。

f. 日本竞争者在美国销售同类产品的影响。

g. 建议公司是否应在全球范围内销售公司的产品。

h. 如果公司想在全球范围内销售产品,本年内必须完成相关任务。

3. 起草报告内容[学习目标1] 你的老板 Len Chow(公司规划副董事长)要你去调查化妆品市场的商机,并写一份关于你的发现和公司营销重点的商务报告。下面是笔记的复印件(数据是为练习编写):

主题:需求
受平均消费量增加和人口增长的影响,行业需求量在数十年内持续增长
主题:竞争
目前化妆品行业有700家企业共存
主题:小众市场
为了避免与行业领头企业进行正面竞争,应该集中于特殊的小众市场
主题:竞争
行业主要由 Revlon、Procter&Gamble、Avon、Gillette 等几家领头企业主导
主题:需求
行业不再对衰退免疫:去年销售平平,消费支出下降,中高档品牌受到冲击最大,消费者降低消费水平

(续表)

主题:竞争
小型企业(Neutrogena、Mary Kay、Soft Soap、Noxell)通过专攻主导、差异化产品线、集中市场细分而得以生存
主题:需求
过去五年关于化妆品的消费量相对平缓
主题:竞争
价格基本保持不变,推销预算却持续增加
主题:小众市场
男士:占成人数量的50%;占化妆品销售量的1/5;市场领头企业曾经尝试进入该领域,但失败了
主题:需求
化妆品行业已经接近于成熟,但是一些细分市场可能情况各有不同。总体市场目前每年零售/销售额约为 145 亿美元:化妆品/护肤品/香水 56.35 亿美元;个人卫生产品 43.75 亿美元;护发产品 34.35 亿美元;剃须产品 10.55 亿美元
主题:小众市场
种族群体:一些公司专攻非裔美国人产品;很少有公司以西班牙裔、亚洲裔或本土美国人市场为导向,这些人在地理上更趋于集中
主题:需求
平均每人每年化妆品支出为58美元
主题:竞争
竞争渐趋激烈,领头企业持续为小企业施加压力
主题:需求
本年的第一季度,需求量开始回升,增长趋势预期会持续到下一年
主题:小众市场
老年人:大量增长的群体、占化妆品销售量的6%、他们对护发和护肤用品的特殊需要还没有被满足,对外表感兴趣
主题:需求
人口趋势:(1)婴儿潮出生的这一代走向成熟,这将会带来剃须膏、染发剂、护肤霜等产品消费量的大量提升;(2)南部和西南部人口增长,一些品牌已经在那里强势分销

列出建议书的中心思想(你的建议)、主要观点和支持性论据。接着围绕结论标出一、二级标题,构建报告提纲。因为是 Chow 要求的这份报告,你可使用直接法。然后完成 Chow 所要求报告的草稿。

4. 起草报告内容[学习目标 1]　在商业报纸或杂志上找一篇建议解决问题办法的文章。找出作者提出的问题、建议方案和依据,然后对他的建议做出判断。作者是否引用正式或非正式的研究作为依据?作者总结了哪些事实和统计数据?为了评估可能的选项,作者引用标准了吗?如果引用了,那么这些标准是什么呢?

5. 起草网上内容[学习目标 2]　比较同一行业三家企业网站上的"关于我们"的页面,哪个页面最容易阅读?哪个最不好?哪些特别的元素使各个页面有效或者无效?

6. 起草报告内容;沟通道德:做有道德的选择[学习目标 1],第 1 章　你的老板让你准备一篇可行性报告,决定是否在附近地区的每周社区报纸上为手工定制储藏柜做广告。根据你的初步调查,你认为可以。然而,当你正草拟报告时,发现对周报订阅者的调查是有问题的。一些问题写得不清楚且易被误解,你使用这个问题调查结果及其他报告中的发现来支持你的建议。报告预期在三天后完成,在完成报告之前你会采取什么行动呢?

7. 视觉效果设计原则应用[学习目标 3]　考察 Xplane 网站(www.xplane.com/portfolio)上作品集部分中某个客户的故事,简单描述视觉效果是如何被用于强调商务问题以及为什么在这种情况下使用视觉效果方式比文本方式能更好地起到作用。

8. 视觉效果设计原则应用[学习目标 3]　从网络资源中找到数据、信息或概念的三种视觉效果演示,哪个视觉效果最清晰地展示了其数据或信息?哪种设计选择提高了这种清晰程度?

你会做什么改进来使其他视觉效果更清晰?

9. 沟通道德[学习目标 3]　使用你在网上或商业出版物中找到的数据,采用电子数据表创建一个柱状图或线状图。用不同的方式改变横轴和纵轴的范围以产生对原始数据的不同展示。这些改变如何歪曲信息?读者如何发现某个图表的范围有没有被改变?

10. 视觉沟通:选择最佳的视觉效果[学习目标 3]　你在为 GretCo 吉他公司准备年报,对下面的每种信息类型,选择合适的图表或视觉效果来阐述。解释你的选择。

a. 过去 20 年中每年的销售额数据。

b. 比较今年与去年 GretCo 公司每个产品(电子吉他、电贝斯、音箱、木吉他)的销售额。

c. 解释 GretCo 公司的木吉他是怎么生产的。

d. 解释 GretCo 吉他公司是如何营销吉他的。

e. 12 个国家中 GretCo 公司产品的销售额数据。

f. 比较过去 10 年 GretCo 公司销售额与其有竞争关系的三家吉他制造商的销售额。

11. 数据展示(线状图)[学习目标 3]　下表是去年你所在的电器电子大型商店的销售额。以下列数据为依据,创建一个线状图来帮助向商店总经理解释每个部门的季度销售变化。

2010 年的商店销售额(1 000 美元)

月份	电子产品	电脑	电器
1 月	68	39	36
2 月	72	34	34
3 月	75	41	30
4 月	54	41	28
5 月	56	42	44
6 月	49	33	48
7 月	54	31	43
8 月	66	58	39

第 12 章 报告和建议书的写作 453

（续表）

月份	电子产品	电脑	电器
9 月	62	58	36
10 月	66	44	33
11 月	83	48	29
12 月	91	62	24

12. 视觉沟通：制作视觉效果（地图）[学习目标 4] 你在经营投币自动洗车服务的 C&S Holding 公司工作。调查显示客户离洗车场越远，越不愿意去那洗车。你了解到 50% 的客户住在洗车场方圆 4 英里内，65% 住在 6 英里内，80% 住在 8 英里内，90% 住在 10 英里内。公司打算在你所在的城市开两家新的洗车场，让你准备一份报告建议应该选在什么位置。使用城市地图（印刷版和在线的），选择两个可能的位置，使用视觉元素描述每个地点周围的客户（可以编写任何需要的人口数量）。

13. 数据展示（数据可视化）[学习目标 3] 在 Bovee & Thill Data Visualization and Infographics Gateway 上寻找一些可用的数据可视化工具。（登录 http://real-timeupdates.com/ebc10，点击"学习更多"，选择"第 12 章，数据可视化和创建信息图的方法"。为你的博客撰写文章，解释这些工具如何协助做决定。确保包含你找到这些工具的网站链接。

14. 信息、概念和观点的展示（图片）[学习目标 3] 像任课教师要求的那样，与其他学生组成团队，确保你们中至少有一个人有数码相机或照片可以下载图片到你的文字处理软件中。在校园或附近找个热闹的地方，这个地方有很多标识、店面、行人和车辆。寻找两个不同的拍照机会，一个最大化拥挤和混乱的视觉印象，另一个最小化这种印象。首先，假设你是一个支持减少这种拥挤和混乱的人，所以你想展示这种情况有多恶劣。其次，假设你是一个房地产代理商或其他人，想向人们展示，即使这个地方提供了很多商店、娱乐和其他吸引人的东西，它其实是一个相当平静和安静的社区。将这两张照片插入一个文字处理文档中并为每一个强调了相反信息的照片写个说明。最后，写一个简短的段落，讨论你刚刚做的事情的道德内涵。你歪曲了事实还是仅仅用对你有利的方式展示了事实？你阻止了受众获得他们需要用来做决定的信息吗？

技能拓展

剖析行业案例

从 http://trade.gov（见"发表作品"下）下载"国际贸易更新"中最新的事件。报告用了什么技巧来帮助读者顺利阅读文档或将读者带向其他信息资源？用了什么技巧来强调文档的中心思想？这些技巧有效吗？使用指南中推荐的媒体，写一个简单的分析概论。

在线提升职业技能

"博韦和希尔的商务沟通搜索"（http://businesscommunicationblog.com/websearch）是一个专为商务沟通研究而设计的研究工具。使用网页搜索功能查找网站、视频、PDF 文档、播客或幻灯片演示文稿，为写作商务报告、制作有效的视觉效果提供建议。给任课教师写一封简短的电子邮件，描述你搜索到的条目，总结你从中学到的职业技能。

改善语法、结构和表达

以下练习帮助你提高对语法、结构和表达的掌握和运用。在下面每组句子中,找到最佳选项,在其字母上打勾。

1. a. Three qualities—speed, accuracy, and reliability are desirable in any applicant.
   b. Three qualities—speed, accuracy, and reliability—are desirable in any applicant.

2. a. A highly placed source explained the top-secret negotiations.
   b. A highly placed source explained the top-secret negotiations.
   c. A highly placed source explained the top-secret negotiations.

3. a. The file on Mary Gaily—yes—we finally found it reveals a history of tardiness.
   b. The file on Mary Gaily, yes—we finally found it—reveals a history of tardiness.
   c. The file on Mary Gaily—yes, we finally found it—reveals a history of tardiness.

4. a. They're selling a well designed machine.
   b. They're selling a well-designed machine.

5. a. Argentina, Brazil, Mexico—these are the countries we hope to concentrate on.
   b. Argentina, Brazil, Mexico—these are the countries—we hope to concentrate on.

6. a. Only two sites maybe three—offer the things we need.
   b. Only two sites—maybe three—offer the things we need.

7. a. How many owner operators are in the industry?
   b. How many owner—operators are in the industry?
   c. How many owner—operators are in the industry?

8. a. Your ever-faithful assistant deserves—without a doubt—a substantial raise.
   b. Your ever faithful assistant deserves—without a doubt—a substantial raise.

9. a. The charts are well placed—on each page—unlike the running heads and footers.
   b. The charts are well-placed on each page—unlike the running heads and footers.
   c. The charts are well placed-on each page—unlike the running heads and footers.

10. a. Your devil-may-care attitude affects everyone in the decision-making process.
    b. Your devil may care attitude affects everyone in the decision-making process.
    c. Your devil-may-care attitude affects everyone in the decision making process.

案例

告知性报告

1. 信息策略:告知性报告[学习目标1]

正如你可能已经知道的,对于得到学位或文凭来说,其中涉及的行政手续差不多和你修的任何一门课程一样具有挑战性。

你的任务:准备中期进展报告,详细说明为了完成毕业或认证要求所需的步骤。在浏览了学校的有关规定后,做一份现实的完成余下学业的时间表。除了完成课程要求,还包括住校的要求、写论文、缴纳一定的费用。在你的报告中使用备忘录格式,并把它交给帮助和鼓励你完成学业的人。

2. 信息策略:告知性报告[学习目标1] 任何成功都不是一蹴而就的。例如,大学里的成功是由一个一个的季度或学期组成的,想长期成功的方法就是确保短期都要成功。毕竟,大学中的每个季度或学期都包含了时间、金钱和精力的大量投入。

你的任务:想象你为一个同意送你到大学读书、为你负担全额费用的公司工作。你有足够的自由来选择你的课程,只要你能在约定好的日期前毕业。你的雇主要求的回报就是你尽量发展你的商务技能和商务见解,这样在你毕业回到公司工作时就能为公司做出重大的贡献。为了确保你很好地使用了你的时间和公司的花费,公司要求你在每个季度或学期末都交一份个人活动报告。写一份可以电邮给你任课教师的告知性报告,概括你是如何度过学习季度或学期的。列出你上的课程、你花费在学习和课程项目上的时间有多少、你是否参加了校园活动和社团来帮助你发展领导力和沟通技能,以及你学到了哪些可以应用到商务生涯中的知识。(对于这个任务的目的,你的时间估计不需要太精确。)

维客技能　团队技能

3. 信息策略:告知性报告;媒体技能:维客创作[学习目标1],[学习目标2] 员工在工作期间使用社交网络是一个有争议的话题,有的公司鼓励使用,有的公司至少允许使用,而其他公司则禁止使用。

你的任务:使用由 Zoho(www.zoho.com/wiki/)或其他类似系统免费提供的维客服务,协作完成一份报告,概括在工作中允许使用社交网络的潜在优点和缺点。

网页写作　技能团队技能

4. 信息策略:网上内容;协作:团队项目[学习目标2],第2章 如果你和其他大学生一样,你大学第一年的内容会比你想的更多:更多的困难、更多的快乐、更多的挫折、更多的珍贵、更多的劳累、更多的收获,等等。不管乐观还是悲观,你现在了解的事情,在那个时候可不一定了解。

你的任务:和其他几个同学一起,确定五六件你希望在你上大学前就已经意识或理解的事情。这些可以和你的学校生活(比如"我没有意识到我的课程会有这么多工作要做"或者"我一遇到困难就应该请求帮助")及你的个人和社交生活("我真希望我能更开朗些来认识朋友")相关。用这些条目作为一个简洁的告知性报告的基础,这个报告你可以贴在博客上供高中生及其家庭阅读。这个报告的目的是帮助下一届学生上大学前有个成功和有益的过渡。

网页写作技能

5. 信息策略:网上内容[学习目标2] 正如你可能经历过的,当调查和申请大学时,要努力记住所有不同的学校相当困难。在选择和申请过程中,申请者及其家庭毫无疑问会感激对各高校要点的一个便捷概括。

你的任务:根据学院或大学网站的内容来创建关于你的学校的一页"快览"工作表,选择你认为欲申请的学生及其家庭希望找到的最有用信息。(记住:改编现有的现实生活中被认可的内容,因为你会以内容所有者的名义再次使用这些内容。绝对不能为了自己或其他不是原始作者的人而使用这些内容。)

分析性报告

6. 信息策略：分析性报告 [学习目标 1] 如果我们对自身诚实并善于从错误中学习，错误可以是最好的学习机会。

你的任务： 确定你曾经犯过的一个错误——它足够重要而使得你付出了很多金钱、浪费了很多时间、伤害了自己的身体、破坏了一段关系、在工作中造成了严重问题、阻止了你追求一个好机会或者导致了严重后果。现在找出你犯那个错误的原因。你曾让感情阻止了你清楚地考虑问题吗？你曾因为没有花时间去理解一个决定的后果而导致了严重的经济失误吗？你太谨慎了还是不够谨慎？或许有很多原因导致了一个错误的决定。

给任课教师写一份简洁的分析性报告，描述情况并概述你对失败出现的原因及如何在将来避免犯同样错误的分析。如果你想不到一个你乐意与任课教师分享的重要错误或失败事件，就写一个关于你朋友或家人犯过的错误（不要透露这个人的身份，避免使他难堪）。

电子邮件技能

7. 信息策略：分析性报告（2 + 2 = 4 法）[学习目标 1] 考虑一门你希望放到学校核心课程中的课程，再考虑一门你希望作为选修而不是必修的课程，相应地写份电子邮件报告。

你的任务： 写一份使用 2 + 2 = 4 法的简短电子邮件建议书（必要的话，复习第 11 章的内容）。准备一份用电子邮件发给院长的建议书。确保包含所有支持论点的理由。

8. 信息策略：分析性报告（标准法）[学习目标 1] 假设你下学期只有时间上一门课程。

你的任务： 列举你感兴趣的四门或五门课程，描述赞同和反对的理由，使用标准法决定对你最有好处的课程。用备忘录格式写份报告，交给任课教师。

书信写作技能

9. 信息策略：分析性报告 [学习目标 1] 走访任意餐馆，包括学校咖啡馆。

你的任务： 在你走访以后，给其所有者或经理写一封短信，解释（1）你做了什么，观察到了什么；（2）你观察到的所有违规行为；（3）对改善状况的建议。报告的第一部分最长，包括内在和外在前提的介绍。说明在点菜和收到食物过程中每一步花的时间，全面地描述服务和食物。你对企业的装饰、服务和食物的好坏方面都感兴趣。第二部分使用一些常识。如果除了一个人以外，其他所有的服务员都将其头发遮了起来，就假设规定要求服务业都要遮住头发；脏玻璃或脏乱的洗手间明显也是不符合规定的。最后一部分包含专业的评价。采用什么样的管理行动会改善餐馆的状况？

建议书

10. 信息策略：建议书 [学习目标 1] 公寓生活的一个痛苦的地方就是一些住户不在乎大家公共地方的环境。他们可能会到处乱扔垃圾、在移动家具的时候凿墙、在公共场所扔食物或饮料、破坏纱窗并因此使大家的生活环境恶化。房东显然不会主张这种行为，因为这提高了清洁和维护设施的成本。

你的任务： 假设你住在离校园有些距离的一个较大的公寓住宅里。写一份可以发给你的房东的电子邮件建议书，建议住宅里的住户培养强烈的社区意识，这可能会减少破坏公物事件的发生。建议将楼里地下室中不常用的存储空间改成社区活动室，配备一个简易厨房和大屏幕电视。通过参加那里的"超级杯"派对和其他活动，住户可以逐渐认识彼此并建立良好的关系，这样可以提升对居住环境的关心程度。当然，你不能提前给出任何证据，但是展示你坚信在这个活动室上的微小投入会在长期更低的维修和维护成本上得到回报。此外,这会是吸引新住户的很好特点。

11. 信息策略:建议书[学习目标 1] 选择一个你熟悉的产品,假设你是一个制造商,想要让一家当地的零售商代理它。使用网络或其他资源来搜集有关产品的信息。

你的任务: 以书信的形式写份非请求销售建议书给店长或经理,建议陈列该产品,使用你所收集到的信息描述产品的特点和对商店的益处。接着编写合理的数据,突出产品的成本,以怎样的价格出售,以及公司将提供哪些服务(返回未出售产品、免费退还不满意产品、必要的保修,等等)。

档案建立

12. 信息策略:建议书[学习目标 1] 作为 Air-Trak 公司的销售部经理,你有责任撰写一份给公司 Air-Trak 追踪系统潜在客户的建议书。该追踪系统使用 GPS 来追踪车辆的位置。例如,卡车运输公司的调度员主要通过屏幕上的地图就能立刻找到公司所有卡车所在的位置。Air-Trak 公司列出了该系统的以下优点:

- 确保车辆在最短的时间内找到指定的路线。
- 车辆一旦离开偏离路线,调度员马上发出警报。
- 通过最优化路线,车队经理能为每辆车找到最省时、最省油的路线到达目的地。
- 能够比较预定路线和实际路线。
- 提高安全性保护司机和货物。

你的任务: 写一份简短的建议书给 Midwest Express 公司的车队经理 Dkneta Zachs(338 S. W. 6th,Des Moins,Iowa,50321)。介绍你的公司,说明 Air-Trak 系统的优点,提议在该公司的五辆卡车上尝试安装该系统。为了实现这项任务的目的,你不必担心有关系统技术上的细节,专注于介绍优点并询问公司对此测试项目的决定(了解更多可登录 www.air-trak.com)。[23]

---

[23] 改编自 Air-Trak website,accessed 26 July 2010,www.air-trak.com。

第13章 报告和建议书的完成

学习目标

学完本章后,你将能够:

1. 描述修订正式报告和建议书的过程
2. 识别正式报告的主要组成部分
3. 识别正式建议书的主要组成部分
4. 描述校对报告和建议书的有效计划
5. 描述发布报告和建议书的决策过程

工作进行时

Garage 科技投资公司的沟通

浏览商务计划以发现下一个重要机会

"Garage"(车库)在企业家圈子中是一个极负盛名的隐喻,它至少可以追溯到大型科技企业——惠普公司创立的年代,简单地说,惠普是在 20 世纪 30 年代后期,由 Bill Hewlett 和 Dave Packard 在一个车库里白手起家的。车库,不止是一个比车间稍大一点的空间,它更表明了一种心态,尽管创业资金短缺和工作条件寒酸,兼有灵感与远见的创业者仍然坚持工作,并用他们的思想与观念铸就一个能够改变世界的商业理念——或者至少能够赚很多的钱。

著名企业家、作家、发言人兼投资人的 Guy Kawasaki 和他的同事们以一家风险投资公司继承了这项传统,这家公司的名称,如果合适的话,叫做 Garage 科技投资公司,它位于加利福尼亚州帕洛阿尔托市的硅谷(硅谷恰好是惠普的发源地和现在的所在地)。

风险投资家(venture capitalists,VC)对新创企业的投资主要集中在高科技产业,以帮助他们度过企业发展的早期阶段,并着眼于企业做大并上市,或者被其他公司收购以后回收投资。个人投资理财网站"彩衣傻瓜"(Motley Fool)和在线音乐服务"潘多拉"(Pandora)就是 Garage 集团近年来投资的众多企业中的一员。

在硅谷的风险投资惯例中,将新创企业向投资者引见的过程中通常包含一个简短的演讲环节——"路演"（the pitch），需要来自商务计划书中执行概要的支持。整个商务计划也许会是之后商谈的一部分，但是在初期阶段，执行概要的作用至关重要。

经过成千上万次倾听路演和审阅商务计划书后，Garage 集团的工作组已经对企业家为了引人注意进而从风险投资者获得投资所需要的一切有了清楚的概念。Garage 集团建议企业家们使自己的执行概要保持在 20 页以下并且涵盖 9 个特定元素，以"亮点"开头，一句或两句吸引人的陈述将能够获得投资者的注意。接着需要写明企业家着力解决的客户问题，对此提出的解决方案和这次投资意向所能为公司带来的商业机遇。接下来的三点要描述新创企业的竞争优势、商业模式（如何盈利）和所需要的关键人员——包括为什么这些人是驱动公司向前发展的正确人选。最后的两个元素是直接与资金相关的："承诺"，即投资人能够通过他们的股份获得多少收益，紧接着需要有"请求"，即公司需要投资者多少资金。

尽管这需要将很多信息呈现在一个相对简短的文档里，但是这么做是必需的。如果投资者们不明白企业的商业模式，或者不认为创业团队已经为一个实实在在的市场机遇做了万全的准备，他们就不会听下去。幸运的是，企业家们可以采纳那些走在自己前面的专家意见，然后用他们的建议来完成一份有竞争力的商务计划以吸引投资者的注意。同时，Garage 集团带着热情诚挚的鼓励在等待着申请者。就像他们公司所说："我们站在你这边。所以请用简明清晰的文字帮助我们更好地了解你。"①

www.garage.com

13.1 报告和建议书的修订

像本章开篇提到的 Guy Kawasaki 这样资深的商务沟通专家，意识到写一篇报告或建议书仅仅依靠初稿是不够的。这一章内容讲了完成较长报告包含的所有四个任务：修订、制作、校对和发布。虽然本章中包含的任务与你在第 6 章学习的短报告的概念类似，但是报告和建议书的完成阶段还需要更多的工作。正如你在完成学校报告时可能已经历的一样，在你急切需要完成又没有多余时间的时候，电脑、打印机、网络连接和其他资源都有本事让你发疯。当你完成一份重要的工作报告时，尽量留出两倍甚至三倍的你认为还需要的时间，这样才不会让最后的小失误降低你努力工作的质量。

本章中讨论的大部分内容适用于正式的报告和建议书，这些文档需要润色和专业化等额外步骤，包括在非正式的报告和建议书中不适用的包装元素。很少有报告和建议书需要这一章描述的每个组成部分，但是一定要仔细选择你想在文档中包括的每个元素。

报告的修订过程同其他商务报告的修订过程大体一致，尽管由于文件长度的不同，修订所需的时间有所不同。评估一下你的组织、风格和语气语调，确定已经把你想表达的都以逻辑顺序陈述清楚，并能满足读者的需要。然后通过变化的句子长度、截短段落、插入列表和符号列表、加入

---

① 改编自"Writing a Compelling Executive Summary," Garage Technology Ventures, accessed 9 March 2011, www.garage.com；"Crafting Your Wow! Statement," GarageTechnology Ventures, accessed 9 March 2011, www.garage.com; Guy Kawasaki website, accessed 9 March 2011, www.guykawasaki.com。

标题和副标题等方法提高报告的可读性。反复修订内容直到报告清晰、简洁且具有吸引力。

严密、高效且易浏览的写作通常是有好处的,对缺乏耐心的在线受众来说尤其重要。② 仔细回顾在线的报告内容,去掉那些没有直接满足顾客需求的信息并尽量浓缩其他信息。受众的视线会回到那些快速传达了高质量信息的位置,并避开那些不这样做的位置。

13.2 正式报告的制作

当你对你的文章满意后,就需要利用第6章所讨论的设计元素来制作报告内容。在这一阶段,你还可以开始加入图表、图形和其他视觉效果,还有其他遗漏的正文元素,比如概述和综述。

在一些组织中,设计和制作方面,你可以依靠专家的帮助,尤其当你在写作重要的、高度引人注目的报告和建议书时。你还有可能在机器装订和发布方面获得业务员的帮助,然而,在当今很多人力不足的公司中,大多数报告的大部分或全部制作工作都是由一人来完成的。

报告中要包括的部分依赖于所写报告的类型、长度、读者的期望和要求,以及你所在组织的规定。图13.1中列举了所有的元素,根据它们在报告中的位置,主要分为三类:前言部分、正文部分、补充部分。关于如何把不同部分组合在一起,请参照本章后文"报告作者的笔记本:正式报告的分析"中 Linda Moreno 的 Electrovision 报告。

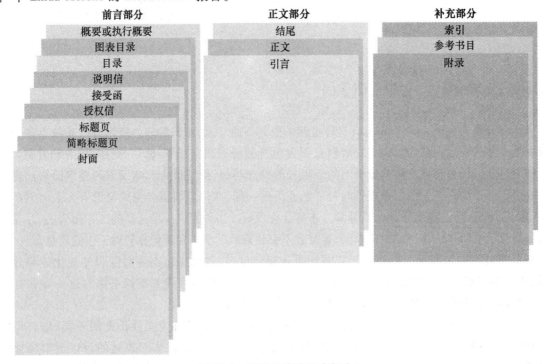

图 13.1　正式报告的组成部分

依据你要达到的正式程度,你可以从这些元素中选择元素来完成正式报告。

---

② John Morkes and Jakob Nielsen, "Concise, Scannable, and Objective: How to Write for the Web," UseIt.com, accessed 13 November 2006, www.useit.com

在一份正式报告中,每一个部分的开头可能会另起一页,但并不是都要这样。换页会占用更多的纸张并且增加了报告的篇幅。另一方面,另起一页能够帮助读者浏览这个报告,并能意识到在主要段落或部分间的过渡。

当想让一个特殊段落独立分开时,另起一页(类似于本书的每一章都另起一页),许多文前部分如目录也应该被独立放在一页。然而,在报告中各种不同部分经常混在一起。如果引言仅仅是一个段落,那么就不要在进入报告正文前另起一页了。如果引言长度多于一页,分开的新的一页就能够暗示读者接下来报告要转入其他主要部分了。

> **实时更新　观看视频**
>
> **为写作调查报告获得实用的建议**
>
> 网上写作图书馆为写作典型调查报告的所有部分提供建议。登录 http://real-timeupdates.com/ebc10 获取更多信息。

报告作者的笔记本

正式报告的分析

以下几页报告是由 Linda Moreno 准备的,她是位于加利福尼亚州洛斯盖多斯的 Electrovision 高科技公司的成本会计经理。Electrovision 的主要产品是光学识别装置,被美国邮政服务用来给邮件分类。Moreno 的工作是帮助分析公司的成本。下面是她的报告背景:

　　过去的三四年里,Electrovision 公司取得了接二连三的成就。我们的 A-12 光符阅读机是一个真正的突破,邮局买走了我们生产的所有产品。我们的销售额和利润一直在上升,员工保持着高涨的士气。每个人都认为这种良好的现状能够持续很长时间。但不幸的是,每个人都错了。直到美国邮政服务宣布由于预算的削减要推迟所有新设备的购买,我们才醒悟到我们是个单一产品、单一客户的公司。此时,管理层开始努力寻找削减成本的方式,直到企业实现多元化。

　　公司的运营副总裁 Dennis McWilliams 让我帮助他从差旅和招待方面寻找削减成本的机会。通过他个人的观察,他感觉公司在差旅方面的花销过多,通过仔细地控制这些花销可能会节省相当数量的金额。我的调查证实了他的怀疑。

　　我有理由信心十足地认为我的报告能够被接受。我同 Dennis 共事多年,了解什么是他想要的:大量的事实、清晰的结论和接下来该如何做的具体建议。我也知道我的报告要通过其他高管的考核,所以我想要制造良好的印象,我想把报告做得详细全面、有吸引力、通俗易懂及语气适宜。

当写下面的分析性报告时,Moreno 用直接的顺序写了总结和建议,前两部分主要是两个总结:Electrovision 公司在差旅和招待上的费用过高,进行一定的削减很重要。第三部分是更好地控制差旅和招待开支的建议。阅读报告时注意不仅要分析技巧方面,也要分析 Moreno 表达观点的方式。准备好讨论每个部分是如何传达并加强主要信息的。

Moreno 标题中"如何去做"的语气对于强调建议的行动导向性报告来说是适当的。一种中立的标题,比如"Electrovision 差旅和招待成本分析",比较适应于告知性报告。

备忘录格式对内部报告来说很适合；可以利用信件格式来传送外部报告。

备忘录

发件人：Linda Moreno，成本会计服务部经理
收件人：Dennis McWilliams，运营副总裁
日期：2012年2月16日
主题：减少Electrovision的差旅和招待成本

　　这是您1月28日要求的关于Electrovision的差旅和招待成本的报告。

　　您的怀疑是正确的。我们在商务出差上花费太多。我们不成文的规矩是"随你怎么样都行"，对于差旅和招待成本没有有效控制。当Electrovision效益较好时，这种放任政策还是可以理解的。但我们无法再继续提供头等舱旅行的奢侈行为。

Moreno希望得到正面反应，所以她立即陈述了主要结论。

虽然商务化并很恭敬，口吻依然是对话性质的。

　　问题的解决办法很清晰。我们需要一个集中负责差旅和招待成本的人员、一个清晰陈述的制度、一个有效的控制系统、一个能够优化出差安排的以业务为导向的旅行服务。我们还可以考虑其他能够替代出差的行为，比如视频会议。也许更重要的是，我们应该转变态度。所有出差员工需要把出差基金看作好像自己在掏钱买单一样，而不是将其视为可以来钱的无底洞。

　　让人们变得节俭并不容易。在研究此问题时我发现，我们的员工十分热衷于这种慷慨的出差特别待遇。我想人们可能宁愿削减工资也不愿失去出差待遇。我们需要高级主管参与进来让大家接受节俭的观念。需要明确的是：如果我们采用一个两级系统，对高级管理者特别优待，而其余人员只能奉献的话，将会招致人们的痛恨。

承认来自别人的帮助是种礼节，也是一个培养积极工作关系的好方法。

　　非常感谢Mary Lehman和Cannie McIllvain帮助收集和整理了过去五年的开支报告。

　　谢谢给我一个研究这项任务的机会。这是一次真正的学习。如果您对报告存有任何疑问，请跟我电话联系。

客气地结尾，充满感谢并提出要讨论结果。

　　在这个报告中，Moreno决定写一个简短的说明性备忘录，包括一个单独的执行概要。一份简短的报告（不超过10页），通常把概要或执行概要与说明备忘录或说明信结合在一起。

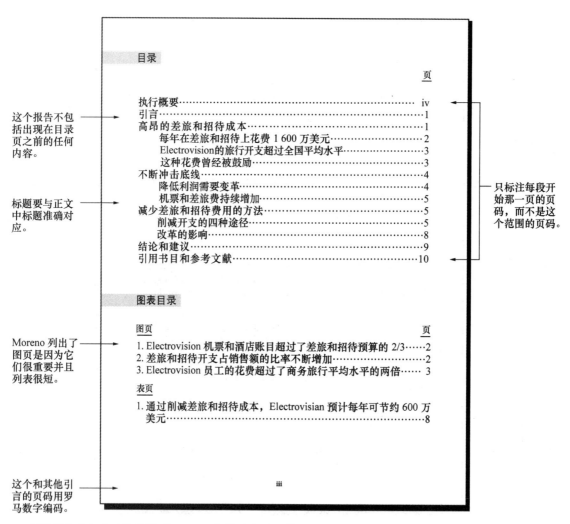

即使报告中包含三级标题，但 Moreno 在目录中只列举了一、二级标题。她更愿意采用简短的目录以使注意力集中于主要观点。她采用了告知性标题，对乐于接受的受众来说这是合适的。

> **执行概要**
>
> 本报告分析了 Electrovision 的差旅和招待成本,并为削减该成本提供建议。
>
> **差旅和招待成本太过高昂**
>
> 对 Electrovision 来说,差旅和招待成本是一项巨大且持续增长的经费种类,公司每年在商务出差上花费超过 1 600 万美元,而且还在以每年 12% 的幅度增长。公司员工合计一年要出差 3 390 次,每次平均花费成本 4 720 美元。机票是其中最大的开支,其次是酒店、餐饮和租车。
>
> 在 Electrovision 公司,必要的差旅是业务所需的,只是成本过于高昂:我们的员工在差旅和招待上的花费超过全国平均水平的两倍还多。虽然可以从公司设施地点上来解释这种差异,但主要原因还是公司管理模式没有给员工的节约行为以充分的激励。
>
> **削减势在必行**
>
> Electrovision 的管理阶层意识到了控制这些成本要素的必要性。公司当前的利润正在下降,这促使管理层去寻找削减支出的一切机会。同时,持续增长的机票和酒店价格也使得公司的差旅和招待花费问题变得异常突出。
>
> **Electrovision 每年可节省 600 万美元**
>
> 幸运的是,Electrovision 可以采用多种途径来削减差旅和招待成本。通过借鉴其他公司的经验,实现年节约 600 万美元是完全可能的。一套有效的差旅管理程序可以使公司每年节约 35% 的差旅和招待成本(Gilligan 39—40)。我们还可以做得更好,因为我们购买了更多的商务舱机票而非普通机票。可通过以下4步来帮助削减成本:
>
> 1. 雇用一位差旅和招待主管,全盘担负起差旅和招待花费、制度和技术的责任,包括国内旅行社的雇用和管理等职责。
> 2. 向员工宣传控制成本的必要性,一方面极力避免不必要的差旅,一方面削减不必要的差旅成本。
> 3. 与旅行提供者商谈优惠。
> 4. 出差的替代选择,比如虚拟会议。
>
> 变革是必需的,但短期内可能会有损士气。管理层需竭力去解释削减费用的基本原因。通过自己的差旅安排实行节约,Electrovisio 管理人员可以身作则,并帮助其他员工适应这种变革。另外,使用差旅的替代选择,比如网络会议,可以为许多员工减少差旅负担,并帮助他们平衡工作和个人生活。
>
> iv

这个执行概要以陈述报告的目的开头。

执行概要要突出要点,顺序要和报告中一致,使用总结报告中主要段落内容的副标题。

受众是乐于接受的,所以执行概要的语气比较强烈,对于抱有恶意和怀疑的受众可以采用更中立的方法。

执行概要的字体和段落与报告正文相同。

执行概要的页码继续使用罗马数字。

由于报告要面对多类受众,其中一部分愿意更详细地了解报告内容,而另一部分只想知道大概,于是 Moreno 决定加入执行概要。执行概要主要针对于后者,既给他们以充足的信息来进行决策,又不需要花费气力来通读报告全文。

她的写作风格严肃而又不显冷漠或强硬。Moreno 选择这种正式格式是因为相当一部分受众是组织高层,她不想显得太过随意。她的公司更倾向于不体现个人风格的正式格式。

有颜色的柱状条强调了报告的题目和一级标题，一些其他设计处理也可以。

削减 Electrovision 的差旅和招待成本

引言

　　Electrovision 一直鼓励大量的商务差旅。为了补偿频繁出差给员工带来的压力和不便，管理者被授权为差旅和招待提供大量的津贴。这种方法对于鼓舞士气是有利的，但是去年 Electrovision 在差旅和招待上花费 1 600 万美元，比花在研发上的经费多出 700 万美元。

　　由于机票和酒店费用的增长，今年差旅和招待成本将给公司利润造成更大的影响。而且，由于其他原因的影响，今年公司本来的预期利润比较疲软。因此，运营副总裁 Dennis McWilliams 要求会计部门探讨削减差旅和招待预算的方法。

　　本报告的目的是分析差旅和招待开支，评估近期酒店和机票费用增长的影响，并提出加强差旅和招待成本控制的途径。报告概述了几种削减 Electrovision 开支的措施，但是这些方法给经济带来的确切影响却很难评估。这里所展现的评估只是对 Electrovision 预期节约的"最佳猜测"。

　　为了准备本报告，会计部门分析了过去五年的内部开支报告，以确定 Electrovision 在差旅和招待上的确切花费金额。我们又把这些数据与道·琼斯（《华尔街日报》出版）编辑的平均统计数据相比较，并作为道·琼斯旅行索引进行介绍。我们还分析了各类商业杂志文章刊登的趋势和建议，观察其他企业是如何应对高昂的商务差旅成本的。

高昂的差旅和招待成本

　　尽管许多企业把差旅和招待视为经营的附加成本，花费却持续增加。Electrovision 去年在机票、酒店、租车、餐饮和招待等方面的票据合计 1 600 万美元。在过去五年里，我们差旅和招待预算年增长 12 个百分点。因为管理者在差旅福利上的慷慨，与美国的商务旅行平均值相比，Electrovision 的支出是高昂的。

削减 Electrovision 的差旅和招待成本　　　　　　　　　　第 1 页

每页都有一个包含报告标题和页码的页脚。

引言以说明行动的必要性开头。

Moreno 提及资源和方法来增加可信度，并向读者展示研究者的全景。

在简短的引言中，Moreno 依赖于主题句和过渡来指出她讨论的是研究的目的、范围及限制性。

每年在差旅和招待上花费 1 600 万美元

　　Electrovision 每年差旅和招待预算只占销售额的 8%。因为与人工费用代理费用相比,差旅和招待费用只占很小的比例,所以似乎削减差旅和招待费用无关大局。然而,Electrovision 的差旅和招待费用却是公司可控制的第三大开支,仅次于人力成本和信息系统。

　　去年,Electrovision 员工大概出差 3 390 次,平均每次花费成本 4 720 美元。比较典型的出差包括 3 000 英里的往返飞行、两到三天的餐饮住宿、租车。其中,大约 80% 的出差由 20% 的高级管理者和销售人员组成,平均每人每年出差 18 次。

　　图 1 展示了旅行和招待费用的构成。其中最大部分为机票和住宿,合计员工差旅和招待费用的 7/10。过去五年基本都是如此,与其他企业的费用分配也较为一致。

> 尽可能将视觉效果与其说明内容放在一起。

图 1 Electrovision 机票和住宿费用超过了差旅和招待预算的 2/3

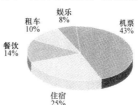

　　虽然差旅和招待预算的结构基本相似,金额可大不相同。如前文所述,在过去五年中公司的差旅和招待支出以每年 12% 的速度增长,约为公司销售额增长率的 2 倍(如图 2 所示)。这个增长率使差旅和招待费用成为 Electrovision 增长最快的成本项目。

> 每个图都有一个清晰确定的题目,并放在图的左边。

图 2　差旅和招待开支占销售额的比率不断增加

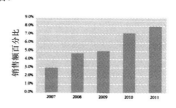

削减 Electrovision 的差旅和招待成本　　　　　　　　第 2 页

　　在正文的第一个主要部分,Moreno 一上来就使用了一个主题句来介绍与该部分所述项目相关的重要事实。然后再把读者引导到该部分的三个关键点上。

给图编号，并在正文中注明。

Electrovision 的旅行开支超过全国平均水平

我们大多数差旅预算都是正当的。差旅和招待的高昂预算可能由两方面原因造成：

- 我们的总部设在西海岸，而我们大多数客户却在东海岸，因此我们要花很多费用在横跨国家的飞行上。
- 相当一部分差旅发生在西海岸的总部和底特律、波士顿及达拉斯等地的制造部门之间。公司管理者和分部人员不得不频繁出差来协调不同部门。

尽管一部分Electrovision的差旅费用是正当的，公司在差旅和招待方面的花费还是高于商务旅行平均水平（如图3所示）。

图 3 Electrovision 员工花费
的旅行支出超过了商务旅行
平均水平的两倍还多
资料来源：《华尔街日报》
和公司记录。

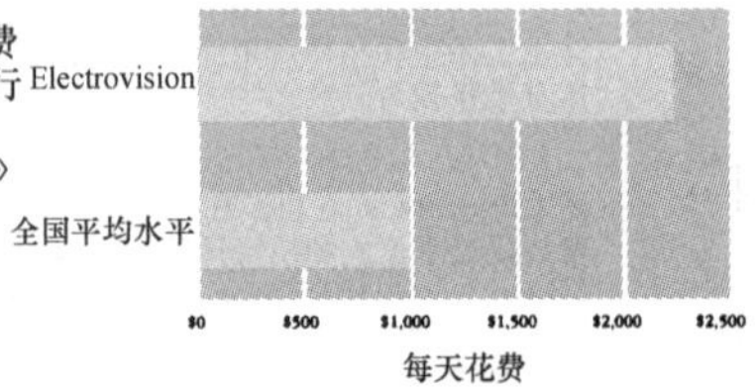

Moreno 在给出图表之前，先对图进行介绍，并指出读者应该注意的数字。

根据平均机票、旅馆价格、出租车价格，道·琼斯旅行指数估计了美国商务旅行平均每天的成本。随着每周旅行社价格的变动，平均成本也随之变动。但是去年每天花费基本保持在 1 000 美元左右。相比之下，Electrovision 去年平均每天花费 2 250 美元，比均值多出 125 %。这个数字是在平均每次出差成本 4 720 美元以及每次出差时间 2.1 天的基础上得出的。

这种花费曾经被鼓励

虽然造成这种差异的原因有很多，但与高昂差旅招待费用相关的最重要因素是企业理念和管理风格。因为很多员工对于出差并不感兴趣，于是管理者通过购买商务舱机票、高级酒店住宿、全程租车等方法来使旅途变得愉快。销售人员也被鼓励在高级酒店接见客户，并邀请他们去观看文化和运动赛事。

削减Electrovision的差旅和招待成本　　　　　　　　第3页

图 3 虽然简单但是有用。Moreno 利用恰当的数据来支持她的观点。注意，她对于报告的表现形式和内容的质量同样重视。

这种待遇引发的成本很容易被忽视，使得 Electrovision 的差旅和招待成本控制乏力：

- 每月的财务记录并没有把差旅和招待费用单列开来；这些成本被商品销售成本以及销售、一般和行政开支隐藏起来了。
- 每个部门领导都有权力批准任何开支报告，容易忽视数额的大小。
- 花费低于 100 美元就可以不用上交收据。
- 允许每个人自行确定差旅安排。
- 没有设定专人来负责控制公司的整体差旅和招待费用。

不断冲击底线

在过去三年中，公司的良好利润导致了对各方面严格控制的压力不大。然而，我们都知道情况是有变化的。在接下来的两年中，利润处于平缓甚至衰退的状态，这迫使我们去寻求削减成本的方法。同时，持续增长的机票和酒店价格加大了差旅和招待开支对于公司财务的冲击。

降低利润需要变革

对 Electrovision 来说以后两年注定会很艰难。经过近几年的开支增加，美国邮政服务削减了对自动信件处理设备的购买。购买 A-12 光符阅读机的资金也取消了。其结果是市场部门期望的销售额降低了 15%。尽管 Electrovision 正在就几个可能带来转机的研发合同进行协商，但市场部门对接下来的两至三年仍不抱有太大的希望。

与此同时，Electrovision 还将面对成本增加的窘境。过去几个月我们已经知道，位于盐湖城的厂房不仅推迟交工，还超出了预算。波士顿和达拉斯的劳工合同在 6 个月后也将到期。那里的工厂管理者正在期望通过加薪和加福利来避免罢工。

此外，当我们希望通过加强营销和广告来缓解竞争压力时，营销和广告成本也在增加。在收入下降而成本增加的情景下，执行委员会预言来年利润下降 12 个百分点也不无可能。

削减 Electrovision 的差旅和招待成本　　　　　第 4 页

项目列表使读者识别和区分相关要点更方便。

应用告知性标题使得读者把注意力集中在主要观点上，这种标题适用于报告为直接顺序型且读者乐于接受时；而描述性标题更适用于报告为间接顺序型且读者不易接受时。

Moreno 在报告中设置一些空白，这样即使页面中没有视觉效果，也能够引人注目且易于阅读。

机票和差旅费持续增加

近年来，商务旅行者已经习惯于频繁的长途旅行和差旅行业的折扣了。过度的经营能力和激烈的竞争价格，特别是航空业，使得旅行非常便宜。

> Moreno 引用客观事实和有力的理由来支持她的论点。

然而，随着弱竞争者被淘汰，主要经营者变得更加强大和敏捷，上述情形也将发生变化。航空公司和酒店在库存管理和保持高占有率上做得很好，也就是说，Electrovision 的差旅成本将会更高。去年已经出现了一些不合理的增长。市场上许多商务舱机票（商务旅行者经常购买的票据）跃升超过 40%。而且这种趋势还将持续下去，可能还会增长 5%—10% (Phillips 331; "Travel Costs Under Pressure" 30; Dahl B6)。

机票和酒店费用占了我们公司差旅和招待费用的 70%，这是一个事实。在这两方面的高额花费及其继续下去的趋势将会带来严重后果。除非管理阶层能够采取措施控制这些成本。

减少差旅和招待费用的方法

通过进行一系列的改革，预期能够削减 Electrovision 差旅和招待费用的 40% 之多。这个估计是基于两方面得出的：一是基于美国运通的一般性估计 (Gilligan 39)，二是基于通过取消商务舱机票使我们有机会来大量降低航空旅行成本这一事实。然而，这种方法似乎不会受到员工的欢迎。为了让变革更容易接受，管理层需要向员工推广节约差旅和招待费用的观念。

> 建议很实际，指出了行动的益处和风险。

削减开支的四种途径

通过学习其他企业抑制差旅和招待开支的经验，会计部门开发了四种有效方法，这些方法能够使 Electrovision 每年在差旅相关成本上节约 600 万美元。

制定严格的支出控制措施

指定一个主管专门致力于控制差旅和招待费用。现在，美国超过 2/3 的企业都聘用了商务旅行经理（"商业用途专门技能经理"4）。该经理必须熟悉旅游业，并精通会计和信息技术，向运营副总裁报告。他的首要任务是建立一套差旅和招待的书面制度及成本控制系统。

目前，Electrovision 尚没有制定差旅和招待相关的书面制度。空中旅行专家早就建议采用这样的制度了 (Smith D4)。建立的制度可以明确管理层的职位，还能成为一种沟通节约需求的工具。

削减 Electrovision 的差旅和招待成本　　　　　　第 5 页

在三级标题上，Moreno 通过使用行动动词来增加语气的说服力。这种方法对于研究本身以及读者都是适当的。然而，在对地位敏感的企业中，从一个初级人员的口中说出的命令型动词可能会稍显专横。

第 13 章 报告和建议书的完成 471

> 项目编号使读者更容易找到重点，又将正文分成几部分缓解读者的视觉压力。

该制度至少应该包括以下内容：

- 所有的差旅和招待都要严格与业务挂钩，而且要事先得到批准。
- 在具体问题具体分析的基础上，除非经过特批允许，否则员工必须乘坐经济舱出差且住在中等商务酒店。
- 差旅和招待制度对所有层次的员工一视同仁。

为了贯彻新的制度，Electrovision 需要建立一个差旅和招待开支控制系统。所有部门每年必须准备差旅和招待预算，并将其作为运作计划的一部分。预算必须详细，以方便管理层评估差旅和招待资金是如何花费的，并为适当地削减提出建议。为了帮助管理者监控这些预算的执行情况，差旅主管必须准备每月的财务综述，来汇报各部门实际发生的差旅和招待花费。

差旅主管有责任提供以业务为导向的旅行服务，为员工的商务差旅安排时间，寻求最好的旅行方案，特别是机票方面。除了集中 Electrovision 的旅店预约和订票行为之外，还可以请代理公司与酒店和租车公司磋商降低团体价格。所选择的代理公司必须是全国性的，这样 Electrovision 所有的部门都可以通过同一家代理公司进行预约和订购。当某些城市之间的机票价格多得让人眼花缭乱的情况下，这种方法显得尤为重要。在旅行热线上发现几十种票价也并非不可能（Rowe 30）。另外，旅行主管也可以帮助协调整个公司的旅行以保证在可能的情况下享受团体折扣（Barker 31; Miller Hfi）。

减少不必要的差旅和招待

削减成本最简单的方法是减少差旅和招待发生的次数。对去年支出的分析表明，Electrovision 有 30% 的差旅和招待是随意安排的。专业人员花费了 280 万美元用以参加研讨会和协商会。虽然参与这些会议是有益的，但是企业可以通过派遣更少的代表参加以及取消一些价值较低的参会来节约资金。

同样，Electrovision 可以通过减少各部之间的互访频率以及减少每次的访问人数来节约资金。虽然很多情况下面对面会议是无法取代的，但是管理者可以试着通过电话、电子和书面沟通等方法来解决内部问题。

Electrovision 还可以通过督促员工节俭来消减开支。员工可以乘坐经济舱或利用打折机票来代替商务舱。不要选择 50 美元一瓶的葡萄酒，而可以选择价格低一些的酒或不要喝酒。可以入住价格适中的酒店，选择租金较少的出租车服务。

削减 Electrovision 的差旅和招待成本　　　　　　　　　　　第 6 页

> Moreno 列出了执行建议需要的步骤。

Moreno 努力不超过她的分析界限。比如，她并不分析员工每年参加的那些会议的价值，这样她可以避免对削减会议差旅的一些绝对的观点。

从旅行供应者商那里获得最低价格

除了督促员工节俭，Electrovision 还可以通过寻找价格最便宜的机票、酒店、租车服务等方法来节约资金。目前，很少员工有时间或相应的知识来寻找旅行优惠。当他们需要出差时，他们就选择最方便、最舒适的安排。从旅行商那里得到的专业旅行服务能够降低价格。

根据其他企业的经验，仅仅通过寻找便宜的机票以及与酒店、租车公司协商团体价格就可以将 Electrovision 的差旅预算下调 30%—40% 之多。通过分析旅行方式、确定常去的场所、选择一些愿意降低价格以换取稳定业务的酒店等途径，Electrovision 也能够达到上述目标。同时，企业也可以通过谈判获得团购价从而节约 40% 的租车费用。

节约是可行的。但是要想实现最好的差旅安排，还需要进行以下的取舍：

- 最好的费用并不总是最低的。转机通常会便宜一些，但是它花费时间较长，误工带来的成本可能会更高。
- 最便宜的机票通常要提前 14 天甚至 30 天来预定，对我们来说这通常是不可能的。
- 折扣机票通常不可退，当出差最终决定取消时这也是个重要的缺点。

用技术方法代替差旅

低成本的差旅确实可以显著节约资金，但在长期最大的成本削减是通过虚拟会议技术来代替旅行。不管是分析者还是企业经营者都认为曾经妨碍在线会议的问题已经被攻克了，最近的系统运行快、容易学习、容易应用（Solheim 26）。例如，Webex（电子会议服务的领头企业）可以提供从简单的临时小组会议到有 3 000 名参与者的大型在线会议的所有服务（"在线会议解决办法"）。

新旅行主管的首要责任是评估这些技术并推荐它们在整个 Electrovision 公司中运作。

削减 Electrovision 的差旅和招待成本　　　　第 7 页

通过指出所有可能的困难，以显示所有的角度都已经考虑到了，Moreno 坚定了读者对其论点的信心。

注意 Moreno 是怎样从一个部分过渡到另一个部分的。本页第二个标题下的第一句点出了前文的主题，同时也是思路转变的信号。

改革的影响

通过严格控制、减少不必要的开支、协商更有利的价格、开发出差的替代方法等，Electrovision 能够显著降低差旅和招待预算。如表 1 所示，虽然精确的数字很难推断，但节约的费用合计起来大概有 600 万美元。

表 1
通过削减差旅和招待成本，Electrovisian 预计每年可节约 600 万美元

节约来源	节约估计（美元）
旅行从商务舱转为经济舱	2 300 000
协商有利的酒店价格	940 000
协商有利的租车价格	460 000
系统性搜索低价机票	375 000
减少内部旅行	675 000
减少研会和协商会参与人数	1 250 000
潜在节约合计	**6 000 000**

为了达到表中所示的目标，Electrovision 需要花费一定资金雇用商务旅行经理来控制差旅和招待成本。这大约需要 115 000 美元：其中新员工薪水是每年 105 000 美元，成本控制系统一次性花费 10 000 美元。关于全方位旅行代理的成本基本可忽略不计，即算上航空和其他服务提供商转移的费用。

节约方法很有可能不会受到员工的欢迎。Electrovision 的员工已经习惯了高额的差旅和招待津贴，取消这方面特权自然会招致他们的不满。要减少员工的抵触情绪，

- 管理者应该花大力气来解释为什么必须变革。
- 企业沟通主管可以组织一些活动来说明缩减差旅和招待费用的重要性。
- 在严格执行新制度方面，管理者应该以身作则。
- 面对新制度，所有层次的员工应该一律平等。

削减 Electrovision 的差旅和招待成本　　　　　　第 8 页

注意 Moreno 第一段中没有重复表格信息的情况下是如何把注意力引到表格内容中的。

告知性标题与报告标题保持一致，比较适应于容易接受的读者。

表格在文章中的参考说明强调了读者应该从表格中获得的重要观点。

包含财务预计，以帮助管理者想象建议的作用，尽管这些数字可能是难以准确预计的。

结论和建议

目前 Electrovision 每年花费 1 600 万美元在差旅和招待费上。虽然大部分花费是有理由的,但是与竞争者相比,企业在这方面花费的成本还是太高。其主要原因是 Electrovision 在差旅福利上太过慷慨。

在收益较好的年度里,Electrovision 这种在差旅和招待上慷慨可以理解。但是,在以后几年中,Electrovision 却要面临着利润的下降。因此,管理层决定从各方面削减成本。鉴于机票的增长对成本底限的冲击,削减差旅和招待成本显得尤其重要。

通过以下四个步骤,Electrovision 可以把差旅和招待费用削减 40% 之多:

1. 制定严格的开支控制措施。雇用商务旅行经理来负责差旅和招待的全部事宜。在接下来的 6 个月中,该经理拟定一份书面的旅行制度,制定差旅和招待预算以及成本控制系统,找到一家职业的商务导向旅行代理来优化差旅安排。
2. 减少不必要的差旅和招待。Electrovision 应该鼓励员工去节约差旅和招待成本。管理层可以通过少批准一些差旅,以及鼓励员工在花钱时保守一些来达到这一目的。
3. 从旅行商那里获得最低价格。Electrovision 还应该致力于从航空公司、酒店和租车公司那里获得最优价格。由职业的旅行代理来安排所有差旅业务,这样企业既可以最优化差旅选择还可以通过协商获得有利价格。
4. 用技术方法代替差旅。企业配置了相当数量的计算机,因此可以充分利用桌面视频会议和其他远程会议工具。因为这些系统需要双方具有一致的终端设备来进行连接,所以对于客户来说未必完全可行。但是对于 Electrovision 内部来说建立这种沟通系统却是完全可行的。

因为这些方法可能不会受到员工欢迎,管理层应该一致努力去解释削减差旅成本的重要性。企业沟通主管也有责任去设计与员工沟通的计划。

削减 Electrovision 的差旅和招待成本　　　　　　第 9 页

在报告的最后一段中采用描述性标题,在告知性报告中,这种段落通常叫做"小结";而在分析报告中通常叫做"结论"或"结论和建议"。

用列表格式来强调建议。

Moreno 在头两段中总结结论,这是一种好方法,因为她是围绕着结论和建议来组织报告,读者早已了然于胸。

在本段中,Moreno 没有介绍任何新的事实。在更长的报告中,她有可能将这个部分又分为两个部分,分别冠以"结论"和"建议"以示区别。

> MLA 法以作者姓的首字母排序来列举参考文献；当不知道作者姓名时，以文献标题排序。

引用书目

Barker, Julie. "How to Rein in Group Travel Costs." *Successful Meetings* Feb. 2011: 31. Print.

"Businesses Use Savvy Managers to Keep Travel Costs Down." *Christian Science Monitor* 17 July 2008: 4. Print.

Dahl, Jonathan. "2000: The Year Travel Costs Took Off." *Wall Street Journal* 29 Dec. 2007: B6. Print.

Gilligan, Edward P. "Trimming Your T&E Is Easier Than You Think." *Managing Office Technology* Nov. 2008: 39-40. Print.

Miller, Lisa. "Attention, Airline Ticket Shoppers." *Wall Street Journal* 7 July 2007: B6. Print.

Phillips, Edward H. "Airlines Post Record Traffic." *Aviation Week & Space Technology* 8 Jan. 2007: 331. Print.

"Product Overview: Cisco WebEx Meeting Center," *Webex.com*. 2011. WebEx, n.d. 2 February 2011. Web.

Rowe, Irene Vlitos. "Global Solution for Cutting Travel Costs." *European Business* 12 Oct. 2008: 30. Print.

Smith, Carol. "Rising, Erratic Airfares Make Company Policy Vital." *Los Angeles Times* 2 Nov. 2007: D4. Print.

Solheim, Shelley. "Web Conferencing Made Easy." *eWeek* 22 Aug. 2008: 26. Web.

"Travel Costs Under Pressure." *Purchasing* 15 Feb. 2007: 30. Print.

Moreno 采用 MLA（美国现代语言协会）法来列举文献，如果用 APA（美国心理协会）法表示则如下图所示。

参考文献

Barker, J. (2011, February). How to rein in group travel costs. *Successful Meetings*, p. 31.

Businesses use savvy managers to keep travel costs down. (2008, July 17). *Christian Science Monitor*, p. 4.

Dahl, J. (2007, December 29). 2000: The year travel costs took off. *Wall Street Journal*, B6.

Gilligan, E. (2008, November). Trimming your T&E is easier than you think. *Managing Office Technology*, pp. 39-40.

Miller, L. (2007, July 7). Attention, airline ticket shoppers. *Wall Street Journal*, B6.

Phillips, E. (2007, January 8). Airlines post record traffic. *Aviation Week & Space Technology*, p. 331.

Rowe, I. (2008, October 12). Global solution for cutting travel costs. *European*, p. 30.

Smith, C. (2007, November 2). Rising, erratic airfares make company policy vital. *Los Angeles Times*, D4.

Solheim, S. (2008, August 22). Web conferencing made easy. *eWeek*, p. 26.

Travel costs under pressure. (2007, February 15). *Purchasing*, p. 30.

WebEx.com. (2011). *Product Overview: Cisco WebEx Meeting Center*. Retrieved from http://www.webex.com/product-overview/index.html

13.2.1 文前部分

文前部分是那些提供了关键的初步信息的前期材料，读者通过这些信息决定是否阅读或如何阅读这一报告。[③] 这些部分，例如目录、图表目录和执行概要，在正文完成之后更容易准备，因为它们是

---

③ Michael Netzley and Craig Snow, *Guide to Report Writing*(Upper Saddle River, N.J.：Prentice Hall, 2001), 57.

以报告的主要部分为基础的。正文完成后,你可以使用文字处理软件自动编辑目录和图表目录。

封面

许多公司的报告有标准封面,由较重的纸张制成并印有公司名称和标志。如果你所在的公司没有这样的封面,你通常可以在一家很好的文具店或办公用品店中找到一些吸引人的、方便使用并且适合主题的封面。

封面通常会标明报告题目、作者名(可有可无)、提交日期(可有可无)。仔细考虑你的标题,要使其简洁、有吸引力并同时传达了项目主题的精髓。

简明标题页和标题页

简明标题页(title fly)是一个空白的版面,上面仅有报告标题。它增加了正式性,但并不是必需的,并且浪费额外的纸张。**标题页**(title page)包括四部分:(1)报告标题;(2)授权报告的个人、团体,或组织的姓名、头衔、地址;(3)准备报告的个人、团体,或组织的姓名、头衔、地址;(4)报告提交的日期。在标题页上,第二部分信息包括准备或提交给谁等字样;第三部分信息包括由谁准备或提交。有时标题页也作为报告封面,尤其是当报告相对较短,并只在内部使用时。

授权信和接受函

如果收到书面授权来准备报告,你可能希望把**授权信**(letter of authorization)(授权备忘录)放在报告中。如果你写**接受函**(letter of acceptance)(或接受备忘录)作为回应来接受任务并说明条件及限制因素,还要把这封信放在报告的文前部分。一般来说,仅在最正式的报告中才有授权信和接受函。然而,在你收到授权信后过了很长时间或者你与读者没有很密切的工作关系的情况下,可以考虑把一封或两封信都放在报告中。这些信可以帮助每个人都清楚报告意图及你制作报告的方法。

说明信

说明信(letter of transmittal)(或说明备忘录)是特殊形式的附信,通常放在内容目录前,给读者介绍你的报告。这部分内容是直接交给授权人的,所以其风格可以不像报告的其他部分那样正式。

如果读者对报告中的一些事情存在怀疑甚至敌对情绪,说明信是解开他们忧虑的好方法,可以解释如何解决他们所关心的问题。同时,如果你要向特定的受众传递敏感的信息,可以选择将说明信放在副本中。

说明信是采用适用于日常或正面信息的直接法(第8章),还是采用适用于负面信息的间接法(第9章),取决于报告的性质。以介绍报告或总结的目的开篇,比如这样的陈述:"这是你让我准备的关于……的报告"。其他部分的介绍包括:报告范围、完成研究使用的方法、局限性、你想表达的所有特殊信息等。如果报告没有摘要,说明信要总结主要发现、结论和建议。

在说明信正文中,也可以强调报告最重要的观点或部分,给枝节问题作评,给接下来的研究提出建议,提供所有会帮助读者理解和使用报告的细节。你还要感谢从其他人那里获得的帮助。说明信的结尾通常包括感谢被分配撰写报告,表达讨论报告的意愿,对未来计划提供帮助。

目录

目录表(简称目录)以大纲形式表明报告中信息的范围、顺序和相对重要性。报告正文中使用的标题是目录的基础。根据报告的长度和复杂度,你可以决定在目录中显示几个层次的标题,需要在简洁性和完整性之间进行权衡。仅显示第一层次标题的目录有利于浏览,但不利于读者寻找更详细的信息。相反,显示每一层次标题的目录,比如有的报告详细到第四五层次,有利于分辨所有部分,但是有可能吓到读者,并容易使读者忽视重要信息从而模糊焦点。详细的目录可能有几十甚至上百个条目,这时可以考虑包含两个目录:高层次的目录仅显示主要的标题,紧随其后的是包括所有条目的详细目录(就像本书和其他教材一样),不管包含多少层次,确保读者能够区分它们。

此外,要格外小心核实目录的准确性、一致性和完整性。即使是极小的错误也能影响你的可信度。比如读者翻到你给的页码却找不到他们期望看到的内容,或者他们发现标题与目录中的相似但是措辞不同。在完成报告之后再建立目录,确保准确、全面地编辑和检查过。这样,标题和副标题就不会随着页面的改动而发生变化。如果可能,可以利用文字处理软件来自动生成目录。通过减少打字中的错误,不仅能提高准确性,还可以使你在需要将标题换页或修改标题的时候保持目录在这一过程中的同步。

如果你要创建一个报告的 PDF 文件用于电子发布,你可以通过在目录中建立链接以方便你的读者。

图表目录

如果在报告中有多个图表,或者想引起读者对图表的注意,可以在目录后附上图表目录。简化起见,有的报告使用了图表或展示指代所有的视觉效果。在其他报告中,像 Moreno 的 Electrovision 报告中,"表"与被称做"图"的其他效果被分开标记,不管使用什么表格系统,一定要包括标题和页码。

如果一个页面上有足够的空间,就直接在目录下方列出图表目录。或者把图表目录单独列在目录后一页。单独标记的表格和图形,也应该被单独列出。

概要或执行概要

概要(synopsis) 就是报告重要观点的简要概述(不多于一页),是为了让读者快速预览内容而设计的(如图 13.2 所示)。经常在较长的涉及技术、专业或学术主题的告知性报告中出现,也可以叫做**摘要(abstract)**,因为它是对整篇报告的简要概括,它可能会被单独地分发给许多读者,这样对报告感兴趣的人可能会索要一份完整的报告。概要或摘要并不是很长,但是需要你花费时间。在某种程度上,它是整篇报告的一个广告宣传,所以你要让它准确地代表整个报告。

概要的措辞可以是说明性的,也可以是描述性的。一个说明性概要按照在正文中出现的顺序来呈现报告中的主要观点。而一个描述性概要仅仅是告诉读者报告是关于什么的,与目录相比仅是恰当地采用更多的细节;报告的实际发现反而被忽略了。下面是两种概要陈述的例子:

说明性概要	描述性概要
超级优质冰激凌的销售额占整个冰激凌市场的 11%。	这个报告包括超级优质冰激凌的相关信息和市场份额。

处理概要的方法反映了你在正文中使用的方法。如果在报告中使用间接法,你最好采用描述性概要,因为它"透露了报告的结论"。不论使用什么样的概要,一定要展示最准确的报告内容全景。④ 许多报告作者喜欢用**执行概要(executive summary)** 而不是概要或摘要。概要是概述主要

---

④ Oswald M. T. Ratteray, "Hit the Mark with Better Summaries" *Supervisory Management*, September 1989, 43—45.

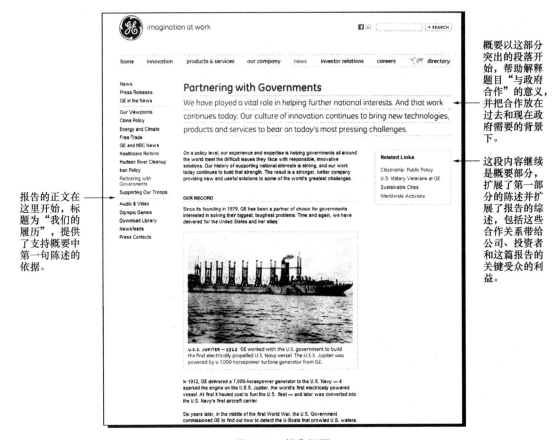

图 13.2　报告概要

这个来自通用电气的建议书以简洁的概要开头,提供了整个文档内容的综述。
资料来源:www.ge.com/news/our_viewpoints/partnering_with_gov.html。

观点的文章形式的"散文形式的目录",而执行概要是整个报告的"袖珍"版本。执行概要比概要更全面,包含标题、组织很好的过渡语言,甚至视觉成分。它的组织方法通常和报告一样,视读者的接受性采用直接法或间接法。然而,执行概要也有可能与报告中接下来的材料顺序发生偏离。

执行概要是为那些缺少时间和动机去研究整个正文的人设计的。按照一般规则,应保持执行概要和正文的长度成比例。一个简明的商务报告可能仅有一页或更短的执行概要。较长的商务报告有两到三页的概要。再长一些的话,就不能称之为概要。⑤

许多报告既不要求概要,又不要求执行概要,这通常是有报告的长度决定的。少于 10 页的报告或者省略这样的概述,或者把它和说明信集成在一起。然而,如果你的报告多于 30 页,就需要包含概要或执行概要以给读者提供方便。当然,你选择哪种方式也取决于你组织报告的习惯。

13.2.2　报告正文

报告的核心通常由三部分组成:引言、正文和结尾。第 14 章更详细地描述了这些部分的内

---

⑤ Netzley and Snow, *Guide to Report Writing*, 43.

容,但是在你准备正式的报告时,你应该记住这里的一些注意事项:

- **引言**。一个好的引言,会使读者准备好阅读和理解下面的信息。它通过告知读者报告是关于什么的、为什么会引起读者的关心以及报告是如何组织的,来鼓励读者继续阅读。如果你的报告有概要或执行概要,要通过平衡引言和总结中的材料来减少冗余,就如 Linda Moreno 在 Electrovision 的报告中所做的,她的执行概要非常详细,所以使引言部分更简洁。
- **正文**。这部分包含支持你的结论、建议、分析、逻辑与解释的信息。以 Linda Moreno 的 Elevtrovision 报告正文为例,可以看出这一部分一般应包含哪些支持性细节信息。
- **结尾**。报告的结尾应该总结你的主要观点,突出你的结论或建议(如果有),列出你期望读者或你自己可能采取的行动。这部分可以被标记为"总结"或"结论与建议"。如果以直接法组织报告,你的结尾一定要相对简洁。相反,在间接法报告中,你可以在这部分首次展现你的结论和建议。在这种情况下,篇幅可以相对延伸。

13.2.3 补充部分

补充部分紧随报告正文后,并给寻求更多详细讨论的读者提供细节。对于在线报告,你可以把补充部分放在独立的网页上,并允许读者从主报告页链接到它们。补充部分在长篇报告中比在短篇报告中更普遍,一般包括附录、参考书目和索引。

附录

附录(appendixes) 包含那些与报告相关但又因为篇幅太长或可能与读者没有联系而没有出现在正文中的材料。如果你的公司有内部互联网、共享工作区或其他存储和使用在线信息的方法,可以考虑把详细的辅助证据材料放在那里,并把读者指引到这些有更多细节的资源中。

报告附录的内容广泛多样,包括所有样本问卷、附信、样本表格、计算机打印文本、数据公式、财务报表或电子数据表、重要文件的复印件以及会割裂全文内容的多页插图。你也可以把术语表作为附录或独立的补充部分。

如果你的支持性材料种类复杂,就把附录按类型分开。附录通常以一个字母和一个简明的描述性标题注明。所有的索引都应在正文中提到并在目录中列出。

参考书目

为了履行你的道德和法律义务,尊重别人的工作,帮助感兴趣的读者去进一步了解相关问题,可以使用**参考书目(bibliography)**,它包括你准备报告时参考的二手资料,在 Moreno 的 Electrovision 报告中,她将参考书目标注为"引用书目",因为她仅列出了在报告中提到的作品。如果有参考的作品在报告中没有提到,你也可以叫这部分为"参考文献"。Moreno 的 Electrovision 报告使用作者-日期的格式来规范她的文献来源,也可以使用编号脚注(在每页下方)或尾注(在报告结尾)。

另外,一些作者喜欢在正文中标明所引用的参考书目。在报告正文中注明参考资料可以证明你全面地研究了你的课题。此外,提到相关领域著名或重要的权威人物的名字,可以帮助建立信息的可信度。参考材料的处理应尽可能连贯。下文是在正文中简单地提到参考资料的一种方法,尤其对于内部报告:

根据西南医院 Lewis Morgan 博士的统计，臀部复位手术在 65 岁以上妇女中占所有手术的 7%。

然而，如果你的报告发行给外部读者，就要包含你是在何处获得数据的额外信息。你可能熟悉由美国现代语言协会（MLA）和美国心理协会（APA）推荐的引用方法。《芝加哥格式手册》(The Chicago Manual of Style)是一本经常被排版者或印刷者参考的书。所有的这些参考资料都鼓励在正文中引用（插入作者的姓和出版年份或引用正文的页码）。

索引

索引（index）是将报告中提到的名字、地点和主题按字母顺序排列，并标出它们出现页码的列表。如果你认为读者需要在长篇报告中找到特定点的信息，可以考虑用索引来列出关键主题、产品名、市场、重要人物等与主题相关的所有内容。像目录一样，准确性很关键。好在你也可以使用文字处理软件编辑索引。在你制作和发布报告前，一定要确保更新索引（以及其他任何自动生成的要素，比如目录）。

13.3 正式建议书的制作

针对外部受众（包括潜在客户和投资者）的建议书通常比较正式。对于小一些的项目或者在你已经和读者建立了工作关系的情况下，建议书可以不那么正式，并可以略去一些在本部分描述的组成方面。

正式建议书像其他正式报告一样包含同样的方面（如图 13.3 所示）。主要的不同在于正文，尽管

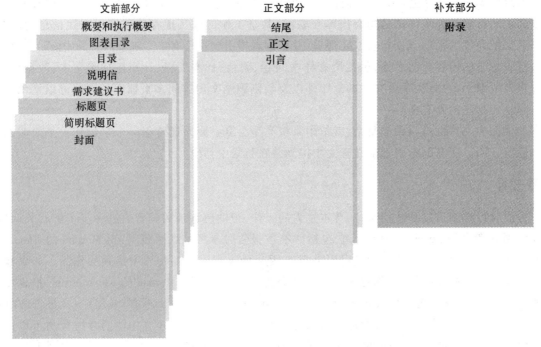

图 13.3　正式建议书的组成部分

与正式报告一样，你可以从不同的方面中选择来完成一份正式建议书。

有些文前部分也不相同,偶尔出现的附录是一种例外,大多数建议书很少有补充部分。通常,如果你对需求建议书做出回应,要遵守信件的规范,要确保包括所有要求的事情,没有要求的就不要写进来。

13.3.1　文前部分

正式建议书的封面、简明标题页、标题页、目录、图表目录,与其他正式报告的处理方法基本一样。然而,其他一些部分却有些不同,像需求建议书复印件、概要或执行概要、说明信。

需求建议书的复印件

需求建议书对本身的内容通常有特别的规定,因为发布需求建议书的机构需要系统的方法来追踪所有有效的需求建议书和可能得到的回应。一些机构要求你在建议书中包含整个需求建议书的复印件;其他机构只是让你用名字和数字来标注需求建议书。一定要确保你在每个细节中都遵守了规范。如果需求建议书没有提出特别的规定,根据它的长度及你得到的印刷复印件或是在线访问的需求建议书,使用最佳的选择。

概要或执行概要

当你的建议书很长时,尽管你可能为了读者的方便提供了概要或执行概要,但这些要素通常没有在正式报告中那样有用。如果你的建议书是非请求式的,你的说明信可能已经获得了读者的关注,那么概要或执行概要就多余了。即使你的建议书是请求式的,它们也可能不那么重要,因为读者已经决定去研究你的建议书来了解你将如何满足合约的条款。需求建议书的引言部分应提供足够的内容概述。

说 明 信

处理信件的方式要看建议书是请求式的还是非请求式的。如果是请求式的,说明信就要用正面信息的模式,强调意见中赋予你竞争优势的方面;如果是非请求式的,信件要遵循劝说性信息的模式,使读者相信你提供了某些有价值的东西,他们值得花费时间去阅读你的整篇建议书。

13.3.2　建议书的正文

同报告一样,建议书的正文由三个部分组成:引言、正文、结尾。正如第12章所述,每部分的内容和深度取决于是需求建议书还是非需求建议书,是正式的还是非正式的。下面进行简单的描述[6]:

- **引言**。这部分提出和概括了要解决的问题和解决的方案,包括读者能从问题的解决中得到的好处。
- **正文**。这部分解释了每个解决方案的细节:如何做这项工作,它能分为几个具体的任务,要使用的方法(包括必要的设备、材料和人员),什么时候开始和结束,整个工作要花费的费用(如果有要求的话,具体分出每个细目),以及你为什么具备资格去从事这项工作。
- **结尾**。这部分强调读者将从你的方案中得到的好处,并且促使他们采取行动。

图13.4提供了非正式建议书的一个例子。

---

[6] Alice Reid,"A Practical Guide for Writing Proposals," accessed 31 May 2001, http://members.dca.net/areid/proposal.htm

1793 East Westerfield Road, Arlington Heights, 伊利诺伊州 60005
(847) 398-1148 传真: (847) 398-1149 E-mail: dod@ix.netcom.com

2012 年 7 月 30 日

Ms. Hoyce Colton, P.E.
AGI Builders, Inc.
1280 Spring Lake Drive
Belvidere, 伊利诺伊州, 61008

主题: AGI 建筑第 F-0087 号建议书,Elgin Manufacturing Campus

尊敬的 Colton 女士:

> 开头段落充当引言角色。

O'Donnell & Associates 很荣幸提交如下建议书,以为 Elgin 制造园(126th St., Elgin, Illinois)的质量评分操作及管线工作提供建筑检验服务。我们公司自 1972 年起就在芝加哥地区提供建筑检验服务,并在伊利诺伊州承担了多项大规模的岩土工程勘查业务,包括 O'Hare 国际机场、Midway 机场、Meig's Field 机构,以及其他机场等 100 多个项目。

> 引言强调公司的资格以吸引读者注意。

背景

> 标题把建议分成有逻辑的部分以方便阅读。

如我们所知,这项工作包括两项工程:(1)质量评分操作大约需要 6 个月;(2)管线工作大约需要 3 个月。时间安排如下:

  质量评分操作   2012.9—2013.2
  管线工作   2013.3—2013.5

> 项目背景指出两个项目及其耗费时间。

建议方法和工作计划

> 工作计划描述项目的范围并概述公司将要执行的具体测试。

在质量评分操作及地下管线挖掘和回填过程中,O'Donnell & Associates 将执行观察和测试服务。具体来说,我们将对压实材料进行现场密度检验(根据工作要求使用核子水分计/密度仪)。我们还可能进行一些实验室试验,比如 ASTM D-1557 普氏密度试验。我们将把现场测试和实验室试验结果综合起来形成详细报告。现场的装填材料可能包括自然粒状材料(沙子)、加工材料(碎石、碎混凝土、岩土渣)、黏土。O'Donnell & Associates 将派遣具有一定资格的人员去执行这些检验。

> 工作计划解释谁会对各项任务负责。

Kevin Patel 将会是这个项目的现场技术主管。他的个人简历附在建议书中以供参考。Kevin Patel 将会和你们的工作现场主要负责人合作,确保分配恰当的人员到工作现场。Joseph Proesel 将负责整个项目管理工作。Dixon O'Donnell 专业工程师负责整个项目的指导工作。所有现场工作人员派遣都将熟悉遵从 Carlson 环境公司在 2012 年 4 月提出的工程现场健康和安全计划。

> 项目主管的简历附在建议书中,在没有使报告正文混乱的情况下提供了额外详情。

资历

O'Donnell 公司从 1972 年起就在以下领域提供高质量、专业的服务:

> 资历部分通过提出吸引人的资历来抓住别人的注意力。

- 岩土工程
- 材料测试与检验
- 路面评估
- 环境服务
- 工程和技术支持(CADD)服务

公司提供第一和第二阶段的环境现场评估、对 LUST 现场结案报告的准备、对地下水监控井的安装、对土壤和地下水抽样污染物的检测。岩土工程服务涉及所有阶段的土壤力学和基础工程,包括基础和横向负荷分析、斜坡稳定分析、现场准备建议、渗流分析、路面设计和沉降分析。

O'Donnell & Associates 公司的材料检测实验室是由 AASHTO 认证计划对土壤、骨料、热拌沥青和硅酸盐水泥混凝土进行检验。我们实验室的证明复印件也在建议书中。除了公司内部培训,现场和实验室的技术人员也参加了各种资格认证项目,包括由美国混凝土协会(ACI)和伊利诺伊州交通部资助的培训。

> 描述资格(由认证行业协会或政府部门批准的)帮助建立公司的可信度。

成本

基于我们对工作范围的了解,预计两个项目的花费是 100 260 美元。如下所示:

成本估计			
成本估计：质量评分操作	单位	价格（美元）	总成本（美元）
现场检验			
人工费	1 320 小时	38.50	50 820.00
核子湿度密度仪	132 天	35.00	4 620.00
交通支出	132 天	45.00	5 940.00
实验室试验			
普氏密度试验（ASTM D-1557）	4 次	130.00	520.00
工程/项目管理			
首席工程师	16 小时	110.00	1 760.00
项目经理	20 小时	80.00	1 600.00
行政助理	12 小时	50.00	600.00
小计			65 860.00
成本估计：管线工作	单位	价格（美元）	总成本（美元）
现场检验			
人工费	660 小时	38.50	25 410.00
核子湿度密度仪	66 天	5.00	2 310.00
交通支出	66 天	45.00	2 970.00
实验室试验			
普氏密度试验（ASTM D-1557）	2 次	130.00	260.00
工程项目/项目管理			
首席工程师	10 小时	110.00	1 100.00
项目经理	20 小时	80.00	1 600.00
行政助理	15 小时	50.00	750.00
			34 400.00
全部项目成本			100 260.00

清晰完整的成本估计项目为项目的财务规划的可信度建立了信心。

　　本估计是以全职检验服务为前提的。但是，我们的服务也可以在需求的基础上进行，实际发生的费用与项目时间一致。我们已经附上了我们的标准收费表。超时价格针对的是每天超过 8 小时的时间、早 7 点之前、晚 5 点之后以及假期和周末。

给客户一些预算弹性，建议书提供了固定费用方法的选择方案，降低了对接受出价的抵制。

授权

　　拥有 30 多名工作人员，包括注册专业工程师、驻段工程师、地质学者、建筑检察员、实验室技术人员和钻孔人员。我们确信 O'Donnell & Associates 公司有能力为这个项目提供服务。

简洁的结尾强调资格并要求客户做出决定。

　　如果您需要我们公司提供在建议书中列出的服务，请在这封信上签名，并且随附一张 10 000 美元的保付支票（我们的定金），并于 2011 年 8 月 14 日之前寄回。如果关于建议书中的条款或方法有任何疑问，请给我打电话。

呼吁行动将项目运转需要的步骤阐述清楚。

诚挚地，

Dixon O'Donnell
Dixon O'Donnell
副总裁

附件

由 AGI 建筑公司接受

签字_____　　日期_____

客户的签字会建议书成为有效合同。

图 13.4　非正式需求建议书

　　这个建议书由 O'Donnell & Associates 公司的副总裁 Dixon O'Donnell 提交,这个公司是一个进行各种环境测试服务的岩土工程公司。在你看这个文档时,特别关注引言、正文和结尾中的特殊术语。

13.4 报告和建议书的校对

在你集齐了报告和建议所有的部分，修正了整篇文档的内容以使之简明扼要；设计好了文档以确保其通俗易懂并给读者以正面的印象之后，你就基本上完成了文档的最终稿。现在你需要做最后一次全面的审查，看看是否有不一致、错误和遗漏的地方。校对使可能影响可信度的小错误以及那些可能破坏你事业的大错误达到最小化。

校对报告的正文部分基本上和校对任何商务信息相同，你要检查打印错误、拼写错误、标点符号错误。然而，报告还包含一些其他信息中没有的要素，因此不要忘记仔细检查你的视觉元素，并保证它们所在的位置是正确的。如果在校对文件时需要一些特殊的技巧，可以参阅第6章中关于在校对时都要注意些什么以及如何像专业人士那样去校对的一些提示。

在可能的情况下，可以安排一些具有"新鲜眼光"的人来帮助校对，这些人没有参加过报告的写作。在这一阶段，你对报告的内容过于熟悉，你的头脑会自动地补齐缺漏的词语、改正拼写错误的单词、无意识地纠正其他错误。其他人可能会看到你遇到几十次却注意不到的一些错误。一个理想的办法就是找两个人来进行审读，一个是相关方面的专家，另一个不是。第一个人可以保证它的技术准确性，第二个人可以保证大部分读者都能理解。⑦

13.5 报告和建议书的发布

你在第6章中所学到的所有发布方法都可以用到报告和建议书中，但是要特别注意文件的长度和复杂性。在物流方面，如果不想让你的文件和别人的挤在一起，可以考虑给专业送信人或包裹速递公司额外的报酬。FedEX、UPS 和其他速递公司提供的网上跟踪服务可以保证你的文件安全送达。另一方面，如果你的文件是给某个人或一个小组，那么最好亲自送过去。这样，除了可以亲自回答一些问题，你也可以使接收者记住你在报告或建议书中提到的好处，从而促成合作。

如果是电子发布，除非是读者要求用 Word 文件，否则最好使用 PDF 文件。现在许多人都不愿意打开 Word 文件，尤其对外部人来说，这种文件更易遭受宏病毒攻击和其他侵犯。除此之外，PDF 格式能让你控制文件在对方电脑中的显示，确保其看到的文件是你希望他们看到的。Adobe Acrobat 和其他系统的审阅和批注功能，使 PDF 方便地从一组审阅者那里搜集评论。此外，为方便起见，把文件设为可下载的 PDF 格式也是大家目前所普遍期待的。

如果你的公司或客户希望你能以基于网络的内容管理系统在内联网或外联网上发布报告，注意要把正确的文件上传到正确的网站上。发布之后，也要校对一下网上的报告的显示，确保图形、图表、链接和其他元素都是正确可用的。

当你已经完成正式报告或建议书并且发给了读者，你的下一个任务就是期待得到回应。如果在一两周内没收到读者回信，你可以有礼貌地询问对方是否收到报告。（有的需求建议书说明了回复时间范围，这种情况下，不要提前催促接收者，否则你会因此而丧失机会。）为了能刺激读者做

---

⑦ Toby B. Gooley, "Ocean Shipping: RFPs That Get Results," *Logistics Management*, July 2003, 47—52.

出回应,可以在报告中提出问题,例如"你认为会计部对增加预算的提议会有怎样的反应?"你也可以回答问题或提供额外的信息。复习这章的内容,参考"要点检查:正式报告和建议书的制作"。

要点检查

正式报告和建议书的制作

A. 前言部分
- 使用公司标准的报告封面(如果有的话)。
- 封面上要有简明和描述性的标题。
- 想要更正式一些的话再加上简明标题页。
- 在标题页上列出:(1)报告标题;(2)授权报告的团体或个人的名称、头衔和地址;(3)准备报告的团体或个人的名称、头衔和地址;(4)提交日期。
- 如果有必要的话,加上授权信的复印件。
- 如果是对需求建议书做出回应,遵守其规范,加上需求建议书复印件或通过名称和数字标注需求建议书。
- 加上介绍报告的说明信。
- 提供大纲格式的目录,保证标题与报告正文中出现的完全相同。
- 如果报告包含很多图表,加上图表目录。
- 如果报告较长,加上总结(报告压缩后的"袖珍"版本)和概述(报告的简单概括)。

B. 报告正文
- 起草引言以使读者对接下来的内容做好准备。
- 提供支持正文中结论、建议和提议的信息。
- 不要添加不必要的细节使文章过长。
- 以陈述主要观点的总结结束。

C. 补充部分
- 使用附录以提供补充信息和支持依据。
- 在参考书目中列出使用过的二手资料。
- 如果报告包含许多以后需要查阅的术语和概念,就要提供索引。

工作进行时

应对 Garage 科技投资公司的沟通困境

最近你加入了位于帕洛阿尔托的 Garage 科技投资公司的 Guy Kawasaki 与其他成员所在的工作组。你职责的一部分包括筛选那些急需资金的新创企业递交上来的商务计划执行概要。回顾本章开头的短文中所讨论的准则来应对如下挑战。

1. 你刚刚收到一份由一家新创企业递交的令人极为感兴趣的执行概要,他们拥有的技术能够降低互联网服务供应商接近30%的开销,如此显著的比例将会被全世界几乎所有的互联网服务供应商所关注。执行概要中的财务预测部分符合实际情况,并且相当乐观。就算这笔投资只能够达到摘要中声称的回报的一半,在公司成功上市之后,那也会是一笔数额可观的收入。文中所提到的专利技术同样是可靠的;你曾经是一位网络工程师,这些人对自己的工作认识清晰、定位准确。只有一个问题:递交的材料是完全匿名的。文件用极为含糊的方式提到了四位资深技术与业务专家,但是并没有提供他们的姓名或详细的工作经历。一个附加在材料中的便条对保密做出了道歉,声称这四位新公司中的核心成员不方便暴露自己,除非公司获得投资之后他们才能辞去现有的工作。你应该怎么做?

　　a. 不假思索地拒绝这份递交材料;如果你不知道这些人是谁,那么你就不能给他们投资。

　　b. 就像那些很有希望的商务计划那样,将材料呈递给 Kawasaki 和其他经理以供他们考虑。

　　c. 将材料转交给 Garage 集团投资的另一家网络公司,并要求他们寻求将这个技术市场化的手段。

　　d. 向计划书中所留的 Email 地址写一份报告,表明 Garage 集团有可能对他们感兴趣,但是必须以计划幕后的人走上前台为前提条件。如果对方拒绝或者不予回应,则放弃这份计划书。

2. 反复阅读提供的三份执行概要的节选部分。讨论它们各自的优势与劣势并决定你最有可能选中哪一份并呈递给 Kawasaki 和其他经理过目。

　　a. 公司 A:请原谅我们的自信,但是这会是你们本年度所能遇到的最佳投资机会。就像我们董事会的一位成员所说,我们已经走在成为"后苹果"时代的"苹果"和"后 Google"时代的"Google"的道路上。

　　b. 公司 B:冷却用于驱动互联网服务的大型数据中心的设备每年会花掉上百万美元,并且会消耗大量电力。我们的低温服务器技术通过降低电力开销,能够在一年之内回收购买成本并延长数据中心设备的使用寿命。

　　c. 公司 C:我们的旅游检索网站上个月拥有 14 万的访问量,这足以证明它广受欢迎。顺便一提,已经有三家投资公司表示了对我们的兴趣,所以我们建议您能够立刻抓住这个机会!

3. 你正在对需要递交给公司合伙人和投资人的今年最新的投资组合报告敲定最终稿,这是一份重要的文件,它概括了 Garage 集团今年的投资情况。准确性与清晰度都是这份文件所需要的,因为它所包含的信息可以对接下来的投资计划和对投资公司的监管策略产生显著的影响。你最应当选择下列哪一个策略以使自己的报告准确无误?

　　a. 充分利用技术工具。仔细检查文字处理软件的设置以保证每一个检查工具都在你输入文字的时候启用了,包括拼写检查、语法检查和格式检查。当你完成第一份草稿后,再次运行这些工具,确定电脑没有遗漏掉任何东西。

　　b. 意识到没有报告可以做到完全没有错误,尤其是一份长达 60 页且内容复杂、视角多元化的报告。在标题页上加入对报告中所存在错误的歉意声明。给出你的 E-mail 地址并请找出错误的人知会自己。

  c. 一旦录入第一份草稿之后,趁自己对内容十分明确的时候,就即刻开始对文章的准确性进行反复审阅。在完成之后,你有足够的理由相信文件准确无误。如果等了一天或者两天,你会开始忘记自己所写的内容,这样就会降低你发现错误的可能性。

  d. 将报告放到一边间隔至少一天,然后开始反复仔细地审阅。同时,请两位同事来协助你审阅报告——一人可以审阅材料中的技术与财务内容的准确性,另外一人对语言的准确和简明有较好的认识。

  4. 回顾过去几年的绩效报告,你发现它有一个通用的主标题"年度绩效总结",紧跟着是能够总括所有投资公司绩效的副标题。下列哪一个副标题最有效且最适合今年的年报?今年有一半的公司经历了重要的技术或者法律挫折,只有两家公司达到了其年初的盈收预期。

  a. 一个应当忘却的年份。
  b. 这样下去的话我们将无以为继。
  c. 荆棘密布、挑战重重的一年。
  d. 危机中的投资组合。

学习目标检查

通过阅读每个学习目标和完成相关练习来评估你对本章要点的掌握情况。填空题,写出空白处缺少的文字;单项选择题,在正确答案的字母上打勾。

目标 13.1:描述修订正式报告和建议书的过程。

1. 下面哪个不是完成商务报告和建议书的四项主要任务?
  a. 修订报告的组织结构、格式、语气和可读性。
  b. 设定报告格式。
  c. 决定用哪些视觉效果。
  d. 校对报告。

目标 13.2:识别正式报告的主要组成部分。

2. 在正式的报告中,你应该在何时考虑加入授权信或备忘录?
  a. 如果你受雇有偿写报告。
  b. 如果你收到书面授权写报告。
  c. 如果读者身份地位比你高。
  d. 如果你比读者身份地位高。

3. 在正式的报告中,附加接受函的目的是什么?
  a. 提示读者你之前都答应在报告中写哪些内容,以及写报告的原因。
  b. 使报告感觉上更正式、更权威。
  c. 防止别人剽窃你的工作成果。
  d. 为过于忙碌的人们总结报告里的重点。

4. ＿＿＿＿信或备忘录是向受众介绍报告封面的特别形式。

5. ＿＿＿＿是对报告要点的简洁概括(通常一页或少于一页)。

6. ＿＿＿＿是对报告本身全文的"袖珍"版本。

7. 下面哪个可能包括标题、视觉效果和充足信息来帮助忙碌的高层人员迅速做出决定?
  a. 执行概要。
  b. 概要。

c. 两个都有。
d. 两个都没有。

8. 下面哪个不是正式报告典型的补充部分？
   a. 附录。
   b. 参考书目。
   c. 授权信。
   d. 索引。

目标 13.3：识别正式建议书的主要组成部分。

9. 如果提交一份建议书来回应需求建议书，你将采取什么步骤来确保接受者明白你在回复哪个需求建议书？
   a. 在报告的第一个附录中将需求建议书的正式标题（及其参考号）作为脚注。
   b. 如果需求建议书很短，把它加到建议书的其他文前部分，如果很长则只加引言。
   c. 无论需求建议书多长都把它加到建议书的正文部分。
   d. 需求建议书是别人写的，因此可以在报告中忽略。

10. 你如何处理非需求建议书的说明信？
    a. 把说明信当作日常信息；商务人员总跟建议书打交道，所以他们只需要简单的声明来确认你和你的建议书。
    b. 把说明信当做正面信息，突出在建议书中你要提供的好消息。
    c. 把说明信当做劝说性信息，说服读者你的报告提供了有用信息。
    d. 不要用说明信来浪费读者时间；用建议书正文部分直接进入要点。

目标 13.4：描述校对报告和建议书的有效计划。

11. 下面是你分析公司员工健康福利问题的报告初稿中的句子："在员工反映的批评和担忧中，至少在 376 名（共 655 名在职员工）回应网上调查的员工中，老年人保健、退休后健康保险、公司在过去两年对健康保险投入的资金减少而员工每月被追缴纳的金额不断上涨，这三个问题被认为是最重要的问题。"你发现这个句子可以更简单、更直接、更具说服力。下面哪个句子改写得最有效果？
    a. 回应网上调查的员工（655 名在职员工中的 376 名）认为以下三个问题最重要：老年人保健、退休后保险、月缴纳额上涨。
    b. 老年人保健、退休后保险、月缴纳额上涨是最重要的三个问题。这三个问题是通过调查员工对健康保健福利的批评和抱怨得出的。655 名在职员工中的 376 名完成了这项网上调查，他们对一系列问题不满，但这三个最重要。
    c. 员工担忧的前三个问题：老年人保健，退休后保险和不断增长的员工月健康保险金。
    d. 员工对健康福利的前三个担忧是老年人保健、退休后保险和每月不断增长的保险费开销，这些结果是基于参与网上调查的 376 名员工（共 655 名）而得出的。

目标 13.5：描述发布报告和建议书的决策过程。

12. 为什么 PDF 文件是目前发布电子报告时大家所普遍期待的格式？
    a. 发送者赞赏其可以控制他们的文件在接收者终端如何显示的能力。
    b. 接收者通常不愿意打开 Word 文件。
    c. 大部分商务人士希望大多报告以 PDF 文件格式发布。
    d. 以上都对。

13. 当你发送了一个回复需求建议书的正式建议书，但是一两周内都没有收到回应，下面哪个是最好的策略？
    a. 立刻追踪接收者，忽视需求建议书中规定的回应内容，这样做可以传达你非常渴求这个生意。

b. 在任何情况下都不能催促建议书接收者，即使你必须等很多个月才得到回应。

c. 把这个项目从你的工作计划中删除并开始其他事情；因为如果你在一两周内没有得到回应，你就不会得到那个生意。

d. 如果需求建议书中规定的回应时间范围已经过了，用一个与建议书内容相关的问题或希望回答任何疑问的问题来追踪。

知识应用

参考学习目标，通过以下问题回顾本章内容。

1. 执行概要是劝说性信息吗？解释你的答案。[学习目标2]

2. 在何种情况下，在冗长的报告中应该加入不止一个索引。[学习目标2]

3. 如果在报告中加入了参考书目，还要在正文中标注引用吗？解释你的答案。[学习目标2]

4. 在匿名调查中你会怎样写报告？调查内容是员工对经理能力的评价，员工和经理都将看到答案。你会给员工和经理同样的报告吗？对于每类受众你会包括或排除哪些部分？解释你的选择。[学习目标2]

5. 如果你提交一份关于建造一个小的购物中心的需求建议书，在建议书中你就会提及近期为其建造了类似设施的其他客户的姓名和地址吗？在建议书中你会在什么位置提及这些信息？为什么？[学习目标3]

技能实践

信息分析

信息 13.A：执行概要[学习目标2]

要进入这个文件的练习，访问 http://realtimeupdates.com/ebc10，点击"学生作业"，选择第13章，第441页，信息13.A。下载这个PDF文件，这是来自"美国营养政策和推广中心"的出版物——《美国人的膳食指南》的执行概要。用本章信息来分析这个执行概要并提供特别的修订建议。

➡ **练习**

1. 以清晰简洁为目的的修订[学习目标1] 修订下面的句子，使其更清晰、简洁，如果你愿意，可以把它分为两段。

这份工作需要既有技术又有毅力的人，因为你没有超人的权力，但是成功取决于让他们来执行这些任务，并且你需要劝说他们来执行这些任务且不要害怕跟进以确保他们完成了任务。

2. 正式报告的制作；协作：团队项目[学习目标2]，第2章 你和一个同学正在帮Moreno准备Electrovision差旅和招待成本（参见本章"报告作者的笔记本"）的报告。然而这次报告变为告知性的而非分析性的，所以里面不会包括提议。审查已有的报告，决定作什么改变可以使其变为告知性报告，越具体越好，例如你的团队觉得报告需要一个新题目，你会用什么题目？现在帮Moreno起草一份说明备忘录来把此报告传递给 Electrovision 的执行副总裁 Dennis Mcwilliams。

3. 正式报告的制作[学习目标2] 你是"图书馆之友"的总负责人，该组织是一个筹集资金并提供志愿者支持当地图书馆的非营利性组织。每年2月你把前一年的活动和成就写成报告，交到国家艺术委员会。这个委员会每年为你组织的夏季读书节提供1 000美元的资助，今年2月6日，你已完成了正式报告，下面是报告的重点：

- 新学期图书销售，筹集2 000美元。
- 假期工艺品展会，筹集1 100美元。
- 夏季读书节的宣传和奖励，花费1 450美元。
- 当地作者的儿童发展计划材料，花费125美元。
- 图书馆职业中心的新参考数据库，花费850美元。
- 宣传图书馆网站的书签，花费200美元。

给委员会主任Eica Maki写一封说明信，因为她正期待着这封报告，你可以用直接法。一定要在报告中感谢委员会一直以来提供的经济支持。

4. 正式报告的制作[学习目标2] 政府报告在目的和结构上都不同。浏览教育部报告"帮助孩子成为读者"(Helping Your Child Become a Reader)(见 www.eg.gov)，这份文件的目的是什么？题目能传达报告的目的吗？这是什么类型的报告，结构又如何？应该添加哪种文前和补充部分？现在分析视觉效果，报告中都有什么类型的视觉效果？是必要的吗？题目和图例能提供充足的信息吗？报告是如何充分利用了网上媒体来增加可读性的？

5. 报告的发布；沟通道德：解决道德困境[学习目标2]，第1章 3周前，你向老板提交了自认为非常专业的报告。报告分析了现如今的部门生产效率，推荐了几个提高员工工作产出而不会增加其劳动量的方法。你认为它很优秀，但你的老板没给你答复，你是否越权了呢？你的建议可能暗示说他没有出色地做好工作，你的想法压倒了他吗？你需要一些反馈信息。在给他的上封邮件中你问他是否读了你的报告，可直到现在你还没有收到回复。昨天你不小心听到公司副总裁谈论部门里的一些生产效率改革，这些改革是你在报告中建议的，现在你担心老板把你的报告直接递交给了高层，完全剽窃了你的完美想法，你该怎么办？你应该质问你的老板这件事吗？你应该要求与副总裁直接会面吗？与你的组员讨论这种情况并且给这一棘手的问题找个解决方案，在课堂上说出你们的方案并解释其原因。

技能拓展

剖析行业案例

浏览几家企业网站找到一个报告、白皮书、公司背景、产品概述或其他至少有两页长文档的可下载PDF文件。评估和设计这个文档的发布质量。其布局增强了信息还是分散了你的注意力？设计元素以何种方式传达了公司的品牌形象？该文档因为其预期目的"设计不完善"或"过度设计"而打击到你了吗？使用任课教师要求的任何媒体，写一个对你的分析的简单概括。一定要包含该文档的链接。

在线提升职业技能

"博韦和希尔的商务沟通搜索"(http://businesscommunicationblog.com/websearch)是一个专为商务沟通研究而设计的研究工具。

使用网页搜索功能查找网站、视频、PDF 文档或幻灯片演示文稿,为制作正式报告和建议书提供建议。给任课教师写一封简短的电子邮件,描述你搜索到的条目,总结你从中学到的职业技能。

改善语法、结构和表达

以下练习帮助你提高对语法、结构和表达的掌握和运用。在下面每组句子中,找到最佳选项,在其字母上打勾。

1. a. Be sure to read (How to Sell by Listening) in this month's issue of *Fortune*.

b. Be sure to read "How to Sell by Listening" in this month's issue of Fortune.

c. Be sure to read "How to Sell by Listening…"in this month's issue of *Fortune*.

2. a. Her response…see the attached memo…is disturbing.

b. Her response (see the attached memo) is disturbing.

c. Her response "see the attached memo" is disturbing.

3. a. We operate with a skeleton staff during the holidays (December 21 through January 2).

b. We operate with a skeleton staff during the holidays "December 21 through January 2".

c. We operate with a skeleton staff during the holidays (December 21 through January 2.)

4. a. "The SBP's next conference…" the bulletin noted, "…will be held in Minneapolis."

b. "The SBP's next conference," the bulletin noted," will be held in Minneapolis."

c. "The SBP's next conference," the bulletin noted," will be held in Minneapolis".

5. a. The term "up in the air" means "undecided."

b. The term "up in the air" means undecided.

c. The term *up in the air* means "undecided."

6. a. Her assistant (the one who just had the baby) won't be back for four weeks.

b. Her assistant (the one who just had the baby), won't be back for four weeks.

c. Her assistant… the one who just had the baby… won't be back for four weeks.

7. a. "Ask not what your country can do for you," begins a famous John Kennedy quotation.

b. "…Ask not what your country can do for you" begins a famous John Kennedy quotation.

c. "Ask not what your country can do for you…" begins a famous John Kennedy quotation.

8. a. Do you remember who said, "And away we go?"

b. Do you remember who said, "And away we go"?

9. a. Refinements may prove profitable. (More detail about this technology appears in Appendix A).

b. Refinements may prove profitable. (More detail about this technology appears in Appendix A.)

10. a. The resignation letter begins, "Since I'll never regain your respect…," and goes on to explain why that's true.

b. The resignation letter begins, "Since I'll

never regain your respect,..." and goes on to explain why that's true.

c. The resignation letter begins, "Since I'll never regain your respect..." and goes on to explain why that's true.

案例

无须额外调查的短篇正式报告

档案建立

1. 信息策略：告知性报告 作为Paper Products公司培训部的最新成员，公司要求你调查和分析在线课程对员工的价值。公司总裁认为所谓的网上培训是一种很好的员工福利，同时也是员工学习新技能并应用到工作中的良好形式。你已经进行了调查研究，下面就是你的笔记：

- 网络课程开阔了那些认为很难应付传统课堂与工作和家庭冲突的员工的视野。
- 25岁以上的人占了高等教育学生的近一半比例；他们中大多数已经参加工作，要通过更多教育使事业更上一层楼。
- 一些专家认为网上学习不如面对面指导那么有效。
- 网上学习无须通勤，对经常出差的员工很具有吸引力。
- 由职业培训机构提供的网络课程的注册人数，预期从2009年的400万上升到2014年的700万，网上学习是拥有良好职员的一种低成本高利润的方式。
- 网上学习是拥有受过良好教育员工的一种低成本高收益的方式。
- 每年员工培训要花费500亿美元，而多于1/3的钱花在了网上学习上。
- 在IBM公司，去年近20万职员接受了网上教育或培训，公司75%的基本课程在网上为新经理开设。去年网上培训费为IBM公司节省了3.5亿美元的培训费用，大部分是因为网上课程不需要出差。
- 没有全国性的统计数字，但是最近从《高等教育编年史》得出的报告发现，网上学习者的辍学率介于20%—50%。调查没能准确解释网上学习者辍学率较高的原因。
- 关于公司网上学习者的最新研究表明，员工想通过网上课程获得以下东西：学校的证明或证书；与有较多虚拟办公时间的网上导师进行积极的互动；每天24小时、每周7天的技术支持；能够在任意时间开始上课。
- 公司的网上学习者认为他们放弃课程最主要的原因是没有时间，许多人认为在电脑上完成课程很困难，因为不断有事分心，有的人说他们只能通过公司内联网上课，所以他们不能在家里完成作业。
- 除了缺少时间，公司网上学习者举出了网上学习的以下不利之处：缺乏管理、缺少动机、技术问题、缺少学生支持、个人学习喜好、拙劣的课程设计、低水平/无经验的教师。
- GE Capital最新研究发现，能否完成公司网上课程取决于负责人能否加强对出勤的重视，员工们受到多少重视，员工们的课程进展是否被关注。
- Sun Microsystem发现互动是网络课程成功的重要因素，公司调查表明只有25%的员工严格按照自己的节奏完成了课程，但75%的人通过电子邮件和电话来得到导师帮助，或通过网上讨论来完成类似作业。
- 公司经理必须像管理其他任何重要的

事情一样监管网上培训。

• 为了网上培训的成功,公司必须创造一种文化氛围,让网上培训像课堂培训一样严肃。

• 对于许多网上培训者来说,在家学习是首选,可能的话,公司应通过互联网或提供内联网的家庭接口来提供培训课程,让职工利用自己的业余时间学习的收益远大于为此支付的成本。

• 公司网上培训势不可挡,形成了23亿美元的市场,成为教育行业中增长最快的部分之一。

• 比起把培训人员派到7 000个销售商处,通用汽车公司利用互动卫星传播来教销售人员强调新别克优势的最好方式。

• 网上培训快捷而便宜,既降低公司培训花销,又为员工省去了出差时间。

• 制药公司如MERCH正在进行现场的、互动的网上课程,让销售代表们在家学习最近的产品信息,而不是让他们乘飞机去会议中心。

• 麦当劳的培训者可以登录汉堡包大学网站学习技能,例如如何按订单要求做汉堡包或正确地把饮料摆在托盘。

• 公司网络培训的一大阻力是员工真正的需求的和雇佣者所能提供的没有很好地搭配起来,员工真正需要的是适合公司产品及其独特的公司文化的定制课程。

• 80%的公司更愿意自主开发网络培训课程,但是打造一门符合员工要求的网上课程需花费几个月时间,包括专家队伍和2.5万至5万美元不等的花销。于是,大多数公司只能坚持课堂培训或购买普通课程,包括如何做绩效评估、理解基本的商业道德等。雇佣者可以在众多的非定制电子课程中选择。

• 为使网上培训有效,内容要分成许多"小块",包括小测试、网上讨论小组和其他互动功能,这些能够让学生证明他们所学的知识。例如 Circuit City 用数码摄像机播放的辅导课由三个20分钟的小块组成,每个小块包括音频演示如何处理客户对产品的疑问、术语测试和促使受培者在岗位上练习所学知识"试一试"。

• 戴尔电脑期望90%的学习方案能够完全或部分技术化。

• 家得宝利用网上培训节约了一整天培训新收银员的时间。

• 网上培训使 Black & Deckerde 销售代表平均每年节约17天的时间。

你的任务:写一则短篇报告(3—5页)备忘录给人力资源部部长 Kerry Simmous,表达出网上培训的利弊,并对公司是否应该投入时间和金钱用这种方式培训员工提出建议。组织你的信息使其足够清晰、简洁、有逻辑性。Simmous 喜欢首先阅读结果,所以要直接一点:把建议放在前面,再用你的发现支持建议。[8]

档案建立

2. 信息策略:分析性报告 你已经在新的工作中担任人力资源总监一周了,现在有个由你主要负责的人事风波。市场部的一些员工

---

[8] 改编自"Home Depot Says E-Learning Is Paying for Itself," *Workforce Management*, 25 February 2004, www.workforce.com; Robert Celaschi, "The Insider: Training," *Workforce Management*, August 2004, 67—69; Joe Mullich, "A Second Act for E-Learning," *Workforce Manage-ment*, February 2004, 51—55; Gail Johnson, "Brewing the Perfect Blend," *Training*, December 2003, 30＋; Tammv Galvin, "2003 Industry Report," Training, October 2003, 21＋; William C. Symonds, "Giving It the Old Online Try," *Business Week*, 3 December 2001, 76—80; Karen Frankola, "Why Online Learners Drop Out," *Workforce*, October 2001, 52—60; Mary Lord, "They're Online and on the Job; Managers and Hamburger Fhppers Are Being E-Trained at Work," *U. S. News & World Report*, 15 October 2001, 72—77.

得到了一份机密的薪资报告,发现市场部员工平均比工程部员工赚得少,此外,工程部的一些优秀员工比市场部的任何员工都赚得多很多。这个报告以邮件形式在公司迅速地传开了,现在每个人都在讨论这种情况。你随后将会处理数据安全问题,现在,你需要解决市场部的不满问题。

案例表 13.1 列出了你能从员工数据库中得到的薪资数据和就业数据。你也有机会可以访谈工程部和市场部主任,获得他们对这种薪资情况的观点,他们的答案在表 13.2 中列出。

你的任务:CEO 要求你准备一个简短的报告,总结你有的工程部和市场部的薪资数据和信息。同时,你要大胆提供你自己对这种情况的解释(编写你需要的任何信息),但是要记住,作为一个在公司几乎没有经验的新经理,你的观点可能不会有太大的影响力。

案例表 13.1 选择的工程人员和营销人员的就业数据

就业统计	工程部	市场部
平均工作年限	18.2	16.3
本行业平均工作年限	17.8	8.6
在公司的平均工作年限	12.4	7.9
平均的大学教育年限	6.9	4.8
平均晋升年限	6.7	4.3
薪资范围	58 000—165 000 美元	45 000—85 000 美元
薪资中值	77 000 美元	62 000 美元

案例表 13.2 来自部门总监访谈的总结

问题	工程主任	营销主任
1.工程和营销专业人员应该得到大体相同的工资吗?	一般来说应该,但是我们需要为工程专业人员的特殊性付津贴。在某些情况下,工程专业人员赚得多于营销人员也是合理的。	应该。
2.为什么应该或为什么不应该?	一些原因:(1) 优秀的工程人员很难找,我们必须付有竞争力的工资;(2) 工程部的组织结构不能为员工提供很多晋升机会,所以我们不能像市场部那样把晋升当成一种激励措施;(3) 我们许多工程人员有更高的文凭,几乎所有人员都为了保持技术领先而继续学习。	如果没有营销,工程师生产的产品也到不了消费者手中,因此公司也不会有任何的收入。这两个团队为公司的成功做出了同样的贡献。
3.如果我们决定平衡两部门的收入,应该怎么做?	如果我们要减少工程人员的工资,会在竞争中丢失很多关键的人才。	如果我们不能很快地增加工资来提升营销人员的薪资水平,唯一公平的就是在接下来的几年中,保持工程人员的工资不变并逐渐提高营销人员的工资。

档案建立

3. 信息策略:分析性报告 受到许多电视节目甚至整个致力于重建方面的电视频道的刺激,国内的房主正在前所未有地重新装饰、重建房屋,许多人满足于表面的改变,例如重新粉刷或摆放新的装饰物,但是有些人更有野心——这些房主想移动墙、增加房间、重新设计厨房、把车库变成家庭影院——全是大工程。

随着许多新的消费趋势的出现,出版商试图创建新的杂志,来吸引潜在读者群和有兴趣的广告商。DIY 的市场已被数不尽的杂志占领,但在进行大型项目的房主身上你可以找到机会,表 13.3 至表 13.5 是你要求公司同事进行的前期调查结果。

你的任务：尽管你需要更深入的调查来证实市场的需求量，以完善杂志的编辑方向，但是你认为这些数据已经为"大项目"自己动手杂志指明了一个机会。准备一份简明的分析性报告，解释现有数据，指出你发现的一个或多个机会（基于表格建议你的想法），从编辑委员会请求资助来进行额外调查。

案例表 13.3　自己动手改造频率最高的房间

房间	调查中已经进行或计划进行一部分改造的房主百分比
厨房	60
浴室	48
书房	44
卧室	38
家庭影院	31
宠物屋/娱乐屋	28
客厅	27
饭厅	12
阳光房	8

案例表 13.4　改造工程的平均花销

估计数额	调查房主的百分比
5 000 美元以下	5
5 000—10 000 美元	21
10 000—20 000 美元	39
20 000—50 000 美元	22
50 000 美元以上	13

案例表 13.5　房主在普通的改造工程中需要完成的工作

工作	调查中亲自完成、计划亲自完成大部分或全部工作的房主百分比
构思	90
技术设计/建筑	34
拆毁	98
基础工作	62

（续表）

工作	调查中亲自完成、计划亲自完成大部分或全部工作的房主百分比
结构	88
管道	91
电器	55
制热/制冷	22
修饰木工	85
瓷砖	90
油漆	100
室内设计	52

需要额外调查的短篇正式报告

档案建立

4. 信息策略：分析性报告　就像其他结合事实分析和创造性思维的努力一样，写作商务计划的任务也会产生很多观点。

你的任务：找到关于如何写作成功的商务计划（关注可能会找到外部投资者的新创企业）提出建议的至少六个资源，使用至少两本书、两篇杂志或期刊论文以及两个网站或博客，分析你找到的建议并识别大多数或所有专家都赞同的观点和他们都不赞同的观点。不管你在哪里找到分歧很大的观点，识别你找到的最有说服力的观点，并解释为什么。用一份简洁的正式报告概括你的发现。

团队技能　档案建立

5. 信息策略：分析性报告　任何人看到21世纪的媒体和娱乐选择的种种现象，都会很惊讶地发现，诗歌曾经不仅是创造性艺术表达的主要媒体，还是哲学、政治甚至是科学论述的媒体。可惜的是，这种现象已经一去不复返了。

你的任务：和你的同学组成一个团队，你们的挑战就是在所有媒体中识别增加诗歌——任何种类诗歌作品的销售机会。下面的建议可能会帮助你着手：

- 调查最近诗歌领域的畅销作品,并努力识别它们受欢迎的原因。
- 采访文学教授、专业的诗人、图书馆管理员、出版商和书店人员。
- 进行调查和采访来找出消费者不更多地买诗歌作品的原因。
- 从商业和创新的立场,回顾覆盖诗歌领域的专业期刊,包括《出版人周刊》和《诗人与作家》。

用一份简洁的正式报告概括你的建议,假设你的目标读者是出版行业的主管们。

档案建立

6. 信息策略:分析性报告 在商界15年后,你准备自立门户。然而,你认为购买经销权是个更好的主意,而不是从头建立自己的公司。遗憾的是,一些最有可能获利的经销权,例如主要的快餐连锁店,需要大量的前期投资,可能在50万美元以上。幸运的是,你已遇上几个潜在投资者,他们愿意帮助你起步,但要以股份作为交换条件。在自己的存款和投资之间,你估计你可以筹集35万到60万美元,取决于你想让投资者得到多少股份。

你已在几个部门工作过,包括销售和生产,因此你有相当丰富的商务经验。你对任何业务都愿意尝试,只要能提供增长机会就行。你不想被最开始的运作绑住手脚,以至于不能将它托付给雇用的经理并扩大其他市场。

你的任务:为了与投资商开一次正式会议,你需要起草一份报告,概括你想要寻找的经销权类型。写一份简短的报告,明确你想深入探究的五种特许权(根据个人兴趣和上面提到的要求选择五个)。对于每个可能的特许权,你需说明业务本质、财务要求、公司提供的支持水平以及你能成功运作这种业务(可以编写你需要的任何细节)。认真浏览你所找到的关于每一家有经销权公司的资料,确保你有资格申请。例如,麦当劳不允许投资伙伴购买经销权,所以如果你没有足够的资金独立完成,你就不能开设麦当劳的连锁店。

要尽快找到关于经销权的介绍,参考"员工如何工作"(www.howstuffworks.com/franchising)。在"经销权"网站(www.franchising.com)上你能学到更多关于经销权业务的知识。在"经销公司连接"网站(www.francorpconnect.com)上,可以搜索到经销权的详细信息。此外,许多出售经销权的公司会在他们的网站上提供额外的信息,如赛百味公司。

档案建立

7. 信息策略:告知性报告 各个经济层面的医疗费问题都是一个紧迫的问题,从个体业主到所有规模的企业,再到州政府和联邦政府都是这样。许多想向其员工持续提供或开始提供医疗保险的企业都在一个看起来要失控的成本漩涡中挣扎。

你的任务:识别减少企业为其员工提供医疗保险成本(而不是减少其整体利益)的五种方法。用一份简洁的报告编辑你的发现,每种方法都要有至少一个真实生活中的例子。

档案建立

8. 信息策略:分析性报告 经过了过去几年的失败以后,平板电脑最终在商务用户中流行了起来。除了苹果公司流行的iPad之外,似乎每个生产平板电脑的公司都要在这个市场中分一杯羹。它们会只是短暂的流行吗?它们只是比较酷的玩具还是重要的商务工具?

你的任务:准备一份简短的分析性报告,比较平板电脑对于经常出差的销售人员来说的优缺点。

无须额外调查的正式长篇报告

档案建立

9. 信息策略:告知性报告 作为消费者保护部门调查员,你总得调查消费热点,并写报告在部门的网站上公布。成千上万的消费者已在网上购买汽车,更有几百万人在去经销点之前在网上搜集资料,一些人想要节省时间和金钱,一些人想跟经销商会谈之前尽可能多地了解信息,还有一些人想完全避免与销售人员进行不愉快的议价。因此,为了满足这些消费者的需求,各式各样的网上服务出现了。有些帮你对不同汽车型号的信息进行比较,有些帮你联系当地经销商来完成交易,有些帮你完成几乎全部的交易细节,包括议价。有些人搜索成千上万的经销商清单,还有另外一些人只搜索一个经销点或是相近经销商的网络。换言之,购车者可以利用一系列新工具购车,但弄清具体目标和所期望得到的结果并不容易。那就是你的报告将要起的作用。

通过访问一系列与车有关的网站,以及在报纸杂志上阅读关于购车过程的文章,你可以积累关于这一主题的许多信息:

- **过程纵览**:过程相当直接且与其他网上购物经历类似,但有两个主要区别。总的来说,客户确认他想要的车的品牌和型号,然后网上购车服务搜索全国范围内的汽车经销商的详细清单,提供有效的选择,客户从清单上选择一辆车,网上购车服务处理与经销商的交流和购买细节。当文件工作完成后,客户去经销点取车。网上购车有两点最大的不同:(1)你不能完全在网上完成购买(在大多数情况中,你必须到当地的经销商那取车、签合同,尽管在一些城市中经销商或网上购车服务会把车送到你家里)。(2)在大多数州,从任何非特许经销商那里购买新车都是非法的(也就是说,你不能直接从生产商手里买车,比如你不能像从戴尔公司购买电脑那样从生产商处购车)。

- **你在网上找到的信息(不是所有的网站都提供全面的信息)**:品牌、车型、颜色、选择、选择组合(通常一部分选择只包含在特定的组合中;在你选择之前,需要知道一些限制)、图片、规格(从引擎大小到车内空间)、英里数评估、表现数据、安全信息、预期转售价值、评价、可比型号、保险费、客户评级、维修和信誉历史、购车奖励和折扣、真正所有花费(包括燃料、保养和维护等)、维修期、贷款和租金、保修条件。

- **网购的优点**:在家购物的舒适和方便,不用和经销商讨价还价(在大多数情况下),能够大范围内搜索汽车(许多网址是全国性的),迅速得到大量信息和数据,获得专业的汽车记者和其他客户的评论。总而言之,网上购买汽车降低了汽车经销商曾具有的一大优势,那就是在购车交易中控制大部分信息。现在客户能发现每个汽车型号的可靠性、折旧速度、需要维修的可能性、其他司机的想法、经销商付给生产商的价格等。

- **行业变化特点**:经销商和"第三方"网站(例如 Carsdirect.com 和 Vehix.com)之间的关系不断发展。起初,其关系是对立的,因为一些第三方网站和经销商不断为同一客户群竞争。双方都发表讲话宣传要把对方扳倒。然而现在许多情况下,双方关系更趋于合作,因为经销商意识到第三方网站已经有广泛的品牌认知度和全国的拥护者。随着网上购车消费百分比的不断上升,经销商更愿与第三方网站合作。

- **从多种来源中比较信息**:消费者不应局限于依赖一家网站的信息,每一家网站都有其组织信息的方式,许多网站还有其估测车型和连接买家和卖家的方式。

- **了解每家网站所做的事**:例如,有些网站搜索成千上万的经销商,不管有没有关系。另外一些网站,例如AutoNation,只搜索关系经销商。对某一具体车型的搜索,可在一个网站上得到几种车而在另一网站上得到几十种。如果可能,找出网站所有人及其商业目标,这会帮助分析得到的信息。

- **顶级网站**:消费者可以找到一些顶级网站,其中有些是全方位服务运营,提供从调查到议价的一切服务,而另一些则提供具体而有限的服务。例如,CarsDirect(www.carsdirect.com)提供全系列服务,而Carfax(www.carfax.com)专门提供私家车的维修历史。案例表13.6列举了一些重要的与车有关的网站。

你的任务:根据你的调查写一份告知性报告,向消费者介绍互联网与购车活动结合的基本信息,在重要事项上给他们一些提示。⑨

案例表13.6 主要汽车网站

网站	URL
AutoAdvice	www.autoadvice.com
Autobytel	www.autobytel.com
Autos.com	www.autos.com
AutoVantage	www.autovangage.com
Autoweb	www.autoweb.com
CarBargains	www.carbargains.com
Carfax	www.carfax.com
CarPrices.com	www.carproces.com

(续表)

网站	URL
Cars.com	www.cars.com
CarsDirect	www.carsdirect.com
CarSmart	www.carsmart.com
Consumer Reports	www.consumerreports.com
eBay Motors	www.motors.ebay.com
Edmunds	www.edmunds.com
iMotors	www.imotors.com
IntelliChoice	www.intellichoice.com
InvoiceDealers	www.invoicedealers.com
JDPower	www.jdpower.com
Kelley Blue Book	www.kbb.com
MSN Autos	http://autos.msn.com
Pickup Trucks.com	www.pickuptrucks.com
The Car Connection	www.thecarconnection.com
Vehix.com	www.vehix.com
Yahoo! Autos	http://autos.yahoo.com

档案建立

10. 信息策略:告知性报告 你的公司是你所在的区域中最大的私企,在职的43 500名员工对当地交通有重大影响。最近,一组城乡交通运输部门官员找到你们的CEO,问能否开发出降低影响的方式。CEO分配给你一项任务:分析员工的交通习惯和态度,作为确定解决办法的第一步。他愿意考虑从补贴公交车票、提供公司班车再到远程办公的一切途径,但最终决定需对员工进行全面了解。案例表13.7至表13.11总结了你在员工调查中收集的资料。

---

⑨ 改编自Ieva M. Augstums,"Buyers Take the Driver's Seat," *Dallas Morning News*, 20 February 2004, www.highbeam.com; Jill Amadio, "A Click Away: Automotive Web Sites Are Revved Up and Ready. to Help You Buy," *Entrepreneur*, 1 August 2003, www.highbeam.com; Dawn C. Chmielewski, "Car Sites Lend Feel-Good Info for Haggling," *San Jose Mercury News*, 1 August 2003, www.highbeam.com Cromwell Schubarth "Autoheroes Handle Hassle of Haggling," *Boston Herald*, 24 July 2003, www.highbeam.com; Rick Popely, "Internet Doesn't Change Basic Shopping Rules," *Chicago Tribune*, 28 February 2004, www.highbeam.com; Matt Nauman, "Walnut Creek, Calif. , Firm Prospers as Online Car Buying Becomes More Popular," *San Jose Mercury News*, 21 June 2004, www.highbeam.com; Chff Banks, e-Dealer 100, Ward s Dealer Business, 1 April 2004, www.highbeam.com; Cars.com website, accessed 30 June 2004, www.cars.com; CarsDirect website, accessed 30 June 2004, www.carsdirect.com。

你的任务：用一份告知性报告来表现你的调查结果，利用案例表 13.7 至表 13.11 提供的信息

案例表 13.7　员工拼车习惯

使用频率	员工比例
每周每天	10 138（23%）
每周确定的几天	4 361（10%）
偶尔	983（2%）
从不	28 018（64%）

案例表 13.8　公共交通使用

使用频率	员工比例
每周每天	23 556（54%）
每周确定的几天	2 029（5%）
偶尔	5 862（13%）
从不	12 053（28%）

案例表 13.9　改善公共交通的潜在影响

下面哪项会促使你更常用公共交通工具（选择所有合适的项）	员工比例
安全感增强	4 932（28%）
清洁改善	852（5%）
通勤时间缩短	7 285（41%）
更方便：换乘减少	3 278（18%）
更方便：站点增多	1 155（6%）
费用降低（或有补贴）	5 634（31%）
没有什么可以促使我使用公共交通	8 294（46%）

*注：这些问题是由不常用或不用公共交通的人回答，这组人代表 17 915 名员工或 41% 的员工队伍。

案例表 13.10　上下班的距离

上班距离（单程）	员工比例
少于 1 英里	531（1%）
1—3 英里	6 874（16%）
4—10 英里	22 951（53%）
11—20 英里	10 605（24%）
多于 20 英里	2 539（6%）

案例表 13.11　远程办工是一种选择吗

你的工作性质能使远程办公成为一种现实的选择吗？	员工比例
是的，每天	3 460（8%）
是的，一周几天	8 521（20%）
是的，偶尔	12 918（30%）
从不	18 601（43%）

需要额外调查的正式长篇报告

档案建立

11. 信息策略：告知性报告　你们会计师事务所的合作伙伴已经同意将公司的利润投资于股票市场。团队先确定了五个不同行业中的两家领头企业：

- 波音；洛克希德马丁（航空，国防）。
- 惠普；戴尔（计算机和软件）。
- 帮诺；亚马逊（Barnes & Noble；Amazon）（零售）。
- UPS；FedEx（货运和物流）。

合作伙伴已经对这 10 家企业做了深入的财务分析，他们要你寻找质量更高的信息，例如：

- 经营方式上的基本理念差异，产品和服务的开发、处理和推广，与竞争对手相区别的电子商务手段。
- 每个竞争者所面对的挑战。
- 双方竞争者做的重要决定和对本公司的影响。
- 每个公司对此行业未来看法的差别（例如，它们对消费者需求、产品供给等有一致的看法吗？）。
- 每个对手所拥有的竞争优势。
- 竞争者过去面临的挑战和解决方案。
- 能够相互影响的策略行动。
- 公司光荣史。
- 简单的公司背景资料。
- 简短的对比数据，例如年销售量、市场

份额、员工数量、店面数量、设备类型、客户数量、收入来源等。

你的任务：从上面提到的清单（或由任课教师提供的其他清单）中选择两个行业竞争者，写作正式的长篇告知性报告，对比两家公司在你们合作伙伴所列出的方面表现如何。当然，这些方面不是对所有公司都适用的，哪些方面比较重要取决于你选择的公司。你们的合作伙伴只会在你报告中的一家公司投资。（注：因为这些方面需要大量调查工作，任课教师会把它变成小组作业。）

档案建立

12. 信息策略：分析性报告 作为大学生和积极的消费者，在过去的几年里你可能或多或少地考虑过下面的一个或几个问题：

a. 在国内区分一流的 MBA 项目的标准是什么？这些标准对行业需求和期望的符合情况怎样？这些标准对学生、员工、商业学校公平吗？

b. 你愿意为之工作的公司中哪三个有最严格的公司道德规范？

c. 将来的音乐行业如何？继网上商店例如 Apple iTunes 和电子播放器如 iPod 之后又将出现什么呢？

d. 在未来十年中，哪些行业或职业种类会经历最快的增长，从而有最大的劳动力需求？

e. 星巴克的迅猛增长对小型的独立咖啡店有何影响？对中型的连锁店又有何影响？在美国和其他国家有区别吗？

f. 一些主要大学的运动"行业"有多大？足球和篮球项目对一般大学其他方面的直接或间接贡献是什么？

g. 在中小城市中，棒球、曲棍球、室内足球等小联盟运动有怎样的增长？这些城市建设的体育场馆对当地的经济有怎样的影响？

你的任务：应用二手调查资料的信息回答其中一个问题。确认利用了正确的形式来记录你的资料来源。适当情况下提出结论或建议。

档案建立

13. 信息策略：分析性报告 调查了目前消费电子行业和看到了到处都有苹果产品的观察员可能会惊讶地发现，在公司的某段历史中，它曾被一些人看做电脑行业一个相当次要的角色，在那个时候，某些权威人士甚至怀疑这家公司是否能生存下去。

你的任务：用一份两到三页的报告，识别苹果公司成功的原因，并解释其他公司如何运用苹果公司的策略和技术来提高其经营业绩。

正式建议

档案建立

14. 信息策略：建议书 演讲既能成就职业和商业生涯也能毁掉它们。一个好的演讲能带来数百万美元的销售收入和新的投资资金。一个糟糕的演讲会引起许多麻烦，从把潜在的客户赶跑到惹怒你的同事甚至办砸重要项目。为了帮助商务人员计划、创造和发布有影响力的演讲，你准备了一个三天的研讨班，包括好演讲应具备的所有要点：

- 理解受众的需求和期望。
- 明确演讲目的。
- 选择组织方式。
- 写一个吸引人的开头。
- 制作有效的图形和幻灯片。
- 练习做演讲。
- 给受众留下好印象。
- 在使用演示文稿时不要犯常见的错误。
- 利用播客工具做演讲。
- 处理受众的问题和争论。
- 克服公共演讲的十大担心（包括如何克服临场紧张，不懂表现的人怎样才能做一个有效的演讲等)。
- **研讨班的好处**:学生将学会如何在更短的时间准备更有效的演讲。
- **出席者**:高管人员、项目经理、招聘人员、销售人员和任何在国内外做演讲的人。
- **你的资格**:18年的商务经验,包括14年的销售和12年的公共演讲。有过在5 000人面前演讲的经历。在专业杂志上发表过许多关于演讲的文章。成功为近1 000家公司办过研讨班。
- **研讨细节**:三天的研讨班(上午9:00到下午3:00)包括授课、练习演讲和个人与小组反馈。人数最少6人,最多12人。
- **价格**:收费3 500美元,每人额外交100美元。额外的研讨班有10%的折扣优惠。
- **其他信息**:每人有三次练习演讲的机会,每次3—5分钟。鼓励每人都用实际商务演示的PowerPoint文件。每位参与者都会得到一本工作手册和最后的课堂演讲制成的DVD视频。在培训班后的6月内还可以通过电话或邮件向老师询问。

你的任务:确定你所在当地的一家可能成为候选的公司。访问网站了解更多信息以便使你的建议书更有针对性。用上面提到的信息准备一份销售建议书,解释培训的益处和学生在培训中的预期收获。

档案建立

15. 信息策略:建议书 当地学校用自动售货机出售垃圾食品和饮料已成为多年来的争议。学校可以从收入分成中获利,但是家长和营养专家担心这些小吃和饮料的负面作用。你和你的哥哥在商场和街角经营了近十年的咖啡和饮品站,现在你想把业务扩展到学校里。经过一番会面讨论,你们两个起草了一份计划,这个计划能够既满足学校的经济利益,又能迎合家长和营养师的营养考虑。下面是从讨论中摘录的笔记:

- 在校园里设立可移动的果汁吧,提供健康的水果和蔬菜饮品并配有简单、健康的小吃。
- 对学校提供的位置和长期合同给予30%的利润回报。
- 给学生提供就业培训机会(在运动会等场合)。
- 对所卖的产品提供详细的营养分析。
- 成立一个由家长、学生和至少一名营养专家组成的营养咨询小组。
- 向学校和家长保证所有的产品都是安全的(没有刺激性饮料,也没有添加剂,等等)。
- 通过本地购买,给当地农民和食品加工者利用你们的食品检测新产品市场的机会来支持当地食品供应者。

你的任务:基于上述想法,给当地学校董事会写一份正式的建议书,说明你想要提供更健康的食品来代替软饮料和包装食品。可以编写任何完成你的建议书的细节。

档案建立

16. 信息策略:建议书 公司的每个人似乎都很受挫。一方面,高层管理者抱怨低层级员工的数量,他们想要获得晋升但是在涉及应对消费者和公众、意识到什么时候该说话什么时候要安静、了解如何在合适的媒体推广新思想以及完成其他必要但很难教授的任务时,他们就不会做了。另一方面,想赚得更多的有野心的员工感觉到,他们没有地方去找给他们职业建议的人,而以前就有这样的人。这时,很多经理和中层管理者被他们得到的迅速增多的指导请求所淹没了,这其中有的来自他们甚至不认识的员工。

你被分配来接受这个挑战即建议一个正规的指导项目,这是一个很大的挑战:

- 想要得到指导的员工数量远远超过了

想要并有能力担任指导者的数量。你如何选择参加该项目的人员?

- 那些最想得到指导的员工往往是组织中最忙的人。
- 在经过了一些年的紧缩预算和裁员后,整个公司都感觉工作过度;没有人可以想象给他们本就看起来无尽的工作清单增加另一个任务会是怎样的情境。
- 对指导者来说项目中会有什么收获?他们为什么要去帮助低层级员工?
- 你如何评估指导项目的成功与失败?

你的任务:为这个问题(编写你所需的任何信息)确定潜在的解决方案,并为该指导项目起草一份建议书给执行委员会,这个指导项目是一个正式的、全公司的项目,它可以将挑选出的员工和成功的经理与管理者相匹配。

第14章 设计和发表口头、在线演讲

学习目标

学完本章后，你将能够：

1. 突出演讲在商务领域中的重要性，解释如何在演讲中应用三步写作法
2. 描述计划步骤完成之后，制作演讲会涉及的任务
3. 描述六种主要的设计和写作任务，利用有效的视觉效果促进演讲
4. 概括完成演讲所需要的四项主要工作
5. 描述在当今社交媒体环境下发表演讲的四个重要方面

工作进行时

PYE 的沟通

喜剧业的沉重面

现如今，喜剧行业已经变得非常无趣，对想要进军电影电视节目的喜剧演员来说尤其如此。随着电影制作的减少，以及电视和网络节目观众的分离，建立一个粉丝群成为一项艰难之举。另外，在传统意义上不需要编剧和演员的真人秀节目，貌似已经势不可当，从而导致喜剧演员的境况更加糟糕，他们之中，很多人都是著名编剧。

天才经纪人 Peter Principato 同其他人一样了解这一境况，正如他所言："当今年代发展持久而稳定的黄金产业越来越少。"电影制片厂越来越不情愿接受"绿灯"项目，尤其是与年轻且天赋并非相当顶级的公司，而这正是 PYE 以及他与创始人 Paul Young 共同出资建立的比弗利山庄企业的特点。但是，喜剧已经融入 Peter Principato 的血液之中。因此，即使是在充满竞争的环境下，Peter Principato 仍旧加班加点以使其客户获得成功。

在娱乐行业，通往成功的道路往往是从路演开始的，也就是由单独的作家、演员、导演或制片人，抑或是由这些人组成的一个团队，来向一个或多个电影制片厂的高层管理人员做一个简要介绍。如果高管人员对你的构想产生兴趣，那么接下来会在制片厂内进行深入的探讨，最终将对是否投资以及投资金额做出决定。

由于一份简要介绍须融合各方面的内容,你可以想象,对于演讲者而言,该是怎样高度焦虑的一件事情,这就要求演讲者必须具备至关重要的沟通技能。事实上,有效路演的能力非常重要,可以用一个成语来形容,要做到"能言善辩"。

然而,很多原因会导致路演一无所获,比如演讲的构想不适合某一特定的电影制片厂,或是创意相当不同寻常,高管们不愿冒险投资,或是沟通过程不尽如人意。对演讲者而言,不能很好总结新节目或新电影的内容,阐述太多的细节让高管们头疼,太过努力去出售构想……都有可能导致演讲失败。

Principato给他客户的指点构成了面向任何行业演讲的好建议,对娱乐业来说尤为重要。第一,用一句引人注目的话来描述节目或电影。如果演讲者不能做到这点,可能是因为他们对自己的创意尚未考虑成熟,或是创意相当复杂,尝试去做需要冒很大风险或者代价高昂。这种一句话总结非常必要。还有另一个原因,通常而言,第一个倾听了演讲的电影制片厂高管一般需要跟其他高管或潜在的投资人分享这个创意,以便做出最后的决定。那么,一个易记且精炼的创意显然比一个含混不清让人困惑的构想更有可能被复述出来。第二,将一句话扩展成一个段落,通过充实构想,帮助听众建立关于节目或电影的架构,来建立听众的兴趣。第三,形成一项建议组,通过描述若干剧集,解释构想将如何逐周上演。第四,填充蓝图,可通过描述节目将如何在银幕上映,或完善其中的主要人物来实现。

你可能已经察觉到,上述对策遵循了经典的 AIDA 模型:吸引注意(Attention)、建立兴趣(Interest)、增加期望(Desire)、激发行动(Action)。也正是如此,使得Principato的这些建议对几乎任何行业都有价值。

如今,喜剧行业日益举步维艰。尽管如此,Principato一直很明确地在做正确的事。PYE不断扩大,吸引着越来越多的年轻喜剧演员加入。这些演员也许会成为接下来数十年的票房明星。对喜剧和喜剧演员们的热衷不断地激励着Principato。正如他自己所描述的,他的工作"就像是跟着你最爱的乐队一起玩"。①

14.1 演讲的计划

你可能不会跟本章开篇介绍的 Peter Principato 一样,将下一个奥斯卡得主推介给电影制片厂的高管人员。但是,无论你做什么职业,演讲都提供了重要的机会来展示你所有的沟通技能。演讲还能让你证明以下能力:独立思考,把握复杂问题,处理具有挑战性的局面。这些都是高管人员在提拔有才华的员工时所要求的特质。

口头演讲的计划与其他商务信息的计划相似,你需要分析情况、收集信息、选择正确的媒体、组织信息(如图14.1所示)。收集口头演讲的信息与收集书面沟通项目的信息一样重要。作口头

---

① John Bowe, "Funny-Money," *New York Times*, 30 December 2010, www.nytimes.com; Stephanie Palmer Taxy, Good in a Room website, accessed 13 March 2011, www.goodinaroom.com; Mike Fleming, "A Banner Day for Two Former Assistants," Deadline Hollywood, 20 January 2011, www.deadline.com

演讲时,其他的三个计划任务也有一些具体的应用,下面将对此进行讲述。

计划	写作	完成
分析情况 确定目的、分析受众,包括他们情绪状态和语言偏好。 **收集信息** 明确受众的需求并获得必要的信息以满足其需求。 **选择正确的媒体** 选择最好的媒体或者媒体组合来发表你的演讲,包括发言稿和其他支持材料。 **组织信息** 确定中心思想,限定范围和时间,选择直接法或间接法,制作内容提纲。	**适应受众** 演讲内容、演讲风格以及布局要适应受众以及具体场合。对受众需求和期望要敏感,可采用换位思考、礼貌、正面强调和非歧视性语言。根据需求建立可信度。 **编写演讲稿** 概括引人注意的开场白、主体和结束语,准备支持观点的视觉效果和演讲稿。	**修订信息** 评价内容并修改讲稿。 **控制表达** 选择表达方式并练习演讲。 **准备说话** 检查设施和器材,包括网络连接和软件的安装;必要时可以聘请一个翻译。 **克服焦虑** 逐步感到更加自信并且在台上表现得更加自信。

图 14.1 口头和在线演讲的三步写作法

虽然你很少会事前逐字逐句地写下演讲的内容,但三步写作法的各项任务都非常适用于计划、制作和发表口头及在线演讲。

在计划主体部分,要注意,准备一次具有专业品质的商务演讲需要投入可观的时间。Nancy Duarte 的设计公司拥有多年为企业制作演讲的经验,她提出了下面这条经验法则:为时一个小时的演讲,需要用到 30 张幻灯片,投入 36—90 个小时进行调查、构思、制作和练习。② 当然,并非每一次一小时演讲都须用到一两个星期的准备时间,除非这次演讲对你的事业或公司至关重要。

14.1.1 分析情况

和书面沟通相似,分析情况包括定义你的目的并对受众进行分析(如表 14.1 所示)。大多数演讲的目的都是告知或者劝说,虽然你可能偶尔也需要进行一个协作式演讲,比如主持一个问题解决或者头脑风暴会议。

表 14.1 分析口头演讲的受众

任务	行动
确定受众规模和组成	• 估计有多少人会参加。 • 明确它们的共同点和不同点。 • 分析性别、年龄范围、社会经济和种族群体、职业、地理区域的组合。
预测受众的可能反应	• 分析受众参加演讲的原因。 • 明确受众对于主题的大概态度:感兴趣、稍微感兴趣、不关心、无偏见或者敌对的态度。 • 分析你讲话时受众的态度。 • 寻找哪种类型的支持信息最让受众印象深刻:技术数据、历史信息、财务数据、实证、样本等。 • 考虑受众是否有任何对你不利的偏见。 • 预测可能的目标或问题。

---

② Nancy Duarte, *Slide:ology: The Art and Science of Creating Great Presentations* (Sebastopol, Calif.: O'Reilly Media, 2008), 13.

任务	行动
衡量受众的经验水平	• 分析是否每个人都有相同的背景和理解水平。 • 明确受众已经知道了哪些与主题相关的内容。 • 决定受众需要什么背景知识以更好地理解主题。 • 考虑受众是否熟悉你将使用的词汇。 • 分析受众对你的期望。 • 思考你需要讲解的概念和具体细节的组合。

除了要遵循第4章提到的受众分析建议之外,尝试预测受众可能的情绪状态。图14.2提供了应对各种不同心态受众的演讲技能。

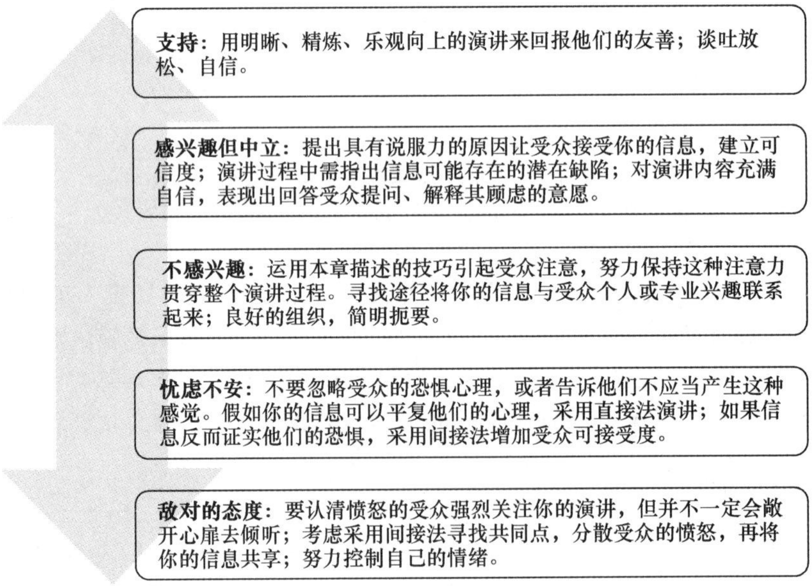

支持:用明晰、精炼、乐观向上的演讲来回报他们的友善;谈吐放松、自信。

感兴趣但中立:提出具有说服力的原因让受众接受你的信息,建立可信度;演讲过程中需指出信息可能存在的潜在缺陷;对演讲内容充满自信,表现出回答受众提问、解释其顾虑的意愿。

不感兴趣:运用本章描述的技巧引起受众注意,努力保持这种注意力贯穿整个演讲过程。寻找途径将你的信息与受众个人或专业兴趣联系起来;良好的组织,简明扼要。

忧虑不安:不要忽略受众的恐惧心理,或者告诉他们不应当产生这种感觉。假如你的信息可以平复他们的心理,采用直接法演讲;如果信息反而证实他们的恐惧,采用间接法增加受众可接受度。

敌对的态度:要认清愤怒的受众强烈关注你的演讲,但并不一定会敞开心扉去倾听;考虑采用间接法寻找共同点,分散受众的愤怒,再将你的信息共享;努力控制自己的情绪。

图14.2 应对不同心态受众的技巧

尝试预测受众的情绪状态,从而有根据地计划演讲方式。

分析情况时,也要考虑环境因素。受众是在现场还是在网上?有多少人参加,座次如何安排?你可以控制环境至干扰最小吗?你需要什么样的设备?这些变量不仅会影响演讲的风格,也会影响演讲的内容。

> **实时更新 观看视频**
>
> **解决四大难点**
>
> 想要得到应对四种挑剔受众的建议:阻扰者、专家、主宰者、漫谈者。登录 http://realtimeupdates.com/ebc10 获取更多信息。

14.1.2 选择正确的媒体

选择正确的媒体可能看上去似乎是显而易见的,毕竟,你在演讲,这是一个口头媒体。然而,在当今你有一系列的选择:现场的面对面演讲、网络播放(一种在线演讲,人们从网站上观看或后期下载)、屏播(电脑显示和音频配音相结合的记录活动)或者社交网络研讨会(twebinars)。

14.1.3　组织演讲

组织演讲和组织写作信息包括的任务是相同的：确定中心思想、限定范围、选择直接法或间接法、写出演讲内容的提纲。记住，当阅读书写报告时，如果受众感到疑惑或者不确定某些信息，他们可以反复浏览。然而，在口头演讲中，受众基本上被你的时间框架和先后顺序所束缚。对于某些演讲，你应当学会灵活处理，回应受众的反馈，例如跳过受众不必听的部分，在其他部分讲述更多的细节内容。

确定中心思想

如果你曾经听到过一个演讲者艰难地让受众了解他的观点（"我的真正意思是……"），你就知道对于受众来说，这是一次多么让人失望的经历。为了避免这种艰难，你可以指出想让受众记住的那条关键信息，然后写成一句话提纲，把你的主题和目的与受众的关心范围连接到一起。下面是一些例子：

> 使管理层相信重组技术支持部门将改进客户服务并减少人员流动率。
> 使董事会相信我们应该在得克萨斯州建一个新工厂以消除制造瓶颈并改进生产质量。
> 针对员工对新保健计划的担心，展示该计划如何减少成本并改进他们的保健质量。

这些陈述都特别强调与受众利益直接相关的主题。通过关注受众的需要并且使用换位思考，可以保持受众众的注意力，并使他们确信你的观点是重要的。

限定范围

限定范围对任何信息传达都很重要，对于演讲则尤其关键，原因有两个：第一，对大多数演讲，你都必须在严格的时间范围之内完成；第二，你讲话的时间越长，保持受众的注意力水平以及受众记住你的关键点就会越困难。[3] 即使没给出时间限制，也要尽可能压缩你的演讲，根据需要利用受众的时间来达到你的目的。

了解在给定的时间内你所能演讲的材料数量的唯一可靠方法就是，完成演讲稿之后进行练习。作为练习演讲一个大致的向导，如果你采用的是常规的结构化幻灯片，可以把演讲一张幻灯片的时间估计为3—4分钟。[4] 当然，一定要把开场白、茶歇、示范、问答部分以及任何可能占用你演讲时间的事情所用的时间计算在内。

把时间限制看做创造性的挑战，有助于你发表更有效率的演讲。限制条件能迫使你把重点放在最必不可少且对受众非常重要的信息点上。[5]（参见本章结尾的案例1）。

---

[3] Carmine Gallo, "How to Deliver a Presentation Under Pressure," *Business Week* online, 18 September 2008, www.businessweek.com

[4] Sarah Lary and Karen Pruente, "Powerless Point: Common PowerPoint Mistakes to Avoid," *Public Relations Tactics*, February 2004, 28.

[5] Garr Reynolds, *Presentation Zen* (Berkeley, Calif.: New Riders, 2008), 39—42.

选择方法

如果你只有10分钟或者更少的时间,像你组织一封信或者一个简要的讯息那样来组织你的信息:如果主题涉及日常信息或者好消息,使用直接法;如果主题涉及坏消息或者劝说,使用间接法。计划你的开场白,激发听众的兴趣,并预演可能发生的情况。对于演讲的主体部分,准备好解释你的主题关于何人、何事、何时、何地、为何以及如何等方面。在最后一部分,回顾你已经提出的观点,并以帮助受众记住演讲主题的陈述做结束语(如图14.3所示)。

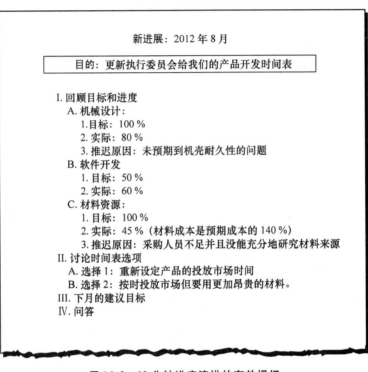

图14.3　10分钟进度演讲的有效提纲

这是一篇简短演讲稿的提纲,汇报了一个重要项目的进展情况;演讲者要传达坏消息,因此她选择用间接法:在告诉大家进展迟缓的消息之前列举出迟缓的原因。

较长的演讲组织起来更像是报告。如果目的是激励或者通知,一般会使用主题引导的直接顺序和结构:对比、重要性、顺序、年代顺序、空间导向、地理或者类别(如第11章所述)。如果你的目的是分析、劝说或者联合,那么围绕结论和建议或者逻辑论证来组织你的材料。如果受众愿意接受,那就使用直接顺序,如果你预计会遇到反对,那就使用间接顺序。

无论你的演讲有多长,寻找机会将叙事方法整合到演讲的结构中。有效的叙事方法产生的戏剧性张力(不知道接下来"主人公"会发生什么事)是抓住和保持受众注意力的很好的方式。

准备提纲

演讲提纲有助于你组织信息,是发表演讲的基础(如图14.4所示)。要通过以下几个步骤来

准备提纲⑥:
- 陈述目的和中心思想,然后通过这些要素指导计划演讲的其余部分。
- 按照逻辑顺序组织主要观点和次要观点。用单独、完整的句子来表述每一个主要观点。
- 先确定主体的主要观点,然后列出开场白和结束语的提纲。
- 在主要观点或段落之间设置过渡,然后用完整句子的形式表示出衔接。
- 准备好参考书目和资料来源;突出那些你想要在演讲中通过名称加以辨别的资料来源。

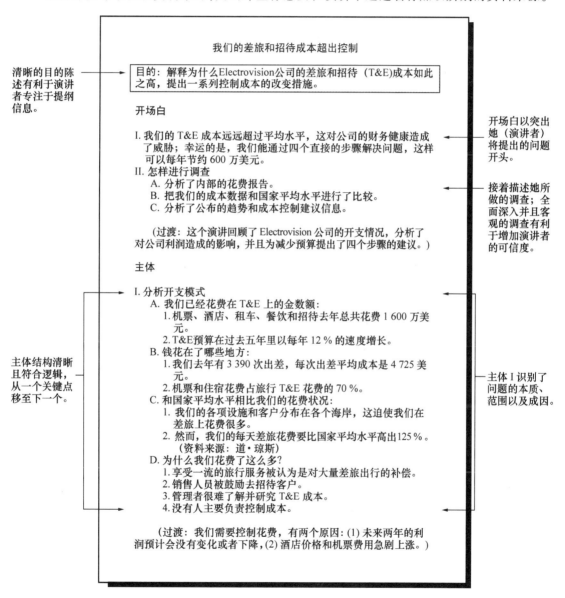

---

⑥ Sherwyn P. Morreale and Courtland L. Bovée, *Excellence in Public Speaking* (Fort Worth, Tex.: Harcourt Brace College Publishers, 1998), 234—237.

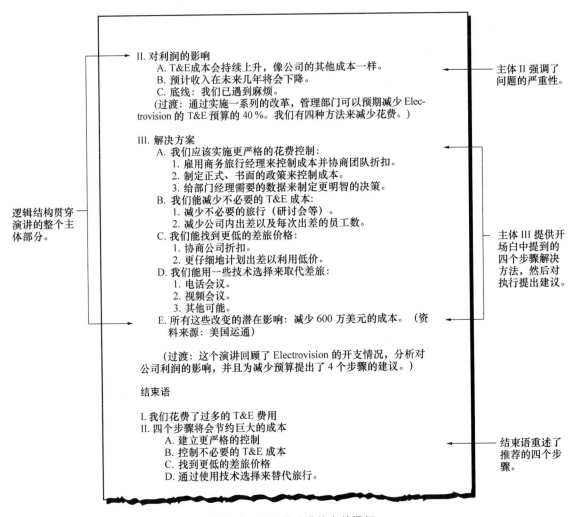

图14.4 30分钟演讲的有效提纲

这篇提纲清晰地识别了开场白、主体以及结束语的目的和鲜明观点。同时,也需注意演讲者是怎样采用整句的形式来写过渡语,以确保该讲话时她可以清晰地表达出关键性内容。

- 选择一个有吸引力的标题。使其简洁、以行动为导向,并侧重于你能为受众做些什么。[7]

很多演讲者喜欢准备详细的计划提纲和更简单的演讲提纲,这些提纲给他们提供了介绍材料所需要的所有提示。要准备有效的演讲提纲,可以遵循以下步骤[8]:

- 首先写出计划提纲,然后去掉任何不打算直接向受众说的内容。
- 把要点和衔接词精简成关键词或短语。
- 增加表达暗示,比如在那些你打算停顿强调或者使用视觉效果的地方。
- 在编号卡片上整理笔记或者在你的演示软件中使用备注功能。

---

[7] John Windsor, "Presenting Smart: Keeping the Goal in Sight," *Presentations*, 6 March 2008, www.presentations.com
[8] Morreale and Bovée, *Excellence in Public Speaking*, 241—243.

14.2 演讲的制作

虽然你通常不会逐字逐句地写出你的演讲稿,但你仍然运用了写作过程:开发观点、组织支持要点、对过渡进行措辞,等等。基于形势和你的个人风格,最终的演讲可能会按照你原先的词句或者用新鲜、自发的语言来表达你的观点。

14.2.1 适应受众

受众规模、场所(在现场或者在线)、主题、目的、预算以及可用的准备时间等因素都将影响你的演讲风格。如果你正在对一小组人讲话,尤其是你认识的人,你可以使用一种轻松的风格来鼓励受众参与。使用简单的视觉效果,并且邀请受众表达观点。用一种对谈的语气表达你的看法,如果需要的话可以使用笔记来强化记忆。

如果你要面对大量的受众,或者这个场合很重要;那么,你需要营造出一种更加正式的氛围。在正式的演讲中,演讲者常常位于讲台上,站在演讲桌后面,使用一个麦克风以使他们的讲话能传遍整个房间,或者能被记录下来用于广播或网络广播。

14.2.2 演讲的编写

与书面文件一样,口头演讲也由明确的要素组成:开场白、主体和结束语。

开场白

一个好的开场白能够引发受众对话题的兴趣,增强你的可信度,并且让受众准备好听后面的内容。演讲的最初几分钟将要完成很多内容,所以给自己充足的时间来构思措辞和视觉效果,从而让演讲有一个好的开始。

引起受众注意。对一些受众来说,有些主题往往比其他的主题有趣。如果你要讨论一件对受众具有重大意义的事情,很可能不管你是如何开头的他们都会听下去。你要做的就是宣布你的主题,你将获得他们的注意。其他的主题就需要有更多想象力。下面是激发受众兴趣的六种方法[9]:

- 围绕共同的目标把受众聚集起来。
- 讲一个具有说服力的故事,保证你的故事能够说明一个重要且相关的观点。如果整个演讲采用叙事的结构形式,那么,要想保持受众的高度注意力,需做到不提前泄露出结局。
- 分发产品样品,或吸引人们的感觉。
- 询问问题,从而让受众思考你的信息。
- 分享一个引发人们好奇心、让人意想不到或是使人震惊的细节。
- 以关于自己、演讲题材或者有关演讲现状的幽默语句开头,但要保证幽默语句是与演讲相关且恰当的,不会冒犯任何一位受众。总的来说,当你和受众母语或文化不一样时,尽量避免使用幽默;否则幽默很容易一无所获或适得其反。

---

[9] 改编自 Eric J. Adams, "Management Focus: User-Friendly Presentation Software," *World Trade*, March 1995, 92.

不论你选择哪种方法,要确保你可以给受众一个关注你的理由,并且让受众相信,他们花时间来听你的演讲是值得的。[10]

建立可信度。 受众会在几分钟内决定你的演讲是否值得去听,因此快速建立你的可信度至关重要。[11] 如果在演讲的主题领域内,你并非一位著名的专家或者在其他场合也不曾赢得受众的信任,那么你需要通过介绍来建立可信度。如果是其他人要介绍你,他就可以为你证明。如果要进行自我介绍,简洁明了即可,但不要担心提到你的成就。受众会对你的资历非常感兴趣,所以简要地告诉他们你是谁、你在那里的原因,以及他们将如何从你的演讲中受益。你可以像这样说:

> 我是信息资源公司的市场调查分析师 Karen Whitney。在过去的五年里,我专职研究高科技市场。你们的技术劳动总监 John LaBarre 让我来谈谈最近计算机辅助设计的趋势,这样你们对自己的研究努力方向会有一个更好的想法。

这个演讲者把她的资历和演讲目的联系在一起,建立了她的可信度。通过提到她所在公司的名称、她的专业和职位、受众上司的名字,她让受众立刻了解到她有资格告诉他们一些他们需要知道的事情。

概述你的信息。 除了激发受众的兴趣并建立可信度,好的开场白会让受众预先了解将要听到什么,以及信息的结构和内容。报告的读者可以通过看目录并浏览标题来了解到这些,但在该讲中,你需要使用概述来提供一个框架。

你的概述应该总结演讲的中心思想,明确主要的支持观点,并指出展开要点的顺序。用这样的话来告诉受众:"这是主题,这些是我要提及的观点。"一旦构建了框架,你就有信心在你转入演讲主体部分时,受众会明白那些个别的事实和数据是如何与中心思想相联系的。如果你使用间接法,你的概述可以探讨中心思想的本质,而不用揭示中心思想。

主体

演讲的大部分内容都是专注于讨论提纲中的主要观点。无论使用什么样的组织方式,你要确保的目标是清晰的演讲组织结构和保持受众的注意力。

连接你的观点。 在书面文件中,你可以表明标题、段落缩进、空白和列表等不同的设计线索是如何来连接观点的。然而,在口头演讲中,尤其是当你不能使用视觉效果来支持时,就必须主要依靠口头语言来连接不同的部分和观点。

对于句子和段落之间的连接,可以使用一个或两个过渡词,如"因此""因为""另外""相反""此外""例如""从而""然而"或者"最后"。要连接演讲的大的部分,就要使用完整的句子或段落,比如"既然我们已经回顾了这些问题,那就让我们看一下它们的解决方法"。每次转移话题时,通过总结已经说过的并概述将要说的部分,来确保强调观点之间的联系。演讲越长,过渡就越重要。你的听众需要清晰的过渡来引导他得到最重要的观点。而且,他们喜欢简要的小结来补充任何他们可能遗漏的观点。

---

[10] Carmine Gallo, "Grab Your Audience Fast," *Business Week*, 13 September 2006, 19.
[11] Walter Kiechel III, "How to Give a Speech," *Fortune*, 8 June 1987, 180.

保持受众的注意力。一个成功的开场白能够抓住受众的注意力;演讲的主体部分则需要保持这种注意力。以下是一些帮助你保持受众注意力的有用的提示:

- 保持你的主题和受众需求之间的联系。
- 伴随着演讲的深入,预测并回答受众的问题,从而使他们不会感到迷惑或分神。
- 使用清晰、生动的语言并以不同的方式来表达你的观点;如果一次次地重复同样的词语会让人们睡着。
- 表明你的主题如何与受众已经知道的观点相关,并且给人们一种方法去归类并记住你的观点。[12]
- 如果合适,通过寻求评论或问题来鼓励受众参与。
- 用视觉效果表达你的观点,这会让你的信息变得生动,帮助你和受众联系起来,并帮助受众更加有效地记住你的信息,参见本章后文"使用有效的幻灯片改进演讲"。

结束语

一个演讲或者演示的结尾要完成两项关键工作:确保受众对于你讲的主要观点有一个清晰的印象,并处于恰当的情绪状态中。比如,如果你演讲的目的是警示公司管理人员,他们失控的开销威胁到了公司的生存,你想要收尾时这个信息始终在他们耳边回响,并且他们对问题给予足够的关注,在行为上做出改变。

重述你的主要观点。使用结束语简洁地重述主要观点,强调你想要你的听众做什么或者思考什么。比如,要结束关于你的公司高管人员补贴计划的演讲,你可以重复四个具体建议,然后用一段让人印象深刻的陈述来激励受众采取措施:

> 我们都为公司的成长道路感到自豪。然而,如果想要持续成长,我们需要采取四项措施来确保我们最优秀的员工不会去其他地方寻找机会。
> - 第一,增加补贴的总体水平
> - 第二,建立一项现金奖励制度
> - 第三,提供各种股票激励
> - 第四,改善健康保险和养老金福利
>
> 通过采取这些措施,我们可以保证留住公司需要的管理人才来应对行业内最大的竞争者。

> **实时更新　收听播客**
>
> **让听众收听动人的演讲**
>
> 探索有效商务演讲的价值,什么把催眠演讲与那些让受众真正投入的演讲分离开来。登录 http://real-timeupdates.com/ebc10 获取更多信息。

只要你做得不过火,重复主要观点能极大地促使受众按照你预想的方式听取你的信息。

用明晰和信心结尾。如果你的开场白和主体部分都很成功,那么你的听众便拥有了他们需要的信息,以及如何将信息更好运用的大体框架。之后准备用强烈的语气结束,确定紧随演讲之后关于行动或决定的期望,并且最后一次巩固受众对你以及你的演讲的信心。

一些演讲需要受众决定或者同意采取具体的行动,在这种情况下,结束语提供了清晰的结束

---

[12] *Communication and Leadership Program* (Santa Ana, Calif.: Toastmasters International, 1980), 44, 45.

方式。如果受众对这次演讲中的一个问题看法一致,简要地回顾这个共识。如果他们不同意,你就可以通过一些类似"在这个问题上我们似乎存在一些根本性的分歧"的话来清楚地表明没有达成一致意见,然后准备好就解决这个难题提出建议。

如果你期望在演讲之后,人们会有所行动,那么就要确保解释清楚由谁来负责什么行动。在有效的时间内如果可能,列出行动项目、标出预计完成日期以及为每项任务分派责任。

确保你最后的发言是让人难忘的,并用符合情境的语气来表达。比如,如果是为项目集资的劝说性演讲,你可能需要强调项目的重要性以及团队在预算之内按期完工的能力。自信乐观的表达能够散发出这样的信息:你相信自己执行的能力。反之,如果你的目的是让受众警惕某一问题或风险,盲目的乐观将会削弱你的信息。

无论怎样,最后的信息应该是恰当的,因此面对受众之前,认真组织你的结束语。你不会希望在结束时紧张地站在台上,无话可说,要么说句:"那么,我想差不多就这样了。"

14.3　使用有效的幻灯片改进演讲

幻灯片和其他视觉效果能够通过创造生动有趣而又难以用文字解释的观点,增加多样性,以及提高受众理解和记忆信息的能力等方面,来提高演讲的质量和增加其影响。

你可以选择不同的视觉效果来改进你的口头演讲。不要忽视像投影胶片、黑板、白板、夹纸板等这些古老技术,它们在适当的环境下都可以发挥价值。然而,对大多数商务演讲来说,选择的媒体多是电子幻灯片演示,比如 Microsoft PowerPoint、Apple Keynote、Google Doc 或其他类似软件。电子演示很容易编辑和更新;你可以添加声音、图像、视频和动画;它们可以结合在线会议、网络广播和网络研讨会(基于网络的研讨会的通用术语);你可以为交易展览会、网站和其他用途而录制自动播放的演示。

实际上,在如今的商务领域,电子演示十分普遍;但它们广泛的应用却并不总受欢迎。你可能已经听说过这样的说法"PowerPoint 致死",即看完了太多考虑不周并且信息传达不佳的幻灯片演示,这种恼人的经历令人极为痛苦。用演讲专家兼作家的 Garr Reynolds 的话来说:"大多数的演讲仍然思维麻木、单调沉闷,致使演讲者及受众都不得不去忍受。"[13]

上述是不好的方面,好的方面是演讲可以成为一个有效沟通的媒体,一次令人满意的经历,有时可以让演讲者和受众都感到非常愉悦。遵循 Reynolds 的建议,从思维模式的简单性和真实性入手;所谓简单性是指清晰的观点要清楚地呈现,真实性就是与你的受众讨论他们关注的事情,而并非你给他们去讲,或者尽力成为一个"表演家"。做到这两点,你会在成为有影响力的演讲家的道路上做得更好。

> **实时更新　观看视频**
>
> **快速观看有关 Garr Reynolds**
> **演示禅学的视频展示**
>
> 设计同事 MattHelmke 对 Reynolds 在演讲设计方面的开创性著作进行了简要概括。登录 http://real-timeupdates.com/ebc10 获取更多信息。

---

[13] Reynolds, *Presentation Zen: Simple Ideas on Presentation Design and Delivery*, 10.

14.3.1 选择结构化或自定义幻灯片

也许在制作幻灯片时,你面临的最重要的设计选择是,采用传统的结构化幻灯片还是要求较为宽松并受如今许多演讲专家推崇的自定义幻灯片。参见图14.5,比较幻灯片的前两行,结构化幻灯片在第一行遵循的基本格式会贯穿整个演示文稿;事实上,它们直接依据的是在 PowerPoint 中建立的模板。自定义幻灯片在底行并不遵循严格的结构。

然而,选择自定义设计策略并不意味着你可以从一个幻灯片到下一个幻灯片任意地改变设计格式。有效设计的幻灯片应当将各种设计元素统一起来,比如颜色和字体选择等元素(如图14.5的c和d所示)。另外,注意图14.5d是如何将视觉效果和文本信息结合起来用于传达关于非批判性倾听的观点。这种图像和文字互补的方法是自定义的一个亮点。

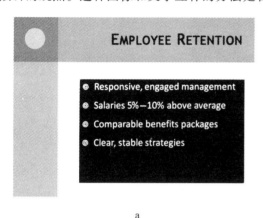
a

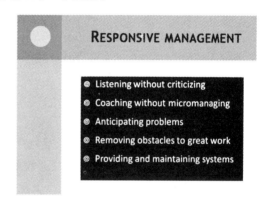
b

c

d

图 14.5　结构化幻灯片与自定义幻灯片

比较第一行两张幻灯片的严格性和可预测性,以及第二行两张幻灯片自定义设计的生动性。虽然两张自定义幻灯片没有遵循相同的结构,但是他们在颜色和字体选择方面联系起来。(注意图d用幽默的方式传达了图b的观点。)

结构化幻灯片

两种设计策略各有利弊,不同的具体情况都有其更适合的设计选择。结构化幻灯片的优点是制作简单迅速：你只需选择一个整体设计主题、一个模板，然后开始输入信息。若须考虑制作的速度和轻便性，如项目状态更新这样的常规演示，结构化幻灯片是更实用的选择；在这种情形下，你的幻灯片很可能只被使用一次。

当然，对演讲者而言事情变得简单并不等同于对受众也是如此。但是如果你的时间安排很紧张，选择结构化途径能够节省时间，因为至少你已经准备了东西去展示。

另外，因为通常有详细的信息需要包含在每个幻灯片里，结构化幻灯片在向正确的受众传达复杂观点或一些相互关联的数据方面会更有效率。比如，如果你在跟一群高管谈论涉及公司的八个部门在哪些地方削减预算的事情，而这些高管必须对此做出决定，那么，在演讲的某一点上，高管们可能会想在单个幻灯片里看到所有八个部门的汇总数据，从而便于比较。按照惯例，这样的幻灯片会显得过于拥挤，但制作大图浏览可能是唯一实用的方法。最好的解决方法或许是制作由一份详细的分发材料所辅助的高质量摘要幻灯片参见本章后文"制作有效的分发材料"。

结构化设计最主要的缺点就是 Garr Reynolds 所描述的"麻木效应"，这种效应是由看上去相似并以文字为主的幻灯片引起的。一张又一张密密麻麻的幻灯片，高度结构化的圆点小段格式且没有视觉效果的缓解，很容易让受众睡着。

自定义幻灯片

自定义幻灯片设计可以克服以文字为主的结构化设计的弊端，并且满足研究人员发现的成功演讲的三项重要标准：(1) 通过文本和视觉效果两种方式提供补充性信息；(2) 限制了一次性传递信息的数量，从而防止认知超载；(3) 帮助受众按照优先次序和联系来处理信息。[14]（当然，设计合理的结构化幻灯片也能够符合这些标准，但是预先构建的母版的制约对此提出了更大的挑战。）

加上适当的图像，自定义设计也可以为受众创造一次更加生动并且非常投入的经历。考虑到激发和吸引受众的能力，自定义设计对激励性、教育性和说服性的演讲尤其适用，特别是在幻灯片需多次使用的时候，因而补偿了制作幻灯片所需的额外时间和精力。

然而，自定义幻灯片确实存在几个潜在的缺陷。第一，包含视觉和文本两种元素的有效设计的幻灯片，与只是将文字输入预定格式的模板中的幻灯片相比，创造性要求更高并且耗时更长。对视觉效果内容的重视要求花费时间寻找更多的图像。

第二，因为呈现在屏幕上的文本信息往往很少，所以演讲者要负责传达更多的内容。当然，理想情况下，这就是演讲应该发挥的作用，但有时演讲者发现自己很少处于理想环境下，比如被要求在短时间内替换另一位演讲者。

第三，如果在将信息分成小部分的过程中处理不当，会给用连贯、综合的方式呈现复杂主题带来难度。例如，如果你在讨论一个商业问题，该问题由五个综合性的原因引发，那么在分别讨论每个原因之后，插入一

> **实时更新　观看视频**
>
> **与项目符号设计格式不同：自定义幻灯片设计的令人惊叹的案例**
>
> 观看创造性思维如何将电子幻灯片转换成比常规项目符号格式更引人注目的幻灯片。登录 http://real-timeupdates.com/ebc10 获取更多信息。

---

[14] Cliff Atkinson, "The Cognitive Load of PowerPoint: O&A with Richard E. Mayer," Sociablemedia.com, accessed 22 December 2008, www.sociablemedia.com

个常规的项目符号幻灯片作为概括和提示会很有帮助。

14.3.2 设计有效的幻灯片

虽然人们存在对"PowerPoint 致死"的不满，但问题并非出自软件本身。同其他工具一样，它也仅仅是个可以使用得好或不好的工具。遗憾的是，缺乏设计意识、训练不足、进度压力和按照惯常的方式做事情的本能反应，都会导致幻灯片无效以及失去与受众建立联系的机会。

导致幻灯片无效的另一个原因似乎越来越普遍，那就是将幻灯片集看做不需要演示者便可自己阅读的独立文档的做法。在本章"商务沟通 2.0：演讲社会化"中提到，网站的兴起，如 SlideShare 分享网，通过让分享幻灯片变得简单容易，可能促进了这种现象的产生。这些既是幻灯片又是文档的结合体，试图发挥演示视觉效果和打印文档的双重作用，但却并未比单个发挥的作用好：因为除了阅读不便，它们有太多的信息显示在有效的视觉效果中，太少的信息在有效的报告中。

正如"制作有效的分发材料"所解释，理想的解决方法是制作一个有效的幻灯片集和一个提供更多详细信息和支持性信息的独立的分发文件。用这种方法，你可以对真正要做的工作的每个细节进行优化。还有一个替代方法，你可以利用演示软件的备注功能，在每个幻灯片中写下你的讲话提纲。虽然你可能需要对演讲内容进行编辑和润色以使受众容易理解，但得到幻灯片副本的人至少可以通过看备注跟上你演讲的步伐。

围绕主要视觉效果设计幻灯片

主要视觉效果能够帮助你组织和解释试图做出的观点，并且结构化和自定义两种设计策略都有助于构造围绕主要视觉效果的特定幻灯片。例如，金字塔暗示一种层级关系，循环流动图表明一个进程中的最后阶段循环往返到开头的一个过程。图 14.6 显示了视觉效果设计的六种类型，你可以用于在幻灯片中组织信息。

写出易读的内容

初学者们最常犯的错误，大致上也是结构化幻灯片设计最受批判的地方，就是在幻灯片上填写过多的文本信息。过多过快地给受众传递信息，迫使人们读得更多，要求演讲者使用更少的样式，从而导致受众的注意力离开演讲者。

如图 14.7 所示，有效的文本幻灯片会补充你的文字并且帮助受众追随你的观点和思路。利用文本来突出主要观点，总结并预习你的信息，标记你的思路变换、描述概念或者帮助你在口头信息中引发受众的兴趣。

为幻灯片制作图形和表格

演讲用的图表和表格需要比印刷文档所作的视觉效果更加简单。详细的图像在印刷的页面上视觉效果可能看起来很好，但对于演讲来说会过于紧密和复杂。记住受众将会从房间的各个角落来观看你的幻灯片，而不是像你在制作幻灯片时一样，距离一两英尺。删去一切对于信息来说不是绝对必要的部分。如果需要的话，把信息分解成多个图形或表格，并在分发材料中提供详细的图形和表格。

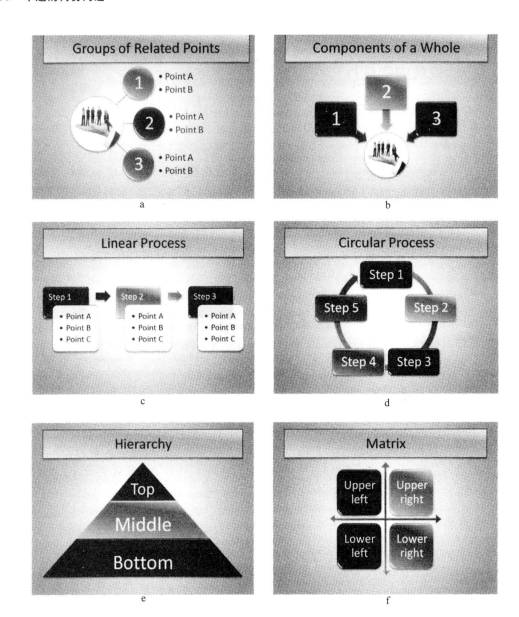

图 14.6　使用主要视觉效果组织单个幻灯片中的观点

简单的图形元素如 Microsoft PowerPoint 中的插入图形,让使用一个主要视觉效果组织幻灯片的内容变得容易。不论你是使用层次结构、线性过程、循环过程还是一些其他构造来传达观点之间的关系,主要视觉效果都可以帮你将书面信息和口头信息串联起来,帮助受众理解你的信息。

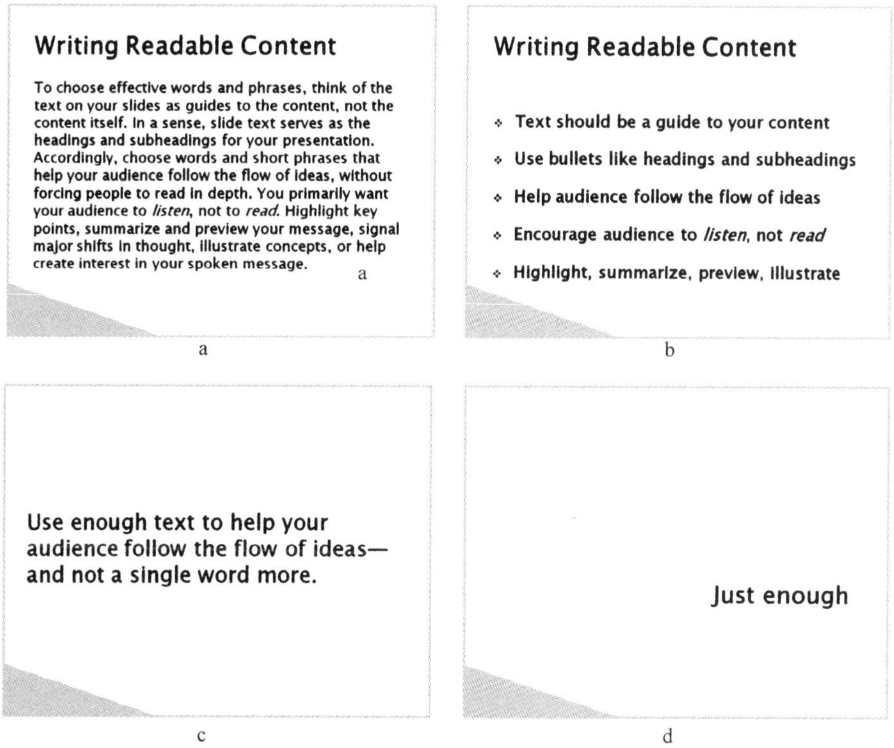

图 14.7　在幻灯片中写入文本信息

有效的文本幻灯片能够简单清晰地指导受众理解和记住演讲者的信息。注意这些幻灯片的简单化层级：a 是一个文本段落，会长时间分散受众的注意力。b 使用项目符号，更加简洁、易读，但结构化的设计使幻灯片的页数仍然很多，读来令人乏味。c 将信息提炼成单个且完整的句子，但并未包含原来的所有信息，因此需要演讲者加以点缀。d 将简单发挥到极致，只写出了信息的核心点作为口头信息的观点。c 和 d，尤其是 d，加入精心选择用于阐明接下来所述观点的视觉效果，会更加有力。

选择设计元素

制作幻灯片时，要密切关注颜色、背景和前景设计、插图、字体和打印样式之间的交互作用。

● **颜色**。从表 14.2 中可以看出，颜色是一个关键的设计元素，它能吸引人们的注意力、强调主要观点、制造对比、影响受众对观点的接受度、提高记忆力以及激发不同的情感。[15] 颜色的作用很强大，因此谨慎使用。

● **背景设计和插图**。所有的视觉效果都有两层设计：背景和前景。背景等同于打印文档的纸，前景中包含的元素是幻灯片的主要内容。确保背景只是作为背景，而不会分散受众的注意力，与前景相区别。（请注意，许多演示软件的模板设计都有背景，用在严肃的商务演讲中很容易让受众分心。）

● **前景设计和插图**。前景设计包括特定的文本和图形元素来修饰每张单独的幻灯片。前景元

---

[15] "The Power of Color in Presentations," 3M Meeting Network, accessed 25 May 2007, www.3m.com/meetingnetwork/readingroorn/meetingguide_power_color.html

素可以是功能性的也可以是修饰性的。功能性的插图包括照片、技术绘图、图表和其他包含你所传递消息的内容的视觉元素。相反,修饰性插图仅仅是为了美化你的幻灯片。总之,应当谨慎使用。

- **字体和打印样式**。屏幕上的字体比打印页面上的难以阅读,因此,你需要认真地选择字体和打印样式。无衬线字体常常比衬线字体更容易阅读。使用大写和小写字母,在正文的各行之间留出较大的区域,在每页的幻灯片上限制字体数量不超过两种。选择的字号大小要使房间里每个角落的人都容易阅读,通常在 28 号至 36 号之间,如果可以,先在房间里进行测试。一个在你的电脑上测试可阅读性的巧妙方法是,尽可能地距离屏幕向后退,最终你距屏幕多少英尺便可看做屏幕是多大英寸,比如 17 英尺对应 17 英寸的屏幕。如果在这样的距离下,幻灯片仍然可以看清,说明字号选择适当。

表 14.2 颜色和情绪

颜色	情绪联系	最佳使用
蓝色	平静的,抚慰的,安静的,冷酷的,信任的	商务电子演示的背景(通常是深蓝色);安全和保守
白色	中立的,清白的,纯洁的,聪明的	大多数深色背景商务电子演示的字体颜色
黄色	温暖的,明亮的,欢乐的,热情的	深色背景下的项目符号和副标题
红色	激情的,危险的,主动的,痛苦的	促进行动或者激励受众;很少用做背景("红字"可特指财务损失)
绿色	肯定的,繁荣的,嫉妒的,放松的	强调和加重的颜色(绿色在美国象征着金钱但在其他国家不是)

资料来源:改编自 Claudyne Wilder and David Fine, *Point, Click & Wow* (San Francisco:Jossey-Bass Pfeiffer,1996), 63,527。

保持设计的一致性非常关键,因为受众从第一张幻灯片开始就会给视觉元素赋予含义。比如,如果使用黄色来提醒人们注意你演讲中的第一个主要观点,那么受众就会期望接下来出现的黄色也代表了一个主要观点。幻灯片母版的特性很容易让幻灯片风格保持一致,因为它让演示文件中的每一个幻灯片都应用了一致的设计选择。[16]

添加动画和多媒体

当今的演示软件提供了很多选项,让你把幻灯片制作得更加生动。这些选项包括声音、动画、视频剪辑、幻灯片切换效果和超链接。你需要考虑所有这些效果会如何影响受众,并且只使用那些能够支持你的信息的特殊效果。[17]

功能性动画包括与你的信息直接相关的动作,比如在屏幕上移动的一个突出箭头,强调技术绘图上的特定要点。这种动画也是表明顺序或者程序的一种有效方法。相反,修饰性动画,比如可以让一段文本从屏幕外横翻进入屏幕,需要谨慎使用。这些效果不能带来任何功能性的价值,而且它们很容易让受众分心。

幻灯片切换(slide transitions) 控制一张幻灯片如何替换另一张,比如在下一张幻灯片淡入前,

---

[16] Duarte, Slide:ology: *The Art and Science of Creating Great Presentations*, 152.

[17] Sarah Lary and Karen Pruente, "Powerless Point: Common PowerPoint Mistakes to Avoid," *Public Relations Tactics*, February 2004, 28.

让当前的幻灯片慢慢淡出。这类微妙的切换可以减少观众对幻灯片转换的注意力。但是，现在还有很多幻灯片切换效果容易让受众分心，最好避免使用。**自定义动画（slide builds）**控制着文本、图形和其他单个幻灯片元素的出现。通过自定义动画，能让你的关键点一次出现一个，而不是一次全部出现在一张幻灯片上，从而使你和受众更容易关注每条新的信息。

超链接可以让你的电脑连接到另一张演示幻灯片、一个网站或者另外一个程序中。使用超链接也是一个让演示更加灵活的方法，以便你瞬时调整演示的进程来回应受众反馈。

多媒体元素极大地增加了演讲的生动性。使用音频和视频剪辑能够很好地补充你的文本信息。只是要保证这些元素的简洁和相关性，仅仅作为演讲的辅助性观点而并非替代。

商务沟通 2.0

演讲社会化

当你在寻找创作灵感、寻求合作或者反馈的时候，不要将范围限定于你所在的办公室。使用演讲分享网站，如幻灯片分享网 SlideShare（www.slideshare.net），你可以向全世界的人们学习演讲并与他们进行合作。幻灯片分享网 SlideShare 有时被称为"幻灯片 YouTube"（YouTube 是世界上最大的视频分享网站），它提供了免费存储空间以及对演示文稿受控访问的权限；如今它收录了成千上万的演示文稿，并且日益剧增。

如果你要寻找关于任何你可以想象到的主题的演讲，你可以输入关键词，按照分类浏览、从标签云上选择热门话题，或者依据人气排序来搜索幻灯片。你可以只是浏览，直到某些东西抓住你的眼球，以此来寻找灵感和设计思路。也可以在 SlideShare 网站视图窗口中查看所有公开提供的演讲，或者如果上传演示文稿的人允许演讲下载，你可以将其下载到你的电脑上。

如果想要分享你的幻灯片，你可以以访客的身份上载演示文稿，或者在社交网站上创建你的个人账户。账户建立起来之后，你可以继续上传演示文稿到 slidespace，并能通过增加新的联系人来扩充你的在线社交网络。与相片分享网站 Flickr 和其他内容分享网站一样，SlideShare 可以让你设置不同级别的访问权限，从"仅自己可见"到"所有人可见"。这种可控分享是你与与会人员、商业合作伙伴以及团队成员分享幻灯片的一种很好的方式。你也可以将演讲插入你的博客中，这样你的所有博客访客都可以看到它们；或者在内部网进行发布，这样只有你的同事才能看到它们。

按照社会化的精神内涵，SlideShare 提供工具来提醒你的 Twitter 粉丝，以及你在 LinkedIn 和其他社交网络的联系人。利用 SlideShare，你的朋友、粉丝和客户都可以在第一时间看到你发布的鼓舞人心的内容。

▶ **职业应用**

1. 访问 SlideShare，找出两篇关于同一商业主题的演讲，比如公共关系、财务事宜、领导关系，或者发表演讲。观看这两篇演讲，并在内容方面进行比较。哪一个演讲更加清晰、可信、具有说服力？演讲者采用了哪些具体步骤来保证丰富度和自信心？

2. 现在从视觉效果方面对这两篇演讲进行比较。它们的设计是帮助还是阻碍了沟通工作？如果你看出不足之处，会建议如何进行改进？

资料来源：改编自 SlideShare，accessed 12 February 2011，www.slideshare.net。

14.4 演讲的完成

演讲的完成步骤比大多数的印刷文件所包含的任务要多。确保有足够的时间来测试你的演示幻灯片、确认设备操作、练习演讲和制作要分发的材料。随着第一份演示文稿的完成，修订信息，确保其易读、简明、一致并且可以操作（包括幻灯片切换、自定义动画、动画和多媒体）。通过最终确定幻灯片、制作要分发的材料、选择演讲方法和练习表达来完成最后的工作。

14.4.1 确定幻灯片

电子演示软件可以帮助你完成编辑和修订的全过程。如图 14.8 所示，幻灯片浏览视图让你在一个屏幕上看清演讲中一些或所有的幻灯片。使用这种浏览来增加或者删除幻灯片、重新配置幻灯片、检查幻灯片设计的一致性，并确定各种效果操作。另外，幻灯片浏览是检查你讲故事思路的好方法。[18]

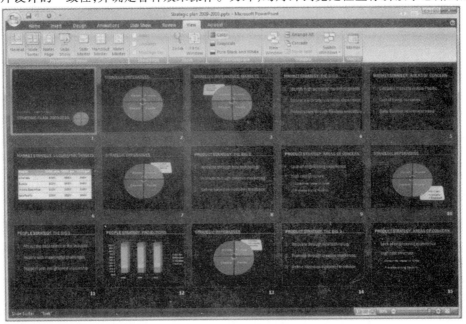

图 14.8 幻灯片浏览视图

在一个屏幕上检查幻灯片略图是验证最终产品全面设计的最好方法。幻灯片浏览视图也可以使思考演讲的顺序和组织变得容易；你可以通过简单地点击并拖动任何一张幻灯片到一个新的位置上来改变幻灯片的位置。

---

[18] Reynolds，*Presentation Zen: Simple Ideas on Presentation Design and Delivery*，85.

除了你已经制作的内容幻灯片外,你还能通过制作有关你的标题、议程和项目细节、导航幻灯片来帮助受众追随你的思路。

- **标题幻灯片**。你可以用一两张标题幻灯片给受众留下美好的第一印象,就像一份报告的封面和标题页一样(如图14.9所示)。
- **议程和项目细节**。这些幻灯片展示你演讲的议程安排和受众可能需要的额外信息(如图14.9c和14.9d所示)。

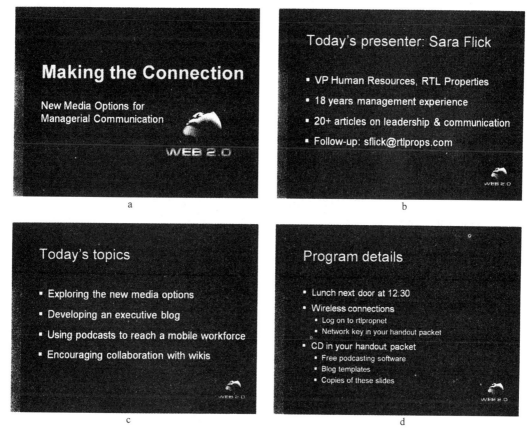

图 14.9 导航和支持幻灯片

你可以使用一些导航和支持幻灯片来介绍自己和你的演讲,让受众知道演讲涵盖哪些内容,以及提供哪些重要细节。

- **导航幻灯片**。你可以利用一系列基于提纲和议程制作的导航幻灯片,来告诉受众你将要讲哪些内容以及你讲了哪些内容(如图14.10所示)。每完成一个部分,重复议程幻灯片来表明哪些材料已经涵盖,哪些是你打算开始讲述的。这种类型的幻灯片有时被称作移动蓝图。作为重复播放议程幻灯片的替代选择,你可以在每个主要的分节符处插入一个简单的标题页幻灯片,用于告知你即将演讲部分的题目。[19]

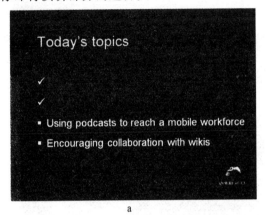
a

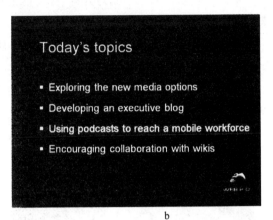
b

图 14.10　移动蓝图幻灯片

使用蓝图幻灯片作为导航工具帮助你的受众跟随演讲有两种方法。图 a 非常直观,并勾掉了已经讲过的内容。相反,图 b 用一个醒目的移动方框,来指出下一部分要讲述的内容。

14.4.2　制作有效的分发材料

分发材料,即发放给受众用于补充演讲的所有印刷材料,被认为是演讲策略中不可或缺的部分。要分发的材料包括详细的图表和表格、案例研究、调查结果、杂志文章以及任何支持你中心思想的材料。

像组织演讲一样,计划你要分发的材料,并尽可能有效地利用每一种媒体。演讲应当能够向受众描绘一幅画面、传达中心思想之间的关联、设置情感基调,以及激励受众采取行动(如果与演讲相关)。然后,你要分发的材料加载了其余的信息,而且受众可以按照自己的进度和时间来吸收这些支持信息。你无须在幻灯片里加

> **实时更新　观看视频**
>
> **在幻灯片中加入专业结尾的五个简单技巧**
>
> 学习一些简单的技巧用来在 PowerPoint 演示中制作和编辑高质量的图像。登录 http://real-timeupdates.com/ebc10 获取更多信息。

入每一个细节,因为印刷文档是做这种事情更合适的媒体。正如 Garr Reynolds 所说,"分发材料可以解放你"。[20]

快速回顾制作有效视觉效果的关键步骤,参见"要点检查:使用视觉效果改进演讲"。

登录 http://real-timeupdates.com/ebc10,点击第 14 章获得设计演讲的最新信息。

---

[19] Jerry Weissman, *Presenting to Win: The Art of Telling Your Story* (Upper Saddle River, N.J.: Pearson Prentice Hall, 2006), 162—163.

[20] Reynolds, *Presentation Zen: Simple Ideas on Presentation Design and Delivery*, 66.

| 要点检查

使用视觉效果改进演讲

A. 计划演讲的视觉效果
- 确保演讲的焦点是你和你的信息,而并非视觉效果。
- 遵循有效设计原则,强调简单性和正确性。

B. 选择结构化或自定义幻灯片
- 结构化幻灯片使用圆点项目符号母版,制作简单、设计时间或技能要求低,并能快速完成。最佳用途:日常、内部的演讲。
- 自定义幻灯片使文本信息和视觉信息的结合、产生更加生动投入的经历以及保持与受众的对话联系变得更加容易。最佳用途:激励性、教育性和说服性演讲。

C. 设计有效的幻灯片
- 避免制作"文件幻灯片"(slideuments),即挤满信息且可作为独立文档阅读的幻灯片。
- 使用关键视觉效果组织相关观点,并保证清晰且有意义。
- 保证文本内容在房间里每个角落都可以看清。
- 使用简短、积极、平行的词语支持你的口头语言,并非替代。
- 限制文本数量,这样受众可以把重点放在倾听上而不是阅读上。
- 使用颜色来强调重要观点、创建对比、分离视觉元素,以及传达有意图的非语言信号。
- 颜色选择协调、使用一致。
- 确保幻灯片的背景与前景不相冲突。
- 谨慎使用修饰性布线图,仅仅用来支持你的信息。
- 强调功能性布线图是演讲的一部分,包含照片、技术绘图、图形以及其他包含信息的视觉元素。
- 选择屏幕可读的字体;限制字体的数量,保持一致性。
- 使用幻灯片母版确保整个演示的一致性。
- 使用功能性动画来支持演讲。
- 如果使用幻灯片切换,保证切换效果是微妙的。
- 谨慎使用自定义动画控制信息的出现。
- 使用超链接和动作按钮增加演讲的灵活性。
- 多媒体元素的加入有助于吸引受众、表达信息。

D. 完成幻灯片和支持材料
- 认真检查每一张幻灯片,保证准确性、一致性和解释性。
- 确保所有幻灯片完全可操作。
- 如果需要,使用幻灯片浏览确认和调整幻灯片的顺序。
- 做一个备份计划,以防电子演示会失败。
- 制作导航和支持幻灯片。

- 制作要分发的材料来补充和支持演讲信息。

14.4.3 选择演讲方法

准备好所有的材料之后,下一步就要决定你想使用哪种演讲方法。阅读笔记,并辅之以提纲、笔记卡片或者视觉效果,这常常是最简单有效的表达方式。这种方法给了你一些可供参考的材料,而且允许你和他人保持目光交流、演讲自然流畅、拥有互动和现场反馈等。

相反,背诵演讲稿并不是一个好主意。即使你可以记住全部的演讲内容,也会让你的演讲听起来僵硬和过于正式;因为你是在传递条条框框,而并非与受众交谈。但是,记住引文、开幕词和一些结束语会使你增加自信、强化表达。

在很少的情况下,你需要阅读演讲稿,比如你要表达法定信息、政策陈述或者其他必须要用准确的方式进行传达的信息。然而,对于其他的商务演讲者来说,阅读是较差的选择,因为它限制了你和受众的互动,并且缺乏自然谈话中鲜活、生动的感觉。

另一个重要决策是在你即将演讲的地方做准备。很多情况下,你没有太多的选择;甚至在某些情况下,你不能提前参观场地。然而,如果你对环境有一些控制力的话,认真考虑受众的座次、在房间中所处的位置和灯光。比如,调节灯光是很多演讲者普遍的做法,但如果调节过了头会阻碍你和受众之间的非语言交流,从而限制了互动的机会。[21]

14.4.4 练习表达

练习演讲很关键。练习有助于确保你看起来从容自信、帮你降低焦虑和及时消除所有障碍,并确认幻灯片和设备操作。受试观众可以告诉你幻灯片是否易懂,你的表达是否有效。在准备好要上台进行重要演讲的前一两天,你必须要保证你和你的演示都已准备就绪。

- 你能不去逐字阅读幻灯片而自然地表达你的材料吗?
- 如果设备不能正常运转,你不得不在没有幻灯片的情况下继续演讲,你仍然可以做一个引人注目且完整的演讲吗?
- 你的设备是否运转良好,你知道如何使用吗?
- 你分配好时间了吗?
- 你能容易地说出你计划使用的所有词语吗?
- 你是否预测了一些可能出现的问题和阻碍?

如果你正在给和你不同语言的受众讲话,考虑使用口译员。尽量在演讲前给你的口译员发送一份演讲稿和视觉效果的复印件。如果受众中可能有人听力有问题的话,你还要确保配上一个手语翻译人员。

---

[21] Reynolds, *Presentation Zen: Simple Ideas on Presentation Design and Delivery*, 208.

14.5 发表演讲

展示时间到。这部分对发表演讲的四个重要方面提供了实用建议:克服焦虑、积极回答问题、建立反向通道和在线演讲。

14.5.1 克服焦虑

即使是经验丰富的专业人士在大型演讲之前也会有一些紧张,这是好事。紧张表明你很在意你的受众、你的主题和你所在的场合。下面这些技巧会帮助你把焦虑转换为积极的能量。[22]

- **停止担心不完美**。成功的演讲者总是把精力放在与听众建立真实的联系上,而不是试图发表内容完美的演讲。
- **了解你的主题**。你越熟悉你的材料,就越不会感到恐慌。
- **练习、练习、再练习**。你排练得越多,就越感到自信。
- **设想成功**。脑海中出现你自己成功面对受众的样子:感觉自信,做好了准备,并且能处理任何可能出现的突发情况。[23] 要记住受众也希望你能成功。
- **记得深呼吸**。紧张会导致你的呼吸浅且急促,使你产生一种头昏眼花的感觉。慢慢地深呼吸,保持心态平静、自信。
- **准备好开场白**。记住你要讲的第一句话,要能脱口而出。
- **感觉舒适**。穿着得体,但要尽可能舒适。提前喝些水滋润嗓子,在演讲时也可带瓶水在身边。
- **停顿三秒钟**。如果你感觉语速越来越快,那就停下来并调整你的语气或者做些其他小的任务,同时做几次深呼吸。然后再回到原来的速度重新开始。
- **关注你的信息和你的受众而不是你自己**。当你忙于思考你的主题并且观察受众的反应时,你会忘记害怕。
- **和友好的受众保持目光交流**。目光交流不仅会让你看起来真诚、自信并且可信,还会给你带来积极的反馈。
- **持续演讲**。随着你演讲的不断推进,情况通常变得越来越好,每一分钟的成功都会让你感到更加自信。

14.5.2 积极回答问题

问答阶段(Q&A)是一个口头演讲最重要的部分。它给你机会来获取信息,强调你的中心思想和支持观点,并进一步激发人们对观点的兴趣。当你正在对公司内的高层管理人员演讲时,问答阶段常常会花去你最多的时间。[24]

---

[22] Richard Zeoli, "The Seven Things You Must Know About Public Speaking," *Forbes*, 3 June 2009, www.forbes.com; Morreale and Bovée, *Excellence in Public Speaking*, 24—25.

[23] Jennifer Rotondo and Mike Rotondo, Jr., *Presentation Skills for Managers* (New York: McGraw-Hill, 2002), 9.

[24] Rick Gilbert, "Presentation Advice for Boardroom Success," *Financial Executive*, September 2005, 12.

你是否可以对问答阶段设立一些规则,取决于你的受众和环境。例如,若是你在对高级管理人员或潜在投资者进行演讲,那么在这个问题上你将没有话语权:只要受众想问的时候,他们就会尽可能多地提出自己想问的问题,来获取需要的信息。另一方面,如果是向同行或一个大型的受众群体做演讲,试着建立一些规则,比如允许每人提问的数量,以及问答阶段总的时间限制。[25]

不要设想你在没有准备的情况下可以应付临时出现的问题。充分地了解受众的关心事项,仔细考虑潜在提问的答案。

当人们提问时,注意提问者的非语言信号,这些可以帮助你理解他们的真实意图。重复这一问题来确认你理解了它而且所有受众都听清了它。如果这个问题很模糊或者让你感到困惑,那就再询问明白,然后给出一个简单直接的答案。

如果你被询问一个复杂或棘手的问题,认真作答。如果问题与其余的受众并不相关,或者如果给出一个合理的回答可能要花费太长时间的话,则表示事后与提问者见面。如果不知道答案,不要假装知道。相反,尽快提出一个完整的答案,或者向受众中的某一人寻求信息。

警惕那些想要通过提问来做即兴演讲或是控制你的演讲的受众。在不冒犯提问者的前提下,找到一种方法进行控制。你可以承认你和提问者有不同的观点,而且在让其他人提问之前表示在你进行了进一步的研究之后可以重新回应提问者。[26]

如果一个问题让你陷入困境,要诚实地回答,但是要记住保持冷静。正视那个人,尽可能好地回答那个问题,并且控制自己的情绪。通过复述这个问题并询问提问者,以确认你正确地理解了这个问题来消除敌对情绪,保持商务性的语气和愉快的表情。[27]

当快到演讲结束的时间时,通过说这样一些话来让受众准备好结束:"我们的结束时间要到了,让我们再提一个问题。"回答完最后一个问题后,总结演讲的中心思想并且感谢受众的参与。以你一开始就有的自信和风度来结束演讲。

14.5.3　建立反向通道

如今很多商务演讲不止包含演讲者与他的受众之间的口头对话。使用 Twitter 和其他电子媒体,受众之间通常可以通过**反向通道(backchannel)**在演讲中进行平行沟通,这被演讲专家 Cliff Atkinson 定义为"由受众建立起来的一种沟通渠道,用于跟其他在演讲房间内外、了解或不了解演讲者的人们建立联系"。[28]很可能你已经参与了一个反向通道,比如跟你的同学发信息或者演讲过程中的博客直播。

反向通道既给商务演讲者带来风险,也带来回报。消极的一面,比如,如果受众认为你的信息站不住脚,那么他们会即刻研究你的主张,并很快在全世界散播。对立的受众能够利用反向通道,来使演讲失控。有利的一面,对你的信息很感兴趣的听众支持它、拓展它,并能在几秒钟之内传播给更大的受众群体。你同样可以在演讲中以及演讲后获得有价值的反馈。[29]

---

[25] Rotondo and Rotondo, *Presentation Skills for Managers*, 151.
[26] Teresa Brady, "Fielding Abrasive Questions During Presen-tations," *Supervisory Management*, February 1993, 6.
[27] Robert L. Montgomery, "Listening on Your Feet," The *Toastmaster*, July 1987, 14—15.
[28] Cliff Atkinson, *The Backchannel* (Berkeley, Calif.: New Riders, 2010), 17.
[29] Atkinson, *The Backchannel*, 51, 68—73.

建立反向通道而不是试图抵抗或忽视它,演讲者可以凭借使用这一强有力的工具而获利。以下小技巧将有助于你使用反向通道㉚:

- **把社交媒体整合到演讲过程中**。例如,你可以使用像 Back Noise(http://backnoise.com)这样的工具建立一个正式的反向通道,为演讲建立一个网站,使人们在演讲过程中或者演讲之后可以进去获取相关的资源,建一个所有人在发送微博时都可以用的 Twitter 主题标签,或者在问答阶段上传 Twitter 流,让在反向通道上的每个人都可以看到问题和评论。
- **了解并寻求反馈**。使用 Tweetdeck 这种免费服务,你可以实时了解受众们在记录什么。为避免演讲时还要观看反向通道,你可以设置"Twitter 时间",这时你就可以观看评论并在必要时给予回应。
- **观看评论来改进演讲**。演讲结束之后,你可以到受众的 Twitter 账户和博客观看相关评论,以及看看如何才能改进你的内容或演讲习惯。
- **在你演讲时,自动从演示中发送主要观点**。在演示软件中附加组件,用于演讲中展示特定幻灯片时发送预先写好的推特微博。通过让你的主要观点容易获得,对受众来说转发和评论你的演讲也更加容易。
- **与受众建立期望**。向受众解释,你欢迎他们参与,但要确保每个人都是正面积极的,要求评论要文明、相关且具有建设性。

> **实时更新 观看视频**
>
> **让反向通道回报最大,风险最小**
>
> 在作家 Cliff Atkinson 举行的网络研讨会上概括了社交媒体反向通道的准则,在演讲中激起受众的反对,演讲者能从中学到什么。登录 http://real-timeupdates.com/ebc10 获取更多信息。

14.5.4 在线演讲

在线演讲的好处显而易见,包括仅仅花费旅行成本的一小部分就可以有机会和分散在不同地理位置的受众进行沟通。然而,由于你和受众之间存在技术层面的差别,对演讲者来说在线演讲可能会是巨大的挑战,很多在面对面演讲中指导并鼓励你的那些"人性时刻"都无法穿越数字鸿沟。比如,你很难辨别受众是厌烦还是困惑,因为你通常只限于看到很小的视频图像,甚至有时候还看不到视频。

为了确保成功的在线演讲,牢记下面的建议:

- **考虑提前分发预习材料**。但也有一些演讲者反对提前发放幻灯片,因为这样做会泄露你的结尾。
- **尽可能让你的讲解保持简单**。如果需要的话,把复杂的幻灯片分解成多张幻灯片,并且保证你讨论的方向清晰,不会让受众们听不明白。
- **经常寻求反馈**。很多在线受众不愿意打断你并要求解释,因为这样他们会把注意力集中到他们自己身上。另外,通过 Twitter 设立反向通道,或是作为在线会议系统的一部分,可以让受众不必打断你便可以提问题。
- **从受众的视角来考虑视觉效果**。他们能看到你想让他们看到的东西吗?比如,网络视频广

㉚ Olivia Mitchell, "10 Tools for Presenting with Twitter," Speaking About Presenting blog, 3 November 2009, www.speakingaboutpresenting.com; Atkinson, *The Backchannel*, 51, 68—73, 99.

播经常在一个小的窗口里播放,因此受众可能会错过一些重要的细节。

- **给每个人留出足够的时间来连接并熟悉他们观看的屏幕。**在你的时间表里要留出额外的时间以确保每个人都能连线并准备就绪。

工作进行时

解决 PYE 的沟通困境

你已经了解了 Peter Principato 对喜剧的热爱,现在你要学习他几十年的商业经验。作为一名见习的人力资源管理者,你加入 PYE 公司并与 Peter Principato 并肩工作,你的工作主要是指导喜剧演员的职业生涯,以及向电影制片厂的高管推广关于电视或电影的创意。

Principato 被你和新客户 Lysetlle Laria 所建立的融洽关系所震惊,于是想让你同 Laria 合作,合力推广她创办的每周一集的情境喜剧,暂定名为"你错过了我"。Laria 扮演一个被一群暴民追杀的人,隐藏在不同的行业里,每周扮演一个新人物,而且总是把自己所做的工作搞得一团糟。

1. 你和 Laria 都明白,推广新节目时一个引人注目的开场白有多重要。下周你将和一位电影制片厂的高管人员会面,经过头脑风暴,你想出了五种可能的开场方式。你应当使用哪一种?

   a. 你从不想错过"你错过了我"。

   b. "你错过了我"让搞笑娱乐包含一种恐惧,我们中的很多人有过或可以想象到的恐惧:发现是一场骗局。

   c. 试想一下,每天都要乔装上班,并怀揣真实身份可能会被揭穿的恐惧,会是什么样的情况?

   d. 《M.A.S.H.》《干杯》《宋飞传》《老友记》《办公室》——下面有哪个情境喜剧会把这些经典之作融合到一个卖座节目中去?

   e. 设想一下,如果生活中的每一天你不仅要笨拙地从事新的职业,还要躲避一帮无知无情的坏小子,你将会有多大的麻烦?

2. 当 Laria 第一次向 Principato 描述她的节目创意时,Principato 被剧情的喜剧效果引得笑起来,但当他考虑到每一集都要到不同的场所进行拍摄,制作的成本和复杂性让他随即又沉默了。他知道所有电影制片厂的高管人员都会有相同的顾虑。下周你和 Laria 在推介时该如何应付这一障碍?

   a. 强调如果节目如你客观预料的那样非常火爆,它会产生极高的评价,继而带来更高的广告价格,从而补偿较高的制作成本。

   b. 看看你能否找出其他使用了多种机组进行拍摄的成功节目,作为"你错过了我"投入制作成本的正当理由。

   c. 向电影制片厂的高管人员解释,你将会调整每一集的故事情节来适应制片厂现有的机组,无论情况怎样。

   d. 做一些调查了解该制片厂曾经做过哪些节目或电影,当时的机组还有哪些是可用的。然后勾勒出两三集如何适应这些特定资源,来使成本降低。

3. Laria 在喜剧俱乐部的表演你看了十几次,舞台上的她机智、健谈并且放松。不幸的是,台下的她性格内向,沉不住气。她给人的印象要么是出席某种场合时有些害怕,要么是感觉无聊迫不及待地想要离开。任何一种印象都对这次会议没有帮助,因为在会议上你将把她当作耗资数百万美元所制作节目的实力派明星推介出去,你将如何处理这种情况?

　　a. 像 Laria 这种人虽然在一对一的环境里比较内向,但她在节目里将会是明星,因此在这次推介会议上她只需要站到台前进行表演;也可以让她以台上人物的性格进行演讲,或者希望电影制片厂的高管人员会莫名地被她这种古怪的性格所吸引。

　　b. 送她去进行重要会议的训练,使她变得放松,然后让她来发表这次演讲。

　　c. 你在发表演讲时感觉舒适,并且实际上很喜欢与高管人员会面,所以你应当自己发表演讲。Laria 会跟随你一起出席,但只是作为你的支援和她确实存在的证明,除了简单的自我介绍不必说任何话。

　　d. 由你来做这个大型演讲,但要好好计划,在演讲的过程中加入一些 Laria 的喜剧套路,就像她在舞台上一样。这样既能展示她的才能,又不会泄露她演讲之外的生活。

　　4. Principato 曾提醒过你,有些制片厂的高管人员会比较直接,但这也未能让你在跟 Laria 做完推介之后对收到令人震惊的回复做好准备。高管人员静静地坐了很久,然后甚至没有看你,用嘲笑的语气问道:"真的吗?这就是你能做得最好的?"你应当如何回应这一充满敌意的问题?

　　a. 自信地回答:"是的,这确实是最好的。"

　　b. 用问题来回应,询问高管人员对节目是否有特殊的顾虑。

　　c. 用充满尊敬的语气说:"嗯,如果你不喜欢,我想我们可以做一些微调或加入一些其他的东西。"

　　d. 自信地回答:"是的,这确实是最好的,我们很乐意走出这里,然后向另一家制片厂进行推介。"

学习目标检查

通过阅读每个学习目标和完成相关练习来评估你对本章要点的掌握情况。填空题,写出空白处缺少的文字;单项选择题,在正确答案的字母上打勾。

目标 14.1:突出演讲在商务领域中的重要性,解释如何在演讲中应用三步写作法。

1. 如果你面对一位对你演讲中可能要讲的内容充满忧虑的受众,下面哪种方法最好?

　　a. 即使你的演讲会证实他们最大的恐惧,也会使用直接法来面对这种负面情绪。

　　b. 如果你的信息会安抚他们的情绪,使用直接法;如果你的信息会证实他们的恐惧,考虑间接法建立可接受度。

　　c. 无视这种情绪暗流,关注信息的实际内容。

　　d. 用一个幽默故事缓解这一情况,解除受众的恐惧心理。

2. 如果你使用常规的结构化幻灯片设计,粗略估计对一个 30 分钟的演讲计划使用多少张幻灯片?

　　a. 100—150。

　　b. 30—40。

　　c. 60—65。

　　d. 8—10。

3. _____ 提纲和写备忘录或者报告的提纲相同,相反 _____ 提纲是用来帮助你演讲的简化版本。

目标14.2：描述计划步骤完成之后，制作演讲会涉及的任务。

4. 在演讲中，下列哪项是最能吸引同事对"处理客户抱怨的重要性"问题感兴趣的说话方式？

   a. "如果失去客户，我们也会失去工作。"
   b. "作为这个企业的员工，我们所想得到的一切——从稳定的工作到加薪再到获得提升的机会——都取决于一件事：客户满意。"
   c. "如果我们不做任何事情却互相推诿责任，客户的问题怎样才能得到解决？"
   d. "企业的利润率主要取决于客户的满意，我们有责任确保客户感到满意。"

5. 如果你怀疑受众没有真正在意你打算要讲的话题，怎样在你的演讲中激发他们的兴趣？

   a. 寻找方法帮助他们把演讲的信息和他们自身联系起来，比如帮助企业确保自己的工作更加安稳。
   b. 尽可能地大声演讲，在演讲中，大量使用声音效果和视觉特效。
   c. 用比平常说话更快的速度来演讲，并用激动的步伐在房间里行走，以显示出演讲的激情。
   d. 表示你很在意他们的感受，你也不是真正关注这个话题，只是被安排要谈论这个话题。

6. 如果正在演讲一个你曾经深入研究过的主题，但是你没有任何实际经验（比如，假设你的话题是要协调一个重要设施的迁移或者雇用一名税务律师），你应该通过下列哪个步骤来建立可信度？

   a. 在演讲过程中，解释你的演讲是你曾经研究过的成果，并且简要解释研究的范围。
   b. 解释你没有任何该演讲主题领域的经验，但是你曾经做过一些相关研究。
   c. 强调你知道很多主题领域的相关知识。
   d. 在开场白部分完全回避可信度问题，在整个演讲主体部分展现你的知识。

7. 下列哪个选项能在"社交网络在公司沟通中日益增长的重要性"演讲中，最佳地保持受众的注意力？在这个特殊的案例中，受众都是同一公司的管理者，但是他们来自大约六个国家，而且说四种不同的母语（虽然他们都有基本的英语技能）。

   a. "社交网络在企业沟通领域是一个重要的功能。"
   b. "在世界各地，成功的管理者都把社交网络当作他们沟通的主要工具。"
   c. "数以百万计的客户和员工都在被公司通信的最新一波击中——虽然名称不太好听但却非常重要的企业社交网络。"
   d. "我每天有十多个社交网络更新，这足以证明社交网络已经变得有多么重要了。"

8. 你的公司最近搬到了另一个州，公司所有者希望能够和当地社区建立起良好的关系。要求你就志愿参加各种社区组织给员工发表演讲。下列各项中，哪项陈述能够在吸引员工个人兴趣的同时，最好地传达公司所有者的意愿？

   a. "积极参与社区组织是一种很好的方式，它能让你和你的家庭结识更多新朋友，并在新城市找到家的感觉。"
   b. "积极参与社区组织向我们的新邻居表明我们是一个积极、关爱人的组织，并且这是一种很好的方式，它能让你和你的家庭结识更多新朋友，并在新城市找到家的感觉。"
   c. "让我们积极参与社会团体，用志愿服务回馈我们的新社区。"

d. "企业所有者认为我们积极参加社会团体很重要。"
9. 下列哪种技巧是本章提到的在演讲中保持受众注意力的一种方法？
   a. 比平常说话声音要更大。
   b. 告诉人们管理者希望他们集中注意力。
   c. 使用清晰生动的语言。
   d. 以上都不是。

目标 14.3：描述六种主要的设计和写作任务，利用有效的视觉效果促进演讲。

10. 下列哪项是结构化幻灯片优于自定义幻灯片的地方？
    a. 结构化幻灯片更加丰富多彩，因此能更好地保持受众注意力。
    b. 人们习惯了结构化设计，因此使用结构化幻灯片会感觉更加舒适。
    c. 结构化幻灯片通常比自定义幻灯片更容易制作。
    d. 结构化幻灯片更便宜。
11. 下列哪项是围绕主要视觉效果如金字塔或者循环流程图来组织幻灯片的好处？
    a. 没有主要视觉效果的幻灯片往往非常枯燥繁复。
    b. 主要视觉效果表明了不同观点之间是如何联系起来的，从而使受众更容易抓住你的信息。
    c. 依靠主要视觉效果，演讲者不必非常透彻地了解题材。
    d. 你可以将主要视觉效果用在每一张幻灯片中，从而使你的演讲更加一致。
12. 下列哪项是由于在幻灯片中添加过多的文本信息导致的问题？
    a. 它迫使受众们花费更多的时间去阅读而不是去听演讲。
    b. 它迫使演讲者在幻灯片中使用更小的字号。
    c. 导致受众获取信息过多过快。
    d. 以上都是。
13. 电子演示使用的图形和表格应当：
    a. 比印刷文件中使用的图形和表格更简单。
    b. 比印刷文件中使用的图形和表格更复杂
    c. 与印刷文件中使用的图形和表格完全相同。
14. 幻灯片_____控制一张幻灯片如何替换另一张，而幻灯片_____控制文本和图形元素在单独的幻灯片上如何显示。
15. 为什么颜色、字体和字形、字号以及其他设计元素使用一致在演讲中非常重要？
    a. 一致性并不重要；事实上，它是单调演讲的标志。
    b. 一致性表明你是一位明智的商业人士，不在琐碎的细节上浪费时间。
    c. 一致性简化了受众看和听的过程，使他们更加密切地关注你的信息，而不是浪费时间试图弄明白你的视觉效果。
    d. 一致性表明你是一位服从指令具有合作精神的人。

目标 14.4：概括完成演讲所需要的四项主要工作。

16. 报告和演讲的三步写作法的完成阶段有什么不同？
    a. 报告和演讲的完成阶段是完全一样的。
    b. 演讲从来不用提前校对或者检验，这样做会破坏你表达的自发性。
    c. 你不用修改演讲幻灯片，因为一旦你做完幻灯片，它们就被锁定在固定位置上了。
    d. 演讲的完成阶段包括更加广泛的任务，包括检查幻灯片、检查设备运行、练习演讲，并制作要分发的材料。
17. 关于练习演讲，你会给初学者什么建议？
    a. 不要练习——会破坏你的自发性，你需要发表自如活跃的演讲。
   b. 做多次预演,如果需要可以进行六次,以确保你可以自信平稳地表达材料。
   c. 写一个脚本并逐字记忆;你不能冒着忘记任何一个主要观点的风险。
   d. 练习一次就足够;利用额外的时间润色演讲的幻灯片。
18. 组织分发材料的最好方法是什么?
   a. 计划、组织和测试你的演讲之后制作要分发的材料;这样你可以看到哪些观点使人困惑,哪些能从补充的支持材料中受益。
   b. 等到完成演讲之后,询问你的受众他们想要在补充信息中获得什么。
   c. 一直跟随你所在部门更加富有经验的演讲者的领导;他们已经设定了受众期望。
   d. 在你计划和制作幻灯片的时候便开始计划要分发的材料,这样你可以在你要演讲的信息和适合在印刷材料中的信息之间保持一种有效的平衡。

目标 14.5:描述在当今社交媒体环境下发表演讲的四个重要方面。

19. 如果在演讲前感到紧张,下列各项中,哪项是一种有效的应对方式?
   a. 在开始演讲前,想出一个小笑话;受众的笑声会让你放松。
   b. 告诉受众你感到紧张并且如果你犯错的话,让人们给予你理解和同情。
   c. 开始就告诉受众你很不喜欢在公开场合说话;他们中的大多数也并不喜欢在公众前面讲话,所以他们会给你更多的理解和同情。
   d. 提醒自己每个人都会感到紧张,这表明你很希望自己能成功地演讲;当你开始说话的时候,把这种紧张转化成动力。

20. 当受众向你提问时,你应当怎样做?
   a. 观察提问者的肢体语言和面部表情有助于了解提问者的真实意图。
   b. 点头或者给出一些其他的信号来表明你听清了这一问题。
   c. 重复这一问题来确认你理解了它而且所有受众都听清了它。
   d. 以上都可以。

21. 如果你被问到一个和你谈论的话题很相关而且很重要的问题,但是你缺乏足够的信息来回答,下列各项中,哪项可能是最佳的回复?
   a. "对不起,我不知道答案。"
   b. "你问了一个很重要的问题,但是我没有足够的信息来适当地回答这个问题。我会在随后研究这个问题,然后给每个人发送电子邮件,告诉大家这个问题的答案。"
   c. "让我们一起讨论这个问题的答案。"
   d. "我想继续关注为这次演讲准备的材料。"

22. 在演讲中使用 Twitter 反向通道的最佳策略是什么?
   a. 在演讲的幻灯片中设置自动的 Twitter 供稿功能,随着演讲的进行,发送预先写好的观点,但无论受众在 Twitter 上做些什么都要忽略,时刻关注你的演讲。
   b. 事先宣布,在演讲过程中 Twitter 和其他通信工具禁止使用,受众的任务就是关注你——演讲者。
   c. 充分利用反向通道,包括在演讲中设置自动供稿,向所有人提供主题标签用来跟随与演讲相关的推文,并设置偶尔的 Twitter 时间用来检查受众反馈和提问。
   d. 忽略它;你不能禁止人们在演讲过程中使用 Twitter,所以你还是接受他们要做的事情比较好。

23. 下列各项中,哪项是进行在线演讲的缺点?
    a. 缺乏声音沟通。
    b. 不能让大多数人参与进来,因为很多企业互联网连接速度不同。
    c. 不能在线使用 PowerPoint 幻灯片。
    d. 缺乏(甚至没有)姿势等可以在演讲中提供重要反馈的非语言沟通方式。
24. 下列各项中,哪项是在线演讲的优点?
    a. 更少的差旅次数,更低的成本。
    b. 给员工更多的机会亲自会见顾客。
    c. 会议中进行多任务的能力。
    d. 上述都是。

知识应用

参考学习目标,通过以下问题回顾本章内容。

1. 为什么限制演讲的范围非常重要?[学习目标1]
2. 视觉导向的自定义幻灯片怎样能够保持受众参与到演讲中来?[学习目标3]
3. 使用设计元素和特效去说服一个受众符合道德吗?为什么符合或者为什么不符合?[学习目标3]
4. 为什么依据演讲笔记发言是最好的表达方法?[学习目标4]
5. 运用反向通道是如何反映换位思考理念的?[学习目标5]

技能实践

信息分析

信息 14.A:改进演示幻灯片

获取有关 PowerPoint 演示的相关信息,登录 http://realtimeupdates.com/ebc10,点击"学生作业",然后选择第 14 章,第 482 页,信息 14.A。修改这些幻灯片上的文本信息,使演讲使用更加有效。

信息 14.B:分析动画制作

获取有关 PowerPoint 演示的相关信息,登录 http://realtimeupdates.com/ebc10,点击"学生作业",然后选择第 14 章,第 482 页,信息 14.B。从浏览菜单中选择幻灯片放映,只需点击鼠标推进幻灯片播放,在幻灯片放映模式下下载和观看演示。之后,找出不同的动画效果、自定义动画和幻灯片切换促进或阻碍你对主题理解的方式,至少三种。

➡ **练习**

1. 演讲:计划演讲[学习目标1] 从下面的主题中选择一项。然后根据要求研究你的主题,并准备向全班同学做一个 5—10 分钟的简短演讲。
   a. 我期望在这个课程中学到什么。
   b. 过去的公共演讲经验:好的一面、不好的一面以及丑恶的一面。
   c. 我将擅长教_____。
   d. 我害怕_____。
   e. 做_____对我而言非常简单。
   f. 当_____时,我会非常生气。
   g. 当我_____时,我是最开心的。
   h. 当我_____时,人们会感到很惊讶。
   i. 我最爱的长辈。
   j. 我最喜爱的慈善团体。

k. 我最喜爱的地方。
l. 我最喜爱的运动。
m. 我最喜爱的收藏。
n. 我最喜爱的电视节目。
o. 你所居住的小镇遭受了一群少年的恶意破坏。你需要向社区成员们解释为什么应当建设青少年娱乐设施而不是少年拘留中心。
p. 你在向美国动物保护组织（Humane Society）做演讲，支持或反对动物被用于医学研究中。
q. 你在跟社区的公民领袖们交谈。尽力说服他们建一个美术馆。
r. 你在给小学一年级的孩子们讲话，向他们解释为什么饭后应该刷牙。
s. 你在跟一个旅行销售队伍讲话，说服他们行驶时应该系好安全带。
t. 你在跟一群老人讲话，说服他们采纳一项锻炼计划。
u. 能源问题：供应、保护、替代来源、国家安全、温室效应、污染等。
v. 金融问题：银行业务、投资、家庭理财等。
w. 政府：对内政策、外交政策、社会保障税、福利等。
x. 有趣的新技术：虚拟现实、地理信息系统、纳米技术、生物工程等。
y. 政治：政党、立法机构和法律法规、总统制等。
z. 运动：业余与专业、棒球、足球、高尔夫、滑翔运动、曲棍球、攀岩、网球等。

2. 演讲：计划和组织；合作：团队项目[学习目标1]，[学习目标2]，第2章　与其他三个学生组成一个团队，关于读大专或大学的优势，做一个10分钟的演讲，准备一份详细的提纲，包括你计划使用的所有视觉效果的描述。这次演讲的发言人应是招生办公室的某位老师，受众便是来访的高中生及其随行家属。一起完成提纲之后，团队里的每一位成员应当各自准备一个60秒的演讲开场白。再次会面，让每一位成员给出自己的开场白，然后讨论哪个最有效并给出原因。准备好与全班同学讨论你们的结论。

3. 演讲：计划、组织和发表[学习目标1]，[学习目标2]，[学习目标3]　有一家公司，因为极具竞争力的产品、强有力的领导、市场的根本性变化以及其他显著原因，在未来数年前途一片光明。准备一个5分钟的演讲，不加入视觉效果，解释为什么你的公司在不久的将来会做得很好。

4. 演讲：计划和组织；合作：团队项目[学习目标1]，[学习目标2]，第2章　你需要进行一次10分钟的关于你家乡度假机会的告知性演讲。起草你的开场白，开场白所用时间要小于2分钟。然后和一个同学配合，互相分析彼此的开场白。这两个开场白在激发受众兴趣、建立可信度并概述演讲方面做得如何？建议怎样改进这些开场白。

5. 演讲：计划和组织[学习目标1]，[学习目标2]　在网上或学校图书馆，找到一个演讲的全文。好的来源包括雅虎的毕业典礼演讲目录（http://dir.yahoo.com/education/graduation/speeches）和国家级重点刊物 *Vital Speeches of the Day*，近几年的在ProQuest数据库中都可以找到，你可以询问所在的图书馆。很多企业网站在"投资者关系"部分也有企业高管演讲的档案。查看你选择的演讲的开场白和结束语，然后分析这两部分是如何合力强调中心思想的。演讲者想要受众采取什么行动？接下来，找出那些为受众阐明演讲结构的过渡句或过渡词语，尤其是那些帮助演讲者在支持观点之间转换的过渡。使用这些过渡作为线索，列出主要信息和支持观点；并指出每个过渡短语是如何将当前的支持观点和之后的观点联系起来的。准备一个2—3分钟的演讲，向全班同学展示你的总结。

6. 演讲：设计演示视觉效果[学习目标3] 阅读几个商业出版物（印刷版或在线阅读）上最近的热点问题，寻找一篇讨论一个具体公司或者行业正面临挑战的文章。利用这些文章和本章中讨论的指导原则，制作3—5张幻灯片来总结这些事件。

7. 演讲：设计演示视觉效果[学习目标3] 在幻灯片分享网（www.slideshare.net）上找出一个与商业相关的幻灯片演示文稿，并分析它的设计。你认为它是以结构化为主还是自定义为主？这种设计有助于受众理解和记住信息吗？为什么可以或者为什么不可以？对这种设计你有改进的建议吗？

8. 演讲：精通表达；非语言沟通：分析非语言信号[学习目标5]，第2章 观察并分析一个在学校、工作或其他情境下的演讲者的表达。演讲者使用的是什么类型的表达？这种表达是否与所在场合相适应？演讲者使用了什么非语言信号来强调主要观点？这些信号有效吗？你会建议用哪些非语言信号来增强这次口头演讲的表达效果，为什么？

9. 演讲：发表演讲；沟通道德：道德选择[学习目标5]，第1章 再思考你在上一次活动中观察并分析的口头演讲。演讲者怎样运用非语言信号控制了受众的不道德态度或行为？

10. 演讲：发表演讲；合作：团队项目；媒体技能：微博[学习目标5]，第2章，第7章 在一个由六名学生组成的团队中，制作一个关于任何你感兴趣的主题的10分钟幻灯片演示。指派一人发表演讲，其他五人通过 Twitter 参与。制作一个网页，里边至少包含一项将在演讲中讨论的可下载文件。在 Back Noise 或其他相似服务上建立一个反向通道（http://backnoise.com）。练习使用反向通道，包括在会议上使用主题标签，以及在 Twitter 时间让演讲者向受众寻求反馈。准备好与全班同学讨论你的经验。获取初学 Twitter 的信息，登录 http://realtimeupdates.com/ebc10，选择"学生作业"，接着点击 Twitter Screencast。

技能拓展

剖析行业案例

登录 TED 网站 www.ted.com/talks，听任何你感兴趣的演讲。用本章提出的概念比较演讲者的表达和视觉辅助材料。什么起作用了？什么没有起作用？使用任课教师要求的媒体，写一份关于你的分析的简短总结。

在线提升职业技能

"博韦和希尔的商务沟通搜索"（http://businesscommunicationblog.com/websearch）是一个专为商务沟通研究而设计的研究工具。使用网页搜索功能查找网站、视频、PDF 文档、播客或演示文稿，为制作和发表商务演讲提供建议。写一封简短的电子邮件给任课教师或发布在班级博客上，描述你搜索到的条目，总结你从中学到的职业技能。

改善语法、结构和表达

以下练习帮助你提高对语法、结构和表达的掌握和运用。在下面每组句子中,找到最佳选项,在其字母上打勾。

1. a. Send this report to Mister H. K. Danforth, RR 1, Albany, NY 12885.

   b. Send this report to Mister H. K. Danforth, Rural Route 1, Albany, New York 12885.

   c. Send this report to Mr. H. K. Danforth, RR 1, Albany, NY 12885.

2. a. She received her MBA degree from the University of Michigan.

   b. She received her Master of Business Administration degree from the university of Michigan.

3. a. Sara O'Rourke (a reporter from The *Wall Street Journal*) will be here Thursday.

   b. Sara O'Rourke (a reporter from The *Wall Street Journal*) will be here Thursday.

   c. Sara O'Rourke (a reporter from The *Wall Street Journal*) will be here Thursday.

4. a. The building is located on the corner of Madison and Center streets.

   b. The building is located on the corner of Madison and Center Streets.

5. a. Call me at 8 a.m. tomorrow morning, PST, and I'll have the information you need.

   b. Call me at 8 tomorrow morning, PST, and I'll have the information you need.

   c. Call me tomorrow at 8 a.m. PST, and I'll have the information you need.

6. a. Whom do you think *Time magazine* will select as its Person of the Year?

   b. Whom do you think *Time magazine* will select as its *Person of the Year*?

   c. Whom do you think *Time magazine* will select as its Person of the Year?

7. a. The art department will begin work on Feb. 2, just one wk. from today.

   b. The art department will begin work on Feb. 2, just one week from today.

   c. The art department will begin work on Feb. 2, just one week from today.

8. a. You are to meet him on friday at the UN building in NYC.

   b. You are to meet him on Friday at the UN building in NYC.

   c. You are to meet him on Friday at the un building in New York city.

9. a. You must help her distinguish between *i.e.* (which means "that is") and *e.g.* (which means "for example").

   b. You must help her distinguish between *i.e.* (which means "that is") and *e.g.* (which means "for example").

   c. You must help her distinguish between *i.e.* (which means *that is*) and e.g. (which means *for example*).

10. a. We plan to establish a sales office on the West coast.

    b. We plan to establish a sales office on the west coast.

    c. We plan to establish a sales office on the West Coast.

案 例

演讲技能　　档案建立

1. 演讲：计划演讲[学习目标1]，[学习目标2]　Pecha-kucha是一种演讲形式，在此过程中演讲者播放20张幻灯片，每张幻灯片的时长设定为20秒，幻灯片自动播放。"设计之夜"（PechaKucha Nights）是一个为设计界与艺术圈人士设立的活动，向公众开放，现已推广到全世界的各个城市。获取更多关于这些事件的信息或者观看已归档的演讲，登录 www.Pecha-kucha.org。

你的任务：从本章技能实践练习1中选择一个主题，并制作一个Pecha-kucha形式的演讲，包含20张幻灯片，每张幻灯片的时长是20秒。使用演示软件的幻灯片计时功能控制时间。向全班展示之前进行练习，以确保你可以符合精确的时间要求。㉛

演讲技能　　社交网络技能

2. 演讲：计划演讲[学习目标1]，[学习目标2]　是否有很多次，你想吃泰国美食或者完美的水果冰沙，但却不知道去哪。或者当你外出购物或泡吧，并且想让你的朋友知道你在哪。Foursquare是一家基于用户地理位置信息的手机服务网站，将你跟朋友以及提供你感兴趣的产品和服务的企业联系起来。

你的任务：制作一个简短的演讲解释Foursquare的理念、特点和好处，登录 http://Foursquare.com/获取更多信息。列出两个Foursquare的竞争者，关于这三个网站你会向同学介绍哪一个，对此做一个简短的评估。㉜

演讲技能　　团队技能

3. 演讲：计划演讲；合作：团队项目[学习目标1]，第2章　作为知名大企业的业务发展研究员，你被要求收集和处理有关各种主题的信息。管理层从你的研究和分析技能中获得了信心，并想让你关于管理职能及其他功能做常规演讲。主题包含以下信息：

- 外包的美国工作岗位。
- 美国企业的外资持股比例。
- 包含来自国外工作人员在内的就业问题。
- 由当地和州政府提出用于吸引新企业的税收减免政策。
- 环境法规的经济影响。

你的任务：由任课教师分配小组，从列表中选择一个主题，并进行足够的调查研究来了解你所选的主题。找出三个该主题下的每个人都应当了解的重大事件。准备一个10分钟的演讲，介绍该主题，就其对美国经济的影响发表评论，并讨论你们找出的事件。假设受众是一批在你选择的主题上没有特定经验的企业管理者。

演讲技能

4. 计划、设计和制作演示幻灯片[学习目标1]，[学习目标2]，[学习目标3]，[学习目标4]　阅读第7章与西南航空公司有关的"工作进行时"，并决定要帮助客户服务人员了解社交媒体的重要性，使用结构化幻灯片或自定义幻灯片来呈现这个案例，哪个是最有效的。

你的任务：选择你认为更好的设计方法，

㉛ 改编自 PechaKucha20x20 website, accessed 4 August 2010, www.pecha-kucka.org; Reynolds, *Presentation Zen: Simple Ideas on Presentation Design and Delivery*, 41。

㉜ 改编自 Foursquare website, accessed 4 August 2010, http://foursquare.com; Christina Warren, "Foursquare Reaches 100 Millions Checkins," Mashable, 20 July 2010, http://mashable.com。

制作简短的演讲（包含幻灯片和演讲笔记）来讲述这个案例。

演讲技能　团队技能

5. 计划、设计和制作演示幻灯片；合作：团队项目[学习目标1]，[学习目标2]，[学习目标3]，[学习目标4]，第2章　改变一个国家的饮食习惯是一项艰巨的任务，但是美国人的身体和财务健康就依靠它了。你在美国农业部（United States Department of Agriculture, USDA）任职，主要负责营养政策及其推广（www.cnpp.usda.gov），并且宣传不健康饮食对人体的危害，以及提倡人们做出改变从而转向更加平衡和健康的饮食也是你的工作。

你的任务：登录 http://realtimeupdates.com/ebc10，点击"学生作业"，选择第485页，第14章，案例5，下载《美国人的膳食指南》。由任课教师分配小组，使用自定义幻灯片，制作一个不超过15分钟的演讲，并传达指导方针中第3章的主要观点："减少食物和食物组成。"你演讲的目标就是让人们警惕本章所讨论的过度消费的危害性，并让他们知道健康的消费水平是多少。本章包含很多信息，你不必都放在幻灯片里；你可以假定本章内容作为要分发的材料对于参加你演讲的每个人都是可以得到的。根据你的需要制作尽可能多的幻灯片，再辅以演讲笔记，不是你团队中的人也可以来发表演讲。你可以使用来自该PDF以及美国农业部网站、美国卫生服务部门网站和非政府网站，如 Creative Commons（知识共享，http://creativecommons.org）中的图片。确保你在非政府网站使用图片时遵循使用和归属原则。

演讲技能　档案建立

6. 演讲：计划演示视觉效果[学习目标3]　依据任课教师的授课顺序，你可以已经学习了差不多12章的内容，并学习和提高了许多有价值的技能。回想你的进步，并找出五种沟通技能，可能是你第一次学到的，也可能是你通过这个课程进一步了解的。

你的任务：制作一个六张幻灯片的演讲，一张标题幻灯片，其余五张分别描述你找到的五项技能。记得解释每一项技能对你的事业有何帮助。使用任何你认为合适的视觉风格。

第五部分　撰写雇佣信息和工作面试

第 15 章　建立职业生涯和写作简历
第 16 章　就业申请与面试

　　使得你自己在职业生涯中成功的那些技巧，还可以帮助你开启并管理自己的职业生涯。了解雇主对于招聘过程的看法，这样你就可以调整自己的方法并且在尽可能短的时间内找到最好的工作。学习最好的简历制作方式以及其他找工作所需要的档案要素，了解面试过程以确保你为每个步骤和每一种面试都做好了准备。

第 15 章 建立职业生涯和写作简历

学习目标

学完本章后,你将能够:

1. 列出在当今的就业市场中寻找理想机遇的八个关键步骤
2. 解释你简历的计划过程,包括怎样选择最好的简历格式
3. 描述撰写简历的任务,并且列出传统简历的主要部分
4. 描写简历的完成步骤,包括制作一份简历最常见的六种格式

工作进行时

ATK 的沟通

专注于挑战精确人才管理

有人可能会说 ATK 在从事精确化经营,不管是它为美国国家航空航天局提供的火箭发动机,为美国军队提供的导弹和军火,还是为执法和体育提供的弹药,ATK 客户的精确度和整体绩效都依赖它。ATK 不会失败,因为正像公司所说的:"我们的客户依靠着我们生产的产品生活。"

在过去的几年里,从事多种业务的明尼阿波里斯市的航空航天和防务公司已经提出,追求精确性和绩效是所有企业所面临的最棘手的问题之一,要吸引、招聘并且维持那些能使业务成功的素质的员工们。ATK 就是一个虽然小但在人力资源实践方面有革命性创新的公司。

在一些从事金融、制造、销售以及其他数据驱动的职能区域的专家们看来,人力资源正在遭受着"信誉赤字"。大多数其他职能区域早已采用了信息技术来改善决策制定并显示了它们对主要业务做出的贡献。然而,人力资源依旧被一些人看做是一种"软"功能,他们可能会做好处理员工文书之类的工作,但是这不能真正证明他们能做好找到合适的员工并能保证他们留在公司的这种关键性工作。现在采用的信息系统主要用于记录保存、合格性验证以及其他重要的但不是非常重要的战略任务。

ATK 的人力资源副总裁 Carl Wills,负责公司在预测劳动力市场分析这个新兴领域的工作,统计模型的应用可以帮助公司保持其业务需求同员工技能之间的匹配。平衡供给和需求这一复杂

的公式,对于 ATK 这样的公司尤为重要,在这些公司中许多工作是高度专业化的,一个员工的离开,有时会导致重大的问题。ATK 公司先进的系统可以预测每一位员工的"飞行风险",并且可以相当精确地预测在一个特定的退休福利政策被设置为过期之前提前退休的员工数量。能够准确地预测这些事情,可以使一家公司增加招聘人数并且使其能够专注于它需要新员工具备哪种特殊技能。

在更广的层面上,航空航天和国防行业正面临着在不久的将来关键人才短缺的问题,因为逐渐年老的负责人将要退休。ATK 依靠预测分析来帮助自己描述执行这些工作所需的技能,并且识别出可以随时提供这些技能的新员工。

升级工具在手,新一代的人力资源专业人士可以用这些数据证明他们已经准备好了做出更有战略性的贡献。①

www.atk.com

15.1 在当今的就业市场中找到合适的机会

本章开篇介绍的 ATK 付出的努力证明了一流的公司非常重视选择合适的员工,并且愿意对个人和技术进行投资以吸引并留住有价值的人才。不管你是刚毕业正在寻找自己的第一份职业,还是已经处于职业生涯的中期,你都要付出像雇主寻找合适的员工时投入的思考和忧虑来寻找合适的工作。

识别和找到理想的工作可能是一个漫长而艰难的过程,尤其是在当今严峻的就业市场中。幸运的是,你在这门课程中培养的技能将会使你拥有竞争优势。本节提供一个普遍的寻找工作的战略建议,适用于几乎所有你可能想追求的职业道路。在制定自己的个人策略时,要牢记两点准则:

- **有组织的**。你找工作的过程可能会持续几个月并且涉及数十家公司的多个联系人。你需要记住所有的细节,以确保你不会错过机会或犯错误,比如失去某人的电子邮件地址或者忘记预约等。
- **现在开始并且坚持下去**。即使你还有一年毕业(或者更久),现在也该开始进行一些必要的研究和规划工作了。如果你等到最后一分钟,你将会错失机会,并且无法像你将要与之竞争的那些候选人一样做好充分准备。

---

① 改编自 *ATK Corporate Profile*, accessed 23 March 2011, www.atk.com; Ed Frauenheim, "Weapons-Maker ATK Practices Personnel Precision," *Workforce Management*, March 2011, 22—23, 26; Ed Frauenheim, "Numbers Game: Companies Utilize Data to Predict Workforce Needs," *Workforce Management*, March 2011, 20—21; OrcaEyes website, accessed 23 March 2011, www.orcaeyes.com。

15.1.1　写出你的故事

现在开始花时间来探索可能性,找到你的激情并且确定有吸引力的职业道路。如果你还没有开始做这些,请阅读职业生涯规划序言,尤其是"你想要做什么?"那一部分,来帮助你确定自己想要的工作性质,如果还没有确定是哪一个特定的职业的话。

接着,利用创造个人品牌的建议,开始写"你的故事":你热衷的事情,你所拥有的技能,你帮助组织达成目标的能力,迄今为止你走的道路以及你在未来想要遵循的道路。用一种形象或者一个主题来想象你希望表达成什么样。你有学术天分吗?是一个有效的领导者吗?是一个成熟的广泛型的专业人才吗?是一个创造性的问题解决者吗?是一个技术怪才吗?写你的故事是一种有价值的计划性练习,它可以帮助你思考你想去哪里,以及如何向目标雇主展示自己。

15.1.2　学会像雇主一样思考

现在你更加了解招聘方程中你的一方,转变位置并且从一个雇主的角度看待它。首先,认识到公司做每一个雇佣决定都要承担风险——雇用的人无法达到期望的风险,以及一个更好的候选人从他们的指间溜走的风险。许多公司用雇佣质量来评判他们的招聘工作是否成功,这是一种衡量新员工与企业需求有多接近的方法。[②] 你可以采取怎样的步骤来显示自己是低风险、高收益的选择,是可以为组织做出有意义的贡献的那个人?

执行工作的感知能力很显然是你作为一名新员工潜力的一个重要部分。然而,招聘管理者考虑更多的不仅仅是你处理将要被赋予的责任的能力。他们想要知道你是否可靠和有积极性,你是否是那种在当今职场中一旦遇到可以成为专业人士的机会就能"抓住它"的人。进入企业高层内部的一个好办法就是"偷听"他们的专业对话,可以阅读诸如《工作团队管理》(www.workforce.com)之类的期刊和类似于"一大把才能"(www.fistfuloftalent.com)及"人力资源资本家"(www.hr-capitalist.com)的博客。

15.1.3　研究行业和公司的利益

了解更多关于职业、行业、个别公司的信息,在图书馆和在线资源中就可以获取。但是不要只针对那些容易获取的资源做研究。公司更喜欢被有创造性的研究打动,就像会见他们的客户一样,来了解这家公司是如何经营业务的。"类似于和我们的客户交谈这样的详细研究报告是很少见的,它几乎可以保证你被雇用。"Alcon Laboratories 的招聘经理解释道。[③]

表 15.1 列出了很多你可以更好地了解企业并找到工作空缺的网站。从 The Riley Guide (www.rileyguide.com) 开始,它为在线求职者提供建议,并有数百个发布特定行业和职业工作机会

---

② Courtland L. Bovée and John V. Thill, *Business in Action*, 5th ed. (Boston: Pearson Prentice Hall, 2011), 241—242.
③ Anne Fisher, "How to Get Hired by a 'Best' Company," *For tune*, 4 February 2008, 96.

的专门网站链接。你所在大学的就业指导办公室也很可能有一个及时更新的清单。

表 15.1 网上求职

网站	网址	亮点
Riley Guide	www.rileyguide.com	大量的网站链接,包括综合性的和每种你能想到的职业的网站;不要错过这个网站——它将为你节省很多小时的搜索。
TweetMyJobs.com	http://tweetmyjobs.com	最大的 Twitter 工作平台,有上千个按地理位置、工作类型和行业划分的频道。
CollegeRecruiter.com	www.collegecruiter.com	专注于为拥有少于三年工作经验的毕业生提供机会。
Monster	http://home.monster.com	最流行的工作网站之一,有成百上千的工作机会,许多来自很难找到的小企业;广泛地收集了对求职过程的建议。
MonsterCollege	www.College.monster.com	专注于应届大学毕业生的求职;你学校就业中心的网站很有可能就能链接到这里。
CareerBuilder	www.careerbuilder.com	与全国各地超过 150 家地方报纸有关联的最大的求职网站之一。
Jobster	www.jobster.com	使用社交网络把雇主与求职者联系起来。
USA Jobs	www.usajobs.opm.gov	美国政府的官方求职网站,从经济学家、宇航员到边防巡逻员,应有尽有。
IMDiversity	www.imdiversity.com	关于职场多样性的很好的资源,有来自承诺要提倡员工多样性的公司工作广告。
Dice.com	www.dice.com	最好的高科技工作的网站之一。
Net-Temps	www.net-temps.com	很流行的自由承包人和自由工作者寻找短期项目的网站。
InternshipPrograms.com	http://internshipprograms.com	发布寻找各种各样专业实习生的公司职位清单。
SimplyHired Indeed	www.simplyhired.com www.indeed.com	专业化的搜索引擎,搜索全球网站发布的工作职位广告;能找到许多没有列在例如 Monster 这样的工作发布网站上的工作广告。

注:这个表只列出了数百工作发布网站和其他网上资源中的小部分;一定要与你们大学的就业中心确认最新的信息。

资料来源:TweetMyJob.com, accessed 3 November 2011, http://tweetmyjob.com; The Riley Guide, accessed 3 November 2011, www.rileyguide.com; SimplyHired website, accessed 3 November 2011, www.simplyhired.com; Indeed website, accessed 3 November 2011, www.indeed.com; CollegeRecruiter.com, accessed 3 November 2011, www.collegerecruiter.com; Jobster website, accessed 3 November 2011, www.jobster.com; InternshipPrograms.com, accessed 3 November 2011, http://internshipprograms.com。

为了了解更多有关现代商业主题的内容,你可以仔细阅读一下有明显商业板块的一流期刊和报纸。(某些情况下,你可能需要通过你们图书馆的在线数据库来获得完全访问权限。)

《华尔街日报》(*Wall Street Journal*):http://online.wsj.com/public/us

《纽约时报》(*New York Times*):www.nyt.com

《今日美国》(*USA Today*):www.usatoday.com

《彭博商业周刊》(*Bloomberg Businessweek*): www.businessweek.com

《商业2.0》(*Business 2.0*): http://money.cnn.com/magazines/business2

《快公司》(*Fast Company*): www.fastcompany.com

《财富》(*Fortune*): http://money.cnn.com/magazines/fortune

《福布斯》(*Forbes*): www.forbes.com

另外，成千上万的博客、微博和播客提供商务领域的新闻和评论。从类似 Technorati (http://technorati.com/business) 的博客以及 Podcast Alley (www.podcastalley.com，选择商业流派) 的播客目录开始，识别出一些对你有帮助的信息。AllTop 是另外一个来寻找那些能够撰写你感兴趣话题的人的好资源。除了了解更多的行业知识和机遇，这项研究也会帮助你适应在某一特定领域里的术语和行话——包括你简历中要用到的必需的关键字 (见本章后文"撰写简历")。

15.1.4 把你的潜能转化为雇主的具体方案

招聘质量所面临挑战的一个重要方面就是，试图确认一个候选者自身的特征和经验是否能很好地适应特定职位的挑战。就像 Jim Schaper——一位于佐治亚州阿法乐特的 InforGlobal Solutions 公司的首席执行官所说的："我们试图确定刚毕业的学生是否能够运用他们已经获得的知识。"[④] 对你的简历进行自定义设置，使其对每一份职位空缺都开放，这是向雇主证明你是一个不错选择的重要一步。事实上，从初次接触到整个面试过程，你都有机会通过解释你将如何把潜能转化为职位所需要的具体能力来打动招聘人员。

举个例子，Mary Berman 在 Detroit-bases InStar Services 公司的面试结束后，向该公司提供了一份计划书，而不仅仅只是一封简单的感谢信，该计划书说明了她在入职后的 60 天之内能为该公司提供哪些帮助。[⑤] Berman 之所以可以提供这样的一份计划书，是因为她通过调查这个公司发现了它的需求，并且她明白自己的能力可以很好地匹配那些需求。

15.1.5 主动寻求机会

在寻找合适机会的时候，最简单的方法往往不是最有效的方法。例如，Monster 的主要工作网站和类似 Craigslist 的分类服务商可能有成千上万个职位空缺——但是数以万计的求职者总是盯着并申请这些相同的工作。此外，在这些网站上张贴职位空缺往往是公司在用尽了其他可能的招聘方法后的最后一招。

除了和其他人寻找相同的工作机会外，你还要主动出击。确定你想要去的公司并且集中精力于此。联系他们的人力资源部门，如果可能也可以联系某个经理，说明你能为公司提供什么，并且请求他们如果有机会就考虑一下自己。[⑥] 当一家公司急需员工但还没有向外公布招聘信息的时候，你的信息就会立刻出现在他们脑中。

---

④ Jim Schaper, "Finding Your Future Talent Stars," *Business Week*, 2 July 2010, www.businessweek.com

⑤ Eve Tahmincioglu, "Revamping Your Job-Search Strategy," MSNBC.com, 28 February 2010, www.msnbc.com

⑥ Tahmincioglu, "Revamping Your Job-Search Strategy."

15.1.6 建立你的人际网络

人际交往（networking）是一个与大范围的互惠商业联系人进行非正式联系的过程。人际交往随时随地在人们的交流中发生：行业庆典上、社交聚会、校友重聚以及互联网，从 LinkedIn、Twitter 和 Facebook 和 Google+。除了通过社交媒体工具和公司取得联系，你还可以通过公司的招聘人员使自己被注意到。尽管通过社交媒体识别的新员工数占整体比例的份额还相对较小，并且根据行业和工作类型的变化有所波动，现在多数公司在使用社交媒体寻找有前途的候选人。⑦ 随着越来越多的候选人在上网以及越来越多的公司使用这些媒体，通过 LinkedIn 和其他网站找到的员工的比例有可能上升。

> **实时更新　阅读文章**
>
> **求职者可以使用的 100 种 Twitter 工具**
>
> 从专业搜索工具到特定职业的工作清单提要，这些 Twitter 工具可以帮助你从容应对当今的就业市场。登录 http://real-timeupdates.com/ebc10 获取更多信息。

人际交往比以前更加重要了，因为绝大多数的职位空缺不会向公众发布。为了避免浪费在数以千计的申请中筛选的时间和费用，以及雇用一个完全陌生的人的风险，大多数的公司偏好先要求他们的员工为这些工作机会推荐人选。⑧ 越多的人知道你，你就越有可能被推荐从而获得这些隐藏的工作机会。

现在，在你需要之前就开始建立你的人际关系。如果不是现在，也有可能是在你以后的职业生涯中，你的同学最终会成为你最有价值的联系人。然后通过识别你的目标职业、行业、公司，分出在这些方面和你有相同兴趣的人。阅读新闻网站、博客以及其他在线资源，关注 Twitter 上的行业领军者，你也可以关注目标公司的个别高管以了解他们的兴趣及关心的事情。⑨ 密切注意以就业为导向的 Tweer-ups，在这里通过 Twitter 聚在一起的人们进行现场社交活动。在 LinkedIn 和 Facebook 上和大家联系，尤其是致力于特定职业兴趣的组织。根据个人用户账户的系统和设置，你可以通过私人信息介绍自己。确保你尊重对方并且不要浪费他们太多的时间。⑩

参与学生商业组织，尤其是那些与专业组织有关联的。参观贸易展销会，以了解各行业并接触在这些行业中工作的人。⑪ 不要忽视志愿服务，你不但接触到许多人，而且展现了你解决问题、规划项目、领导他人的能力。做好事的同时给自己建立了人际关系网络。

记住，人际交往指的是人们之间的互相帮助，而不仅仅是他人帮助你。密切关注网络礼仪：试着了解你想要联系的人；不要用太多的消息或请求吓到别人；保证交流的简洁性；在没有得到他人同意的情况下不要随便泄露他们的名字和联系方式；永远不要把你的简历发送给一个完全陌生的人；不要想当然地认为你能把你的简历发送给每一个你接触过的人；记住每当有人帮助你的时候

---

⑦ Rita Pyrillis, "The Bait Debate," *Workforce Management*, February 2011, 18—21.
⑧ Jessica Dickler, "The Hidden lob Market," CNNMoney.com, 10 June 2009, http://money.cnn.com
⑨ Tara Weiss, "Twitter to Find a Job," Forbes, 7 April 2009, www.forbes.com
⑩ Miriam Saltpeter, "Using Facebook Groups for Job Hunting," Keppie Careers blog, 13 November 2008, www.keppiecareers.com
⑪ Anne Fisher, "Greener Pastures in a New Field," *Fortune*, 26 January 2004, 48.

都要说谢谢。⑫

要成为一个有价值的人际网络中的成员,你需要有能力在某些方面帮助别人。你可能还没有什么有影响力的联系人,但是因为你在自己找工作的过程中正在积极地研究许多行业和趋势,你很有可能拥有可以分享的信息。或者你可能仅仅是有能力为某个人和可以帮上忙的另一个人牵线搭桥。人际交往进行得越多,你在人际网络里就越有价值——这个人际网络对你来说也越有价值。

最后,要意识到你的在线人际网络可以反映你在潜在雇主眼中是怎样的,所以要锻炼一下在建立关系时的判断力。此外,一些雇主正开始联系候选人社交网络中的人以获取背景信息,即使候选人没有列出那些人作为参考。⑬

> **实时更新　观看视频**
>
> **Tweet 出一个好工作**
>
> 这个对于 Twitter 的简单介绍主要集中于职场人际交往的微博服务。登录 http://real-timeupdates.com/ebc10 获取更多信息。

15.1.7　寻求职业咨询

你学校的就业中心可能提供各种广泛的服务,包括单独咨询、招聘会、校园面试和工作机会清单。咨询师可以为你提供职业规划并举行关于求职技巧、简历准备、就业培训、面试技巧和自我推销的研讨会,等等。⑭ 你也可以在网上寻找工作咨询。在表 15.1 中列出的大多数网站都提供文章和网上测试以帮助你选择职业道路、识别必备技能,并且为进入就业市场做好准备。

> **实时更新　阅读文章**
>
> **跟随这些人进入新的职业生涯**
>
> Alison Doyle 在 Twitter 上有一大批职业专家的名单。登录 http://real-timeupdates.com/ebc10 获取更多信息。

15.1.8　避免犯错

在你采取积极措施向雇主证明你将成为一名合格员工的同时,要注意避免耽误找工作的简单失误,比如:没有发现你简历中的错误,拼写错收信人的名字,面试迟到,在你对外开放的社交媒体账户上留下令人尴尬的图像或信息,未能正确地填写申请表格,询问你能在公司网站上轻松查到的问题,或者犯其他表现你粗心、无章法或不尊重他人的错误。举个例子,将近一半的雇主现在都考查候选人的社交网络档案,而且他们中已经有 1/3 因为在候选人的社交网络档案中发现的东西而拒绝了候选人。⑮

从招聘人员的观点来看待情况,就会明白为什么一个小小的错误就会使你丧失机会。例如,

> **实时更新　阅读文章**
>
> **找工作的过程中试试这些 Facebook 应用程序**
>
> 这些 Facebook 应用程序可以提供自动工作提示,让你上传简历以及其他对你找工作有帮助的功能。登录 http://real-timeupdates.com/ebc10 获取更多信息。

---

⑫ Liz Ryan, "Etiquette for Online Outreach," Yahoo! Hotjobs website, accessed 26 March 2008, http://hotjobs.yahoo.com

⑬ Eve Tahmincioglu, "Employers Digging Deep on Prospec-tive Workers," MSNBC.com, 26 October 2009, www.msnbc.com

⑭ Career and Employment Services, Danville Area Commu- nity College website, accessed 23 March 2008, www.dacc.edu/career; Career Counseling, Sarah Lawrence College website, accessed 23 March 2008, www.slc.edu/occ/index.php; Cheryl L. Noll, "Collaborating with the Career Planning and Placement Center in the Job-Search Project," *Business Communication Quarterly* 58, no. 3 (1995): 53—55.

⑮ Erica Swallow, "How to: Spruce Up a Boring Résumé," Mashable, accessed 21 July 2011, http://mashable.com.

在 KeyBank,一个招聘人员在任何给定的时间里都会有 25 个到 30 个空缺职位。[16] 如果每一个职位有 100 个人申请——在低迷的就业市场中这个数字可能会更高——一个招聘人员可能一次要考虑 2 500 个到 3 000 个候选人。随着招聘人员工作的进行,可能性范围也逐渐缩小,即使一个看似无关紧要的错误也可能成为他们把你踢出候选池的理由。

15.2 简历的计划

尽管你在找工作的过程中会创建许多信息,简历在这个过程中仍将会成为最重要的文件。你将会在很多情况下直接使用它,所以让它适用于各种应用,比如电子档案、在社交网络档案和在线申请表格中重复使用它的某部分。

写简历是众多项目中的一种,使你从做多种规划、写作和持续数天或数周的工作进程中获益。你正试图总结你自己这个复杂的主题并在一份简短的文档中向完全陌生的人讲述一个引人注目的故事。遵循三步写作法(如图 15.1 所示)并且给自己足够的时间。

计划	写作	完成
分析情况 认识到简历的目的是得到面试机会而不是工作机会。 **收集信息** 研究目标行业和企业,这样你就知道他们在寻找什么样的新员工;了解不同的工作以及将会面临什么。 **选择正确的媒体** 从传统的纸质简历开始,然后根据需要准备可扫描文本、电子纯文本、PDF 以及在线版本。 **组织信息** 选择一个扬长避短的结构模型;按照时间顺序排列,除非你有足够强大的理由不这么做。	**适应受众** 仔细计划用词,在几秒钟之内抓住招聘人员的眼球;将教育背景和工作经验转化为目标雇主认为有价值的品质。 **编写信息** 行文清楚、简洁;使用适合目标行业和企业的积极、恰当的语言;在所有的交流中使用职业的语气。	**修订信息** 评价内容和可读性,编辑、重写,使之更为简洁、扼要。 **制作信息** 使用有效的设计因素和适当的排版使之看起来更清楚、更专业;使图片和文字很好地结合起来。当打印的时候使用质量好的纸张和打印机。 **校对信息** 修改排版、拼写、结构上的错误;失误的代价是面试机会。 **发布信息** 按照每个雇主或者工作网站的特定要求递送简历。

图 15.1 简历的三步写作法

遵循三步写作法将会帮助你在短时间内创建一份成功的简历。记得要特别注意换位思考和陈述的质量;如果你的简历未能符合受众需求或者有错误,就很可能被扔在一边。

15.2.1 分析目的和受众

简历(résumé)是一个人的教育、就业背景和工作资格的格式化的、书面的总结。在撰写简历以前,确保你理解了它的真正作用:它是一份用来激起雇主想见你并进一步了解你兴趣的简短的、劝说性商务信息(如表 15.2 所示)。换句话来说,简历的目的不是带给你一份工作而是给你一个面试的机会。[17]

---

[16] Fay Hansen, "Recruiters Bear a Bigger Load as Hiring Takes Off," *Workforce Management*, May 2010, www.workforce.com

[17] Randall S. Hansen and Katharine Hansen, "What Résumé Format Is Best for You?" QuintCareers.com, accessed 7 August 2010, www.quintcareers.com

表 15.2　关于简历的谬误与事实

谬误	事实
一份简历的目的是把所有的技能和才干都列出来。	一份简历的目的是激发雇主的兴趣,带来面试机会。
一份好的简历可以使你得到你想要的工作。	一份简历能做的所有事情就是把你带进门。
别人会很认真、彻底地读你的简历。	大多数情况下,你的简历需要在 30 或 45 秒内就带来良好的印象;此外,它可能需要先被计算机扫描一遍关键词——如果里面没有正确的关键词,也许永远不会有任何人见到它。
在简历中展现关于自己的好信息越多越好,因此要把你能想到的积极的细节都加进去。	简历中过多的信息也许恰好把读者想知道更多的胃口都扼杀了。
如果想要一份非常好的简历,就找专业简历服务人员做。	你自己有准备一份有效简历的能力,所以自己准备——除非应征职位是特别高级或者专业化的。即使是在那种情况下,你也应该在利用别人的服务前仔细研究过了。

随着你对各职业、各行业、各公司和个别管理者进行研究,你会更加了解目标读者及其需要的信息。尽可能多地了解那些可能阅读你简历的人。例如许多专业人士和管理者是博主、Twitter 的使用者以及 LinkedIn 的会员,所以即使你从来没有见过他们,也可以在网上了解更多的关于他们的信息。任何一点信息都可以帮助你制作一份更有效的信息资料。

顺便说一下,如果雇主问你要"CV",他们指的是你的"履历表",某些行业和许多美国以外的国家使用这个术语,而不是"简历"。简历和 CV 基本上是一样的,虽然 CV 可能更详细一些。如果你需要把一份美式简历改写成 CV 格式,或者反过来,就业专家 Alison Doyle 在她的网站提供了建议:www.alisondoyle.com。

15.2.2　收集相关信息

如果你至今还没有创建你的雇佣档案,那么你可能需要好好研究一下自己了。收集你能想到的所有相关的个人经历,包括所有特别的日期、职责和所有以前工作中的成就。收集每一条能加入到你的申请中的教育经历——正式的学位、技能证书、学术奖励或者奖学金。同时,收集所有与你找工作有关的学校或者志愿活动的信息,包括你在任何俱乐部或者专业组织担任过的职务,你做过的展示以及在线或者印发出来的出版物。你很可能不会把所有想到的信息都派上用场,但是在开始写简历之前,你会想要把它们都准备好放在手边。

15.2.3　选择最佳媒体

你应该会想要以不同的媒体和格式来完成你的简历。本章后文"制作简历"探究了各种可选性。

15.2.4　围绕优势组织简历

尽管有许多种方式来组织简历,大多数是按时间顺序、按能力或者两者结合来安排简历内容。"正确"的选择取决于你的背景和目标,参照以下章节的描述。

时序型简历

在**时序型简历**（chornological résumé）中，工作经历部分是最重要的，被放在最突出的位置上，跟在你的联系方式和资历综述之后。时序形式是组织简历最常见的形式，而且许多雇主比较青睐它，因为它以一种清晰、浅显易懂的方式来描述你的职业经历。[18] 如果你刚从大学毕业，职业经验有限，你可以把这个按时间排序的形式改变成将教育背景放在工作经验之前。

你通过倒序连续地列出从事过的所有工作来展开这部分，先写最近的工作并且留给最近的职位更多的空间。每一份工作都要列出雇主的名称和位置、你的官方头衔以及你任职的日期，如果你现在还在职，日期就写"至今"。接下来，在一个简短的文本框里，按照与读者相关的程度突出你的成就。这样做可能需要将应用于某个特定行业或职业的术语"转换"为对你的目标读者来说更有意义的名词。如果这个岗位的基本职责不能很明显地从头衔中看出来，那么要提供一些背景信息来帮助读者了解你做了什么。有效和无效形式的例子分别见图 15.2 和图 15.3。

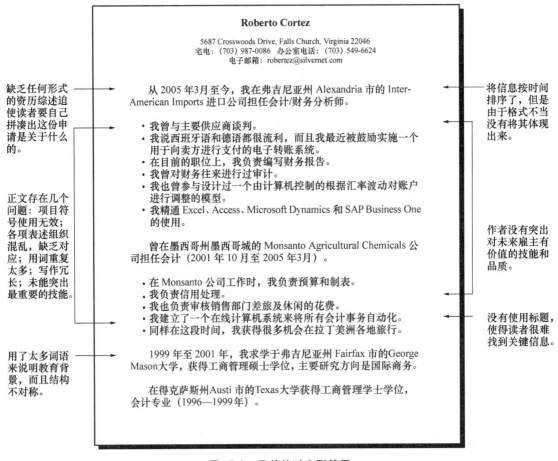

图 15.2 无效的时序型简历

这份时序型简历展示了很多问题。语言以自我为中心且不专业，文字组织迫使读者要自己去挖掘核心细节，而当今的招聘人员没有时间或者耐心去做这些。对比这份简历和图 15.3 的改进版。

---

[18] Hansen and Hansen, "What Résumé Format Is Best for You?"

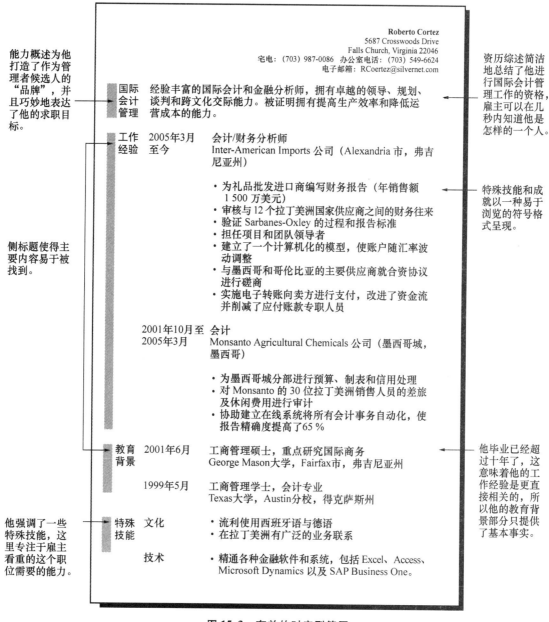

图 15.3　有效的时序型简历

这个版本的简历能够更好地展示候选人能为雇主做出贡献的能力。特别需要注意的是通过浏览这份简历能够很快地找到感兴趣的部分。

功能型简历

功能型简历(functional résumé)有时被称为技能型简历,它强调你的技能和才干,把工作和学业经历看得次要一些。这样的结构强调个人能力而不是工作经验。功能型简历有三个优点：(1)雇主不用把所有工作描述都看完就可以知道你能为他们做什么；(2)你可以强调早期的工作经验;(3)你可以将长期失业或缺乏职业经验的事实弱化。然而,你要意识到由于功能型简历能使工作经历更不明显,许多专业招聘人员对它持怀疑态度。⑲

如果你不相信功能型的格式对你有效,考虑一下复合型的简历。

复合型简历

复合型简历(combination résumé)结合了功能型简历专注于技能的优点以及时序型简历专注于工作经历的优点(如图15.4所示)。这种格式的最大优点就是当你没有长期的或者稳定的工作

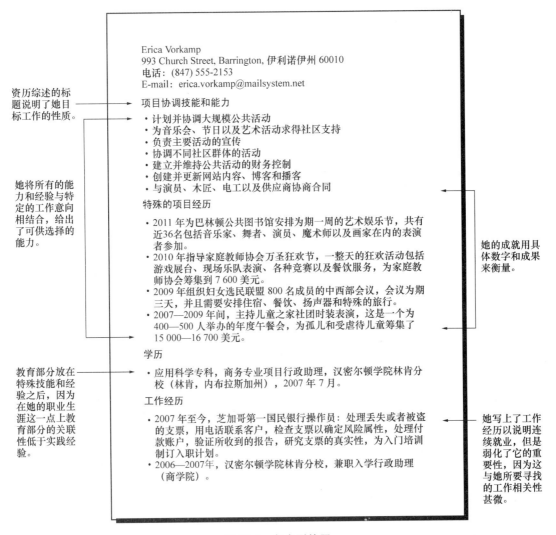

图15.4 复合型简历

(活动协调员)经验有限,所以她选择了一份复合型简历来突出她的能力。她的工作经历完整并容易找到,但是特征不如其他部分明显。注意她是怎样利用资历综述来确认目标职位的。

---

⑲ Katharine Hansen, Should You Consider a Functional Format for Your Resume. QuintCareers.com, accessed 7 August 2010, www.quintcareers.com.

经历的时候,它允许你把注意力放在能力上,而不会使人们担心你可能在隐藏过去的某些事。

当你看到这几个样本简历时,你很有可能会注意到这里给出的三种基本格式的变化。根据你在本课程中学到的有效沟通原则以及你找工作时遇到的特殊情况,对这些选择进行研究。如果你发现其中一种看起来非常适合你的情况,那无论如何都要使用它。

15.2.5 解决担心的问题

许多人在职业生涯中有空白期或者其他问题,这些会引起雇主的担心。这里有一些常见的问题和解决它们的建议[20]:

- **频繁变动工作**。如果你曾经干过许多本质相似的短期工作,比如独立承包和临时任务,试着把它们归到一条标题下面。还有,如果你是由于裁员或兼并而失去了以前的工作,找个巧妙的方式透露出这一信息,如果不能在简历里,就在自荐信里。讲道理的雇主明白近些年许多本来很稳定的员工都是这样被迫跳槽的。
- **工作经历中的空白期**。提及你在工作空白期获得的相关经验和教育,比如志愿的或者社区的工作。
- **无经验**。说说相关的志愿工作以及加入专业团体的资格。列出相关的课程论文和实习经验。
- **资历过高**。低调一些,专门集中于与该职位有关的经验和技能。
- **长期在同一家公司任职**。把在同一家公司担任的每一个职位单独列项,以显示组织内专业力的增长、职业发展以及职责的增加。
- **因故被解雇**。诚实面对面试官并且用证据消除他们的担忧,比如推荐信和已完成项目的例子。
- **犯罪记录**。你没必要在简历上透露犯罪记录或者被监禁的时间,但在填写工作申请表的时候你可能会被问到。关于雇主可以问什么以及他们是否可以进行犯罪背景调查的法律随着情形和职业的不同而变化,但是如果恰好被问及,根据法律你必须如实回答。通过面试过程来说些什么以缓和气氛,同时强调你已改过自新,并做出成为一名守法、诚信的员工的承诺。[21]

15.3 简历的写作

当你遵循三步写作法写作简历的时候,记住以下四点:第一,给简历应有的足够重视。一个简单的错误或疏忽可以葬送你的面试机会。第二,给自己充分的时间。不要把准备简历拖到最后一

---

[20] Kim Isaacs, "Resume Dilemma: Criminal Record," Monster.com, accessed 23 May 2006, www.monster.com; Kim Isaacs, "Resume Dilemma: Employment Gaps and Job-Hopping,"Monster.com, accessed 23 May 2006, www.monster.com; Susan Vaughn, "Answer the Hard Questions Before Asked," *Los Angeles Times*, 29 July 2001, W1—W2.

[21] John Steven Niznik, "Landing a Job with a Criminal Record," About.com, accessed 23 May 2006, http://jobsearchtech.about.com

秒,然后试图一次就写好。第三,学习好的例子。你可以在学校网站和像 Monster 和 CareerBuilder 这样的求职网站上找到数以千计的样本简历。第四,不要因为你将读到的相互矛盾的建议而感到沮丧。它们既是科学也是艺术,通过它们成功的路不止一条。根据你知道的所有关于成功商务沟通的东西,考虑所有选择,然后选择对你最有用的形式。

> **实时更新　观看视频**
>
> **学习使用 LinkedIn 的简历生成器**
>
> 学习如何使用 LinkedIn 的简历生成器,之后把它应用于其他社交网站。登录 http://real-timeupdates.com/ebc10 获取更多信息。

如果你觉得写关于自己的东西不是很舒服,别人也是这样的。许多人,即使是成功的作家,都觉得写关于自己的东西很困难。如果你陷入困境,可以找一个也在写简历的同学或者朋友,暂时互换一下任务。通过给彼此写简历,你们也许能够同时加快脚步。

15.3.1　保证简历的诚实性

评价存在差异,但是一项全面的研究发现在简历检测中有超过 40% 的人对于过去的工作撒谎。[22] 而且不诚实的申请者们每时每刻都在变得更加大胆,以至于在网上购买假文凭,花钱让电脑黑客把他们的名字加入著名大学的毕业生名单里,并且签署一项提供电话雇佣确认的服务。[23]

诚实的申请者知道他们不必降格去撒谎。如果你被诱惑去夸大事实,记住专业的招聘人员已经看透了所有的小伎俩,而且受够了弄虚作假的雇主们已经越来越不留情面地揭露事实。几乎所有的雇主都会做一些背景调查,从与证明人联系和雇佣确认到查询犯罪记录,以及发送简历通过认证服务。[24] 雇主也开始精心设计一些面试问题,专门揭露不诚实的简历条目。[25]

超过 90% 的公司当发现在简历中撒谎后,拒绝雇用这些违规的申请人,即使这意味着取消正式工作机会。[26] 如果你偷偷地通过了这些筛选并且被雇用了,也会因为实际表现与简历不符而在今后的工作中暴露出来。考虑到当今就业市场的互联网特点,在一份简历中撒谎会困扰你很多年,并且会迫使你在职业生涯中一直撒谎来隐藏你简历上的虚假信息。[27]

15.3.2　使简历适应受众

使你的简历符合目标雇主的需求和兴趣的重要性永远不会被夸大。在竞争激烈的就业市场中,你越看起来像个不错的选择,就越有可能获得面试机会。展示你的能力是如何满足这个职位和组织的整体要求和期望的,以此来消除读者的业务疑虑。举个例子,如果你在申请公共关系类

---

[22] "How to Ferret Out Instances of Résumé Padding and Fraud," *Compensation ek Benefits for Law Offices*, June 2006, 1 +.

[23] "Resume Fraud Gets Slicker and Easier," CNN.com, accessed 11 March 2004, www.cnn.com

[24] Cari Tuna and Keith J. Winstein, "Economy Promises to Fuel Résumé Fraud," Wall Street Journal, 17 November 2008, http://online.wsj.com; Lisa Takeuchi Cullen, "Getting Wise to Lies," *Time*, 1 May 2006, 59; "Resume Fraud Gets Slicker and Easier"; Employment Research Services website, accessed 18 March 2004, www.erscheck.com

[25] "How to Ferret Out Instances of Résumé Padding and Fraud."

[26] Jacqueline Durett, "Redoing Your Résumé Leave Off the Lies," *Training*, December 2006, 9; "Employers Turn Their Fire on Untruthful CVs," *Supply Management*, 23 June 2005, 13.

[27] Cynthia E. Conn, "Integrating Writing Skills and Ethics Training in Business Communication Pedagogy: A Résumé Case Study Exemplar," *Business Communication Quarterly*, June 2008, 138—151; Marilyn Moats Kennedy, "Don't Get Burned by Résumé Inflation," Marketing News, 15 April 2007, 37—38.

的工作,你需要知道,一个企业内部的公共关系部门和一个独立的公共关系机构有许多相同的任务,但外部机构必须向多个客户出售其服务。因此,它需要员工除了擅长公关外还要擅长吸引和留住付费客户。

适应读者可能意味着定制你的简历,有时要为每一个空缺职位打造简历。不管怎样,这种付出会带来更多的面试机会。

利用你已经了解到的关于你的目标读者的信息,使用招聘组织的专业术语来展现你的经验。比如,从军经历可以扩展为许多在商业中有价值的技能,但是军事术语对于那些不熟悉它的人来说可能听起来就像外语一样。把重要的大体概念提炼出来,然后用常用的商务语言表达出来。同样,其他国家的教育体制可能与美国的高中、社区大学、技术和职业学校、大学的定义不大一样。如果有必要的话,简要解释一下你的学位或者证书与美国的标准之间如何转换,或者,如果你要申请外国的工作,你在美国的学位与其他国家的标准如何联系起来。

15.3.3　撰写简历

以一种既简单又直接的风格写作你的简历。用简短、干脆的短语,而不要用完整的句子,并且着重于读者需要了解的内容。避免使用"我"这个词,这样在你罗列技能和成就时听起来很以自我为中心并且重复啰唆。相反地,短语应以有力的行为动词开头,例如[28]:

实现	协调	发起	参与	创建
达到	创造	建立	执行	简化
管理	展示	引进	规划	发动
批准	开发	调查	提出	研究
安排	指导	加入	建议	强化
协助	创立	发行	提高	成功
呈现	探究	维持	推荐	监督
预算	预测	经营	减少	系统化
任职	产生	激发	改造	定位
改变	确定	操作	解决	培训
编辑	贯彻	组织	解救	转化
完成	改进	视察	服务	升级

例如,你可以说,"针对对创业感兴趣的学生创建了一个校园组织"或者"经营了一家有四名员工的快餐馆"。只要可以就将你的成果进行量化,以避免你的声明显得很空洞。不要只是说你是一名团队成员或者你很注重细节,要用具体的证据说明。[29] 这里有一些用突出成果的、积极的语言来表达成就的例子:

---

[28] Rockport Institute, "How to Write a Masterpiece of a Résumé."
[29] Lora Morsch, "25 Words That Hurt Your Resume," CNN.com, 20 January 2006, www.cnn.com

避免无力的语言	使用能突出成果的、积极的语言
负责开发了一个新的文件归档系统	开发了一个新的文件归档系统,减少了50%的文书工作量
我负责处理客户投诉和所有的订单问题	处理所有的客户投诉并解决了所有的产品订货矛盾
我由于在部门内开立了最多的新客户账户而赢得了欧洲之旅	在我部门产生了新客户账户的最高数目
各校区要解决现有食堂分配学生的问题	帮助实施新的校区食堂项目,平衡了学生自助餐厅的容量

提供具体的证据支持是至关重要的,但要确保你在小细节上不要做得太过火。[30]

除了用具体的例子来明确写作外,贯穿整个简历的特定的单词和短语是非常重要的。现在大部分简历都受到申请追踪系统或其他数据库的关键词检索,在这里招聘者最有可能按照特定岗位的要求进行匹配来搜索简历。不是很接近要求的简历可能永远不会被招聘人员看到,所以使用招聘者很可能在搜索的词汇和短语是很重要的。(尽管大多数专家习惯性地建议将单独的关键字汇总作为一个独立列表,目前的趋势是将你的关键字嵌入你的概述和简历的其他部分。)[31]

识别这些关键词需要做一些研究,但是在你研究各行业和各公司的时候可以发现很多关键词。关键是要仔细研究工作,并了解你的目标受众的需求。相对于抓住读者注意力的行为动词而言,能够抓住计算机注意力的关键词通常是描述雇主正在寻找的候选人所具备的特定技能、特征和经验的名词。[32] 关键词可以包含与特定职业相关的业务和技术术语,特定行业的行话,某个职业的产品名称、类型或系统、职称以及大学学位。

> **实时更新　阅读文章**
>
> **寻找能够点亮你简历的关键词**
>
> 此列表中的技巧和工具,将帮助你找到合适的关键词来为每一次机会定制简历。登录http://real-timeupdates.com/ebc10 获取更多信息。

最后,要注意用于很多简历的陈词滥调以及已经失去了部分影响力的社交媒体。例如,LinkedIn 最近识别了十个被滥用的术语和短语:丰富的经验、不断创新、积极进取、以结果为导向、动态的、良好记录、团队合作精神、快节奏、解决问题和创业。[33] 用确凿的证据证明你这些能力,而不是只是说你拥有这些。

姓名和联系信息

姓名和联系信息组成了简历的标题,所以要包括以下内容:
- 姓名。
- 实际地址(如果在找工作的过程中你可能要搬家,需要把常住地址和临时住址都写上;然而,如果你把简历发布在一个不安全的网站上,那么安全起见不要留下实际地址)。

---

[30] Liz Ryan, "The Reengineered Résumé," *Business Week*, 3 December 2007, SC12.

[31] Katharine Hansen, "Tapping the Power of Keywords to Enhance Your Resume's Effectiveness," QuintCareers.com, accessed 7 August 2010, www.quintcareers.com.

[32] Hansen, "Tapping the Power of Keywords to Enhance Your Resume's Effectiveness."

[33] Jolie O'Dell, "LinkedIn Reveals the 10 Most Overused JobHunter Buzzwords," Mashable, 14 December 2010, http://mashable.com.

- 电话号码。
- 电子邮箱地址。
- 个人主页、电子档案或者社交媒体简历的 URL 连接（如果有的话）。

确保简历标题中的所有内容都组织得很好，并且在页面中布局清晰。

如果你唯一的电子邮箱地址是来自你目前的雇主，那就申请一个免费的个人邮箱。用公司的资源来找工作对于你目前的雇主来说是不公平的；更重要的是，这会向你的潜在雇主传达不好的信息。还有，如果你的个人邮箱地址是像 precious. princess@ something. com 或者 PsychoDawg@ something. com 这样的，还是申请一个新的邮箱地址来处理找工作的邮件吧。

资历综述

简历的所有部分中，将资历综述放在你的名字和联系信息后面最有可能引起不满。你可以把以下三者之中的一个放在这里[34]：

- **求职意向**。一个职业目标确定了你要从事特定的工作还是想要追求一般的职业道路。一些专家不建议在资历综述里包括求职意向，因为这样会把你限制在一个狭隘的分类里以至于错过你感兴趣的机会，而且这对满足你的欲望很重要而不是满足雇主的需求。在过去，多数简历包含求职意向，但是在近些年里更多的求职者正在使用能力概述或者职业概述。然而，如果你在目标职业方面只有一点或者没有工作经验，一个求职意向可能是你最好的选择。如果你选择了一个意向，就用语言表达出来，注意要把自己的资质和雇主的需求联系起来。避免做出像"一个能提供充足的职业发展机会和个人满足感的职位"这样自私的陈述。
- **能力概述**。能力概述为你的关键能力提供了一个简要的总结。目的是让读者在几秒钟内了解你要表达什么。你可以把这部分命名为"Qualifications Summary"或者"Summary of Qualifications"，或者如果你有一项占主导地位的能力，你可以把它作为标题（见图 15.4 中的职业概述）。如果你有一项或者多项重要的能力，但是没有一个长期的职业经历，那么考虑一下使用能力概述。同时，如果你还没有工作太长时间，但是你的大学教育已经给了你一个占主导地位的专业"主题"，比如多媒体设计或者统计分析，你可以制作一份能够突出你的教育储备的能力概述。
- **职业概述**。职业概述提供了一个对于你职业生涯的简短回顾，为了呈现出日益增加的责任和不断提高的绩效。职业概述对于高管们尤其有用，他们已经证明了自己管理规模日益扩大、日渐复杂的经营活动的能力——这是当企业雇用高层管理人员的时候着重考虑的。

教育背景

如果你还是在校学生或者已经在近期毕业了，教育背景也许是你最有力的一个卖点。深入地展现你的教育背景，选择支持你的"主题"事实。根据需要选择这部分的合适标题，比如"教育背景""技能培训"或者"学术准备"。然后，从最近的那一个开始，列出你上过的每个学校的名称和

---

[34] Dave Johnson, "10 Resume Errors That Will Land You in the Trash," BNET, 22 February 2010, www.bnet.com; Anthony Balderrama, "Resume Blunders That Will Keep You from Getting Hired," CNN.com, 19 March 2008, www.cnn.com; Michelle Dumas, "5 Resume Writing Myths," Distinctive Documents blog, 17 July 2007, http://blog.distinctiveweb.com; Kim Isaacs, "Resume Dilemma: Recent Graduate," Monster.com, accessed 26 March 2008, http://career-advice.monster.com

位置,你毕业的年月(如果你还没有毕业,就要标明"预期毕业于＿＿＿＿"),你的专业和研究方向,在课程学习中培养的重要技能和才干以及获得的学位或者证书等。如果你还没有拿到学位,在括号里表明预期结业时间。通过列出与所找工作直接相关的课程来展现你的优势资格,并且写明你获得的任何奖学金、奖项或者学术荣誉。

教育部分还应该包括企业或政府赞助的相关培训。至于高中和服役期间的培训,只有当相关的成果与你的职业目标直接相关时才应该包括进去。

是否列出平均绩点(GPA)取决于你想要的工作和你的成绩水平。如果你在简历里不写GPA——而且没有规则要求你写——要准备好在面试过程中可能需要回答相关的问题,因为如果你不在简历里写出来,很多雇主会假设你的GPA不怎么出色。如果你选择写出平均绩点,一定要把学分制度写上,尤其是当用的是5分制而不是4分制的时候。如果你专业课程的GPA比别的课程高,你也可以列出"专业课程GPA",然后只把本专业内课程算进去。

工作经验、技能和成就

就像教育背景部分一样,工作经验部分应该集中于你的整个主题,展示你的过去怎样为雇主的未来做出贡献。利用关键词把注意力吸引到你在工作中培养的技能和你承担越来越多责任的能力上去。

把你的工作按时间倒序排列,从最近的一个开始。包括服役、任何实习、兼职或者临时工作等与你的求职意向相关的工作。包括雇主的名称和位置,如果读者可能不知道这个机构,就简短地介绍一下它都做些什么。当你想对目前雇主的名称保密时,你可以只用所在行业来说明这家公司,例如"一家大型电子游戏开发企业"。如果机构名称或者位置跟你在那工作时的已经不一样了,写明现在的名称和位置,然后用"原……"写上原来的信息。在每项工作之前或者之后,写上你的职位头衔以及你工作的年限;用"至今"来表示目前的工作。指出这份工作是不是兼职。

把最多的位置分配给与你的目标职位有关联的工作。如果你曾经单独负责什么有重大意义的事情,一定要提及这一点。关于技能和成就的事实是你能给一个可能雇主的最重要信息,所以只要有可能,就尽量让这些量化。

一种有帮助的联系就是为每一项你想要突出的主要技能写一个30秒的"商业广告"。该广告应该提供证据证明你确实拥有这种技能。对于简历来说,可以将商业广告提炼成简短的语言;你可以在求职信中使用更详细的证据陈述以及将这些作为面试问题的答案。㉟

> **实时更新 阅读文章**
>
> **注意一份简历的优点重写资历综述**
>
> 无论你选择哪种风格来写资历综述,它都要简明、具体并且以读者为中心。通过修改这个现实生活中的例子来看看如何制作一个有效的概述。登录 http://real-timeupdates. com/ ebc10 获取更多信息。

如果你有一些与你的求职意向不相关的兼职、临时工作或者入门级的工作经历,你不得不利用你最好的判断力来判断什么时候写上这些,什么时候不写这些。太多次要的和不相关的工作细节可能会使你的简历变得凌乱,特别是如果你已经工作了几年。然而,如果你没有一个长期的工

㉟ Karl L. Smart, "Articulating Skills in the Job Search," *Business Communication Quarterly* 67, no. 2 (June 2004):198—205.

作经历，就写上那些能证明你能力的以及你想要继续工作的意愿的工作。

活动和成就

把活动和成就放在工作内容之外，除非它们能让你成为更有吸引力的求职者。例如，旅游、学习或者海外工作以及熟练应用多种语言，可能使你受到做国际业务的雇主的青睐。

由于许多雇主参与到当地的社区，他们更倾向于高看积极的和关心社区其他成员的申请者。考虑可以显示领导能力、团队合作能力、沟通能力、技术能力或其他有价值的社区服务活动的特征。

你应该避免显示你是某个宗教或者政治组织的成员，或参加过他们的重大活动（除非你要申请加入这样一个组织），因为这样做会引起拥有不同信仰或者不同隶属组织的人的担忧。然而，如果你想要突出你在某个组织中锻炼的技能，你可以把它们统称为"非营利组织"。

最后，如果你只有很少的或者没有工作经验，以及除了教育外没有什么可以探讨的了，那么就暗示你参加过体育或者其他学生活动，让雇主知道你并没有把你所有的课余时间都花费到在公寓里打电子游戏上。另外也要提及出版刊物、项目以及其他要求相关业务技能的成就。

个人信息和相关内容

在几乎所有的例子中，简历里面不应该包括在前面部分所描述内容之外的任何个人信息。当申请一家美国企业的时候，不要包括以下任何信息：身体特征，年龄，性别，婚姻状况，性取向，宗教或者政治倾向，种族，国籍，薪酬历史，离职原因，前任上司的名字，推荐人的名字，社会保险号或者学号。

注意，不同的国家标准不同。例如，你可能被期望写上你的公民身份、国籍或者婚姻状况。[36] 然而，在你提供这些个人信息之前要确认要求。

推荐人的可用性通常是参考性的，所以你不需要在简历的最后写上"如果要求可提供推荐人"。然而，确保当你开始申请工作的时候已经准备好了一张推荐人列表，把名字和联系方式写在上方。对于外观来说，使用和你的简历相同的设计和布局，然后列出三个或者四个已经同意的人作为推荐人。如果推荐人偏好电子邮件联系的话，那么要写上每个人的名字、工作头衔、机构、地址、电话号码、电子邮件以及你们之间的关系。

15.4 简历的完成

简历的完成涉及修改它至最佳质量，根据你的需要以各种形式和媒体制作简历，并且在分发或者在线发布之前校对出所有错误。制作并发布一份简历曾经是相当简单的；你用质量好的纸张打印出来并且发送邮件或者传真给雇主。然而，**申请追踪系统（applicant tracking systems）**（让管理人员对进入的申请人进行分类以找到最有前途的候选人的数据库）、社交媒体和其他创新技术的出现已经极大地改变了简历制作和分发的性质。准备好以多种形式和媒体制作一些版

---

[36] "When to Include Personal Data," ResumeEdge.com, accessed 25 March 2008, www.resumeedge.com

本的简历。

即使多数或者所有的申请都发生在网上,但是由于某些原因,以一份传统的纸质简历开始依旧有用。首先,传统的打印版简历是组织背景信息并且识别自身独特优势的好方法。第二,涉及创建一份常规简历的计划和写作任务将会帮助你生成文本块,你可以在整个求职过程中以多种方式重复使用这个文本块。第三,你永远不知道什么时候会被要求发送简历,比如在进行网络活动的过程中或者面对面遇到的时候,并且你不想让别人对你的兴趣随着在网上获取你的信息的时间太长而消退。

 职业技能提升

不要!就是不要!

即使招聘人员可能会认为他们至今已经看到了这一切,创新的求职者仍不断寻找新的方法来让自己的简历被扔进回收箱。如果你愿意分享一些信息,这里有一些例子供你消遣并且提醒你:

- 失去心爱的宠物是很难熬的,但是失去猫的悲伤能让一个人三个月不工作吗?那是一个应聘者对于他工作经历中的三个月空白期的解释。
- 一个申请者的简历邮到的时候信封上有一辆小汽车的图片,他解释说这将会是给招聘经理的礼物。
- 一个人的家族病史很显然对于他很重要,但是这些不一定要写在简历上,就像一个求职者做的那样,至今原因不明。
- 一个有创造性的候选人,勇敢地把尽可能多的错误放在了一页纸上,包括一张她自己的全身照——穿着过膝的高筒靴,而且使用了一张过大的荧光的粉红色纸。这份简历在飘落招聘人员的桌面进入回收箱的时候可能确实看上去很漂亮。
- 对一份工作表现出高度的兴趣是好事,但是如果像这样表达你的兴趣就不好了:"防止我的假释官把我送回监狱。"
- 一位求职者的母亲以她为豪,这一点可以肯定,但是在申请人的简历上附上她的信,就会显得申请人像个孩子。

这些失误比赢得一声轻笑有更重要的意义:它们是一个重大的提醒,提醒我们理解简历的目的以及效果很重要。

▶ 职业应用

1. 在你的简历中"展示一些个性"是一个好主意吗?请解释。
2. 如果你真的因为丢失了一只宠物而伤心得三个月没有上班,你应该怎样处理你简历中的就业部分?

资料来源:改编自 Rosemary Haefner, "Biggest Resume Mistakes," CNN.com, 21 May 2007, www.cnn.com; Sue Campbell, "Eight Worst Resume Mistakes," 1 st-Writer.com, www. 1 st-writer.corn; "150 Funniest Resume Mistakes,

Bloopers, and Blunders Ever," The Best Article Every Day blog, 2 June 2008, www.bspcn.com; "Hiring Managers Share Top 12 Wackiest Resume Blunders in New CareerBuilder.com Survey," CareerBuilder.com, 25 April 2007, www.careerbuilder.com。

15.4.1 修订简历

如果让专业的招聘人员列出他们在简历中见得最多的错误,你会一遍又一遍地听到相同的内容。如果不想你的简历被放进回收箱,就一定要避免以下这些毛病:
- 太长或太冗余。
- 太短或太粗略。
- 难以阅读。
- 写得很差。
- 显示对一般商务世界或者特定行业和公司的浅显理解。
- 印刷模糊不清或者纸张质量差。
- 充满拼写和语法错误。
- 自吹自擂。
- 过分花哨的设计。

你的简历理想化的长度取决于你经验的深度以及你要申请的职位的层次。作为一个通用的方法,如果你有少于 10 年的职业经历,试着将一份传统的打印版简历保持为一页。招聘人员喜欢简洁的简历,而且用一张纸来展示自己也证明了你简要、集中、以受众为导向的写作能力。[37] 对于在线简历格式,你可以总是提供其他信息的链接。[38] 如果你有更多的经历并且正在申请一个更高的职位,那么较长的简历经常被采用,因为这些工作所要求的能力需要更多的描述。

15.4.2 制作简历

无论最终你选择多少种媒体和格式来制作简历,一个简洁、专业化的设计是必需的。除非你有绘图设计的一些经验并且你正在申请例如广告或者零售商品领域的工作,在这些领域里视觉创造力被看做一种资产,否则你就要抑制住使你的简历结构"有创意"的冲动。[39] 招聘人员和招聘经理想要在几秒钟内浏览你的重要信息,并且任何使他们分心或者延误时间的事情都会对你不利。更重要的是,复杂的结构可能迷惑申请者跟踪系统,这将导致你的信息被曲解。

幸运的是,好的简历设计并不难获得。就像你能从图 15.3 和图 15.4 中看到的那样,好的设计以功能简单、有秩序、有效使用空间和字体清晰为特色。如果你的简历将会在网上以任何形式被浏览,使用一种字体如 Georgia,这种字体是专为屏幕显示设计的,而不是传统的字体 Times New Roman,这种字体专为打印设计并且在屏幕上显示得不是很清晰。[40] 为了使副标题容易被找到也容易阅读,把它们放在每一节的上面或者页面左边空白处。使用列表来详细说明你最重要的能力。

---

[37] Eve Tahminioglu, "Looking for a Job in 2011? Here's How to Stand Out," MSNBC.com, 3 January 2011, http://today.msnbc.com

[38] "Résumé Length: What It Should Be and Why It Matters to Recruiters," HR Focus, June 2007, 9.

[39] Rachel Zupek, "Seven Exceptions to Job Search Rules," CNN.com, 3 September 2008, www.cnn.com

[40] Swallow, "How to: Spruce Up a Boring Résumé."

不管什么情况下,颜色都不是必需的,但是如果你要用彩色就要用得精妙,比如在你的名字和住址底下的一条彩色横线。简历设计中最常惹麻烦的就是走极端(如图15.5所示)。

图 15.5　无效的简历设计

这份简历过于想要有创意并且吸引人了,以至于难以阅读,甚至是不会被阅读到。招聘人员已经见过了每一种可以想到的设计花样,所以不要试图在一堆都不寻常的简历中脱颖而出。反而,你要提供引人注目的、容易被找到的以雇主为中心的信息。

根据你所应征的不同公司,你可能想要以多达六种的形式来制作你的简历(所有的都在以下部分说明了):

- 传统打印版简历。
- 打印的可扫描简历。
- 电子版纯文本文档。
- Microsoft 文档。
- 在线简历,也叫做多媒体简历或社交媒体简历。
- PDF 文档。

遗憾的是,没有一种格式或介质适用于你会遇到的所有情况,雇主的期望也会随着技术的发展而不断改变。找出雇主或者工作发布网站所期望的东西,并且以这种形式提交你的简历。

由于你以不同的格式制作简历,你将会遇到这样的问题,是否在简历上贴上你的照片或者附在简历后。对于你将要提交给雇主或者求职网站的打印版和电子版文件,最安全的建议就是不要贴上照片。原因是视觉在选择过程的前期暗示了候选人的年龄、种族和性别,这使得雇主将面临对于歧视的抱怨。事实上,一些雇主根本就不看有照片的简历,而且一些申请者跟踪系统自动屏蔽任何有额外文件的简历。[41] 然而,照片对于社交媒体和其他在线形式的简历来说是可以被接受的,事实上在这里你并不是将简历提交给雇主。

除了这六种主要的格式,一些申请者创建了 PowerPoint 展示、视频甚至是图形化简历来补充传统的简历。PowerPoint 展示的两个关键的优点就是具有灵活性和多媒体功能。比如,你可以在开篇设置选择菜单让浏览者点击进入感兴趣的部分。(注意,大多数你能用 PowerPoint 完成的事情在线简历也可以做到,而且对于多数读者来说在线简历更方便。)

一份视频简历也是一个引人注目的补充方式,但是要注意,一些招聘法律专家建议雇主们不要浏览视频简历,至少要在候选者的资格被完全评估之后再看。对此谨慎的原因与最好不看照片的原因相同。另外,视频简历的评价比纸质版和电子版简历更烦琐,有些招聘人员拒绝观看它们。[42] 然而,不是所有的公司都在意这种对于视频的担忧,所以你将不得不调查研究他们的个人喜好。事实上,第 16 章"工作进行时"中的 Zappos 就鼓励申请者提交视频并且在它的工作申请网页上提供上传视频的途径。[43]

一份图表信息的简历试图通过一个可视化的隐喻来生动地传达一个人的职业发展和既有技能,比如时间轴、地铁线或者有一系列个人要素的海报,而不是遵循任何常规的文本结构(如图15.6 所示)。一个设计出色的信息图表在某些情况或者职业领域中可能会是候选人求职包中一个引人注意的元素,因为它绝对可以在传统简历中脱颖而出并且可以表现出在视觉沟通方面的高水准。然而,信息图表与多数申请追踪系统及大部分招聘人员的筛选习惯是相互矛盾的,同时如果你想用信息图表来代替一份传统简历的话,你可能会被淘汰。同时,成功的信息图表要求图像设计的技能,如果你不具备那些技能,那么你需要雇用一名设计师。

---

[41] John Hazard, "Resume Tips: No Pictures, Please and No PDFs," Career-Line.com, 26 May 2009, www.career-line.com; "25 Things You Should Never Include on a Resume," HR World website 18 December 2007, www.hrworld.com

[42] John Sullivan, "Résumés: Paper, Please," *Workforce Management*, 22 October 2007, 50; "Video Résumés Offer Both Pros and Cons During Recruiting," HR Focus, July 2007, 8.

[43] Jobs page, Zappos website, accessed 24 March 2011, http://about.zappos.com/jobs

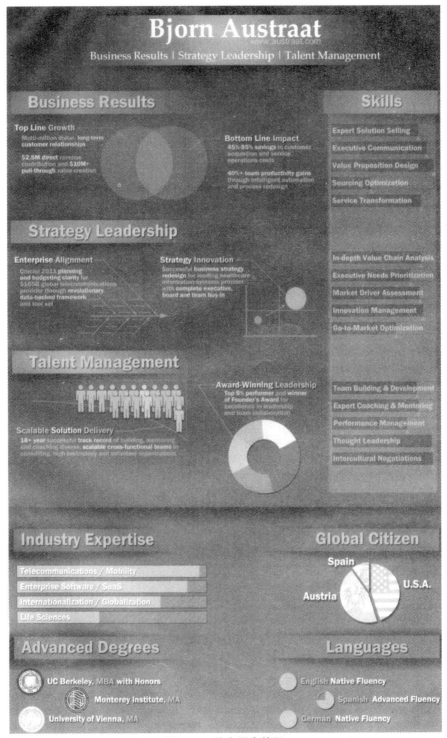

图 15.6 信息图表简历

　　一个设计出色的信息图表在某些职业领域中可能会是求职包中一个引人注意的部分。然而,信息图表应该是对传统简历的补充而不是试着代替它。

如果你正在申请一份有关绘图或者设计领域的工作，一定要把信息图表作为你求职包中的一个元素，因为它可以证明一些关键能力，这些能力正是你的同行们所期望的。如果你正在申请其他领域的工作，那么考虑一下是否一个可视化的方法会帮助你脱颖而出，或者可以用一种常规简历不能做到的方式来传递你的关键优势。然而，在几乎所有的情况下，一份信息图表应该是对传统简历的补充而不是代替它。

制作一份传统打印版简历

传统纸质简历在如今这个求职电子化的世界仍然有一定地位，在手头准备好几份，说不定哪天你的人际关系网络里的某个人就问你要一份了。避免使用基本的、低成本的用于一般办公的白纸以及有边线和背景的花哨的纸。选择更重一些的、质量较高的、专用于简历及其他重要文件的纸。白色或稍带浅色是最好的颜色选择。这些纸价格高一些，但是你并不需要用很多，而且这个投资是值得的。

当你准备打印简历时，用一台正常运转的好打印机。一定要避免线条杂乱或其他低质量的打印效果。你不会在面试时让人感觉很凌乱，因此确保你的简历也不会这样。

打印一份可扫描的简历

你可能遇到过偏好扫描版简历的公司，这是一种有特殊格式的打印版简历，这种格式能够与可以将打印版的文档转换为电子文本的光学扫描系统兼容。这些系统在几年前就已经很普遍了，但是它们的应用随着越来越多的雇主偏好电子邮件或者网站申请的形式而逐渐减少。[44] 可扫描的简历在两个方面与传统的简历不同：它总是要有一个关键词概述，并且它应该采用一个较为简单的格式，避免下划线、特殊字符和其他可能会迷惑扫描系统的元素。如果你需要制作一份可扫描的简历，在网上搜索"标准的扫描简历"来获得详细的指导。

创建简历的纯文本文档

一份纯文本文档（有时被称为 ASCII 文本格式）就是一份电子版简历，没有字体的选择，没有间隔号，没有彩色，没有线或者框以及其他的特殊格式。纯文本可以用在两个方面：第一，你可以把它放在电子邮件的正文里，发给那些想要你发送简历但是又不喜欢附件的雇主。第二，你可以将那些部分复制和粘贴到雇主网站上的申请表里。

用你的文字处理软件很容易创建一个纯文本文档。从用来创建传统打印版简历的文件开始，选择"另存为"选项，然后保存为"纯文本"或者你的软件里标明的任何其他相似的选项，最后通过一个基本的文档编辑器（比如微软的记事本）来确认结果。如果有必要的话，手动把页面重新格式化，根据需要移动文字和插入空白。为了简单起见，把所有的标题都靠左端对齐，而不是试图手动把它们都居中。

创建一份传统的 Word 文档

在某些情况下，雇主或者发布工作信息的网站会让你直接上传一个 Microsoft Word 文档文件。（虽然市场上还有其他一些文字处理器，尤其是在 Apple 和 Linux 系统下，但是如今在商务往来上，Microsoft Word 是实际操作的标准。）这种传递信息的方法保留了传统简历的设计和布局，也省去了

---

[44] Nancy M. Schullery, Linda Ickes, and Stephen E. Schullery, "Employer Preferences for Résumés and Cover Letters," *Business Communication Quarterly*, June 2009, 163—176.

创建纯文本文档的麻烦。然而,传递 Word 文件给任何人以前,请确保你的系统里没有病毒。感染一个未来雇主的个人电脑不会留下美好的第一印象。

创建一份 PDF 版本的简历

创建一份 PDF 文档过程很简单,但是你需要有合适的软件。Adobe Acrobat(不是免费的 Adobe 阅读器)是最有名的软件,还有其他可以使用的软件,其中包括一些免费的软件。你也可以使用 Adobe 的在线版本来创建 PDF 文档,这样就不用买软件了,网址是 http://createpdf.adobe.com。

创建一份在线简历

各种各样的术语被用来描述在线简历,包括个人网页、电子档案、社交媒体简历以及多媒体简历。任何在某个特定网站上的术语,所有的这些格式都提供了扩大你简历信息容量的机会,通过连接项目、出版物、截屏、在线视频、课程列表、社交网络资料和其他元素,让雇主能够更全面地了解你是谁,你能提供什么(如图 15.7 所示)。

图 15.7　在线简历

Reinaldo Llano,一位传媒行业中的公司资讯执行官,使用简历主持 VisualCV 网站来创建并且提供这种多媒体/社交媒体简历。

你学校的就业指导中心就是一个好的起步之地。询问就业指导中心或信息技术部门是否为学生开办在线简历或者电子档案。

商业托管服务是另一个可以创建在线简历的好机会。比如，免费服务 VisualCV（www.visualcv.com）让你可以使用视频剪辑和其他多媒体元素来创建一份在线简历。该网站是可以看到无数例子的好地方，从即将成为全职员工的学生直至企业的首席执行官们在这里都有。[45]

忽略你用来创建在线简历的方法，牢记这些有用的建议：

- **请记住，你的在线简历是你职业生涯规划的管理工具**。在网上对自己的描述方式会帮助你也会阻碍你，这取决于你能否创造一个积极的印象。多数雇主现在都使用网络搜索来了解更多有前途的候选人，由于利用网络挖掘信息，70%的求职者遭到了拒绝。[46]
- **利用自己的人际关系**。使用所有可以用的工具来引导人们到你的在线简历页面中，例如，可以在 Facebook 页面的信息选项卡上设置你在线简历的链接。
- **在求职申请的过程中，不要期望或要求雇主能从你的网站中找到你的简历**。使用那些雇主偏爱的方式和媒体来提交你的简历。如果雇主想了解更多关于你的信息，他们可能会在网上检索你并找到你的网站，或者你可以在你的简历或申请材料中写上你的网站地址。

15.4.3 校对简历

雇主把你的简历看做你注重质量和细节的具体例子。它不是需要好或者很好，它需要完美。虽然看起来不是很公平，但是求职申请包中的一两个错误就足以断送候选人的机会。[47]

简历是你写过的最重要的文档之一，所以，在校对的过程中不要匆匆忙忙或者偷工减料。检查所有的标题和列表，确保清晰对称，并且确认你的语法、拼写和标点是正确的。复核所有的日期、手机号码、邮箱地址和其他必要的信息。请至少三个人来读一遍。作为材料的创作者，你可能盯着一个错误好几周都没有发现它。

15.4.4 发送简历

怎样发送简历取决于你的目标雇主的数量和他们偏好的收到简历的方式。雇主们通常把他们的偏好写在网站上，所以确认一下这一信息来确保你的简历使用了正确的格式和正确的发送渠道。除此之外，这里有一些通常的发送技巧：

- **邮寄打印版简历**。在包装上小心一点。多花几美分用 9×12 的平邮信封邮寄这些文档，或者更好一点，用优先邮件，这样只要多花几美元你就可以有坚固的纸板信封和更快捷的递送。
- **用电子邮件发送简历**。一些雇主想要求职者在电子邮件的正文中包含简历的内容，另一些则偏好于将写有简历信息的 Word 文件作为附件。如果你知道参考号码或广告号，在邮件的主题栏里加上它。

---

[45] VisualCV website, accessed 10 August 2010, www.visualcv.com.
[46] Elizabeth Garone, "Five Mistakes Online Job Hunters Make," *Wall Street Journal*, 28 July 2010, http://online.wsj.com
[47] "10 Reasons Why You Are Not Getting Any Interviews," *Miami Times*, 7—13 November 2007, 6D.

- **在雇主网站上提交简历。** 包括多数大公司在内的许多雇主目前都偏向于或要求求职者在网上提交他们的简历。在某些情况下,他们会要求你上传一个完整的文件。而在其他情况下,你需要将简历的每一部分复制粘贴到在线求职表格的独立框中。
- **在求职网站上发布简历。** 你可以在像 Monster(http://home.monster.com and http://college.monster.com)和 CareerBuilder(www.careerbuilder.com)这样的通用求职网站上,或者在那些像 Jobster(www.jobster.com)和 Jobfox(www.jobfox.com)这样更专业的网站上,还可以在像 Volt(http://jobs.volt.com)这样的人事服务网站上发布简历(或者在某些网站上创建在线简历)。目前在线的求职网站大概有 10 万之多,所以你需要花一些时间来寻找专注于你的目标行业、地区或专业的网站。[48] 然而,在将你的简历上传到任何网站前,要了解这个网站的机密保护情况。一些网站允许你设定保密性的等级,比如让雇主搜索你的资历,但是看不到你的个人联系信息,或者避免你的现任雇主看到你的简历。不要在任何不让你选择限制显示联系信息的网站上发布简历。只有当雇主是这个网站的注册用户的时候,他们才能看到你的联系信息。[49]

计划、写作和完成简历步骤的小结,参见"要点检查:写一份有效的简历"。获取简历写作的最新信息,登录 http://real-time updates.com/ebc10 并点击第 15 章。

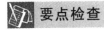 要点检查

写一份有效的简历

A. 计划简历
- 仔细分析你的意图和受众,确认信息符合雇主的要求。
- 收集目标企业的相关信息。
- 通过研究每个雇主的偏好来选择最好的媒体。
- 围绕你的优点组织简历,选择时序型、功能型或者复合型结构(选择功能型结构要谨慎)。

B. 写作简历
- 保证简历的诚实性。
- 让你的简历适应受众,突出每个雇主寻求的资历条件。
- 选择一个求职意向、能力概述或者职业概述作为你的资历综述,并且使它简洁、具体、以读者为中心。
- 用恰当的语言说明你的姓名和联系方式,职业目标或者资历综述,教育背景,工作经验,技能,工作或者学业成果,以及个人活动和成就。

C. 完成简历
- 修订简历,直到它清楚、简洁并引人注目。
- 完成你可能需要的所有格式的简历:传统打印简历、可扫描型、纯文本文档、Microsoft Word 文档、PDF 文档,或者在线/多媒体/社交媒体简历。

---

[48] Deborah Silver, "Niche Sites Gain Monster-Sized Following," *Workforce Management*, March 2011, 10—11.
[49] "Protect Yourself From Identity Theft When Hunting for a Job Online," *Office Pro*, May 2007, 6.

- 检查简历,确认其尽善尽美。
- 用雇主偏好的方式发送简历。

工作进行时

解决 ATK 的沟通困境

你是 ATK 公司的一名招聘人员,在明尼阿波利斯总部的人力资源部工作,你的部分工作职责包括使用申请追踪系统来识别有前途的工作候选人。你目前的任务就是寻找候选人来填补公司财务组的会计职位空缺。

1. 你已经学会了密切关注简历中的资历综述,从而确保你将申请者的兴趣与合适的工作空缺相匹配。你已经为这个会计的职务选择了四份简历。下面哪一个意向表达和该职位最相符?

   a. 求职意向:一份在大型企业入门水平的金融工作

   b. 能力概述:用我的会计、金融才干和商业头脑将公司领向爆炸式的发展的良好记录

   c. 能力概述:企业管理专业扎实的学术功底,现金管理和基本会计流程方面的经验

   d. 求职意向:在一家声望如 ATK 般杰出的公司以及令人兴奋的环境中,学习所有我能学到的会计知识

2. 在简历的教育背景部分,以下哪个是最有效的?

   a. **莫尔浩司学院,亚特兰大市,佐治亚州,2007—2010 年**。获得学士学位,主修工商管理,辅修金融。以平均绩点 3.65 毕业。加入大学足球队和篮球队。每周在图书馆工作 15 小时。在美国管理协会协调本地学生分会的工作。Alpha Phi Alpha 社会互助会成员。

   b. **我在密歇根州,底特律市的韦恩州立大学上了两年学,然后转学到密歇根大学安娜堡分校并完成学业**。我的专业是经济学,但是我也学习了多门工商管理的课程,包括员工激励、小企业管理、创业史和组织行为学。我根据教授的声望选择课程,而且大多数课程我都得了 A 或者 B。不像许多大学生,我把知识的获取——而不是为就业作准备——当作我的主要目标。我相信我接受了全面的教育,让我准备好将应对各种管理环境的经历作为解决问题的操练。

   c. **康涅狄格大学,斯托斯市,康涅狄格州。2011 年获学士学位毕业**。主修体育,辅修工商管理。以平均学分 2.85 毕业。

   d. **北得克萨斯州立大学和得克萨斯大学泰勒分校**。获得学士学位和工商管理硕士学位。本科主修商务,在读 MBA 期间主要研究金融管理。获得过国际扶轮社为承认商务课程的学术成就而提供的 2 500 美元的奖学金。我还在 2009 年获得了 MEGA 奖。

3. 以下候选人中的哪一个将工作经验描述得最好?

   a. **麦当劳,皮奥里亚县,伊利诺伊州,2004—2005 年**。兼职厨师。在读高中期间每周工作 15 个小时。烹饪菜单上所有的菜品。由于杰出的工作习惯获得"每月员工之星"奖。

   大学烤肉城,艾姆斯市,爱荷华州,2007—2011 年。兼职厨师。上大学期间每周工作 20 小时。烹饪冷热三明治。帮助经理采购原料。为厨房工作人员安排工作时间。

b. 虽然我从来没有从事过任何全职工作,但是我在高中和大学期间一直从事兼职和暑期工作。在高一和高二,我每周有三个下午在 A&P 进行杂货装袋,在那里我被大家认为是最努力工作的员工之一。在大三和大四,我在 YMCA 做小学生的课后辅导老师。我认为我在他们的生活中产生了积极的影响,因为我现在还能收到其中几个人的来信。在大学期间的暑假,我在本地一个住宅建造队做建筑工作。工作收入不错,而且我学会了很多木工工作。我还在大学的学生餐厅做过兼职工作。

c. 梅西百货商店,雪曼橡树区,加利福尼亚州,2002—2005 年暑期。导购,家具部。与多样化的客户群体沟通,努力满足他们的个体需要,使他们的购物经历高效而愉悦。在销售经理的指导下,准备员工工作时间表并完成部门报告。在协助存货管理、进行现金登记以及处理特殊订单和客户需求时,体现了计算机技能和细节观察能力。三次获得 CEO 奖(每月最佳销售业绩)。

d. 雅典市,佐治亚州,公共安全委员会市民成员,2009 年 1—12 月。

- 组织并宣传一系列为雅典市居民服务的关于假期安全和家庭安全的讲座;招聘并培训了七名委员会成员来帮助策划和进行讲座;说服当地企业为该计划出资;设计、印刷和分发传单;撰写和发布新闻稿;这三场讲座平均每次吸引了 120 名听众。

- 设计了一份问卷确定当地居民家庭安全需求;指导 10 名志愿者进行调查工作;为市议会准备书面报告并在镇民大会上对调查结果进行汇报总结;帮助说服市政府为新的家庭安全计划出资。

- 发起商务安全论坛,这是一个本地企业领导人会面并讨论安全问题的年度会议;为第一届论坛制作宣传单;说服 19 位企业所有者出资赞助一项商务安全调查;为第一届论坛安排新闻报道。

4. 当你分析申请追踪系统给你推荐的四份简历的时候,一位同事递给了你一份简历并说这个人很适合那个会计空缺。你会采取哪项措施?

a. 建议 ATK 进一步看看这位杰出的候选者。

b. 拒绝这份申请。他没有提供足够的关于他何时上大学、专业是什么,或者曾经在哪里工作的信息。

c. 察看候选者基于网页的电子档案,在里面他公布了在校的许多项目。如果里面有简历中缺少的信息而且这位候选者看起来很有前途,就推荐他进入面试进一步观察。如果仍然找不到主要信息,就给候选者发一封邮件要求提供这些额外的信息。一旦得到所有必需的信息马上做出决定。

d. 把这位候选者的资历与其他申请者的进行对比,如果无法找到三个或四个更具直接相关技能的申请者,就推荐他。

Darius Jaidee

809 N. Perkins Rd, Stillwater, OK 74075

电话号码:(405)369-0098

E-mail:dariusj@okstate.edu

求职意向: 在金融管理领域建立成功的职业

资历概述:作为俄克拉荷马大学斯蒂尔沃特分校的一名学生,完成了许多不同的体现与会计和管理相关技能的任务。例如:

计划技能:作为大学国际事务论坛的主席,9个月内组织了6次讲座和研讨会,涉及来自16个国家的36个外国演讲者。确定和邀请演讲者,处理他们的旅行安排,并为活动安排时间表。

沟通技能:就诸多学术主题撰写了超过25篇评论和论文,包括至少10篇商务和金融方面的。作为一名大四学生,就石油工业的金融趋势撰写了一篇20页的分析,采访了ConocoPhillip在俄克拉荷马州彭加市的精炼厂,以及得克萨斯州休斯敦公司总部的5位任会计和金融职位的高级执行官。

会计和计算机能力:精通所有Microsoft Office软件,包括Excel电子制表和Access数据库。在父母的小生意上协助进行簿记活动,包括从纸笔记账到电脑记账(Peachtree软件)的转变。完成的课程有会计、财务筹划、数据库设计、网页设计和计算机网络。

更多的信息,包括工作经历,请进入http://dariusjaidee.tripod.com查看我的电子档案。

学习目标检查

通过阅读每个学习目标和完成相关练习来评估你对本章要点的掌握情况。填空题,写出空白处缺少的文字;单项选择题,在正确答案的字母上打勾。

目标 15.1:列出在当今的就业市场中寻找理想机遇的八个关键步骤。

1. "写出你的故事"可以怎样帮助你计划求职以及制作简历?
   a. 它帮助你在简历中专注于自身的需要而不是雇主的需求。
   b. 它帮助你考虑好你想要去哪里工作以及如何向目标雇主展现自己。
   c. 它使你避免写一份传统结构的简历。
   d. 它帮助你计划好在每次面试的开始都要进行的演说。

2. _____ _____ _____是一种衡量新员工与企业需求有多接近的方法。

3. 当雇主们需要为一个工作空缺寻找候选人参加面试时,他们通常最先采取的是哪一步?
   a. 他们在网上搜索含有关于潜在候选人信息的个人网站和电子档案。
   b. 他们在公司内部寻找可能人选。
   c. 他们在像Monster.com和CareerBuilder.com这样的求职平台上发布工作广告。
   d. 他们在当地的报纸上刊登广告。

4. 下面哪一个选项最准确地刻画了雇主寻找新员工和员工寻找新机会分别采取的方法?
   a. 雇主和员工按相同的顺序在相同的地方寻找。
   b. 雇主和员工各自采取的方法正好相反,雇主从公司内部开始,渐渐到招聘广告这个最后选择,员工从招聘广告开始再转到其他方向。
   c. 由于网站是雇主目前公布新工作空缺的唯一地点,网络是员工应该查看的唯一地点。
   d. 雇主和员工采取的方法没有任何相同点。

5. 下面哪一个选项最好地描述了人际关系应

用于你职业生涯的过程?
  a. 确保你进入在线场景,这样你就不会错过任何新的互联网的发展。
  b. 结识一个广泛领域的互利的业务联络。
  c. 请尽可能多的人来提醒你让人感兴趣的工作机会。
  d. 确保你在接受了新职位后尽快认识公司里的每一个人。
6. 如果你还没有重要的工作经验却依旧想成为一名有价值的人际关系成员,你应该考虑下面哪一项策略?
  a. 将你的人际关系限制在那些和你相似的人群中,这样你就可以分享相似的信息了。
  b. 创建一版方便的、可折叠的、名片大小的简历,你可以把它们发给每一个你见到的人,这样他们就不用拿着一份全尺寸的简历了。
  c. 在你有足够的工作经验之前避免人际关系交往,可以提供一些你本行业内的有关就业市场的内部建议。
  d. 研究近期商业世界的发展趋势,以保证无论何时你遇到人际关系中的人都有有趣的和有用的信息信手拈来。

目标 15.2:解释你简历的计划过程,包括怎样选择最好的简历格式。

7. _____简历突出就业经验,将工作从最近到最早倒序排列。
8. _____简历的重点是个人特殊技能,不把工作历史逐项列出。
9. _____简历使用了时序型和功能型两种元素。
10. 以下哪个是时序型简历的优点?
  a. 它帮助雇主轻松地找到必要的信息。
  b. 它突出你的专业成长和职业发展。
  c. 它强调就业背景的连续性和稳定性。
  d. 它能完成所有这些沟通功能。
11. 为什么许多雇主对功能型简历持怀疑态度?
  a. 它允许申请者隐藏或者弱化长期失业或缺乏职业发展的事实。
  b. 它不如其他简历形式那样容易被扫描进计算机数据库。
  c. 它不能提供任何关于教育背景的信息。
  d. 它鼓励申请者将团队合作而非个人成绩包括进来。
12. 下面哪项是复合型简历的缺点?
  a. 它无法被转化成可扫描格式。
  b. 它趋向于比其他形式更长而且可能会重复啰唆。
  c. 它对于有广泛工作经验的人们无效。
  d. 复合型简历没有缺点。

目标 15.3:描述撰写简历的任务,并且列出传统简历的主要部分。

13. 以下哪个选项是不管什么格式的简历都应该包括的部分?
  a. 联系信息,教育背景,工作经验。
  b. 联系信息,教育背景,证明人。
  c. 个人数据,联系信息,教育背景。
  d. 教育背景,证明人,求职意向。
14. 为什么一些专家反对在简历中包括求职意向?
  a. 它会限制你作为一名候选人的可能性,尤其是如果你想在各种职位上被考虑的话。
  b. 它显示你是自私的并且只想着自己的成功。
  c. 它显示你不切实际,因为没有人可以计划一个可能持续40年或者50年的职业生涯。

d. 它有助于你在潜在雇主的脑海中被锁定为候选人。

15. 能力概述和职业概述有什么不同？
    a. 它们是一样的。
    b. 能力概述是对你最重要的技能和特征做一个简短的总结，而职业概述是回顾你的职业发展。
    c. 现在没有人使用能力概述了，而职业概述依旧很流行。
    d. 职业概述对于近期的毕业生最适用，而能力概述最适用于那些有了十年或二十年工作经验的人。

16. 哪一项应该是你简历的第一部分，是教育背景还是工作经验？
    a. 教育背景应该是第一位的。
    b. 工作经验应该是第一位的。
    c. 取决于哪一项对于雇主来说更有意义，考虑到你在这一刻处于的职业生涯阶段。
    d. 现在最好的简历使用两列的格式，其中教育和工作经验并排。

17. 对于美国的目标雇主来说你在简历中包括多少信息合适？
    a. 你应该列出你的年龄、婚姻状况以及需要特殊住宿条件的生理缺陷。
    b. 你应该列出你的年龄、婚姻状况、一份通用的健康评估（没有提及任何特殊的问题）以及宗教信仰。
    c. 在你的简历上你不应该列出任何个人信息。
    d. 你不应该列出任何有关健康或者国籍的信息，但是你应该列出年龄、性别以及薪资历史。

目标15.4：描写简历的完成步骤，包括制作一份简历最常见的六种格式。

18. 下面哪一项最好地描述了当你制作一份简历时应该达到的质量水平？
    a. 随着电子邮件和社交网络的出现，大多数公司放松了对于语法、拼写和其他老派问题的担忧，所以不要去关注鸡毛蒜皮的细节。
    b. 一家大公司的一个有代表性的招聘人员在任何给定的一天要看这么多的简历，大多数的错误是被忽略的。
    c. 你的简历要达到完美。
    d. 你的简历应该反映你的工作习惯，这样的话，如果你不仅仅是一名战略思想家就要保证你的简历能反映出这一点并且不必担心无关紧要的细节。

19. 现在大部分的简历都受到申请追踪系统或其他数据库的＿＿＿＿，在这里招聘者最有可能按照特定岗位的要求进行匹配来搜索简历。

20. 一份＿＿＿ ＿＿＿简历的版本与传统简历有相同的内容但是已经改了所有的格式，这样才易于发送邮件或者复制到在线表格里。

21. 哪一项是在线、多媒体或者社交媒体简历最大的优势？
    a. 你可以通过连接项目、出版物、截屏、在线视频、课程列表、社交网络资料和其他元素扩大基本简历的信息容量。
    b. 你可以随着时间逐渐建立简历，并且在开始求职的时候不必担心每一个细节。
    c. 你可以使用很多色彩。
    d. 你可以利用网站的灵活性来提供你生活史中的广泛细节。

知识应用

回顾本章有关以下各问题的内容,参考指定的学习目标。

1. 你怎样才能"像雇主一样思考",如果你没有职业商务经验的话?[学习目标1]

2. 如果你是一个有特殊需求的儿童的暑期夏令营的团队领导者,那你在申请一份不相关的工作的时候是否应该在简历中包括该内容?[学习目标3]

3. 如果你在既定的职业生涯中还没有丰富的职业经验,你可以使用能力概述吗?[学习目标3]

4. 有些人在进入就业市场的时候没有清晰的职业道路。如果在这样的情况下,你的不确定性将怎样影响你的简历写作?[学习目标3]

5. 在大二和大三之间,你休学一年去赚钱以完成学业。你在一家金融公司做贷款处理助理,负责核实贷款申请表上的证明人、打字和归档。你的经理很介意自己没有上过大学。他似乎因为你为学业奋斗而厌恶你,但是他从来没有批评过你的工作,所以你认为自己做得不错。在那工作6个月后,他解雇了你,说你在信用审查中没有把工作做到位。你实际上很高兴能离开,而且你马上找到了一份工作,在一家银行做相似的工作。现在你已经大学毕业了,正在写你的简历。你会把在那家金融公司的工作列进你的工作历史中吗?请解释。[学习目标3]

技能实践

信息分析

阅读下列简历信息,然后:(1)分析信息的优点和缺点;(2)修改这份简历,使其遵循本章指南。

分析15.A:写作简历[学习目标3]

Sylvia Manchester
765 Belle Fleur Blvd.
New Orleans, LA 70113
(504)312-9504
smanchester@rcnmail.com

个人信息:单身,非常健康,5'7",136磅;爱好包括烹饪、舞蹈和阅读。

工作意向:在一家好公司获得一份市场营销或者销售方面的有责任的职位。

教育背景:生物学学士学位,路易斯安那大学,1998年。毕业平均学分3.0。大学拉拉队成员。泛希腊联盟主席。返校节女王。

工作经验:Fisher科学仪器,2004年至今,市场销售代表。负责访问客户并解释Fisher试验仪器产品线的特点。同时负责写推销信,参加展销会和准备每周销售报告。

Fisher科学仪器,2001—2003年,客户服务代表。负责处理客户关于发货、质量或者Fisher实验仪器产品操作的来电。同时处理各种客户通信往来。

Medical电子有限公司,1998—2001年,营销部副主管助理。除了为副主管处理一般的秘书事务外,我还负责将市场销售人员提供的数据整理成每月销售报表。同时负责许多市场调查活动。

新奥尔良市会议与游客管理局,1995—1998年,导游。就读大学期间的暑假,我为来新奥尔良市的访客提供导游服务。我的职责包括在酒店迎接与会者及其家属,在一整天的观光游中解说城市历史与特色,以及回答有关新奥尔良市及其名胜古迹的问题。在管理局工作的第四个暑假，我被任命帮助培训新导游。我准备了一本手册，提供各种有关旅游名胜的趣闻轶事，以及游客最常问问题的解答。管理局很受感动，他们把手册印发出来，作为给观光者的礼物。

<u>路易斯安那大学</u>，1995—1998 年，<u>招生办公室兼职职员</u>。在该校上学期间，我每周在招生办工作 15 小时。我的职责包括文件归档、处理申请书和处理高中学生和管理者的来信。

➡ **练习**

1. 职业生涯管理：寻找就业机会[学习目标 1] 根据你职业自我评估中确认的偏好（见序言）以及学术、职业和你必须提供的个人素质，在网络上检索那些符合你兴趣的职业（从表 15.1 列出的网站开始）。给任课教师写一份简要的报告，说明你选的那个职业怎么样以及你的优势和偏好与找到的那个职位空缺是否匹配。

2. 信息策略：写简历；协作：团队项目[学习目标 3]，第 2 章 和另一个学生一起，通过使用行为动词改变以下语句使简历变得更有效。

  a. 有一些数据库设计的经验。

  b. 曾经参与了一个分析大型制造商成本核算方法的项目。

  c. 我曾是开发一个新库存管理系统的团队的一员。

  d. 负责部门季度预算编制。

  e. 曾经当过部门经理，有 7 个人为我工作。

  f. 负责开发一个表格以按部门分析每月的销售情况。

  g. 为订单供应安装新的程序。

3. 信息策略：撰写简历[学习目标 3] 使用你的团队关于练习 2 的答案，通过量化它们使语言更有力量（整理所有你需要的数据）。

4. 信息策略：写简历；伦理沟通：解决道德困境[学习目标 3]，第 1 章 假设你以团队一员的名义而不是个人完成了练习 2 的所有任务。在你的简历中，应该提到团队的其他成员吗？为什么？

5. 完成简历[学习目标 4] 在邮件中使用分析 15.A 中简历的修正版，创建一个纯文本文件，Sylvia Manchester 可以把它包含在邮件信息中。

6. 完成简历[学习目标 4] 设想你正在申请某一领域的工作，这份工作涉及在公众面前讲话，如销售、咨询、管理，培训等。使用你在第 14 章的练习和案例中创作的材料，录制一个关于你的口才和演讲技能的两分钟到三分钟的视频。录制你在观众面前演讲的视频，如果可以安排的话。

技能拓展

剖析行业案例

从 VisualCV（www.visualcv.com）或一个相似的网站上找一个在线简历的模板（一个样板或一份真实的简历）。分析该简历中使用到的本章的准则。使用任课教师要求的媒体，写一个关于简历优缺点的简要分析（不要超过一页），引用简历中的特定元素和本章提供的一些支持。如果你正在分析一份真实的简历，那么在报告中不要包含任何可识别身份的个人信息，例如名字、邮箱地址、手机号码等。

在线提升职业技能

"博韦和希尔的商务沟通搜索"（http://

businesscommunicationblog.com/websearch）是一个专为商务沟通研究而设计的研究工具。使用网页搜索功能查找网站、视频、PDF文档、播客或幻灯片演示文稿，为制作有效的简历提供建议。给任课教师写一封简短的电子邮件，描述你搜索到的条目，总结你从中学到的职业技能。

改善语法、结构和表达

以下练习帮助你提高对英语语法、结构和表达的掌握和运用。看下面10个项目，找到最佳选项，在每个括号中较佳的选项下画线。

1. Everyone（accept/except）Barbara King has registered for the company competition.

2. We need to find a new security（device/devise）.

3. The Jennings are（loath/loathe）to admit that they are wrong.

4. That decision lies with the director,（who's/whose）in charge of this department.

5. In this department, we see（a lot, alot）of mistakes like that.

6. In my（judgement, judgment）, you'll need to redo the cover.

7. He decided to reveal the information,（irregardless, regardless）of the consequences.

8. Why not go along when it is so easy to（accomodate, accommodate）his demands?

9. When you say that, do you mean to（infer, imply）that I'm being unfair?

10. All we have to do is try（and, to）get along with him for a few more days.

案 例

职业技能　电子邮件技能

1. 职业规划：寻找就业机会[学习目标1]　当面临写简历，参加面试的时候，了解一个特定职业或行业的术语和"热点问题"可以给你带来很大的优势。你可以微调你的简历以应对人工阅读和申请追踪系统的筛选，这可以让你以一个喜欢追根问底、具有专业水平的个体形象展现出来，并且听上去更加自信和博学。

你的任务： 想象一下，一家公司有这样一个特定的工作类别，它有一个可以提供信息的综合网站（帮助你做需要进行的研究）。这项工作不一定现在就有职位空缺，但是你知道这家公司存在或可能存在这样的职位，比如苹果的商业系统分析师和联合利华的商标经理。

搜索公司的网站和其他在线资源找到如下内容：(1)对这项工作需要做什么作一个简短的描述，并且你应该知道足够的细节信息以便给同学描述它。(2)在该职业或行业中使用的一些专业术语，包括那些以关键词在简历中出现的正式术语，和那些业内人士在出版物和对话中使用的非正式的词汇和短语。(3)从事该职业的人们之间进行的持续的在线谈话。例如，这可能是一个LinkedIn群，一个受欢迎的得到了相当多评论的行业或职业的博客,或者某个引发大量评论的行业或职业刊物。(4) 在接下来的几年,至少有一个重要的问题会影响本职业的人或本行业的公司。例如,如果你选择的职业包括上市公司的会计,那么国际财务报告准则的变化将是一个重要的问题。类似地,对于一家居民电力行业的公司,电子垃圾的回收和处理是一个问题。写一封简短的邮件来概述你的研究结果,并在你的简历和工作面试中解释你能如何运用这些信息。

职业技能　团队技能

2. 计划一份简历[学习目标2]　如果你还没有开始你的职业生涯或者你正在追求职业改变,那么简历中的工作经历部分有时写起来会很困难。也许和你那些聪明有创意的同学进行一场头脑风暴会有所帮助。

你的任务:由任课教师指派一个团队,你们互相评价对方的工作经历,并找到在简历中表达工作背景的最好方式。首先,团队成员要编写他的工作经历,如果和工作相关的话,也可以写上自由职业项目和志愿者工作,并且和团队成员分享这些内容。在使得每个人都有时间检查完其他人的信息之后,开一个团队会议(允许的话,可以亲自到场,也可以在网上)。讨论每个人的历史,指出其中的优点和缺点,然后进行头脑风暴,找到表述每个人工作经历的最好方式。

注意:如果你有一些方面的工作经历不想与队友分享,那么就用一个同期的合理的类似经历来代替。

职业技能　团队技能

3. 写作一份简历[学习目标3]　简历的资历综述需要仔细考虑,无论是决定采用三种类型中的哪一种以及还要写一些什么内容。获得另一个人关于该沟通挑战的看法是有帮助的。事实上,在这项活动中,一些人已经开始帮你写资历综述了,你也要有所回报。

你的任务:与一个同学组成搭档,互相提供有关你们资历、工作经历、教育和职业目标的基本事实。然后,面对面或者在线进行一场非正式的面试,相互提问以补充你们对彼此信息的了解。假设你们每一个人都选择用能力概述来写作简历。现在写好彼此的能力概述,然后相互交换进行检查。当你在阅读同伴给你写的能力概述时,询问自己它和你对自己的看法以及你的工作追求是否一致。你认为它有效地把你介绍给了潜在的雇主了吗?你要更改其中的什么内容?

演讲技能　档案建立

4. 信息策略:完成简历[学习目标4]　创建演示文稿和其他多媒体辅助材料是一种扩展简历提供的简单概述很好的方式。

你的任务:从你为自己撰写的任何一种版本的简历开始,创建一份PPT来扩展你的简历信息,以使你的潜在雇主对你能做些什么有一个更全面的了解。通过你的作品样本,现在或过去的雇主以及同事的推荐,你的演讲视频和其他内容来讲述你的职业故事。如果你心里有某个特定的工作或工作类型,那么就将你的展示聚焦在那里。另外,展示一个更全面的描述,显示为什么你是任何一家公司都要考虑的优秀员工。一定要复习第14章关于打造专业化演讲的资料。

第 16 章 就业申请与面试

学习目标

学完本章后,你将能够:

1. 解释求职信的意图,描述怎样在求职信中运用 AIDA 组织法
2. 描述求职面试的典型步骤,主要的面试类型以及雇主在面试中寻求什么
3. 列出准备一个成功的求职面试需要完成的六项任务
4. 解释如何在求职面试的三个步骤中取得成功
5. 确定面试后最常见的雇佣信息并解释适用时机

工作进行时

Zappos 的沟通

用非常规的方式来寻找非常规的员工

当一家公司用一只名为"核心价值青蛙"的卡通动物来传达自己的核心价值时,你就会猜到这家公司并不很适合陈旧古板的公司模式。尽管它在客户满意和员工聘用方面都极其认真,但是坐落于拉斯维加斯的网上卖鞋零售商 Zappos 并不是很呆板地处理这些事。事实上,青蛙推销的十条价值观之一就是"创造欢乐及一点点搞怪"。

欢乐及一点点搞怪使得工作场所更加令人愉快,但是 CEO Tony Hsieh 对员工的承诺不止如此,公司最常谈及的就是"Zappos 家庭",它以多种方式来拥护彼此关心、共度时光的理想。这些活动范围从在工作场所游行和做其他愚蠢的事到许愿活动,在这个活动中员工可以要求另一个人完成自己的心愿,无论它是像"获得进入音乐会后台的机会"这样轻松愉快的愿望,还是像"在财政困难的时候获得帮助"这样严肃的问题。

在涉及招聘和面试的工作中,为了找到能够在公司茁壮成长的员工以及保护公司的非传统文化,公司采用了一种非正式的方式。例如,鼓励申请者发送关于他们自己的视频,甚至在它的申请网页上提供了上传设备,这与那些拒绝接受工作申请包中视频内容的公司形成了鲜明对比。

为了找到那些适合企业文化的热情、思想开放的候选人,面试过程涉及从另类的滑稽动作到

对客户和同事的郑重承诺等多个方面。应聘者能预料的问题包括："在工作中,你犯的最好的错误是什么?""从1级到10级,你有多搞怪?"

谈及另类的面试,公司最近在使用30分编程挑战来甄选那些软件工程方面的候选人,过程中会让第一个程序员解决下一轮面试中的问题:去维加斯最短的路径?在招募程序员时,编程测试并非那么不同寻常,但也不可能像Zappos的竞争者那样谁都可以参加。

一种以顾客和员工为核心的强文化,一个对保持那种文化的郑重承诺,一项能为那种文化选到合适员工的招聘策略,这种对做生意持续高度的关注使得Zappos模式不断获得成功。公司在不断成长并且一直是美国最佳工作场所之一。①

www.zappos.com

16.1 提交简历

无论你是否计划向本章开篇介绍的Zappos或其他公司申请工作,从某种意义上讲,你的简历通常会是你求职包的核心。然而,在面试之前、期间和之后,简历的撰写也需要其他一些招聘信息的支持,包括求职信、工作询问信、申请表和后续跟进的笔记。

16.1.1 撰写求职信

每当你邮寄、通过电子邮件发送、亲手递交或者上传你的简历时,你应该有一封求职信(application letter),从而让读者知道你送来的是什么东西,为什么要送,以及读了它能有什么收获。虽然这种信息通常不再是打印的信了,但是许多专业人士还称它为信。像对待简历一样,写好你的求职信。一封写得不好的求职信会促使雇主跳过你的简历,即使你很适合那份工作。② 招聘专员Abby Kohut称求职信是一种"对伪装写作技巧的评估",并且强调在求职信中,即使是一个简单的错误也会使你在竞争中失败。③

求职信最好的方法取决于,你是发送**应聘求职信(solicited application letter)** 以申请一个确定的空缺职位,还是主动给公司发送**自荐求职信(unsolicited application letter)**,即使他们并没有公布适合你的职位。④ 在许多方面,这两者之间的差异类似于应聘和自荐。图16.1展示了一封回应招聘启事而写的求职信,作者确切地知道公司正在寻求怎样资质的人并且可以在求职信中对这些条件进行反馈。

---

① 改编自"Wishez Is Live," Zappos Family blog,17 November 2010,http://blogs.zappos.com; Tony Hsieh,"Amazon & Zappos, 1 Year Later," Zappos CEO & COO blog,22 July 2010,http://blogs.zappos.com; Zaoops Jobs page,accessed 25 March 2011,http://about.zappos.com/jobs; Todd Raphael,"7 Interview Questions from Zappos," Todd Raphaers World of Talent blog,22 July 2010,http://community.ere.net; Jeffrey M. O'Brien,"Zappos Knows How to Kick It," Fortune,22 January 2009,http://about.zappos.com/presscenter; "Zappos Family Seattle Coding Challenge and Tech Tweet Up," Zappos Family blog,22 March 2011,http://blogs.zappos.com。

② Matthew Rothenberg,"Manuscript vs. Machine," The Ladders,15 December 2009,www.theladders.com; Joann Lublin,"Cover Letters Get You in the Door,So Be Sure Not to Dash Them Off," *Wall Street Journal*,6 April 2004,B1.

③ Lisa Vaas,"How to Write a Great Cover Letter," The Ladders,20 November 2009,www.theladders.com。

④ Alison Doyle,"Introduction to Cover Letters," About.com,accessed 13 August 2010,http://jobsearch.about.com。

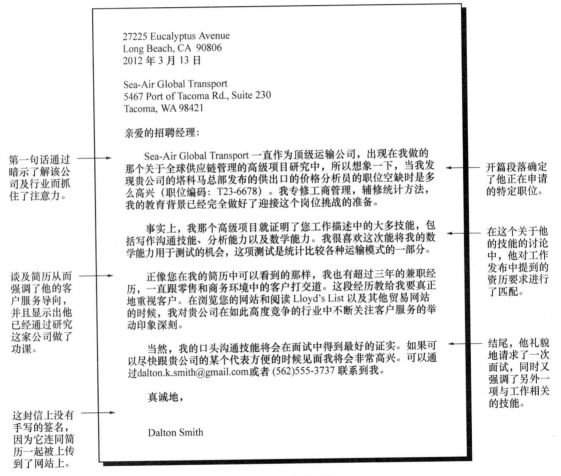

图 16.1 应聘求职信

这是一封对招聘启事的回应信,Dalton Smith 在重述职位特定要求的同时强调了自己的能力。遵循 AIDA 模式,他通过让读者知道他熟悉这家公司以及全球运输商务来立即抓住注意力。

自己探求工作机会更具挑战性,因为没有招聘信息可以为你提供清晰的目标。你将需要做更多的调查研究来确定你希望任职的那家公司对于这个职位要寻找的资质条件(如图16.2所示)。同时,检索新闻条目,包括公司、客户、行业和你要把求职信发送给的那个经理。在求职信中使用这些信息,可以帮助你和你的读者建立共识,并且显示出你了解这个行业正在发生的事。

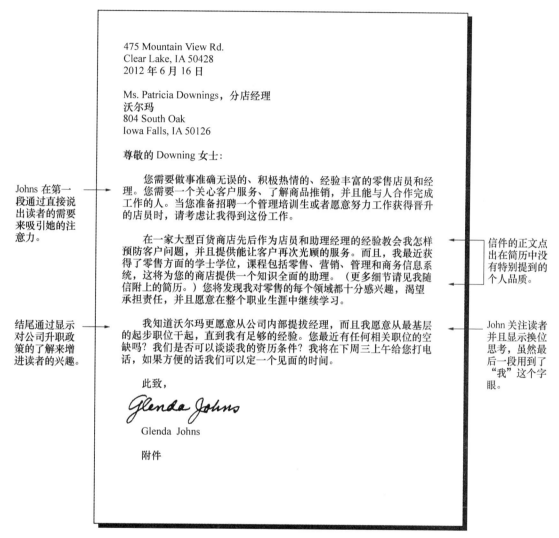

图 16.2 自荐求职信

Glenda Johns 作为员工和助理经理的经验,使得她非常了解沃尔玛可能正在寻找的未来的经理素质。她利用这些了解拟出了求职信的开篇。

无论是写哪种类型的求职信,遵循以下要点将会更加有效[5]:

- 千万不要试图通过花哨的信件来显得与众不同;而应该通过你的知识与专业水准来留下深

---

[5] Doyle, "Introduction to Cover Letters, Vaas, How to Write a Great Cover Letter"; Toni Logan, "The Perfect Cover Story," *Kinko's Impress* 2 (2000): 32, 34.

刻印象。
- 如果这位经理的名字是完全可以找到的，那么直接寄信给那个人，而不是使用一般的称呼如"尊敬的招聘经理"。检索链接、公司的网站、行业目录、Twitter 以及其他你能想到的途径来寻找一个合适的称谓。问问你人际关系网络中的人，也许他们知道。如果另一个申请人找到了名字而你没有，那么你将处于劣势。
- 清楚地说明你要申请的或你感兴趣的工作职位。
- 显示出你了解该公司及其市场。
- 除非雇主要求，永远不要主动提到薪水历史及期望。
- 保持简短——不要多于三段。记住你在这一点上要做的就是使会话早一步来到。
- 在保持一种适当商业化基调的同时展示一些个性。求职信给你机会来调和简历中全是事实的基调。
- 表现出自信但并不傲慢。

因为就像以下部分解释的那样，求职信是劝说性的信息，你在第 10 章学到的 AIDA 方法是一种理想化的方法。

引起注意

求职信的开篇有两个重要任务要完成：(1) 清楚地阐明写信的原因；(2) 给收信者读下去的理由。为什么招聘人员会想继续读你的信而不是他桌上堆着的成百上千其他人的信呢？因为你展示出了企业需要的潜能，你研究过了该企业及其职位，而且你对这一行业及其目前的挑战有一定的了解。看看这个开篇：

> 随着近年来企业采购的下滑，我很清楚地认识到在这种商务环境中进行销售所面临的挑战。但是我奋发向上的抖擞精神和 16 个月的新型汽车销售经验让我相信，我可以达到您在网站的招聘广告上列出的主要要求。

这个求职者在圆滑地突出了他的个人资历条件，并在证明他了解宏观市场情况的同时呼应了企业所表明的需求。这份求职信通过热情及对这一职位的热忱兴趣弥补了他缺乏经验这点不足。表 16.1 强调了其他几种可以在开篇激发兴趣和吸引注意力的方法。所有的这些开篇都显示了换位思考，并且暗示了求职者可以怎样为雇主服务。

表 16.1 在求职信中吸引注意力的小提示

提示	例子
自荐求职信	
说明你的技能将给企业带来什么好处。	如果你需要一个在与顾客形成牢固关系的同时始终如一达到销售目标的地区销售专员，请考虑我的条件。
描述你对工作要求的理解，然后显示你的条件怎样符合这些要求。	贵公司的年报表明提高生产效率是你们下一年的重点之一。在我研究生阶段关于系统工程的研究和在本行业数家公司从事的顾问工作中，我开发出了能够很快地确定缩短生产时间并减少用料途径的方法。
提到读者认识并且高度认同的人的名字。	上周你们连锁销售部门的 Janice McHugh 来到我们的商务沟通课堂，她说你们在每年的这个时候经常需要有能力的应届营销专业毕业生。
提及公开的企业活动、成就、变化或者新程序。	今天的《底特律新闻报》的评论说你们今年的春天要实现 Lansing 轮胎厂的自动化，可能需要机器人技术方向的计算机编程专家。

(续表)

提示	例子
用一个问题来显示你对企业需求的了解。	贵公司快速发展的市场分析部门是否需要一个有着两年实地调查经验、拥有公共关系学士学位并渴望成功的调查员？如果需要的话，请考虑我。
如果工作要求独创性和想象力，用醒目的话语开篇。	hunt monde——不管是法语，意大利语，还是阿拉伯语，它的意思都是"上层社会"。作为你们 Beverly Hills 陈列室的内部员工，我不但能够为您的高贵的顾客提供服务和销售，而且能用所有这些语言来进行。我能够流利地说、读和写这些语言。
应聘求职信 说明你在哪里看到工作空缺；描述你有什么能够提供的。	您在 Monster.com 上刊登的招聘航线公关主管的广告吸引了我的注意力。我有八年的旅游业公关主管的工作经验，能够很好地为您新的加勒比巡航分部提供服务。

建立兴趣和增加期望

求职信的中间部分通过对企业的潜在价值展示你最强的卖点，这样使对方对你建立起兴趣，并且产生要面试你的愿望。就像开篇一样，越具体越好。而且要用一些你表现能力的有说服力的证据来支持你的论证：

欠佳的：我完成了商务沟通的三门大学课程，每门课程都是 A，并且去年在 Imperial Construction 工作过一年。

改进过的：通过在大学三个学期商务沟通课程的学习所获得的技能，在 Imperial Constuction 开发了一个将年度坏账率降低 25% 的收账系统，通过强调公司与客户双赢模式的准时付账激励，这个系统同样提高了客户满意度。

在写回应广告的应聘求职信时，一定要把广告中提到的每个要求都特别涉及。如果你在其中某些要求上不是很合格，就在别的优势上多花点力气来帮助你增强整体印象。

也不要把你的信息限制在某个主要的工作职责上。同样突出你的个性，只要它们适合目标职位，比如你的勤奋或者你的努力工作、快速学习、承担责任或者与人相处的能力，使用具体的例子：

在上大学期间，我每天在大学田径队训练 3 个小时。另外，我为了完全在经济上自立，在校期间每个暑假从事每周 60 小时的兼职工作。我会为贵公司付出同样的努力和毅力。

只有在企业要求你表明的情况下才提到你的期望待遇。如果你不知道对于这个职位和像你这样资质的人适合的薪水，你可以在劳工统计局的网站 www.bls.gov 或者许多商务网站上找到数以百计工作类别的薪水范围。如果你说明了目标薪水，要把它和你的价值联系在一起：

在过去两年间，我一直在一家与贵公司相似的公司做数据库营销工作。所以我希望能得到同样的待遇水平(60% 左右)来帮助贵公司建立一个更有效的客户数据库。

在这部分的末尾，通过具体的事实或者概括要点向读者提到你的简历：

正如在随信附上的简历中可以看到的一样,我从大二开始就在本地一个出版社从事兼职工作。在那段时间里,我把与客户打交道当作建立客户服务技能的机会。

激发行动

求职信的最后一段有两个重要功能:请读者采取具体行动(通常是面试)和请求回复。提议在方便的时间到雇主的办公室去,如果公司较远,与该公司距离最近的代表见面或者安排电话面试。写上你的电子邮箱、电话号码和最方便的时间。或者,你可以采取主动措施,说明你会在几天内打电话跟进。再次提到你最强的卖点,如果被要求,还要写上你的空闲时间:

您看完我的条件后,我们是否可以讨论一下能否将我的营销技能应用于在贵公司的工作中。我从3月8号开始有一周的春假,希望可以安排那时面谈。我将在2月底给您打电话确认合适的时间,希望能讨论一下我在贵公司工作的可能性。

一旦编辑并检查过你的求职信后,通过对照"要点检查:求职信写作"最后检查一遍质量。然后打印出来立即与你的简历一起发送(或者通过电子邮件发送)出去,尤其在你回应一则用人广告或者网上公布的工作信息时。

 要点检查

求职信写作

- 像对待简历一样认真对待你的求职信。
- 如果你正在探索使用自荐求职信,那么就要深入研究以识别这家公司想要的能力。
- 对于回应发布的空缺职位的应聘求职信,组织语言信息以对应招聘信息中列出的能力。
- 通过以专业的方式抓住读者的注意力来开篇。
- 用具体的语言清楚地表达你的兴趣和目标。
- 通过展现你适应该工作的关键条件来建立对你潜在贡献能力的兴趣和需求。
- 将教育、经验和个人条件与工作要求联系起来。
- 只有当企业要求你提供时才能大概说明薪酬要求。
- 请求读者安排其方便的时间、地点的面试。
- 通过提供完整的联系信息和方便联系的时间使得对方容易回应你的要求。
- 如果有要求的话,调整你的风格来适应文化差别。

16.1.2 提交简历后继续跟进

决定是否、什么时候以及怎样在提交简历和求职信之后继续跟进,这是求职过程中最棘手的部分之一。首要且重要的是记住雇主们在这个阶段会继续评估你的沟通能力和专业程度,所以不要说或者做任何留下不好印象的事。其次,遵守雇主提出的任何指示。例如,如果一份招聘启事说"不要打电话",那就不要打。最后,如果招聘启事列出了截止日期,那么在此之前不要打电话也不要写信,因为这家公司正在收集申请并且还没有决定邀请谁参加面试。等候一周或者直到截止日期。如果没有给出截止日期而你又没有其他标明期限的信息,那么通常你可以在提交简历后的一周或者两周开始联系公司。⑥ 记住,一次失礼或者笨拙的沟通就能摧毁你在找工作中的努力,所以在求职中的每一步都要保持你的专业化行为。

> **实时更新　探索交互网站**
>
> **你值多少钱?**
>
> 查找现实生活中各种工作类别的薪酬范围。登录 http://real-timeupdates.com/ebc10 获取更多信息。

当你用电子邮件或者电话跟进的时候,你可以分享一些额外的信息,将你的能力和这个职位联系起来(同时留意公司的最新消息),并且以询问招聘流程的方式收集关于自己情况的信息。有些不错的问题可以问⑦:

- 现在做了招聘决定了吗?
- 您能否告诉我招聘流程的下一步是什么?
- 贵公司完成此次招聘的时间安排是怎样的?
- 如果下周您还没有联系我,我能自己跟进吗?
- 我还能提供我其他有关该职位的能力信息吗?

不管情况如何,跟进的信息可以表示你是真的对在这家公司工作感兴趣,坚持追求你的目标并且致力于提高你的技能。

如果第一次尝试,你没有找到心仪公司的工作,不要放弃。你可以等下次有空缺职位时再申请,或者你可以发送一份有新的自荐信的升级版简历,在信中描述你怎样获得了其他经历,学习了相关的课程或者提升了你的技能组合。许多领先的雇主注意到了那些很接近但是并不完全符合要求的申请人,并且在将来有职位空缺的时候可能会扩展到录用他们。⑧

16.2　理解面试过程

就业面试(employment interview) 是一次你和潜在雇主互相提问和交换信息的正式会谈。雇主的目的是发现最适合的人来填补可用的职位空缺,而你的目的是找到适当匹配你的目标和能力的工作。

在你准备好开始面试的时候,记住两个关键点:第一,认识到这个过程需要时间。早点开始你的准备和研究;最好的工作往往是留给准备最充分的人的。第二,不要把你的选择局限在少数公司。通过搜索更多的公司和职位,你可能会发现你未曾发现的好机会。同时,你将会提高获得更多录用机会的可能性。

---

⑥　Lisa Vaas, "How to Follow Up a Résumé Submission," The Ladders, 9 August 2010, www.theladders.com
⑦　Alison Doyle, "How to Follow Up After Submitting a Resume," About.com, accessed 13 August 2010, http://jobsearch.about.com; Vaas, "How to Follow Up a Résumé Submission."
⑧　Anne Fisher, "How to Get Hired by a 'Best' Company," Fortune, 4 February 2008, 96.

16.2.1 典型的面试步骤

大多数雇主在决定是否提供工作机会前一般会对候选者进行两次到三次面试。在最顶尖的公司里,你每个阶段可能会被十几个或更多的人面试。⑨ 根据公司和职位的情况,这个过程可能会延伸至许多周,也可能在短短几天内完成。⑩

雇主以筛选阶段开始,在这个阶段他们剔除不合格的或者不是很适合这个岗位的申请者。筛选可能发生在校园里、公司办公室中、通过电话(包括 Skype 或者其他基于互联网的电话服务)或者通过一个基于电脑的筛选系统。在筛选面试中时间是被限制的,所以在提供一些能够让你与众不同的关键点的时候要简洁。如果你的筛选面试是通过电话进行的,尽量将时间安排在你可以集中精力并且远离打扰的时候。⑪

下一个面试阶段就是选择阶段,帮助公司在所有合格的候选人中识别出最优秀的。在这些面试过程中,表现出你对工作热切的兴趣,将你的技能和经验与公司的需求联系起来,集中注意力地听,问一些可以显示你已经做过研究的有见地的问题。

如果面试官认为你是一个好的候选者,你可能得到一份工作邀请,要么在当场,要么几天后通过电话、信件或者电子邮件得知。不管是哪种情况,你都有可能再次被邀请回到那里,被更高层的管理者做出最后的评估。最终阶段的潜在目的经常是向你展示加入公司的好处。

16.2.2 常见的面试类型

雇主在面试过程中可以使用各种面试方式,你需要认识不同的类型并且为每一种都做好准备。这些方式可以按照结构化、涉及的人数以及面试目的划分。

结构化面试与非结构化面试

在**结构化面试**(structured interview)中,面试官或者一个电脑软件进行一系列既定问题的有序提问。结构化面试帮助雇主识别出那些不符合基本工作标准的候选人,并且使面试团队易于比较多个候选人的答案。⑫

相反地,在**开放式面试**(open-ended interview)中,面试官根据你给出的答案以及你提出的问题来调整他的问题。即使这可能像是一场闲谈,记住这依旧是面试,所以保持你的答案聚焦且专业。

群体面试和小组面试

尽管一对一的面试是最常见的形式,一些雇主也使用群体面试或者小组面试。在**群体面试**

---

⑨ Fisher, "How to Get Hired by a 'Best' Company."
⑩ Sarah E. Needleman, "Speed Interviewing Grows as Skills Shortage Looms; Strategy May Help Lock in Top Picks; Some Drawbacks," *Wall Street Journal*, 6 November 2007,
⑪ Scott Beagrie, "How to Handle a Telephone Job Interview," *Personnel Today*, 26 June 2007, 29.
⑫ John Olmstead, "Predict Future Success with Structured Interviews," *Nursing Management*, March 2007, 52—53.

(panel interview)中,你一次面见多个面试官。[13] 试着和面前的每一位面试官交流,并且要记住每一个人都有不同的观点,所以将你的答案"因地制宜"。[14] 例如,一名高级经理可能对你的整体商业意识和战略眼光感兴趣,然而一名潜在的同事可能对你的技术技能和在团队中工作的能力更感兴趣。在**小组面试**(group interview)中,一名或者更多的面试官同时面试多个候选者。小组面试的一个关键目的就是观察候选者如何与潜在的同行互动。[15]

行为、情境、工作和压力面试

现今,最常见的面试类型可能是**行为面试**(behavioral interview),在这种面试中你会被要求提及过去的特定事例和经历。[16] 一般的面试问题都可以用"千篇一律"的方式来回答,但是行为问题要求候选人利用他们自己的经历和特质来"制作"答案。研究显示,行为面试比传统面试问题能更好地预测在求职中的成功。[17] 准备一场行为面试,就要回顾你的工作或者大学经历以记起一些事例,来证明你与工作相关的特质或是你如何面对不合作的团队成员或者沉重的工作负荷的挑战。准备好答案,快速地概述情况、你采取的措施以及那些措施产生的结果。[18]

情境面试(situational interview)类似于行为面试,除了它的问题专注于你如何处理各种假设的工作中会遇到的情况。这些情况会与你正在申请的工作相关,所以你对这个职位了解得越多,你就会准备得越充分。

工作面试(working interview)是最现实的面试类型:你在面试过程中要真的执行一项与工作相关的活动。你可能会被要求领导一次头脑风暴的会议、解决一个业务问题、参与角色扮演甚至做一场报告。[19]

最令人疲惫的是**压力面试**(stress interview),你会被问到一些设计好来让你烦恼或不安的问题,或者你将面对很长时间的沉默、对你外表的批评、故意打断你的话,以及面试官有敌意的反应。这种面试背后的理论是,你将显示出如何处理有压力的情况,尽管一些专家认为这种方法的价值还不确定。[20] 如果你发现自己身处压力面试当中,要意识到正在发生什么并且在做出反应前停顿几秒,以整理你的思路。

16.2.3 面试媒体

雇主们为了节省差旅费和减少员工的工作时间,除了通过传统的面对面的会见外,现在还通过电话、电子邮件、即时信息、虚拟在线系统以及视频会议来面试候选人(如图 16.3 所示)。

---

[13] Fisher, "How to Get Hired by a 'Best' Company."
[14] Erinn R. Johnson, "Pressure Sessions," *Black Enterprise*, October 2007, 72.
[15] "What's a Group Interview?" About.com Tech Careers, accessed 5 April 2008, http://jobsearchtech.about.com
[16] Fisher, "How to Get Hired by a 'Best' Company."
[17] Katherine Hansen, "Behavioral lob Interviewing Strategies for lob-Seekers," QuintCareers.com, accessed 13 August 2010, www.quintcareers.com.
[18] Hansen, "Behavioral lob Interviewing Strategies for lob-Seekers."
[19] Chris Pentilla, "Testing the Waters," *Entrepreneur*, January 2004, www.entrepreneur.com; Terry McKenna, "BehaviorBased Interviewing," *National Petroleum News*, January 2004, 16; Nancy K. Austin, "Goodbye Gimmicks," *Incentive*, May 1996, 241.
[20] William Poundstone, "Beware the Interview Inquisition," *Harvard Business Review*, May 2003, 18 + .

图 16.3 在虚拟世界中发现真实工作

虚拟招聘会，比如卢森堡的 GAX 技术公司主办的工作世界活动，让候选人和招聘人员不用浪费时间和出差成本就能进行交流。

为了取得电话面试的成功，确保你对待电话面试的态度要和面对面的面试一样严肃认真。事先准备好所有你曾经发送给雇主的材料，包括你的简历。另外，还要准备一些提示卡片，写下你可能会用到的信息要点以及可能会被问到的问题。如果可能，安排使用座机，这样你就不用担心手机信号接收不好的问题了。还要记住当你无法用令人愉快的微笑、坚定的握手以及其他非语言符号来给对方留下良好的印象时，积极而敏捷的语气就是至关重要的。[21]

电子邮件和即时信息有时也被用于筛选阶段。尽管你几乎没有机会通过这些方式来发送或接收非语言信号，但是这些方式确实有一个主要的优势，能够让你在发送之前回顾并编辑每一条回复。保持你回复内容的专业化风格，并且保证问的问题能够证明你了解这家公司和这个职位。[22]

许多雇主将视频技术用于现场和记录的面试。例如，Zappos 经常在 Skype 上进行视频面试，为每个职位最终选择两名到三名最优秀的候选人，然后邀请他们进行面对面的面试。[23] 通过记录的视频面试，在线系统问一系列的问题并且记录应答者的答案。随后招聘人员观看视频，作为筛选过程的一部分。[24] 像准备面对面的面试那样来准备视频面试——包括穿着和佩饰——并且采取必要的额外步骤来熟悉设备和步骤。如果你在家面试，布置一下你的空间以避免摄像头拍到任何分散别人注意力或者让你尴尬的背景。在视频面试过程中，记住要坐直并且集中精力于摄像头。

在线面试的范围可以从简单的结构化调查问卷和测试到类似于工作面试的复杂工作模拟（如图 16.4 所示）。例如，在银行业，Atlanta-based Sun Trust 和 Cleveland-based National City 使用计算机模拟来看候选人执行的与工作相关的任务以及制定的决策方案如何。这些模拟帮助识别好的

---

[21] Peter Vogt, "Mastering the Phone Interview," Monster.com, accessed 13 December 2006, www.monster.com; Nina Segal, "The Global Interview: Tips for Successful, Unconventional Interview Techniques," Monster.com, accessed 13 December 2006, www.monster.com

[22] Segal, "The Global Interview: Tips for Successful, Unconventional Interview Techniques."

[23] Barbara Kiviat, "How Skype Is Changing the Job Interview" Time, 20 October 2009, accessed 13 August 2010, www.time.com

[24] HireVue website, accessed 4 April 2008, www.hirevue.com; in2View website, accessed 4 April 2008, www.in2view.biz; Victoria Reitz, "Interview Without Leaving Home," Machine Design, 1 April 2004, 66.

候选人,告诉申请人这份工作是什么并且减少就业歧视诉讼的风险,因为他们密切地模仿了实际工作技能。㉕

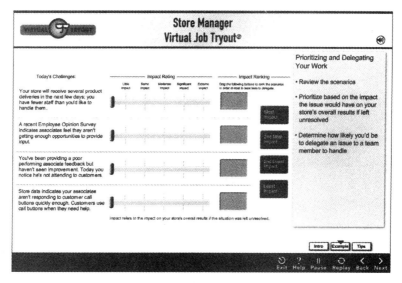

图 16.4　工作任务模拟

基于电脑的工作模拟是一种逐渐流行的测试工作相关技能的方法。
资料来源:经 Shaker Consulting Group 授权使用。

16.2.4　雇主在面试中寻求什么

面试给了雇主们一个超越你简历基本数据的机会来了解你,并且回答两个重要的问题:第一,你是否能够胜任这个岗位的职责。自然地,你越了解这个职位的要求,你就越会思考你的技能是否匹配那些要求,你就越能更好地回复。

第二个重要的问题,你是否是适合这个组织和这个目标职位的人选。这个基准线包括一般的和特定的两个方面。一般的方面考虑你的整体个性以及工作方式。所有好的雇主都想要自信的、专注的、积极的、有好奇心的、礼貌的、道德的以及愿意承担更远大目标的员工。特定的方面包括符合某个特殊的公司以及职位的要求。就像人一样,公司也有不同的"个性"。有些是强烈的;其他的则比较悠闲。有些公司强调团队合作;其他的公司则期望员工能够建立自己的方式甚至相互竞争。同一个公司中不同的工作以及不同的行业之间期望也不同。比如,性格外向对于销售来说很重要,但是对于搞研究就不是很重要了。

16.2.5　雇佣前测试

为了提高选择过程的可控性,许多雇主现在进行各种各样的就业前评估和调查。下面是一些

㉕　Gina Ruiz,"Job Candidate Assessment Tests Go Virtual,"*Workforce Management*, January 2008, accessed 14 August 2010, www.workforce.com; Connie Winkler, "lob Tryouts Go Virtual," *HR Magazine*, September 2006, 131—134.

你在找工作中可能会遇到的评估类型[26]：

- **诚信测试**。诚信测试试图衡量候选人的诚实性和可信度。
- **个性测试**。个性测试被用来衡量有关工作态度、兴趣、管理的潜力、可靠性、承诺和积极性的态度等方面。
- **认知测试**。认知测试测量包括获取、处理、分析、使用和记忆信息所涉及的各种特质。典型的测试包括阅读理解能力、数学、问题解决能力和决策制定能力。
- **工作知识和工作技能测试**。这些评估测量在某个特定职位上取得成功所需要的知识和技能。例如，一个会计候选人可能会被测试会计准则和法律事务（知识）以及被要求创建一个简单的资产负债表或损益表（技能）。
- **用药测试**。大多数公司执行一定等级的药物和酒精测试。许多雇主相信这样的测试是必要的，可以维持工作场所的安全、保证生产率并且使公司避免法律诉讼，但是有些公司把它看做对员工隐私的侵犯。
- **背景调查**。除了测试，多数公司还进行一些背景调查，包括查看你的信用记录，调查你是否有犯罪记录以及求证你的教育背景。此外，你应该假设每一个雇主都会对你进行一般化的在线搜索。为了防止背景调查把你拉下马，确认你的大学成绩单是最近的，查找你信用记录中的任何错误和过时的信息，把你的名字输入多个搜索引擎，看是否有令人尴尬的信息出现，并且搜寻你社交网络档案和联系人中存在的潜在问题。

> **实时更新　阅读文章**
>
> **在 Skype 上进行视频面试**
>
> 你将至少有一次机会使用 Skype 或者另一种基于网络的电话服务来进行视频面试。观看这个视频中的关键点以准备并参加在线视频面试。登录 http://real-timeupdates.com/ebc10 获取更多信息。

雇佣前测试是员工招聘中复杂而有争议的一个部分。比如，即使个性测试被广泛使用，一些研究报告仍然提出当前的测试并不能合理地预测工作中的成功。[27] 然而，随着公司尽量想减少错误的雇佣决策带来的风险和成本，我们依旧期望看到这个领域在未来能有更多创新和更广泛的应用。

如果你对任何雇佣前测试感到担忧，可以向雇主要求更多的信息或者向你所在大学的就业指导中心咨询。你也可以从平等就业机会委员会的网站 www.eeoc.gov 上得到更多的信息。

16.3　准备工作面试

现在，你已经洞察了面试和评估的过程，可以开始准备你的面试了。充足的准备可以使你在

---

[26] Ionathan Katz, "Rethinking Drug Testing," *Industry Week*, March 2010, 16—18; Ashley Shadday, Assessments 101. An Introduction to Candidate Testing," *Workforce Management*, January 2010, accessed 14 August 2010, www.workforce.com; Dino di Mattia, "Testing Methods and Effectiveness of Tests," *Supervision*, August 2005, 4—5; David W. Arnold and John W. Jones, "Who the Devil's Applying Now?" *Security Management*, March 2002 85—88; Matthew J. Heller, "Digging Deeper," *Workforce Management*, 3 March 2008, 35—39.

[27] Frederick P. Morgeson, Michael A. Campion, Robert L. Dipboye, John R. Hollenbeck, Kevin Murphy, and Neil Schmitt, "Are We Getting Fooled Again? Coming to Terms with Limitations in the Use of Personality Tests in Personnel Selection," *Personnel Psychology* 60, no. 4 (Winter 2007):1029—1049.

压力下感到舒适并且表现得更好,准备要从了解企业开始。

16.3.1 了解机构和面试官

如今企业期望的是能显示出了解公司运营模式、市场以及战略和战术挑战的认真的员工。[28] 你已经做了一个初步的研究来确定公司的兴趣,但是当你被邀请参加面试的时候,就需要挖掘得更深入了(如表 16.2 所示)。让这个努力证明你对该公司的兴趣,并且它会将你定义成一个知道调查和分析重要性的商务专家。

表 16.2 调查组织和就业机会

去哪里查找以及你能了解到什么
- 公司网站、博客和社交媒体账户:公司的全部信息,包括关键的管理人员、产品和服务、地区和部门、员工福利、工作描述
- 竞争者的网站、博客和社交媒体账户:竞争者们之间相似的信息,包括这些公司声称拥有的优势
- 相关行业的网站和博客:对于该公司客观的分析和评论,它的产品、名声和管理
- 营销材料(打印的和在线的):该公司的营销策略以及客户沟通风格
- 公司出版物(打印的和在线的):关键事件,员工故事,新产品
- 你的社交网络联系人:名字和在公司内的工作头衔
- 报刊(报纸和行业杂志,纸质的和在线的):关于公司及其战略、产品、成功和失败的深度报道;你可能会找到高层管理者的简历
- 你学校的就业中心:经常提供很多雇用毕业生的公司的信息
- 现任的和以前的员工:对于工作环境的看法

了解公司的关键信息
- 全名
- 地址(总部和各部门、分部、下属公司或者其他单位)
- 所有权(公众的或者私人的;它是否属于另一家公司)
- 简要历史
- 产品和服务
- 行业地位(该公司是领军者还是次要角色;是创新者还是跟随者)
- 关键财务信息(比如,如果是一家上市公司,就看股票价格和趋势)
- 增长前景(该公司是否通过研发向未来投资;它是否处于一个繁荣的行业)

了解职位的关键点
- 头衔
- 功能和职责
- 资质和期望
- 工资范围
- 出差的期望和机会
- 调往异地工作的期望和机会

除了了解公司和这个工作空缺外,还要尽可能多地了解将来会面试你的面试官,如果你能够获得他们的名字,尤其要搜索一下 LinkedIn;许多专家的档案都放在著名的商务网站上。思考如何利用你获得的信息,例如,如果你知道面试官是一个特定专业组织的成员,你可能会问他,这个组织是否是一个很好的论坛,可以供人们了解有关的专业或行业的重要问题。这个问题给了面

---

[28] Austin,"Goodbye Gimmicks".

试官一个暂时谈论他的兴趣和经历的机会,这将建立融洽的关系,并且可能会揭示关于你正在考虑的职业道路的重要观点。只是要确保你的问题是真诚的并且不要令人不舒服。

16.3.2 提前考虑问题

提前想好面试官的问题将帮助你在面对问题时更自信、更成功。另外,你也需要准备一些有见地的自己的问题。

为雇主的问题做准备

许多一般化的面试问题就像"股票"论坛一样,你可以在面试中听到一遍又一遍。最起码准备好面对这五个问题:

- **你曾经做过的最艰难的决定是什么?** 准备好一个例子(不要过于个人化),解释为什么这个决定很难,你如何做的选择以及你从这段经历中学到了什么。
- **你最大的缺点是什么?** 一些面试官似乎对这个问题爱不释手,虽然它不一定能带来什么有用的信息。一个好的战略就是提到一个你还未能有机会培养的但是将会在下一份工作中建立起来的技能或者特质。[29]
- **从现在起的五年之内你想要在哪里?** 这个问题考察了(1)你是否只是把这份工作当作更好机会来临之前的跳板;(2)你是否已经想过自己的长期目标。你的回答应该反映你想要为雇主的长期目标做出贡献,而不只是自己的目标。这个问题是否会经常提出有用的信息依旧值得探讨,但是准备好回答它。[30]
- **你为什么不喜欢自己前一份工作?** 要谨慎回答这个问题:面试官在试图预测你会不会是一个容易不开心或者难相处的员工。[31] 描述一些你不喜欢的事情,以给你留下积极的印象,比如你应用技能和专业的机会有限。避免制造关于前任雇主和同事的消极评论。
- **给我讲讲你自己。** 一个好的战略就是简短地分享一下"你的故事",快速地概述你现在的情况以及你将来要达到的目标——以将你的兴趣和公司联系起来的方式。另外你可以专注于一项你知道的对公司有价值的特定技能,分享一些你热衷的商务相关信息,或者提供一些同事或者客户对你的看法。[32] 无论你选择哪种战术,这不是害羞或者犹豫不决的时候,所以准备好一个自信的、令人难忘的答案。

> **实时更新　观看视频**
>
> **学习典型问题用于下一次的面试**
>
> 不,不是 Homer 和 Ovid——典型的面试问题。对这些旧有的备用问题准备好答案,这样你就能清晰并且自信地来回答问题了。登录 http://real-timeupdates.com/ebc10 获取更多信息。

通过对表 16.3 中的每个问题做一个简短的答案以
继续你的准备。你也可以在诸如 InterviewUp(www.interviewup.com)之类的网站上找到有代表性

---

[29] Rachel Zupek, "How to Answer 10 Tough Interview Questions," CNN.com, 4 March 2009, www.cnn.com; Barbara Safani, "How to Answer Tough Interview Questions Authentically," The Ladders, 5 December 2009, www.theladders.com

[30] Nick Corcodilos, "How to Answer a Misguided Interview Question," Seattle Times, 30 March 2008, www.seattletimes.com

[31] Katherine Spencer Lee, "Tackling Tough Interview Questions," Certification Magazine, May 2005, 35.

[32] Scott Ginsberg, "10 Good Ways to 'Tell Me About Yourself,'" The Ladders, 26 June 2010, www.theladders.com

的面试问题,在这里候选者们分享最近面试遇到的实际问题。[33]

表 16.3　25 个常见的面试问题

关于大学的问题
　　1. 大学里你最喜欢的课程是什么？最讨厌的呢？为什么？
　　2. 你是否认为你在大学中参加的课外活动中所花费的时间是值得的？为什么？
　　3. 你什么时候选择的大学专业？你是否换过专业？如果换过,为什么？
　　4. 你是否觉得你选择了你有能力选择的最好的学校？
　　5. 你所受的大学教育如何使你适合这个职位？

关于雇主和工作的问题
　　6. 你从事过哪些工作？为什么离职？
　　7. 你大学期间赚了自己花费的百分之多少？怎样赚的？
　　8. 你为什么选择了这个职业？
　　9. 你选择的职业的缺点是什么？
　　10. 你参过军吗？达到了什么军衔？你做什么工作？
　　11. 你对于这个行业现在的发展有什么看法？
　　12. 你为什么觉得自己会喜欢这个特定的工作类型？

关于个人态度和偏好的问题
　　13. 你是否更愿意到某个特定的地方工作？如果是的话,为什么？
　　14. 什么能够激励你？为什么？
　　15. 你认为决定一个人在一个好企业的发展的是什么？
　　16. 描述你从错误中学到了东西的一段经历。
　　17. 你为什么想要这份工作？
　　18. 你做过什么能显示你的主动性和工作意愿的事情？
　　19. 我为什么要雇用你？

关于工作习惯的问题
　　20. 你更喜欢与人合作还是自己独干？
　　21. 你更喜欢什么样的老板？
　　22. 在与同事或者上司相处上你是否有过困难？与老师呢？与别的同学呢？
　　23. 如果你被要求在一个不切实际的截止日期前完成一项任务或者项目,你会怎么做？
　　24. 你对加班有什么看法？
　　25. 你如何处理工作中的紧张和压力？

资料来源:Adapted from InterviewUp website, accessed 6 April 2008, www.interviewup.com; *The Northwestern Endicott Report*(Evanston, Ⅲ.: Northwestern University Placement Center)。

在你准备答案的时候,找寻方法来将你的回复形成简短的故事(再次,30 到 90 秒)而不是简单的声明式的答案。[34] 有凝聚力的故事比不连续的事实和陈述更能有效地深入人心。

准备自己的问题

记住面试是一条双向道:你问的问题与你提供的回答一样重要。通过问有见地的问题,可以显示你对企业的了解,你可以将讨论带到你能最好地展示自己优势的领域,而且你可以确认这对你是不是合适的机会。另外,面试官期望你能问一些问题,而且他们倾向于消极对待那些没有提

---

[33] InterviewUp website, accessed 13 August 2010, www.interviewup.com
[34] Joe Turner, "An Interview Strategy: Telling Stones," Yahoo! HotJobs, accessed 5 April 2008, http://hotjobs.yahoo.com

出问题的人。这里列出了一些你可以用来开头的好问题(如表16.4所示)。

表16.4 询问面试官的10个问题

问题	提问的原因
1. 这个工作的主要职责是什么?	一个模糊的回答意味着职责还没有得到明确划分,这几乎注定了你接受这份工作会产生沮丧。
2. 你们希望承担这份工作的人有什么样的品质?	这个问题会帮助你跳出工作描述来理解公司到底想要什么。
3. 在这个工作上,你们怎样衡量一个人成功与否?	一个模糊的或者不完整的回答可能意味着你将要面对的期望是不切实际的或者不清晰的。
4. 你们雇用的人需要注意的第一个问题是什么?	这个问题不仅能帮助你准备面试,还能标志着你是否将要面对一个有问题的情况。
5. 现在或者未来是否会搬家?	如果你不想经常搬家或者不搬家,你现在就需要知道这些要求。
6. 为什么这个工作现在有空缺?	如果原来的员工升职了,那是一个好的信号。如果那个人辞职了,就不是一个很好的信号了。
7. 是什么让贵公司在同业中与众不同?	这个答案将会帮助你了解该公司是否有一个清晰的战略以在行业中取得成功以及高层管理者是否会和低层员工交流这些问题。
8. 你怎么样定义你们的企业管理哲学?	你想知道该公司的管理哲学是否和自己的工作价值观是一致的。
9. 对你来说典型的工作日是怎样的?	面试官的回答能够给你提供线索,显示这家公司的日常生活怎样。
10. 公司有怎样的系统和政策来帮助员工持续更新专业知识并且不断拓展他们的技能?	如果这家公司对于员工的发展没有很大的奉献,那么它就不能长久地保持竞争力。

资料来源:改编自 Joe Conklin, "Turning the Tables: Six Questions to Ask Your Interviewer," *Quality Progress*, November 2007, 55; Andrea N. Browne, "Keeping the Momentum at the Interview: Ask Questions, Do Your Research, and Be a Team Player," *Washington Post*, 29 July 2007, K1; Marilyn Sherman, "Questions R Us: What to Ask at a Job Interview," *Career World*, January 2004, 20; H. Lee Rust, *Job Search: The Complete Manual for Jobseekers* (New York: American Management Association, 1979), 56。

16.3.3 建立自信

面试对每一个人来说都有压力,所以有些许的紧张是自然的。然而,你可以采取一些步骤来使自己更自信。首先要提醒自己你可以向雇主提供价值,并且雇主认为你符合要求才会邀请你来参加面试。

如果你的形象或者背景的某个方面让你觉得不安,就把它改正过来或者通过强调像亲和力、智慧、才能或者魅力这样的积极特征来弥补。不要总想着你的弱点,而应该集中在你能怎样帮助企业获得成功上。就像公众演讲一样,你准备得越充分就会越自信。

16.3.4 改进面试风格

能力和自信是面试风格的基础,而你可以通过给面试官留下准备充分、礼仪良好和判断准确的印象来加强这两点。你可以与朋友模拟面试或者使用面试模拟系统,记录这些模拟面试以便评价自己。你学校的就业指导中心可能也有一些基于计算机的模拟面试系统(如图16.5所示)。

在每个模拟环节之后,试着确定可以改进的地方。让与你模拟的伙伴来评价你的表现,或者如果你能录下来,自己评价一下自己。可以使用表16.5所列的警报信号。同时也要密切关注你准备好的答案的长度。面试官想要让你给出完整的答案,但是他们不想让你谈论琐碎的或无关紧要的细节来浪费他们宝贵的时间或是考验他们的耐心。㉟

图16.5　面试模拟器

专家建议你尽可能多地练习面试技能。你可以将朋友或者同学当做练习伙伴,或者你也可以使用一个模拟器,比如这个来自完美面试的系统。问问就业中心,或者在网上查找"练习面试"或"面试模拟器"。

资料来源:经 Interview Simulators 授权使用,from Perfect Interview LLC。

表16.5　警告信号:面试官不喜欢看到的25个特征

1. 糟糕的个人形象
2. 太强势,太大胆,自以为是;一种"唯我独尊"或者"无所不知"的态度
3. 不能清楚地表达想法;拙劣的语调、措辞、语法
4. 知识或者经验的欠缺
5. 面试准备不足
6. 对该工作没有兴趣
7. 没有职业规划;没有目标
8. 缺少热情;被动和冷漠的态度
9. 没有自信和风度;表现得紧张和不安
10. 不够充分的成绩证明
11. 没有参加过课外活动
12. 过分强调金钱;只对薪酬最高的工作感兴趣
13. 学习成绩差
14. 不愿从底层干起;期望得到很快很多
15. 爱找借口的倾向
16. 找借口的逃避性回答;掩盖记录中对自己不利的事实
17. 缺乏事实

㉟ "A Word of Caution for Chatty Job Candidates," *Public Relations Tactics*, January 2008, 4.

18. 不成熟
19. 没礼貌和举止不当,比如在面试过程中接电话、发短信或嚼口香糖
20. 抱怨以前的雇主
21. 缺少交际技巧
22. 明显不热衷于学业
23. 缺乏活力
24. 不直视面试官的眼睛
25. 颤巍巍的、无力的握手

资料来源:改编自"Employers Reveal Outrageous and Common Mistakes Candidates Made in Job Interviews, According to New CareerBuilder Survey," CareerBuilder.com, 12 January 2011, www.careerbuilder.com; *The Northwestern Endicott Report* (Evanston, Ⅲ.: Northwestern University Placement Center)。

除了回顾你的答案外,还要评估你的非语言行为,包括姿势、目光接触、面部表情、手势和动作。你通常被认为是思维敏捷、积极乐观的还是消极、孤僻的?同时也要密切关注你说话的语调。比如说,如果你趋向于以一种单调的语气讲话,那么在练习讲话时,就要使用一种活泼的风格,包含更多的转折和重点。而且,要小心像"嗯"这样的填充词。许多人在开始讲话的时候总是会使用填充词,而他们自己却没有意识到。训练自己用停顿片刻来代替发出填充词,整理你的想法并计划好要说的内容。

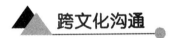

成功地跨越面试关

面试一份来自国外的工作是你求职过程中最令人激动的一步。为了获得成功,你应该特别注意自己的仪表,意识到什么是面试官真正想要了解的,对于你一直想加入的机构,你又应该了解什么。

一些国家和文化要比美国员工所习惯的那样更加注重个人仪表,而且国与国之间关于个人仪表的期望也有显著的差异。咨询那些去过该国的人并且当你到了那里后观察当地的商务人士。许多人认为不合时宜的着装不仅仅是一个简单的时尚错误,他们把它看做没有能力或者不愿意了解他国文化的表现。

这些事情是否重要真的不是问题;它们的确重要,并且那些成功的求职者知道如何应对不同的场合。例如,商务形象顾问 Ashley Rothschild 指出在意大利你可以穿着色彩艳丽的衣服通过面试,但是在日本你未必就可以这样。在意大利,专业的商务人士倾向于着装正式,但作为全世界的时尚领军者,意大利对恰当的商务着装的定义很宽泛。

聪明的招聘人员通常通过分析非语言信号和语言信息来鉴别申请者是否真的具备工作所必需的品质。在国际招聘情况下,你可能会经历更进一步的详细审查。国外招聘人员想知道你是否具备在一个不熟悉的社会背景下取得成功的条件,你的家庭如何处理这种转变,你是否能够改变个人工作风格和习惯以适应雇用你的组织。

无论是面试前还是面试后,都要记得多问问题并做调查。一些员工把海外职位看做是重大的冒险,没想到会一头撞上"在一个完全不同的文化中生活和工作会怎样"这样一个现实问题。例如,如果你已经习惯了在你的工作单位或者学校里以独立的工作风格工作,那你是否能够适应一个有分等级的命令系统的结构化的工作环境呢?在申请另一个国家的工作之前,你要确保了解该公司和那个社会的文化。

▶ **职场应用**

1. 解释你如何才能找出怎样的着装才适合在南非面试。
2. 请面试官描述他国家的文化合适吗?请解释。

资料来源:改编自 Jean-Marc Hachey,"Interviewing for an International Job," excerpt from *The Canadian Guide to Working and Living Overseas*, 3rd ed., accessed 23 February 2004, www.workingoverseas.com; Rebecca Falkoff, "Dress to Impress the World: International Business Fashion," Monster.com, accessed 23 February 2004, www.monster.com; Mary Ellen Slater, "Navigating the Details of Landing an Overseas Job," *Washington Post*, 11 November 2002, E4。

16.3.5 展示职业化形象

服装和仪表也是要准备的重要元素,因为它们能揭示出你的个性、职业化和对"潜规则"的感知能力。不当的着装在面试中经常被抨击,所以要以一种职业化的装束来脱颖而出。[36] 你对不同公司、行业和职业的研究,应该给你提供了它们各自对商务着装的期望。如果你不知道该穿什么,公司也没有提供任何指导,参考表 2.4,该表提供了选择合适的商务着装的建议,或者咨询那些在同行业中工作的人。不要害怕向公司致电以询问建议。

你没有必要在面试服装上花费一大笔钱,但是你的衣服必须干净、平整并且合适。下面的保守的形象将会在多数商务面试中竭诚地为你服务[37]:

- 整洁的"成人"发型。
- 保守的纯深色的商务套装(对于女士来说这意味着不要穿露腰的上衣、短裙或者低胸领口的衣服)或者例如细条纹的精致套装。
- 男士穿纯色衬衫(白色更加保守、职业化);女士穿适合的衬衫。
- 男士佩戴保守的领带(经典的条纹或者精致的图案)。
- 有限的珠宝(尤其是男士,应该佩戴非常少的珠宝)。
- 除了一两个耳环以外没有其他明显的穿环(仅对女士来说)。
- 没有明显的文身。
- 时尚但是职业化的鞋子(不要有过高的鞋跟或穿休闲款式的鞋)。
- 干净的手和修剪整齐的指甲。

---

[36] "Employers Reveal Outrageous and Common Mistakes Candidates Made in Job Interviews, According to New CareerBuilder Survey," CareerBuilder.com, 12 January 2011, www.careerbuilder.com.

[37] Randall S. Hansen, "When Job-Hunting: Dress for Success," QuintCareers.com, accessed 5 April 2008, www.quintcareers.com; Alison Doyle, "Dressing for Success," About.com, http://jobsearch.about.com.

- 少擦或者不擦香水、古龙水（有些人对此过敏而且许多人不适应强烈的味道）。
- 精致的妆容（对于女士来说）。
- 模范的个人卫生。

记住，面试不是表达你个性或者让内心的反叛似脱缰的野马乱跑的场所。发送一个信号表示你理解商务世界并且能够适应它。否则，你就不会被认真对待。

16.3.6　到达时做好准备

去参加面试时，带上一个小笔记本、一支笔、一张你要提问的问题清单、两份简历（放在文件夹里）、一份你所掌握的企业情况和任何有关该职位的资料。也许还可以带上一个小日历、一份大学成绩单、一份证明人清单和一份包括你的工作样本、绩效报告和成果证书的资料组合。[38] 仔细想想你是否计划在面试中使用平板电脑或者其他设备来记录笔记及其他相关内容。你也不想由于折腾这些东西而浪费面试官的时间。同时，关掉你的手机；最近一份对于招聘专家的调查显示，在面试中接电话或者发短信被认为是求职者最经常犯的错误。[39]

确定你知道面试的时间和地点。开始一场面试最糟糕的方式就是迟到入场，另外以一种疲惫不堪的状态到达也不好。确认一下你要走的路线，但是不要依赖根据公交或地铁服务或者在线地图服务估计出来的时间。如果你不太熟悉这条路线，最安全的选择就是如果可能的话在面试前几天去一趟那个地方以亲自确认路线。给自己留有充足的时间以应对无法预料的问题。

当你到达的时候，提醒自己你已经准备好了并且要自信，然后试着放松。你可能需要等候，所以携带一些业务方面的东西以供阅读。如果大堂里能看到公司的宣传材料，那么在你等候的时候阅读一下。在每一个步骤中都要尊重你遇到的人。如果有机会，就问一些有关公司的问题或者表达对这份工作的热情。面试前不要吸烟（不吸烟的人可以从面试者的身上闻到烟味），避免嚼口香糖和在大堂中（或者面试的任何时候）吃东西或喝东西。在你等候的时候做的任何事、说的任何话都可能会反馈到面试官那里，所以确保一旦进入那里就要展示出你最好的品质。回顾计划成功面试的步骤，参见"要点检查：成功面试的计划"。

要点检查

成功面试的计划

- 了解企业，包括它的运营、市场和挑战。
- 尽可能多地了解将要面试你的那些人，如果你能找到他们的名字的话。
- 为雇主可能的提问做计划，包括你做过的艰难的决定、你的缺点、你对前一份工作不满的地方，以及你的职业规划。

---

[38] William S. Frank, "Job Interview: Pre-Flight Checklist," *The Career Advisor*, accessed 28 September 2005, http://careerplanning.about.com

[39] "Employers Reveal Outrageous and Common Mistakes Candidates Made in Job Interviews, According to New CareerBuilder Survey."

- 准备好你自己要问的问题，找出这是不是真正适合你的工作，以及显示出你已经做过调查。
- 通过尽可能消除担忧的来源来支持你的自信。
- 通过模拟面试对面试风格进行推敲。
- 以良好的着装和佩饰展现职业化的形象。
- 到达时就要准备好，并带上笔、纸、问题单子、两份简历、你对企业的研究大纲以及你有的所有与该工作相关的资料。
- 仔细确认面试的地点和时间并提前找出路线。
- 放松并灵活应变；时间和面试安排可能在你到达时有所调整。

16.4 成功面试

此时，你对整个流程已经有了很好的意识并且知道怎样准备面试。下一步就是熟悉所有的面试中以某种形式出现的三个阶段了：热身、问答和结尾。

16.4.1 热身

在三个步骤中，热身是最重要的，尽管它也许只占面试时间的很小一部分。研究揭示许多面试官，尤其是那些没有受过很好面试技巧培训的面试官，在与一个候选者接触的前20秒就做出了决定。[40] 当面试官似乎是要闲聊的时候，不要放松警惕；这些交流与严谨的问答一样重要。

身体语言在这个时候非常重要。站直或坐直，保持有规律且自然的眼神接触，不要慌张。如果面试官伸出手来，回应以坚定但是不过于使劲的握手。当你被介绍时重复面试官的名字（"很高兴见到你，Litton 女士"）。等被邀请就座时或者面试官已经坐下后你再坐下。让面试官开始展开谈话，并且准备好马上回答一两个实质性的问题。以下是一些常见的开篇[41]：

- 你为什么想要在这里工作？
- 你对我们了解多少？
- 告诉我一些关于你的事情？

16.4.2 问答

问答将会占面试的最大一部分。根据面试的类型，面试官会问一些你的资格，讨论你在简历中提到的一些要点并且会问面对一些特殊情况时你过去是如何处理的以及将来会如何处理。你也会被问到一些关于自己的问题。

应对问题

让面试官主导谈话，而且永远不要在他问完之前就开始回答问题。这不仅仅是一种粗鲁的打

---

[40] T. Shawn Taylor, "Most Managers Have No Idea How to Hire the Right Person for the Job," *Chicago Tribune*, 23 July 2002, www.ebsco.com.

[41] "10 Minutes to Impress," *Journal of Accountancy*, July 2007, 13.

断行为,问题的最后几个词也许会改变你的回答。尽可能地避免一个字的回答,是或者不。利用机会展开你积极的回应,或者解释你做出的消极的回应。如果你被问到一个很难的或者另类的问题,例如在 Zappos 和 Google 公司,在回答之前停一下。思考这个问题的意义。比如,招聘者可能知道你回答不了某个问题,而只是想要看看你在压力下是怎么应变的。

无论何时你被问到是否有任何疑问,或者正好顺着谈话的内容能自然地提问,那就问一个你准备好的清单上的问题。试探一下公司对新员工有什么期望,这样就可以展现你能如何满足这个公司的需求。同样试着集中于面试官对你可能存在的任何成见的方面,从而将成见消除。

倾听面试官的语言

在面试官说话时集中注意力,与给出好的回答或者问出好的问题一样重要。复习一下第 2 章给出的关于倾听的小提示。面试官的面部表情、眼神、手势和姿势可以告诉你他说的话的真正用意是什么。尤其要注意你的话得到怎样的回应。面试官赞同地点头或者微笑表示赞成了吗? 如果是的话,你前进了一步。如果没有的话,你也许需要谈谈别的话题或者改变一下方法了。

回应歧视性提问

很多联邦、州和地方的法律禁止基于种族、肤色、性别、年龄(至少是 40 岁至 79 岁)、婚姻状况、宗教信仰、国家籍贯或者残障的招聘歧视。面试问题被用于收集这些主题方面的信息可能是非法的。[42] 表 16.6 中比较了一些问题,有些问题是可以被雇主们接受来进行提问的,而有些问题则可能会给雇主带来法律麻烦,如果这个问题是为了收集影响雇佣决策的信息的话。[43]

表 16.6 可接受的有潜在歧视倾向的面试问题

面试官可能会这样问	而不会这样问
你叫什么名字?	你的曾用名是什么?
你满 18 岁了吗?	你是什么时候出生的?
你高中毕业了吗?	你是什么时候从高中毕业的?
(不允许问关于种族的问题)	你是什么种族的?
你能胜任(特定的任务)吗?	你有生理或精神疾病吗? 你有吸毒或酗酒问题吗? 你正在服用处方药吗?
你能满足工作的要求经常周末加班吗?	周末加班与你的宗教信仰冲突吗?
你拥有在美国工作的合法权益吗?	你是哪个国家的公民?
你曾经犯过重罪吗?	你被逮捕过吗?
这份工作需要说西班牙语,你可以吗?	你成长过程中在家里用的什么语言?

如果面试官问了一个可能非法的问题,在回答前仔细考虑你的选择。你可以按照问的来回答,也可以巧妙地反问这个问题是否被禁止,还可以简单地拒绝回答,或者你也可以尝试回答"问

---

[42] Steven Mitchell Sack, "The Working Woman's Legal Survival Guide: Testing," Findlaw.com, accessed 22 February 2004, www.findlaw.com.

[43] Mark Henricks, "3 Interview Questions That Could Cost Your Company $1 Million," BNET, 8 March 2011, www.bnet.com

题背后的问题"。㊹ 例如,如果有的面试官不恰当地问你是否结婚了或者你是否在这个地域有牢固的家庭关系,他可能在试图发现你是否愿意出差或者搬家——两个都是可以接受的问题。你只需要决定在当时的情境下哪种是正确的选择。

即使你确实按照他所问的进行了回答,如果你有其他选择的话,在接受这家公司的录用时要慎重考虑。如果被限制的问题的提出是个意外(它发生了),因此这不是一个主要的担忧吗?如果你认为这是故意的,那么你是否想要在一家容许非法或歧视性问题存在,或者没有对员工进行足够培训来避免这些问题的企业工作?

职业技能提升

确保不要因为失言而丧失工作机会

即使是条件很优秀的申请者,有时候也会因为在面试过程中犯了原本可以避免的错误,而丧失了一个绝好的机会。小心避免这些实在太常见的错误:

- **防御心理**。面试不是审问,而面试官也不是来逮捕你的。把面试当作商务会谈来看待,只是双方都有一些有价值的信息要分享的信息交流。这样,你将更好地传达(和获得)信息。
- **没有提出问题**。面试官是期望你问些问题的,包括在面试过程中和结束时他们问你是否有问题要问。如果你没有什么可问的,你会被看做是对这个工作和公司没有多大兴趣的人。每次面试前都准备好一份提问的清单。
- **没有回答问题——或者试图绕过难以回答的问题**。如果你确实难以回答某个问题,不要试着顾左右而言他。记住,有时候面试官问一些刁钻的问题其实只是想看看你的反应。你想变成哪种鱼?你会如何将果冻钉进天花板?为什么下水道盖子是圆的?有些问题是设计来测试你在压力下是否从容,而另一些问题实际上是希望你得出一个符合逻辑的答案(顺便说一句,下水道盖子是圆的是因为圆形是唯一一个不能从哪怕只是小一点点的相同形状中掉下去的形状)。不要表现得好像这个问题很愚蠢或者拒绝回答。就像美国东北大学的 MBA 就业指导中心主任 Lynne Sarikas 解释的那样,这些问题提供了一个机会来"证明你思维敏捷、镇静、有创造力甚至是有幽默感"。
- **大脑一片空白**。人类的大脑似乎会在紧张的状态下停滞。面试官可能仅仅问了你一个很简单的问题,或许你伶俐的回答正好进行到一半,然后突然——你的大脑一片空白,没有办法以任何逻辑方式组织语言。试着在脑海中快速重复刚才谈话中最后的几秒钟,看你是否能够重新抓住谈话的线索。如果失败的话,向面试官解释你大脑突然空白并请他再重复一遍问题也许会对你更有利。这样做虽然很尴尬,但是更尴尬的是喋喋不休地说一堆你自己都不知道是什么的东西,还希望能歪打正着地回到主题上。
- **未能理解你对公司的贡献潜力**。比起你的过去,面试官更关心你将来能为他们的企业提供

㊹ Todd Anten, "How to Handle Illegal Interview Questions," Yahoo! HotJobs, accessed 7 August 2009, http://hotjobs.yahoo.com

什么帮助。确保提前了解你的技能如何帮助公司迎接挑战。

▶ **职业应用**

1. 如果在面试中,你突然意识到之前说过的话不正确或者不完整,你应该怎么做?解释你的答案。
2. 你将如何回答下面这个问题:"你会怎么对待惹你生气的同事?"解释你的回答。

资料来源:改编自"Because You Asked: Interviews Get a Little Strange," ManageSmarter, 25 September 2008, www. managesmarter. com; Thomas Pack, "Good Answers to Job Interview Questions," *Information Today*, January 2004, 35 +; John Lees, "Make Them Believe You Are the Best," *The Times* (London), 21 January 2004, 3; "Six Interview Mistakes," Monster.com, accessed 23 February 2004, www.monster.com。

如果你认为面试官的问题是不合理的、与工作无关的,或者是有歧视倾向的,你可以向美国公平就业机会委员会(EEOC)办公室(www.eeoc.gov)或者负责公平就业实践的州级部门报告。

16.4.3 结尾

就像热身一样,面试结尾的重要性远远超过它所占用的时间。最后的几分钟是你最后的机会来强调你对公司的价值以及纠正面试官可能有的任何错误观念。注意,多数面试官将会问你此刻是否还有问题,所以问一两个你带来的清单上的问题或者一个在面试过程中出现的相关的问题。

优雅地总结

一般情况下可以看出面试官想要结束这部分了,他可能会问你是否还有其他问题,总结一下谈话,改变坐姿,或者通过手势来暗示面试结束了。当你得到这个信号时,一定要感谢面试官提供面试机会,并且表达对公司的兴趣。如果你可以做得很自然,试着敲定接下来的进程,但是不要迫切地要求马上讨论。

如果这是你第二或者第三次拜访这家公司了,面试可能会以提供就业机会来结束。如果你有其他的录用通知或者需要时间来思考这份邀请,那么最好是接受它并感谢面试官,同时要求给一点时间来考虑。如果没有提供工作机会,面试官可能还没有做出决定,但是你可以有技巧地问问你什么时候可以知道结果。

讨论工资

如果你在面试中得到了录用通知,自然会想讨论一下工资,然而,尽量让面试官提起这个话题。如果在面试或求职申请表中被问到工资要求的问题,你可以说你的工资要求还没决定,或者可以协商,或者你希望能有较好的福利待遇。[45]

你能谈判到何种程度取决于几个因素,包括你拥有技能的市场需求、就业市场的强度、公司的补偿政策、公司的财务健康状况以及你是否有其他的录用通知。记住你正在谈一笔生意,而不是

---

[45] "Negotiating Salary: An Introduction" *Information Week* online, accessed 22 February 2004, www.informationweek.com

在请求某个人的青睐,所以集中于你可以为这份工作带来的独特价值。你拥有越多的信息,你的姿态就越强大。

如果工资是不能协商的,那么就看整个待遇组合。你或许可以在奖金、利益分红、退休金、医疗报销、休假时间和其他有价值的部分找到一点灵活性。㊻

回顾成功面试的重要提示,参见"要点检查:在工作面试中留下积极印象"。

要点检查

在工作面试中留下积极印象

A. 准备好在热身阶段留下积极的印象
- 从你到达的那一刻开始就要保持警惕;即使是最开始的闲谈也是面试过程的一部分。
- 用面试官的名字打招呼,保持微笑和目光接触。
- 如果面试官伸出手,有力(但不要太使劲)地握手。
- 只有在面试官让你坐下或者他自己坐下以后才能坐下。
- 仔细听出问题的暗示,其潜在意图是试探你或者你的资历条件的某些方面。
- 表现出积极的身体语言,包括站直以及坐直。

B. 在问答阶段传递你对这家公司的价值
- 让面试官主导谈话。
- 绝对不要在面试官把问题说完之前就回答问题。
- 仔细听面试官说并且观察非语言信号。
- 不要把你的回答限制在简单的"是"或者"不"上;展开回答来显示你对公司的了解(但是不要喋喋不休)。
- 如果你遇到一个可能有歧视的问题,在说话之前决定你想怎样回应。
- 有机会时,从你准备的清单中选择问题提问;记住面试官是期望你问问题的。

C. 以一个强有力的说明结尾
- 观察和倾听面试官准备结束的信号。
- 很快地评估你的表现并且消除面试官可能有的任何误解。
- 如果你得到工作但是没有准备好做出决定,要求一点时间来考虑是完全适宜的。
- 不要提到薪酬,但是要有准备在面试官提出这个话题时进行讨论。
- 以热情的微笑和握手结束,并且感谢面试官的会见。

了解面试策略的最新信息,登录 http://real-timeupdates.com/ebc10 并且点击第16章。

㊻ "Negotiating Salary: An Introduction."

16.4.4 面试笔记

保存一个笔记本或者简单的数据库,记录每一家公司的信息、面试官们对于你问题的回答、每位面试官的联系信息、感谢信的状态以及其他的跟进信息和即将到来的面试约定。精心组织的笔记能在你需要从收到的录用通知中做出选择的时候帮助你决定哪家公司是正确的选择。

> **实时更新　观看幻灯片**
>
> **你应该接受吗？评估一份录用通知**
>
> 探究各种必要的步骤以决定一份录用通知是否适合你、你的家庭以及你的未来。登录 http://real-timeupdates.com/ebc10 获取更多信息。

16.5 面试后跟进

面试后与潜在雇主联系,通过电话或者信件都可以,来显示你的确很想要这份工作而且非常想要得到它。这同样又给了你展示你的沟通技能和商务礼仪意识的机会。跟进信息可以让面试官再一次想起你的名字,并且提醒他你正在积极地观望和等待决定。

在申请和面试的过程中,无论你何时收到了这家公司的信息,都要保证快速地回复。被简历淹没的公司如果在24小时内没有收到你的回复,可能会转移到下一个候选人。㊼

16.5.1 感谢信

面试两天后写一封感谢信,即使觉得你得到工作的机会很小。除了展示良好的礼仪外,一封感谢信还能给你机会来强化你适合这个职位的理由,并且让你针对在面试中产生的任何消极印象做出反应。㊽ 感谢面试官花费了时间和精力,表达你持续的兴趣,强化你适合这个职位的理由,并且有礼貌地询问决定(如图16.6所示)。

根据这家公司的情况以及你和面试官已经建立起来的关系,感谢信可以用信件或者电子邮件的方式。简洁并且显得积极,但不要过于自信。

16.5.2 询问信息

如果你没有在预定日期或者两周以内得到面试官的决定通知,你可以进行询问。询问信息(如果面试官给了你他的邮箱地址,你可以发送电子邮件)尤其适用于你已经收到了第二家公司的录用通知,但是你在收到第一家公司的回复前不想接受的情况。下面的信息说明了直接要求的一般模型:

㊼ Lisa Vaas, "Resume, Meet Technology: Making Your Resume Format Machine-Friendly," The Ladders, accessed 13 August 2010, www.theladders.com.

㊽ Joan S. Lublin, "Notes to Interviewers Should Go Beyond a Simple Thank You" *Wall Street Journal*, 5 February 2008, B1.

图 16.6 感谢信

在简洁的三段中，Michael Espinosa 感谢了面试官花费了时间和精力，表达了自己对该职位持续的兴趣，解释了他重新考虑过的一个重要内容，并询问决定。

16.5.3 要求延时

如果你在别的面试还没决定结果时得到了录用通知，你可以向雇主要求延时。以表达你对这个职位有持续的高度兴趣开篇，要求有更多的时间来考虑这份邀请，提供提出要求的特殊原因并且向读者保证你会在特定的日期内回复（如图 16.7 所示）。

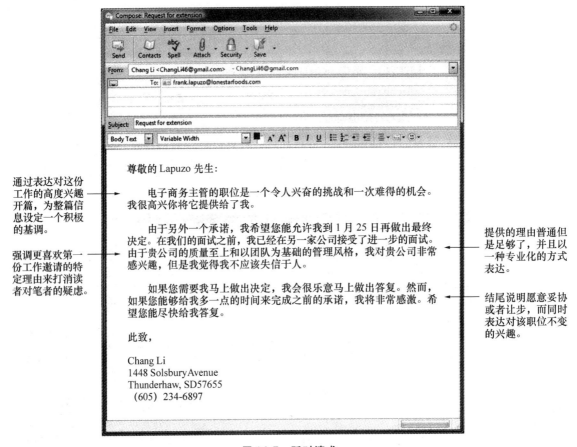

图 16.7 延时请求

如果你需要更多的时间来决定是否接受这份录用通知,一定要重申你对这份工作依旧有兴趣。

16.5.4 接受函

当你接到一个你想要接受的录用通知时,在五天之内回复。以表示接受和表达感谢开头,说明你愿意接受的工作。在下一段,把所有必要的细节加上。以表示你很期待去报到工作来结尾。如平常一样,一个正面的信件应该传达你的热情和合作的热切:

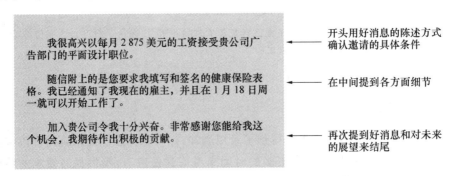

注意录用通知和对邀请的书面接受函可以组成一个具有法律效力的合同,对于你和雇主双方来说都是。在写接受函之前,一定要确信你想要这份工作。

16.5.5 拒绝工作邀请的信函

在面试以后,你可能发现你需要写封信来拒绝一份录用通知。使用负面信息的技巧(见第9章):温暖地开篇,说明拒绝邀请的原因,明确地拒绝邀请,然后用愉快的语气结尾,表达感谢。通过花时间来写一封真诚的、有技巧的信,能为将来的接触留下了一扇敞开的大门:

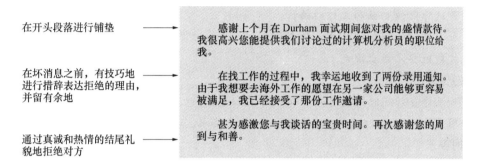

16.5.6 辞职信

如果你得到了录用通知而现在有工作,你可以通过写一封辞职信给你的直接上司来与现任公司保持良好关系。遵循坏消息的计划,并且让信看起来正面一些,不管你的感觉实际上怎样。不要把这封信当做发泄任何沮丧之情的机会。说一些公司和同事的好话,或者你在工作上学到了什么。然后表达你想要离开的想法和你能工作到的最后日期。一定要提前至少两周给现任雇主通知:

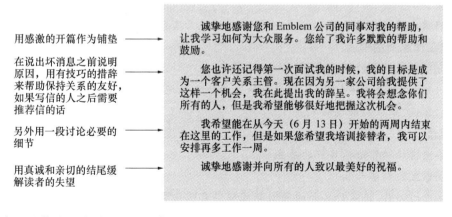

要明确跟进信息的内容和风格,参见"要点检查:跟进信息的写作"。

要点检查

跟进信息的写作

A. 感谢信
- 面试后两天之内写简短的感谢信。
- 感谢面试官花费了时间和精力。
- 再次说明你申请的特定工作。
- 表达你对该企业和工作的热情。
- 加上任何能增加你的机会的新信息。
- 礼貌地要求做出决定。

B. 询问信息
- 如果你在约定时间没有得到面试官的回复,写一封简短的询问信。
- 用直接的方式:主要内容、必要细节、特定要求。

C. 延时要求
- 如果你有未决的面试并需要时间来决定是否接受邀请,可以请求延时决定。
- 用友好的语气开篇。
- 解释你为什么需要更多的时间并表达对该企业仍然很感兴趣。
- 在结尾,承诺如果你的要求不能得到肯定,你能够很快做出决定,并且要求确认你的要求是否得到同意。

D. 接受函
- 在收到邀请五天之内发出这个信息。
- 清楚表明你接受邀请,确认你所接受的工作,并且确认像工资和报到日期这样的重要细节。
- 确信你的确想要这份工作;接受函可以被视为有法律效力的合同。

E. 拒绝工作邀请的信函
- 使用负面信息的模型。
- 以热情、感激的语气开篇,然后解释你为什么拒绝邀请。
- 以真诚、积极的语气结尾。

F. 辞职信
- 尽快发辞职信给你目前的雇主。
- 以感激的铺垫开篇。
- 在中间部分,说明你离开的原因并且确实表明你要辞职。
- 诚恳地结尾。

> **工作进行时**

解决 Zappos 的沟通困境

你最近加入了 Zappos 在拉斯维加斯总部的人力资源部。你正在寻找有经验的客户支持专家，他们需要做到当事情变得混乱时依旧可以保持冷静，并且能够以 Zappos 的风格从容应对风格迥异的客户。使用你知道的有关求职和面试方面的知识应对这些挑战。（了解更多关于 Zappos 的信息，请登录 http://about.zappos.com/jobs。）

1. 由于书面沟通技能对于这份工作如此重要，你对应征者的来信十分注意，尤其是某些候选人的自荐信，他们主动联系 Zappos，即使公司并没有发布职位空缺。根据下列开篇段落，这四个应征者中的哪一个最成功地抓住了你的注意力和兴趣？

a. 我有四年半的工作经验，稳定的绩效考核成绩，以及在客户服务工作中表现出色的承诺，我相信当我说我拥有像 Zappos 这样好的公司所需要的、帮助其实现目的和目标的素质时，我并没有看上去过分自信。

b. 你很古怪。我也很古怪。我们让它发生吧！

c. 你向来有着只招城镇里最酷的猫的名声，但是最大的问题是为什么我还没有在里面工作呢？我动力十足，比一般人聪明得多，并且在维加斯就像在家中，宝贝！

d. 除了是一名 Zappos 热情的客户外，我还是一名客户服务专家。上周当我和你的客户支持人员进行满意度互动的时候，想到了一个好主意：我想要成为团队的一员从而可以给客户积极的经历。

2. 你喜欢让申请者马上放松下来，所以你通常以一个幽默的问题开始，在打破紧张局面的同时，也激励候选者揭示一些自身的个性和知识。在这一轮面试中，你将选择以下问题的哪一个来开始每个面试？

a. 你遇到过的提出最荒谬的要求的顾客是谁？

b. 如果我们给你一个喷气机，让你在城镇上空飞着给客户送产品以给他们惊喜，你愿意接受这份工作吗？

c. 你以前有过觉得人生就像一场无穷无尽的面试一样的时候吗？

d. 这么看来……每周买的彩票还是没有结果，是吗？

3. Zapppos 很喜欢即使面对稀奇古怪的问题或者环境也能思维敏捷的员工。你会用以下哪个问题来判断一个候选者理解问题和开始形成方案的能力？

a. 你是环境保护局的科学家，专业是电子产品的有毒废弃物。你在国会委员会作证，一个议员想知道在未来 10 年会有多少手机电池被丢弃。没有任何其他的信息，你将怎样开始估计这个数字？

b. 猜猜我多少岁了。

c. 为什么电影和电视里的电话号码总是以 555 开头？

d. 你会怎样向一个来自另一行星的外星生物解释人类的家庭？

4. 在每个面试的结尾，你会找一个时间问候选者是否有问题要问你。下列哪个回答会让你印象最深刻？

  a. 没有，谢谢。我想我没有问题了。您已经对每一个我想到的问题做出了完美的回答。

  b. 哦，我不需要再占用您太多的时间了。如果我有任何问题，我可以回家后上网找您。

  c. 是的。您能给我内部消息吗？Zappos 快乐家庭的环境氛围是真的还是只是作秀给公司外的人看的？

  d. 是的，谢谢！现在 Amazon 兼并了 Zappos，您认为有没有可能将 Zappos 的精神传播到整个 Amazon 的运营中？或者有没有这种风险，由于 Zappos 已经成为一个更大公司的一部分，从而丢失了原本的精神？

学习目标检查

通过阅读每个学习目标和完成相关练习来评估你对本章要点的掌握情况。填空题，写出空白处缺少的文字；单项选择题，在正确答案的字母上打勾。

目标 16.1：解释求职信的意图，描述怎样在求职信中运用 AIDA 组织法。

1. 发送申请信的首要理由是什么？
   a. 促使读者看你的简历。
   b. 寻找一份工作。
   c. 将你的条件逐项说明。
   d. 要一份申请表格。

2. 为什么自荐信比求职信更具有挑战性？
   a. 没人想要接收自荐信。
   b. 对于自荐信来说，你不得不识别公司对于你想要得到的那个职位有怎样的素质要求。
   c. 求职信更短，不会使得招聘人员更费神地去阅读它们。
   d. 自荐信不适用 AIDA 模型。

3. 下面哪一个是在申请信的开篇段落中吸引注意力的好方法？
   a. 确保你以能够抓住眼球的设计"开始这一页"。
   b. 解释你满足公司需求的应急潜力有多大。
   c. 通过隐瞒你的目标职位或者你的一些关键事实来营造戏剧化的神秘氛围。
   d. 深入——按照一份全面的信息报告来构造你的求职信。

4. 求职信最后一段的两个至关重要的作用是什么？
   a. 请求读者给面试机会（或者其他适当的行为）并表达出你能在这家公司工作有多开心。
   b. 请求读者给面试机会（或者其他适当的行为）并且使得读者易于回复。
   c. 请求读者给面试机会（或者其他适当的行为）并说明你的期望薪酬。
   d. 鼓励读者阅读你的简历并突出你简历中的至少三点内容。

目标 16.2：描述求职面试的典型步骤，主要的面试类型以及雇主在面试中寻求什么。

5. 以下面试步骤中的哪个是第一个进行的？
   a. 选择阶段。
   b. 筛选阶段。
   c. 过滤阶段。
   d. 分类阶段。

6. _____面试通常被用在筛选阶段，以一系列准备好的既定顺序的问题为特征。
7. 行为面试和情境面试有什么区别?
   a. 行为面试要求你将事情和过去的经验联系起来,而情境面试让你进入一个真实的情境并且要求你执行一些任务,比如领导一次头脑风暴会议。
   b. 它们基本上是一样的,尽管行为面试通常通过电脑操控而不是现场的面试官。
   c. 情境面试要求你将事情和过去的经验联系起来,而行为面试要求你表现出如何应对将来的各种假设情境。
   d. 行为面试要求你将事情和过去的经验联系起来,而情境面试要求你表现出如何应对将来的各种假设情境。
8. 雇主在面试中寻找的两个最重要的因素是什么?
   a. 企业适合度以及动机。
   b. 动机和工作能力。
   c. 动机和工作经验。
   d. 企业适合度和工作能力。
9. 在申请工作的过程中,你可能会遇到下面职前测试中的哪一个?
   a. 诚信测试。
   b. 药物测试。
   c. 个性测试。
   d. 以上所有。

目标 16.3:列出准备一个成功的求职面试需要完成的六项任务。

10. 如果一个面试官让你描述你最大的缺点,下列哪个是你回答的最佳策略?
    a. 面试官只是吓唬你,所以冷静地说比说什么更加重要。
    b. 把你的答案设计成你将要发展的能力,特别是对公司有益的技能。
    c. 谦恭地向面试官解释这个问题不合法。
    d. 解释你没有大的缺点。
11. 在面试中你自己问问题的最佳策略是什么?
    a. 试着在面试开始时都问完,这样就不会超时。
    b. 等到面试结束后,用电子邮件把问题发给面试官。
    c. 试着在面试过程中自然地把问题提出来。
    d. 等到面试官问你是否有任何问题时再问。
12. 如果你相信你在外表、面试技巧、工作技能或者工作经验上有特别的劣势,你应该如何在准备面试时处理这些情况?
    a. 计划在面试开始阶段对自己的缺点开开玩笑;这将打破紧张气氛并且允许你集中注意力于面试官的问题。
    b. 在准备和进行面试时,都通过强调你的优点来弥补。
    c. 如果可能的话,改正缺点;如果不可能,强调你的优势品质。
    d. 忽略这种情况;在这种时候你对于缺点已经无能为力了。
13. 如果你不确定一个特定的面试该穿哪种风格的衣服,而且你没有办法问那家公司里员工的意见,你应该怎么做?
    a. 穿得非常保守;太正式总比太随便要好。
    b. 穿自己想在工作时穿的。
    c. 穿风格抢眼的衣服,那样能给面试官留下深刻的印象。
    d. 带好几套衣服早点儿到;试着看看那的人们都穿什么,然后找个地方换上你有的最接近他们风格的那一套。

目标 16.4:解释如何在求职面试的三个步骤中取得成功。

14. 研究显示,许多面试官,尤其是那些没经过培训的,_____对候选者做出决定。
    a. 在面试的最初 20 秒钟内
    b. 在面试的最后 20 秒钟内

c. 根据简历
d. 根据求职信
15. 如果一个面试官问你的婚姻状况、你有几个孩子以及他们多大,你应该怎么做?
   a. 回答这些问题——面试官是完全有权利问你这些个人问题的,即使它们跟你申请的工作没有直接的联系。
   b. 告诉面试官这样的问题是非法的并且威胁要起诉他侵犯隐私。
   c. 通过问面试官是否对你的工作能力、差旅要求或者其他因素有什么担忧,来回避这些问题——在很多州,问这样的问题是非法的。
   d. 如果你想要这份工作,拒绝回答这些问题,但是保证你不会将非法提问报告给EEOC。
16. 如果面试官告诉你这份工作提供的工资,你应该怎么做?
   a. 总是完全接受公司提供的条件。
   b. 回应要求比公司提供的更高的数字。
   c. 回应要求比公司提供的更低的数字。
   d. 问问工资是否有协商的空间。

目标 16.5:确定面试后最常见的雇佣信息并解释适用时机。

17. 在一个求职面试之后,你应该_____发送感谢信函。
   a. 在面试后两天以内
   b. 只有当你认为你得到了这份工作时
   c. 遵循 AIDA 组织计划
   d. 以上全部
18. 拒绝工作邀请的信应该遵循:
   a. 直接的方式。
   b. AIDA 计划。
   c. 负面信息方式。
   d. 有礼貌的计划。

知识应用

回顾本章有关以下各问题的内容,参考指定的学习目标。

1. 在筛选面试中,你能怎样将自己和其他候选者区分开来而仍然保持你的回答简短到位?解释一下。[学习目标2]

2. 如果你对于正在面试的工作没有任何经验,你如何准备情境面试或者行为面试?[学习目标2]

3. 如果你缺少一项工作所需要的很重要的素质,但是通过了初步筛选阶段,你应该在下一轮面试中如何处理这个问题?请解释。[学习目标3]

4. 如果你在面试过程中没有问任何问题,那么面试官可能会怎样对你进行总结呢?[学习目标3]

5. 为什么把不道德或者不合法的面试问题与可接受的问题区分开很重要?请解释。[学习目标4]

技能实践

信息分析

阅读下列材料,然后:(1) 分析每句话的优点和缺点;(2) 修改材料,使其遵循本章指南。

文档16.A：写求职信[学习目标1]

我写这封信是为了让您知道我能胜任您广告中的品牌经理工作。正如您从我随信附上的简历中看到的一样，我的背景对于这个职位来说是完美的。尽管我没有任何实际工作经验，我的成绩却一直很突出，尤其是我上的还是一所顶级的商学院。

我在本科期间做了很多事情，为这份工作做好了充分的准备：

- 商务课程平均学分3.4（满分4.0，其中有一科还得了3.8）
- 被选为学生会代表
- 工作赚取一部分学费

我给所有的顶级公司都发送了简历，但是我最喜欢贵公司。你们的声誉在本行业中最好，而我希望能自豪地说自己在一个最好的公司工作。

如果您希望我来参加面试，我在每周五下午或者周末的任何时间都没有课。再次感谢您考虑让我担任你们的品牌经理这个职务。

文档16.B：写求职跟进信[学习目标1]

你们收到我的简历了吗？我是在至少两个月以前给你们发的简历，但是现在还是没有任何消息。我知道你们会将简历存档，但是我只是想确认你们还记得我。我听说你们在招聘保健经理，我很希望你们能考虑让我担任其中一个职务。

自从上次给你们写信以后，我已经在许多岗位上工作过，这些工作帮助我准备好走上管理岗位。具体情况是：我在工作的餐馆成了午餐经理，并且得到了加薪。我现在管理12个女孩组成的服务生团队并且每天将午餐发票送到银行。

当然，我更愿意从事一份真正的工作，而且这就是我再次给你们写信的原因。你们还需要了解我或者我背景的任何别的问题吗？我真的很希望能够更多地了解你们公司。你们有什么资料能够发给我吗？如果有的话，不胜感激。

我想我还没有被雇用的一个原因是我不想离开亚特兰大。所以我希望当你们考虑我的职位的时候，会是一个比较稳定的职位。再次感谢你们考虑我的申请。

文档16.C：感谢信[学习目标5]

感谢您给了我这次绝好的机会，让我在Starret Engine公司见到您和您的同事。参观你们的设施和与那里的人们交谈真的非常愉快。你们的团队多好啊！我参观过的其他公司都那么严肃紧张，以至于我根本没有办法想象自己能在那里工作。见到一群像你们这样享受工作的人真让人感到愉快。

我知道您肯定见过了很多应聘这份工作的其他候选者，而且我知道他们中的某些人很可能比我经验丰富。但是我真的很想说我在海军的两年服役学到了很多工程工作。我想我在面试中没有提到我在船上的职责。

请在下周之内给我电话通知我您的决定。晚饭后我通常都在寝室（电话号码：877-9080）。

文档16.D：询问信[学习目标5]

我最近接到了Warrington公司很有吸引力的工作邀请。但是在我告诉他们决定之前，希望能考虑一下贵公司可能给我的邀请。我在最近的面试中对贵公司印象深刻，并且仍然对这份工作非常感兴趣。

我不是想要给你们压力，只是Warrington希望我在10天以内做出决定。你们能在周二之前告诉我你们是否计划给我工作邀请吗？那将会给我足够的时间来权衡两份邀请。

文档16.E：拒绝工作邀请的信[学习目

标 5]

我写信是为了告诉您我不得不拒绝你们的工作邀请。另一个公司给了我更丰厚的待遇,而我已经决定接受了。不过,如果我在那里工作得不顺利,我将会让你们知道。真诚地感谢你们对我的兴趣。

➡ 练习

1. 职业生涯管理:准备好面试[学习目标 3] Google 你自己,Bing 你自己,搜寻你的人际关系档案,回顾你的 Twitter 信息并且搜寻任何网上可能有关你的信息。如果你发现了有任何可能尴尬的东西,尽可能删除掉。对于自己的搜索-删除任务写一个总结,在交给任课教师的报告中你可以跳过任何令人尴尬的细节。

2. 职业生涯管理:搜索目标雇主[学习目标 3] 选择你可能喜欢在那里工作的一家中型或者大型公司(一家你能很容易找到相关信息的)。用互联网资源收集一些对该公司的前期研究;不要把搜索限制在公司自己的网站上。

　　a. 你掌握了什么关于这家公司的能帮助你面试的信息?

　　b. 你用到什么互联网资源来获得这些信息?

　　c. 有了这些信息,你认为你背景的哪些方面可能对这家公司的招聘人员有吸引力?

　　d. 基于你对这家公司文化的了解,你认为你应该在面试中突出自己个人特质的哪些方面,为什么?

3. 职业生涯管理:面试;合作:团队项目[学习目标 4],第 2 章 将全班分成两大组。一半将作为一个全国百货公司大型连锁店的招聘人员,在寻找适合管理培训生职位的人(大约有 16 个空缺)。另一半是这份工作的候选者。公司特别需要有这三种品质的候选者:主动、可靠,以及愿意担责任。

　　a. 让每个招聘人员选择一个候选者,面试 10 分钟。

　　b. 让所有招聘人员讨论他们是怎样对申请者的这三种品质进行评估的。他们问了什么问题或者用什么作为决定候选者是否有某一品质的指示?

　　c. 让所有申请者讨论他们用什么来说服招聘人员认为他们有每一种品质。

4. 职业生涯管理:面试[学习目标 3] 写一份简短的电子邮件给你的导师,讨论你认为从雇佣的角度来说,你最大的优点和缺点是什么。接下来,解释评估你条件的面试官将怎样看待你的这些优点和缺点。

5. 职业生涯管理:面试[学习目标 3] 准备并写下表 16.3 中列出的其中 10 个问题的答案。

6. 信息策略:招聘信息,沟通伦理:解决伦理困境[学习目标 5],第 1 章 你已经决定接受公司竞争对手的一个新职务。写一封辞职信给你的上司,告知你的决定。

　　a. 你是否会告诉你的雇主你要加入一个对手企业?请解释。

　　b. 你会用直接法还是间接法?请解释。

　　c. 你会通过电子邮件还是日常信件发送这封信,还是直接把它放到上司的桌上?

技能拓展

剖析行业案例

从 www.linkedin.com/answers 上访问 LinkedIn Answers(如果有要求就开通一个免费的 LinkedIn 账号)。在"浏览"面板中单击"职业教育和求职"。浏览开放式问题和封闭式问题板块以找到三种你之前不知道的对于找工作的观点。使用任课教师要求的任意媒体,写一份关于你学到了什么的简短的不超过一页的总结。

在线提升职业技能

"博韦和希尔的商务沟通搜索"(http://businesscommunicationblog.com/websearch)是一个专为商务沟通研究而设计的研究工具。使用网页搜索功能查找网站、视频、PDF 文档或幻灯片演示文稿,为面试提供建议。给任课教师写一封简短的电子邮件,描述你搜索到的条目,总结你从中学到的职业技能。

改善语法、结构和表达

以下练习帮助你提高对英语语法、结构和表达的掌握和运用。在下面每组句子中,找到最佳选项,在其字母上打勾。

1. a. We need to hire one office manager, four bookkeepers, and 12 clerk-typists.
b. We need to hire one office manager, four bookkeepers, and twelve clerk-typists.
c. We need to hire 1 office manager, 4 bookkeepers, and 12 clerk-typists.

2. a. The market for this product is nearly 6 million people in our region alone.
b. The market for this product is nearly six million people in our region alone.
c. The market for this product is nearly 6,000,000 people in our region alone.

3. a. Make sure that all 1,835 pages are on my desk on later than 9:00 A.M.
b. Make sure that all 1835 pages are on my desk on later than nine o'clock in the morning.
c. Make sure that all 1,835 pages are on my desk on later than nine o'clock A.M.

4. a. Our deadline is 4/7, but we won't be ready before 4/11.
b. Our deadline is April 7, but we won't be ready before April 11.
c. Our deadline is 4/7, but we won't be ready before April 11.

5. a. 95 percent of our customers are men.
b. Ninety-five percent of our customers are men.
c. Of our customers, ninety-five percent are men.

6. a. More than half the U.S. population is female.
b. More than 1/2 the U.S. population is female.
c. More than one-half the U.S. population is female.

7. a. Last year, I wrote 20 15-page reports, and Michelle wrote 24 three-page reports.
b. Last year, I wrote 20 fifteen-page reports, and Michelle wrote 24 three-page reports.

c. Last year, I wrote twenty 15-page reports, and Michelle wrote 24 three-page reports.

8. a. Our blinds should measure 38 inches wide by 64 and one-half inches long by 7/16 inches deep.

b. Our blinds should measure 38 inches wide by 64-1/2 inches long by 7/16 inches deep.

c. Our blinds should measure 38 inches wide by 64-8/16 inches long by 7/16 inches deep.

9. a. Deliver the couch to 783 Fountain Rd., Suite 3, Procter Valley, CA 92074.

b. Deliver the couch to 783 Fountain Rd., Suite three, Procter Valley, CA 92074.

c. Deliver the couch to seven eighty-three Fountain Rd., Suite three, Procter Valley, CA 92074.

10. a. Here are the corrected figures: 42.7% agree, 23.25% disagree, 34% are undecided, and the error is 0.05%.

b. Here are the corrected figures: 42.7% agree, 23.25% disagree, 34.0% are undecided, and the error is.05%.

c. Here are the corrected figures: 42.70% agree, 23.25% disagree, 34.00% are undecided, and the error is 0.05%.

案例

写求职信

电子邮件技能

1. 信息策略:招聘信息(求职信)[学习目标1] 使用表15.1中列出的一个网站来寻找你目标职位范围内的就业机会。如果你还没有将目标限定在某一个专业领域,那么就选择一个你毕业时至少可以具备一些相关能力的职业。

你的任务: 如果你要申请这份工作,就写一份可以作为求职信的电子邮件。邮件信息要基于你对于此项职业所具有的实际能力并且确保符合工作描述中列出的要求。在你把邮件发给任课教师的时候,写上工作描述。

电子邮件技能

2. 信息策略:招聘信息(求职信)[学习目标1] 过去四年中你一直充满着激情和决心,现在你就要获得商务学位了。一天晚上上网休闲的时候,你不知怎么进到一个叫做Google Earth的地方。你很快就被那个能自如缩放地球、看到那些你去过或者梦想要去的地方的卫星照片的功能吸引住了。甚至可以输入你住的公寓的地址,然后就能看到你所住地区的俯视图。你对美国主要城市的三维透视图感到非常惊奇。另外,照片和地图都联结到Google之外的搜索技术上,让你可以找到你周围从ATM机到咖啡店的任何地方。

你自从孩提时代就十分喜欢地图,而发现Google Earth让你忍不住希望自己学的是地理专业。你知道跟着感觉走是多么重要,所以你决定不管怎样都要申请去Google工作,虽然你没有很强的地理信息系统方面的背景。你有的是对地图的无限热情和一个不错的商业头脑。

你的任务: 访问http://earth.google.com/并且探究这个系统的功能(你可以下载一份免费的软件)。尤其是要注意这项技术在商务和政府中的应用,例如为房地产销售、土地使用及其环境影响分析,以及国土安全部门的紧急规划提供个性化的俯视图和地图。一定也要访问社区页面,你会发现这项技术更多的有趣应用。现在起草一份电子邮件给 Google(发给 jobs@google.com),请求他们考虑让你加入 Google Earth 的团队。仔细想想你能怎样帮助公司开发这条产品线的商业潜能,并且确保全文闪耀着你的激情。

面试

团队技能 博客技能

3. 职业管理:研究目标雇主[学习目标 3]
调查研究是求职过程中很关键的一步。信息在手,你就可以提高找到合适工作的机会并避免不好的机会,同时你可以通过证明自己积极、有好奇心、有研究和分析能力,很欣赏运营企业这一复杂挑战以及为达到结果而工作的意愿来给面试官留下深刻的印象。

你的任务:和同学们组成一支小团队,使用在线工作清单来识别出一个有吸引力的职位空缺,至少有一名成员随着毕业的临近会认真考虑去追寻这份工作。(你会发现如果至少有一位成员的专业或者在职经历与这份职业相关对我们是有帮助的,可以获取一些专业问题的知识。)接着,调查研究这家公司、它的竞争者、它的市场以及这个特定的岗位来识别五个问题,这些问题能够:(1)帮助团队成员决定是否这是一个好机会;(2)向面试官展示你确实已经做过功课了。越过基本的和明显的问题,确定只有深度研究才可以揭示的当前的、特殊的、复杂的问题。例如,这家公司正在面临能够威胁其成长或者长期生存能力的重大的技术、财务、法律或者管理方面的挑战吗?或者市场正在朝着能够使特定的公司快速成长的方向发展吗?在你班级的博客中列出你的五个问题,确定你要怎样揭示这些问题并且解释为什么每一个问题都是重要的。

团队技能

4. 职业管理:面试[学习目标 4] 面试当然是一项涉及至少两个人的互动活动。面试最好的练习方法就是与别人合作。

你的任务:你和班级里别的同学都要写求职信,寻求的是需要有好的个性和头脑,却只需要一点点专业教育或者经验的初级职位或者管理培训生。用虚构的名字在信上署名,不要让自己的身份暴露。接下来,修订(或者创建)一份简历准确地确认你的教育和专业成就。

现在,三位志愿做面试官的同学将所有匿名求职信进行分配。然后,每个面试官选择一个在信中看起来最令人欣赏和信服的候选者。这时候,被选上的候选者站出来将其简历递给面试官。

接下来每个面试官在全班面前面试他选中的候选者,努力理解简历上的项目怎样使候选者很适合这份工作。在面试的最后,可以全班决定谁得到这份工作,并且讨论为什么这个候选者是成功的。之后,拿回你的信,签上真实的名字,然后交给老师评分。

团队技能

5. 职业管理:面试[学习目标 4] 选择一个你将来要参加工作的行业的公司,然后确定一个感兴趣的职位。研究这家公司并且为这家公司的面试做好准备。

你的任务:与一个同学合作,轮流给彼此进行选定职位的面试。面试官应该在面试中做笔记。一旦面试结束,对彼此的表现进行点评(面试官点评应聘者面试的准备情况和回答问题的好坏;被面试者点评被问问题的质量如何)。写一封跟进信感谢你的面试官并将这封信交给老师。

面试后跟进

6. 信息策略:招聘信息(请求延长时间)[学习目标5] 由于工作申请时间的混乱,你在追求你真正想要的工作之前随便申请了一份平庸的工作。你想做的是在达拉斯高端百货商店 Neiman Marcus 的零售营销部门工作;你接到的邀请是 Longhorn 皮草提供的一份类似的工作,距离得克萨斯州的一个小镇的商业中心有 65 英里远。

你看了看你的记录。你与 Longhorn 的面试是三周前与人事部经理 R. P. Bronson 进行的,恰好是这个人写信向你提供这份工作。商店的地址是 27 Sam Rayburn Drive, Commerce, TX 75428。Broson 先生说他会为你保持这个职位 10 天。你和 Neiman Marcus 在下周有一次面试,但是你不大可能在这 10 天以内得到商店的决定。

你的任务:写信给 Broson 先生,请求在考虑他提供的工作上给一个合理的延时。

信件写作技能　电子邮件技能

7. 信息策略:招聘信息(工作拒绝信)[学习目标5] 你很幸运,你在 Neiman Marcus 的面试进行得很顺利(见案例6),并且你刚刚已经接收到了来自这家公司的录用通知。

你的任务:给 Longhorn 的 R. P. Broson 写一封信,拒绝他的工作邀请并且写一封邮件给 Neiman Marcus 的 Clarissa Bartle,接受她的工作邀请。当收到 Neiman Marcus 的录用通知时准备好任何你所需要的信息。

信件写作技能

8. 信息策略:招聘信息(辞职信)[学习目标5] 辞职很少是没有压力的,尤其是要与在促进你的事业发展上扮演了重要角色的导师分道扬镳。在你六年的职业生涯中,你导师提供的建议、鼓励以及职业链接已经使你受益匪浅,你的导师正好是你的现任老板。她从一开始就相信你有潜力并且不怕麻烦地在无数种场合下帮助你。作为对于支持的回报,你成为明星员工,对老板领导的部门的成功做出了重要贡献。

遗憾的是,你发现自己处于职业生涯僵局中。你相信你准备好胜任管理岗位了,但是你的工作并没有足够的发展来创造许多机会。更糟糕的是,你是在公司快速扩张的时候加入,所以有许多和你处于同一个职业生涯阶段的急切的并有能力的内部候选人对少数的可能成真的管理类工作机会感兴趣。你害怕需要几年的时候才能得到在该公司升职的机会。通过你的网上人际活动,你发现了处于另一个行业的一家公司有就业机会并且已经决定去追求它。

你的任务:你和你的老板关系密切,所以你将会以私人的、一对一的交谈来宣布你离开公司的打算。然而,你也意识到应该写一份正式的辞职信以在见面的时候交给你的老板。这封信将会寄给你的老板,但是作为正式的商务信件,它将会成为你个人档案中的一部分,它不应该是一封"私人"信件。准备好一切你需要的细节,写一封简短的辞职信。

参考答案

"学习目标检查"参考答案

第1章

1. b
2. b
3. c
4. d
5. b
6. a
7. a
8. a
9. 感觉,挑选,理解
10. d
11. 信息,人(或接收者或受众)
12. a
13. c
14. d
15. 困境,丧失

第2章

1. d
2. d
3. 建设性的
4. d
5. a
6. a
7. b
8. 议会
9. 虚拟
10. 网真
11. 解码
12. c
13. d
14. a
15. d
16. d
17. c
18. a
19. a

第3章

1. d
2. d
3. b
4. b
5. c
6. d
7. 种族中心主义
8. 刻板印象
9. d
10. a
11. c
12. b
13. 非语言
14. a
15. d
16. a
17. b
18. b

第4章

1. b
2. c
3. a
4. 一般目的
5. b
6. a
7. c
8. c
9. d
10. d
11. 丰富度
12. d
13. a
14. b

15. d
16. 直接
17. 间接
18. a
19. a

第 5 章

1. a
2. d
3. d
4. b
5. c
6. c
7. 被动
8. 主动
9. b
10. b
11. c
12. a
13. a
14. c
15. c
16. 例子
17. 差异处,相似处
18. a
19. b
20. 样板文件

第 6 章

1. d
2. a
3. c
4. a
5. b
6. d
7. d
8. b
9. b
10. a
11. c
12. b
13. 空白
14. c
15. a
16. c
17. d
18. a
19. b

第 7 章

1. b
2. b
3. c
4. 品牌群体
5.
6. 社区参与
7. a
8. c
9. b
10. a
11. c
12. d
13. b
14. a
15. b
16. c
17. c
18. d
19. d
20. 播客频道
21. a

第 8 章

1. b
2. a
3. d
4. c
5. b
6. d
7. c
8. 直接
9. a
10. b
11. 好消息
12. d
13. d
14. b
15. a
16. d
17. c

第 9 章

1. h
2. d
3. c
4. a
5. a
6. c
7. c
8. 铺垫
9. c
10. d
11. b
12. c
13. c
14. c
15. b

16. a
17. d

第 10 章

1. b
2. d
3. d
4. b
5. c
6. d
7. c
8. 情感
9. 逻辑
10. b
11. b
12. c
13. c
14. b
15. a
16. a
17. a
18. d

第 11 章

1. a
2. 告知性
3. 分析性
4. 建议书
5. d
6. d
7. 一手资料
8. 二手资料
9. a
10. c
11. d
12. a

13. c
14. d
15. a
16. b
17. 信息架构
18. a
19. b
20. a

第 12 章

1. d
2. b
3. c
4. c
5. a
6. c
7. a
8. b
9. d
10. d
11. 当地化
12. b
13. d
14. b
15. d
16. d
17. d
18. 数据可视化
19. c
20. d
21. c

第 13 章

1. c
2. b
3. a

4. 说明
5. 概要
6. 执行概要
7. a
8. c
9. b
10. c
11. d
12. d
13. d

第 14 章

1. b
2. d
3. 计划,演讲
4. b
5. a
6. a
7. b
8. a
9. c
10. c
11. b
12. d
13. a
14. 切换,自定义动画
15. c
16. d
17. b
18. d
19. d
20. d
21. b
22. c
23. d
24. a

第 15 章

1. b
2. 雇用质量
3. b
4. b
5. d
6. 时序型
7. 功能型
8. 复合型
9. d
10. a
11. b
12. a
13. a
14. b
15. c
16. c
17. c
18. 关键词搜索
19. 纯文本
20. a

第 16 章

1. a
2. b
3. b
4. b
5. b
6. 结构化
7. d
8. d
9. d
10. b
11. c
12. c
13. a
14. a
15. c
16. d
17. a
18. c

"改善语法、结构和表达"参考答案

第 1 章

1. boss's (1.1.4)
2. sheep (1.1.3)
3. 1990s (1.1.3)
4. Joneses, stopwatches (1.1.3)
5. Attorneys (1.1.3)
6. Copies (1.1.3)
7. Employees' (1.1.4)
8. Sons-in-law, businesses (1.1.3, 1.1.4)
9. Parentheses (1.1.3)
10. Ness's, week's (1.1.4)

第 2 章

1. Its (1.2.5)
2. Their (1.2.5)
3. Its (1.2.5)
4. Their (1.2.1)
5. His or her (1.2.3)
6. His or her (1.2.3)
7. a, them (1.2.3, 1.2.4)
8. who (1.2.4)
9. whom (1.2.4)
10. its (1.2.5)

第 3 章

1. b (1.3.1)
2. b (1.3.1)
3. a (1.3.1)
4. b (1.3.5)
5. a (1.3.5)
6. a (1.3.4)
7. b (1.3.4)
8. b (1.3.4)
9. a (1.3.4)
10. b (1.3.4)

第 4 章

1. greater (1.4.1)
2. perfect (1.4.1)
3. most interesting (1.4.1)
4. hardest (1.4.1)
5. highly placed, last-ditch (1.4.2)
6. top-secret (1.4.2)
7. 30-year-old (1.4.2)
8. All-out, no-holds-barred struggle (1.4)
9. Tiny metal (1.4)
10. Usual cheerful, prompt service (1.4)

参考答案 625

第 5 章

1. Good (1.5)
2. Surely (1.5)
3. Sick (1.5)
4. Well (1.5)
5. Good (1.5)
6. Faster (1.5.2)
7. Better (1.5.2)
8. Any (1.5.1)
9. Ever (1.5.1)
10. Can, any (1.5.1)

第 6 章

1. Leading (1.6.1)
2. Off (1.6.1)
3. Aware of (1.6.1)
4. To (1.6.1)
5. Among (1.6.1)
6. For (1.6.1)
7. To (1.6.1)
8. From (1.6.1)
9. Not only in (1.6.1)
10. into (1.6.1)

第 7 章

1. b (1.6.2)
2. b (1.6.1)
3. a (1.6.1)
4. b (1.6.1)
5. b (1.6.1)
6. a (1.6.1)
7. a (1.6.3)
8. b (1.6.2)
9. b (1.6.3)
10. b (1.6.3)

第 8 章

1. b (1.7.3)
2. a (1.7.2)
3. b (1.7.6)
4. a (1.7.4)
5. b (1.7.4)
6. b (1.7.6)
7. a (1.7.6)
8. b (1.7.4)
9. a (1.7.3)
10. b (1.7.2)

第 9 章

1. c (2.6)
2. a (2.6)
3. b (2.6)
4. a (2.6)
5. b (2.6)
6. c (2.6)
7. b (2.6)
8. a (2.6)
9. c (2.6)
10. b (2.6)

第 10 章

1. a (2.4)
2. a (2.5)
3. c (2.4)
4. a (2.5)
5. b (2.5)
6. b (2.4)
7. a (2.4)
8. c (2.4)
9. b (2.4)
10. c (2.5)

第 11 章

1. b (2.1)
2. a (2.2)
3. b (2.1)
4. a (2.1)
5. b (2.2, 2.3)
6. a (2.1)
7. b (2.2, 2.1)
8. a (2.2)
9. b (2.2)
10. a (2.2, 2.3)

第 12 章

1. b (2.7)
2. a (2.8)
3. c (2.7)
4. b (2.8)
5. a (2.7)
6. b (2.7)
7. c (2.8)
8. a (2.8, 2.7)
9. c (2.8, 2.7)
10. a (2., 8)

第 13 章

1. b (2.10)
2. b (2.11)
3. a (2.11)
4. b (2.10)
5. c (2.10)
6. a (2.11)
7. c (2.10, 2.12)
8. b (2.10)
9. b (2.11)
10. c (2.10, 2.12)

第 14 章

1. c(3.1,3.3)
2. a(3.1,3.3)
3. b(3.2)
4. a(3.1)
5. c(3.3)
6. a(3.1,3.3)
7. b(3.1,3.3)
8. b(3.1,3.3)
9. a(3.2)
10. c(3.1)

第 15 章

1. except(4.1)
2. device(4.1)
3. loath(4.1)
4. who's(4.1)
5. a lot(4.2)
6. judgment(4.3)
7. regardless(4.2)
8. accommodate(4.3)
9. imply(4.2)
10. to(4.2)

第 16 章

1. c(3.4)
2. a(3.4)
3. a(3.4)
4. b(3.4)
5. b(3.4)
6. a(3.4)
7. b(3.4)
8. c(3.4)
9. a(3.4)
10. c(3.4)

影印版教材可供书目

经济学精选教材 · 英文影印版/双语注释版

	书号	英文书名	中文书名	版次	编著者	定价
1	23793	Microeconomic Theory: Basic Principles and Extensions	微观经济理论：基本原理与扩展（双语版）	第11版	Walter Nicholson/著	75.00元
2	23654	Public Finance: A Contemporary Application of Theory to Policy	财政学：理论、政策与实践（双语版）	第10版	David N. Hyman/著	78.00元
3	24422	Economics: Principles and Policy	经济学：原理与政策	第11版	William J. Baumol 等/著	88.00元
4	12633	World Trade and Payments: An Introduction	国际贸易与国际收支	第10版	Richard E. Caves, Jeffrey A. Frankel 等/著	68.00元
5	09693	Macroeconomics: Theories and Policies	宏观经济学：理论与政策	第8版	Richard T. Froyen/著	48.00元
6	14529	Econometrics: A Modern Introduction	计量经济学：现代方法（上）	第1版	Michael P. Murray/著	54.00元
7	14530	Econometrics: A Modern Introduction	计量经济学：现代方法（下）	第1版	Michael P. Murray/著	41.00元

管理学精选教材 · 英文影印版/双语注释版

	书号	英文书名	中文书名	版次	编著者	定价
8	23303	Communicating at Work: Principles and Practices for Business and the Professions	商务沟通：原理与实践（双语版）	第10版	Ronald B. Adler 等/著	65.00元
9	24739	Excellence in Business Communication	卓越的商务沟通	第10版	John V. Thill 等/著	85.00元
10	22511	Management: Skills and Application	管理学：技能与应用（双语版）	第13版	Leslie W. Rue 等著	65.00元
11	12091	Operations Management: Goods, Services and Value Chains	运营管理：产品、服务和价值链	第2版	David A. Collier 等/著	86.00元
12	18239	Management Fundamentals: Concepts, Applications, Skill Development	管理学基础：概念、应用与技能提高	第4版	Robert N. Lussier/著	68.00元
13	06380	E-Commerce Management: Text and Cases	电子商务管理：课文和案例	第1版	Sandeep Krishnamurthy/著	47.00元

金融学精选教材 · 英文影印版/双语注释版

	书号	英文书名	中文书名	版次	编著者	定价
14	23025	International Corporate Finance	国际财务管理（双语版）	第11版	Jeff Madura/著	75.00元
15	23024	Financial Markets and Institutions	金融市场和金融机构	第10版	Jeff Madura/著	79.00元
16	21898	Money, Banking and Financial Markets	货币金融学（双语版）	第3版	Stephen G. Cecchetti/著	86.00元
17	20606	International Financial Management	国际金融管理（双语版）	第2版	Michael B. Connolly/著	49.00元
18	16314	Investments: Analysis and Behavior	投资学：分析与行为（双语版）	第1版	Mark Hirschey 等/著	68.00元
19	12306	Fundamentals of Futures and Options Markets	期货与期权市场导论	第5版	John C. Hull/著	55.00元
20	12040	Financial Theory and Corporate Policy	金融理论与公司决策	第4版	Thomas E. Copeland 等/著	79.00元
21	09657	Bond Markets: Analysis and Strategies	债券市场：分析和策略	第5版	Frank J. Fabozzi/著	62.00元
22	09767	Takeovers, Restructuring and Corporate Governance	接管、重组与公司治理	第4版	J. Fred Weston 等/著	69.00元
23	13206	Management of Banking	银行管理	第6版	S. Scott MacDonald 等/著	66.00元
24	05965	Principles of Finance	金融学原理（含CD-ROM）	第2版	Scott Besley 等/著	82.00元
25	10916	Risk Management and Insurance	风险管理和保险	第12版	James S. Trieschmann 等/著	65.00元

会计学精选教材 · 英文影印版

	书号	英文书名	中文书名	版次	编著者	定价
26	17348	Advanced Accounting	高级会计学	第10版	Paul M. Fischer 等/著	79.00元
27	14752	Advanced Accounting	高级会计学	第9版	Joe Ben Hoyle 等/著	56.00元
28	17344	Management Decisions and Financial Accounting Reports	中级会计：管理决策与财务会计报告	第2版	Stephen P. Baginski 等/著	56.00元
29	13200	Financial Accounting: Concepts & Applications	财务会计：概念与应用	第10版	W. Steve Albrecht 等/著	75.00元
30	13201	Management Accounting: Concepts & Applications	管理会计：概念与应用	第10版	W. Steve Albrecht 等/著	55.00元
31	13202	Financial Accounting: A Reporting and Analysis Perspective	财务会计：报告与分析	第7版	Earl K. Stice 等/著	85.00元
32	12309	Financial Statement Analysis and Security Valuation	财务报表分析与证券价值评估	第3版	Stephen H. Penman/著	69.00元
33	12310	Accounting for Decision Making and Control	决策与控制会计	第5版	Jerold L. Zimmerman/著	69.00元
34	05416	International Accounting	国际会计学	第4版	Frederick D. S. Choi 等/著	50.00元
35	14536	Managerial Accounting	管理会计	第8版	Don R. Hansen 等/著	79.00元

营销学精选教材 · 英文影印版/双语注释版

	书号	英文书名	中文书名	版次	编著者	定价
36	23015	Essentials of Marketing Management	营销管理精要（双语版）	第1版	Greg W. Marshall/著	56.00元
37	20285	Marketing for China's Managers: Current and Future	市场营销学	第2版	Noel Capon 等/著	56.00元
38	16713	Consumer Behavior	消费者行为学	第5版	Wayne D. Hoyer 等/著	64.00元
39	13205	Services Marketing: Concepts, Strategies, & Cases	服务营销精要：概念、战略与案例	第3版	K. Douglas Hoffman 等/著	63.00元
40	13203	Basic Marketing Research	营销调研基础	第6版	Gilbert A. Churchill, Jr. 等/著	66.00元
41	12305	Selling Today: Creating Customer Value	销售学：创造顾客价值	第10版	Gerald L. Manning, Barry L. Reece/著	52.00元
42	11213	Analysis for Marketing Planning	营销策划分析	第6版	Donald R. Lehmann 等/著	32.00元
43	09654	Market-based Management: Strategies for Growing Customer Value and Profitability	营销管理：提升顾客价值和利润增长的战略	第4版	Roger J. Best/著	48.00元
44	09655	Customer Equity Management	顾客资产管理	第1版	Roland T. Rust 等/著	55.00元
45	09662	Business Market Management: Undertstanding, Creating and Delivering Value	组织市场管理：理解、创造和传递价值	第2版	James C. Anderson 等/著	45.00元
46	24397	Marketing Strategy: A Decision Focused Approach	营销战略：以决策为导向的方法	第7版	Orville C. Walker, Jr., John W. Mullins/著	55.00元
47	10983	Principles of Marketing	市场营销学	第12版	Louis E. Boone 等/著	66.00元
48	11108	Advertising, Promotion, & Supplemental Aspects of Integrated Marketing Communication	整合营销传播：广告、促销与拓展	第7版	Terence A. Shimp/著	62.00元
49	11212	Marketing Research: Methodological Foundations	营销调研:方法论基础	第9版	Gilbert A. Churchill, Jr. 等/著	68.00元

人力资源管理精选教材 · 英文影印版

	书号	英文书名	中文书名	版次	编著者	定价
50	08536	Human Relations in Organizations: Applications and Skill Building	组织中的人际关系：技能与应用	第6版	Robert N. Lussier/著	58.00元
51	08131	Managerial Communication: Strategies and Applications	管理沟通：策略与应用	第3版	Geraldine E. Hynes/著	38.00元
52	07408	Human Resource Management	人力资源管理	第10版	Robert L. Mathis 等/著	60.00元
53	07407	Organizational Behavior	组织行为学	第10版	Don Hellriegel 等/著	48.00元

国际商务精选教材 · 英文影印版

	书号	英文书名	中文书名	版次	编著者	定价
54	14176	International Business	国际商务	第4版	John J. Wild 等/著	49.00元
55	12886	International Marketing	国际营销	第8版	Michael R. Czinkota 等/著	65.00元
56	06522	Fundamentals of International Business	国际商务基础	第1版	Michael R. Czinkota 等/著	45.00元
57	11674	International Economics: A Policy Approach	国际经济学：一种政策方法	第10版	Mordechai E. Kreinin/著	38.00元
58	06521	International Accounting: A User Perspective	国际会计：使用者视角	第2版	Shahrokh M. Saudagaran/著	26.00元

MBA精选教材 · 英文影印版

	书号	英文书名	中文书名	版次	编著者	定价
59	12838	Quantitative Analysis for Management	面向管理的数量分析	第9版	Barry Render 等/著	65.00元
60	18426	The Economics of Money, Banking, and Financial Markets	货币、银行和金融市场经济学	第8版	Frederic S. Mishkin/著	85.00元
61	11221	Analysis for Financial Management	财务管理分析	第8版	Robert C. Higgins/著	42.00元
62	21243	A Framework for Marketing Management	营销管理架构	第4版	Philip Kotler/著	49.00元
63	20916	Understanding Financial Statements	财务报表解析	第9版	Lyn M. Fraser 等/著	38.00元
64	10620	Principles of Operations Management	运作管理原理	第6版	Jay Heizer 等/著	72.00元
65	21546	Introduction to Financial Accounting	财务会计	第10版	Charles T. Horngren 等/著	79.00元
66	21781	Introduction to Management Accounting	管理会计	第15版	Charles T. Horngren 等/著	89.00元
67	11451	Management Communication: A Case-Analysis Approach	管理沟通：案例分析法	第2版	James S. O'Rourke/著	39.00元
68	10614	Management Information Systems	管理信息系统	第9版	Raymond McLeod 等/著	45.00元
69	10615	Fundamentals of Management	管理学基础:核心概念与应用	第4版	Stephen P. Robbins 等/著	49.00元
70	10874	Understanding and Managing Organizational Behavior	组织行为学	第4版	Jennifer M. George 等/著	65.00元
71	15177	Essentials of Entrepreneurship and Small Business Management	小企业管理与企业家精神精要	第5版	Thomas W. Zimmerer 等/著	68.00元
72	11224	Business	商务学	第7版	Ricky W. Griffin 等/著	68.00元
73	11452	Strategy and the Business Landscape: Core Concepts	战略管理	第2版	Pankaj Ghemawat/著	18.00元
74	13817	Managing Human Resources	人力资源管理	第5版	Luis R. Gomez-Mejia 等/著	60.00元
75	09663	Financial Statement Analysis	财务报表分析	第8版	John J. Wild 等/著	56.00元

经济学前沿影印丛书

	书号	英文书名	中文书名	版次	编著者	定价
76	09218	Analysis of Panel Data	面板数据分析	第2版	Cheng Hsiao/著	48.00元
77	09236	Economics, Value and Organization	经济学、价值和组织	第1版	Avner Ben-Ner 等/著	59.00元
78	09217	A Companion to Theoretical Econometrics	理论计量经济学精粹	第1版	Badi H. Baltagi/著	79.00元
79	09680	Financial Derivatives: Pricing, Applications, and Mathematics	金融衍生工具:定价、应用与数学	第1版	Jamil Baz 等/著	45.00元

翻译版教材可供书目

重点推荐

	书号	英文书名	中文书名	版次	编著者	定价
1	06693	The World Economy: A Millennial Perspective	世界经济千年史	第1版	安格斯·麦迪森(Angus Maddison)/著	58.00元
2	14751	The World Economy: Historical Statistics	世界经济千年统计	第1版	安格斯·麦迪森(Angus Maddison)/著	45.00元
3	14749	A Monetary History of The United States, 1867—1960	美国货币史(1867—1960)	第1版	米尔顿·弗里德曼(Milton Friedman)等/著	78.00元
4	18236	American Economic History	美国经济史	第7版	Jonathan Hughes 等/著	89.00元
5	10004	Fundamental Methods of Mathematical Economics	数理经济学的基本方法	第4版	蒋中一(Alpha C. Chiang)等/著	52.00元
6	23259	Essentials of Economics	经济学基础	第6版	曼昆(N. Gregory Mankiw)/著	68.00元
7	20828	Principles of Economics	经济学原理(微观经济学分册)	第6版	曼昆(N. Gregory Mankiw)/著	64.00元
8	20827	Principles of Economics	经济学原理(宏观经济学分册)	第6版	曼昆(N. Gregory Mankiw)/著	52.00元
9	20647	Study Guide for Principles of Economics	曼昆《经济学原理》学习指南	第6版	大卫·R.哈克斯(David R. Hakes)/著	58.00元

国际经典教材中国版系列

	书号	英文书名	中文书名	版次	编著者	定价
10	23120	Financial Statement Analysis and Security Valuation	财务报表分析与证券定价	第3版	Stephen H. Penman,林小驰,王立彦/著	85.00元
11	22803	Integrated Marketing Communication in Advertising and Promotion	整合营销传播:广告与促销	第8版	Terence A. Shimp,张红霞/著	82.00元
12	19263	Public Finance: A Contemporary Application of Theory to U.S. and Chinese Practice	财政学:理论在当代美国和中国的实践应用	第9版	David N. Hyman,张进昌/著	69.00元
13	14516	Investments: Analysis and Behavior	投资学:分析与行为	第1版	Mark Hirschey, John Nofsinger,林海/著	58.00元
14	11227	International Financial Management	国际金融管理	第1版	Michael B. Connolly,杨胜刚/著	38.00元

经济学精选教材译丛

	书号	英文书名	中文书名	版次	编著者	定价
15	23322	Introduction to Spatial Econometrics	空间计量经济导论	第1版	James Lesage 等/著	45.00元
16	15917	Microeconomics	微观经济学	第1版	B. Douglas Bernheim 等/著	89.00元
17	13812	Macroeconomics: Theories and Policies	宏观经济学:理论与政策	第8版	Richard T. Froyen/著	49.00元
18	13815	World Trade and Payments: An Introduction	国际贸易与国际收支	第10版	Richard E. Caves 等/著	69.00元
19	13814	Macroeconomics	宏观经济学	第2版	Roger E. A. Farmer/著	46.00元
20	12289	Microeconomic Theory: Basic Principles and Extensions	微观经济理论:基本原理与扩展	第9版	Walter Nicholson/著	75.00元

	书号	英文书名	中文书名	版次	编著者	定价
21	11222	Economics: Principles and Policy	经济学:原理与政策(上、下册)	第9版	William J. Baumol 等/著	96.00元
22	10992	The History of Economic Thought	经济思想史	第7版	Stanley L. Brue 等/著	59.00元
23	13800	Urban Economics	城市经济学	第6版	Arthur O'Sullivan/著	49.00元

管理学精选教材译丛

	书号	英文书名	中文书名	版次	编著者	定价
24	22968	Management: Skills and Application	管理学:技能与应用	第13版	Leslie W. Rue 等/著	69.00元
25	14519	Operations Management: Goods, Services and Value Chains	运营管理:产品、服务和价值链	第2版	David A. Collier 等/著	79.00元
26	11210	Strategic Management of E-business	电子商务战略管理	第2版	Stephen Chen/著	39.00元
27	10005	Management Fundamentals: Concepts, Applications, Skill Development	管理学基础:概念、应用与技能提高	第4版	Robert N. Lussier/著	82.00元
28	16772	Applied Multivariate Statistical Analysis	应用多元统计分析	第2版	Wolfgang Härdel 等/著	65.00元

会计学精选教材译丛

	书号	英文书名	中文书名	版次	编著者	定价
29	23288	Intermediate Accounting	中级会计学:基础篇	第17版	Earl Stice 等/著	79.00元
30	24454	Intermediate Accounting	中级会计学:应用篇	第17版	Earl Stice 等/著	78.00元
31	23159	Auditing Cases: An Interactive Learning Approach	审计案例:一种互动学习方法	第5版	Mark S. Beasley 等/著	54.00元
32	14531	Fundamentals of Financial Accounting	财务会计学原理	第2版	Fred Phillips 等/著	82.00元
33	14532	Managerial Accounting	管理会计	第8版	Don R. Hansen 等/著	99.00元
34	16780	Introduction to Management Accounting	管理会计	第14版	Charles T. Horngren 等/著	99.00元
35	20091	Advanced Accounting	高级会计学	第9版	Joe B. Hoyle 等/著	66.00元

金融学精选教材译丛

	书号	英文书名	中文书名	版次	编著者	定价
36	23074	Corporate Finance: A Focused Approach	公司金融:理论及实务精要	第4版	Michael C. Ehrhardt 等/著	89.00元
37	24817	International Corporate Finance	国际财务管理	第11版	Jeff Madura/著	
38	13806	Principles of Finance	金融学原理	第3版	Scott Besley 等/著	69.00元
39	12317	Management of Banking	银行管理	第6版	S. Scott MacDonald 等/著	78.00元
40	12316	Multinational Business Finance	跨国金融与财务	第11版	David K. Eiteman 等/著	78.00元
41	10007	Capital Budgeting and Long-Term Financing Decisions	资本预算与长期融资决策	第3版	Neil Seitz 等/著	79.00元
42	10609	Money, Banking, and Financial Markets	货币、银行与金融市场	第1版	Stephen G. Cecchetti/著	75.00元
43	11463	Bond Markets, Analysis and Strategies	债券市场:分析和策略	第5版	Frank J. Fabozzi/著	76.00元
44	10624	Fundamentals of Futures and Options Markets	期货与期权市场导论	第5版	John C. Hull/著	62.00元
45	09768	Takeovers, Restructuring and Corporate Governance	接管、重组与公司治理	第4版	J. Fred Weston 等/著	79.00元

营销学精选教材译丛

	书号	英文书名	中文书名	版次	编著者	定价
46	19303	Consumer Behavior	消费者行为	第5版	Wayne D. Hoyer 等/著	79.00元
47	13808	Basic Marketing Research	营销调研基础	第6版	Gilbert A. Churchill, Jr. 等/著	78.00元
48	12301	Principles of Marketing	市场营销学	第12版	Dave L. Kurtz 等/著	65.00元
49	15716	Selling Today: Creating Customer Value	销售学:创造顾客价值	第10版	Gerald L. Manning/著	62.00元
50	13795	Analysis for Marketing Planning	营销策划分析	第6版	Donald R. Lehmann/著	35.00元

51	13811	Services Marketing: Concepts, Strategies, & Cases	服务营销精要：概念、战略与案例	第 2 版	K. Douglas Hoffman 等/著	68.00 元
52	12312	Customer Equity Management	顾客资产管理	第 1 版	Roland T. Rust 等/著	65.00 元
53	16316	Marketing Research: Methodological Foundations	营销调研:方法论基础	第 9 版	Gilbert A. Churchill, Jr. 等/著	62.00 元
54	11229	Market-based Management: Strategies for Growing Customer Value and Profitability	营销管理:提升顾客价值和利润增长的战略	第 4 版	Roger J. Best/著	58.00 元
55	24405	Marketing Strategy: A Decision-Focused Approach	营销战略:以决策为导向的方法	第 7 版	Orville C. Walker, Jr., John W. Mullins/著	64.00 元
56	11226	Business Market Management: Understanding, Creating and Delivering Value	组织市场管理：理解、创造和传递价值	第 2 版	James C. Anderson 等/著	52.00 元

人力资源管理精选教材译丛

	书号	英文书名	中文书名	版次	编著者	定价
57	16619	Human Relations in Organizations: Applications and Skill Building	组织中的人际关系：技能与应用	第 6 版	Robert N. Lussier/著	75.00 元
58	10276	Human Resource Management	人力资源管理	第 10 版	Robert L. Mathis/著	68.00 元
59	15982	Fundamentals of Organizational Behavior	组织行为学	第 11 版	Don Hellriegel 等/著	56.00 元
60	09274	Managerial Communication: Strategies and Applications	管理沟通:策略与应用	第 3 版	Geraldine E. Hynes/著	45.00 元
61	10275	Supervision: Key Link to Productivity	员工监管:提高生产力的有效途径	第 8 版	Leslie W. Rue 等/著	59.00 元

国际商务精选教材译丛

	书号	英文书名	中文书名	版次	编著者	定价
62	16334	International Economics: A Policy Approach	国际经济学：政策视角	第 10 版	Mordechai E. Kreinin/著	45.00 元
63	14525	International Business	国际商务	第 4 版	John J. Wild 等/著	62.00 元
64	10001	Fundamentals of International Business	国际商务基础	第 1 版	Michael R. Czinkota 等/著	58.00 元

全美最新工商管理权威教材译丛

	书号	英文书名	中文书名	版次	编著者	定价
65	24752	Excellence in Business Communication	卓越的商务沟通	第 10 版	John V. Thill, Courtland L. Bovée/著	89.00 元
66	19036	Managing Human Resources	人力资源管理	第 5 版	Luis R. Gomez-Mejia 等/著	79.00 元
67	18646	Contemporary Business Statistics with Microsoft Excel	基于 Excel 的商务与经济统计	第 1 版	Thomas A. Williams 等/著	76.00 元
68	16318	Essentials of Managerial Finance	财务管理精要	第 14 版	John V. Thill 等/著	88.00 元
69	16319	Understanding and Managing Organizational Behavior	组织行为学	第 5 版	Jennifer M. George 等/著	75.00 元
70	13810	Crafting and Executing Strategy: Concepts and Cases	战略管理:概念与案例	第 14 版	Arthur A. Thompson 等/著	48.00 元
71	14518	Management Communication: A Case-Analysis Approach	管理沟通:案例分析法	第 3 版	James S. O'Rourke/著	44.00 元
72	16549	Quantitative Analysis for Management	面向管理的数量分析	第 9 版	Barry Render 等/著	85.00 元
73	13790	Case Problems in Finance	财务案例	第 12 版	W. Carl Kester 等/著	88.00 元
74	13807	Analysis for Financial Management	财务管理分析	第 8 版	Robert C. Higgins/著	42.00 元
75	22456	Understanding Financial Statements	财务报表解析	第 9 版	Lyn M. Fraser 等/著	36.00 元
76	13809	Strategy and the Business Landscape	战略管理	第 2 版	Pankaj Ghemawat/著	25.00 元
77	16171	Principles of Operations Management	运作管理原理	第 6 版	Jay Heizer 等/著	86.00 元
78	16011	Managerial Economics: A Problem Solving Approach	管理经济学：一种问题解决方式	第 1 版	Luke M. Froeb 等/著	35.00 元

	书号	英文书名	中文书名	版次	编著者	定价
79	11609	Management: The New Competitive Landscape	管理学:新竞争格局	第6版	Thomas S. Bateman 等/著	76.00元
80	09690	Product Management	产品管理	第4版	Donald R. Lehmann 等/著	58.00元
81	12885	Entrepreneurial Small Business	小企业创业管理	第1版	Jerome A. Katz 等/著	86.00元
82	16780	Introduction to Management Accounting	管理会计	第14版	Charles T. Horngren 等/著	99.00元

增长与发展经济学译丛

	书号	英文书名	中文书名	版次	编著者	定价
83	05742	Introduction to Economic Growth	经济增长导论	第1版	Charles I. Jones/著	28.00元
84	05744	Development Microeconomics	发展微观经济学	第1版	Pranab Bardhan 等/著	35.00元
85	05743	Development Economics	发展经济学	第1版	Debraj Rag/著	79.00元
86	06905	Endogenous Growth Theory	内生增长理论	第1版	Philippe Aghion 等/著	75.00元

其他教材

	书号	英文书名	中文书名	版次	编著者	定价
87	21378	International and Comparative Employment Relations	国际与比较雇佣关系	第5版	Greg Bamber,赵曙明等/编	59.00元

北京培生信息中心
北京东城区北三环东路 36 号
北京环球贸易中心 D 座 1208 室
邮政编码：100013
电话：(8610)57355175
传真：(8610)58257961

北京大学出版社
经济与管理图书事业部
北京市海淀区成府路 205 号 100871
联系人：徐 冰 张 燕
电话：010-62767312 / 62767348
传真：010-62556201
Q Q：552063295

尊敬的老师：

　　您好！

　　为了确保您及时有效地申请教辅资源，请您务必完整填写如下教辅申请表，加盖学院的公章后传真给我们，我们将会为您开通属于您个人的唯一账号以供您下载与教材配套的教师资源。

请填写所需教辅的开课信息：

采用教材				□中文版　□英文版　□双语版
作　者			出版社	
版　次			ISBN	
课程时间	始于　年　月　日		学生人数	
	止于　年　月　日		学生年级	□专科　　　□本科 1/2 年级 □研究生　□本科 3/4 年级

请填写您的个人信息：

学　校	
院系/专业	
姓　名		职　称	□助教 □讲师 □副教授 □教授
通信地址/邮编	
手　机		电　话	
传　真	
official email (eg:XXX@crup.edu.cn)		email (eg:XXX@163.com)	
是否愿意接受我们定期的新书讯息通知：	□是　　□否

　　　　　　　　　　　　　　　　　　　　　系 / 院主任：_____（签字）

　　　　　　　　　　　　　　　　　　　　　　　（系 / 院办公室章）

　　　　　　　　　　　　　　　　　　　　　____年____月____日

Please send this form to: em@pup.cn 或 Service.CN@pearson.com
Website: www.pearsonhighered.com/educator